JN441559

안동독립운동기념관 학술총서 1

안동사람들의 항일투쟁

김희곤(金喜坤)
1954년 대구 출생
경북대 사학과 문학박사
한국근대사, 한국독립운동사 전공
안동대학교 인문대학 사학과 교수(1988~현재)
Harvard University 방문학자(1996~1997)
안동대학교 안동문화연구소장(2000~2002)
백범학술원 운영위원(2000~현재)
안동대학교 박물관장(2001~2003)
독립기념관 한국독립운동사연구소 소장(2004~2006)
백범김구선생기념사업협회 이사(2004~현재)
안동독립운동기념관장(2006~현재)

안동사람들의 항일투쟁

초판 1쇄 발행 2007. 12. 28
초판 3쇄 발행 2020. 3. 23

지은이 김희곤
펴낸이 김경희
펴낸곳 ㈜지식산업사
주 소 본사 : 10881, 경기도 파주시 광인사길 53(문발동)
서울사무소 : 03044, 서울시 종로구 자하문로6길 18-7
전 화 본사 : (031)955-4226~7 / 서울사무소 : (02)734-1978
팩 스 본사 : (031)955-4228 / 서울사무소 : (02)720-7900
한글문패 지식산업사
영문문패 www.jisik.co.kr
전자우편 jsp@jisik.co.kr
등록번호 1-363
등록날짜 1969. 5. 8.

책값은 뒤표지에 있습니다

© 김희곤, 2007
ISBN 978-89-423-1108-8 93910

이 책에 대한 문의는
지식산업사로 해 주시길 바랍니다.

안동사람들의 항일투쟁

김 희 곤

지식산업사

머리말

안동사람들이 펼친 항일투쟁의 역사를 파 일구고 다듬는 일은 지난 15년 동안 집중적으로 진행되었다. 1992년 이상룡의 독립운동과 협동학교(協東學校) 추적 작업을 첫 걸음으로 삼아 꾸준하게 추진된 연구 작업은 《안동의 독립운동사》(1999)와 《안동 독립운동가 700인》(2001) 발간으로 하나의 매듭을 지었다.

당시 연구는 안동사람이 펼친 독립운동을 몇 가지 특성으로 정리하였다. 안동이 한국 독립운동의 발상지이자, 가장 많은 독립유공자와 자정순국자를 배출한 곳이며, 지역사람이 펼친 활동만으로 한국 독립운동사 51년을 가득 채우는 유일한 지역이자, 독립운동의 모든 영역에서 빼어난 주역들을 배출한 곳이라는 사실들이 그것이다.

이렇게 정리하자, "안동에 무슨 독립운동이 있었나?"라고 말하던 안동사람들은 어느 사이에 "안동이 한국 독립운동의 '성지'다!"라고 바꾸어 말하기 시작했다. 아울러 안동문화권의 역사가 조선시대에만 빼어났던 것이 아니라 근대 민족수난기에도 특별했다는 사실을 깨닫기 시작했다. 게다가 안동사람들의 항일투쟁은 한국사만이 아니라 세계사 차원에서 '유교문화권 식민지해방운동', '유교문화권 민족운동'의 대표적인 사례로 가늠될 수 있다는 주장도 나왔다.

《안동의 독립운동사》는 결론으로 '안동구국기념관'을 세우자고 제의했다. 안동을 '보수'로만 이해하는 것이 아니라, 실제로는 '보수'와 '혁신'이 거듭되고 조화를 이루었다는 특성을 제대로 알리고, 조상의 빛나는 삶과 뜻을 이어가자는 데 그 목적이 있었다. 근대전환기에 역사적 책무를 다하려 목숨까지 바친 그들의 뜻과 삶이 세계사적인 차원에서도 빼어난 것임을 바르게 알고, 이를 제대로 이어가는 일이야말로 후손들의 당연한 의무이자 권리가 아닌가. 기념관을 제안한 이유가 바로 거기에 있었다.

2002년 여름, 기념관 건립을 향한 발걸음은 한껏 빨라졌다. 원로들이 앞장서서 서명운동을 벌였고, 5천 명이나 되는 시민들이 대열에 동참했다. 이듬해인 2003년 3월 '안동독립운동기념사업회'를 국가보훈처에 사단법인으로 등록하고, 세우려는 기념관 이름도 '안동독립운동기념관'(이하 기념관)으로 고쳤다. 첫 삽을 뜬 지 1년 반, 마침내 올해 2007년 8월 10일 안동시 임하면 천전리 내앞마을 협동학교 옛 자리에 기념관의 문을 열게 되었다.

개관을 기리기 위해 몇 가지 기획 사업이 준비되었다. 《안동의 독립운동사》를 새롭게 다듬은 연구서를 발간하는 일도 그 가운데 하나였다. 하지만 여러 가지 사정으로 늦추어지다가, 넉 달이나 늦어 펴낼 수 있게 되었다. 아쉽기도 하지만, 그래도 해를 넘기지 않고 출판할 수 있어서 다행스럽기도 하다.

이 책은 안동사람들이 펼친 항일투쟁의 역사를 널리 알리는 데 목표를 둔다. 아울러 이 책은 우리 기념관이 펼쳐나가는 연수교육의 읽을거리로 이롭게 쓰일 것이다. 우리 기념관은 연수교육 목표로 두 단계를 내세우고 있다. "조상 자랑, 알고서나 합시다"라는 첫 단계와 "나라사랑, 이제는 우리 차례입니다"라는 둘째 단계가 그것이다. 제대로 알고서 직접 실천하자는 것이 핵심이다. 첫 걸음을 내딛는 사람에게는 교과서로서, 다음 단계를 걷는 사람에게는 지침서로 쓰일 수만 있다면 더 바랄 것이 없다.

책을 펴내면서 우선 기념관 건립과 운영에 도움을 아끼지 않으신 많은 분들에게 감사드린다. 기념관을 세우는 데 앞장선 기념사업회 이사진과 건립추진위원회원 여러분의 노고는 아주 컸다. 또 기념관 운영위원회와 후원회원들의 정성, 안동시와 시의회, 국가보훈처와 안동 보훈지청, 광복회 안동시지회 관계자들의 적극적이고도 정성 어린 지원은 우리 기념관이 전국에서 손꼽히는 성공 사례를 만들 수 있는 바탕이자 버팀목이었다.

책 편찬에도 여러 사람들이 돕고 나섰다. 기념관 강윤정 학예연구실장은 사회경제사와 사회운동 부분을 보완하였고, 한준호·김지훈 학예연구원과 김주현·조덕천 안내해설사가 자료 대조와 교정 작업을 맡아서 고생하였다. 또 진성중학교 김원석 교무부장은 3·1운동 부분을 보완해 주었다. 끝으로 한국 출판계의 대부이신 지식산업사 김경희 사장님께서 선뜻 출판을 맡아주신 데 감사드리고, 꼼꼼하게 내용을 챙기고 좋은 책을 만들어 주신 편집부 김동관 선생께도 고마운 인사를 드린다.

2007년이 저무는 때

내앞마을에서 김 희 곤

차 례 **안동사람들의 항일투쟁**

제2부 국내 독립운동

차 례 안동사람들의 항일투쟁

제3부 국외 독립운동

제1부 안동 독립운동사의 성격

제1장 안동사람들이 펼친 독립운동의 특성

1. 안동 독립운동의 성격과 위상

19세기 후반에서 20세기 전반에 걸친 시기의 세계 역사는 하나의 커다란 대립구도로 이해될 수 있다. 제국주의 열강의 침략이라는 한 쪽과, 이에 맞서는 아시아·아프리카의 해방운동 또는 독립운동이라는 다른 쪽이 부닥치는 구도가 그것이다. 이는 또한 전 세계 겨우 5분의 1이라는 적은 나라가 5분의 4나 되는 많은 나라들을 침략하고 통치하는 험난한 형국이기도 했다. 당시 침략 국가들은 철면피 같은 존재였다. 입으로 인도주의와 인류의 공영을 소리 높여 외치면서, 실제로는 약자를 무자비하게 장악하고 탄압하는 모순된 역사를 빚어냈다. 여기에 맞서 식민지 상태를 벗어나려는 약자의 투쟁이 식민지해방운동이요, 독립운동이었다.

한국 독립운동은 세계 식민지해방운동의 한 부분이다. 그래서 식민지나 반식민지의 역사를 경험한 나라들과 공통점도 있고, 독특함도 있다. 곧 이는 보편성과 특수성을 함께 갖는다는 말이다. 이와 마찬가지로 안동인이 펼친 독립운동도 한국사만이 아니라 세계사의 한 부분임은 두 말할 필요도 없다. 그렇다면 안동의 독립운동사가 세계사에서 가지는 보편성과 특수성을 추적할 만큼 내용과 의의가 있는지 의문을 가질 만하다. 그래서 안동 독립운동사의 성격을 추적하고 그것이 가지는 의미를 정리해본다.

안동의 독립운동사가 한국 독립운동사에서 가지는 성격과 위상은 다음과 같은 몇 가지로 정리된다.

첫째, 안동은 한국 독립운동사의 발상지이다. 한국 독립운동사의 서막을 장식한 것이 바로 의병항쟁이고, 그것은 갑오의병(甲午義兵)으로 나타났다. 1894년 갑오의병의 첫 걸음을 안동에서 내디뎠다. 계기를 마련해 준 인물은 공주유생으로 알려진 서상철(徐相轍)인데, 그의 가까운 일가 친척이 안동에 터를 잡고 있던 인연과, 대의명분을 중시하던 안동의 정서, 그리고 학맥과 문중 사이의 결집력 등이 감안된 것이라 짐작된다. 따라서 안동은 한국 독립운동의 출발지로서의 역사성을 가진다.

둘째, 전국에서 가장 많은 독립유공자를 배출하였다. 시·군 단위로 보아 대개 30여 명을 배출하였는데, 안동의 경우는 2007년 현재 310명이나 된다. 다른 곳과 견줄 때 이 수치는 시·군 단위가 아니라 도 단위의 것이다. 그런데 일찍 서울이나 다른 도시로 본적을 옮긴 경우는 다른 지역 사람으로 분류되어 있기 때문에, 실제로는 이보다 더 많을 것이라 추정된다. 게다가 현재 아직도 확인 중에 있는 미포상(未褒賞)의 독립운동가가 700명이나 되므로, 이를 합치면 독립운동에 참가한 인물로 이름이 확인되는 자가 무려 1,000명이 넘는다.

셋째, 안동인들은 전국에서 가장 많은 자정(自靖)순국자를 배출했다. 준식민지 상태와 국권상실이라는 위기 속에서 약 70명 가까이 스스로 목숨을 끊었는데, 이 가운데 10명이 안동인이거나 안동과 인연을 가진 사람들이다. 이들은 스스로 목숨을 끊음으로써 옳지 않는 길이라면 결코 건지도 않고 타협하지도 않는다는 절개와 의리정신을 보여주었고, 이후 항일투쟁의 정신적 좌표가 되었다.

넷째, 안동은 51년 한국 독립운동사를 거의 빈틈없이 메우는 곳이다. 대개 지역마다 독립운동사를 이야기하자면, 의병과 3·1운동이 일어나거나, 소수 군자금 모집에 가담한 경우 정도이다. 독립운동사는 의병과 계몽운동, 의열투쟁, 3·1운동, 농민운동과 사회운동, 학생운동과 대중투쟁, 만주와 중국 관내 지역을 비롯한 국외 지역 독립운동 등 다양하고도 끊임없이 전개되었다. 그런데 한 지역의 독립운동이 이 모든 분야에서 나타나기란 거의 불가능하다. 그런데 안동인이 펼친 독립운동은 한국 독립운동사 51년을 거의 모두 담아냈으니, 참으로 대단한 일임에 틀림없다. 한 지역의 독립운동사만 훑어보아도 한국 독립운동사 전반을 이해할 수 있는 지역이 바로 안동으로, 다른 지역에서는 이런 현상을 찾기 힘들다.

다섯째, 한국 독립운동사에서 분야별로 대표적인 인물을 들면, 안동인들이 대부분의 영역에서 확인된다. 의병이야 지역마다 존재하니 제외하더라도, 계몽과 혁신운동에서 류인식(柳寅植), 서간도 지역 독립운동의 태두이자 대한민국임시정부(大韓民國臨時政府, 이하 임시정부) 국무령을 역임한 이상룡(李相龍), 만주 지역 독립운동 세력의 통합을 주도하고 국민대표회의(國民代表會議) 의장을 지낸 김동삼(金東三), 의열투쟁의 화신 김지섭(金祉燮)과 김시현(金始顯), 사회주의운동의 선두주자 김재봉(金在鳳), 6·10만세운동의 총괄기획자 권오설(權五卨), 아나키스트 류림(柳林), 민족시인 이육사(李陸史) 등 어느 한 분야도 빠지지 않고 한국 독립운동사의 대표적인 인물로 그득하다. 대개 다른 지역이면 이런 인물 가운데 한 사람만 있어도 기념사업을 펼친다고 나설 만한 일이고, 실제 그러하다.

여섯째, 지역과 시기를 가리지 아니하고 각종 항일투쟁에 적극적으로 참여한 것이 바로 안동인들이다. 사상적인 갈등, 지역적인 갈등, 그리고 나이를 따지지 않고 오직 독립이라는 공동의 목표를 위해 그 어느 분야에서든지 최선을 다하였다. 이러한 노력은 안동인들이 항일투쟁의 핵심적인 구실을 담당할 수 있게 하였고, 뛰어난 지도자들을 계속 배출하는 원동력이 되었다.

일곱째, 안동 출신 독립운동가는 퇴계학맥이라는 씨줄과 통혼을 통한 혼반이라는 날줄로 촘촘히 얽힌 그물과 같은 연결망을 갖고 있었다. 그러한 조직력이 마침내 처음부터 끝까지 독립운동을 밀고나가는 원동력이 된 것이다. 그 바탕 위에 근대화를 지향한 점은 한결 돋보이고, 그래서 오늘까지도 생명력을 갖고 있다.

여덟째, 안동인들이 펼친 독립운동은 지식인이자 지배층이 역사적인 책무를 지고 나간 전형적인 모범에 속한다. 종가가 훼손되는 고통 속에서도 진행된 의병, 기득권을 모두 포기하고 떠난 만주 지역 독립군기지 건설과 투쟁, 소작인들을 위해 지주들이 앞장선 풍산소작인회(豊山小作人會) 활동, 백정신분 해방운동에 앞장선 양반 종가 출신 청년들의 활동 등은 하나같이 가지고 배운 자가 역사적인 의무를 다하려고 힘을 쏟은 특성을 보여준다. 요즈음 널리 이야기되는 노블레스 오블리주(Noblesse Oblige)를 실천에 옮긴 대표적인 곳이 안동이요, 안동문화권의 특징이 바로 거기에 있다.

2. 안동 독립운동의 역사적 배경

그렇다면 안동인이 펼친 독립운동이 그 어느 곳보다 지속적이고도 활발한 모습을 보인 역사적 배경이 있을 것이다. 이를 다음의 몇 가지로 말할 수 있다.

〈표 1〉 독립운동사 연표(한국독립운동과 안동독립운동)

대한민국 근대사 연표	연대	안동의 독립운동사 연표	
청일전쟁, 동학농민운동, 갑오개혁	1894	갑오의병 8월 초 서상철 발의로 안동의병 일어나 태봉 일본군 병참기지 공격	
	1895	을미의병 12월 1차 안동의진 결성(의병장 : 권세연), 안동부 장악	
을미사변, 단발령	1896	2월 2차 의진 결성(의병장 : 김도화) 지휘장(김홍락·류도성)	
독립신문 발간, 독립협회 설립, 아관파천		3월 연합의진 결성(안동권 6개 의진과 호좌의진)	
대한제국 성립	1897	상주 태봉 일본군 공격, 일본군 안동부 방화, 민가 1천호 소실	
만민공동회 개최	1898	9월 안동의진 해산	
러일전쟁, 한일 의정서 체결	1904	중기의병(1904~1907), 충의사 창립	
을사조약	1905		
국채보상운동, 헤이그특사 파견	1907	협동학교 설립, 김순흠의 자정순국, 후기의병(류시연), 영가학교 설립	
광무황제 퇴위, 군대해산, 신민회 결성			
교남교육회 조직, 의병 : 서울 진공작전	1908	광동·광명·동양·동명학교 설립	
	1909	교남교육회 안동지회, 대한협회 안동지회, 보문의숙 설립	
국권상실	1910	국권상실에 항거하여 자결 순국(권용하·류도발·이만도·이중언·이현섭·김택진)	
			안동인의 국외 활동
사립학교 규칙 공포, 105인 사건	1911	협동학교 1회 졸업생 배출 계명학교 설립	만주망명(이상룡·김대락·김동삼·류인식 일가), 경학사 조직
토지조사사업 실시	1912	와룡강습소·금계사숙·동소서당 개교	
	1913	광복단(풍기) 결성	공리회 조직
대한광복군정부 수립 선언(이상설)	1914	안동 행정개편(리·동 체제)	백서농장 설립, 김대락 순국
	1915	광복회 결성	부민단 조직(1916)
3·1운동, 대한민국임시정부 수립	1919	안동의 3·1운동, 파리장서	한족회, 서로군정서, 신흥무관학교
대한애국부인회 조직	1920	안동청년회 창립, 2차 독립청원서 시도	경신참변(권기일·김동만 등)
봉오동·청산리 대첩, 조선·동아일보	1921		
의용단 조직	1922	의용단 참여	대한통의부 조직
	1923	풍산소작인회 결성	김동삼 국민대표회의 의장, 김시현 국내폭탄반입
화요회 조직	1924		김지섭 '동경 이중교 투탄' 의거
조선공산당·고려공산청년회 결성	1925	화성회·안동청년연맹결성, 예천형평사건 지원, 2차 유림단 의거	정의부 조직(1924)
6·10만세운동	1926	권오설 6·10만세운동 주도	
신간회 결성	1927	안동청년동맹, 신간회 안동지회 창립	농민호조사 결성, 민족유일당재만촉진회 혁신의회조직(김동삼·김응섭)
	1928	제4차 조선공산당 결성	
광주학생항일운동	1929		
	1930	'경북공산당' 피검	
	1931	안동콤그룹 결성	이원일·김동삼 피체
이봉창·윤봉길 의거	1932		이상룡 순국, 이육사 조선혁명군사정치간부학교 졸업
조선혁명군사정치간부학교(남경) 개교			
중·일 전쟁, 일제 전시동원체제	1937		김동삼 옥중 순국
신사참배거부운동 전개	1938		
	1939	신사참배 거부 운동	
일제의 민족말살정책, 한국광복군 창설	1940	창씨개명 반대하여 이현구 순국	
태평양전쟁 발발	1941		
	1942		류림 임시정부 참가
	1943		(1944년 국무위원)
	1944	안동농림 조선회복연구단, 명성회 결성	이육사 순국, 학병·징병자 광복군 참가
8·15 광복	1945		

첫째, 정치적인 배경으로 조선시대 후반기에 남인의 정치 행로가 막힌 뒤 학문생활에 몰입하면서, 안동 지역 유림들이 대의명분을 중시하는 경향을 보였다는 점을 들 수 있다. 한편으로는 주리론의 성향대로 원리원칙에 강하게 집착하면서 정치적으로 문란한 정계에서 등을 돌렸고, 다른 한편으로는 중앙 정계로 다시 진출할 기회를 찾고 있었다고 볼 수 있다. 그 기회는 안동의 분위기 그대로 대의명분에 맞는 것이어야 했다. 일제의 침략에 맞서 독립운동을 펴는 일은 여기에 매우 합당한 일이었다.

둘째, 학문적으로 안동은 퇴계학통이란 큰 틀을 지니고 있었다. 안동 지역은 퇴계 이전과 이후가 완전히 다른 모습을 보인다. 퇴계로부터 학통이 형성되면서 여러 사우(祠宇)와 서원(書院) 및 문집 발간을 통해 학문적으로 공동체 의식을 갖게 되었다. 이 학통의 규모는 대단히 커서 안동 지역과 인근을 합친 안동문화권에서 문집을 남긴 인물이 400명을 헤아릴 정도이다. 이것은 곧 힘으로 작용하기에 충분한 것이었다. 때문에 실제 독립운동도 유림의 여론으로 전개된 경우가 많았는데, 전기의병에서 김흥락(金興洛)과 류지호(柳止鎬)가 권세연(權世淵)을 의병장으로 지명했던 경우가 바로 그러했고, 이 점은 계몽운동이나 심지어 농민운동에서도 마찬가지였다.

셋째, 경제적 배경으로 대지주가 없고 중소지주가 주류를 이루면서 지주 사이에 경제적 분화나 분열이 적었다는 점을 들 수 있다. 완전 지주는 0.01퍼센트로, 전국 평균의 60분의 1, 경북 평균의 20분의 1에 지나지 않았다. 그러니 전라도의 경우처럼 지주계급이 대지주와 중소지주로 분열하고, 소지주가 대지주에게 항쟁하는 상황이 이 지역에서는 나타나지 않았다. 동학농민군 지휘자의 다수가 양반 출신이라는 최근 연구가 이것을 뒷받침하고 있다. 그런데 안동에는 동학과 관련된 격변이 없었다. 그것은 경제적으로 분화되지 않은 양반층의 자체 갈등이 비교적 약했음을 뜻하기도 한다. 또 대의명분이 강한 특성이 고질적인 대부호가 날뛸 만한 상황을 방지하기도 했다.

넷째, 사회적인 배경으로는 두 가지를 들 수 있다. 하나는 안동사회가 통혼권으로 양반의 권위를 유지하고 있었고, 다른 하나는 동성·동족 사이에 결집이 강했다는 점이다. 이것이 의병항쟁에서 계몽운동을 거쳐 해방에 이르기까지, 또 좌·우파를 가릴 것 없이 안동 지역의 독립운동이 문중적인 결속을 강하게 가진 배경이 되었다.

다섯째, 지도자의 지향성과 지도력이 결정적이다. 어디나 양반 유림이 터를 잡고 있는 마을이 있고, 선비가 있지만, 사사로운 이익을 제쳐두고 큰 뜻을 지향하는 지도자가 있지 않으면 오히려 탐학스러운 분위기로 흐르게 마련이다. 곳곳에서 일어난 폐정과 민중의 저항이 그를 대변하고도 남는다. 안동에는 대의명분이 강한 명문거족이 자리 잡고 있어서 지방 수령에 대한 견제가 가능했기에 계급갈등이 비교적 약했다는 점을 들 수 있다. 특히 퇴계향약은 지방 수령의 사치와 탐학을 막아내는 데 이바지했고, 지방 양반들의 생활마저 근신하도록 만들었다. 때문에 안동에는 다른 지역에는 그렇게도 흔하게 볼 수 있는 '선정비'나 '영세불망비'가 없다. 물론 선정을 베푼 수령의 은혜에 감사하는 마음으로 세워진 비도 많지만, 백성들의 눈물로 세워진 것도 하나 둘이 아니다. 안동에 이것이 없다는 사실의 의미를 짐작할 수 있을 것이다. 의리와 명분을 중시하는 안동의 명문거족은 중앙에서 파견된 수령을 철저하게 견제함으로써 지방민에 대한 피해를 줄일 수 있었다. 그것은 곧 지배계급과 피지배계급 사이의 갈등까지 줄여 주었다. 1891년 겨울에 김학수(金學洙) 부사와 아전의 횡포로 민란이 발생하기 직전에 이른 일이 있었다. 이에 김흥락이 부사를 나무라고 민중들을 위로하여 사태를 해결한 일은 좋은 예다. 조선후기와 한말에 민란이 거의 없고, 화적에 대한 기록이 아주 미미했던 사실도 계급 사이의 갈등이 적었던 이런 맥락에서 이해된다. 1892년 당시 기록에 화적이 안동 지역에 잠복한 일이 있었지만 실제 양반 가문

을 공격한 사실은 없었다.[1]

3. 유교문화권 식민지해방운동의 세계사적 모델

안동의 독립운동은 단순히 한 지역의 역사로 머물지 않는다. 세계 대부분을 침략하고 통치한 제국주의 국가가 비록 몇 개 나라에 지나지 않지만, 그들 나름대로 다양한 성격과 유형으로 나뉜다. 서유럽과 미국 같은 제국주의 국가들이 남의 나라를 침략하고 통치하는 행위가 서로 엇비슷하여 하나같이 똑같다고 생각할 수도 있지만, 자세하게 들여다보면 보편적인 성향 이외에 제각기 독특한 면면들을 갖고 있기도 한다. 곧 영국·프랑스·독일·네덜란드 등은 침략과 식민지 통치에서 유형이 사뭇 달랐고, 미국도 또 다른 형태를 보였다. 더구나 뒤늦게 그 아류로 등장한 일본은 그 가운데서도 특이한 성격이었다. 직접통치와 간접통치라는 간단한 구분도 있지만, 지배·피지배 국가 상호관계에 따른 복잡한 면도 있다. 또 종교가 주된 이슈가 된 경우도 있고, 민족문제가 그런 경우도 있다.

이와 마찬가지로 식민지해방운동도 지역과 민족, 종족에 따라 격차가 컸다. 물론 식민지나 반식민지에서 해방되자는 목적은 같다고 하더라도, 선택한 방법이나 투쟁양상은 지역이나 민족성의 차이에 따라 다르게 나타났던 것이다. 그 가운데 한국의 독립운동은 다른 나라나 민족의 경

1) 그렇다고 해서 양반층과 민중의 계몽적이고 연대적인 관계가 긍정적인 특성만을 가져다 준 것은 아니었다. 민중에 대한 양반층의 온정적이고 계몽적인 자세는 오히려 안동 지역에서 농민이 성장하는 데 방해가 되기도 했다. 농민 스스로가 깨어나 구체제를 극복하거나 외세를 배격하는 데 주체가 되어야 했는데, 그 일을 오히려 양반지배계급이 나서서 풀어나갔다. 소작투쟁마저도 혁신적인 양반층 인사들이 주도함으로써 농민들이 주체적인 위치로 성장하지 못했다는 것이다. 게다가 서원과 향교 및 유도진흥회 등도 농민 의식의 진보적인 변화에 제동을 거는 데 한몫을 하였다는 점에서 부정적인 면을 찾아 볼 수도 있다.

우와 성격이 달랐다. 아시아와 아프리카의 많은 나라들이 멀고 먼 서유럽 국가들의 통치를 받은 것과 다르게, 한국은 바로 이웃 일본의 침략을 받았다. 또 항상 강대국이라는 존재로부터 침탈된 나라들이 주류를 이루지만, 한국은 평소 문화를 공급해준 수혜국으로부터 약탈을 당했다. 평소 높여보던 존재가 아니라 낮추어 대하던 세력의 침탈 아래 무릎 꿇은 치욕은 더 심했고, 문화적인 바탕 위에서 맞서는 저항도 강했다.

한국 모든 지역의 독립운동은 한 가지 색깔을 가지지는 않는다. 서울과 기호, 관서와 관동, 호서와 호남, 영남 지역의 성향이 다르다. 또 경상북도 안에서도 지역마다 펼쳐진 독립운동의 양상은 큰 차이를 보인다. 물론 모두 일제를 내쫓아 나라를 되찾자는 목표는 같지만, 참여 계층이나 투쟁 양상, 또는 투쟁 기간 등에서 각각 차이를 보였다. 그 가운데 안동인이 보여준 독립운동은 앞서 말한 것처럼 한국 독립운동사에서 대표적인 양상을 보였다. 그렇다면 이를 큰 시각에서 평가할 필요가 있다.

안동의 독립운동사는 세계사 차원에서 볼 때 '유교문화권의 식민지 해방운동'이라는 개념으로 정리될 수 있다.

그 첫째 이유는 주도세력이 대부분 유학자들이거나 그 바탕 위에 성장한 인물들이었고, 행동과 사고 양식도 그러했다는 데 있다. 독립운동사 51년의 한 복판에 있는 3·1운동에서 기독교가 참여한 부분과 해방 직전 안동농림학교(安東農林學校)의 조선회복연구단(朝鮮回復研究團) 활동을 제외한다면, 대부분의 영역이 유림 중심으로 채워졌다. 의병은 당연하고, 계몽운동도 혁신유림의 손으로 이루어졌으며, 자정순국은 특히 더 그러했다. 이어서 1910년대 광복회(光復會) 활동, 만주 지역 독립운동, 만주 지역 독립군기지 지원활동, 1920년대 의열투쟁, 1·2차 유림단의거, 심지어 노동운동과 농민운동까지 유림과 유학적 지식인 주도로 펼쳐졌다. 3·1운동에 기독교도가 많이 참가했지만, 안동 유림 또한 빠진 것이 아니라 함께 투쟁을 벌였던 것이다.

둘째, 안동에서는 독립운동의 전개 양상도 철저하게 유림 중심으로 이루어졌다. 유림 지도자의 지향성과 지도력이 철저하게 작용하였다. 스승과 제자의 연결과 학맥이 독립운동의 발단과 전개과정을 엮어냈다. 심지어 망명지에서도 안동 학맥이 독립운동가를 결속시키는 중요한 틀로 작용했다.

셋째, 사상적인 면에서도 안동 독립운동은 유학적인 특성을 유지했다. 위정척사사상 단계에서는 더 말할 필요도 없다. 그 틀을 깨는 혁신유림의 등장은 안동 독립운동사에서 1차 혁명이라 부를 만하다. 안동문화권의 사상적 혁명을 달성해 나간 인물이 모두 퇴계학맥을 잇는 중심축에서 있었다. 또 제2의 혁명이라 평가할 만한 사회주의 수용과 민족문제 해결 노력에서도 마찬가지로 그 학맥을 계승하는 인물들이 주류를 이루었다. 심하게는 '갓 쓰고 공산주의 운동한다'는 표현까지 등장한 곳이 안동이다. 이상룡이 사회주의를 유학적 바탕 위에서 해석하고 민족문제 해결 방안으로 받아들인 것이나, 유학적 바탕 위에 새로운 이념을 받아들인 김재봉 등에서도 그런 면이 발견된다.

이처럼 안동의 독립운동은 철저하게 유교문화권의 역사적 바탕 위에서 전개된 특성을 가진다. 그렇다면 이러한 성격을 하나의 모델로 개념을 규정하고 이론화할 필요가 있다. 이는 안동 독립운동사를 세계 식민지해방운동의 한 유형으로 개발하고 정리할 수 있는 이론적 바탕이 되기도 한다. 다시 말해 안동 독립운동사를 한 지역의 특성에서, 한국 독립운동사를 구성하는 한 영역의 특성으로, 나아가 세계사의 한 범주에서 개념화하고 성격을 부여할 필요가 있다.

제2장 안동 독립운동의 보수성과 혁신성, 그리고 통합성

1. 전국 최다 순국자 배출과 보수성

항일투쟁기에 가장 극적인 투쟁은 자정순국이었다. 일제 통치를 인정하지 않겠다는 가장 극렬한 저항이 곧 목숨을 끊는 항쟁이었다. 자결순국으로 항거하는 투쟁은 1905년 박제순-하야시 강제합의(을사조약)가 있은 직후에 시작되고, 특히 1910년 나라가 망한 직후에 집중되었다. 1905년 이후 1910년대까지 전국에서 자결한 순국자는 대체로 90명 정도 된다. 그 가운데 안동 출신이 8명이나 되고, 안동 출신 인사가 타지에서 자결한 경우까지 합하면 10명에 이른다. 1907년 순국한 김순흠(金舜欽, 풍산 수동), 1910년 국치 직후에 순국한 이만도(李晩燾, 예안 하계)·이중언(李中彦, 예안 하계)·류도발(柳道發, 풍천 하회)·권용하(權龍河, 와룡)·김택진(金澤鎭, 풍산 소산)·이현섭(李鉉燮)·이명우(李命宇) 부부, 그리고 3·1운동 때는 류도발의 아들 류신영(柳臣榮, 풍천 하회)이 각각 순국했다. 이들은 안동인의 의리정신과 저항정신, 그리고 정통 지향성을 보여준다. 전국 시·

군 단위로 나누어보면, 평균 0.2명 정도가 된다. 그런데 안동에서는 무려 10명이나 배출했다는 말이니, 전국 평균치의 50배나 되는 절대적인 수치이다.

안동은 전국에서 가장 많은 자정순국자를 배출한 곳이다. 이 가운데 6명은 단식으로 순국하였다. 그런데 자결이라는 것이 극단적인 저항인데다가, 더욱이 단식 자결은 주변에 대단한 영향을 주었다. 대부분의 인사가 약 21일에서 24일, 즉 3주일 정도 단식하고 절명하였다. 그 동안 멀고 가까운 친인척과 동학, 제자들이 찾아와 대기하거나 영원한 이별 인사를 나누는 상황이 진행되었다. 또 그 소식이 전해지면서 파급현상이 나타나기도 했다. 그러므로 일제는 그 영향을 우려하여 순절 뒤에 부고를 전하지도 못하게 했던 것이다.

또 이만도와 이중언은 숙질 사이였고, 류도발과 류신영은 부자 사이였다. 그리고 영양의 김도현(金道鉉)은 이만도의 제자였고, 이별 인사를 할 때 곧 뒤를 따라 가겠다고 다짐했던 사이였다. 이러한 관계 속에서 결연하게 전개된 순국투쟁은 일제의 식민통치 기반을 흔들고 국민들에게 민족적 각성을 촉구하여 항일투쟁을 계속해 나가게 만든 점에서 민족사적 의의를 크게 가진다. 대의명분을 중시하는 안동인의 정서를 가장 극명하게 보여주는 장면이 바로 이 자정순국이다.

2. 만주 독립군기지 건설과 혁신·통합성

나라를 잃었을 때 안동인이 보여준 자정순국이 전통성의 대표라면, 만주로 망명한 인사들의 활동은 혁신성과 통합성을 보여주는 대표적인 사례다. 1910년 나라를 잃은 뒤, 안동 인사들이 대거 만주로 망명하여 독립군기지를 건설하고 대를 이어가며 투쟁전선에서 활동하였는데, 그들의 삶을 추적하면 이러한 두 가지 특성을 확연하게 찾을 수 있다.

구국계몽운동은 서울보다 한참 늦은 1907년에야 싹이 텄다. 1904년 서울에서 시작된 이 운동이 1907년 류인식(柳寅植)의 혁신적인 변화와 김동삼(金東三)의 동참으로 안동에 협동학교(協東學校)를 세우면서 물꼬가 열린 것이다. 뒤이어 이상룡(李相龍)이 대한협회 안동지회(大韓協會 安東支會)를 결성하면서 김대락(金大洛)과 더불어 계몽운동에 의병적 투쟁 방법을 덧붙였다. 그리고서 1910년 나라를 잃자, 이들은 바로 만주 지역에 독립군기지를 건설한다는 목표 아래, 신민회(新民會)와 연계하여 남만주 서간도 지역으로 망명하였던 것이다.

이들의 망명은 낭만적이거나 쉬운 일이 결코 아니었다. 망명하지 않아도 기득권을 누리며 잘 살 수 있는 상층부 인사들이지만, 그들은 명분과 의리를 무겁게 여기면서 몸을 던져 역사적 책무를 다하려고 길을 나섰다. 급히 재산 일부를 팔아 자금을 마련하고 가족들을 대동하여 멀고 험한, 그러면서도 기약 없는 길을 나선 그들이다. 안동에서 출발하여 기차를 탈 수 있는 추풍령까지 걸어간 1911년 1월은 춥고 고달픈 길이었을 것이다. 그곳에서 기차를 타고 신의주에 내려, 얼어붙은 강을 건너 영하 30도를 오르내리는 만주에 도착하고, 그곳에서 정착하는 과정은 대단한 의지 없이 불가능한 일이었다. 그것도 부녀자만이 아니라 임산부도 동행하는 고통의 길이었다. 하지만 그들은 결코 타협하지 않는 의지와 투쟁성으로 무장되어 있었다. 그처럼 강건한 정신을 가졌으므로, 한 두 집이 아니라 몇 개의 문중이 어울려 집단으로 망명길을 선택한 것이다.

서간도 지역 독립운동에서 누구보다 안동인들의 위상은 뚜렷했다. 안동인들은 1911년 2월 초에 압록강 건너 유하현(柳河縣) 삼원포(三源浦) 추가가(鄒家街)에 도착하였고, 장차 많은 동포들을 이주시키고 독립운동 기지를 건설하기 위한 기초를 마련하는 사업을 시작하였다. 그 목적으로 결성된 조직이 바로 경학사(耕學社)였다.

안동 출신 인사들이 가진 위상은 그들이 맡은 직책에서 쉽게 드러난다. 경학사의 대표인 사장에 이상룡이 취임하였고, 류인식이 교육부장을, 김동삼이 조직과 선전을 담당하였다. 이외에 서울 출신의 이회영(李會榮)이 내무부장, 이동녕(李東寧)이 재무부장, 장유순(張裕淳)이 농무부장을 맡았다. 그러니 신민회와 더불어 펼친 독립군기지 건설에 안동 출신 인사들이 핵심적인 자리에 있었다고 말하는 것이 지나치지 않음을 알 수 있다. 특히 사장 이상룡은 〈경학사 취지서(耕學社 趣旨書)〉를 발표하였는데, 이 글에는 한국의 오래된 역사, 독립전쟁을 통해 근대 국민국가를 수립하겠다는 의지, 힘을 길러 독립을 쟁취할 것, 단결을 호소하는 내용들이 담겨 있었다.

만주 지역에는 곳곳에 독립운동기지가 건설되었다. 북간도와 북만주, 그리고 동쪽으로 러시아 영토가 된 연해주에도 독립운동가들이 망명하여 기지를 건설해 나가고 있었다. 그런 가운데 안동인들은 주로 남만주 서간도에 활동 근거지를 마련한 것이다. 그런데 만주나 연해주에 자리 잡은 독립운동 세력은 모두 동일한 성향을 가진 것은 아니었다. 민주공화정을 지향하는 경우도 있고, 군주사회를 고수하려는 인물도 있었다. 그러므로 독립운동 세력 사이에 이념적 차이는 커다란 걸림돌이었다. 뒷날 1920년대까지도 군주사회를 꿈꾸는 위정척사계열이 존재할 정도였다. 여기에서 안동인들은 분명하게 민주공화정부를 지향하였다. 그러므로 망명 직후 그들의 혁신성을 볼 수 있고, 서울 중심으로 형성된 신민회 그룹과 통합하여 활동하는 결속성도 확인할 수 있다.

3. 1910년대 국내 항일투쟁과 통합성

의병항쟁이나 계몽운동은 모두 국권의 회복 또는 독립이라는 같은 목적을 갖고 있었다. 그럼에도 두 가지의 방략은 한 군데로 힘을 모으지 못하였다. 의병항쟁을 펼치던 인물들은 계몽운동이 내세우던 "신교육을 통한 인재양성이나 산업육성을 통한 민족자본 형성이 어느 세월에 이루어지겠느냐"고 되물으면서, 당장 전쟁을 벌이지 않으면 안 된다는 인식을 갖고 있었다. 그와는 달리 계몽운동가들은 의병항쟁에 대해 "성능이 크게 떨어지는 무기에다가 훈련되지 않은 농민들을 이끌고서는 일본군을 도저히 이길 수 없다"고 주장하면서 의병항쟁을 부정적으로 보았다. 투쟁 방법만이 아니라 이념적 갈등은 더 컸다. 의병계열은 복벽주의를 추구하는 반면, 계몽운동계열은 공화주의를 지향하고 있었다. 그러므로 이들 사이의 골은 대단히 깊고 넓었다.

민족운동의 양대 계열은 서로 비난하는 선에서 머물지 않고 더 심한 충돌까지 빚어냈다. 남궁억(南宮檍)이 세운 강원도 양양의 현산학교(峴山學校)에 의병이 불을 지르기도 했고, 경북 북부 지역에서 최초로 세워진 중등학교인 안동 내앞(川前)의 협동학교를 예천 지역 의병이 공격하여 교감과 교사를 살해하기도 했다. 학생들을 단발시켰다는 것이 의병들의 공격 명분이었다. 이와 반대로 계몽운동가들은 신문이나 잡지를 통하여 의병들의 활동을 부정하거나 비난하였다. 그러니 두 계열이 합일점을 찾기가 더욱 어려워졌다.

그렇지만 이들은 결국 민족독립이라는 공동의 목적 아래 하나의 마당으로 차츰 합류해 갔다. 그것이 바로 민족의 살길이었기 때문이다. 양대 계열의 합류 시도는 궁극적인 목적이 같았다는 데 있었지만, 또 한 가지 이유는 분산 투쟁으로는 목적 달성이 불가능하다는 사실을 깨달았기 때문이었다. 합류를 위한 시도는 1910년대 중반에 접어들면서 이루어졌고, 대표적인 조직으로 광복회(光復會) 결성이 있었다.

광복회는 1915년 7월(음) 대구에서 박상진(朴尙鎭)을 중심으로 만들어졌다. 울산 출신으로 경주에서 성장한 그는 어려서 허위(許蔿)의 가르침을 받은 뒤, 양정의숙(養正義塾)에서 법학과 경제학을 공부하였다. 판사시험에 합격했지만, 나라가 무너지는 형편이라 부임하지 않고 독립운동으로 방향을 잡았다. 1911년 만주와 연해주를 돌아보면서 그는 독립전쟁만이 최선의 방법임을 인식하고, 그곳에 설립된 군사기지를 국내와 연계하는 방법을 모색하였다. 자금 지원을 위해 대구에 상덕태상회(尙德泰商會)를 열고, 국내와 만주 곳곳에 상회 설립을 독려하였다. 그러나 계획만큼 쉽게 자금이 마련되지 않자, 그는 친일부호를 공격하여 자금을 마련한다는 계획을 세우고 이를 밀고 나갈 인물을 물색했다. 풍기로 가서 의병 출신들이 비밀리에 조직한 광복단(光復團)의 간부 채기중(蔡基中)을 방문하고 그들을 합류시켜 대구에서 광복회를 조직했으니, 1915년 8월이었다. 이것은 단순한 조직 결성이 아니라 공화주의 지향자들이 의병계열의 투쟁방략을 채택한 것이고, 의병계열 인사들이 공화주의자와 합류한 것이다.

이러한 이념적 갈등을 극복하는 데 안동인들이 적극 가담하였다. 1911년 안동의 혁신 인물들이 대거 만주로 망명한 뒤 잠시 소강상태를 보이다가 곧 새 인물들이 이를 계승해 나갔다. 광복회에 참가한 인물 가운데 이종영(李鍾韺)이 대표적이다. 그는 고성이씨 문중이 터를 잡은 와룡면 도곡 출신이자, 이상룡의 집안 인물이다. 그의 역할은 만주 독립군기지와 국내를 연계하는 중요한 위치에 있었다. 칠곡의 부호 장승원(張承遠)을 처단할 때, 주역들이 박상진을 방문한 뒤에 모두 이종영의 집으로 이동하여 이곳에서 논의하고 출발했으며, 거사를 마친 뒤에 다시 이 집에 모여 해산하였다. 당시 사용된 무기도 바로 이 집에 숨겨져 있었다. 서간도 독립운동계의 최고 인물인 이상룡과 광복회의 박상진을 연결하는 중간 거점이 바로 그의 집이었던 셈이다. 안동인으로 광복회에 가입하여 활약한 인물로는, 고문을 맡은 권준희(權準羲)를 비롯하여 권준흥(權準興)·류시만(柳時萬)·권의식(權義植)·채소몽(蔡素夢)·정송산(鄭松山)

등의 이름이 전해지고 있다. 또 광복회 이름으로 군자금 모금을 시도한 자취도 남아 있다. 이만도의 손자요, 이중업(李中業)의 맏아들인 이동흠(李棟欽)의 활동 행적이 그것이다.

요약하면 1910년대 이전까지 분화되어 갈등을 일으키던 독립운동 선상의 두 계열이 광복회에 와서 합류하는 양상을 보였고, 그러한 선 위에 안동인들이 나서고 있었다는 말이다. 이는 곧 종합성·통합성을 보여주는 장면이 아닐 수 없다.

4. 3·1운동과 통합성

3·1운동은 1910년대 이전에 펼쳐진 독립운동의 여러 특징들을 묶어내는 통합성을 지녔다. 우선 당시까지 유지되던 복벽주의가 막을 내리고 공화주의가 정착되어 이념적 발전을 달성했다. 임시정부가 3·1운동에서 나타난 정신을 집약하여 한국사 최초의 민주공화정부로 출범하게 된 것이다. 또 기존의 사상을 계승한 천도교와 새롭게 전래한 기독교의 합작이라는 면에서도 통합성을 지닌다. 동학과 서학의 차이와 갈등을 넘어 민족문제 해결이라는 공동의 광장에 합류한 것이다.

안동의 3·1운동도 이런 큰 틀에서 벗어나지 않았다. 3월 13일 안동면에서 이상동(李相東)이 단독으로 태극기를 들고 시위한 뒤 곳곳에서 14회나 시위가 펼쳐졌다. 안동면에 세 차례, 예안면에 두 차례 시위가 있었고, 17일에서 23일까지가 절정기였다. 안동면과 예안면, 임동면은 천오백 명에서 삼천 명에 이르는 대규모 항쟁이었다. 이를 빼면 나머지 시위 규모는 수십 명에서 삼백 명 정도였던 셈이다.

안동의 3·1운동에서 나타난 특징은 몇 가지로 정리할 수 있다. 첫째, 유림과 기독교가 연합하여 시위를 벌인 점이다. 안동 유림과 안동교회가 각각 한 축을 맡아 안동면 시위를 전개했고, 예안에서는 역시 예안 면장을 비롯한 면 직원·유림, 그리고 예안 만촌교회(현 예안교회)가 연합하여 시위를 했다. 면장이 나서서 시위를 일으킨 사례는 전국에서도 드문 일이었다. 또 임하 오대교회도 길안면 시위의 주역을 맡았다. 안동에 교회가 터를 잡은 때가 1909년이었으므로, 10년이 지난 3·1운동 당시 처음으로 민족문제라는 주제를 갖고 자신의 목소리를 드러냈다. 유교적 권능이 움츠려들기 시작하던 정황에서 기독교가 들어와 하층계급을 중심으로 세를 넓혀갔고, 터를 잡은 지 10년 만에 거족적인 시위에서 처음으로 자신들의 목소리를 낸 것이다.

둘째, 안동 지역의 시위는 강성이었다는 특징을 가진다. 임동면 시위가 가장 격렬했는데, 예안면 시위나 안동면 시위, 그리고 임하·길안면 시위도 그에 못지않을 만큼 격렬했다. 때문에 사상자가 유달리 많이 발생했다. 시위대는 임동·임하·길안·임북·동후면 등 5곳의 면사무소를 파괴하고, 임동·임하·길안면 등 3곳의 주재소를 부수었다. 당시 경북에서 일제 경찰·헌병관서 공격이 12회, 일반관서 공격이 6회였는데, 그 가운데 안동이 각각 3회와 5회를 차지할 정도로 안동 지역의 시위는 격렬했다.[1] 특히 임동면 시위의 격렬한 투쟁 바탕에는 혁신유림들이 세운 협동학교의 참여가 작용한 것으로 보인다.

셋째, 시위가 격렬하다보니 피해도 주변 지역에 견주어 아주 큰 편이었다. 당시 안동면 시위를 이끌었던 송기식(宋基植)은 죽음을 당한 자가 40여 명이라 기록했다. 그러나 이것은 3·1운동 내내 안동 지역 전체의 피살자를 합친 것으로 보인다. 안동면 시위에서 이름이 밝혀진 피살자는 7명이고, 임하면 시위에서 5명, 그리고 길안면 시위로 말미암아 2명이 희생되었다.

1) 朝鮮總督府 慶尙北道警察部, 《高等警察要史》, 1934, 23쪽.

넷째, 시위의 규모가 크고 격렬했기 때문에 중형을 받은 사람이 많다. 가장 격렬한 시위를 벌인 임동에서는 67명의 수형자가 발생했을 뿐 아니라 2년 이상의 형을 선고받은 사람이 58명이나 된다. 이것은 민족대표 33인의 최고형이 3년으로 한정된 사실과 견준다면 상당히 중형임에 틀림없다. 특히 류연성(柳淵成)은 안동에서 최고형인 7년을 선고받고 결국 옥사하였으니, 그의 위상을 짐작할 수 있다.

안동의 3·1운동은 다른 지역과 마찬가지로 통합성을 보였다. 유림들이 자신에게 주어진 역사적 몫을 해냈지만, 지역적 편차는 큰 편이었다. 그리고 기독교가 처음으로 자신의 존재를 드러내고, 민족문제에 동참하며 선두로 치고 나왔다. 하지만 그 이후로는 기독교가 민족문제에 선뜻 나서지 않고 한 발 뒤로 빠지게 되어 민족운동 선상에서 두각을 나타내지 못했다.

5. 제1·2차 유림단 의거와 보수성

3·1운동이 전개되는 과정에서 안동은 유림들의 참여 비중이 큰 곳이었다. 다른 한편에서는 '파리장서'라고 불리는 유림들의 독립청원운동이 별도로 전개되었다. 이것은 제1차 세계대전이 끝나고 이를 정리하려는 강화회의가 프랑스 파리에서 열렸고, 그 회의에 우리의 독립을 요구하는 긴 청원서[長書]를 보낸 일을 말한다. 이후 1925~6년에 유림들에 의해 의열투쟁이 있었는데, 이것을 '경북유림단 의거', 또는 '제2차 유림단 의거'라 부르고, 앞서 파리장서 보낸 일을 '제1차 유림단 의거'라 부르기도 한다.

제1차 유림단 의거는 서울에서 김창숙(金昌淑)·김정호(金丁鎬)·이중업·류준근(柳濬根)·유진태(兪鎭泰)·윤중수(尹中洙) 등에 의해 논의되었고,[2)] 김창숙이 그의 스승 곽종석(郭鍾錫)을 만나면서 급진전되었다. 마침 충남 지역에서도 같은 일이 추진되고 있다는 사실이 알려지면서, 그 지역 유림의 거두인 김복한(金福漢)과 계열 인물들이 여기에 합류하고, 두 지역 대표를 비롯하여 137명이 서명하였다. 김창숙은 3월 말에 이 장서를 지니고 중국 상해로 가서 번역과 인쇄 과정을 거쳐 파리에 가 있던 김규식(金奎植)에게 보냈다.

장서는 척사계열 유림들의 세계관이 변했다는 점을 뚜렷이 보여주었다. 전통적으로 중화중심의 시각을 가졌던 유림들이 이제는 만국을 평등하게 인식하고, 세계가 공의(公議)로써 움직여져야 한다는 점을 강조하였다. 제1차 세계대전까지 열강들의 주된 사상이었던 사회진화론적 제국주의를 비판하면서 인도주의 또는 대동주의를 강조하고 나섰다.

파리장서 의거에 안동 출신 유림들도 적극 참여하였다. 우선 대표적인 인물로 이중업을 들 수 있다. 그는 서울에서 거사 논의가 있을 당초부터 주동인물로 활약하였고, 강원·충북 지역의 유림으로부터 서명 받는 작업을 담당하였다. 또 장서를 상해로 가져가는 데 기여한 인물로 김응섭(金應燮)이 있다. 이중업은 서울에서 발의될 때부터 활동한 인물이지만, 김응섭은 임시정부에 가 있다가 합류한 경우였다. 그러나 이중업이나 김응섭 둘 다 서명자 명단에 들어있지는 않다.

여기에 류연박(柳淵博, 류치명의 종손)·이만규(李晩煃, 이만도의 동생)·류필영(柳必永, 류인식의 부)·김병식(金秉植, 내앞 종손)·김양모(金瀁模, 금계) 등이 참가하였다. 이외에 류필영의 아들이자 류인식의 동생인 류만식(柳萬植)도 이 과정에 참여한 것으로 기록된 경우도 있다.[3)]

---

2) 국사편찬위원회, 《심산유고》, 탐구당, 1973, 309~310쪽.

3) 김창숙의 기록에는 류만식이 서명을 거부했다고 하지만(金昌淑, 〈躄翁73年回想記〉, 《金昌淑文存》, 성균관대학교 대동문화연구원, 1987, 193쪽), 김황의 기록에는 그가 이만규와 상의하고 곽종석이 맨 첫 서명자가 되어주길 요구했다고 되어 있다(金榥, 〈記巴里

1919년 유림단 의거는 그것만으로 끝나지 않고 다음 해로 이어졌다. 1920년 11월 예안의 이중업이 파리장서 의거에 동참했던 경북 지역 인물 가운데 장석영(張錫英, 칠곡)·권상익(權相翼, 봉화)·김황(金榥, 산청)·손후익(孫厚翼, 울주) 등 동지들과 함께 독립청원서를 중국의 유력 인사들에게 보내려 시도한 일이었다.[4] 여기에 이중업이 앞장섰다.[5] 광동정부의 손문(孫文)과 중국 군벌 오패부(吳佩孚)에게 장서를 써서 이중업이 가져가기로 결정되었다. 그러나 아쉽게도 이중업이 갑작스럽게 병사함에 따라 이 거사는 중단되고 말았다.

파리장서로 시작된 1919년과 1920년 유림들의 활동은 척사계열 유림들의 변화를 보여주는 대표적인 사례다. 혁신유림의 변화보다 늦은 것이기는 하지만, 당시까지 복벽주의자들이 존재하고 있던 형편을 감안한다면, 여기에서 전통을 고수하던 유림들의 점진적인 변화를 읽을 수 있다.

1925년에는 '유림단 사건'이라 불리는 제2차 유림단 의거가 펼쳐졌다. 1919년에 파리장서를 들고 상해로 갔던 김창숙이 1925년 초에 북경에서 독립운동 기지를 만들자는 계획을 세우고 자금을 모집하러 국내로 잠입함에 따라 거사가 비롯되었다. 7월 국내로 잠입한 김창숙은 신건동맹단(新建同盟團)이라는 자금모집 조직을 결성하고 모금사업에 들어갔다. 여기에 적극적인 움직임을 보인 인물이 이중업의 차남인 이종흠(李棕欽, 숙부 중집[中執]의 양자)이다. 그는 김창숙에게서 받은 권총으로 외숙부 이현병(李鉉炳, 영양군 석보면 원리)을 찾아가 독립운동 자금 2만원을 요구하였다. 이로 말미암아 그는 징역 1년, 집행유예 4년형을 받았다. 파리

塑書事〉, 《重齋先生文集附錄》 13, 1998, 76~85쪽). 아버지 류필영의 서명으로 보아도 류만식이 이 일에 적극 참여한 것으로 보는 것이 설득력을 가질 것이다.

4) 南富熙, 《儒林의 獨立運動史 硏究》, 범조사, 1994, 276~282쪽 ; 조동걸, 〈響山 李晩燾의 獨立運動과 그의 遺誌〉, 《韓國民族主義의 理解와 論理》, 지식산업사, 1998, 221쪽.

5) 南富熙, 《제2차 유림단사건》, 불휘, 1992, 78쪽.

장서에 이은 유림계의 활동에 이중업 부자가 활약을 한 것이다.

6. 1920년대 항일투쟁의 혁신성과 통합성

(1) 좌우로 갈라짐

1920년대는 한국사 전반에서 혁신성과 분화 및 통합 시도가 격렬하게 두드러진 시기다. 3·1운동 이후에 국내로 파급되기 시작한 사회주의 물결은 1924년에 이를 즈음이면, 노동·농민운동이나 청년운동의 주류가 이를 받아들이는 단계에 이르렀다. 이것이 더 나아가 1925년 조선공산당(朝鮮共産黨)과 고려공산청년회(高麗共産靑年會) 조직으로 나타나고, 노동·농민운동으로 확산되어 갔다. 이처럼 사회주의 사조가 전반적인 흐름을 형성하는 반면에, 민족주의 계열에서는 민족문제에서 이탈하여 친일노선을 걷는 세력이 등장하기도 했다. 그러자 민족문제에 공통분모를 가진 양대 계열 사이에 합작 논의가 지속되었다. 곧 일제에 타협하지 않고 항일을 내세우는 민족주의 계열과 계급해방을 내걸면서도 민족문제 해결에 대한 의지를 분명히 가진 사회주의 계열이 합작을 도모한 것이다. 이는 국내만의 독특한 조류가 아니라 중국 본토 지역에서 추진되고 만주로 확산된 '민족유일당운동(民族唯一黨運動)'과 같은 흐름에서 만들어졌다. 따라서 1920년대에 들어 본격화한 이념적 분화를 새로운 차원에서 통합하려는 노력이 중국 지역 독립운동가들 사이에서 민족유일당운동으로 시작되고, 만주에 파급되었으며, 국내에서도 1927년에 신간회(新幹會)와 근우회(槿友會) 결성으로 나타났던 것이다. 또 1926년에 터져 나온 6·10만세운동도 좌우합작이란 통합성 위에 추진되었다.

(2) 혁신성

3·1운동 직후에 안동인들은 임시정부 지원활동을 벌이다가, 차츰 사회주의 노선으로 돌아서기 시작했다. 안상길(安相吉)이 중국 상해로 가서 임시정부의 경북 교통부장으로 임명되어 돌아왔다. 그는 서울에서 김재봉(金在鳳)·김남수(金南洙) 등과 만나 임시정부 지원활동을 시작했다.[6] 그 일로 옥고를 치른 뒤에 이들은 곧장 사회운동으로 전환하였다. 반면 금계마을 김용환(金龍煥)을 비롯한 혁신유림계 인사들은 서간도 지역의 독립군기지를 지원하는 의용단(義勇團)에 가담하여 활동하다가 옥고를 치렀다.

안동에 혁신의 물꼬를 튼 인물로 누구보다 류인식을 꼽을 수 있다. 협동학교를 세우는 데 앞장서서 계몽운동을 벌였고, 만주에 다녀온 뒤에는 인재 양성과 역사 서술에 힘썼다. 그러다가 1920년대에 들면서 안동 지역 최초의 노동운동 단체인 조선노동공제회 안동지회(朝鮮勞働共濟會安東支會)가 만들어질 때 안동 청년들을 지도했다. 노령에 접어들어 노동운동을 이끌기 시작한 그의 행적은 혁신운동 그 자체였다. 이어서 그는 민립대학 설립운동을 벌이고, 조선물산장려운동(朝鮮物産奬勵運動) 등 우파 민족주의의 활동 노선에도 앞장섰다. 일단 민족주의 계열의 활동부터 살펴보자.

사회주의 성향의 운동이 확산되어 가는 동안, 우파진영에서는 1920년대 초반의 운동노선을 대개 유지하고 있었다. 특히 1907년 설립된 협동학교의 영향으로 1910년대에 많은 사설교육기관이 나타나게 되었다. 그리고 1910년 국권을 상실하고 계몽운동, 특히 교육운동을 전개하던 많은 인사들이 만주로 망명하면서 안동 지역의 민족운동은 잠시 공백상

6) 김희곤, 《조선공산당 초대 책임비서 김재봉》, 경인문화사, 2006, 38~40쪽.

태에 이르게 되었으나 이들이 길러낸 인재들이 1910년대 후반부터 1920년대에 걸쳐 안동 지역의 민족운동을 선도하였다. 사설교육기관의 설립으로 민족교육운동을 주도한 것이었다. 곧, 청년들의 고등교육을 위한 학교의 설립을 추진하였는데, 이것이 바로 8군(郡) 연합 고보(고등보통학교) 설립운동이었다.

1922년 4월 26일 연합 고보 설립을 위한 기성회 창립총회가 열렸고, 여기서 이균호(李均鎬)가 임시회장으로 선출되었다. 창립총회 당시 설립기금을 50만원으로 정하고, 안동군에서 20만원, 의성·청송·영양·영덕·봉화·영주·예천 등 7개 군에서 30만원을 만들기로 하였다.[7] 그러나 총회에서 결정된 사항이 제대로 추진되지 못하였다. 기금의 확보가 쉽지 않았던 모양이다. 이 사실은 류인식이 임시회장이던 이균호에게 보낸 편지에서 확인된다. 류인식은 이 편지에서 기금 확보의 진척 상황을 묻고, 기금 확보에 너무 조급함을 보이지 말라면서 주변 상황을 살펴보라고 조언하였다.[8] 3·1운동 이후 일제의 지배방식이 문화통치로 바뀌었다고 하지만, 교육통제는 한층 더 강화되었다. 일제의 교육정책이란 식민지 지배를 위한 최소한의 지식만 습득하게 하는 것으로, 결코 한국인에게는 고등교육에 대한 기회를 열어주지 않았다. 뿐만 아니라 고등교육기관 설립을 방해하거나 탄압하였다. 이러한 사실은 1923년에 추진된 민립대학 설립운동을 통해서 확인할 수 있다.

민립대학 설립 추진은 1922년 1월 이상재(李商在)·이승훈(李昇薰) 등이 조선민립대학기성준비회를 결성하였고, 다음해 3월 서울 조선중앙기독교청년회관에 모여 발기총회를 열었다. 민립대학설립기성회는 중

7) 金喜坤, 〈東山 柳寅植의 독립운동〉, 《한국근현대사연구》 7, 한국근현대사학회, 1997, 57~58쪽.

8) 동산류인식선생기념사업회 편, 〈與李均鎬〉 1·〈與李均鎬〉 2, 《東山文稿》 卷之一, 1977, 39~41쪽.

앙부와 지방부를 조직하여 민립대학 설립에 대한 선전과 모금운동에 착수했고, 지방 순회 강연회를 가져 1923년 말까지 100여 개 소에 지방부를 설치했으며, 만주를 비롯한 국외에도 지방부를 확산시켜 나갔다.

당시 경북에 파견되어 민립대학 설립운동을 주도한 인물은 안동 출신 류인식이었다. 그는 민립대학 설립기금을 마련코자 조직된 지방부의 경북 담당위원이었고, 안동을 중심으로 그 운동을 전개하였다. 그리고 경북 지역을 순회하면서 강연회를 열고 민립대학 설립의 필요성을 힘주어 말하며 모금운동을 벌였다.

한편 민립대학 설립운동과 더불어 조선물산장려회(朝鮮物産獎勵會) 활동도 우파진영의 중요한 활동 분야였다. 주요 활동은 민족자본의 육성을 강연회나 유인물 및 회지 발간으로 홍보하는 것이었다. 이러한 활동은 자연히 각 지방에 분회를 조직하게 하였다. 여러 지방에서 물산장려회 지방조직이 결성되었지만, 자발적으로 성립된 경우가 일반적인 경향이었다.

안동에는 1923년 2월 26일 안동조선물산장려회(安東朝鮮物産獎勵會)라는 명칭으로 조직되었다. 그리고 회장은 김원진(金元鎭)이 맡았고, 안동 유지들이 참여한 것으로 알려져 있다.[9] 여기에도 류인식의 활동이 드러난다. 그러나 안동조선물산장려회에 대한 내용은 상세히 알 수 없고, 단지 중앙위원이 안동에 파견되어 강연회를 가지면서 위생 문제를 청년회와 더불어 안동군청에 건의했다는 기사가 보일 뿐이다. 그러므로 그 내용이 전국적인 조직의 활동과 비슷했을 것으로 짐작된다.

이상과 같은 우파 민족주의 계열의 활동보다 다음에 살펴볼 안동의 사회주의 계열의 등장과 활동은 더 적극적이고 폭이 넓었다. 3·1운동 직

9) 강영심, 〈1920년대 朝鮮物産獎勵運動의 전개와 성격〉, 《國史館論叢》 47, 국사편찬위원회, 1989, 152쪽.

후 국내외를 드나들던 김재봉과 김시현(金始顯)은 임시정부 지원활동과 의열투쟁으로 각각 옥고를 치른 직후, 1922년 1월 모스크바에서 열린 극동민족대회(極東民族大會)에 대표로 선정되어 참석했다. 그런데 이들이 귀국하는 과정에서 제가끔 가는 길은 달랐다. 김시현은 1923년 3월 의열단(義烈團)이 국내로 대량의 무기를 반입하는 데 주역을 맡아 활동하다가 검거되어 6년이란 기나긴 기간을 옥중에서 보냈다. 반면 김재봉은 그 다음 해에 코민테른의 적자(嫡子)가 되어 귀국했고, 고향 친구 이준태(李準泰)가 서울에서 닦아 놓은 터전 위에 화요회(火曜會)를 조직하고, 나아가 조선공산당을 창당하여 초대 책임비서를 맡았다. 그러는 과정에서 안동에 풍산소작인회(豊山小作人會)를 조직하여 안동 지역에 농민운동을 활성화하고, 새로운 인물 권오설(權五卨)을 등장시켜 서울에서 굳건하게 자리 잡도록 만들었다.

서울에서 김재봉과 권오설이 조선공산당과 고려공산청년회의 핵심으로 움직일 때, 안동에서는 이준태와 김남수가 구심점이 되었다. 이는 서울에서 노농운동을 벌이던 두 사람이 고향에서 사회운동의 핵심으로 활동했다는 말이다. 이준태는 풍산소작인회를 이끌었고, 김남수는 화성회(火星會)를 지휘하면서 형평사 예천사건의 한 가운데서 활약하였다.

(3) 통합성

이 시기 통합성을 말해주는 여러 사례가 있지만, 두 가지만 대표적으로 들어보자. 하나는 6·10만세운동이요, 다른 하나는 신간회다.

민족운동의 전반적인 분위기는 1924년에 들어 사회주의 성향을 강하게 드러냈다. 청년·학생운동이나 노동·농민운동 등이 모두 그러했고, 더구나 운동의 범주가 크게 확대되었다. 이 상황에서 1926년 4월 26일 순종의 장례 날짜가 6월 10일로 잡히자, 여러 세력들이 3·1운동을 머리에 떠올리면서 조직적인 저항운동을 준비하고 나섰다. 여기에 안동 출신 인물들이 곳곳에서 주역을 맡아 활동하였다.

6·10만세운동은 국내외에서 다양한 세력에 의해 준비되었다. 물론 이 거사가 순종의 장례일에 맞추어 일어났지만, 사실상 그 이전에 이미 투쟁이 일어나고 있다가, 순종의 죽음 소식을 듣고 이에 투쟁일자를 맞추면서 확대된 일이었다. 국외에서는 조선공산당 임시상해부와 상해의 임시정부 일부 세력 및 그 외곽단체인 병인의용대(丙寅義勇隊) 등이, 국내에서는 조선공산당과 고려공산청년회·천도교·조선노농총동맹(朝鮮勞農總同盟) 등이, 그리고 학생들로서는 국외의 일본유학생과 국내의 조선학생과학연구회(朝鮮學生科學硏究會), 중앙고보생 중심의 '통동계(通洞系)', 지방의 보통학교 학생에 이르기까지 다양한 무리가 참가하였다.

중국 상해에서 활약하던 조선공산당 임시상해부는 1926년 5월 1일에 메이데이 기념 시위를 국내에 일으키고자 준비하고 있었다. 그러다가 순종의 죽음 소식을 듣고 인산일에 3·1운동과 같은 전 민족적 시위를 일으키는 쪽으로 방향을 바꾸었다.

만세 시위의 좌파 책임자는 고려공산청년회 책임비서인 안동 출신 권오설이었다. 이것은 거사를 조선공산당이 아닌 고려공산청년회가 맡았다는 말이다. 그 이유는 제1차 조선공산당이 무너진 뒤, 이를 이어 성립된 제2차 조선공산당의 기반이 아직 견고하지 못한 상황에서, 조선공산당 차원에서 일을 벌이다가는 자칫 당이 붕괴될 수 있었기 때문이라고 알려진다. 그런데 당시 전국적으로 가장 큰 조직력을 갖춘 세력은 천도교 구파세력이었다. 그래서 두 세력은 좌우합작으로 거사를 추진하기로 결정했고, 권오설은 시위 계획 수립과 발단의 역할을, 천도교측이 전국적인 확산을 각각 담당하였다.

그런데 서울에서 시위에 불을 붙이고 밀고 나가는 역할을 맡을 인물이 필요했다. 권오설은 사회주의 사상 연구단체인 조선학생과학연구회가 순종의 죽음과 국장 소식을 전해 듣고 시위 준비에 들어가 있음을 알았다. 그런데 조선학생과학연구회는 사실상 권오설의 영향 아래 있었다. 이 회의 주역 가운데 이병립(李柄立)·권오상(權五尙, 연희전문, 본명 권오돈[權五敦])은 고려공산청년회 학생부 프랙션에 함께 소속된 인물이었고, 중앙고보 학생이던 이선호(李先鎬)·류면희(柳冕熙)·권태성(權泰晟)은 우파이지만 모두 안동 출신으로 역시 권오설의 영향을 상당히 받고 있던 인물이었다. 권오설은 이들에게 시위의 도화선 구실을 맡겼다.

다음으로 신간회 안동지회(新幹會 安東支會)를 통해 통합성을 찾아보자. 1926년 중국에서 민족유일당운동의 성과가 나타나고, 국내에서도 좌우합작을 위한 논의가 진행되었다. 그러다가 1927년 2월 15일 좌우합작체로서 신간회가 결성되었다. 1927년 2월 서울에서 정우회(正友會)가 해체되면서 신간회로 발전하여 새로운 조직이 창립되자, 그 영향이 안동에도 미쳤다. 안동 지역의 청년운동에 있어 지도적 조직체였던 화성회는 1927년 4월 "금후 조선운동에 있어서 사상단체의 필요 없음을 인정하고 해체한다"고 선언하고,[10] 신간회 안동지회 설립으로 방향을 바꾸었다. 이후 안동 지역의 청년운동은 협동전선이라는 새로운 방향을 잡아 나갔다.

신간회 안동지회의 결성 움직임은 서울에서 본회가 성립된 것 보다 5개월 늦은 그해 7월에 설립준비위원회가 열리게 됨으로써 시작되었다. 7월 9일에 열린 신간회 안동지회 설립준비위원회는 준비위원 20명을 선정하였다. 이어서 각 면에서 발기인을 모집하고 8월 26일 197명을 회원으로 확보한 가운데 신간회 안동지회가 설립되었다. 이 설립대회는 서울의 신간회 본부에서 파견된 홍명희(洪命憙)를 비롯한 내빈들의 참석 아래 열렸는데, 여기서는 경과보고, 재정문제 토의와 임원선출이 있었다. 이때 선출된 임원으로 회장에는 안동 지역 독립운동계의 대부 류인식이,

10) 《東亞日報》 1927년 4월 3일자·4월 14일자.

부회장은 협동학교 출신으로 우파 독립운동의 대표자 정현모(鄭顯模), 그리고 간사는 권태석(權泰錫)을 비롯한 좌·우파 인물 24명이 맡았다. 그러다가 1928년 1월에 임원을 새로 선출하면서 류인식이 일선에서 물러나고 정현모가 회장을, 권중렬(權重烈)이 부회장을 맡았으며, 24명의 간사진, 20명의 대표위원과 7명의 후보를 선정하였다. 류인식이 일선에서 물러난 이유는 그의 건강 때문이었으리라 짐작된다. 얼마 뒤인 5월에 그가 사망했기 때문이다.

1928년 당시 신간회 안동지회 회원이 약 600여 명이었는데,[11] 안동지역 청년운동단체회원 전원이 참가한 것으로 보이며, 이들은 모두 개인 자격으로 가입한 것 같다. 신간회 안동지회 성립이 계기가 되어 여러 갈래의 민족운동 노선이 통합되었고, 사상이나 연령면에서 그 폭이 확장되었다. 특히 청년운동 전반기에 주도권을 장악하였던 민족주의 계열이 주도세력으로 다시 등장하게 되었다. 그러나 안동의 경우는 류인식이 회장에서 물러난 뒤, 점차 그 주도권이 사회주의 계열로 옮겨갔다.

신간회 안동지회의 초기 활동은 조직의 관리와 확대 방침을 모색하는 것이었다. 1927년 9월 열린 간사회는 이 문제 외에도 '영남친목회에 관한 건'·'안동고보기성회 사건에 관한 건'에 대해 논의하였다. 그런데 이 두 문제는 안동청년동맹(安東靑年同盟)에서도 같이 논의되기도 했다. 또 소작료 투쟁건, 세금공과금 지주부담, 비료대 이자의 지주부담 등을 결의하기도 하였다.[12]

1927년 12월 17일에 집회를 개최할 예정이었는데 신간회 안동지회가 발표할 선언서에 정치적인 성향이 보인다는 이유로 집회를 금지 당하였다.[13] 이러한 활동을 보면 안동지회는 정치투쟁의 필요성을 역설하면

11) 동산류인식선생기념사업회 편, 〈李雲鎬吊辭〉, 《東山全集》 下, 1978.
12) 《東亞日報》 1927년 9월 16일·9월 17일자.
13) 朝鮮總督府 慶尙北道警察部, 《高等警察要史》, 1934, 50~51쪽.

서도, 아직 민중생활상의 요구를 충분히 수용하지 못하였다. 그러나 안동군에서 발생하는 문제에 대해서는 일제 지배기관에 그 공격의 화살을 돌리고 있었던 것으로 보인다. 1929년에는 신간회의 중앙상무집행위원이던 안철수(安喆洙)가 안동지회를 방문하여 순회강연을 하였다.

7. 1920·30년대 중국에서 활동한 안동인과 혁신성·통합성

봉오동과 청산리 승첩 이후 일본군의 본격적인 공세를 피해 러시아로 이동했던 독립군은 자유시 참변을 겪고 크게 약화되었다. 일부는 러시아에 남고, 나머지는 뿔뿔이 흩어져 만주로 되돌아왔다. 이들을 다시 일으켜 세우려는 모임이 북경을 중심으로 열렸다. 북경군사통일회의(北京軍事統一會議)가 바로 그것인데, 여기에 서로군정서(西路軍政署) 최고 직책인 독판을 지낸 이상룡의 참석과 역할이 두드러졌다. 이 회의는 결국 임시정부를 쇄신하는 계기를 주문하였고, 그러한 연장선 위에 1923년 1월 상해에서 130여 명의 대표가 모인 가운데 국민대표회의가 열렸다. 그 자리에서 의장으로 선출된 인물이 김동삼이다. 안창호(安昌浩)와 윤해(尹海)가 부의장을 맡은 이 회의는 독립운동사에서 가장 규모가 큰 대표자 회의였다. 임시정부를 해체하고 새로운 정부를 세울 것인지, 아니면 임시정부를 적절하게 개조할 것인지를 논의하던 회의체에 김동삼이 의장으로 활약했다는 사실만으로도 그의 위상을 헤아릴 만하다.[14]

1920년대를 장식한 안동인의 활동에는 이상룡이 임시정부 국무령을 맡은 사실을 빼놓을 수 없다. 임시정부 초대 대통령을 맡은 이승만(李承晩)이 1921년을 지나면서 오히려 장애요소가 되자, 대통령제를 없애고

14) 김희곤, 《중국관내 한국독립운동단체연구》, 지식산업사, 1995, 156쪽.

위원제나 내각책임제로 바꾸려는 시도가 여러 번 나타났다. 국민대표회의를 통해 위기를 극복하려다가 좌절되자, 임시정부는 거의 공황상태에 빠졌지만 이승만은 해결 의도도 없는 듯 여겨졌다. 그러자 임시정부는 마침내 이승만을 탄핵하여 면직시키고, 박은식(朴殷植)을 후임 임시대통령으로 선출한 뒤 체제를 개편하였다. 그래서 선택된 제도가 내각책임제요, 그 수반이 국무령이다.

이상룡을 국무령으로 추대한 배경에는 안창호의 역할이 절대적이었다. 곧 이승만을 밀어내는 과정에서 안창호를 비롯한 서북계열 인사들이 만주의 독립운동세력과 이상룡에 대해 관심을 가지기 시작했다. 당시 미국 동포들을 방문하고 있던 안창호는 1925년 1월 이유필(李裕弼)과 조상섭(趙尙燮)에게 보낸 편지에서, "임시정부 명의를 존속하기 위해서는 백암 선생이나 기타 누구든지 백암 선생과 같지 않더라도 인애(仁愛)하는 덕(德)이 있는 이면 만족하고, …… (중략) …… 박은식 선생이나 이상룡 선생 같은 이를 두령(頭領)으로 추대하는 것이 좋을까 합니다"라고 하여 이승만의 후임으로 박은식과 이상룡을 추천하였다. 곧 정의부(正義府)의 중심인물로 만주 독립운동세력 안에서 큰 영향력을 행사하고 있던 이상룡을 임시정부 국무령으로 취임시킴으로서 정의부와의 통합을 기대했던 것이다.

이상룡은 1925년 7월 7일 임시헌법 제13조에 의거하여 임시의정원회의에서 국무령으로 선임되었다. 이에 이상룡은 조카 이광민(李光民)과 함께 1925년 8월 하순 반석현을 출발하여 9월 17일 상해에 도착하였다. 9월 22일 50여 명이 모인 청년동맹회의 환영회에 참석하였으며, 9월 23일 삼일당(三一堂)에서 국무령 취임식을 거행하였다.

취임 뒤 10월 10일 임시의정원에서 이탁(李鐸)·김동삼·오동진(吳東振)·이유필·윤세용(尹世茸)·현천묵(玄天默)·윤병용(尹秉庸)·김좌진(金佐鎭)을 국무원으로 임명했다. 이상룡은 국무원 임명에 남·북만주 3부 요인을 거의 망라했을 뿐만 아니라, 독립운동에서 고질의 하나인 지방색을 감안하여 평안·함경도의 서북은 물론 기호와 영남 출신의 인물도 아울러 기용했다. 그러나 임명된 국무원들이 취임하지 않음으로써 조각이 불가능했으며, 상해 독립운동자들 사이의 갈등으로 말미암아 12월 무렵 북경으로 옮겼다가 다음 해 2월 국무령에서 면직되었고 만주로 돌아왔다.

한편 1920년대 만주 지역에도 사회주의 물결이 밀어 닥쳤다. 조선공산당 만주총국이 결성되고, 곳곳에서 분화와 합작 시도가 되풀이 되었다. 더러는 권역 싸움이 발생하여 다툼이 잦기도 했다. 사회주의가 확산되자, 김좌진 같은 경우는 아나키스트들과 손잡고 이를 막아내려 애썼다. 그러다가 1930년에 그가 암살된 것도 바로 그 한인 사회주의자들의 공격으로 말미암은 것이었다.

그런데 안동인들의 경우는 그러한 갈등을 비교적 적게 겪었다. 그 대표적인 원인을 이상룡의 경우에서 찾을 수 있다. 곧 사회주의 자체를 유학의 차원에서 이해하고 수용해 간 것이다.

이상룡은 1920년대 초반 사회주의 이론에 대해 관심을 나타냈다. 1921년 무렵 사회주의에 대한 그의 인식은 단편적이었다. 그러다가 1920년대 중반에 들면서 점차 사회주의에 대해 깊이 사고한 결과가 《광의(廣義)》라는 저술로 드러났다. 《광의》는 그 자신이 인류의 발전을 나름대로 규격화한 것인데, 러시아 혁명과 그 이후 수립된 볼셰비키 정부를 긍정적으로 평가하였다.[15)]

그는 인간을 본질적으로 평등한 보편적 존재로 보았다. 그러나 인류사회는 경쟁으로 말미암아 불평등이 초래되고, 그러한 경쟁과정에서는 강약에 따라 승패가 결정될 수밖에 없었다고 보았다. 그는 인류사회

15) 이상룡의 사상 부분 글은 김정미의 연구(〈석주 이상룡의 독립운동과 사상〉, 경북대학교 박사학위논문, 2001) 참고.

의 발전과정에서 경쟁으로 말미암은 불평등과 승패를 부정하지는 않으면서도 인류사회가 그러한 불평등을 해소하면서 궁극적으로 모든 인류의 행복을 추구하는 방향으로 나아가야 할 것으로 보고, 그러한 비전을 가지고 있던 루소와 공자의 관점을 소개하였다.

그는 인류역사의 전개과정을 통치자의 성격과 형태에 따라 다군지세(多君之世)·일군지세(一君之世)·민주지세(民主之世)의 3세로 나누었으며, 추장시대(酋長時代)→봉건시대(封建時代)→군주전제시대(君主專制時代)→입헌군주시대(立憲君主時代)→총통시대(總統時代)→무총통시대(無總統時代)로 나아가는 것으로 보았다. 이 가운데 총통시대는 민주공화제, 무총통시대는 사회주의국가체제를 가리키는 것이었다. 그리고 혁명정부가 들어선 러시아를 공자가 말한 바 대동세(大同世)의 단계에 이른 것으로 파악하였다. 그런데 대동지도(大同之道)가 이루어지기 위해서는, 토지와 자본의 공유가 선행되어야 한다고 보았다. 곧 천하위공(天下爲公)이 이루어져야 한다는 것이다. 인류가 도달해야 할 가장 이상적인 사회는 당시 러시아의 노농정부와 같은 무총통시대이며, 이러한 사회단계에 이르기 위해서는 토지와 자본의 공유가 우선 실현되어야 할 것으로 보았다. 경제적으로 불평등한 사회에서는 자유니 평등이니 하는 말은 공언(空言)에 불과하며 인류의 행복은 바랄 수 없는 것이므로, 천하위공이 치평(治平)의 요령이라는 것이다. 바로 이러한 사회가 공자가 말한 대동세이며, 진정한 민주지세(民主之世)였던 것이다. 곧 정치적 자유에 앞서 사적 소유의 부정이 선행되어야 비로소 인류의 진정한 행복 추구가 가능할 것으로 보았다.

이상룡은 러시아 혁명과 같은 과정을 거쳐 노농정부를 수립할 것을 지향했는지에 대해선 분명히 밝히지 않았다. 따라서 그의 독립운동노선이 사회주의적인 지향을 갖고 있었는가에 대해서 단정할 수는 없다. 그러나 이 때 그의 자손과 친지들이 한족노동당(韓族勞動黨), 남만한인청년동맹(南滿韓人青年同盟)과 같은 조직의 결성을 주도하며 민족운동을 전개했으며, 이상룡 자신이 그들의 활동을 측면에서 지지하는 입장이었다고 하는 점이 주목된다. 이러한 사실로 미루어 볼 때, 이상룡은 해방된 조선을 비롯하여 모든 국가와 민족이, 궁극적으로는 모든 인류가 행복을 추구할 수 있는 사회 형태, 곧 대동세의 단계로 나아가야 한다고 보고 러시아의 혁명을 통해서 그 실현 가능성을 확인했던 것으로 보인다.

이상룡이 《광의》에서 궁극적으로 말하고자 한 것은 러시아의 혁명과 그로 말미암아 출현한 사회가 천하위공의 시대 곧 '대동세'임을 보여주는 것이다. 최대다수의 행복을 추구하는 것이 인류사회의 목표라면 러시아의 혁명과 그로 말미암은 공산주의 사회가 그것을 실현해낼 수 있을 것임을 주장하였다. 그러면서도 그러한 사회에 대한 전망이 공자에 의해 수천 년 전에 이미 제기되었다는 사실을 강조하였다. 다시 말해 그는 유학적 세계관의 부정을 통해서 서양 근대사상과 사회주의 이론으로 나아가려고 하지 않았다. 오히려 이상룡 자신의 세계관, 사회발전론을 공자의 사상으로 재해석함으로써 뒷받침하려고 했다는 점이 특징이라 할 수 있다.

중국 지역에서 활약한 안동인 가운데 혁신성에서 뚜렷한 존재를 드러낸 인물로는 이육사(李陸史)와 류림(柳林)을 빠트릴 수 없다. 이육사는 1932년 중국 남경에서 의열단이 설립한 조선혁명군사정치간부학교(朝鮮革命軍事政治幹部學校)에 입학하여 초급장교로 양성되었다. 국내로 잠입한 그는 불운하게도 일제 경찰에 검거되었고, 풀려난 뒤에는 《조선일보》 대구지국 기자로 활약하면서 새로운 문학 활동을 벌였다. 그러던 이육사는 1940년대에 들면서 다시 독립운동에 뛰어 들었다. 북경으로 가서 활약하던 그는 북경 주재 일본영사관 경찰에 의해 구금되고 끝내 일본감옥에서 순국하였다. 문인들의 대다수가 친일 물결에 휩쓸려 떠내려갈 때, 그는 윤동주(尹東柱)·송몽규(宋夢奎)와 더불어 민족문학가로서의 자리를 잃지 않았다. 그가 남긴 말처럼 어릴 때부터 자신을 짓누르는 규범이 바로 안동에 있었고, 그 때문에 그는 남들이 가기 힘든 독립운동의 길을 거듭거듭 걸을 수 있었다.

류림은 아나키스트였다. 3·1운동 이후에 만주로 망명한 그는 중국 성도에서 사천사범대학을 다니고 아나키스트로 성장한 것이다. 1929년 평양에 잠입하여 전조선흑색사회운동자대회(全朝鮮黑色社會運動者大會)에 참가하고 비밀리에 조선공산무정부주의자연맹(朝鮮共産無政府主義者聯盟)을 결성했던 그는 일제에 검거되어 5년형의 판결에도 불구하고 6년 동안이나 옥고를 치렀으며, 출옥 뒤 다시 망명하여 중경 임시정부의 국무위원이 되었다. 아나키즘을 받아들여 이로써 민족문제를 해결하겠다던 그의 길은 혁신 그 자체였다. 그러면서도 아나키스트들이 정부조직을 거부한 것과 달리, 그는 민족문제를 해결하는 방법으로 정부 조직을 수용하는 통합적인 자세도 보였다.

8. 1930·40년대 항일투쟁과 혁신성

신간회 안동지회장에서 물러난 류인식이 4개월 만인 1928년 5월에 세상을 떠났다. 이에 신간회 안동지회는 다른 청년운동단체와 함께 안동 사회장을 치르려 하였지만, 일제의 탄압으로 제대로 진행되지 못하였다. 류인식은 안동 지역 사회운동에 대해 중도적 입장을 취하였고, 정신적인 지주로서 당시의 청년운동을 이해하면서 각 면의 유지들도 끌어들일 수 있었던 인물이었다. 류인식의 죽음은 그 동안 좌우합작이 잘 이루어지던 신간회 안동지회의 분열을 초래하였다.

류인식의 영향력이 사라진 뒤, 간부진 구성에서는 큰 변화가 나타나지 않았다. 우선 류인식 사망 이전인 1월에 정현모가 회장을 맡았다.

그리고 한 해가 지난 1929년 1월에는 이운호(李雲鎬)가 회장을, 김중학(金中學)이 부회장을 각각 맡았다. 회장과 부회장이 우파진영의 인물이지만, 간사는 좌·우파진영이 망라되었다.

1928년을 지나면서 좌파진영은 커다란 장벽에 부닥쳤다. 김남수가 그해 2월부터 시작된 제3차 조선공산당사건으로 검거됨으로써 타격을 받았다. 또 8월 무렵에는 제4차 조선공산당사건으로 풍산소작인회의 간부이던 안상길·이회원(李會源)과 안동청년동맹의 권태동(權泰東)·이지호(李墀鎬) 등이 검거됨으로써 소작인회 및 기타 사회단체에 대한 일제 경찰의 감시와 탄압은 더욱 심해져, 안동의 합법적인 사회운동이 난관에 부닥치게 되었다. 이를 극복하기 위해 이회승(李會昇)·김기진(金基鎭) 등 안동 지역 좌파 인물들이 조선공산당 재건운동에 힘을 기울였는데, 이것이 1930년에 '경북공산당사건'이라는 이름으로 발각되고 말았다. 핵심 인물은 안상길·이회원·이회승·김기진·남장(南璋)·안상태(安相泰)·김남수·이지호·이운호·오성무(吳成武)·김경한(金慶漢)·김연한(金璉漢)·류연술(柳淵述)·남병세(南炳世) 등이었다. 이에 따라 안동의 사회주의운동은 거의 소멸단계에 접어 들었고, 남은 조직마저도 지하로 숨어들게 되었다.

여기에 남은 세력이 1931년 '안동코뮤니스트 그룹'(이하 안동콤그룹)으로 나타났다. 신간회 해소론이 제기되자, 안동지회에서 활동하고 있던 청년들 가운데 좌파세력은 새로운 방향을 모색하고 나섰다. 중심인물은 안동청년동맹과 신간회 안동지회에서 활동하던 안상윤(安相潤)·이필(李鉍)·권중택(權重澤) 등이었다. 안상윤은 서울 중동학교에 재학 중이던 1929년, 동향 출신인 안상훈(安相勳)의 주도 아래 조선공산당 재건운동을 목적으로 학생들을 규합하는 과정에서 일제 경찰에 체포되어 학교에서 퇴학당한 뒤 안동으로 돌아와 활동하고 있었다. 그리고 이필은 1928년 경성사립 제2고등보통학교에서 퇴학당한 뒤 1930년 1월 일본으로 건너가 같은 해 11월 귀향하였다. 당시 신문보도에 따르면, 그는 일본에 있는 동안 일본공산당의 관계자를 접촉하였으며, 귀국할 당시 일본공산당 조선지부를 건설하라는 명령을 받았다고 전해진다.

안상윤·이필·권중택 등은 안동의 사회운동을 지도할 수 있는 비밀 조직을 결성하기로 합의하고, 1931년 3월에 '안동콤그룹'을 결성하였다. 안상윤은 책임비서, 이필은 교양부 위원, 권중택은 조직부 위원을 각각 맡기로 결정하였다. 또한 안상윤은 임하면과 와룡면, 이필은 예안면과 도산면, 권중택은 안동읍의 세포조직을 담당하기로 결의하였다. 이와 함께 '안동콤그룹' 아래에 적색농민조합과 반제동맹을 두기로 하였다. '안동콤그룹' 관련자(1934년 현재)는 안상윤·이필·권중택·권예윤(權藝潤)·김공망(金公望)·김후식(金厚植)·이점백(李點佰)·김태상(金台尙)·이발호(李發鎬)·류기만(柳基萬)·김종진(金鍾鎭, 영주)·김명진(金命鎭, 영주)·김계진(金季鎭, 영주)·박항택(朴恒澤, 봉화)·황신흠(黃信欽, 봉화)·이두춘(李斗春, 봉화)·권익환(權益煥, 봉화)·권경섭(權景燮, 봉화) 등이었다.

'안동콤그룹'은 대규모 봉기가 사전에 발각되어 실패로 돌아갔지만, 조직의 구성원과 활동 목표에서 이전과는 전혀 다른 모습을 보여주었다. 조직의 구성원은 기존의 지식인 위주에서 벗어나 노동자, 농민을 중심으로 진보적 성향의 민족주의자들을 포괄하였다. 또한 활동목표도 사유재산을 부정하고 노동자·농민의 정부 수립으로 정하기는 했지만, 당면한 노동자·농민의 생존권투쟁까지도 담아내고 있었다.

9. 운동에너지의 지속성과 수월성(秀越性)

한국 독립운동사는 1894년 안동의 갑오의병부터 1945년 해방에 이르는 51년 동안 펼쳐졌다. 그 내용은 의병항쟁이 가장 먼저 일어났고, 이어서 계몽운동이 이어지며, 1910년대에 만주에 독립군기지를 건설하거나, 국내에서 순절하는 투쟁, 또는 의열투쟁을 펼치며 독립전쟁을 준비하는 활동 등이었다. 이어서 1919년 3·1운동이 일어나고, 1920년대에 들어서는 사회운동이 펼쳐졌다. 1920년대 중반에 들어 이념적 분화와 통합 모색 작업이 거듭되었고, 1930년대에 들어서도 그러한 현상은 되풀이되었다. 국내에서는 노농투쟁이 전개되고, 국외에서는 임시정부의 활동과 독립군 전투가 펼쳐졌다. 1940년대에는 전시체제를 맞아 국내에서 주로 학생조직을 중심으로 독립군적인 조직들이 나타나고, 중국 지역에서는 임시정부와 한국광복군 활동이 두드러졌다.

한국 독립운동사의 기간이 51년이고, 활동 영역이 다양하다고 해서 모든 지역이 그러하다는 말은 아니다. 대부분의 지역은 의병과 3·1운동만 일어났다. 도시에서는 구국계몽운동이 일어나기도 했고, 사회운동이 있기도 했다. 하지만 그러한 활동이 줄곧 진행된 지역은 거의 없다. 다만 안동은 예외 지역이다. 안동에서는, 또 안동인은 항일투쟁기 전 시기와 대부분의 투쟁 분야에 고루 참가한 특징을 지녔다. 의병이 가장 먼저 일어난 곳이 안동이고, 전국에서 순절자가 가장 많은 곳도 안동이다. 혁신인사들이 등장하여 구국계몽운동을 이끌거나, 만주로 집단 망명하여 독립군기지를 건설하면서 독립전쟁을 추구해나간 중심에도 안동인이 서 있었다. 3·1운동에서 격렬한 저항성을 보였고, 국내와 중국, 그리고 일본에서 터진 의열투쟁에서도 안동인은 핵심 구실을 했다. 1944년 안동농림학교의 조선국권회복연구단은 독립군적 조직으로 결성되었다. 또 저항시인의 활동도 뚜렷한 자취를 남겼다.

이처럼 안동인이 펼친 독립운동은 항일투쟁기 전 시기를 이어갔으니 그 지속성이 놀랍기만 하다. 다른 지역과는 너무나 다른 양상이다. 그렇다면 안동인이 펼친 독립운동의 에너지는 어디에서 나왔을까? 안동문화권 유림들이 가진 명분과 의리 중시 현상이 민족문제 해결에 적극 나서는 정신적인 바탕이라면, 그를 종적으로 묶어주는 골간은 퇴계학맥이다. 또 횡적으로 이를 결속하는 것이 혼맥이다. 학맥과 혼맥이 그물의 종횡으로 얽혀, 그것도 촘촘하고 강하게 엮여 끈질기고 흔들리지 않는 에너지를 쏟아 냈다. 안동 독립운동의 지속성은 지도적 반열에 있던 문중의 규모, 지도자 그룹의 지향성과 지도력, 학문과 사상으로 무장한 인력의 지속적 양성과 공급에 따라 유지될 수 있었다.

제2부 국내 독립운동

제1장 국권회복운동
제2장 1910년대 안동인의 독립운동
제3장 3·1운동
제4장 1920년대의 독립운동
제5장 1930·40년대 독립운동

제1장 국권회복운동

1. 한말 정치적 동향과 안동

(1) 위정척사운동과 영남만인소

1800년대 중반에 들어 조선 사회는 나라 안팎으로 심각한 변화에 맞닥뜨렸다. 안으로는 세도정치(勢道政治)의 폐단이 부정적인 영향으로 나타났고, 밖으로는 중국 중심의 세계관이 무너지고 있었던 것이다.

세도정치란 소수세력에 의해 펼쳐진 장기 독재정권이었다. 고인 물이 썩는 것처럼 세도정치는 조선후기 사회를 썩게 만드는 가장 나쁜 독성으로 작용하였다. 정치적 부패, 삼정(三政, 전정·군정·환곡)의 문란으로 말해지는 사회·경제적인 혼란, 이에 따른 민중들의 반란과 봉기 등이 모두 이 세도정치에서 비롯된 일이었다. 물론 이것은 실학 이후 근대사회를 향해 가닥을 잡아가던 역사의 수레바퀴마저 정지시키거나 오히려 뒤로 후퇴시켰음은 두말할 나위도 없다.

흥선대원군을 비롯한 정치인과 양반유생들은 위정척사론(衛正斥邪論)으로 위기를 극복하고자 하였다. 정(正)은 주자학적인 질서이니, 이것을 지켜 나간다는 것이 '위정(衛正)'이다. 그리고 주자학 이외의 사상, 특히 서양의 사상이나 종교는 사악하고 나쁜 것이므로 이를 배척해야 한다는 것이 '척사(斥邪)'이다. 이 위정척사론은 주리론에 바탕을 두고 이항로(李恒老)와 기정진(奇正鎭)을 비롯한 재야의 유생을 중심으로 형성·확대되었다.

이들이 무턱대고 서양 문화의 도입을 반대한 것은 아니다. 교역을 한다면 서양의 공산품 공세에 우리의 농산품 대응으로는 감당해내지 못하고, 결국에는 경제적으로 그들에게 예속될 것이라고 경고하였다. 상당히 정확한 예측이었다. 또 그들은 서유럽 문화의 유입으로 말미암아 조선의 고유한 문화와 심지어 기존 질서까지도 무너질지도 모른다고 걱정하면서 그 침략성을 비판하였다. 그러면서 이들은 서양에 대한 강경한 입장을 보이기 위해서는 나라 전체가 안고 있던 병폐를 개혁해야 한다고 주장하였다.

위정척사론은 1800년대 중반 이후 열강의 침탈에 대한 위기감이 높아지면서 구체적인 운동의 형태로 나타났다. 1876년 조일수호조규(이하 강화도조약)가 체결되자 이에 대항하여 왜양일체론, 곧 왜와 서양 오랑캐는 동일하다는 논리를 내걸고 일본과 수교하는 것을 반대하는 상소운동이 일어났다. 최익현(崔益鉉)을 비롯한 척사론자들은 개항체제로 말미암아 조선사회가 일본의 반식민(半植民) 상태로 떨어질 우려가 있음을 지적하고, 불평등한 조약을 체결하는 데 반대하고 나섰다.

위정척사운동은 1880년 김홍집(金弘集)이 일본에서 가져온 황준헌(黃遵憲)의 《조선책략(朝鮮策略)》을 조정에서 수용하자마자 전국적으로 퍼져나갔다. 《조선책략》은 황준헌의 개인 의견이라는 형태로 집필되었지만 사실상 중국의 실력자 이홍장(李鴻章)의 뜻이 담긴 정책론임에 틀림

영남만인소운동의 계기가 되었던 《조선책략》

없다. 그 핵심은 러시아의 남하를 막아내는 '동아시아-태평양 연대'를 형성하는 데 조선이 참가해야 한다는 내용이었다.

1860년대 들어 청조가 마주친 열강 가운데 무엇보다 러시아가 가장 위협적이었다. 서유럽 열강이야 기껏 조차지를 장악하는 데 그치지만, 러시아는 중국과 직접 국경을 맞댄 나라이고, 1689년 네르친스크조약 이후 줄곧 국경문제가 심각하게 떠오른 국가였다. 특히 1860년 북경조약으로 청국은 러시아에게 연해주를 넘겨주고 말았다. 러시아의 남하로 말미암아 만주 지역은 청국에게 가장 고민스럽고도 위험한 공간으로 여겨지게 되었다. 청국 정부가 왕조의 발상지인 만주 지역을 보존하고자 시행해 오던 봉금정책(封禁政策)을 풀고 만주로의 이주정책을 펴기 시작한 이유도 거기에 있었다. 마침 조선이 일본과 조약을 맺고 개항하자, 이홍장은 미국을 끌어들여 청-조선-일본-미국으로 연결되는 대러시아

방어라인을 구상하고, 이를 위해 조선이 미국과 연대를 형성해야 한다고 요구하고 나섰다. 이 점이 바로 《조선책략》이 노린 목표였다.

이 책에는 구체적인 방안으로 친중국(親中國)·결일본(結日本)·연미국(聯美國)을 제시하였다. 중국과 친하고 일본과 결속하며 미국과 연합해야 한다는 뜻이 핵심이다. 그런데 이미 청국과는 그러한 관계에 있고, 일본과는 강화도조약을 맺은 처지이므로, 남은 과제가 바로 미국과 조약을 맺는 일이었다. 결국 청의 요구는 조선이 미국과 연합해야 한다는 것이었다.

조선정부는 청국이 제시한 정책을 수용하는 방향으로 가닥을 잡아나갔다. 1880년 여름을 지나면서 정부의 정책 기조(基調)가 구체화해가자, 유림들의 반발이 일어나기 시작했다. 11월 1일 도산서원에서 〈통문(通文)〉이 발송되었다.[1] 이것이 '영남만인소(嶺南萬人疏)'라고 불리는 거대한 저항운동의 서막이었다.

도산서원은 《조선책략》으로 말미암은 난국에 대처할 방도를 찾자는 논의를 제기하고 나섰다. 도산서원의 〈통문〉은 미국과 연합해야 한다는 주장을 통렬하게 반박하는 내용을 담아 영남지역 전체에 발송되었다. 청국이 미국을 끌어들이기 위해 야소교가 천주교와 다르다고 주장하지만, 사실상 결코 그렇지 않다고 이 〈통문〉은 못 박았다. 또 이 글은 헌종의 〈척사윤음〉을 인용하기도 하고, 정조가 내린 〈선정사유문(先正賜侑文)〉을 본떠 "비록 이단이 이에 서로 유혹하지만, 영남 일흔 한 고을이 미혹되지 않았고, 이 때문에 추로지향(鄒魯之鄕)이라 부르니 누구의 공로이겠습니까?"라고 물으면서 척사소를 올리자고 다음과 같이 제안하였다.

1) 당시 서울 소식을 안동으로 전해주던 인물 가운데 대표적인 사람이 東亭 李炳鎬(일명 李定鎬)였다.

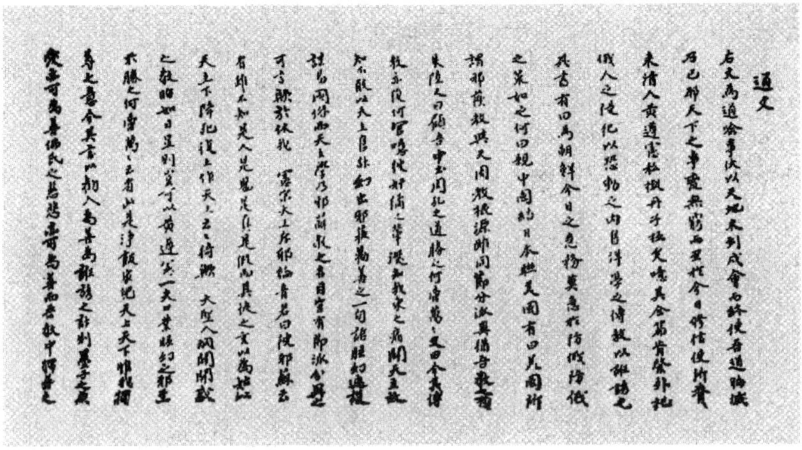

도산서원 〈통문〉

우리 대 영남이 선조의 보호와 가르침, 그리고 선정(先正)의 가르침을 입고 있음은 무엇 때문입니까? 아! 액운을 만나 온 세상이 망해 버렸으되, 한 줄기 문명의 기운이 우리 동방에 부쳐 있으니 어떻게 서로 사설에 빠져 회멸(晦滅)을 저들에게 맡기고 말겠습니까? 선비된 자는 우리의 도를 위하여 죽을 때가 바로 지금입니다. 이에 모여 논의하고 규탄 척사를 요구하는 소를 닦기로 하고, 이번 달 25일 안동 숭보당(崇報堂)에서 도회를 열기로 결정하였으므로, 동지 군자들에게 받들어 고하노니 삼가 원컨대 일제히 오셔서 일의 효험을 굳게 다짐하는 바탕으로 삼게 해 주신다면 천만다행이겠습니다.[2)]

도산서원 〈통문〉은 1880년 11월 25일, 안동에 있는 태사묘(太師廟) 강당인 숭보당에서 유림들의 집회인 도회(都會)를 연다고 밝혔다. 이것이 곧 영남만인소를 기점으로 삼은 1881년 신사(辛巳)년 대척사운동의

2) 도산서원, 〈通文〉(일본 天理大學 소장).

태사묘 숭보당. 영남만인소운동을 전개하기 위한 모임 장소로 결정되었던 숭보당은 고려 건국공신 '삼태사'를 기리고자 만들어진 사당이다.

시작이었다. 그런데 실제 도회가 열린 장소는 태사묘에서 북서쪽으로 200미터 정도 떨어진 안동향교(현 안동시청 자리)였다.

안동도회에서 상소 대표인 소수(疏首)로 퇴계 후손이자 도산서원 상유사이면서 '도산서원 〈통문〉' 대표 발의자인 이만손(李晚孫)이 뽑혔다. 그리고 조사에 최시술(崔蓍述)·류필영(柳必永)·권술봉(權述鳳)·김현휘(金絅輝)·이병호(李炳鎬), 공사원에 김석규(金碩奎)·김양진(金養鎭)·김상흠(金尙欽)·박재홍(朴載洪)·하현원(河顯源) 등이 선정되었다. 한편 경상우도에서는 황난선(黃蘭善)·이진상(李震相)·송인호(宋寅濩) 등이 성주 신광사(神光寺)에 모여 척사통문을 발송하고, 개령향교(開寧鄉校)에 모여 척사운동의 대열에 참여하였다.

경상좌·우도에서 모임을 가진 유생들은 영남만인소 총회장소로 상

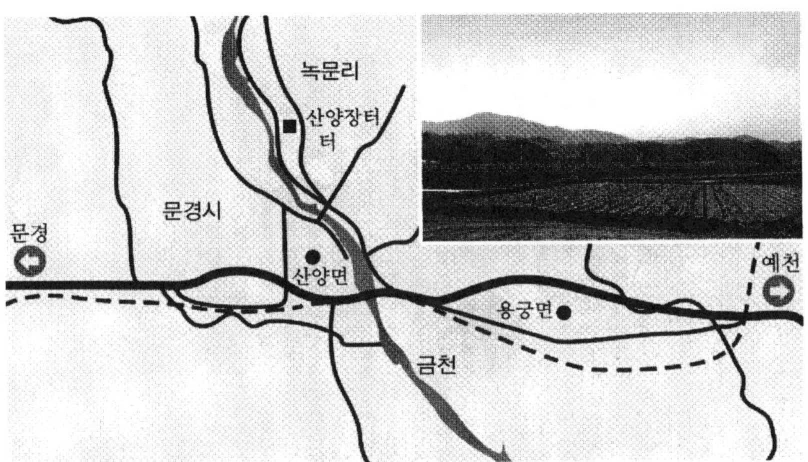

산양장터. 원래 상주에 속한 지역이었는데, 지금은 문경시 산양면에 속한다. 15년을 사이로 대규모의 위정척사운동이 펼쳐졌던 곳이다.

주 산양(현 문경시 산양면)을 선정하였다. 이곳은 영남만인소를 채택하기 위해 모인 곳이기도 하지만, 뒷날 1896년 상주 태봉에 있던 일본군을 공격하고자 7개 의진(義陣)들이 연합·출정한 곳이기도 하다. 이곳은 15년이라는 사이를 두고 위정척사와 관련한 대규모 모임이 열렸으며, 지리적으로 영남 지역 유생들이 서울로 가기 위해 거치는 길목이기도 했다.

산양 모임은 정월 20일 무렵부터 열렸다. 모인 유생들이 논의 끝에 채택한 상소문은 강진규(姜晉奎)가 제출한 척사소였다. 이만손을 소수로 삼은 영남 유생들은 2월 초에 산양을 출발하여 서울로 향했다. 이는 곧 대궐 앞에 엎드려 집단으로 상소를 올리는 복합상소(伏閤上疏)의 출발점이었다. 모두 4차례나 복합상소가 펼쳐졌다. 1차 복합상소는 2월 중순부터 진행되었는데, 참여한 유생은 처음에 270～300여 명이었다. 이어서 2월 하순 무렵에는 400여 명에 이르렀고, 안동·상주·경주·대구·김해 가운데 안동과 상주 유생이 150명을 넘었다. 2월 20일에 만인소가 받아들여져 1차 상소가 끝났다. 그러나 영남만인소는 여기에서 멈춘 것이 아니

嶺南萬人疏

伏以臣等俱是嶺外疎逖之蹤耳 韋布之賤名 未登於仕籍 管窺之微才 不通於世務 而尚幸其
生也動華聖明之時 其居也鄒魯仁賢之鄕 所誦說者 周公孔子之書也 所服習者 周公孔子之敎
也 惟其疎遠微賤 未能有以萬分一裨補維新之治 庶幾講明執守 益篤彝衛之性 征邁指引 益嚴
扶斥之義 上不負菁莪作育之化 下不負降衷秉彝之性 以爲不報之報而已 卽伏見修信使金弘集
所賚來 黃遵憲私擬一冊而流傳者 不覺髮竪膽掉 繼之以痛哭流涕也 嗚呼 天下之生久 堯舜周
孔闢之於前 思孟程朱明之於後 惓惓乎民彝物則之本 疏疏乎敍秩命討之實 一或有邪說詖行
藉子孳其間 則必拒闢之 棄絶之 驅除之 殄滅之 是以楊墨之學仁義 而斥之甚於洪水 老佛之
見心性 而討之急於私讐 左道惑衆之誅 著於王法 黨與先治之訓 載在春秋 千五百年之間 由
是而治 反是而亂 由是而安 反是而危 由是而民生奠於衽席 反是而人類淪於鬼魅 由百等百
莫之或違 益以爲天地之心 爲國家之立命者 舍是則無他道故也 洪惟我朝建極 列聖相承 崇儒
重道 式至今休 諸 不在六藝之科 詩書之敎 在罔敢售其胸臆 騁其頰舌 一道同俗之美 猗歟自
三代以下 未有臻斯盛者也 而不幸有耶穌邪敎 出於海外夷種 禮義廉恥尙矣 勿論倫綱彝則 一切
掃蕩 其言也宏闊肆大 而老佛之所不敢道 其術也奸騙狙詐 而楊墨之所不忍爲 傳習乎黃巾白
蓮之妖 而致擒逸之 依托乎柴羅黑帽之神 而蹤跡甚焉 直一禽獸耳 犬羊耳 謂我無人 思易天
下 噫嘻中士 被陷東國 而周孔變矣 程朱已矣 平陂之時運不常 好惡之民志靡塞 則鉏鋤訊掃
之責 其不在乎吾君吾相乎 肆我先王正宗純祖 以及憲廟 先西後中 增其式廓 干犯者必殺無赦
雖醜者雖小不貸 軒鏡高懸 爲期增廣 妖賊儼側 或就顯戮 逮我聖上踐祚 遹追先王之志 率乘
由先王之典憲 丙寅沁都之變 彼自送死 我乃致討 天怒斯赫 群醜藏遁 已有之鑠鑕 尙在 巳

〈영남만인소〉

라 4차까지 이어졌다. 곧 3월 하순까지 김조영(金祖永)을 소수로 2차, 김석규를 소수로 3차, 김진순(金鎭淳)을 소수로 4차 상소가 이어진 것이다.

영남만인소는 도산서원 〈통문〉과 내용이 대략 비슷하였다. '중국과 친하고 일본과 결속하며 미국과 연합하여 러시아를 막는다'는 《조선책략》의 내용을 비판하면서 "우리나라는 옛날부터 훌륭한 법규가 있으므로 서학을 수용할 필요가 없고, 황준헌이라는 자가 중국인이라고 하지만 일본 앞잡이"라고 주장하였다. 또 이들은 《조선책략》을 가져온 김홍집을 처벌하라고 요구하고, 기독교가 단지 천주교라는 명칭만을 바꾸어 쉽게 전파하려는 속셈에 지나지 않는다고 밝혔다.

영남만인소는 개화를 추진하던 민씨 정권의 퇴진을 요구하는 정치적 성격을 지녔다. 결국 민씨 척족에 도전장을 내밀고 개화정책을 반대한 것이어서, 정부는 영남만인소가 정권에 도전하고 있다고 규정하였다. 때문에 소수 이만손과 상소문을 쓴 강진규가 유배당하기에 이르렀다. 그러자 영남 유생들의 성향은 정치투쟁에서 차츰 외세배척·반외세투쟁으로 바뀌어 갔다.

영남만인소는 신사년 대척사운동의 출발점이 되었다.[3] 이는 경기·충청·강원 지역에서 상소운동이 일어나는 계기가 되었다. 이제 유림들이 당론이나 지역성을 넘어서 일본과 서양세력의 침략에 맞서 연대투쟁을 벌이는 상황으로 발전하였다. 그리하여 충청도에서는 홍시중(洪時中)과 황재현(黃載賢)이 상소를 올렸고, 유생 삼백 여 명이 한홍렬(韓洪烈)을 소수로 삼아 복합상소하였다. 그리고 4월 중순 경기도에서 류기영(柳冀榮)·이행규(李行逵)를 중심으로 100여 명이 상소를 올렸다.

연미론을 근거로 삼아 조미수호조약을 추진하려던 정부에 대항해 전국 유생들이 궐기하고 나섰다. 정부도 그 순간 멈칫하였다. 하지만 이러한 운동은 재집권 기회를 노리던 흥선대원군 세력이 쿠데타를 기도하다가 실패하는 바람에 좌절되고 말았다. 전국에서 유생들이 들고 일어난 상황을 주시하던 흥선대원군 측근 세력들이 국왕을 폐하고 흥선대원군의 서자 이재선(李載先)을 추대하려다가 미수에 그친 사건이 그것이다. 이로 말미암아 정부는 흥선대원군 측근 세력만이 아니라 위정척사운동 자체를 철저하게 탄압하는 빌미를 확보했던 셈이다. 정치세력의 계산과 술수로 말미암아 유림의 구국일념이 무너졌던 것이다.

안기영사건(安驥泳事件) 뒤에 위정척사운동은 차츰 수그러드는 기

3) 《日本外交文書》 14, No.155, 371~375쪽.

미를 보였다. 그 결과 이듬해인 1882년 4월에 미국·영국, 5월에 독일과 연속적으로 조약을 맺은 데 이어, 1884년에 러시아, 그리고 1886년에 프랑스와도 조약을 맺었다. 이 과정에서 정부는 개화정책 추진을 분명히 하고, 전국에 세웠던 척화비를 1882년 8월 5일에 모두 철거하였다. 한편 1890년대에 들어서면 위정척사사상은 의병항쟁의 사상적 바탕으로 작용하고, 위정척사운동에 참여하였던 일부 인사들이 의병으로 전환함으로써 의병항쟁이라는 또 다른 모습으로 나타나게 된다.

(2) 동학농민운동과 안동

1894년 전라도 고부에서 반봉건·반침략의 깃발을 들고 농민운동이 발발하였다.[4] 농민운동의 발생은 당시 부패한 정부의 착취와 개항 이후 전라도 지역으로 유입되는 일본의 경제적 침략에 바탕을 두고 있었다. 동학농민군이 전주성을 점령하자 조선정부는 청국에 원병을 요청하였고, 이에 따라 청일 양국은 각기 조선에 군대를 파견하였다.[5] 이에 동학농민군은 폐정개혁안을 수락하는 조건으로 정부와 전주화약을 맺고 스스로 해산하였다. 폐정개혁안은 동학농민군에 대한 탄압 중지를 전제하고 있으며, 탐관오리·양반유생·토호의 탄압과 경제적 수탈을 중지하고 신분상의 차별 철폐를 요구하는 등 개혁안을 담고 있었다.[6] 이 폐정개혁안이 갑오정권의 정책수립에 적극적으로 채택되었다고 보기는 어렵지만, 동학농민군이 조선 말기 정치·사회적 혼란을 극복하고 주체적으로 이를 개혁하겠다는 의지를 표명한 것으로 볼 수 있다.

그런데 안동에는 동학농민군의 활동이 거의 없었다고 할 만큼 미약

4) 韓祐劤, 〈東學農民蜂起〉, 《한국사》 17, 국사편찬위원회, 1973, 92~93쪽.
5) 李光麟, 《韓國史講座》, 一潮閣, 1981, 297~301쪽.
6) 《東學亂日記》 上卷, 국사편찬위원회, 1974, 10~109쪽.

했다. 안동의 동학농민군은 예천 지역 도접주인 최맹순(崔孟淳)을 중심으로 상주·용궁·안동·풍기·문경·영천(영주)·단양 등 13접주가 연합하여 예천을 공격하려던 계획에 참여하기도 하였다. 또 1894년 8월 21일 무렵에는 안동 인근의 농민군들이 일직면에 모여 안동부를 공격하려고 선발대를 파견하기도 하였다. 그러나 안동진영 교졸(校卒)의 선제공격과, 일반 농민으로 구성된 민보군을 주력으로 삼은 유림의 반격에 대항하지 못하고 곧 흩어지고 말았다.[7] 이렇듯 안동에서는 농민군의 활동이 두드러지지 못하였다.

안동 지역에서 농민군의 활동이 두드러지지 못했던 이유로는 1871년의 이필제난(李弼濟亂)을 먼저 들 수 있다. 영해작변(寧海作變)이라고도 불린 이 난은 이필제(李弼濟)의 주도로 영해에서 동학교단이 최초로 전개한 운동으로써, 교조 최제우(崔濟愚)가 죄 없이 사형되었다는 점을 인정받으려는 '교조신원운동(敎祖伸寃運動)'이었다. 여기에는 영해뿐 아니라 인근 18개 지역의 동학조직이 총동원되었다고 할 수 있다. 안동의 교도들도 참여하였고, 이들 가운데 네 명은 잡혀 효수되거나 유배당하였다. 이필제난은 실패하였고, 300여 명에 이르는 교도와 농민들이 처참하게 살해되었다. 이는 초기 경상좌도 지역의 동학조직을 완전히 무너뜨리는 결과를 가져왔다.

둘째, 정치적으로 안동의 지배계층은 대체로 남인계열에 속했고, 중앙으로 진출하지 못하는 대신에 향촌사회를 강하게 장악하고 유지해 나갔다. 중앙에서 파견된 수령을 철저하게 견제하면서 향촌사회의 질서를 유지해 갔던 것이다. 그리고 양반층의 향촌지배는 수령과 향리가 농민을 혹독하게 착취하는 행위를 견제할 수도 있었으며, 사족들 자신의

7) 신영우, 〈경북지역의 동학연구 ; 경북지역 동학농민혁명의 전개와 의의〉, 《동학학보》 10, 동학학회, 2006, 27~29쪽.

무단적인 행위도 어느 정도 통제할 수 있었다. 또 농민에 대한 지나친 수탈을 규제하는 것이 퇴계향약 이후의 전통이었다.

셋째, 안동의 사회·경제적 조건에서 말미암은 것으로 보인다. 안동의 토지는 척박한 사질토(沙質土)로 된 밭이 대부분이었는데, 이것마저도 산골에 소규모로 존재하였다. 이러한 경제적 조건은 대지주가 성장하는 것을 자연스럽게 억제하였고, 중소지주 중심 사회를 만들었다. 이러한 사정은 고부를 비롯한 전라도 지역이 넓은 평야 지대의 쌀농사를 위주로 하고, 이를 바탕으로 부재지주와 마름, 수령 및 아전들이 중층적으로 착취하던 현상과는 크게 대조된다.

넷째, 안동은 학문적으로는 퇴계를 뿌리로 굳게 결속되어 있었다. 문집을 발간하고 서원과 사우(祠宇)를 건립하여 양반으로서의 권위를 계속적으로 유지할 수 있었다.

이처럼 안동의 양반은 비록 중앙정계로부터는 소외되었지만 학문·경제·정치적 동질성을 확보함과 아울러 혈연적인 결집체를 이룸에 따라 향촌지배를 강하게 유지하였다. 농민층의 활동은 상대적으로 약했고, 호남과 호서 지역에서 영향력 있는 양반이 동학과 농민군 지도자로 등장하던 사정과는 정황이 크게 달랐다. 안동에서는 농민층이 양반지배층의 억압구조를 뚫고 솟아오를 만한 조직과 내재적인 성장이 부족하였다. 이러한 사정은 이후 양반유림을 중심으로 안동 지역 의병항쟁이 전개되는 요인으로 작용하기도 하였다.

(3) 갑오개혁과 안동

갑오개혁은 1894년 7월 27일 군국기무처의 설치로부터 1896년 2월 11일 아관파천(俄館播遷)으로 갑오정권이 무너질 때까지 1년 6개월 남짓한 기간에 걸쳐 진행되었다. 발단은 동학농민운동에서 비롯되었다.

농민군이 전주성을 점령하자 민씨 정권은 청국에 원병을 요청하였고, 일본도 갑신정변(甲申政變) 직후 청과 체결한 천진조약을 근거로 군대를 파견해 왔다. 조선정부는 1894년 6월 11일 농민군과 전주화약을 맺고 양국 군대의 철수를 요청하였으나, 일본은 조선의 내정개혁을 내세워 그 요구를 묵살하였다. 더욱이 일본은 '갑오변란(甲午變亂)'을 일으켰다. 이 변란은 일본이 7월 23일 새벽 경복궁을 기습·점령하여 조선군대의 무장을 해제시키고 민씨 일파를 몰아낸 뒤, 흥선대원군을 앞세워 김홍집 등 개화파 관료들을 중심으로 한 새로운 정권을 내세운 사건이다. 그리고 이틀 뒤 일본은 청군을 기습하여 청일전쟁을 일으켰다.

새로 수립된 흥선대원군과 개화파의 연립정권은 개혁추진기구로 군국기무처를 신설하고 국정의 일대 개혁에 착수하였다. 1894년 7월부터 1896년 2월까지 3단계에 걸쳐 이루어진 갑오개혁은 법제만으로 따진다면 근대국가의 기초를 다져놓은 빛나는 개혁이었다. 지금 우리가 사용하고 있는 제도의 많은 용어들이 모두 여기에서 시작된 것이다.

정치제도에서 왕실과 정부를 분리하여 궁내부(宮內府)와 의정부를 설치하였다. 의정부(2차 개혁 때 내각으로 개칭) 밑에는 6조(六曹)를 개편한 8아문(2차 개혁 때 7부로 재조정)을 두어 내각제도 도입을 추진했다. 또 과거제를 폐지하고 관료제도를 혁신하였으며, 근대적 경찰기관인 경무청을 설치하고, '재판소구성법'을 공포하여 사법권을 행정에서 분리시켰다.[8)]

지방제도의 개혁에서는 종래의 전국 8도를 23부 337군으로 재편한 것이 가장 큰 변화였다. 당시 경상도는 대구·동래·안동이 부로 승격되어 관찰사를 두었다. 안동부가 관할하였던 지역은 16개 군으로 경상도의 동·북부 지역이다. 곧 지금의 행정구역으로 안동시·예천군·영주시·봉화군·영덕군·청송군·영양군·상주시·문경시·포항시 일부 등이었다.

---

8) 《章程存案》 開國 503年 6月～7月 ; 李光麟, 《韓國史講座》, 一潮閣, 1981, 322～326쪽.

갑오개혁 시 지방제도 변화(8도→23부 337군)

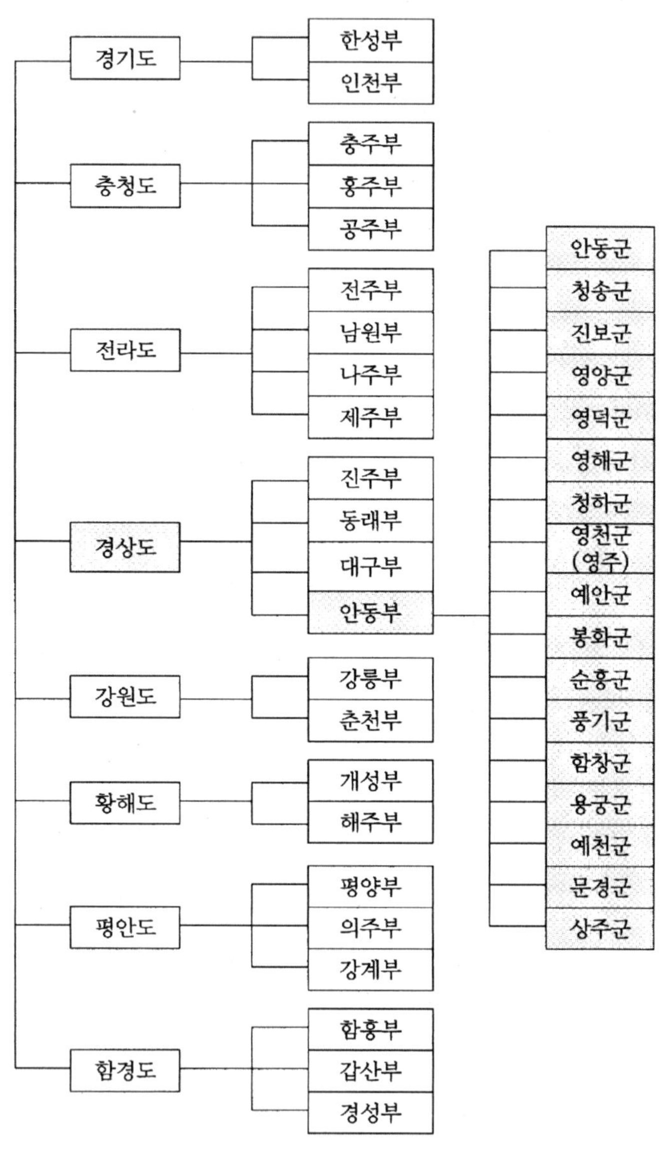

이는 안동이 경상도 북부 지역의 행정적 중심지였음을 뜻하는 것이다. 그리고 군 단위 아래에는 민선 지방자치기구인 향회(鄕會)를 설치하여 지방행정을 보조하게 하고, 종래 수령과 향리가 맡아 폐단이 많았던 세금징수 업무를 향회나 면(面)에서 뽑은 대표가 담당토록 하였다.[9]

신분제의 폐지를 비롯한 대대적인 사회개혁은 농민항쟁에서 나타난 문제들을 수습해 나가거나 근대적인 사회를 지향한 점에서 특히 의미를 지니는 것이다. 교육부문에서는 사범학교·외국어학교·소학교 등 신식교육제도의 도입을 위한 교육령이 발표되고, 새로운 교육체제를 실현하기 위해 지방에도 교원을 파견하게 되었다. 재정분야에서는 국가재정을 탁지아문으로 일원화시키고, 세입·세출에 대한 예산·회계제도를 법제화하였다. 그리고 지세(地稅)·호세(戶稅)·사환제(社還制) 등 근대적 조세제도를 도입하여 그 동안 민원의 대상이 되어 왔던 삼정에 대한 개혁을 매듭지었다. 이밖에 돈으로 조세를 납부하게 하고, 은본위 화폐제를 채택하였다. 그러나 갑오개혁의 추진세력은 지주제를 개혁하기보다는, 오히려 지주제를 근대국가의 경제기반으로 삼으려 하였다.[10]

이러한 갑오개혁은 중세 조선왕조를 근대국가로 탈바꿈시키려 한 '위로부터의 근대화 개혁'이면서, 동시에 그것은 일본의 간섭 아래 이루어진 개혁이었다. 일본인 고문관들이 깊숙이 개입하고 있었으며, 개혁에 필요한 자금도 관세를 담보로 한 일본의 차관에 의존하고 있었다. 더욱이 신식화폐의 주조에 앞서 잠시 외국화폐를 혼용할 수 있도록 함으로써 일본화폐의 침투를 합법적으로 허용하였다. 그래서 유생과 농민들은 갑오개혁을 허울뿐인 '왜국화(倭國化)' 조치로 받아들였다.

사실 일본을 모델로 이에 기대어 개혁을 추진하다 보면, 결국에는

9) 최경락, 〈제1차 갑오경장고〉, 《조선학보》 46, 조선학회, 1968.
10) 최덕수, 〈갑신정변과 갑오개혁〉, 《한국사》 11, 한길사, 1994, 144~145쪽.

침략의 기반을 마련해 줄 우려가 있었다. 그럼에도 중화체제에서 탈피하고, 신분제의 폐지로 국민국가의 기초를 닦은 것은, 근대적 제도의 도입과 더불어 자주독립의 근대 민족국가 건설과정에서 갑오개혁이 이룩한 중요한 성과였다.

2. 의병항쟁

(1) 갑오의병의 이념과 항쟁

① 갑오의병의 봉기 원인과 이념

한국 독립운동은 1894년부터 1945년까지 약 51년 동안 전개되었다. 이 가운데 첫 장을 장식하는 활동이 바로 의병항쟁이다. 의병항쟁은 1894년에 시작되어 1909년에 대세가 저물고, 그 여진이 1918년 말, 곧 3·1운동 직전까지 이어졌다. 연구자들은 이를 그 특성에 따라 3시기, 4시기 또는 5시기로 구분하고 있다. 대개 3시기 구분은 1909년까지 전개된 것으로 파악하고, 5시기 구분은 1918년까지 의병항쟁이 이어진 것으로 판단한다.[11)]

첫 시기는 1894년부터 1896년까지로 전기의병, 둘째는 1904년부터 1907년 7월 말일까지로 중기의병, 세 번째는 1907년 8월 1일부터 1909년까지로 후기의병이라 한다. 곧 8월 1일을 기점으로 중기와 후기로 나뉜다는 말인데, 이 날이 바로 대한제국의 군대가 강제로 해산된 날이다. 이렇게 해산된 군인들이 서울 시내에서 시가전을 벌이고, 지방의 진위대

11) 趙東杰, 〈義兵運動의 韓國民族主義上의 位置(下)〉, 《韓國民族主義의 成立과 獨立運動史硏究》, 지식산업사, 1989, 49~50쪽.

도 이에 호응하여 항전을 벌이다가 의병에 가담하였다. 이로 말미암아 의병항쟁의 형태가 크게 바뀌었는데, 이 때문에 8월 1일을 구분점으로 삼는다. 네 번째는 1910년 이후 1915년까지로 전환기의병이라 일컫는데, 이 시기에 의병이 독립군으로 바뀌었기 때문이다. 마지막으로 그 이후 1918년 말, 곧 3·1운동 직전까지를 말기의병이라 부른다.

갑오의병(甲午義兵)은 전기의병 가운데서도 그 첫머리를 장식하는, 이를테면 독립운동사의 서장이라 할 수 있다. 갑오의병이 처음 일어난 곳이 바로 이곳 안동이다. 갑오의병의 발단은 1894년 6월 21일(음) 일본군이 경복궁을 침입하여 국권을 무너뜨리고 왕실을 농락한 '갑오변란'에서 비롯하였다.[12)]

조선정부는 스스로의 힘으로 동학농민운동을 수용하거나 정리하지 못하고 이를 진압하고자 청에 지원 병력을 요청하였다. 청군이 진주하자, 일본은 역전극을 펼칠 좋은 기회로 파악하고 군대를 파견했다. 임오군란(壬午軍亂, 1882)과 갑신정변(1884) 이후 청과의 경쟁에서 밀리던 상황을 타개해보려는 것이었다. 개항 이후 무역액의 82퍼센트를 장악했던 일본의 점유율이 당시 55퍼센트로 떨어지고, 그 대신 청의 점유율이 45퍼센트로 급상승하였다. 그뿐만 아니라 서울의 상업까지 청이 장악한 형편이었다. 그러니 일본이 청과 전쟁을 벌여 이를 역전시키고, 한 걸음 더 나아가 대륙침략의 전진기지를 확보하려고 나선 것은 당연한 전략 선택이었을 것이다.[13)]

서울에 군대를 강제로 진주한 일본은 그것을 위협 수단으로 삼아 조선정부에 내정개혁을 요구하였다. 정부는 당연히 이를 내정간섭이라 규정하여 거절함은 물론, 불법으로 진주한 일본군의 철수를 요구하였다.

---

12) 金祥起, 《韓末義兵硏究》, 一潮閣, 1997, 52~59쪽.
13) 李光麟, 《韓國史講座》 5, 一潮閣, 1981, 258~261쪽.

청일전쟁. 1894년 6월 23일 일본이 아산 풍도 앞바다에서 청군을 기습하여 조선을 식민지로 만드는 데 성큼 다가섰다.

그리고 일본의 간섭 없이 우리 정부가 독자적으로 개혁을 추진할 것이라 밝혔다. 이정청(釐整廳)을 설치하는 조치로 그 의지를 보여주었다.

우리 정부는 농민군과 화약을 맺고 일단 평화 상태에 접어들었으므로, 일본군의 철수를 요구하고 나섰다. 여기에다가 러시아도 일본의 철군을 요구하였다. 그러나 일본은 이를 모두 묵살했다.[14] 철병 요구와 독자적인 개혁의지를 나타낸 우리 정부의 의지를 일본은 큰 도전으로 받아들였다. 이후 일본의 행동은 이미 계획한 전쟁을 실천에 옮기는 것만 남아 있었다.

일본군은 청과의 전쟁을 수행하기 직전에 치밀한 계획을 세우고 경복궁을 점령하였다. 1894년 6월 20일 오후부터 시작된 이 갑오변란으로 21일 새벽 시위대의 반격에도 불구하고 경복궁이 일본군에게 점령되고 말았다. 일본군은 자신들의 무력행사를 열강의 시선으로부터 은폐하기

14) 李光麟, 《韓國史講座》 5, 一潮閣, 1981, 301~305쪽.

위하여 흥선대원군을 입궐시켜 다음날 정무와 군무를 위임받도록 만들었다. 이는 고종의 대권을 박탈하고 조선정부를 일본이 장악하고자 한 것에 지나지 않았다.

안동에서 일어난 갑오의병의 주도자는 서상철(徐相轍)이다. 서상철은 본관이 달성이고, 서울 출생이었는데, 제천으로 옮겨와 살았던 인물이다.[15] 그는 제천의 전기의병 소모장(召募將)이 된 서상렬(徐相烈)과는 6촌이며, 이항로 학파를 이은 류중교(柳重敎) 아래에서 공부하였다.

서상철의 집안은 안동과 깊은 연관을 가지고 있었다. 달성서씨가 안동시 일직면 소호리에 입향한 것은 16세기 중엽 함재(涵齋) 서해(徐嶰) 때이다. 그 후손들이 일직면 소호리에 세거하였는데, 서해는 서상철의 12대조이다. 안동과의 이러한 인연을 가진 서상철이 예로부터 친척들이 터를 잡고 있던 곳인 안동을 의병을 일으킬 지역으로 선택한 것이라 짐작된다.

또한 안동은 영남만인소에서 드러나듯 주자학적 바탕 위에 위정척사의 성향이 매우 강한 지역으로 대의명분이 굳게 자리 잡고 있었던 점이 그 이유 가운데 하나가 아니었을까 여겨진다. 그러므로 이것을 자극하면 당장에 큰 폭발력을 얻을 수 있다고 서상철이 생각한 듯하다. 2,000명의 의병이 형성되었다는 점은 바로 서상철의 계산이 맞아떨어진 것을 말해준다.

이렇게 안동 유림의 도움을 받아 의병을 일으킨 이유로 서상철은 다음의 세 가지를 들었다. 임진왜란, 병자년에 강제로 체결된 조약, 그리고 경복궁을 점령하고 고종을 핍박한 '갑오변란' 등이 그것이다.[16] 이 가운

15) 〈大邱徐氏世譜〉(己未原譜). 서상철은 뒤에 徐相睦이라 개명하여 족보에는 바뀐 이름으로 올라 있다.

16) 〈東學黨에 관한 건〉 京第 87號, 〈安東亂民巨魁徐相轍의 檄文入手送付〉, 《駐韓日本公使館記錄》, 국사편찬위원회, 1986 ; 〈慶尙東徒의 剿滅要求와 安東東徒徐相轍檄文

데서도 특히 갑오변란은 서상철이 갑오의병을 일으킨 핵심 원인이었다.

② 봉기 과정과 의병항쟁

갑오변란에 항거하는 의병항쟁이 안동에서 시작되었다. 이를 발의한 서상철은 1894년 7월 2일 안동 지역 일대에 의병 궐기를 호소하는 격문인 〈호서충의 서상철 포고문(湖西忠義 徐相轍 布告文)〉을 발송하였다. 이때는 갑오변란이 일어난 6월 21일과 일본이 청군을 기습·공격하여 청일전쟁이 일어난 6월 23일에서 열흘 정도 지난 뒤였으며, 격문의 요점은 7월 25일에 안동부의 향교 명륜당에 모여 적도를 토벌하는 기일을 약속해 달라는 것이었다.[17)]

이어서 그는 한인석(韓麟錫)·이성재(李馨載)·한수동(韓守東) 등과 안동 일대의 주요 지도급 인사들을 방문하고 동참을 호소하였다. 그 통문이 예안의 향산(響山) 이만도(李晩燾)에게 도착한 것은 7월 14일이었고, 서상철이 이만도를 만나러 온 때는 그달 20일이었다. 이만도는 서상철을 만나고, 그 느낌을 다음과 같이 적었다.

> 서상철이 본읍(예안) 향교에 왔다. 언사가 바르고 의로움이 굳건했다. 그러나 군사 모으라는 왕명이 없이 선비 스스로 거의하였으니 조정에 죄를 얻을까 두렵다(1894.7.20).[18)]

이만도는 서상철의 주장이 옳다고 인정하였다. 그러면서도 이 글은 그가 왕의 공식 명령이 없이 군사를 모집한다는 데 약간 주저하였음을 보여주고 있다. 그러나 경기도 일대에서 청일전쟁이 진행되는 상황이라

의 呈閱〉,《舊韓末外交文書》日案 3 제3187호.

17) 朴周大,《羅巖隨錄》, 국사편찬위원회, 1980, 378~379쪽.

18) 李晩燾,《響山日記》, 국사편찬위원회, 1985, 647~648쪽.

영남만인소와 의병항쟁의 근거지 구실을 했던 안동향교의 옛 모습. 한국전쟁 때 소실되어 송천동에 복원되었고, 본래 자리에 안동시청이 들어섰다.

일본군에 대한 공격 차원에서 의병진용이 구성될 수 있었을 것이다.

또 서상철은 경상도 일대에 일본을 배척하자는 내용의 '방(榜)'을 배포하였다. 그 내용의 핵심은 일본을 임진왜란 이후 '백세지원수(百世之怨讐)'로 인식하고, 청을 도와 일본을 격멸해야 한다는 것이었다.[19] 비록 7월 25일 안동향교에서 거사하기로 했던 계획은 안동부사의 저지로 실패했지만, 서상철은 계속 군사를 모집하여 결국 8월 초 안동 일대에서 2,000여 명의 대규모 의진을 결성할 수 있었다.[20]

서상철은 일본군의 병참부대가 있던 상주 함창의 태봉을 공격하려 했다. 태봉은 대구와 충주를 잇는 주요 병참선 위에 자리 잡고 있었다. 대구에서 낙동을 거쳐 태봉에 이르고, 다시 문경 새재를 넘어 수안보를

19) 徐相轍, 〈榜〉, 《駐韓日本公使館記錄》 1, 국사편찬위원회, 1986, 154쪽.

20) 〈東學黨에 관한 件〉 제177호, 〈慶尙道東匪의 鎭壓에 관한 公翰〉, 《駐韓日本公使館記錄》, 국사편찬위원회, 1986 ; 金允植, 〈금영내란〉, 《東學亂記錄》 상, 87쪽(金祥起, 《韓末義兵硏究》, 一潮閣, 1997, 62~63쪽에서 재인용).

거치면 바로 충주로, 또 남한강을 따라 서울로 이어지는 병참선의 주요 거점이었다.

안동의진은 태봉 진격 직전인 8월 24일, 안동 근처로 정찰활동을 벌이던 다케우찌(竹內) 대위를 체포하여 처단하였다. 그리고 9월 1일에 600여 명이 참가한 가운데 태봉전투를 벌였다. 이 전투에서 일본군 제6사단 토오고오(藤後) 소위가 인솔하는 공병대 25명이 반격을 가해 왔고, 그 결과 의병 2명이 사망하고 다수의 부상자가 발생하였다. 의병들은 화승총 103정, 칼 4자루, 창 4자루, 말 2필, 동전 9관문 등을 일본군에게 빼앗겼다. 안동의진이 후퇴했고, 서상철은 청풍 방면으로 물러났다.[21] 9월 초 정부에서도 관군 200여 명을 파견하여 일본군에 합세시킴으로써 의병에 압력을 가했다. 서상철의 잔존 부대는 제천·청풍 일대의 전투를 거치고, 9월 20일 경기도 광주의 청풍전투에서 크게 패한 뒤 소멸되었다.

갑오의병은 1894년 7월에서 9월 사이에 안동을 중심한 경상도 북부 지역과 평남 상원(祥原)을 비롯한 일부 지역에서 전개된 항쟁이었다.[22] 이것은 한말 의병항쟁사에서 그 첫머리를 장식한 투쟁이라는 데 역사적 의의가 있다. 그러면서 안동 유생이 아닌 다른 지역 출신에 의해 발의되기는 했지만, 명분에 따라 크게 일어난 안동인의 특성을 잘 보여주는 거사이기도 했다. 특히 안동의병은 유교적인 충의정신에 바탕을 둔 유생층이 중심을 이루었고, 일본의 공격에 대한 반외세 성향을 강하게 갖고 있었다. 아울러 안동보다 조금 늦게 시도된 평안도 상원 지역 의병에 견주어 볼 때 동학군과 연관성이 없다는 특성 또한 보이고 있다.

---

21) 〈聞慶東徒와의 接戰狀況 및 戰果 報告〉, 《舊韓末外交文書》 日案 3, 제3185호.
22) 金祥起, 《韓末義兵硏究》, 一潮閣, 1997, 98~102쪽.

(2) 을미의병의 이념과 항쟁

① 을미의병의 봉기 원인과 이념

1895년 8월 명성황후 시해사건인 을미사변을 비롯하여 을미개혁에 이르는 일련의 정치적 변동을 묶어서 을미정변이라고 말한다. 1894년 갑오년에 일본이 일으킨 청일전쟁은 우리 강토를 쑥밭으로 만들고, 백성들의 생활도 어렵게 만들었다. 곳곳에서 일본군들이 약탈에 나섰고, 경기도 소사에서는 대동미마저 강탈하였다. 특히 평양전투로 인한 백성들의 피해는 엄청난 것이었고, 심리상태를 극도로 불안하게 만들었다.

청일전쟁 뒤 정국은 크게 요동치고 있었다. 지금까지 청에 의지하며 정국을 운영하고, 또 청을 모델로 삼아 개혁을 펼쳐가던 정부는, 일본이 승리하자 갈피를 잡을 수 없게 되었다. 당연히 일본의 요구대로 온건개화파 세력으로 구성된 김홍집·박정양(朴定陽) 내각이 물러나고, 10년 전 갑신정변에 실패하여 일본에 망명했다가 청일전쟁이 일어나자마자 귀국한 박영효(朴泳孝)가 그 자리를 차지하게 되었다.

그러나 당시 우리에게 주어진 목표는 무엇보다 일본에게 일방적으로 나라를 빼기는 것만은 막아야 하는 일이었다. 당시의 집권세력인 민씨 정권이 태산처럼 의지했던 청국은 한 바람에 물러났다. 그 뒤, 자체의 능력으로 일본을 막기가 불가능하다는 판단을 가진 집권세력, 곧 민씨 중심의 척족세력은 제3의 세력을 끌어들여 이를 막으려 나섰다. 제3세력이란 바로 러시아였다. 이는 오랑캐의 힘을 동원해서 오랑캐를 막는다는 '이이제이(以夷制夷)' 정책이었다.

정부는 러시아 세력을 끌어들여 일본을 견제하려 시도했다. 이를 친러정책이라 부르고, 이때 형성된 정치세력이 바로 친러파였다. 일본은 러시아를 끌어들이는 정책의 최고봉에 명성황후가 앉아 있음을 잘 알고 있었다. 따라서 일본은 조선 장악을 위해서는 먼저 명성황후를 제거해야

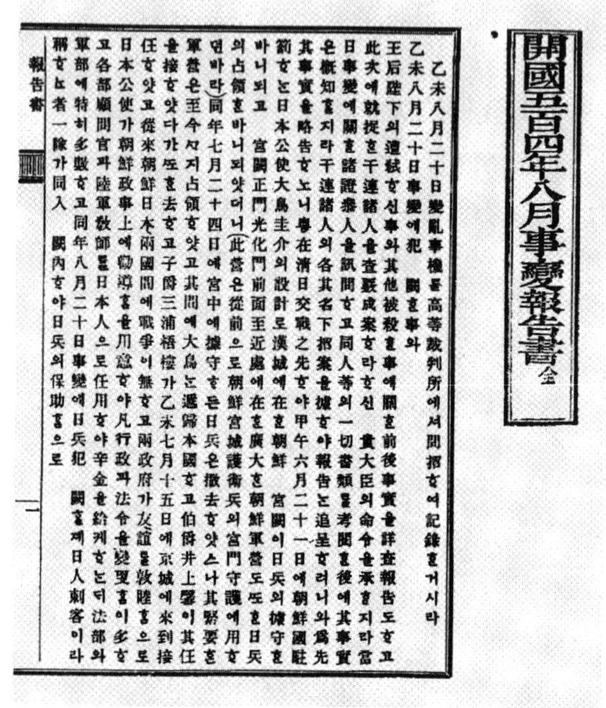

開國五百四年八月事變報告書 全

乙未八月二十日變亂事機를高等裁判所에서問招ᄒᆞ여記錄ᄒᆞᆫ거시라

乙未八月二十日事變에犯　闕ᄒᆞᆫ事와
王后陛下의遭弑ᄒᆞ신事와其他被殺ᄒᆞᆫ事에關ᄒᆞᆫ前後事實을詳査報告도ᄒᆞ고
此次에就捉ᄒᆞᆫ干連諸人을査覈成案ᄒᆞ라ᄒᆞ신　貴大臣의命令을承ᄒᆞᆫ지라當
日事變에關ᄒᆞᆫ諸證叅人을訊問ᄒᆞ고同人等의一切書類를考閱ᄒᆞᆫ後에其事實
은槪知ᄒᆞᆯ지라干連諸人의各其名下招案을據ᄒᆞ야報告ᄂᆞᆫ追呈ᄒᆞ려니와爲先
其事實을略告ᄒᆞ노니事在清日交戰之先ᄒᆞ야甲午六月二十一日에朝鮮國駐
箚ᄒᆞᆫ日本公使大鳥圭介의設計로漢城에在ᄒᆞᆫ朝鮮　宮闕이日兵의據守ᄒᆞᆫ
바ㅣ되고　宮闕正門光化門前面至近處에在ᄒᆞᆫ廣大ᄒᆞᆫ朝鮮軍營도ᄯᅩᄒᆞᆫ日兵
의占領ᄒᆞᆫ바ㅣ되얏더니(此營은從前으로朝鮮宮城護衛兵의宮門守護에用ᄒᆞ
던바라)同年七月二十四日에宮中에據守ᄒᆞ든日兵은撤去ᄒᆞ얏스나其緊要ᄒᆞᆫ
軍營은至今ᄭᆞ지占領ᄒᆞ얏고其間에大鳥ᄂᆞᆫ遷歸本國ᄒᆞ고伯爵井上馨이其任
을接ᄒᆞ얏다가ᄯᅩᄒᆞᆫ去ᄒᆞ고子爵三浦梧樓가乙未七月十五日에京城에來到接
任ᄒᆞ얏고從來朝鮮日本兩國間에戰爭이無ᄒᆞ고兩政府가友誼를敦睦ᄒᆞᆷ으로
日本公使가朝鮮政事上에勸導ᄒᆞᆷ을用意ᄒᆞ야凡行政과法令을變更ᄒᆞᆷ이多ᄒᆞ
고各部顧問官과陸軍敎師를日本人으로任用ᄒᆞ야辛金을給케ᄒᆞᄂᆞᆫᄃᆡ法部와
軍部에特히多數ᄒᆞ고同年八月二十日事變에日兵犯　闕ᄒᆞᆯ졔日人刺客이라
稱ᄒᆞᄂᆞᆫ者一隊가同入　闕內ᄒᆞ야日兵의保助ᄒᆞᆷ으로

報告書　一

건양 원년(1886) 4월 15일자로 법무협판 겸 고등재판소 판사 권재형이 법무대신 겸 고등재판소 재판장이던 이범진에게 보고하고 법부고문 구례(Clarence R. Greathouse)가 확인한 을미사변에 대한 조사보고서

한다고 판단하였고, 극악한 방법을 채택하였다. 이렇게 일어난 명성황후 시해사건을 을미왜변, 또는 을미사변이라 부른다.

궁궐 안에서, 그것도 다른 국가의 군대와 불량배 손에 황후가 살해되는 어처구니없는 사건이 경복궁에서 일어났다. 이는 우리 정부의 나아갈 방향을 막아버리고 갈피를 잡을 수 없게 만들었다. 그리고 국민에게는 국가의 운명에 대한 심각한 불안감을 가져다주었다.

국모이자 아내가 살해당하는 와중에, 공포에 사로잡힌 왕은 일본이란 늪에서 벗어날 길을 모색하였다. 그 해결책으로 떠올린 방법이 미국

명성황후 장례식

공사관으로 피신하는 것이었다. 일본이 흥선대원군을 앞세우고 경복궁을 점령한 상태에서 돌파구를 마련한다는 것은 불가능했기 때문이다. 그러나 경복궁의 춘생문(春生門)을 통해 고종이 미국공사관으로 피신하려던 계획은 실패하고 말았다. 이로 말미암아 오히려 일본의 공략은 극으로 치달았다.

1895년 12월 30일 공포된 '단발령(斷髮令)'은 바로 일본의 극단적인 공략의 상징이었다. 우선 고종의 머리카락을 자르고, 대신들도 그 뒤를 이었다. 관리들은 단발령을 강행하기 위하여 가위를 들고 상투를 잘라댔다. 길거리에서는 상투를 자르려는 관리와 이를 피하려는 백성들 사이에 아비규환이 연일 벌어졌다. 심지어 관리들이 집을 뒤져가면서 단발을 강행하였다.

단발령은 바로 의병이 폭발하는 직접적인 계기가 되었다. 지방 곳곳에서 상투를 잃고 자결하거나 통곡으로 날을 보내는 집이 늘어나고 있

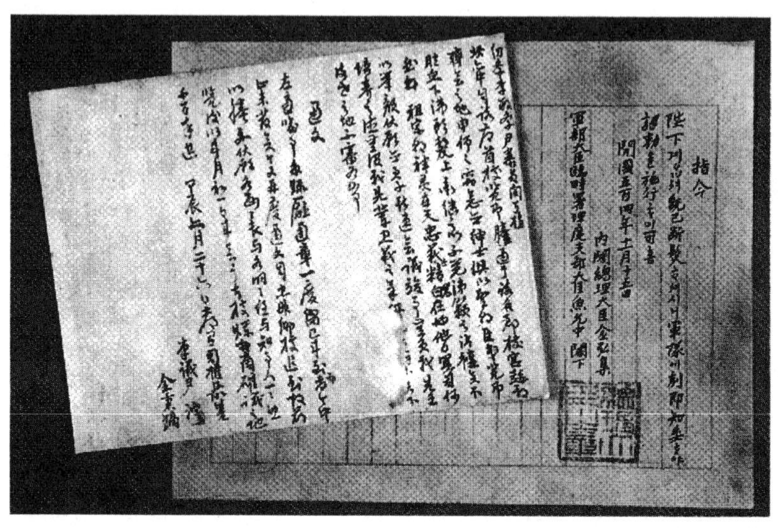

단발령 지령과 단발 반대통문

었으므로, 지방 유림들이 정면으로 항거하고 나섰다. 물론 국모를 잃은 뒤, 이에 대한 의병이 일어나기도 했지만, 그 보다도 단발령 시행은 폭발적인 의병항쟁을 불러일으키는 요인이 되었다.

이러한 분위기 속에 고종은 또 다시 일본의 포위에서 벗어나는 방법을 찾았다. 지난번에는 미국공사관을 향하려다 실패하였는데, 이번에는 러시아공사관을 피신처로 정하였다. 그것은 러시아를 끌어들여 일본을 견제하려는 전략과도 맞아떨어지는 것이었다. 고종은 단발령 시행 한 달 열흘 정도 뒤인 1896년 2월 11일에 러시아공사관으로 도피하였다. 이를 '아관파천'이라 부른다. 이에 앞장 선 인물은 당시 친러파로 일컬어지던 이범진(李範晉)·이완용(李完用)이었다.

아관파천 직후, 고종은 단발령 중지를 명령하였다. 그리고 의병들의 해산을 명했다. 하지만 그것이 고종의 진심에서 나온 것이 아니라는 판단과 일제를 이 기회에 물리쳐야 한다는 당위성 때문에, 의병항쟁은 더욱 격렬해졌다. 또 갑오개혁 이후 을미개혁에 따라 펼쳐지던 작업들에 대한 불만이 여전하였고, 경제문제는 전혀 개선의 기미를 보이지 않고 있었으며, 지방에는 친일 관료들이 거의 그대로 자리 잡고 있던 터였다. 더구나 러시아도 오랑캐임은 마찬가지인데, 그 공사관에 피신해 있는 왕의 처지가 비참하게 생각되었고, 이 때문에 정부의 무능함과 국가의 운명에 대한 걱정이 태산 같았기 때문이기도 하였다.

의병항쟁은 1896년 봄에 이르러 전국적으로 발전하였다. 그 중에서도 삼남 일대가 격렬하였는데, 유림조직의 본거지라는 이유도 있지만, 동학농민군의 항쟁 지역이었다는 점도 중시해야 할 것이다. 그리고 의병항쟁의 계획이나 대중화에 있어 중요한 구실을 한 것은 포수들이었다. 당시 양근·지평·광주·강릉·해주 등의 의병 진영에서는 포수들이 전투편대의 중추적 위치에 있었다. 그들은 유림과 농민을 연결하는 교량의 역할을 담당하기도 했으며, 전쟁터에서는 중견 장교 또는 선임하사관 같은 전위적 임무를 수행하고 있었다.

의병의 공격 대상은 갑오개혁에서 을미개혁에 이르기까지 개화법령을 강행하던 친일 관리와 의병에 맞서는 관군이나 일본군, 그리고 일본인 거류지와 그들의 시설물이었다. 모든 관아에 비축되어 있던 양곡과 무기는 의병의 군량과 장비로 압수되었다. 그러므로 의병에 순순히 따르는 군수를 비롯한 지방 관리는 대우를 받거나 최소한 자리를 유지할 수 있었지만, 그렇지 않을 경우에는 춘천부·충주부·안동부의 관찰사처럼 처단된 경우도 적지 않았다. 그런데 대다수의 군수는 사태가 어떻게 전개되는지 판단하기 어려웠다. 게다가 대부분의 의병장이 자기보다 유림에서 위계가 높은 사람이 많아 그들로서는 사태 수습에 나설 수 없었다. 그러니 도망치거나 엉거주춤 방관하는 자세를 보일 뿐, 다른 방법이 없었다.

또한 을미의병에서 주목할 것은, 의병의 봉기 또는 집결지가 대개 8

도 감영 소재지가 아니라 1895년 새로 구획된 부제(府制)에 의한 새 관찰부 소재지였다는 점이다. 즉 의병항쟁의 중심지였던 춘천·강릉·충주·홍주·안동·진주·나주·의주·강계는 모두 이 해에 관찰부의 소재지가 된 곳이었다. 조선시대 8도 체제가 소지역주의인 23부 체제로 개편되면서, 그 소재지로 선정된 관찰부(오늘의 도청 소재지)에서 일어났다는 말이다. 이와 같이 새 관찰부 소재지가 의병항쟁의 중심지가 된 이유는 이들이 모두 그 지방의 문화와 교통의 중심지였고, 아직 관찰부에 따른 행정질서가 잡히지 않았으며, 대구·공주·전주 등 기존의 8도 감영 소재지처럼 관군이 주둔하고 있지 않았다는 사실에 있었다. 한편 1895년에 8도를 23부로 바꾸었다가 의병항쟁으로 반대 여론이 강하게 일자, 정부는 이를 다시 13도 체제로 고쳤다. 오늘날의 도(道) 체제가 만들어진 시기가 바로 1896년이었다.

② 안동의 을미의병항쟁

[1] 단발령의 도착과 의병통문

1895년 말에서 1896년 초에 걸쳐 의병이 전국 각지에서 일어났다. 안동의병도 1895년 12월 초에 시작되었는데, 주된 계기가 단발령 때문이었다. 단발령이 내려진 날짜가 1895년 11월 15일이었다. 이 날은 양력으로 1895년 12월 30일이므로, 이틀 뒤면 한국 역사에서 처음으로 양력을 사용한 건양(建陽) 원년 1월 1일이 된다. 단발령(또는 체령[剃令])이 안동부에 문서로 도착한 날짜는 서울에서 그것이 발표된 지 12일이 지난 1896년 1월 11일이었다.[23] 이 소식이 전해지자 이틀만인 1월 13일 안동

23) 李兢淵(두루, 周下村), 《乙未義兵日記》, 1895년 12월 1일자(음력). 이 일기를 쓴 이긍연은 진성이씨 두루파의 21대 종손이며, 서산 김흥락의 문도이기도 하다. 이 일기를 처음으로 이용한 연구는 金祥起의 〈1895~1896년 安東義兵의 思想的 淵源과 抗日鬪爭〉

지역에서 최초의 통문이 돌았다. 이를 출발점으로 삼아 의병을 일으키려는 논의가 일어나고, 여러 서원에서 통문을 돌리기 시작했다. 안동 지역을 중심으로 나타난 통문을 정리하면 다음과 같다.

〈자료에 보이는 안동 지역 전기의병 통문과 격문〉

1. 예안(향회)통문(禮安[鄕會]通文) : 1896년 1월 13일(음 乙未.11.29)[24)]
2. 삼계통문(三溪通文) : 1896년 1월 15일 추정(음 乙未. 12월)[25)]
3. 청경통문(靑鏡通文) : 1896년 1월 15일(음 12.1《乙未義兵日記》, 읍에서 모일것 제안)[26)]
4. 청경사통(靑鏡私通) : 위와 같은 날(《乙未義兵日記》, 봉정사에서 먼저 면회[面會] 열 것을 제안)[27)]
5. 호계통문(虎溪通文) : 1896년 1월 16일(음 12.2《乙未義兵日記》)[28)]
6. 안동격문(安東檄文) : 1896년 1월(권세연, 대장 취임 직후)[29)]
7. 안동하리통문(安東下吏通文) : 1896년 2~3월(안동의진 구성 직후로 추정)[30)]

(《史學志》 31, 단국사학회, 1998)이었다.

24) 《澗愚逸稿》에는 글 제목이 〈禮安鄕會通文〉이라 적혀 있다.

25) 지금까지 李正奎의 〈倡義見聞錄〉(《독립운동사자료집》 1, 독립운동사편찬위원회, 1983)에 게재된 이름대로 '안동통문'이라 전해진 것인데 趙東杰 교수가 朴周大의《羅菴隨錄》(국사편찬위원회, 1980)에 실린 삼계통문과 비교하면서 동일한 통문임을 밝히고, 이것이 삼계서원에서 발표된 것이므로 '삼계통문', 혹은 '안동삼계통문'이라 부르기를 제안하였다(趙東杰, 《韓國近現代史의 探究》, 경인문화사, 2003).

26) 李兢淵, 《乙未義兵日記》, 1895년 12월 1일자. 경광서원은 柏竹堂 裵尙志·慵齋 李宗準·敬堂 張興孝 등을 제향하는 서원이다. 원래 松巢 權宇도 모셨으나 조선후기에 옮겨 가고 앞의 세 위패만 모시게 되었다.

27) 李兢淵, 《乙未義兵日記》, 1895년 12월 1일자.

28) 李兢淵, 《乙未義兵日記》, 1895년 12월 1일자.

29) 權世淵, 〈安東檄文〉, 《독립운동사자료집》 1, 독립운동사편찬위원회, 1983, 97~99쪽.

30) 金喜坤, 〈安東下吏通文 해제〉, 《한국근현대사연구》 11, 한국근현대사학회, 1999, 310~318쪽 참조.

8. 안동의병소통문(安東義兵所通文) : 1896년 ?월[31]

위의 통문이나 격문을 보면 5번까지는 의병을 일으키기 위해 명분을 내세우며 그것을 준비하는 과정에 발표된 것이고, 그 아래는 의병이 일어난 뒤 강도 높은 투쟁을 천명하는 것임을 알 수 있다. 여기서 준비과정의 글들이 모두 하루 이틀 차이로 쏟아져 나온 것에 주목할 필요가 있다. 이것은 단발령이 지역에 실질적으로 파급되자마자 동시다발로 의병 논의가 급박하게 전개되었음을 보여주는 대목이다.

일반적으로 말해지는 의병의 계기는 일본 낭인무뢰배들에 의한 '명성황후 시해사건'이다. 그러나 그 만행에 대한 대응은 상당히 늦었다. 임오군란 때 죽었다고 해서 국상까지 반포했지만 다시 돌아온 명성황후였으므로, 을미사변에도 생존여부가 불확실했고 실제로 생존설이 유포되기도 하는 바람에 반응이 늦을 수밖에 없었다.[32] 그런데 단발령의 경우는 이와 달랐다. 긴장을 늦추지 않고 있던 유림들은 단발령이라는 청천벽력 같은 일이 눈앞에 벌어지게 되자 더 이상 대응책을 늦출 수 없었다. 특히 그 단발령이 문서로 안동부에 도착했다는 소식이 전해지자, 이와 같은 통문이 한꺼번에 하루 이틀의 시차를 두고 발표된 것이다.

〈예안통문〉이 나오자마자 바로 이어서 〈삼계통문〉·〈청경통문〉·〈하계통문〉이 함께 나왔다. 그래서 어느 것이 앞섰거니 뒤섰거니 하는 것은 큰 의미가 없을 것 같다. 〈삼계통문〉은 끝에 '을미 12월'이라 적혀 있으니 빨라도 1월 15일이고, 〈청경통문〉은 같은 날에 주하촌에 도착했

31) 金斗滿, 《國譯 澗愚逸稿》(김두만의 생몰연대는 1872~1918이며, 김홍락 문도이다).

32) 李晩燾는 1895년 9월 6일자에 "巡報에 임오년(임오군란/필자 주)에 충주로 피했는데, 지금 혹 충주로 갔다"고 하였다. 9월 24일자에 "중전이 당일 후원을 넘어 서양 군대 진영으로 가서 화를 면했다는데 믿을만한 것인지 모르겠다"고 기록하였다(李晩燾, 《響山日記》, 국사편찬위원회, 1985, 670·672쪽).

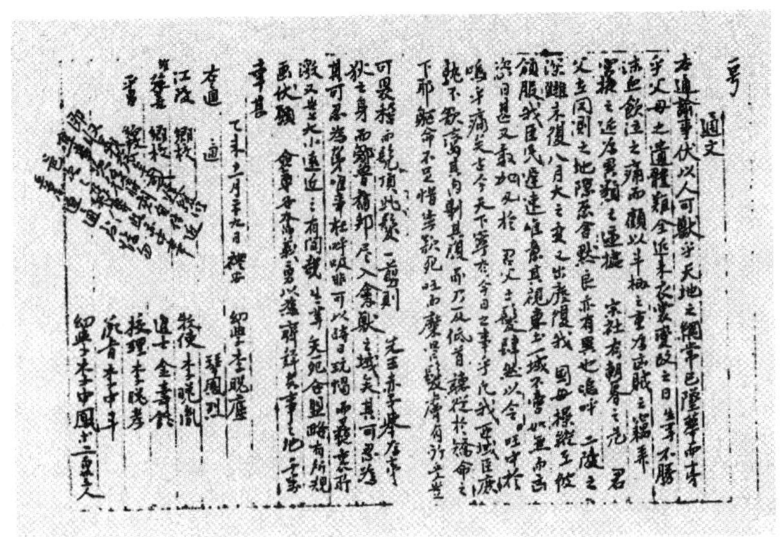

〈예안통문〉

으니 그날 나온 것으로 보아야겠다. 아마 다른 서원의 통문도 하루아침에 작성되지는 않았을 것 같다. 하루 이틀 정도 논의를 거쳐 이루어졌다고 본다면, 동시다발적으로 통문이 작성되고 있었다고 생각하는 편이 옳을 것 같다. 그러므로 하루 이틀 앞서고 뒤서는 문제는 큰 의미가 없다는 것이다.

1월 13일에 선성(宣城)에서 발송된 〈예안통문〉이 안동지방 의병 봉기를 도모하는 첫 통문이었다.[33] 이것은 이만응(李晩鷹)[34]·금봉렬(琴鳳烈,

33) 선성은 예안의 옛 이름인데, 1895년 지방제도가 바뀔 때, 안동부 예안군이 되었다. 이전에는 선성현이 독자적인 전통을 갖고 있었다. 때문에 을미의병이 안동부와는 별도로 일어났던 것이다.

34) 이만응(1829~1905)은 진성이씨 상계파 인물로, 영남만인소의 疏首로 유명한 李晩孫(1811~1891)의 친동생인데, 이만손이 백부의 양자가 되어 사촌이 되었다(《眞寶李氏上溪派世譜》 上, 99쪽).

또는 琴鳳述)·목사(牧使) 이만윤(李晩胤) 등을 비롯한 223명의 연명으로 작성된 것이었다.[35]

이 통문의 내용은 다음과 같이 요약된다. 곧, 임진왜란 때 성종과 중종의 왕릉을 파헤친 야만성이나 국모를 시해한 방자함으로 보아 왕위까지 마음대로 흔들 것이라고 경고하면서, 단발령이라는 일본의 강압책에 고개 숙일 수 없다는 것이다. 여기에서 그들의 역사적으로 농축된 항일의식과 그 시대 지식인으로서의 자존심, 그리고 정의감을 볼 수 있다.

예안에서 결성된 선성의진은 이 통문을 바탕으로 1월에 성립된 것 같다. 대장은 이만도였고, 부장 또는 중군으로 이중린(李中麟)이 활약하였다. 뒤에 말하겠지만, 선성의진의 결성이 구체적인 활동으로 나타나는 것은 한 달쯤 지난 2월이었다. 그때 가서는 이중린이 대장으로 활약하게 되고 영양의병장 김도현(金道鉉)이 중군으로 초빙되었다.

〈삼계통문〉은 김도화(金道和)[36]·김흥락(金興洛)[37]·강육(姜錥)[38]·곽종석(郭鍾錫)·권진연(權晉淵)[39] 등 다섯 명의 이름으로 발표되었다. 하지만 곽종석은 통문이 발송된 지 며칠 지나지 않아 거창(居昌) 다전(茶田)으로 떠나는 바람에 의병 대열에는 참가하지 않았다.

발의자 5명 가운데 김도화와 김흥락을 제외한 나머지 3명은 모두 봉화 사람이었다. 당시 곽종석이 춘양에 있었고, 권진연과 강육은 봉화 사람이다. 물론 당시 봉화의 상당한 지역이 안동에 속하기도 했지만, 그

35) 李九榮 편역, 《湖西義兵事蹟》, 1994, 679쪽 ; 李正奎, 〈倡義見聞錄〉, 《독립운동사자료집》 1, 독립운동사편찬위원회, 1983, 645쪽.

36) 김도화(1825~1912)는 의성김씨로 안동시 일직면 귀미 출신으로 都事를 지냈으며 2차 안동의병대장이 되었다.

37) 김흥락(1827~1899)은 의성김씨로 안동시 서후면 금계 출신이며, 鶴峰 金誠一의 종손으로 한말 퇴계학맥의 정맥을 이은 인물로 평가되고 있다.

38) 봉화군 법전 출신이다.

39) 권진연(1843~1904)은 봉화군 닭실〔酉谷〕 權橃의 후손이다.

〈삼계통문〉이 발표된 삼계서원(봉화읍)

보다는 삼계서원에서 발의하고 여기에 안동 유림 최고 지도자의 동의를 구하여 일을 추진한 것으로 생각된다. 결국 단발령이 전해진 1월 11일 직후에 삼계서원에서 곽종석이 초안을 마련하고 김흥락과 김도화라는 지도자의 찬의를 얻어 발송해놓고, 곽종석은 거창으로 은신처를 옮긴 것이 아닌가 생각된다.

그리고 〈호계통문〉의 발의자는 이긍연(李兢淵)의 기록에 주도급 인물만 나와 있고, 다른 이들은 생략되어 있다. 곧 도유사(都有司) 도사(都事) 김도화로부터 시작하여 재유사(齋有司) 유학(幼學) 김윤모(金潤模)[40]·전임(前任) 전 지평(前 持平) 김흥락·유학(幼學) 김상수(金常壽)[41]·전 도정(前 都正) 류지호(柳止鎬)[42]·회원(會員) 유학(幼學) 김양진(金養鎭)[43] 등이

40) 김윤모는 의성김씨로서 안동시 서후면 금계 출신이며, 《金溪誌》를 남긴 金獻洛의 아들이다.

41) 김상수는 의성김씨로 안동시 임하면 내앞〔川前〕 출신이다.

호계서원. 당시 도유사였던 김도화를 비롯하여 중심인물들이 이곳에서 〈호계통문〉을 발송하였다.

실명으로 기록되어 있고, 그 아래는 모두 적지 않고 생략하였다.[44] 이 경우는 상례대로 도유사와 현임 유사 김윤모에 이어 전임자 김흥락의 순으로 이름이 이어졌다.

한편 〈청경통문〉은 내용과 발의자를 알려주는 직접적인 자료가 없다. 그러나 〈청경통문〉이나 〈호계통문〉 모두가 봉정사에 모여 의병 봉기 문제를 논의하자는 데 그 뜻을 같이하는 것이었다. 이들이 이처럼 의병 봉기를 계획하게 되는 직접적인 이유가 단발령의 시행에 있었다는 사실은 통문의 내용을 통해 확인된다. 우선 〈삼계통문〉의 한 대목을 살펴본다.

---

42) 류지호는 안동시 임동면 한들〔大坪〕 출신으로, 퇴계학통의 정맥을 이은 定齋 柳致明의 아들이다.

43) 김양진은 의성김씨로서 안동시 임동면 망지내〔輞川〕 출신이다.

44) 李兢淵, 《乙未義兵日記》, 1895년 12월 2일자. 발의자 전체 이름이 알려지지 않아 그 규모를 알 수 없으나, 대체로 〈예안통문〉처럼 상당히 많은 수였을 것으로 짐작된다.

그들은 통문에서 "…… 중전(中殿)을 바라보니 8월의 변고가 생겼으며, 금수의 무리가 금궁(禁宮)을 육박하여 심한 농간을 부리고 임금을 협박하여 영(令)이라 빙자하여 중외(中外)에 호령하고 속이고 있으며, 심지어 머리를 깎고 옷섶을 왼편으로 하는 야만스런 행동이 이미 임금의 주변에 가해졌습니다.…… 여러분께서는 이 나라 백성 모두가 선현의 자손으로서 의리의 강론은 내력이 있고, 충분의 축적은 배설되지 않았으니, 각기 죽음을 맹세하고 몸소 앞장서서 주먹을 불끈 쥐고 용맹으로 떨쳐 나와 선왕의 법복과 부모의 유체를 보전할 것을 생각한다면, 어찌 위대한 일이 아니겠습니까. 아무쪼록 힘써 주소서. 아! 이 몸이 한번 죽으면 오히려 의로운 귀신이 될 것이나 이 머리는 한번 깎이면 영원토록 오랑캐가 되는 것이니 각자 마음에 맹세하여 대의를 붙잡기 바랍니다."[45]

여기에서 8월의 변고라는 것은 일본이 명성황후를 살해한 을미사변을 말하고, 머리를 깎고 옷섶을 왼편으로 한다는 것은 단발령과 변복령(變服令)을 의미한다. 의병 봉기가 바로 이 두 문제에서 비롯한다는 것을 밝힌 것이다. 특히 '머리는 한 번 깎이면 영원토록 오랑캐가 되는 것'이라는 글귀는 지방 수령들이 길거리에서 행인들의 상투를 자르고 있는 당시의 절박한 상황을 보여주는 것이기도 하다. 상투를 잘린 인물들이 자결하거나 대성통곡으로 몇 나절을 보내는 상황이므로, 길에는 행인이 끊어지고 민심이 어지럽기 짝이 없었다.

안동 지역의 지도자들이 가진 판단은 명성황후 시해라는 국가적 모독과 단발령에 따른 극단적인 혼란에 대처할 방안이 결국 무력으로 저항하는 길밖에 없다는 것이었다. 이와 연관된 사례로 단발령의 시행을 위

45) 李正奎, 〈倡義見聞錄〉, 《독립운동사자료집》 1, 독립운동사편찬위원회, 1983, 645~646쪽.

봉정사 영산암. 이곳에서 의병항쟁을 결의하였다.

해 안동에 파견된 봉명사(奉命使) 이규진(李圭鎭)에게 하회마을 류도성(柳道性)이[46] "삭발은 임금의 참 뜻이 아니리니, 머리를 바칠지언정 단발은 할 수 없노라"고[47] 항변했던 일이나, "머리를 깎인다는 급보를 전하니 한심스러워져 밤새도록 잠을 이루지 못했다"라는[48] 기록은 의병의 직접적인 계기가 단발령에 있었음을 알려주고 있다. 단발령이 안동의병이 일어나는 직접적인 계기가 되었다는 또 하나의 사례는 권세연(權世淵) 의병장이 발표했던 〈안동격문〉에서도 그대로 확인된다.

2백 년 동안 조공을 바치던 나라가 한 가지 기술의 장점을 과장

46) 류도성(1823~1906)은 안동시 풍천면 하회 출신으로 都事를 지낸 인물인데, 현재 '북촌댁'이 그의 집이다.

47) 宋志香, 《安東鄕土誌》 下, 大星文化社, 1983, 475쪽 ; 《石湖文集》, 行狀.

48) 金道鉉, 〈碧山先生倡義顚末〉, 《독립운동사자료집》 2, 독립운동사편찬위원회, 1983, 16쪽.

하여 우리 용기를 좌절시키고, 선왕의 법복을 무너뜨리니, 그 괴수를 없애지 못하면 지하에 가서 선왕을 뵈올 낯이 없고, 이 머리를 보전하지 못하면 무슨 마음으로 세상에 산단 말인가.[49)]

[2] 제1차 안동의진 결성과 안동부 장악

안동의병을 탄생시킨 장소는 봉정사였다. 이곳에서 의병을 일으키는 첫 논의가 펼쳐진 것이다. 〈청경사통〉에서 제의한대로 1월 17일에 봉정사에 40~50명의 유림대표가 면회(面會)를 가지고 거병 문제를 논의하였다.

왜 하필이면 봉정사에서 모였던가 하는 의문을 가질 수도 있겠지만, 봉정사 아래 동네 금계마을 출신인 김흥락, 하회의 류도성 및 한들의 류지호 등 이 모임의 핵심인물이 모일 수 있는 중간지점이 봉정사(안동시 서후면 태장)이고, 또 발의한 〈청경통문〉의 무대가 되기도 하며, 주도자 세 사람 가운데 김흥락의 연관성도 짐작해 볼 수 있겠다.

유림대표들은 이 봉정사 회합에서 안동부에 들어가 의병을 일으키자고 합의하였다. 그 결의대로 다음날 유림대회의 성격을 띠는 향회(鄕會)가 1천여 명이나 되는 대규모 인원이 참석한 가운데 열렸고, 이 자리에서 호계서원에 본부 곧 도소(都所)를 차리고, 1월 20일에 의병을 일으킬 것을 결의하였다. 봉정사 면회의 결의를 바탕으로 도소를 설치한 것인데, 바꾸어 말하면 이것은 곧 "안동의병준비위원회"인 셈이다. 이곳에서 논의가 구체화되어 거병 날짜와 방법을 확정지은 것으로 보인다.

1월 20일 아침, 안동부 삼우당(三隅堂) 앞뜰에서 의병을 결성하기 위한 대회가 열렸다. 수좌(首座)로 류도성·김흥락·류지호·김도화·류지영(柳芝榮)[50)] 등 5명의 지도자 이름이 나타난다.[51)] 다섯 인물 가운데 세

49) 權世淵, 〈安東檄文〉, 《독립운동사자료집》 1, 독립운동사편찬위원회, 1983, 98쪽.

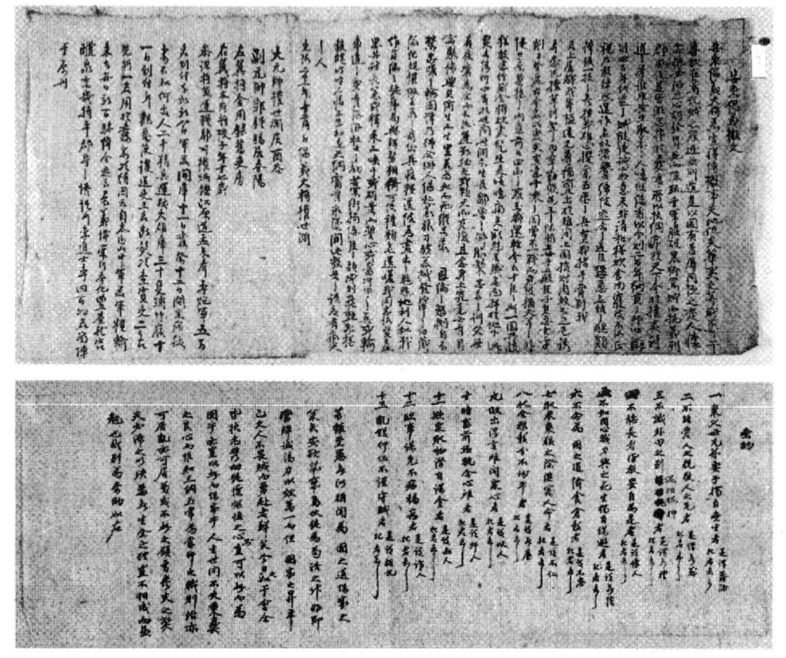

〈안동창의격문(安東倡義檄文)〉과 조약

사람이 호파(虎派)요, 두 사람이 병파(屛派)이니, 그 자리는 근왕적인 성격을 지니고 국가를 수호하는 거사를 일으키는 곳이기도 하려니와, 수십 년에 걸친 병호시비(屛虎是非)의 분란을 극복하고 한 자리에 모여 머리를 맞댄 감격적인 현장이기도 하였다.[52] 굳이 누가 먼저 손을 내밀고 손을 잡았는가 하는 문제는 따질 필요도 없다. 이것은 김흥락과 류도성이 논의하여 일궈낸 자리임은 자명한 사실일 것이다.

---

50) 류지영(1828~1896)은 안동시 풍천면 하회 출신이다.

51) 李兢淵, 《乙未義兵日記》, 1895년 12월 6일자.

52) 병호시비라는 것은 문묘봉사 추진에 따라 金誠一과 柳成龍의 위패 봉안 순서를 둘러싸고 1800년대 한 세기 동안 전국 유림이 주시하는 가운데 호계서원과 병산서원 사이에 벌어진 갈등 관계를 일컫는 말이다.

1만 명이라는 엄청난 인원이 참가한 이 대회에서 맨 먼저 의병장을 뽑았다. 김흥락을 비롯한 원로들이, 봉정사 면회 다음 날 안동부에 들어와 있던 참봉 권세연을 대장으로 천거하여 뽑았다.[53] 그 자리에서 의병 논의를 주도했던 김흥락이나 류도성은 의병장의 자리를 사양하였다. 김흥락이 '대묘(大廟)'를 지키고 있는 몸이라는 점을 사양의 이유로 내세웠다는 이야기가 집안에 전해지고 있고,[54] 또 의병이 일어난 지 3년 뒤, 임종을 앞두고 스스로 "나의 호를 남들이 서산(西山)이라고 하는 자도 있었으나, 병옹(病翁) 두 글자가 하늘이 준 호(號)이다"라고 말할 정도로 병약한 몸이었던 점도 그 이유가 된 것 같다. 한편 류도성도 의병을 일으키기는 하였으나 그 역시 맹주의 자리를 사양했는데, 당시 그에게는 백세 노모가 오랫동안 병상에 있었기 때문이라고 전한다.[55]

권세연은 본부를 향교에 차려두고 인근 지역 사민(士民)에게 의병에 동참하라고 촉구한 격문 〈경상도창의대장 권세연격(慶尙道安東倡義大將 權世淵檄)〉을 발표하였다. 권세연을 대장으로 뽑은 그날 밤에 향리 십여 명이 나서서 안동관찰사 김석중(金奭中)을 포박하려 들었다. 그러자 김석중은 밤을 타고 도주하였다. 이튿날 1월 21일 아침, 주인이 완전히 바뀐 상태에서 의진을 편성하는 작업이 진행되었다. 성내 연무정(鍊武亭)에서 있은 의진 편성에서 부장에 곽종석을 임명하고 주요 간부진을 구성하였다. 하지만 곽종석은 이미 거창으로 떠난 뒤였으므로 의진에 참여하지 않았다. 〈삼계통문〉의 발의자로서, 또 봉화 닭실 출신인 권세연을 보필하는 데 적합한 인물로 판단되어 일단 임명하였지만, 그는 이미 〈삼계통문〉을 발의한 직후, 또는 며칠 동안 사태 진전을 지켜보다가 그 사이에 거창으로 이동한 것 같다.[56] 그래서 부장은 공석이 되고 말았다.

53) 권세연(1836~1899)은 봉화군 봉화읍 닭실(유곡[酉谷]) 사람이다.

54) 여기서 大廟라 함은 학봉 김성일의 위패를 모신 사당이라는 말이다.

55) 《石湖先生文集》, 行狀.

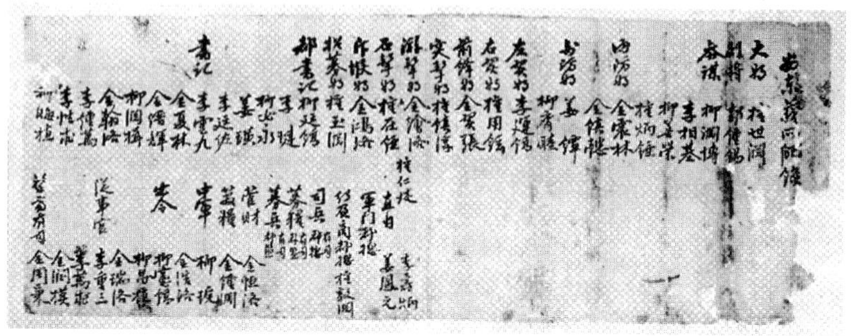

안동의병 간부진 명단인 〈안동의소파록〉. 1895년 12월(음) 작성된 이 기록에는 대장 권세연을 비롯한 46명이 30여 가지의 직임을 맡았음을 알려준다.

위의 〈안동의소파록(安東義所爬錄)〉[57]을 살펴보면, 대장·부장·참모 등 모두 30가지 직임으로 구성되어 있다. 이는 지금까지 알려졌던 10여 개보다 훨씬 많은 숫자이다. 또 선임된 인사가 모두 46명으로, 과거에 알려졌던 6~7명보다 월등히 많은 사람들이 참여하고 있음을 볼 수 있다.

또한 참여자 46명을 성씨별로 나누어 보면 강씨 3명, 곽씨 1명, 권씨 8명, 김씨 14명, 류씨 10명, 이씨 10명이다. 이 가운데 권세연을 비롯한 대부분의 인물이 정재학파에 속해 있었다. 호파계열이 결국 을미의병 초기 안동의진의 주도적인 역할을 하였음을 알 수 있다.[58]

권세연이 이끄는 제1차 안동의진이 결성되자, 안동부성 안에 각각의 업무를 맡은 집무소가 마련되었다. 이에 대한 기록이 영양의병장 김도현의 기록에 보인다.

---

56) 예천의 朴周大는 곽종석이 부장에 추대되었으나, 그만 유독 나오지 않았다고 기록하였다(朴周大, 《渚上日月》, 1895년 12월 7일자).

57) 안동독립운동기념관 소장.

58) 박한설, 〈초기 안동의병의 임원명단 "안동의소파록"에 관한 연구〉, 《안동사학》 제11집, 안동사학회, 2006 참조.

〈표 2〉〈안동의소파록〉의 안동의병 지휘부 편제표

직임	성명	직임	성명
대 장	권세연(權世淵)	도서기	이정좌(李廷佐)
부 장	곽종석(郭鍾錫, 불참)	서 기	이운구(李雲九)
참 모	류연박(柳淵博)	〃	김하림(金夏林)
〃	이상기(李相基)	〃	김진휘(金縉輝)
〃	류선영(柳善榮)	〃	류연즙(柳淵楫)
〃	권병추(權炳錘)	〃	김한락(金翰洛)
내방장	김진림(金震林)	〃	이종만(李鍾萬)
〃	김진의(金鎭懿)	〃	이성구(李性求)
외방장	강 담(姜 鐔)	〃	류회식(柳晦植)
〃	류응목(柳膺睦)	정제유사	김주병(金周秉)
좌익장	이운호(李運鎬)	〃	김윤모(金潤模)
우익장	권용현(權用鉉)	〃	이만구(李萬求)
전봉장	김익장(金翼張)	종사관	이중삼(李重三)
돌격장	권진순(權鎭淳)	〃	김서락(金瑞洛)
유격장	김회락(金繪洛)	〃	류창식(柳昌植)
〃	권인술(權仁述)	출 령	류헌호(柳憲鎬)
석격장	권재추(權在錘)	〃	김호락(金浩洛)
척후장	김홍락(金鴻洛)	중 군	류 완(柳 琓)
초모장	권옥연(權玉淵)	관 량	김종연(金鍾淵)
도서기	류정호(柳廷鎬)	관 재	김항락(金恒洛)
〃	이 건 (李 瑾)	행부상도총	권돈연(權敦淵)
〃	류필영(柳必永)	직 일	강봉원(姜鳳元)
〃	강 황(姜 璜)	〃	이수병(李壽炳)

아침(1월 28일, 음 12.14/필자 주)에 포항교(浦項橋, 개목나루/필자 주)를 건너 제남루(濟南樓, 안동부성의 남문 누각/필자 주) 앞으로 말을 달려갔으나 아무도 막는 사람이 없다. 이에 수곡(水谷, 무실/필자 주) 상사(上舍) 류연박(柳淵博)을 만나서 함께 서기소(書記所)로 들어갔다. 인하여 대

장소(大將所)로 들어가니 대장은 곧 전 참봉 권세연(權世淵) 어른이다.
다시 도소(都所)로 들어가 지평(持平) 김흥락(金興洛)과 도정(都正) 류지호(柳止鎬) 두 어른을 만나고, 또 좌익장 상오(尙五) 이운호(李運鎬)를 만나고 나왔다.[59]

이 글은 안동부성 안에 권세연이 집무하는 대장소와 이를 보좌하는 서기소가 있고, 별도의 본부인 도소가 있었다는 사실을 보여준다. 도소에 김흥락·류도성·류지호와 같은 대표급 지도자들이 함께 머물면서 각 문중의 협조와 동참을 이끌어냈다는 점을 말해주고 있다.

[3] 관군·일본군의 안동부 장악

안동부는 의병에 의해 완전히 장악되었다. 그러자 안동관찰사 김석중은 신변에 위험을 느끼고 의병이 일어난 날 밤에 안동부를 탈출하였다. 원래 관찰사는 의병 봉기의 움직임이 있자, 대구부에 연락을 취해 일본군의 지원을 요청한 바 있었다. 그러나 의병이 봉기하고 곧이어 10여 명의 향리들이 비밀리에 자신을 포박할 것을 꾀하자, 그날 밤에 도망간 것이다.

그렇다고 김석중은 순순히 물러나거나 도망갈 인물은 아니었다. 동학군이 상주를 거의 뒤덮다시피 했을 때, 유림군을 조직하여 진압하고 동학군 최후 전투라고 할 수 있는 보은 근처의 종곡(鍾谷)전투까지 치러 그 공로로 안동부 관찰사가 되었던 그가, 안동의진이 결성되었다고 바로 도망갈 정도의 인물일 수는 없었다.

이 시기 일본 측에서 안동의병을 설명한 자료가 있다. 일본 동경에서 발간된 《도쿄아사히신문(東京朝日新聞)》의 다음 보도가 그것이다.

59) 金道鉉, 〈碧山先生倡義顚末〉, 《독립운동사자료집》 2, 독립운동사편찬위원회, 1983, 17쪽.

안동적세(安東賊勢) 1월 25일(음 12.11) 경성 발

안동의 적세는 실제 다수로서 일만 명이라 칭해지지만, 그 개요는 이미 전보로 보고한 바와 같다. 경상도 대구에는 우리 병참부가 있어 스즈키(鈴木) 소좌가 약간의 수비병으로 여기에 주재하고, 기타 낙동과 충청도의 가흥(可興)에도 우리 병참부가 있기 때문에 안동의 적 무리는 부산 방면으로 남하할 수도, 충청도를 향해 나아갈 수도 없다. 우리 수비병을 두려워하여 오직 안동과 그 부근에 모여 있다. 앞 보고에서도 말한 바와 같이 안동의 부청(府廳)은 적의 손에 들어가고, 관찰사는 간신히 도망하였다. 후략(《東京朝日新聞》 1896년 2월 4일자, 〈安東賊勢〉).

이 보도 내용으로 보아, 일본이 안동의병을 어떻게 보고 있었던가를 알 수 있다. 첫째 안동관찰사가 간신히 도망을 쳤다는 점, 둘째 안동의진의 인원을 1만 명이라고 파악했다는 점, 셋째 안동의진이 부산이나 충청 지역으로 진격할까 두려워한 점, 넷째 그러면서도 대구에 주둔한 일본 병참부대 때문에 걱정할 필요가 없다라고 한 점 등이다.

김석중은 의병진용이 채 갖추어지기 전에 대구부의 관군을 이끌고 안동부를 탈환하고자 시도하였다. 이에 따라 1월 24일 20~30명의 관군이 예천에 진을 치기 시작하였고, 27일에는 60여 명의 관군이 증원되었다. 그러다 관군의 병력은 300여 명으로 늘어났고, 여기에 일본군 100여 명이 가담하였다. 이들 대병력은 예천군수 류인형(柳仁馨)의 접대를 받고, 다음날 산양과 풍산 쪽을 거쳐 안동의병소를 공격해 왔다.

안동의진 지휘자들이 본부에서 관군의 공격 소식을 접한 날은 1월 26일 무렵이었다. 권세연은 우선 선봉장 김옥서(金玉瑞)에게 명령을 내려 포군 70여 명을 거느리고 예천 방면으로 나아가 관군에 대응하게 하였다. 저녁 무렵에는 중군장 류완(柳琓)에게도 40~50명을 거느리고 출발케 하였다. 다음 날은 구름과 안개가 자욱하여 산천을 구별할 수 없을

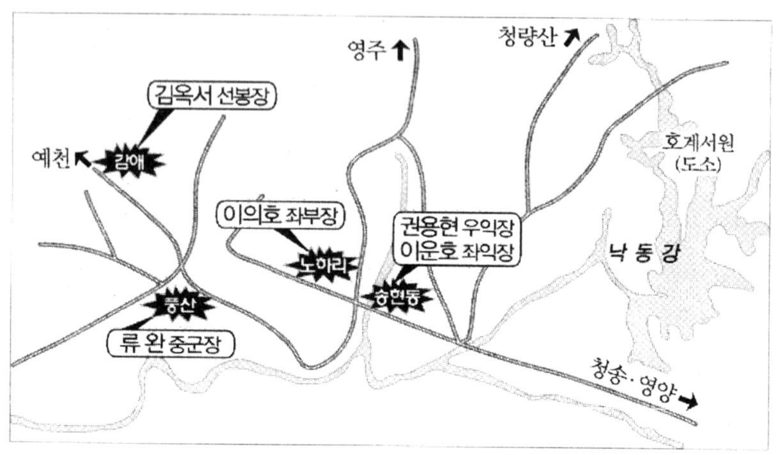

안동의병 1차 전투도(1896년 1월 28일 안동의병과 관군 사이에 벌어진 전투)

정도로 나쁜 날씨였다. 그 악천후를 뚫고 우익장 권용현(權用賢)이 2차로 군정(軍丁) 60명을 이끌고 출발했다. 이어서 그 다음 날인 1월 28일에는 좌부장 이의호(李宜鎬)로 하여금 1백여 명을 거느리고 가서 일본군과 관군에 대적토록 하였다.

안동의병과 관군 사이의 첫 전투는 예천과 안동의 접경지대에서 벌어졌다. 선봉장이 거느린 부대는 첫 전투에서 패하였고, 이에 선봉장은 흩어진 병사들을 다시 모아 감애(甘厓)에 주둔했다. 그리고 중군장은 풍산에, 우익장은 두솔원(兜率院)에, 좌부장은 노하리(鷺下里)에 각각 진을 쳤다. 곧 선봉과 중군은 예천에서 안동으로 이르는 오늘날의 국도변에 진을 치고, 후위부대는 소밤다리로 일컬어지는 송야교(松夜橋) 근처에 자리 잡았던 것이다.

선봉장은 전열을 가다듬어 다음 날인 1월 29일 새벽 관군을 공격하기 시작했다. 그러나 일본군이 총을 쏘면서 백일령(白日嶺)을 덮으며 진격해오자, 의병은 제대로 접전을 하지 못하고 사방으로 흩어져 버렸다. 이때가 새벽 3~5시 무렵이었다. 의병은 흩어지고 인근의 백성들도 피난하였다. 풍산에 머물던 의병 역시 모두 해산하였다. 우익장과 좌익장은 안동 시내로 접어드는 송현(松峴) 고개에서 진을 합쳤으나 관군의 세력에 대처할 방법을 찾지 못하고 흩어지고 말았다. 의병장 권세연도 태백산중의 구마동(九痲洞)으로 들어갔고, 집의 재산을 허물어 의병을 모으고 무기를 구입하며 재기를 준비하였다.

이 전투가 펼쳐지던 1월 29일, 고종이 몰래 보냈다고 전해지는 〈애통조(哀痛詔)〉가 도착하여 의병들을 격려하였다. 이 밀조에서는 의병주창자들에게 "8도 고을은 같은 목소리로 서로 응하여 일어나라"고 요구하였다.[60] 또 "강성한 이웃이 틈을 보고 반역자들이 권력을 농간하였고, 더욱이 나는 머리를 깎고 면류관을 훼손하였으니 4천 년 예의지국을 나에 이르러 하루아침에 짐승의 땅으로 만들어 버렸다"고 한탄하였다.[61] 그리고 서울 중심의 경기 지역과 지방 7도에 왕을 지키는 근왕군을 조직하려 했다. 또 "의거를 일으킨 선비에게 벼슬을 주고 비밀 증서를 보낼 것이니, 지방 수령을 이끌고 종군하라"는[62] 내용을 담고 있었다.

이 〈애통조〉를 보고 분기가 끓었지만, 안동의진은 관군들에게 밀리고 있었다. 그 결과 바로 다음 날인 1월 30일 안동관찰사 김석중이 수백 명의 관군을 거느리고 거만하게 안동부에 들어왔다. 안동부 접수의 주력 부대였던 대구 병정 300명은 그날로 되돌아갔다.[63] 안동부를 접수한 김석중은 2월 2일 의병 본부에 들어가 의병 문서·화폐·곡식 등을 압수하여 갔다. 2월 9일에 그는 스스로 단발을 하고 주민에게도 단발을 강요하였다. 각지에 순검을 풀어 강제로 상투를 잘랐고, 2월 12일에는 9명이나 삭발 시켰다. 봉화의 유곡(酉谷, 닭실)과 해저(海底, 바래미) 두 마을은 특히

60) 李正奎, 〈倡義見聞錄〉, 《독립운동사자료집》 1, 독립운동사편찬위원회, 1983, 647쪽.
61) 拓菴先生文集刊行會, 《拓菴全集》 下, 1983, 454쪽.
62) 拓菴先生文集刊行會, 《拓菴全集》 下, 1983, 454쪽.
63) 李兢淵, 《乙未義兵日記》, 1895년 12월 15·16일자.

심하여 골목길도 다니기 힘들었다고 한다. 심지어 설날에 사대부들이 설을 쇨 수 없을 정도였으며, 2월 15일에는 안동유림의 대표적 지도자요, 의병 논의의 핵심이던 류지호마저 단발문제로 관찰사에게 붙잡혀 형벌과 욕을 당하였다.[64] 안동도 통곡의 바다로 변해간 것이다.

[4] 안동의병의 반격과 안동부 탈환

안동의병은 그냥 당할 수만은 없었다. 의병장 권세연을 중심으로 다시 재기에 나섰다. 의진을 수습하고 안동부를 다시 공격하고자 나선 것이다. 여기에 예안과 예천 등 인근의 읍에서도 의병이 결성되고 이에 합세하고 나섰다.

안동관찰사는 이러한 의병의 기세에 눌려 더 이상 안동부에 머물기 힘들다고 판단했다. 관찰사의 처지에서 안동의병이 재기하여 압박을 가해 오고, 북쪽에서 예안의병이, 서쪽에서 예천의병이 길을 차단하는 형국이므로 딱한 형편이라고 판단했을 것이다. 그는 2월 19일 순검 몇 명을 이끌고 안동을 빠져나갔다. 그러나 서울을 향해 달아나던 그는 2월 25일에 이강년(李康秊)의진의 파수병에게 체포당했다. 쉽게 체포된 이유는 그와 순검이 모두 단발하고 있었기 때문이다. 관찰사 김석중과 순검 이호윤(李浩允)·김인담(金仁覃)은 이강년 의병장의 명령에 따라 가은 농암장터에서 처형되었다.[65] 이미 김석중이 처형되기 하루 전인 24일, 선성의병장 이중린은 김석중의 목에 현상금 1,000냥을 걸고 체포령을 내린 터였다.[66]

그런데 앞서 고종이 보낸 〈애통조〉와는 달리 고종의 의병해산령이 안동에 전달되었다. 고종이 러시아공사관으로 피난했던(아관파천) 2월 11

64) 朴周大, 《渚上日月》, 1896년 1월 2·3일자. 《일록》에는 음력 12월 28일로 기록하고 있다.
65) 〈운강선생창의일록〉, 《독립운동사자료집》 1, 독립운동사편찬위원회, 1983, 212쪽.
66) 李鋎淵, 《乙未義兵日記》, 1896년 1월 12일자.

破兵後自明疏
王師來下刑戮爲事結縛臺臣壞敗 國家之名分
屠戮多士斲喪 國家之元氣童幼之挾册者幷被
刑殺婦女之績麻者亦多砲死凋谷之樵夫負薪而
路斃田野之農氓倚耒而立殪亂砲如雹血流成川
與前日哀痛之教 恩諭布告之意一切相反使
殿下之赤子盡劉於 殿下之兵及氣象愁慘冤呼
漲天伏未知 殿下奈何而使民至於是也此臣等
所以疑懼而未即解散者一也且伏聞按誅奸臣不

김도화의 〈파병후자명소〉

일에 내려진 명령이었다. 이것을 둘러싸고 지도자들은 고민에 잠겼다. 처음에는 의병 봉기를 요구하는 밀조가 오더니, 이번에는 그것과 정반대로 해산을 명령하였기 때문이다. 왕명을 거역하자니 반역이 되고, 그렇다고 해산하자니 해산령이 왕의 진심에서 나온 것이 아님을 헤아릴 수 있었다. 그래서 해산령을 받아들이지 않고 전투를 지속하기로 결의했다.

얼마 뒤, 제2대 안동의병장 김도화가 해산령을 따르지 않은 이유를 밝힌 대목은 당시 지도자들이 가진 인식을 알려준다. 그는 〈파병후자명소(破兵後自明疏)〉에서 그 이유를 다음과 같이 밝혔다.

> 왕명을 빙자한 친일내각이 파견한 관군들이 형벌과 살육을 일삼아 대신들을 결박하면서 국가의 명분을 무너뜨렸고, 선비들을 도살하면서 국가의 원기를 손상시켰으며, 어린아이들이 책을 끼고 가다가 형을 당하고, 부녀자는 길쌈을 하다가 죽음을 당하고, 나무꾼은 섶을 지고 가다 길에서 죽고, 농민은 쟁기를 지고 서서 맞아 죽으며, 어지럽게 쏘는 총알이 우박 퍼붓듯 해서 피가 흘러 내를 이루니, 전일의 애통하게 보내신 뜻과는 일체 상반되는 것이옵니다. 전하의 인민들로 하여금 전하의 무기 앞에 모두 죽게 해야 됩니까? 기상이 처참하여 이 원통한 부르짖음이 하늘을 넘칩니다. 전하께서는 어찌 백성으로 하여금 이에 이르게 하십니까? 상반되는 일을 신들은 의심하는 바로서, 곧 의병을 해산하지 못한 이유입니다.[67)]

그러한 정황은 이상룡(李相龍)이 그의 외숙인 안동의병장 권세연에게 보낸 편지를 통해서도 알 수 있다.

> 은혜로운 윤음(해산령/필자 주)이 내렸는데도 이를 거부하였으니, 일 만들기를 좋아하는 무리들이 이로써 칼자루를 휘두르지 않는다고 어찌 알 수 있겠습니까. 운수소관입니다.[68)]

영양 출신 김도현이 이끄는 예안의병이 안동부에 입성했다. 이 장면은 김도현의 기록이나 이긍연의 일기에 다음과 같이 나와 있다.

---

67) 金道和, 〈破兵後自明疏〉, 《拓菴全集》 下, 拓菴全集刊行會, 1983, 457쪽.

68) 이상룡, 〈答星臺權公 丙申〉, 《石州遺稿》, 1978, 78쪽. 권세연은 안동관찰사 김석중이 처형되던 2월 25일(음 1.13) 안동부에 무혈입성하고 안동향교에 진을 쳤다. 이상룡은 외숙 권세연이 의병장을 맡고 있었지만, 부친이 먼저 돌아가신 상태에서 조부상을 치르고 있는 형편이라 이에 직접 동참할 수 없었다.

2월 25일(음 1.13)에 출진해서 안동부를 향하니, 거리가 40리다. 깃발은 앞에 있고, 수레와 말은 뒤에 서니, 대포 소리는 우레 같으니 흥분하여 일어나지 않는 사람이 없었다. 산남(山南)에서 우러러 바라보는 선비가 얼마이며 길가에서 보는 이가 몇이던가. 경내(境內)에 들어가 산천의 형세를 보고 인물의 풍부함을 보니 참으로 15읍 중에서 제일 큰 고을이었다.[69]

2월 25일(음 1.13) 맑음.

유생 2명을 태장면(台庄面, 현 서후면 태장리) 회소(會所)에 보냈다. 오리원(五里院)에 나가 의병장을 맞았다. 위엄을 갖춘 모습이 매우 성대하고 군대 진용이 정숙했다. 총을 맨 자, 칼을 든 자가 수백 명이었으며, 그 나머지는 헤아릴 수 없고, 사방의 관중 역시 천인지 만인지 수를 셀 수 없다.[70]

안동향교에 본부를 차린 의병은 군자금 모금에 나섰다. 의병을 유지해 나가려면 엄청난 자금이 필요했다. 그 많은 의병을 먹이고 입히며 필요한 장비를 갖춰 주어야 하니 막대한 자금이 필요했던 것이다. 하루에 들어가는 곡식만 해도 어마어마한 양이었다. 이를 어느 한 사람이 책임질 수는 없었다. 그래서 향회(鄕會)를 열고 모금에 나선 것이다.

우선 2월 28일에 열린 향회에서 의연금 2천 냥이 모금되었다. 3월 4일 다시 아전들이 사무를 보는 성청(星廳)에서 향회를 열어 안동 일대의 각 문중과 향교, 그리고 서원별로 의연금 기부를 약속 받았다. 이긍연이 쓴 일기를 보면, 이날 151개 문중이 약속했으며 여기에 40개의 기관이 참여하였으니 안동 지역에서 참여하지 않은 세력이 없을 정도였다. 의병

69) 金道鉉, 〈碧山先生倡義顚末〉, 《독립운동사자료집》 2, 독립운동사편찬위원회, 1983, 20쪽.

70) 李兢淵, 《乙未義兵日記》, 1896년 1월 13일자.

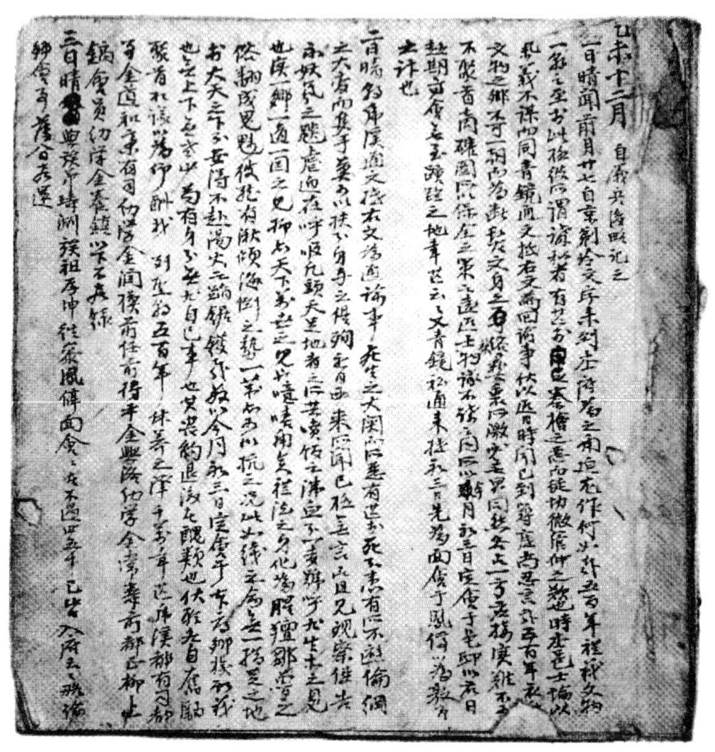

이긍연의 《을미의병일기》

본부에 내겠다고 약속한 의연금의 총액도 무려 2만 냥을 넘었으니, 안동 일대의 반개화·반침략적인 기세와 주민들의 의병에 대한 호응 정도를 충분히 짐작하게 한다.

이에 참여한 지역은 풍남·풍서·풍북·풍현내·서후·서선·북후·북선·동선·동후·임북·임동·임현내·임남·길안·일직·감천·내성·춘양·소천·재산 등 21개 전 지역이었다. 문중별로 적게는 2냥에서 많게는 1천 냥까지 군자금이 배당되었다. 그 가운데 하회의 풍산류씨와 수곡의 전주류씨 문중에 각기 1천 냥이, 닭실(유곡)의 안동권씨 문중에 1천 냥이 배정되었으며, 천전의 의성김씨 문중에 800냥, 금계의 의성김씨 문중과 해저

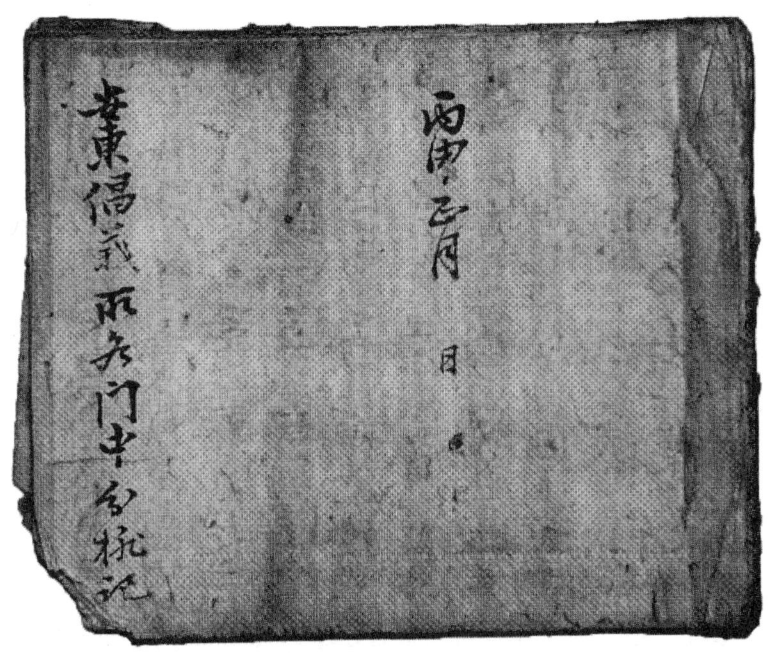

문중별 부담금을 기록한 《안동창의소문중분배기》

의 의성김씨 문중, 법흥의 고성이씨 문중에도 각각 500냥씩 배정되었다. 이 외에도 안동 인근의 152개 문중에 11,882냥을 배정하였다. 그리고 안동 지역에 있는 향교를 비롯하여 각지의 서원과 사당 및 서당에까지 모두 8,980냥을 군자금으로 내도록 하였다. 그 결과 각 문중에 할당한 금액과 향교와 서원 등에 할당한 금액을 합하여 도합 20,867냥이나 되는 거액이 배정되었다. 그런데 이렇게 배정되기는 했지만, 실제로 모두 모여지지는 않았다. 게다가 제때에 자금이 공급되지 않아 의병항쟁의 전개에 어려움이 컸다.

그런데 아전들이 사무를 보는 장소인 성청에서 양반들이 회의를 열었던 이유는 지역·문중별 호구나 재산의 정도를 가장 잘 파악하고 있던 아전들의 지식과 장부 기록을 이용하려 했던 것으로 추정된다.

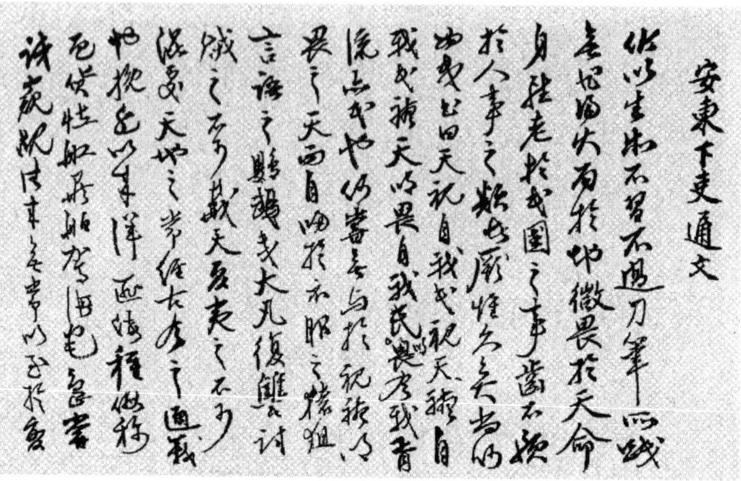

安東下吏通文

〈안동하리통문〉 시작 부분. 아전들이 의병항쟁에 참가한 경우는 찾아보기 힘들다. 전남 나주에서 그 사례가 있는데, 안동에서도 그러한 사례가 있었음을 보여주는 귀한 자료이다.

당시 안동의 아전들도 의병과 관련한 〈안동하리통문〉을 발송하였다. 이 글은 "우리가 소중화의 으뜸이 되었는데, 300년 전 임진난 침략에 이어 또 일본의 침략을 받는다"고 개탄하면서, "인간의 도리를 떳떳하게 할 수 있는 세상을 향해 함께 싸우다 죽는 곳으로 나아가자"고 주장하였다.[71] 의병항쟁사에서 아전들의 통문이 알려진 일이 없는데, 이 자료는 매우 귀한 사례이면서 안동의 전반적인 분위기를 알려주는 것이다. 아전 출신 권대일(權垈一)의 용전분투와 장렬한 전사에 관한 이야기도 전해지는 만큼, 아전들도 의병에 적극 동참한 것을 알 수 있다.

안동의진은 자금을 배정하고 모으는 한편, 이를 바탕으로 체제 정비에 나섰다. 3월 7일 의병장 권세연은 다가올 전투를 염두에 두고 조직

71) 김희곤, 〈安東下吏通文 해제〉, 《한국근현대사연구》 11, 한국근현대사학회, 1999, 310~312쪽(원문 참조).

을 전투적인 체제로 개편하였다. 그 진용의 일부만 전해지는데, 당초 〈안동의소파록〉에 등장하는 것을 기본으로 삼고 다음과 같은 내용이 수정된 것으로 짐작된다

새로 조직한 편제는 이전의 부장(副將)·선봉장(先鋒將)·좌우익장(左右翼將) 체제를 도총(都摠)·도포장(都砲將)·좌우포장(左右砲將)으로 바꾸었다. 곧 포(砲)를 중심으로 지휘부를 편성한 것이 특징이고, 선전관 출신을 등용한 것이 이전과 다른 점이다. 이는 을미의병이 일반적으로 시위의병의 성격을 강하게 내포하고 있었던 것에 견주어, 일본군과 전투를 수행하기에 효율적인 체제로 발전시킨 것과 아울러 실제로 총을 가진 포수가 많아졌다는 의미도 있는 것 같다. 게다가 하회나 해저와 같이 군수지원이 가능한 지역 출신이 포진한 것도 특징 가운데 하나로 꼽을만하다.[72]

여기에다 추가시켜야 할 직책이 소모장이다. 진의 규모가 커 갈수록 소모장의 역할이 상당히 무거워지고, 그의 활동에 따라 군세가 좌우되기도 했다. 주어진 임무가 군사만이 아니라 곡식과 무기를 모아야 했기 때문이다. 이때 안동의진의 소모장은 류시연(柳時淵)이 맡고 있었는데 그는 소모장의 직책으로 30여 명의 포졸을 이끌고 청송에 도착하였다. 아직 의병이 결성되지 않은 청송에서 관아에 보관된 무기를 거두어 오고자 했던 것이다.[73]

안동의진은 이어서 봉화의진, 서상렬의 호좌의진(湖左義陣)과 연합하였다. 이처럼 안동의병이 군자금을 모금하면서 새 진영을 갖추던 무렵

72) 金祥起, 〈1895~1896년 안동의병의 사상적 연원과 항일투쟁〉, 《史學志》 31, 단국사학회, 1998, 314쪽.

73) 청송의진 기록인 《赤猿日記》에 의하면, 청송의 유지들이 곧 청송의병을 일으킬 것이라고 말하며 무기를 접수해 가려는 류시연의 요구를 막았다고 적었다. 결국 그의 소모활동이 청송의병 봉기의 촉진제 구실을 했던 셈이다.

〈표 3〉 안동의병 지휘부 편제표(1896.3.7, 음 1.24. 현재)

직책	성명	비고
상 장	권세연(權世淵)	유곡
도 총	류난영(柳蘭榮)	하회
부 장	김하림(金夏林)	해저
중 군	권재호(權載昊, 文八)	
도포장	오(吳) 선전(宣傳)	성씨만 확인됨
좌포장	김(金)	
우포장	유(劉)	
서 기	소호(蘇湖) 이(李), 미동(美洞) 김(金), 보현(甫峴) 권제녕(權濟寧), 금계(金溪) 김(金)	

인 3월 8일, 봉화의병장 금석주(琴錫柱)가 포정 50여 명을 이끌고 안동에 도착했다. 또 이틀 뒤 3월 10일 오후에는 호좌의진 소모장 서상렬이 정병 100여 명을 거느리고 와서 안동부 서문 밖 안기역 일대에 주둔하였다. 안동의진에서는 중군장 권재호(權載昊)가 나가 이들을 맞이하였으며, 다음날인 3월 11일 연무당에서 세 개 의진 포졸 800여 명은 연합의식을 갖고, 황소 3마리와 쌀 20말로 음식을 준비하여 잔치를 베풀었다.

[5] 제2차 안동의진 결성과 태봉전투

의병장 권세연이 갑자기 사퇴하였다. 그는 3월 12일 40~50여 명의 향원이 참석한 가운데 열린 향회에 단자(單子)를 보내 자신의 사퇴 의사를 전했다. 권세연은 자신이 대장에 추대되어 안동부를 접수한 직후였던 1월 29일 전투에서 패한 일을 들어 자신을 자책하고, 이제 연합의진이 편성되고 기세가 성대해진 새로운 상황에 알맞은 인물에게 대장직을 위

임하고자 자진 사퇴한 것으로 보인다.[74]

안동의진이 안동부성을 재탈환한 뒤, 항쟁 양상이 바뀐 것도 그가 사퇴한 이유의 하나로 생각된다. 호좌의진의 소모장 서상렬이 3월 10일 안동의진에 도착했다.[75] 안동의진을 필두로 경북 북부 지역의 여러 의진과 연합작전을 추진하기 위함이었다. 호좌의진이 충주성을 함락하고 난 뒤, 이를 지키려면 낙동과 태봉 및 수안보를 거쳐 청주로 연결되는 일본군의 병참선을 무너뜨려야 했기 때문이다. 그가 도착한 다음날 권세연은 안동의병장을 사퇴하였다.

특히 김석중이 이강년의진에 의해 처단된 뒤, 신임 안동관찰사로 임명된 이남규(李南珪)가 상주에서 군사훈련을 시키면서 안동부를 장악하려는 계획을 세우고 있었는데, 이를 저지하기 위해서는 공동작전이 필요했다.[76] 이러한 필요성에 권세연은 새로운 지휘부 구성을 요구한 것이다. 호좌의진과의 연합작전은 안동의진 지휘부의 급격한 변화와 함께 진행되었다. 서상렬이 안동의진에 도착한 바로 이날 김흥락도 안동부로 입성하였다.[77] 그리고 이틀 뒤인 3월 12일 권세연은 안동의진의 대장직을 사퇴하였다. 한 달여 전에 있었던 패배를 자책하면서 의진이 다시 성대한 모양을 갖추었으니 물러남이 마땅하다는 것이 그 이유였다.[78]

74) 金祥起, 〈1895~1896년 안동의병의 사상적 연원과 항일투쟁〉, 《史學志》 31, 단국사학회, 1998, 315~316쪽.

75) 李兢淵, 《乙未義兵日記》, 1896년 1월 27일자.

76) 서상렬은 지평의진을 결성한 뒤, 제천으로 진입하여 柳麟錫을 추대하고 호좌의진을 결성하면서 소모장을 맡았다. 그는 湖左義陣이 충주성을 점령한 뒤, 영남 지역에서 의병을 모으고, 남쪽으로부터 일본군 진입을 막기 위해 영남 지역으로 파견되기를 자청하였다. 그는 3월 23일에 柳麟錫에게 보낸 서신에서 "嶺邑의 여러 장수들로 하여금 조령을 방어케 하여 적의 통로를 끊자"고 제안하였다(朴貞洙, 〈下沙安公乙未倡義事實〉, 《독립운동사자료집》 1, 독립운동사편찬위원회, 1983, 379쪽). 이러한 작전은 뒤에 태봉전투가 있기 직전인 3월 26일에 이강년이 이끄는 문경의진이 수안보에 주둔하고 있던 일본군을 공격함으로써 실현되었다.

77) 李兢淵, 《乙未義兵日記》, 1896년 1월 27일자.

당면 과제가 의병장을 다시 뽑아야 하는 일이었다. 안동의진은 12일에 향회를 열었고, 그 결과 권세연의 후임으로 향원들은 일직면 귀미(龜尾)의 김도화를 추대하고 김진의(金鎭儀, 鎭懿와 같은 인물인 것 같다)·류창식(柳昌植)·류일우(柳馹佑)·권철연(權徹淵) 등을 보내 대장직에 오를 것을 청하게 하였다. 김도화는 3월 13일 밤에 안동부에 들어와 14일에 대장직에 올랐다.[79)]

신임 대장 김도화는 입성하자마자 편제를 새로 꾸밀 논의에 들어갔을 것이다. 여기에서 한 가지 눈에 띄는 사실은 김흥락과 류도성이 지휘장이라는 직책을 맡았다는 사실이다. 1차 안동의진에서는 전면에 나서지 않고 후원자의 역할을 맡았던 그들이 김도화를 대장으로 천거하고서는 공동으로 지휘장을 맡고 나선 것이다.[80)] 결국 안동의진의 구성과 운영을 대표급 인물들이 공동으로 책임지자는 뜻으로 풀이할 수 있다.

이들 세 사람은 이미 처음 봉정사 회의부터 자리를 함께 하면서 의병문제를 논의했던 대표들이었다. 그 반열에 추가될 인물로는 1차 안동의진을 결성하던 날 좌수로 앉았던 5명 가운데 이들 3명을 빼면 류지호와 류지영이 있다. 류지호는 단발이라는 욕을 당했고, 류지영은 이 해에 세상을 떠나게 된다. 그렇다면 권세연이 떠난 마당에 안동의병을 이끌 최고 지도자는 이들 세 사람뿐이었고, 그럴 경우 누가 그 무거운 책임을 지느냐하는 문제는 심각한 것이었다. 그래서 김도화를 대장으로 내세우면서도 병호시비 문제를 극복하려는 균형 잡힌 편제를 선택한 것 같다. 그 결과가 김도화를 내세우고, 류난영(柳蘭榮)이 떠받치며, 김흥락과 류도성이 나란히 지휘장이란 이름으로 전면에 나선 것 같다. 그렇다고 해서 그 지휘장이라는 직책이 실질적으로 활동성을 가진 자리라고는 보이

78) 李兢淵, 《乙未義兵日記》, 1896년 1월 29일자.
79) 李兢淵, 《乙未義兵日記》, 1896년 2월 1일자.
80) 李兢淵, 《乙未義兵日記》, 1896년 2월 1일자.

김도화의 고향 안동시 일직면 귀미 원경. 의성김씨들이 대대로 살아오는 곳이다. 작은 사진은 김도화의 묘소로 안동대학교 후문 근처에 있다.

지 않는다. 안동부를 탈환하고 의병진이 성세를 이루는 속에서, 또 의병장이 바뀌는 변화 속에서 안동의진에 대한 안동인들의 참여와 지원을 끌어내려는 목적이 그런 형식을 갖추게 한 것이라 생각된다.

김도화는 이어서 류난영을 도총(都摠)에 임명하고, 김홍락과 류도성을 지휘장으로 선임하는 등 조직을 정비하였으니, 그 내용은 다음 〈표 4〉와 같다.[81)]

대장직을 맡은 김도화는 의병을 일으킨 뜻을 왕에게 아뢰는 〈창의진정소(倡義陳情疏)〉를 올렸다. 그 내용은 다음과 같이 을미사변과 단발령 때문에 의병을 일으켰다고 밝히고, 개화파들의 행적을 비판하는 것이었다.

81) 李兢淵, 《乙未義兵日記》, 1896년 2월 1일자.

〈표 4〉 안동의진 지휘부 편제표(1896.3.14, 음 2.1. 현재)

직책	성명	비고
대 장	김도화(金道和)	귀미
중군장	권재호(權載昊, 文八)	
도 총	류난영(柳蘭榮)	하회
부 장	김하림(金夏林)	봉화 해저
선봉장	류시연(柳時淵)	무실
소모장	이충언(李忠彦)·류창식(柳昌植)	
아 장	최세윤(崔世允)	흥해, 산남의진
지휘장	김흥락(金興洛)·류도성(柳道性)	

8월의 을미사변은 임진왜란에 왜군이 명종과 중종의 능을 파헤친 사건보다 혹심하였고, 11월의 단발령은 임진왜란 때 선조와 광해군이 평안도와 함경도로 피난간 일보다도 더욱 극악한 일입니다.…… 우리의 국방권을 빼앗고 무장을 해제시켰으며, 요충을 점거하고는 우리의 재물과 곡식을 빼앗아 가면서 호시탐탐 이 나라를 삼키려는 속셈을 가진 것이 하루아침의 일이 아닌데도 불구하고, 비굴한 말로써 동정을 빌며 무사함을 바라고 있으니, 조정에 앉아서 누가 이러한 계획을 꾸민 것입니까?…… 이 때 비록 군대를 모은다고 명령해도 병사의 정신은 벌써 해이해졌으며 충신의 뜻도 이미 막힐 터이니, 장차 누구와 더불어 나라를 보전하고 적을 막겠습니까?…… 이에 죽음을 무릅쓰고 의(義)를 일으킨 것입니다.[82)]

82) 이 소는 음력 을미년(1896)에 발표된 것이다. 을미년 정월 초하루는 양력 2월 13일이므로, 이 소는 김도화가 3월에 대장으로 추대된 이후에 올려진 것으로 보인다(金道和, 〈倡義陳情疏〉, 《拓菴全集》 下, 拓菴全集刊行會, 1983, 456쪽).

또 대장의 이름으로 3월 19일 의기를 불러일으키는 격문을 각지에 발송하였다.[83] 같은 날 안동의진은 의성군수 이관영(李觀永)의 목을 베었다.[84] 그가 개화당원이면서 대구관찰사 이중하(李重夏)의 인물이라고 알려졌기 때문이다. 다음으로 인근 영주·예안·봉화·의성·청송·예천·진보·영양 등지에 의병을 모으는 소모관을 파견하고 규모를 확대하였다. 당시에는 이 외에도 예안의 원여(元汝) 이인화(李仁和)와 영양의 김도현이 주요 인물이었다. 당시 안동의진 주변에는 영주 김우창(金禹昌), 의성 김상종(金象鍾), 진보 허훈(許薰), 영양 조승기(趙承基) 등이 의병을 이끌고 있었다.

[6] 연합의진의 편성과 태봉전투

안동의진과 선성의진은 우선 태봉의 일본 병참부대를 공격의 목표로 삼고 이를 위하여 서상렬의병을 비롯한 인근의 의병들과의 연합을 시도하였다. 호좌의진의 서상렬은 3월 초에 원용정(元容正)·홍선표(洪璇杓) 등을 데리고 영남 지역으로 들어왔다.[85] 3월 10일에 안동에 도착한 그는 안동의진에 작전 방향을 제시한 뒤, 북부 지역 일대를 순회하면서 연합의진을 추진하였다. 그가 이 지역 의진과의 공동작전을 추진했던 이유는 영남 지역 사족의 사회경제적 기반과 위정척사적 사상이 강했던 것을 이용하려는 데 있었다.

안동의진과 선성의진은 서상렬의병을 맞이하면서 연합의진을 함께 추진하였다. 연합의진 결성에 대한 논의가 진행되자, 안동의병장 김

83) 이 격문이 청송의진에 도착한 시기가 김도화가 대장으로서 안동부에 진입한 지 5일 지난 1896년 2월 6일(양 3.19)이었다(《赤猿日記》, 1896년 2월 6일자).

84) 《赤猿日記》, 1896년 2월 6일자.

85) 권대웅, 〈乙未義兵期 慶北 北部地域의 醴泉會盟〉, 《民族文化論叢》 14, 영남대학교 민족문화연구소, 1993, 65쪽.

도화는 이 계획에 흔쾌하게 합의하고 나섰고, 그러한 기회가 온다면 남에게 뒤지지 않을 것이라고 다음과 같이 다짐하였다.

> 회의를 알리는 여러 진의 회보가 있었으니 이미 받아보셨으리라 생각합니다. 달려가서 의논하고 싶으나 아직 그런 기회를 얻지 못하고 있습니다. 회의가 있게 되면 힘써 달려가 남에게 뒤지지 않으려 합니다.[86)]

안동의진은 3월 20일 의병 200여 명을 거느리고 일단 풍산에 집결하여 풍기·순흥·영천(영주)·봉화·선성(예안)·호좌의진과 함께 예천으로 향하였다. 상주 함창의 태봉에 있는 일본군 수비대에 대한 공격을 제1차 목표로 삼았기 때문이다.

3월 26일에 산양장터에서 안동권 6개 의진과 호좌의진으로 이루어진 7개 의진의 연합이 이루어졌다. 연합의진은 3월 26일 백마를 잡아 그 피를 마시며 동맹의 서약을 하였고, 전투에서의 승리를 기원하였다. 이들은 '역적의 무리가 되지 말 것, 중화제도를 바꾸지 말 것, 죽고 사는 것으로 마음을 바꾸지 말 것, 사적으로 행동하지 말 것, 적을 보면 진격할 것' 등 다섯 가지 약속을 맹약문을 통해 밝혔다.[87)] 그리고 연합의진은 태봉을 공격하기 전에 예천군수 류인형을 처형하여 기세를 올렸다. 류인형은 서울에서 의병을 진압하기 위해 내려온 관군을 접대한 죄목으로 처형된 것이다.

연합의진에 참여한 안동의진은 중군장 권재호가 거느린 250여 명

86) 金道和, 〈與徐召募(相烈)〉, 《拓菴先生別集》 乾, 1956, 24쪽.
87) 李兢淵, 《乙未義兵日記》, 1896년 2월 13일자. 이 맹약문은 서상렬이 元容正을 시켜 작성한 것이라 한다(李正奎, 〈六義士列傳〉, 《獨立運動史資料集》 1, 독립운동사편찬위원회, 1983, 174~175쪽).

이었다. 그리고 선성의진은 중군 김도현이 지휘하고 있었다. 서상렬이 지휘하는 호좌의진은 지휘부 49명을 포함하여 100여 명에 달하는 정예 부대였다. 금석주가 거느린 봉화의진은 53명이었다. 원래 선성의진은 중군 김석교(金奭教)가 지휘하여 예천회맹(醴泉會盟)에 참석하였으나, 김석교가 사퇴하고 그 후임에 김도현이 추대된 것이었다.[88]

안동의병장 김도화는 맹주로 추대된 서상렬에게 "늙은 몸 이끌고 막대 짚고 나섰으니, 하늘의 운세를 돌리는 일인들 어찌 못하리"라고 그의 마음을 표현하였다.[89] 그 뒤 3월 27일에 산양에 머물렀다.[90]

연합의진은 눈비 오는 날씨에도 불구하고 밤을 이용하여 예천군 용궁으로 향했다. 연합의진이 용궁을 거쳐 산양에 진을 친 것이 3월 28일이었다. 이때 합세한 의진은 안동을 비롯하여 봉화·선성(예안)·영천(영주)·순흥·풍기·호좌의진 등 7읍의 의병이었다. 산양은 1881년 영남만인소운동을 전개하기 위해 도소가 설치되었던 곳으로 지리적으로 문경·함창·상주·선산 등의 경상우도와 용궁·예천·영주·안동 등 경상좌도를 연결하는 교통의 요충지에 해당하는 지역이다. 또한 신라가 당나라군을 물리쳤고, 임진왜란 때 의병이 왜군과 치열한 접전을 벌였던 당교(唐橋, 문경시 점촌읍과 상주시 함창읍 사이)와 가까운 지역이었다.

3월 28일 연합의진은 태봉 공격을 하루 앞두고 태봉에 조금 못 미친 여러 지역에 분산하여 1박하였다. 안동의진은 덕통역(德通驛, 상주시 함창읍 덕통리)에서, 호좌의진은 함창, 영주·순흥·선성의진은 포내촌(浦內村, 문경군 영순면 포내리), 풍기의진은 당교, 봉화의진은 동산촌(東山村, 문경시

88) 金道鉉은 28일 산양에 도착하여 선성의진의 중군에 취임하였다(金道鉉, 〈碧山先生倡義顚末〉, 《독립운동사자료집》 2, 독립운동사편찬위원회, 1983, 719쪽).

89) 金道和, 〈贈徐相烈〉, 《拓菴全集》 下, 拓菴全集刊行會, 1983, 270쪽.

90) 琴錫柱, 《日記》, 1896년 2월 15일자. 김도화가 산양에 도착한 것은 2월 14일(양 3.27)로 짐작된다.

상주시 함창읍에 있는 태봉. 대구에서 충주로 연결되는 병참선상에 놓인 곳이었고, 때문에 일본군 수비대가 주둔했다. 이곳 태봉마을은 수해를 입어 마을이 모두 북쪽 언덕 기슭으로 이동했다.

영순면 율곡리)에 각각 머물렀다.[91)]

연합의진과 일본군과의 전투는 3월 28일 밤에 개시되었다. 호좌의진의 선봉장 황기룡(黃起龍)이 거느린 의병과 일본군과의 교전이 한밤중에 있었던 것이다. 이 전투에서 호좌의진은 패했던 것으로 알려진다. 3월 29일 아침 일찍부터 7개 연합의진의 태봉공격이 시작되었다. 일본군의 보고에 의하면, 이때 의병의 전체 인원이 7천여 명에 달했던 것으로 알려진다. 태봉에 있는 일본군의 전력은 50명에서 100명 정도에 지나지 않았던 것으로 짐작되나, 무기는 의병에 비해 월등하게 우세했다. 의병들은 태봉을 둘러싸며 공격하였다.

한편 이강년은 서상렬의 요청으로 조령의 길을 막고 있었다. 예천의진의 박정수(朴貞洙)는 〈하사안공을미창의사실(下沙安公乙未倡義事實)〉

91) 琴錫柱, 《日記》, 1896년 2월 15일자.

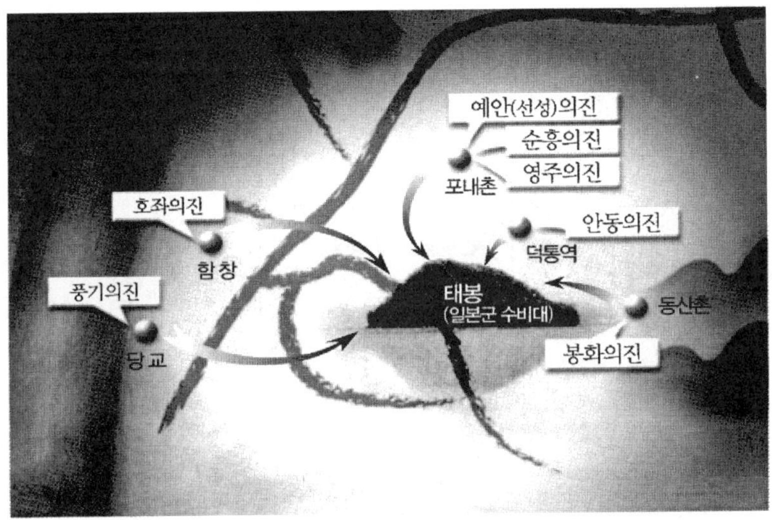

연합의진의 함창 태봉 공격도

에서 이강년의진의 움직임을 예천회맹군이 태봉을 공략할 때 배후를 엄호하려 했던 것으로 기록했다.[92]

태봉 공격에서 안동의진이 앞을 맡거나 선제 사격을 하는 등 기선을 잡고 나갔다. 선성의진이 앞서고, 풍기·순흥·영주의진이 뒤를 섰다. 그리고 안동의진이 먼저 좌측 산 위로 올라가 일본군 진지를 향해 천보총을 사격하여 일본군 1명을 죽이는 전공을 올렸다. 그러나 일본군 10여 명이 백사장으로 나와 발포하였다. 총알이 비 내리듯 떨어져 순식간에 7~8명이 전사하고 20여 명이 부상당했다. 선성의진을 비롯하여 봉화·풍기·순흥의진은 차례로 개울을 넘어 제방까지 달려가 그곳을 엄폐물로 삼아 몸을 숨기고 공격하였다. 일본군도 가세하여 그 수가 42명에 이르

92) 朴貞洙, 〈下沙安公乙未倡義事實〉, 《독립운동사자료집》 2, 독립운동사편찬위원회, 1983, 408쪽.

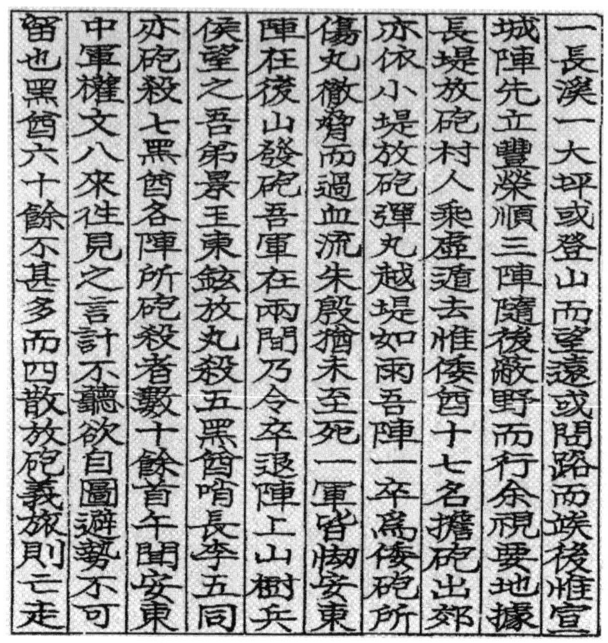
一長溪一大坪或登山而望遠或問路而俟後惟宣城陣先立豐榮順三陣隨後蔽野而行余視要地據長堤放砲村人乘虛遁去惟倭酋十七名擔砲出郊亦依小堤放砲彈丸越堤如雨吾陣一卒爲倭砲所傷丸徹脊而過血流朱殷猶未至死一軍皆懾安東陣在後山發砲吾軍在兩間乃令卒退陣上山樹兵候望之吾弟景王東鉉放丸殺五黑酋哨長李五同亦砲殺七黑酋各陣所砲殺者數十餘首午聞安東中軍權文八來往見之言計不聽欲自圖避勢不可留也黑酋六十餘不甚多而四散放砲義旅則已走

김도현이 태봉전투를 기록한 내용

렀으며, 이들 역시 조그만 제방을 이용하여 사격을 가해왔다.

김도현은 〈벽산선생창의전말(碧山先生倡義顚末)〉에서 그 장면을 이렇게 썼다. "태봉을 향해 가는데, 한 기다란 시내가 있고 커다란 들이 나 있다. 혹 산에 올라 멀리 바라보기도 하고 혹 길을 물어 후군을 기다리기도 한다. 오직 선성진이 앞에 섰고, 풍기·영주·순흥 3진은 뒤에 따라 들을 덮고 나간다."[93] 넓은 들에 조그만 구릉인 태봉과 그 아래에 자리 잡은 일본군을 향해 나아가는 의병의 기개는 높았을 것이나 막상 전투가 시작되자 오합지졸인 의병들이 전술을 제대로 구사하기란 어려웠을 것이다.

---

93) 金道鉉, 〈碧山先生倡義顚末〉, 《독립운동사자료집》 2, 독립운동사편찬위원회, 1983, 23쪽.

또 "안동 군사는 뒷산에서 포를 쏘니 우리 군사는 중간에 끼어 있다"고 어려운 상황을 기록하였다. 그리고 그는 안동 중군 권재호를 만났는데, 자기의 "계교가 이루어지질 않아 도피해야 한다니 형세가 말릴 수 없다" 말했다고 적고 있다. 다시 말해 안동의진도 전투를 뜻대로 펼치지 못하여 후퇴한 것이다. 그날 저녁 무렵에는 "왜병 수백 명이 뒷산을 넘어 내려오는데, 생각하지도 못한 포성이 터져 나오니 7진의 군사가 바람처럼 흩어지고 남은 것이 없다"고 하였다.[94]

안동의병장 김도화는 당시의 심정을 "그런 고심은 피맺힌 정성인즉 적과 더불어 함께 살 수 없다고 맹세하였습니다. 때문에 선비와 맨주먹의 무리가 함창의 적에 진공하여 여러 차례 교전했으나 끝내 패하고 말았습니다"라고 표현하였다.[95]

이처럼 아침부터 시작된 태봉전투는 제방을 사이에 두고 치열한 접전을 계속하였다. 그러나 제방을 일본군에게 빼앗기고 개울 옆의 산 위에서 대응하던 연합의진은 저녁 무렵 일본군의 총공격에 밀려 모두 퇴각하고 말았다. 연합의진은 태봉전투에서 비록 일본군 약간 명을 사살하는 전과를 수립하였으나 수적인 우세에도 불구하고 화력과 조직력의 열세로 크게 패하고 말았다.

안동의진은 중군장 권재호를 중심으로 분전하였으나, 화력의 열세로 후퇴하고 말았다. 처음에 개울 좌측 산 위로 올라가 사격한 것은 다른 의진이 제방까지 진격할 수 있게 한 점에서 성공적인 작전이었다 할 수 있다. 또 후퇴하면서 매복작전을 감행하여 일본군 15명을 사살하는 전과도 올렸다. 그러나 의병들은 소나기처럼 쏟아지는 일본군의 총격을 견디지 못하고 총과 말안장까지 버리고 달아나기 바빴다. 그 결과 중군장

94) 金道鉉, 〈碧山先生倡義顚末〉, 《독립운동사자료집》 2, 독립운동사편찬위원회, 1983, 24쪽.

95) 金道和, 〈破兵後自明疏〉, 《拓菴全集》 下, 拓菴全集刊行會, 1983, 457쪽.

지휘로 안동을 떠날 때는 250명이었으나, 안동에 돌아올 때는 16명에 불과하였다. 전투 가운데 20여 명이 다치거나 죽었으며 나머지는 흩어졌던 것이다.

태봉전투에서 패배한 원인으로 연합의진의 혼란스런 조직상의 문제를 들 수 있다. 연합의진은 뚜렷한 지휘계통이 없었으며 그로 말미암아 조직적인 전투를 수행하기 어려웠다. 또한 화력 열세와 훈련부족도 주요 원인에 속했다. 그 결과 일본군의 기총 사격에 크게 무너졌으며, 일단 무너진 다음에는 총마저 버리고 후퇴하기 바빴던 것이다.

이처럼 의병의 정면 공격은 무참히 무너졌다. 그들이 가진 장점은 오로지 많은 수의 인원뿐이었다. 그러나 훈련된 소규모 부대의 정면 공격에 그들은 쉽게 흩어지고 물러났다. 특히 저녁 무렵에 대구에서 증파된 일본군의 공격에 맞닥뜨리면서 더 이상 전투는 무리한 것이었다. 일본의 기록에 따르면, 3월 29일에 의병 7,000여 명이 태봉을 공격하였으며, 일본군은 태봉 수비대와 응원하러 달려온 2개 분대로 대항하여 7시간에 걸쳐 접전하였고, 의병들은 30여 명의 전사자를 낸 뒤, 용궁 쪽으로 물러났다고 한다.[96)]

[7] 일본군의 안동부 방화

29일 밤에 의병들은 예천으로 후퇴하였다가 출신지에 따라 흩어졌다. 호좌의진은 예천 경진교(京津橋, 개포면 경진, 서울나들이) 근처에서 다시 싸울 계책을 마련한다고 했지만, 안동의진은 예천을 거쳐 안동으로 물러났고, 선성의진은 학가산 기슭을 거쳐 예안으로 돌아갔다. 안동의진은 후퇴 과정에서 뼈저린 고통을 겪어야만 했다.

96) 〈전신선로에 관계되는 폭도들의 상황보고〉, 《일본공사관기록》 8, 263~264쪽(구완회, 《韓末의 堤川義兵》, 집문당, 1997, 134쪽에서 재인용).

일본군은 태봉전투의 승세를 타고 인근의 의병 진압에 나섰다. 4월 1일에는 예천에 도착하여 의병들이 사라지고 없자, 그들의 집에 불을 질러 보복하였다. 일본군은 4월 2일 아침 일찍 풍산에 주둔하고 있던 안동의진을 기습 공격하였다. 이로 인해 의병 1명이 전사하였으며, 중군장 이하 30여 명의 의병은 대응도 못해 보고 저동(苧洞, 풍산읍 하리) 쪽으로 물러났다. 또 봉정사 일대에서 벌어진 전투에서 크게 패하고,[97] 마지막으로 안기역(安奇驛, 안동시 안기동·운안동일대) 뒷산에서 벌어진 전투에서 권대일을 잃었다.[98]

일본군은 안동 시가지 입구 송현까지 추격한 뒤, 안동부를 의병의 소굴이라 여겨 민가에 불을 질렀다. 마침 바람을 타고 불길이 안기동에서 시작하여 탑곡(塔谷, 법흥동 골짜기)까지 덮쳐,[99] 안동 도심에 자리한 1,000여 호의 민가가 불타버렸다.[100] 안동부에 불을 지른 일본군은 보병 제10연대 제1대대 소속의 50여 명이었으며, 4월 2일에 벌어진 참혹한 일이었다.

이러한 일본군의 만행은 안동관찰사에 임명되어 안동부에 부임하고자 상주와 안동 경계지점, 특히 하회에 머물고 있던 이남규에 의해 조정에 전달되었다.[101] 그는 자신의 관할지인 현장에서 일본군의 만행을 목도하고 바로 상소를 올려 이를 규탄하였다. 안동방화 사건에 대하여 당시 《독립신문》도 이 사실을 다음과 같이 보도하였다.

97) 金道和, 〈與鄕道士林〉, 《拓菴全集》 下, 拓菴全集刊行會, 1983, 462쪽.

98) 金道和, 〈輓權生(垈一)〉, 《拓菴全集》 下, 拓菴全集刊行會, 1983, 462쪽.

99) 《赤猿日記》, 1896년 2월 21일자.

100) 〈李南珪의 상소문〉, 《高宗實錄》 中卷, 34쪽 ; 이남규, 〈辭安東察使疏〉, 《修堂集》 권2 〈疏〉, 민족문화추진회, 1997 ; 金道鉉, 〈碧山先生倡義顚末〉, 《독립운동사자료집》 2, 독립운동사편찬위원회, 1983, 721쪽.

101) 朴周大(朴成壽 註解), 《渚上日月》 상, 서울신문사, 1993, 260쪽.

안동 관찰ᄉᆞ 니남규씨가 이ᄃᆞᆯ 스무 나흔
날 군부에 보고를 ᄒᆞ엿ᄂᆞᆫᄃᆡ 춤 의병은
대군쥬 폐하ᄭᅴ셔 션유 ᄒᆞ옵신 칙교를 보
고 안돈ᄒᆞ거니와 거줏 의병은 지금 만히
모혀 ᄒᆡᆼ패가 무슈ᄒᆞᆫᄃᆡ 비도 괴슈 셔샹
열이가 여ᄃᆞᆲ골 비도를 모집ᄒᆞᆫ거시 삼쳔여
명이라 본골에 웅거ᄒᆞ야 야료ᄒᆞᆯ제 그ᄯᅢ
도망ᄒᆞ던 슌검들이 여렴 집에 드러가 무
례ᄒᆞᆫ ᄒᆡᆼ실을 ᄒᆞ니 부인들이 ᄌᆞ긔 졋통과
손을 베고 죽은이가 무슈ᄒᆞᆫ지라 셔가가
삼쳔여 명 비도를 함창 태봉에 가셔 일본
병졍으로 싸홀ᄉᆡ 일시에 비도들이 ᄉᆞ면으
로 훗허져 셔가가 크게 패ᄒᆞ야 례쳔과 풍
긔로 드러가 노략ᄒᆞ고 도망ᄒᆞ엿ᄃᆞᆫ 슌검
슈십인이 일본 병졍과 ᄒᆞᆷᄭᅴ 본골에 불을
노화 슈쳔호가 탈쳐 나라 지물과 사사 지
물이 다 타고 관부ᄂᆞᆫ 다ᄒᆡᆼ이 면ᄒᆞ엿다더라

순검과 일본군이 안동부를 불지른 내용을 담은 《독립신문》(1896년 4월 30일자)

안동 관찰사 이남규씨가 이달 스무 나흗날 군부에 보고를 하였는데 참 의병은 대군주 폐하께서 선유하옵신 칙교를 보고 안도하거니와 거짓의병은 지금 많이 모여 행패가 무수한데 비도 괴수 서상렬이가 여덟 골 비도를 모집한 것이 삼천여 명이라 본 고을에 웅거하여 야료할 때 그때 도망하던 순검들이 여염집에 들어가 무례한 행실을 하니 부인들이 자기 젖통과 손을 베고 죽은 이가 무수한지라 서가가 삼천여 명 비도를 함창 태봉에 가서 일본병정으로 싸울 때 일시에 비도들이 사면으로 흩어져 서가가 크게 패하여 예천과 풍기로 들어가 노략하고 도망하였던 순검 수십인이 일본 병정과 힘써 본 고을에 불

을 놓아 수천호가 탈 때 나라 재물과 사사 재물이 다 타고, 관부는 다행히 면하였다더라.[102)]

이남규는 의병의 해산을 권유하다가, 얼마 뒤 안동부 관찰사 자리에서 스스로 물러났다. 안동부가 불탄 처절한 모습을 본 그는 사직서를 제출한 뒤 의병장으로 변신하였던 것이다. 민족적인 양심을 가진 인물이라면, 누구든지 일본군의 이 같은 행동에 차마 정부 관리로 부임하기가 어려웠을 것이다. 10년 뒤, 1906년 홍주의병을 일으킨 그는 1907년 재기를 도모하던 가운데 일본군에 체포되고, 서울로 압송되어 가다가 온양 길가에서 참살 당했다.

한편 김도현은 안동이 불타는 모습을 멀리서 바라보았다. 안동부의 방화사건이 있기 전 안동의병의 지원 요청을 받고, 50여 명을 이끌고 안동부에 가던 중에 밤이 늦어 오천(烏川, 외내) 후조당(後彫堂)에서 잤는데, 그날 밤에 그는 안동부가 방화되어 불타고 있음을 목격한 것이다.

일본군의 만행은 안동부성 안의 가옥들을 방화하는 데 그치지 않았다. 이들은 재물과 비단을 탈취해 가기도 했다. 이들은 탈취한 재물을 호잠(湖岑) 쪽으로 가지고 갔는데, 40여 명이 짐을 지고 나갔다 하니 탈취당한 재물의 양을 짐작할 수 있겠다.

[8] 안동의진의 재기와 신임관찰사 수용 여부 문제

안동의병은 일본군이 물러난 뒤 의진을 다시 갖추고 재항전을 준비하였다. 4월 3일 안동부내를 떠난 의진은 우선 본부를 개목골짜기(介木谷, 용상동 안동댐 역조정지댐)로 옮겼다. 4월에서 5월 초 사이에 김도화는 안동 주변에 의진을 주둔하면서 활약하였다. 김도현이 안동의진 도총 류난

102) 《獨立新聞》 1896년 4월 30일자.

영의 초청으로 안동에 올 때, 금소의 역사(驛舍)에서 하룻밤을 지낸 뒤 의병 지휘소로 가 부장이 되고, 대장 김도화에게 인사했다고 한다.[103] 이 자리에서 김도화는 "대도(大都, 안동부)에서 한번 모일 기회가 있을 것이라"고 말하면서 강한 의지를 보였다.[104] 그리고 김도현이 부장으로서 "먼저 가서 신당(新塘, 안동 임하면 신덕)에 진을 머물렀다"고 한 사실에서, 지휘부가 남선면에서 가까운 일직면 귀미나 고운사쯤에 자리 잡았음을 알 수 있다.[105] 그곳이 김도화의 근거지였기 때문이기도 하다. 바로 이어서 지휘부는 길안면 도연(陶淵)으로 옮겼다가 용담사(龍潭寺, 길안면 금곡리)로 이동했다는 기록도 보인다.[106]

안동의진은 흥해(興海)의 최세윤(崔世允)을 좌익장에, 영양의병장 김도현을 부장에 각각 임명하여 세력을 만회하려 안간힘을 썼다. 또 서상렬을 군사에, 이긍연을 종사관에, 권옥연(權玉淵)을 부장으로 각각 임명하고 편제를 새롭게 한 것도 그러한 노력의 하나였다. 또 남한산성에서 관군에 패해 이동해 온 이천의병(利川義兵)과 연합을 시도하기도 하고, 김도화가 봉정사로 의진을 옮기고 춘양면(春陽面)에서 포수 40여 명을 의병에 받아들이는 한편, 군자금 모금에 나선 것도 마찬가지로 세력을 만회하기 위한 것이었다.[107] 그러나 4월 초에 봉정사에 주둔하던 의진이 일본군의 공격으로 흩어졌다. 의병장 김도화는 늙은 몸을 이끌고 소백산 일대에서 고난의 행군을 하지 않을 수 없었다. 그는 이 지방 선비들

---

103) 金道鉉, 〈碧山先生倡義顚末〉, 《독립운동사자료집》 2, 독립운동사편찬위원회, 1983, 27쪽.

104) 金道鉉, 〈碧山先生倡義顚末〉, 《독립운동사자료집》 2, 독립운동사편찬위원회, 1983, 27쪽.

105) 金道鉉, 〈碧山先生倡義顚末〉, 《독립운동사자료집》 2, 독립운동사편찬위원회, 1983, 27쪽.

106) 《赤猿日記》, 1896년 2월 24일자.

107) 《赤猿日記》, 1896년 3월 4일자.

임하초등학교 전경(당시 신당 일대)

과 개별 문중에 글을 보내 지원을 호소하였다.

이때 일본군은 봉정사에 진을 치고 안동 부중의 재산을 빼앗고 시골의 소를 끌고 가서 식용으로 삼았으며, 심지어 부녀자를 겁탈하기까지 하였다. 4월 8일 무렵 이들의 숫자는 200여 명에 이르렀다.

한편 신임 관찰사 이남규가 각 의진에 글을 보내어 회유하였다. 그렇게 되자 안동의진 안에서 갈등이 빚어지기도 하였다. 이남규는 상주를 거쳐 예천에 머물면서 안동부 진입 시기를 저울질하고 있었다. 안동부가 숯 더미로 변한 가운데 격앙된 안동의진은 결코 이남규를 받아들이려 하지 않았다. 그렇지만 그가 하회마을로 진출하여 그곳에서 해산을 종용하는 〈효유문(曉諭文)〉을 계속 발송하자, 하회마을 출신과 금계마을 출신 의병들 사이에 격돌이 빚어졌다.

4월 5일(음 2.23)

하회마을과 금계마을 사람들이 명봉(鳴鳳) 마을의 서소모(徐召

> 募, 서상렬)를 찾아가 두 마을의 시비(是非)를 가렸는데, 두 마을에서 주장하는 바가 서로 달랐다. 서장(徐將, 서상렬)은 하회마을의 류(柳)씨를 잡아들여 극형에 처하려 했으나 중단했다.[108]

여기에서 '극형'이라는 말이 튀어나온 것으로 보아, 당시 향회에서 일단 신임 관찰사를 받아들이지 않는다는 것으로 결론이 나지 않았나 생각한다. 향회의 뜻이 그러했음에도 신임 관찰사를 마을에 머물게 한 하회마을 출신에게 책임을 물으려 했던 것이 서상렬의 자세였다고 생각한다. 그렇지만 예천을 거쳐 안동으로 들어오는 초입에 자리 잡은 하회마을에 군대를 이끌고 들어와 자리 잡은 이남규를, 어떻게 마을에서 책임을 모두 질 수 있는가라고 하회에서 문제를 제기했을 법도 하다.

이 장면은 두 마을 출신의 갈등만을 보여주는 자료가 결코 아니다. 참으로 중요한 사실을 전해주고 있기도 하다. 하나는 당시 안동의진에 두 마을 출신 인물들이 함께 참여하고 있었다는 것이고, 다른 하나는 금계마을 출신들의 동향을 통해 신임 관찰사를 받아들이지 않겠다는 김흥락의 의지를 헤아릴 수 있다는 점이다. 그렇지만 안동 주변 세력의 태도는 급박하게 변해갔다. 신임 관찰사를 받아들이자는 목소리가 점점 커져간 것이다.

각 의진의 뜻이 엇갈리게 되자, 여러 진영에 대표 파견을 요청하고 앞으로의 투쟁방향을 결정하려는 시도가 나타났다. 안동의진은 송천(松川, 안동시)으로 이동하고 그곳에서 회의를 열었다.[109] 신임 관찰사 수용 여부를 주제로 모임이 열렸다. 관찰사가 안동 부근을 맴돌고 있으니, 이를 받아들이느냐 아니냐하는 것은 참으로 어려운 문제였다.[110] 4월 12일

108) 朴周大(朴成壽 註解), 《渚上日月》 상, 서울신문사, 1993, 260쪽.
109) 《赤猿日記》, 1896년 2월 29~30일자.
110) 李兢淵, 《乙未義兵日記》, 1896년 2월 그믐.

에 열린 도회에서 신임 관찰사를 받아들이자는 의견이 다수를 차지했다고 한다.[111] 예천 명봉에서 갈등을 벌인지 7일 만에 안동에서는 현실론이 점차 우세하게 된 것이다.

그런데 4월 19일에 선유사가 나타나 해산을 명령한 왕의 〈효유문〉을 내보이며 해산을 권유하고, 또한 5월 말 안동관찰부 참사관 홍필주(洪弼周)가 각 문중에 서찰을 보내어 의병 해산을 청함으로써 항쟁의지를 약하게 만들었다. 특히 홍필주는 서찰에서 "의병해산령을 지키지 않는 것은 위로는 국가의 죄인이요, 아래로는 조선의 죄인이라"며 해산을 거듭 요청하였다. 의병들의 기운을 빼는 일이었다.

김도화는 지속적인 투쟁을 결정하고, 바로 봉정사로 본부를 옮겼다.[112] 이어서 그가 이끄는 안동의진은 선유사에게 〈격고문〉을 보내어 해산 명령에 따를 수 없음을 분명히 밝혔다. 이후 안동의진은 소백산과 태백산 일대를 이동하면서 일본군과 전투를 벌인 것 같다. 이 지역을 통과하면서 읊은 의병장 김도화의 여러 편의 시에서 그런 점을 엿볼 수 있다. 또한 퇴계종택이 수난을 당하고 온혜의 삼백당종택이 공격을 받게 되는 점으로 미루어 보아도 의진이 결코 완전하게 해산한 것이 아님을 알 수 있다.

당시 안동 읍민들이 신임 관찰사를 받아들이지 않으려 했던 이유에는 안동 방화에 따른 격앙된 민심이 주로 작용했을 것이다. 이 사실은 송천도회(松川都會)가 열리던 4월 12일자 일기에서 예천의 박주대(朴周大)가 "당초에 안동읍민들이 신임 관찰사 이남규를 받아들이지 않은 것은 일군(日軍)이 방화한데다가 서소모장(徐召募將)을 두려워했기 때문이다"라고 쓴 데서도 확인된다.[113] 예천방면에서는 호좌의진 소모장 서상렬의

---

111) 《赤猿日記》, 1896년 3월 4일자.
112) 《赤猿日記》, 1896년 3월 4일자.
113) 朴周大(朴成壽 註解), 《渚上日月》 상, 서울신문사, 1993, 260~261쪽.

영향력이 대단했다는 점을 헤아릴 수 있다. 그런데 신임 관찰사 수용 문제가 바로 의병 해산 여부와 직결된다고 판단해서는 안 된다. 일반적으로 이를 그렇게 직결되는 것으로 이해해 온 경우도 있는데, 신임 관찰사 수용 뒤에도 의병항쟁이 지속되기 때문에 이를 분리해서 생각해야 한다.

4월을 넘기면서 신임 관찰사의 수용 문제는 매듭지어졌다. 그렇지만 의병항쟁은 곳곳에서 계속 전개되었다. 안동의진·선성의진·봉화의진·의성의진·영양의진·예천의진 등이 5월에도 활발하게 투쟁을 전개하고 있었다. 5월 26일에 왜장(倭將)이 방자하게도 안동부성 종루에 올라앉아 효유한다고 떠들었지만,[114] 의병의 투쟁은 결코 위축되지 않았다.

[9] 금계마을의 수난과 안동의진의 해산

안동의진은 태봉전투 패전 뒤, 특히 안동이 불바다가 된 뒤에 인적·물적 지원이 부족해지면서 혹독한 시련에 부닥쳤다. 그러다가 장마를 거치면서 점차 의진을 운영하는 데 한계를 드러내기 시작했다. 의병장 김도화가 안동의 대표적인 지도자인 김흥락이나 풍산류씨 문중, 그리고 이 지역 선비들에게 보낸 글을 보면 그 어려움을 쉽게 알 수 있다.

의병을 일으킨 일이 여러 인물과 문중의 여론을 모아서 시작되었는데, 막상 몇 번 패하고 물러나 앉으니 곤란하다고 했다. 또 "태산같이 믿었던 가문이 약속한대로 도와주지 않으니 어찌 일을 진행시킬 수 있을까"라고 불만을 털어놓았다. 게다가 암행효유사가 거듭 파견되어 해산을 종용하였다. 그러나 안동의진은 "춘추 의리를 들어 불공대천의 원수를 토벌하겠다는 것이고, 아니면 살신성인으로 죽도록 수행해서 명분과 절의를 지키겠다는 것이며 성패 여부는 그 다음 문제다"라고 강하게 반

114) 李兢淵, 《乙未義兵日記》, 1896년 4월 12일자. 종루는 안동의 남문인 제남루(濟南樓) 바로 안쪽에 있었다.

김성일의 종택. 이곳에서 김흥락이 욕을 당했으며, 옹천전투를 치르고 숨어 있던 포대장 김회락과 척후장 김진의가 끌려갔고, 김회락은 그날 총살되는 비운을 맞았다.

발하였다.[115)]

7월 들어 안동의병의 기를 꺾는 비극이 발생했다. 7월 22일에 벌어진 서후면 금계마을의 비극이 그것이다. 옹천전투를 벌이던 금계 출신 포장(砲將) 김회락(金繪洛)과 척후장(斥候將) 김진의(金鎭懿) 등이 마을로 숨어들었던 다음날, 곧 7월 22일 새벽에 안동병대가 금계에 들이닥쳐 김흥락을 바깥으로 끌어내어 묶고, 가산을 압수했으며, 김회락과 김진의를 연행해 갔다. 그리고 안동부에 들어서자마자 김회락은 곧 포살당해 순국하고, 김진의는 감옥에 갇히는 엄청난 비극이 발생한 것이다.[116)]

115) 李完栽, 〈해제〉, 《拓菴全集》 上, 拓菴全集刊行會, 1983, 16쪽 ; 〈答本府參書官洪弼周檄文〉, 《拓菴全集》 下, 拓菴全集刊行會, 1983, 466쪽.

116) "오늘 새벽에 병정과 읍의 무뢰배들이 많이 나와 금계가 대단히 놀랐는데, 彦直兄(金浩洛/필자 주)은 잡혔다가 도망했고, 砲將 金景承·斥候將 金正言鎭懿가 묶여 잡혀가고 재산을 탈취 당했으며, 丈席(서산 김흥락/필자 주) 또한 욕을 당했다고 한다. 이 난리가

7월 이후 안동의진에 대한 기록은 미미한 편이다. 안동의진 일부가 영해전투에 참가했고,[117] 7~8월에 200명의 선성의진과 함께 400명의 안동의진이 잇달아 패배했다. 이 무렵, 8월 초 안동의진의 도총은 김하림(金夏林)이었다.[118] 그리고 8월에 김도화가 김유진(金有辰)을 군관교위(軍官校尉)로 임명한 사령장이 남아 있는 것을 보면, 아직 안동의진이 활동하고 있음을 알 수 있다.[119]

8월을 넘기면서 안동의진은 해산의 길목에 들어섰다. 그것을 재촉한 계기 가운데 하나가 8월에 영남 지역 의병의 해산을 종용하는 고종의 칙령 〈칙영남의진(勅嶺南義陣)〉이 도착한 것이고, 다른 하나가 9월 11일에 대대장 이겸재(李兼齊)가 직접 관군 100여 명을 이끌고 안동부에 도착한 것이다. 더 이상 버틸 힘이 없게 되었다. 9월 17일에는 어사와 군수 등이 나서서 효유하고, 해산하는 의병들에게 5냥씩 돈을 지급하였으며, 조총 170정을 거두어 망가뜨려 큰 못 속에 집어넣었다. 그러자 9월 24일에는 안동의진 대장(김도화)도 사죄하고 물러났고, 9월 30일 선봉장이던 류시연도 포(砲)를 납입하고 물러갔다고 전해진다.[120] 이로써 안동 전기의

어떻게 여기에까지 이르렀다는 말인가! 府로 들어가자마자 砲將은 곧 砲殺되고, 척후장은 지금 감옥에 갇혀 있으니 참혹하기 이를 데 없다"(李兢淵, 《乙未義兵日記》, 1896년 6월 12일자). 여기에 등장하는 景承은 김회락의 字다. 《西山全集》의 〈輔仁稧帖〉을 보면 그의 호를 景升이라 했고, 1924년에 만들어진 족보에는 그가 丙申年(1896)에 "義旅(의병)로 말미암아 사망했다"고 기록되어 있으니, 景承이 바로 김회락임을 알 수 있다. 이러한 장면은 김흥락의 제자인 李圭洪의 일기에서도 확인된다(李圭洪, 《洗心軒日記》, 1896년 7월 기사 바로 앞부분).

117) 金道鉉, 〈碧山先生倡義顚末〉, 《독립운동사자료집》 2, 독립운동사편찬위원회, 1983, 38쪽.

118) 金道鉉, 〈碧山先生倡義顚末〉, 《독립운동사자료집》 2, 독립운동사편찬위원회, 1983, 45쪽.

119) 첩지에는 "金有辰 汝爲本營軍官校尉宜當爲乙事 丙申八月 日"라는 내용의 글이 적혀 있고, 營門倭囑 다음에 '和'라는 김도화의 수결이 적혀 있다(일직면 귀미마을 김유진의 후손이 소장).

120) 李兢淵, 《乙未義兵日記》, 1896년 8월 19·25일자.

병이 종결된 것이니 9월 말일이 그날인 셈이다. 10월에 들어 결국 김도현이 이끄는 영양의진만 남고 모두 해산한 것인데, 그는 보름 뒤인 10월 15일에 해산함으로써 전기의병 가운데 전국에서 가장 오래 의병을 이끈 기록을 남겼다.

③ 예안 선성의병

단발령이 예안에 도착한 날이 음력으로 1895년 11월 27일, 곧 양력으로 1896년 1월 11일이었다. 단발령 시행 2주일쯤 지난 뒤였다. 안동 지역에서 나온 통문은 여러 곳에서 동시에 터져 나왔다. 하루 이틀 사이이긴 하지만, 〈예안통문〉이 앞섰다.

〈예안통문〉에는 모두 223명이 서명했다. 그런데 서명자 전체 명단은 알려지지 않고, 다만 주역 7명의 명단만 알려진다. 예안 유생 이만응·금봉렬·목사 이만윤·진사 김수현(金壽鉉)·교리 이만효(李晩孝)·승지 이중두(李中斗)·승지 이중봉(李中鳳) 등이 그들이다.[121] 7명 가운데 금봉렬과 김수현을 빼면 모두 진성이씨이다. 이만응은 상계파로서 영남만인소 소수였던 이만손의 생가 동생이고, 이만효도 상계 출신이다. 이만윤은 의인 출신, 이중두는 상계 출신이다. 이중봉은 온혜마을 안쪽에 있던 용계 출신으로,[122] 1차 선성의진 부장이자 2차 선성의진 대장이 된 이중린의 동생이다.

예안에서 결성된 선성의진은 결성과 해산을 거듭하면서 모두 네 명의 대장을 두게 되었다. 1차 의진은 하계마을의 이만도가 대장으로 추대되고, 이중린이 부장을 맡았다. 이만도는 대과 장원급제자로서 양산현령

---

121) 金祥起, 〈在元山領事 報告〉, 《韓末義兵資料》 II, 독립기념관 한국독립운동사연구소, 2001, 81~82쪽.

122) 용계는 온혜마을 위쪽에 있다하여 '상온' 혹은 '상촌'이라 불렸다(이동신, 〈예안지역의 '선성의병(1895~1896)' 연구〉, 《안동사학》 8, 안동사학회, 2003, 139쪽).

이만도가 살았던 향산고택의 옛 모습. 안동댐 건설로 현재는 안동시내 안막동으로 이전하였다.

을 역임한 인물이자, 1910년 나라를 잃은 직후에 24일 동안 단식하여 순국해 널리 알려진 인물이다.[123] 여기에 견주어 부장인 이중린은 비교적 널리 알려지지 않았는데, 그는 온혜리 용계 출신으로 일찍이 흥선대원군 복위를 주장하는 상소를 올렸다가 유배생활을 겪기도 하고, 통덕랑 품계를 받은 인물이다.[124]

선성의진이 결성된 날은 1896년 1월 23일이라 판단된다. 이중린의

123) 김희곤, 《순절지사 이중언》, 경인문화사, 2006.

124) 이중린(1838~1917)은 진성이씨 상계파 퇴계의 12세손이자, 剡村派를 거쳐 형성된 溪上派 출신으로 군수를 지낸 晩蕃의 맏아들이다. 그의 자는 振伯, 호는 雲圃 또는 潢山이다(《眞寶李氏上溪派譜》 卷之一, 1986, 195~196쪽 ; 장인진, 〈운포 이중린의 척사정신과 의병항쟁〉, 《영남학》 9, 경북대학교 영남문화연구원, 2006, 258~259쪽). 그의 동생 李中鳳도 위정척사와 의병시기에 여러 차례 이름을 드러냈다.

둘째 사위 김정섭(金鼎燮)이 남긴 일기인 《일록(日錄)》에는 음력 12월 9일자에 이만도가 의병대장으로, 장인이 부장으로 각각 취임한 사실을 알려주고 있기 때문이다.[125] 이는 안동의진이 결성된 지 6일이 지난 때로, 주변 지역에 견주어 보면 매우 빠른 거병이었다.

선성의진의 편제 전체를 정확하게 전해주는 자료는 없다. 다만 대장과 부장, 그리고 유격장 정도만 알려진다. 우선 1월 29일 "대장 양산령(梁山令) 이만도, 부장 용계(龍溪) 이중린이 위의(威儀)가 정숙하고 언론(言論)이 준절(峻節)하다"라는 김도현의 글에서 일단 대장과 부장이 확인된다.[126] 또 온혜 삼백당 출신 이인화가 유격장(遊擊將)을 맡은 사실도 확실하다. 선성의진이 결성되던 날, 온혜에 도착한 김도현이 남긴 기록에 다음과 같은 내용이 있기 때문이다.

> "온혜로 돌아와 숙소를 삼백당(三栢堂)에 정했으니, 여기는 유격장 원여 이인화의 큰 집이다. 주인의 나이는 어리나 총명하고 민첩했다."[127]

그렇다면 일단 대장과 부장, 그리고 유격장은 확인된 셈이다. 이만도가 대장을 맡고, 이중린과 이인화가 각각 부장과 유격장을 맡아 선성의진이 형태를 갖추었다.

선성의진이 결성되자마자 안동부에서 어려운 사연들이 전해지기 시작했다. 안동의진이 관군과 맞서 싸우다가 크게 패했다는 소식이 전해진 것이다. 안동의진의 첫 패배 소식에 놀란 선성의진은 1월 31일 병사

125) 金鼎燮, 《日錄》, 1895년 12월 9일자.
126) 金道鉉, 〈碧山先生倡義顚末〉, 《독립운동사자료집》 2, 독립운동사편찬위원회, 1983, 17쪽.
127) 金道鉉, 〈碧山先生倡義顚末〉, 《독립운동사자료집》 2, 독립운동사편찬위원회, 1983, 20쪽.

들을 점고했다.[128] 이는 병사들의 동요를 막으려는 노력이었을 터였다. 그러나 기대한 것과 달리 병사들은 그 다음날 곳곳으로 흩어졌다.[129] 결성한 지 9일 만인 2월 1일에 선성의진이 사실상 해산된 것이나 다를 바 없게 되었다.[130] 갑자기 의진이 흩어진 근본 이유는 관군의 공격으로 안동의진이 안동부성을 빼앗긴 상황 때문이었다. 김도현이 온혜를 방문했던 1월 29일이 바로 안동의진의 패전 날짜였다.[131]

중심 지역인 안동부에서 일어난 안동의병이 피신했다가 되돌아온 관찰사의 공격을 받고 패배한 일이 벌어지자, 이보다 작은 규모이던 선성의진은 정신 차릴 틈도 없이 흩어지고 만 것으로 추정된다.

1차 선성의진이 하루아침에 없어진 것은 아니었다. 대장은 물러나 앉았더라도 이를 계승하는 움직임이 바로 나타났다는 데에서 그러한 정황을 포착할 수 있다.

> 어떤 사람이 전하기를, "선성으로 흩어졌던 사람들이 청량산으로 모여들었는데, 그곳에서는 상장군(上將軍) 이중린이 바야흐로 큰 일을 도모하여 다시 의거를 일으키려 한다"고 하였다.[132]

> 근일의 소식을 탐문하니 예안 대장(이만도)은 그때에 의병진을 파하고 그대로 간 곳을 알지 못한다. 부장(副將) 장인어른(이중린)은 지난 25일 쯤에 토지 몇 경(頃)을 팔아서 청량산 속으로 들어가 포병 수백을 모집하여 위세가 크게 떨치는데 장차 본부로 향하려 하고, 영

128) 李兢淵, 《乙未義兵日記》, 1895년 12월 17일자.
129) 李兢淵, 《乙未義兵日記》, 1895년 12월 18일자.
130) 李晩燾, 〈부록연보〉, 《향산집》, 乙未 十二月條 ; 李兢淵, 《乙未義兵日記》, 1895년 12월 18일자.
131) 金道鉉, 〈碧山先生倡義顚末〉, 《독립운동사자료집》 2, 독립운동사편찬위원회, 1983, 17쪽 ; 李兢淵, 《乙未義兵日記》, 1895년 12월 15일자.
132) 李兢淵, 《乙未義兵日記》, 1896년 1월 4일자.

2차 선성의진 대장을 지낸 이중린 집 터(도산면 용계)

천(영주)은 지금 이어 일어난다고 한다.[133]

위에 나오는 두 인용문을 음미해보면, 첫째 자료는 이만도가 대장이던 선성의진이 곧장 해산되기보다는 흩어져 새로운 길을 모색하였음을 알려준다. 둘째 자료는 다시 두 가지 사실을 전해준다. 하나는 이중린이 2월 8일 토지를 팔아서 청량산 속으로 들어간 사실과, 다른 하나는 2월 20일 소식에 따르면 예안대장(이만도)이 이때 의진을 해산하여 거처를 알 수 없다는 사실이다.[134] 곧 1차 선성의진이 해산한 시기가 2월 20일 무렵이라는 사실을 알 수 있다.[135] 또한 2차 선성의진의 결성 시기를 기존

133) 金鼎燮, 《日錄》, 1896년 1월 8일자.

134) 金道鉉이 삼백당에서 하루 유숙하고 간 날이 이 무렵이다(金道鉉, 〈碧山先生倡義顚末〉, 《독립운동사자료집》 2, 독립운동사편찬위원회, 1983, 20쪽).

135) 기존 연구에서 1차 선성의진 해산 날짜로 산정한 2월 1일은 재고될 필요가 있다.

연구에서 정리하듯이 2월 16일로 볼 것이 아니라, 2월 20일 무렵으로 설정하는 것이 옳을 것 같다.

이중린은 선성의진을 위엄을 갖고 지휘했다. 이긍연의 일기에는 "밤중에 선성 대장의 전령이 차례로 도착했는데, 영이 매우 엄격하였다. 그 내용은 김석중의 머리를 베어오는 자는 천금을 내리고 주사나 순검의 머리를 베어오는 자는 한 사람당 백금을 내린다는 것이다." 이중린이 대장을 맡아 내린 첫 번째 명령은 현상금을 내걸고 안동관찰사 김석중과 그 수하들을 처단하려는 것이었다.[136]

선성의진은 이중린이 지휘하면서 규율이 선 부대가 되었다. "오리원으로 나가 의병들을 맞았는데 매우 위엄이 있고 군대 규율이 엄숙하였다. 포를 맨 사람과 칼을 찬 사람이 수백 명이요, 그 나머지는 그 수효를 셀 수조차 없었다"라는 기록이나,[137] "13일에 출진해서 안동부를 향하니 서로 상거가 40리다. 기치는 앞에 있고 거기(車騎)는 뒤에 있으며 대포 소리는 우레와 같으니 기개가 사람들을 움직였다"라는 것이 그를 말해 준다.[138]

이런 기록들은 이중린이 선성의진을 다시 결집시키고 그 정점에 섰다는 사실을 알려주고 있다. 특히 1차 선성의진의 부장이던 이중린이 자신의 토지를 팔아서 군자금을 마련하고, 청량산을 근거지로 삼아 항전을 펼치겠다는 의지를 보여준 점, 그리고 대장 이만도와 연락이 끊어지고 해산이 된 상황을 극복하면서 자신이 주역으로 등장한 사실, 안동관찰사 김석중을 공격한다는 목표를 세웠다는 것 등을 확인시켜 준다.

2월 20일 무렵에 결성된 2차 선성의진의 주역으로 몇 사람이 더 알

136) 李兢淵, 《乙未義兵日記》, 1896년 1월 12일자.
137) 李兢淵, 《乙未義兵日記》, 1896년 1월 13일자.
138) 金道鉉, 〈碧山先生倡義顚末〉, 《독립운동사자료집》 2, 독립운동사편찬위원회, 1983, 20쪽.

려진다. 의병장 이중린 아래에 군문도총 이중목(李中穆), 진무장 이중언(李中彦)이 포진하였다. 이중언은 하계마을 출신으로 사간원 정언을 지낸 인물로서, 영양 출신 김도현과 더불어 청송 지역으로 소모활동을 펴기도 했다.[139] 이중린이 의병장을 맡았던 2차 의진은 본격적으로 전투력을 갖추어 갔다. 마침 안동문화권 전역에서 일어난 의병들을 연합하여 일본군 병참선을 공격한다는 계획이 마련되자, 2차 선성의진도 여기에 동참하면서 전투에 맞추어 조직을 다음과 같이 재편하였다.[140]

대　　장 : 이중린(李中麟)
중　　군 : 김석교(金奭教)·김도현(金道鉉, 교체)
군문도총 : 이중목(李中穆)
진 무 장 : 이중언(李中彦)
선 봉 장 : 이인화(李仁和)
전 방 장 : 이중언(李中彦)
참　　모 : 이빈호(李彬鎬)·이중엽(李中燁)
종　　사 : 이장규(李章奎)
서　　기 : 이선구(李善求)
소　　모 : 신공필(申公弼)

선성의진이 전력을 강화하는 데는 중군 교체가 중요한 변수로 작용하였는데, 영양에서 일어난 김도현을 중군으로 맞아들여 전투력을 향상시키고, 진성이씨 문중 주역들이 앞장서 나섰다. 그 가운데 이인화는 온혜마을 삼백당 출신이고, 이장규(李章奎)도 온혜종파 출신이다.[141] 이빈

139) 《赤猿日記》, 1986년 2월 1일자.
140) 金道鉉, 〈碧山先生倡義顚末〉, 《독립운동사자료집》 2, 독립운동사편찬위원회, 1983, 22쪽 ; 李兢淵, 《乙未義兵日記》, 1896년 2월 8일자.
141) 이장규가 영천이씨로서 의성 산운마을 출신이라는 선행조사가 있지만, 노송정파 주손

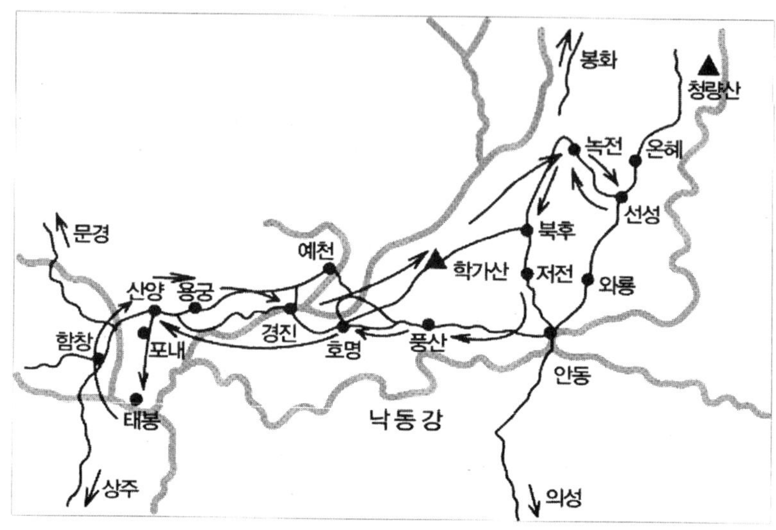

선성의진 태봉전투 이동로

호는 이중언의 조카이니 하계 출신이고, 이선구는 도산면 교동 출신이다. 김도현을 제외한 모두가 진성이씨요, 온혜와 하계마을 출신이 주축을 이룬 셈이다. 이인화는 1차 의진에서 유격장을 맡았는데, 2차 의진에서는 선봉장의 구실을 맡게 되었다.

2차 선성의진은 연합의진에 참가하여 태봉전투를 벌였다. 서상렬이 이끈 호좌의진 별동대가 3월 10일 안동으로 와서 연합의진 결성과 태봉진군을 합의하였다. 3월 20일 선성의진 중군 김석교가 이끈 선발대가 예천으로 향했고, 3월 26일에 예천에서 백마의 피로 맹세하는 회맹(會盟) 의식에 참가했다. 바로 그때 김석교가 중군을 사퇴하려는 글을 보내오자, 선성의진은 중군을 김도현으로 교체했다.[142] 그래서 중군 김도현·

이찬화와 주촌파 주손 이긍연 등 문중 인사들이 연명으로 문중에 발송한 편지에 그의 이름이 보인다(〈도산서원 기탁문서 간찰〉 0028, 1913년, 한국국학진흥원 소장). 따라서 이장규도 진성이씨임에 틀림없다.

일본군의 방화로 소실되었던 청량산 오산당(현 청량정사)

선봉장 이인화·전방장 이중언이 이끄는 선성의진 본대는 예안을 출발하여, 이틀 뒤인 3월 28일 전투 대기선인 산양에 도착했다. 태봉 공격에 선성의진이 앞장섰고, 풍기·영주·순흥의진이 뒤를 따랐다. 종일토록 치열한 전투를 벌이던 연합의진이 저녁 무렵에는 밀려나기 시작했고, 선성의진도 학가산 자락을 타고 회군하여, 3월 31일 예안으로 돌아왔다.[143)]

앞에서도 본 것처럼, 4월 2일 일본군이 불을 질러 안동시내가 불바다가 되던 날, 마침 안동의진의 구원 요청에 군사 50명을 거느리고 안동부로 행군하던 김도현이 도산면 군자리 오천 후조당에서 밤을 지내다 안

142) 金道鉉, 〈碧山先生倡義顚末〉, 《독립운동사자료집》 2, 독립운동사편찬위원회, 1983, 22쪽.

143) 金道鉉, 〈碧山先生倡義顚末〉, 《독립운동사자료집》 2, 독립운동사편찬위원회, 1983, 25쪽 ; 李兢淵, 《乙未義兵日記》, 1896년 2월 18일자.

동 하늘이 벌겋게 타오르는 모습을 지켜보게 되었다.[144] 이들은 황망한 마음으로 예안으로 회군하고, 성을 고쳐 쌓는 한편 방어 시설을 보강하였다. 하지만 당시 의진에 분열이 생기면서 김도현은 중군에서 해임되었고, 보름 정도 지나 그는 안동의진의 부장이 되었다.[145]

태봉전투를 치르고 돌아와 예안에 머물던 2차 선성의진은 청량산으로 들어가 전열을 갖추었다. 더러는 안동과 예안 사이를 오르내리기도 했지만,[146] 대개 청량산을 근거지로 삼고 지내느라 큰 전투는 없었다. 그러다가 일본군과 관군들이 예안을 거쳐 본격적으로 청량산으로 짓쳐들었다. "적병들이 선성으로 들이닥쳐 모두 놀라 청량산으로 도망쳤고, 왜놈들에게 조금도 대적하는 이가 없어 고을 안에 있는 재산과 한 마리의 소까지 마음대로 빼앗아갔다"고 표현될 정도였다.[147] 관군과 일본군의 공격은 결국 청량산 본거지를 불태워버리는 데 이르렀다. 6월 1일 청량산 청량사(淸凉寺)와 오산당(吾山堂)이 화공을 당해 소실되었다. 또 이보다 하루 앞선 5월 31일 상계의 퇴계종택도 일본군의 방화로 집 일부와 1,400여 권의 책이 몽땅 잿더미가 되는 피해를 입었다.[148]

진성이씨 문중의 핵심부가 수난을 당하자, 이중린은 선성의진을 지속해 나갈 것인지 심각하게 고민한 것 같다. 그런 이유가 무엇인지는 확실하지 않지만, 퇴계종택이 방화되는 손실을 당한 직후 그는 자신의 활동으로 말미암아 종택에 더 이상 피해를 입힐 수는 없다고 생각했을 법도 하다.

---

144) 金道鉉, 〈碧山先生倡義顚末〉, 《독립운동사자료집》 2, 독립운동사편찬위원회, 1983, 25~26쪽 ; 李兢淵, 《乙未義兵日記》, 1896년 2월 20일자.

145) 金道鉉, 〈碧山先生倡義顚末〉, 《독립운동사자료집》 2, 독립운동사편찬위원회, 1983, 26~27쪽.

146) 李兢淵, 《乙未義兵日記》, 1896년 4월 8·9일자.

147) 李兢淵, 《乙未義兵日記》, 1896년 4월 17일자.

148) 李兢淵, 《乙未義兵日記》, 1896년 4월 20일자.

퇴계종택은 1896년 5월 31일 일본군의 방화로 집 일부와 책 1,400권이 소실되었다. 이후 1907년 신돌석의 진에게 군자금을 지원하였다고 다시 한번 불타는 수난을 겪었다.

"선성(宣城)의 장수가 어디에 있는지 알 수 없다"는 글이나 포수들이 작당하여 민폐가 크다는 기록이 보이는 것도 이 시기의 일이다.[149] 이후에는 이중린이 선두에 나선 기록이 보이지 않는다. 다만 당시 소모(召募)를 맡은 신공필(申公弼)이 "용계로 가서 대장을 만나보겠다"고 말한 7월의 기록으로 미루어 이인화에게 아직 대장직이 넘어가지 않은 사실을 알 수 있다.[150] 하지만 선성의진의 핵심 구실은 온혜 삼백당 출신 이인화의 손으로 넘어갔다. 1차 선성의진 후반을 이중린이 주도한 것처럼, 2차 선성의진 후반에 이인화가 주역을 맡게 된 것이다.

2차 선성의진의 활동은 6~7월에도 끊이지 않고 있었다. 다시 말해

149) 李兢淵, 《乙未義兵日記》, 1896년 5월 6일자.
150) 金道鉉, 〈碧山先生倡義顚末〉, 《독립운동사자료집》 2, 독립운동사편찬위원회, 1983, 41쪽.

2차 선성의진은 후반에 들어 이인화와 신공필 등의 손으로 이어지고 있었다는 의미가 된다.[151] 실제로 자료를 찾아보면, 6월 이후 2차 선성의진은 이인화를 중심으로 지속되고 있었음을 확인할 수 있다. 그러한 정황을 보여주는 자료에 다음과 같은 것이 있다.

> 선성의진에서 사통(私通)을 보내와 양쪽이 합세하자고 한다(음 5.13경).
>
> 선봉장(先鋒將) 이원여(李元汝)는 소모(召募) 신공필(申公弼)과 함께 갯머리에서 자고 오다가 들에서 서로 만나 손을 잡고 반가운 울음을 억지로 삼켰다(음 5.14경).
>
> 나와 원여(元汝)는 군사 십여 명을 거느리고 고개 위로 올라가 포정들을 보내 정찰하여 그곳 산세를 알아오게 했다(음 5월 하순).
>
> 나와 청기(靑杞) 음(陰, 음지마)에 다다르니 선봉장 원여가 산에서 내려가다가 발을 다쳐서 걷지 못하고 조련장(組鍊將) 박수종(朴秀宗)이 업고 물 건너 죽고를 거쳐 골짜기로 해서 산을 넘어 토현(土峴)에 이르러 잤다(음 5월 하순).
>
> 나는 원여(元汝)와 말하기를 "이야말로(外淸凉/필자 주) 한 사람으로서도 관(關)을 지킬만한 곳이 아닌가" 했다.[152]

음력 5월에서 6월 사이, 이인화가 이끈 선성의진은 예안과 영양 사이 산맥, 특히 청량산을 오르내리며 관군과 일본군에 맞섰다. 이인화는 김도현의진과 줄곧 연합작전을 구사하였다. 활동반경도 영양과 청송을 오르내렸다. 그런데 전투를 벌일 때 무기 차이도 극복하기 힘든 요소였

151) 2차 선성의진이 6월 10일 무렵 해산한 것으로 이해한 기존 연구를 다시 검토할 필요가 있다. 2차 의진은 대장이 손을 뗀 상황에서도 지속된 것으로 이해하는 편이 옳다고 생각한다.
152) 金道鉉, 〈碧山先生倡義顚末〉, 《독립운동사자료집》 2, 독립운동사편찬위원회, 1983, 35·36·40·41쪽.

지만, 장마와 무더위도 큰 적이었다. 적을 기습하려고 준비했더라도 비가 쏟아져 화승총을 발사할 수 없어 물러서는 일이 허다했다. 이처럼 선성의진이 활동을 지속하고 있었으므로, 2차 선성의진이 6월에 해산했다고 판단할 수는 없다.

9월에 들어 3차 선성의진이 결성되었다. 2차 선성의진의 선봉장으로 태봉전투에 앞장서고, 그 뒤에도 김도현과 협조하면서 전투를 이끌었던 이인화가 3대 의병장으로 나선 것이다.[153] 이미 다섯 달 동안 선성의진을 이끌어 왔던 그로서는 의병장으로 취임한다는 사실이 새삼스럽지는 않았을 것이다. 이인화는 삼백당에 의병소를 설치하고, 9월 5일 마침 부포에 머물던 김도현에게 앞일을 논의하자며 청하였다.

> 부포에 이르러 서재에 머무르고 있노라니 이 때 원여(元汝)가 새로 예안대장이 되어 사람을 보내서 나를 청한다. 나는 위태로운 기미가 있다하여 이를 즐겨 허락지 않자 좌우 사람들이 억지로 권하므로 부득이해서 저물게 그곳으로 들어가니 모두 무사했다.
>
> 밤에 원여와 함께 베개를 나란히 했으나 잠은 자지 않고 밤새 의병의 전후 일을 많이 이야기 했다.[154]

두 사람은 밤새 논의했다. "화부(花府, 안동부/필자 주)에서 한번 모일 일이 시급하니 내일 떠나서 협로로 향하자"고 계획을 세웠다. 그런데 다음 날 바로 움직이자는 김도현의 조바심에도 불구하고 선성의진의 움직임은 느렸다. 바로 그날 낮에 선성의진은 관군의 기습을 받았다. 3차 선

153) 金道鉉, 〈碧山先生倡義顚末〉, 《독립운동사자료집》 2, 독립운동사편찬위원회, 1983, 46쪽.

154) 金道鉉, 〈碧山先生倡義顚末〉, 《독립운동사자료집》 2, 독립운동사편찬위원회, 1983, 47쪽.

성의진 결성 소식이 알려지자마자 관군이 공격해 온 것이다. 9월 6일 관군 40여 명이 예안을 침공하였고, 기습을 받은 선성의진은 흩어져 물러났다. 그런데 바로 그 기습공격을 벌인 관군들이 제3차 선성의진의 의병소로 사용되던 삼백당, 곧 온계(溫溪) 이해(李瀣)의 종택을 불태워버리는 사건이 발생하였다.

> 병정들이 마음대로 온혜로 들어가 삼백당을 불 질렀다. 놀랍고 당황함을 무엇으로 말하랴. 불행한 중 다행한 점은 사당(祠堂)만 유독 화를 면하였을 뿐이다. 이 날 안동부 병정 70명이 금수 등지로 출동하니 두 의진(선성·영양/필자 주)이 모두 놀라 무너지고 말았다.[155]

불행 가운데서 다행스럽게 사당만은 소실되지 않았다고 기록할 정도이니, 그 피해는 처참하기 이를 데 없을 정도였다.[156] 의병장을 배출한 종가요, 의병소로 쓰인 근거지를 철저하게 보복 공격한 것이다. 이는 안동 지역에서 종택이 피해를 입은 세 차례의 큰 사건에 속하는데, 다른 두 사건은 상계 퇴계종택 방화(6월 1일, 음 4.20), 금계 학봉종택 수난(7월 11일, 음 6.12)이 그것이다.

선성의진이 흩어졌지만, 그렇다고 이 역시 선성의진의 종결을 뜻하는 것은 아니었다. 노송정파(老松亭派) 종가의 주손인 이찬화(李燦和)가 다시 의병을 결집시키고 나섰다. 온혜 삼백당이 화공을 당하던 다음 날 9월 7일 이찬화는 바로 의진을 수습하여 안동수비대 뒤를 추격했고, 안동수비대는 견디지 못하고 도망했다.[157] 이로써 이찬화가 4차 의병장으

155) 李兢淵, 《乙未義兵日記》, 1896년 7월 29일자.

156) 삼백당종택이 있던 온혜리 580번지는 온혜초등학교 서쪽 곁인데, 지금도 빈 터로 남아있다. 후손들이 사당에 있던 유묵 몇 점과 祠版을 모시고 영주 치동으로 피난하고, 다시 문경 마성으로 이주했다. 1935년 14대 종손 李東基의 손에 의해 온혜리 1022번지에 翠微軒과 雲巖石室이 재건되고 현판이 붙여졌다.

로 나선 셈이었다.

이후 이찬화가 이끈 선성의진의 활약을 확인할만한 기록은 드물다. 마침 서울에서 파견된 관군의 움직임을 보여주는 신문기사가 있어 이를 통해 예안 지역의 움직임을 확인할 수 있을 뿐이다. 안동부에 파견된 대대장 이겸제가 군부(軍部)에 "소대장 김장욱이 예안군에서 의병 200여 명을 쳐부수었다"고 보고하였다.[158] 이로써 9월 중순에 예안 지역에서 선성의진이 관군과 맞서 싸웠던 행적을 알 수 있다. 당시 전신(電信)이 활용되던 시기였으므로 보고내용이 기사로 나오는 데 1주일이 채 걸리지 않았으리라 짐작되므로, 9월 중순에 제4차 선성의진과 관군의 충돌이 있었음을 알겠다. 이것이 기록에 남아 있는 선성의진의 마지막 전투였다.

9월 20일에 선성의진이 향회를 마쳤다.[159] 닷새 정도 진행된 이 향회는 바로 선성의병의 종결 의식이라 짐작된다. 안동의진 의병장 김도화가 의병을 마무리한 날이 9월 25일이므로,[160] 이는 그보다 닷새 전의 일이었다.

이처럼 예안에서 일어난 선성의진도 안동의진만큼 오래 견뎠다. 안동에서는 권세연과 김도화 두 사람이 의병장을 맡았던 데 견주어, 선성의진은 이만도에 이어 이중린·이인화·이찬화가 이어가며 의진을 조직하고 전투를 펼쳤다. 안동의진과 선성의진은 모두 태봉전투를 치렀고, 그로 인해 안동부는 불바다가 되고 금계 학봉종택이 수난을 당했듯이, 예안에서는 퇴계종택, 청량사와 오산당, 삼백당종택 등이 불에 타는 피해를 입었다. 그럼에도 어느 지역보다 오래도록 전투를 벌여 나간 것이 안동의병과 예안의병이었다.

---

157) 李兢淵, 《乙未義兵日記》, 1896년 8월 1일자.
158) 《獨立新聞》 1896년 9월 26일자.
159) 李兢淵, 《乙未義兵日記》, 1896년 8월 14일자.
160) 李兢淵, 《乙未義兵日記》, 1896년 8월 19일자.

삼백당 터 모습(도산면 온혜)

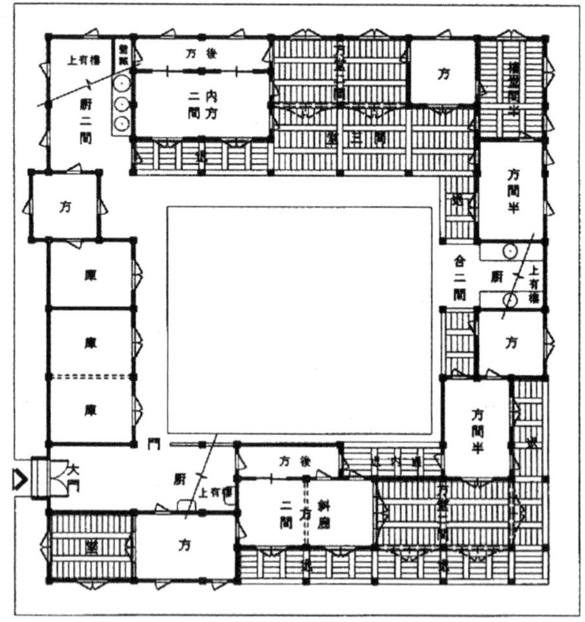

일본군의 방화로 소실된 삼백당 36칸 도면(《온계가의 학문세계와 현실대응》, 2006, 121쪽)

(3) 중·후기의병과 안동

① 중·후기의병

중기의병으로 구분되는 시기는 1904년부터 1907년 7월 말까지이다. 이는 러일전쟁 발발(1904.2.8, 일본의 선전포고, 2.10)을 계기로 강제 체결된 한일의정서(韓日議定書)와 제1차 한일협약에서 비롯되었다. 이들 조약으로 말미암아 조선은 준식민지 상태로 떨어져 갔다. 이에 대한 투쟁은 일본인을 공격하고, 전선과 철도를 파괴하는 한편, 철도 역부 강제모집과 일제의 토지 점탈(占奪)을 반대하는 것으로 나타났다.

중기의병이 일어난 지역은 경상·충청·강원도를 중심한 중부 이북의 산악 지대에 집중되었다. 을사조약(乙巳條約, 1905.11)이 이루어진 뒤로는 전직 관료와 유생들이 대거 참가하였는데, 전기의병장이었던 사람이 많았고, 새로 가담하는 사람도 적지 않았다. 활빈당과 같은 농민운동 조직이 의병으로 전환되기도 했고, 유림의병도 다시 봉기하였다. 안동의 류시연, 영양의 김도현, 홍주의 안병찬(安炳瓚), 홍천의 박장호(朴長浩) 등이 전기에 이어 중기에도 활약하였다. 허위(許蔿)와 이강년·기삼연(奇參衍) 등은 중기에서 후기까지 활약하였다. 새로 등장한 의병장으로 영천의 정환직(鄭煥直), 진보의 이하현(李夏玄), 울진의 김현규(金顯奎), 담양의 고광순(高光洵), 남원의 양한규(梁漢奎) 등이 돋보인다.

중기의병은 전기의병에 비해 역사적으로 다른 조건에서 일어났다. 항쟁 동기가 정치적인 요인도 있었지만, 경제 이권 침탈에 저항하는 의식이 강하게 등장하였다. 그리고 척사의병에 머물지 않고 구국의병으로 발전하였다. 지도부도 신분적 한계를 넘어 평민이 의병장으로 나서는 경우가 많았다. 유림의병장이 이끌던 의진 안에서 민중성이 확대되는 과정으로 볼 수도 있지만, 영덕의 신돌석의진(申乭石義陣)처럼 평민의병장이 크게 부각되기도 하였다. 이것은 전반적으로 민중적인 기반이 확대되어

갔음을 말해 준다. 그러면서 전쟁의 양상은 소부대에 의한 유격전 중심으로 바뀌었고, 때문에 의병의 거점도 읍성이나 산성에서 점차 산악 지대로 이동하였다.

후기의병은 일본이 한국군을 해산하는 1907년 8월 1일 이후 1909년까지로 구분된다. 중기의병을 발전적으로 계승한 후기의병은, 헤이그 특사 파견(1907.6)으로 말미암은 광무황제 퇴위(1907.7.19)와 정미조약(丁未條約) 체결(1907.7.24) 등 충격적인 사건에 이어 결국 군대가 강제로 해산되고, 해산병이 의병 진영에 가담하면서 시작되었다. 여기에 유림·농민·노동자·소상인·계몽운동 참가자까지 가담하면서 질적인 발전과 함께 항일전쟁으로 성격을 변화시켜 나갔다.

서울에서는 시위대가 침략군에 맞서 최후 항전을 펼쳤다. 시위대가 펼치는 시가전이 서울 한복판에서 벌어진 것이다. 그리고 전국 8개 대대로 수원·청주·대구·광주·원주·해주·평양·북청에 본부를 두고 그 아래 분견대를 두었던 지역에서 진위대 병사들이 항전을 펼치는 등 해산병들이 각지에서 활약하였다. 또 유림이 이끄는 의병부대도 다수를 차지하고 있었으며, 이강년·허위·정환직처럼 전기·중기에서 활약했던 의병장과 더불어 류시연·신돌석·민긍호(閔肯鎬)·이강년·이은찬(李殷瓚)·연기우(延基羽) 등 대규모 의진들이 존재했다.

후기의병의 항쟁은 '13도 창의대'라는 연합부대를 편성하여 서울 탈환을 추진하는 전격적인 양상을 보였다. 1907년 12월부터 서울 진공 작전을 펼쳐 허위 부대가 1908년 1월 동대문 밖 30리 지점까지 진격하기도 했으나, 결국 실패하였다. 이후 1908년 여름부터 소부대에 의한 산악 지역 유격전이 벌어졌다. 후기의병은 그 조직이 보부상·농민·산포수 등의 평민으로 구성된 특징을 가졌다. 김수만(金壽萬)·지용기(池龍起)·한봉수(韓鳳洙)·연기우·홍범도(洪範圖) 등이 대표적인 의병장들이다.

안동의병은 맹위를 떨쳤던 전기에 비추어 중기(1904~1907.7)와 후기

(1907.8~1909)에 들어 비교적 소강상태를 보였다. 권세연이나 김도화 등 나이가 70대인 의병장들이 은거에 들어갔고, 그 제자들인 류인식(柳寅植)이나 김동삼(金東三)·이인화 등이 계몽운동으로 전환하는 양상을 보였기 때문이다. 비록 안동의병의 활동이 약화되었다고 해도 이상룡이 의병을 일으키기 위해 노력한 점, 전기의병 당시 이름을 떨친 류시연과 영양의 김도현이 재기했던 사실, 그리고 이웃 이강년의진에 참가하여 활약한 안동인들의 활동은 이 시기 의병항쟁사를 밝혀주는 것이었다.

② 이상룡의 의병기지 건설 시도

이상룡은 그의 외숙인 권세연이 제1차 안동의진의 대장이었지만, 여기에 참여할 수 없었다. 그가 부친을 먼저 잃은 상태에서 조부의 상을 당한, 이를테면 승중상(承重喪)을 치르고 있었기 때문이다. 그러다 다시 중기의병이 일어나자, 그는 단번에 거금을 투자하여 의병항쟁을 이끌어 내려는 계획을 세웠다.

이상룡은 가야산에 의병기지를 세운 다음에 신돌석·김상태(金相台) 의진과 연결하여 대규모의 의병항쟁을 펼치기로 방향을 잡았다.[161] 그래서 1905년 12월에 이상룡은 경남 거창(居昌) 가조(加祚)로 은표(隱豹) 차성충(車晟忠)을 찾아가 논의하고, 그곳에서 설을 지나고 돌아왔다.[162] 사태가 돌아가는 형편을 지켜보던 이상룡은 1908년 정월에 1만금을 마련하여 예천 사람 이규홍(李圭洪)의 아들 이지선(李芝璇)과 역시 이규홍의 사위 이세형(李世衡)을 시켜 차성충에게 전하게 했다.[163] 그러나 거창 가

161) 석주선생기념사업회, 《石洲遺稿》 後集, 1996, 417쪽.

162) 李圭洪, 《洗心軒日記》 (원고본, 이 자료는 조동걸, 〈傳統 名家의 近代的 變容과 獨立運動 事例 - 安東 川前門中의 경우〉, 《대동문화연구》 36집에 처음 소개되면서 학계에 알려졌다).

163) 李圭洪, 《洗心軒日記》, 1908년(戊申) 정월조. 다른 기록에는 이상룡이 영해 출신인 매부 朴慶鍾·禹鍾과 힘을 합쳐 1만 5천금을 보냈다고 전하기도 한다(석주선생기념사업회,

이상룡이 태어나고 1911년 만주망명 전까지 생활하였던 임청각

조에서 의병을 모으고 무기를 장만하였지만 대오를 완성하기 앞서 일본의 기습을 받아 무너지고 말았다.[164] 이후 이상룡은 영덕 신돌석의진에 기대를 갖고 지원했다고 전해진다.

③ 류시연의진

류시연의진은 1906년 봄에 결성되어 1908년 여름까지 안동 임동면을 중심으로 영덕·예안·진보·영양 일월산 등지에서 항쟁을 벌였다. 류시연의진은 1908년 2월 일월산 항쟁을 기점으로 그 성격이 전·후반기로

《石洲遺稿》 後集, 1996, 417쪽).

164) 李圭洪, 《洗心軒日記》, 1908년 정월조.

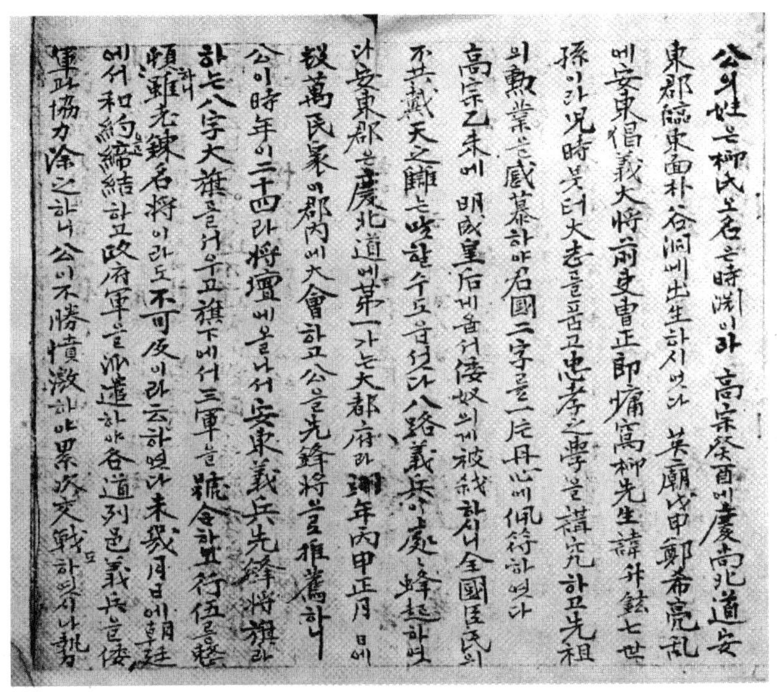

公의 姓은 柳氏오 名은 時淵이라 高宗癸酉에 慶尙北道安
東郡臨東面朴谷洞에 出生하시엿다 英廟戊申 鄭希亮亂
에 安東倡義大將 前吏曹正郎 痛窩柳先生 諱升鉉 七世
孫이라 兒時봇터 大志를 품고 忠孝之學을 講究하고 先祖
의 勳業을 感慕하야 名國二字를 一片丹心에 佩符하엿다
高宗乙未에 明成皇后께옵서 倭奴의게 被弑하시니 全國臣民의
不共戴天之讎는 말할수도 업섯다 八路義兵이 處處蜂起하엿
다 安東郡은 慶北道에 第一가는 大郡府라 翌年丙申正月 日에
數萬民衆이 郡內에 大會하고 公을 先鋒將으로 推薦하니
公이 時年이 二十四라 將壇에 올나서 安東義兵先鋒將旗라
하는 八字大旗를 세우고 旗下에서 三軍을 號令하고 行伍를 整
頓하니 雖老鍊名將이라도 不可及이라 云하엿다 未幾月日에 朝廷
에서 和約締結하고 政府軍을 派遣하야 各道列邑義兵을 倭
軍과 協力除之하니 公이 不勝憤激하야 累次交戰하엿스나 執

〈류시연 약기〉. 류시연과 함께 활동한 조박용(영양)이 해방 뒤에 류시연의 생애를 정리한 것이다.

나뉜다.[165]

전반기에 류시연은 의진의 군기를 엄하게 하면서 의병들의 사기를 높여 진보·영덕 등 각지에서 승리를 거두었다. 그러나 1906년 6월 상순 대구 진위대 정위 박두영(朴斗榮)이 나호(羅鎬)·박태영(朴泰泳)·이교상(李敎相)·권중익(權重翼) 등 관군 2백 명을 이끌고 경북 일대의 여러 의진을 공격할 때 류시연의진도 큰 타격을 입었다.[166] 이후 류시연은 영덕에

165) 류시연의진과 관련한 내용은 한준호, 〈안동출신 의병장 류시연(1872~1914) 연구〉, 안동대학교 석사학위논문 참고.

166) 류규원, 〈유의사전〉, 《독립운동사자료집》 3, 독립운동사편찬위원회, 1971, 214쪽.

서 안동으로 의진을 옮겼다.[167] 그리고 1907년 2월 예안분파소(禮安分派所) 공격을 시작으로 1908년 1월까지 봉화·예안·안동·진보 등지에서 일본군 수비대와 지속적인 전투를 펼쳤다.[168]

한편, 이 기간 동안 류시연은 신돌석의진과 긴밀한 연락을 취할 뿐만 아니라, 김도현을 비롯한 여러 인사들과 전략·전술을 의논하기도 하였다. 더욱이 1907년 군대해산 뒤 이강년의 요청으로 그를 만나기 위해 삼척으로 갔다가, 친일파 박두일(朴斗日)의 계략에 빠져 의병들이 흩어지자 울진 십이령(十二嶺)에서 박두일을 사살하기도 했다.[169] 류시연의진의 후반기 활동은 주로 영양군 일월산 일대에서 이루어졌다. 군대해산 뒤 강화되는 일본군의 토벌로 근거지를 영양 일월산으로 옮긴 것이다. 류시연의진은 봉화 재산(才山, 1907.12)→ 예안 → 진보 기곡(基谷, 12.20)→ 길안 금곡(金谷, 1908.1)→ 의성(1월) 등을 거쳐 1908년 1월 21일 영양군 일월산으로 이동하였다. 이동하면서 1907년 12월 20일 진보군 기곡에서 일본군과 교전하였으며, 1908년 1월 숙영(宿營)하고 있던 길안 금곡에 일본군이 접근해 오자, 이를 두 방면에서 공격하였다.[170]

류시연의진은 소규모로 움직이면서, 안동·진보·청송·의성·영양 등지에서 일본군 토벌대와 전투를 벌여 일본군에게 큰 혼란을 주었다. 한편 일월산으로 이동한 데는 신돌석과 관련성이 있었다. 류시연은 의진을 결성한 뒤, 영덕 일대에서 활동하였고, 이때 신돌석을 비롯한 주요 인사들과 교류하였다. 그러므로 신돌석의진이 일월산으로 근거지를 옮기

167) 〈유의사전〉과 〈조선폭도토벌지〉를 비교하면, 류시연의진이 창의한 뒤 우선 영덕으로 이동하여 활동하다가, 대구진위대의 공격을 받아 의병이 흩어지자, 안동으로 이동하여 분산된 의병을 규합하고자 노력한 것 같다.

168) 〈判決文〉, 金浩洛 ; 국사편찬위원회, 〈暴徒에 관한 編冊〉, 《한국독립운동사》 자료 의병편 8·9, 1983.

169) 이동영, 《한국독립유공지사열전》, 육우당기념회, 1993, 193쪽.

170) 국사편찬위원회, 〈暴徒에 관한 編冊〉, 《한국독립운동사》 자료 의병편 8·9, 1983.

〈표 5〉 류시연의진에서 활동한 안동인

이름	거주지
류시연(柳時淵)	안동군 臨東面 水谷洞
류창호(柳昌鎬)	안동군 臨東面 古來谷
한문석(韓文石)	안동군 臨東面 露谷洞
오봉칠(吳鳳七)	안동군 臨東面 岩上洞
이천이(李千伊)	안동군 臨東面 小羅谷
임한천(林漢天)	안동군 臨東面 大谷洞
류승락(柳承洛)	안동군 臨東面 大谷洞
김차준(金次俊)	안동군 臨北面 桂谷洞
정덕필(鄭德必)	안동군 吉安面 三巨里
김호락(金浩洛)	안동군
신우균(申佑均)	예안군 邑內面 晩村里 (현 안동 도산 동부)
문순경(文順景)	예안군 邑內面 晩村里 (현 안동 도산 동부)

게 되자, 이와 연합하고자 이동한 것 같다.

류시연의진의 일월산 항쟁은 2월 말까지 지속되었다. 이 기간 동안 류시연은 신돌석·김성운(金成雲, 또는 聖云)[171]의진과 연합하면서 일본군의 두 번에 걸친 토벌작전을 무력화시켰는데,[172] 2월 24일부터 29일까지

171) 영양군 首比面 深川 출신으로 擧義時期는 不分明하다. 하지만 약 100명의 義兵을 이끌고, 일월산을 중심으로 1908년 활발한 활약을 펼쳤다. 그의 소모장은 張文實·柳健倍·張南守 등으로 모두 같은 面 인물들이다(국사편찬위원회, 〈暴徒에 관한 編冊〉, 《한국독립운동사》 자료 의병편 9, 1983, 155쪽).

172) 일본군은 제1구 사령관 야마다(山田正玄) 소좌를 주축으로 토벌대를 편성하여 2월 15일부터 29일까지 약 14일간 '토벌작전'을 시행하였다.

〈표 6〉 류시연의진의 일월산 항쟁 시기 전투 상황[173)]

날짜	전투장소	사상	피체	비 고
2월 19일(1차)	영양군 日月山 水亭洞	5	1	
2월 23일(2차)	영양군 北初面 長波洞		1	
2월 25일(2차)	안동군 臨東面 鳴洞	5	1	
2월 26일(2차)	영양군 首比面 廣石洞	7		
2월 26일(2차)	안동군 台巨里		3	
2월 26일(2차)	안동군 大谷		1	
2월 28일(2차)	영양군 靑初面 靑記	4		
2월 28일(2차)	안동군 臨東面 大田	43		
계		64	7	

펼쳐진 일본군의 2차 토벌은 신돌석·김성운이 동해 방면으로 이동하였기 때문에 류시연의진에게 집중되었다. 곧 안동을 중심으로 봉화까지 동서로 포위망을 펼치면서 끈질기게 추격한 것이다. 하지만 류시연은 척후병을 활용하는 한편, 의진을 15명 내지 20명 단위로 분산시키면서 '반토벌전'을 전개하였다.

일월산 항쟁 이후 류시연의진의 활동은 뚜렷하지 않다. 더욱이 2월 28일 임동면 대전(大田)에서 토벌대에게 패한 뒤로는 거의 활동을 찾아볼 수가 없다. 그러다가 류시연은 1913년 8월 영주시 문수면 소재지인 반구시장에서 체포된다.[174)] 만주로 망명하였다가 1912년 군자금 및 무기

173) 국사편찬위원회, 〈暴徒에 關한 編冊〉, 《한국독립운동사》 자료 의병 편 9·10, 1983.
174) 이동영, 《한국독립유공지사열전》, 육우당기념회, 1993, 194쪽.

구입에 필요한 자금을 조달하기 위해 국내에 들어왔다가 체포된 것이다. 그리하여 1913년 11월 29일 대구복심법원에서 사형을 선고 받은 류시연은 1914년 1월 29일 대구감옥에서 교수형으로 순국했다.[175]

류시연의진은 1906년 봄 결성된 뒤 안동을 중심으로 예안·청송·영양 등지에서 활동하였다. 1907년 2월 예안분파소를 습격했을 뿐만 아니라, 일본이 한국 군대를 해산한 뒤에는 안동·청송·영양 등지에서 신돌석·김성운 등과 연계하면서 항쟁을 전개해 나갔다. 특히 1908년 2월 영양 일월산에서 펼친 일본군의 의병토벌작전을 무력화한 사실은 류시연의진이 그 만큼 유격전에 능숙했음을 말해 준다.

한편 류시연에 대해서는 부정적인 이야기도 전해진다. 그가 자금과 식량을 확보하는 과정에서 유력한 종가들을 극단적인 형태로 공격하여 원성을 샀던 이야기들이 그것이다. 오랫동안 의병항쟁이 전개되다보니, 지원하던 종가를 비롯한 유력 문중들이 일제의 공격 대상이 되고, 이에 지친 나머지 이들이 의병에 대해 지원을 줄이게 되자 거꾸로 의병들의 공격대상이 되기도 했던 복잡한 상황을 보여주는 대목이다.

④ 박처사의진

박처사는 안동군 임동면(臨東面) 대곡리(大谷里) 출신으로 본명은 박인화(朴仁和, 1907~1908.5)로 추정되나 그의 실체에 대해서는 정확하게 밝혀지지 않고 있다. 1905년 을사조약이 체결되자 의병 300여 명을 거느리고 예안·안동·진보·영양 등지에서 항일 투쟁을 전개하였다.[176] 그는 의진을 결성한 뒤, 대규모 항쟁보다는 소규모로 인원을 나누어 활동하였다. 특히 그의 부하 이화서(李和瑞)·김문호(金文鎬)·권계홍(權桂洪) 등은

175) 〈判決文〉.
176) 조선총독부 경무국, 〈폭도사편집자료〉, 《독립운동사자료집》 3, 독립운동사편찬위원회, 1971, 577쪽.

의병 약 30~40명을 거느리고 있으면서 자위단(自衛團)과 영양군 순사주재소 등을 습격하는 과감성을 보여 주었다. 박처사는 1907년 9월 10일 영양군 분파소에서 안동분파소로 철수하는 오무라(小森) 순사 일행을 공격하여 사살하는 전과를 올리기도 했다.[177)]

박처사의진은 1905년부터 1908년 여름까지 활동하면서 류시연·신돌석의진과 연대관계를 맺고 있었다. 특히 류시연의진과는 1907년 2월 예안분파소를 같이 공격하였다.[178)] 이 두 사람은 안동을 중심으로 활동하고 있었고, 더욱이 같은 마을 출신이었다. 그러므로 의진 연합은 쉽게 이루어질 수 있었을 것이다.

1908년에 들어서 박처사의진의 활동은 더욱 활발하게 펼쳐졌다. 안동군 임동면 편항(鞭巷)·진보군(현 청송군 진보면) 기곡동(其谷洞)·영양군 등지에서 일본군과 교전함과 동시에 가까운 지역의 의진과 연합하기도 하였다. 그러나 그는 1908년 5월 3일 임동면 대곡동(大谷洞)에서 밀정에 의해 살해되고 말았다. 박처사가 순국한 뒤에도 그를 따르던 의병들은 계속해서 활동한 것으로 보인다. 1908년 7월 14일(음력) 권계홍을 비롯한 의병 10여 명이 영양군 순사 주재소를 공격했다는 기록이 그것을 말해준다.[179)]

⑤ 기타 안동인의 중·후기의병

안동 지역에서는 1907년 11월부터 1908년 1월까지 3개월, 1908년 5월부터 4개월 동안 전투를 치른 기록이 남아있다. 1909년에는 10여 차례

177) 조선총독부 경무국, 〈폭도사편집자료〉, 《독립운동사자료집》 3, 독립운동사편찬위원회, 1971, 577쪽 ; 국사편찬위원회, 〈暴徒에 관한 編冊〉, 《한국독립운동사》 자료 의병편 11, 1983, 48~49쪽.

178) 독립운동사편찬위원회, 《독립운동사자료집》 별집 1, 독립운동사편찬위원회, 1971, 421쪽.

179) 〈判決文〉, 권계홍.

의 교전 기록이 있기도 하다. 그러나 이 모두를 안동의진이 펼친 것 같지는 않다. 그것은 류시연이나 영덕의 신돌석의진, 또는 이강년의진이 펼친 것으로 보이는데, 안동 인사들 가운데 류시연과 박처사 외에 직접 의병을 이끌었다는 기록은 보이지 않는다. 중·후기의병이 전개되면서, 의병에 대한 지원과 더불어 반감도 있었던 것 같다.

이강년의진에 참전한 인물로는 김규헌(金奎憲)·김용환(金龍煥) 등의 이름이 전해진다. 김규헌은 이강년의진에서 2년 동안 활동했다고 전해지고 있다. 그리고 뒷날 의용단(義勇團) 활동을 벌이게 되는 김용환과 김현동(金賢東)도 1907~1908년 무렵에 이강년의진 또는 김상태의진에 참가하여 활동했다고 알려진다. 이들이 순흥 상단곡(上丹谷) 전투에 참가했다고 전해지므로, 그렇다면 이강년이 체포된 뒤 잔존부대 일부를 추슬러 전투를 이어나간 김상태의진에 참가한 것으로 보인다. 김현동은 금계마을에서 예천군 유천면 송전동으로 이주하였는데, 김상태의진에서 김의성(金義城)이라는 이름으로 활약했다고 전해진다.

신돌석의진에 참여한 안동의 인물로는 배선한(裵善翰)이 있다. 배선한(1906.3~1908.6)은 임동 출신으로 영덕·영양·청송·울진 등지에서 활동하였다. 1906년 3월부터 신돌석의진에서 활동하다가 1908년 6월 체포당했다. 또 전기의병에서 태봉전투 때 안동의진의 중군을 맡아 전투를 벌였던 권재중 역시 중기의병에도 참가하였다. 그러다 그는 1907년 2월에 고면훈(高冕勳) 등 5인과 함께 체포되고 말았다.[180]

한편 안동의 양반 명가에서 의병을 지원한 경우는 앞서 본 이상룡의 활동을 사례로 들 수 있다. 또한 1907년 10월에 퇴계종택이 다시 잿더미로 변하는 수모를 겪었다. "구택과 사당 일병이 불태워"라는 구절을 보면, 의병을 지원하다가 벌어진 참극이라 전해지는 것이 사실로 여겨진

180) 《皇城新聞》 1907년 2월 25일자.

●禍及先正 慶北禮安郡에在흔退溪先生古宅及祠宇를日兵게冲火沒燒흐엿다니先生의道德學問은大韓서만欽仰尊慕흘뿐아니라日本國家에서도先生을尊崇흐미大韓儒林의朱子를尊崇흠과如흐더니今에古宅과祠宇가日人의衝火을酷被흔거슨可謂斯文의一大劫運이로다

일본군에 의한 퇴계종택 방화 기사(《대한매일신보》 1907년 10월 8일자)

다. 이 퇴계종택이 1896년에도 화염에 휩싸였다는 사실은 이미 앞에서 언급하였다. 예안의병에 대한 응징이 있을 때 청량산 오산당과 더불어 잿더미가 되고 종가에 보관하던 책 1,400여 권이 불타는 참혹한 일이 있었는데, 1907년에도 일본군이 종가와 사당을 또다시 불태웠던 것이다.[181]

3. 계몽운동

(1) 일제의 국권 침탈

① 대한제국의 성립과 광무개혁

1896년 2월 고종이 러시아공사관으로 옮기면서 친일내각이 붕괴되

181) 《大韓每日申報》 1907년 10월 8일자.

면서 일본의 내정간섭이 주춤해지자, 전국으로 확대되었던 의병항쟁도 소강상태로 접어들었다. 개화파 관료들이 퇴진하고, 고종이 의병의 해산을 권유하며 적극적인 선유활동을 펴자 이에 의병항쟁을 일으킨 유생들은 일단 명분을 달성했다고 판단하고 해산하였다.

이때 러시아는 공사관을 보호한다는 구실로 러시아 병사를 서울로 이동시켰고, 이범윤(李範允)·이완용(李完用) 등에 의해 새로이 친러내각이 성립되었다. 이로써 일본의 독점적인 지배력이 약화되었고, 한반도를 둘러싸고 러시아와 일본이 대립하였다. 이로 말미암아 어느 한 나라가 조선에 대한 독점적 영향력을 행사하지 못한 채, 한반도를 둘러싼 열강들 사이에 일시적인 세력균형이 이루어졌다.

1897년 2월 러시아공사관에서 경운궁으로 돌아온 고종은, 1897년 10월 자주독립국임을 내세움과 동시에 대한제국의 성립을 선포하였다. 대한제국은 행정·법률 등 각종체계를 고쳐나가는 '광무개혁(光武改革)'을 추진하였다.

대한제국은 이로부터 러일전쟁이 일어날 때까지 약 10년 동안 식산흥업정책을 펴면서 경제적·기술적인 면에서 발전의 길을 모색하였다. 근대적인 기술을 도입하였고, 민간에서도 근대적 설비를 갖춘 생산공장이 가동되기 시작하였다. 정치적인 면에서도 종전의 갑오·을미개혁을 주도했던 친일 개화파 관료들 대신 보수적인 정치세력이 집권하였으며, 왕권을 황제권으로 강화하였다.

② 열강의 이권침탈

대한제국 때 러시아를 비롯한 제국주의 열강은 대한제국에 주요한 경제적 이권을 요구하였다. 왕실은 나약하여 제국주의 열강들에게 이권을 주고, 대신 그들의 보호를 받아 독립을 지키려고 하였다. 열강 가운데 한 나라가 경제이권을 빼앗아 가면 다른 나라도 '최혜국조항'을 들어 같은

광무황제 즉위식 때 대한문 앞에 모인 군중

수준의 이권을 요구하여, 한반도는 열강들의 각축장으로 변하고 말았다.

열강의 이권침탈은 주로 돈벌이가 되는 광산과 산림 등 지하자원과, 철도·해운·전차·전기·전신 등 교통운수와 통신부분에 집중되었다. 광산개발권과 삼림채벌권·철도부설권 등 이권을 앞다투어 빼앗아갔다. 러시아는 조선으로부터 함경도 경원·종성의 광산채굴권과, 두만강·압록강 유역 및 울릉도의 삼림채벌권을 빼앗았다. 이에 자극된 구미제국들이 기회균등을 내세워 저마다 이권을 요구하였다. 철도·광산·산림 등에 대한 이권이 열강으로 넘어가게 된 것이다. 1896년 미국은 서울·인천 사이의 철도부설권과 평안도 운산금광의 채굴권을 가져갔고, 프랑스는 서울·의주 사이의 철도부설권을 획득하였으며, 이후에도 침탈을 계속하였다. 당시 정부의 관리들은 개인의 안전과 권력 유지에만 급급했을 뿐 이들 열강들의 이권쟁탈을 막아내지 못하였다.

③ 독립협회의 자강운동

1896년 7월 국내의 신지식층과 미국 망명에서 돌아온 서재필(徐載

영은문을 헐고 지어진 독립문. 왼쪽에 영은문 돌기둥이 보인다.

弼)이 중심이 되어 《독립신문》을 발행하고, 독립협회(獨立協會)를 설립하여 개화자강운동을 벌여나갔다. 독립협회는 주권독립운동과 민권운동에 주력하였으며 대한제국이 성립될 무렵 활동도 활발해졌다. 독립협회를 중심으로 하는 진보적인 정치세력은 국제관계를 내다보며 왕을 황제로 바꿈으로써 나라의 국제적 지위를 높이는 한편, 상당한 한계성을 가지면서도 입헌군주제적인 정체(政體)를 수립해 나가려 했다.

보수적인 집권세력은 황제 칭호를 쓰고 대한제국으로 국호를 바꾸어 국제적인 지위를 높인다는 점에서는 진보세력과 입장을 같이 하였다. 그렇지만 국내 정치면에서는 오히려 왕권을 강화함으로써 보수적인 정권을 그대로 유지하려 하였고 이를 위해 독립협회를 탄압하였다. 이에 독립협회는 광무정권의 비자주적인 외교노선을 비판하고 러시아의 침탈에 반대하는 반러시아 운동을 벌여 나갔다. 독립협회와 만민공동회(萬民共同會)의 압력을 이기지 못한 정부는 러시아에 양도한 이권을 철회하고 다시는 이권양도와 외국인 고문을 고용하지 않겠다고 약속하였다.

그런데 독립협회는 외래자본의 이권침탈을 산업근대화에 필요한 외국자본을 도입하는 수단으로 생각하여 영국이나 미국, 일본의 이권침탈에는 반대하지 않는 이율배반적인 모습을 보여 주었다. 오로지 러시아의 이권침탈만을 우리나라의 주권을 위협하는 것으로 생각하고 반대하였던 것이다. 이처럼 독립협회의 제국주의열강에 대한 인식은 한계를 뚜렷이 지니고 있었다.

④ 을사조약의 체결과 민족의 저항

한반도에서 열강들 사이의 세력균형은 러일전쟁으로 깨어졌다. 1904년 러일전쟁을 도발한 일본은 전쟁을 승리로 이끌면서, 한국에서의 독점적 위치를 확고히 하였다. 이후 일본은 한국을 보호국으로 삼기 위한 절차를 서둘렀다. 1905년 7월에는 미국과 카쓰라-태프트 밀약을 맺어, 미국으로부터 한국에 대한 '종주권'을 승인 받았다. 8월에는 제2차 영·일동맹에 따라 영국으로부터도 한국에 대한 '지도·감리 및 보호'의 권리를 인정받았다. 그리고 나아가 러시아와 포츠머드(Portsmouth)조약을 체결, 러일전쟁을 마무리하였다. 러시아는 이 조약에서 "일본이 조선에 필요하다고 인정하는 보호조치에 간섭하지 않는다"고 약속하여 사실상 일본의 조선 지배를 승인하였다.

이와 같이 일본은 열강으로부터 한국에 대한 독점적 지배권을 보장받게 되었다. 조선을 장악하는 데 거칠 것이 없어진 일본은 1905년 11월 17일 대포와 기관총으로 무장한 일본군이 왕궁을 포위한 다음, 권중현(權重顯)·박제순(朴齊純)·이근택(李根澤)·이지용(李址鎔)·이완용 등 '을사오적(乙巳五賊)'을 앞세워 조선의 외교권을 박탈하는 이른바 '을사조약'을 체결하였다.

을사조약의 핵심적 내용은 일본이 한국의 외교권을 완전히 박탈하

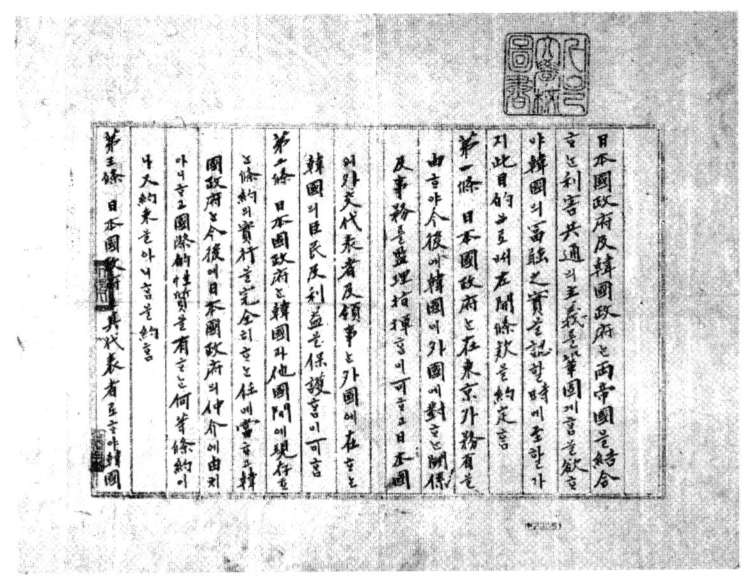
日本國政府及韓國政府는兩帝國을結合
하는利害共通의主義를鞏固케함을欲하
야韓國의富强之實을認할時에至할가
지此目的으로써左開條款을約定함
第一條 日本國政府는在東京外務省을
由하야今後에韓國이外國에對하는關係
及事務를監理指揮함이可하고日本國
의外交代表者及領事는外國에在한
韓國의臣民及利益을保護함이可함
第二條 日本國政府는韓國과他國間에現存한
條約의實行을完全히하는任에當하고韓
國政府는今後에日本國政府의仲介에由치
아니하고國際的性質을有하는何等條約이
나又約束을아니함을約함
第三條 日本國政府는其代表者로하야韓國

〈을사조약〉(박제순-하야시 강제합의서)

고, 대신 한국의 외교를 관장하기 위해 황제 아래에 일본인 통감을 둔다는 것이었다. 이에 따라 1906년에 통감부가 설치되고 이토 히로부미(伊藤博文)가 초대 통감으로 부임하면서 이른바 통감정치가 시작되었다. 통감부에서 모든 내정을 관장하였고 통치권이 완전히 통감에게 넘어가 대한제국은 주권을 상실한 것이나 다름없었다.

을사조약 체결에 대한 한국인의 반대는 격렬하였다. 체결 소식이 알려지자 일제의 침략을 규탄하고 조약을 파기할 것을 주장하는 전국적인 국민운동이 전개되었다. 언론이 일제에 의해 통제되어 있는 상황에서도 《황성신문》은 조약 체결의 실상을 보도하였고, 장지연(張志淵)은 〈시일야방성대곡(是日也放聲大哭)〉이란 논설을 게재하여 국민의 항쟁을 호소하였다. 곳곳에서 시위가 일어났으며, 전·현직 관료와 양반 유생들의 상소가 줄을 이었다. 또한 민영환(閔泳煥)·조병세(趙秉世)·홍만식(洪萬

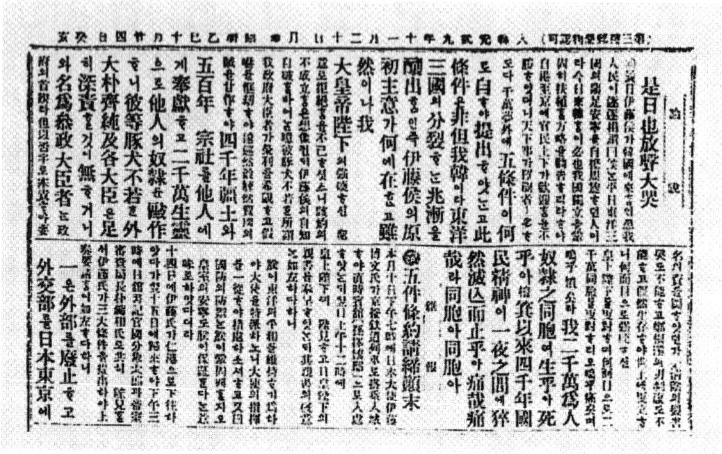

論說

是日也放聲大哭

로自ᄒᆞ야提出ᄒᆞ얏ᄂᆞᆫ고此
條件은非但我韓이라東洋
三國의分裂ᄒᆞᄂᆞᆫ兆漸을
釀出ᄒᆞᆯ인즉伊藤侯의原
初主意가何에在ᄒᆞᆫ고雖
然이나我
大皇帝陛下
五百年 宗社를他人에
게奉獻ᄒᆞ고二千萬生靈
으로他人의奴隸를毆作
ᄒᆞ니彼等豚犬不若ᄒᆞᆫ外
大朴齊純及各大臣은足
히深責을것이無ᄒᆞ거니
와名爲參政大臣者ᄂᆞᆫ政

我二千萬爲人
奴隸之同胞여生乎아死
乎아檀箕以來四千年國
民精神이一夜之間에猝
然滅亡而止乎아痛哉痛
哉라同胞아同胞아

五件條約請締顚末

一은外部를廢止ᄒᆞ고
外交部를日本東京에

장지연의 〈시일야방성대곡〉이 실린 《황성신문》

植) 등의 자정순국이 이어졌다. 각계각층의 사람들이 줄을 이어 조약의 파기를 주장하며 항의하였다. 한민족의 저항운동은 여러 방향에서 끊임없이 펼쳐졌으며, 한 걸음 더 나아가 독립을 회복하기 위한 민족운동으로 확대되었다. 항일투쟁과 구국계몽운동이 바로 그것이다.

전국 곳곳에서 의병의 봉기가 일어나는 가운데, 광무황제는 1907년 네덜란드의 헤이그에서 열린 만국평화회의에 이상설(李相卨)·이준(李儁)·이위종(李瑋鍾)을 특사로 파견하여 을사조약 체결의 부당성과 한국의 억울한 사정을 호소케 하였다. 그러나 현지에서 영국과 일본의 방해로 회의에는 참석하지 못하였으며 일본은 오히려 이를 문제삼아 광무황제를 협박하여 자리에서 물러나도록 강요하였다.

광무황제의 양위 소식이 전해지자, 한국인들의 저항은 더욱 격렬해졌다. 그러나 일제는 무력으로 이를 억누르면서 1907년 '한일신협약(韓日新協約)'을 강제로 체결하였다. 한일신협약을 맺은 직후 한국 군대를 해산시켜 그들의 국권침탈 목적을 달성하는 데 방해가 되는 군사력을 없

헤이그밀사로 파견되었던 이준·이상설·이위종

애버리고 한국의 고등관리 임면권과 사법권도 통감부가 장악함으로써, 한국에 대한 실질적인 지배권을 확립하였던 것이다. 이 조약에 따라 통감이 한국의 내정에 간섭할 수 있는 권한을 분명히 하였으며, 또한 각 부의 차관에 일본인이 임명되어 이른바 차관정치가 시작되었다.

한국을 완전히 식민지로 만들기 위한 작업은 1909년부터 구체적으로 추진되었다. 친일파들을 사주하고 증파된 일본군이 삼엄하게 경계하는 가운데, 1910년 일제는 이완용의 매국내각으로 하여금 당시 통감 테라우찌(寺內正毅)가 제시한 합방조약에 조인케 하였다. 이로써 한국인은 완전히 주권을 빼앗긴 채 일제의 식민통치 아래 들게 되었다.

(2) 계몽운동으로의 전환

한말 보호국 치하에서 국권회복운동은 무장투쟁 노선으로서의 의병항쟁과 실력양성운동 노선으로서의 계몽운동으로 나뉘어 전개되었다. 그런데 1896년 10월 이후 사라졌던 의병들의 반일운동이 러일전쟁을 계기로 다시 촉발되었다. 이 시기 의병항쟁은 일제의 침탈을 직접적으로 받던 곳에서 먼저 일어났다. 의병항쟁이 확대되면서 양반 유생들도 각지에서 의병을 조직하였으며, 을사조약이 강제로 맺어진 후에는 전국적으로 확대되었다.

의병항쟁은 1907년 8월 군대 해산을 계기로 새로운 전기를 맞이하였다. 일제가 광무황제를 강제 퇴위시키고 군대마저 해산시키자, 수많은 군인들이 일제의 해산 조치에 반발하여 의병대열에 참여하였다. 해산 군인이 의병에 참여함으로써 의병항쟁은 전국으로, 전 계층으로 확산되었다. 민중의 참여와 지지로 의병항쟁이 전국적으로 확대되자, 일제는 무자비한 토벌을 감행하였다.

1909년을 전후하여 조선의 식민지화가 구체적으로 진행되는 현실 속에서 국내의 의병은 곳곳에서 치열한 항일항쟁을 계속했다. 그러나 식민지 상태에서 더 이상 항쟁을 이어나갈 수 없게 되자, 두만강·압록강을 건너 만주와 연해주로 건너가기 시작하였다. 의병들이 나라 밖으로 근거지를 옮긴 것은 일본군의 탄압을 피해 역량을 보존하는 한편, 그곳에 있는 조선인 동포를 기반으로 새로운 근거지를 확보하려는 데 있었다. 이로써 조국이 식민지로 바뀐 새로운 정세 속에서 항일구국운동이었던 의병항쟁이 독립군항쟁으로 그 성격을 전환하게 되었다.

이처럼 일제의 침략에 맞서 국권을 수호하기 위한 적극적인 투쟁으로서 의병항쟁이 전개되는 한편, 을사조약의 체결을 전후해서 또 하나의 민족운동인 계몽운동이 전개되었다. 이 운동은 국민의 의식을 계발하여 애국심을 기르고 국가의 힘을 축적하여 주권을 회복하려는 자주적인 구국운동이었으며, 경제적·문화적 실력을 양성하여 장차 국권회복의 토대를 마련하려는 데 중점을 두었다.

계몽운동에는 목표나 가치에 찬동하는 여러 계통의 지식인들이 합세하고 있었다. 따라서 계몽운동의 주체와 개혁론이 동일한 성격을 지닌 것은 아니었다. 교육을 기본으로 하고, 이를 통한 계몽활동을 기초로 실력을 양성하고 독립을 준비해야 한다는 것은 대체로 공통적인 것이었다. 하지만 제국주의 침략이나 의병항쟁 같은 현실적인 문제에 대해서, 종래의 사상체계인 유교와 서양정치론의 도입에 대해서는 여러 갈래의 의견들이 나오고 있었다.

1898년 독립협회가 해산된 뒤, 계몽운동가들은 1904년 보안회(保安會)를 발족하면서 새로운 활동을 시작하였다. 보안회는 황무지 개간이라는 명분을 앞세운 일제의 토지약탈 계획을 막는 데 그 설립목적이 있었다. 보안회의 저지운동으로 일제의 의도는 좌절되었다. 보안회는 이후 일제의 탄압을 받아 해산되었으나, 대중 계몽운동의 선구가 되었다.

그 뒤 독립협회에 참여했던 인사들이 중심이 되어 1905년 헌정연구회(憲政硏究會)를 결성하였다. 이 단체는 일제침략에 대항하는 것과 더불어 근대적인 정치체제로의 개혁을 내세워 입헌의회제도의 실시를 주장하였다. 그러나 을사조약이 체결되고 반일적인 정치활동이 금지되자 헌정연구회는 장지연의 주도에 의해 1906년 대한자강회(大韓自强會)로 이름을 바꾸었다.

대한자강회는 국권회복을 목표로 교육과 식산 활동에 초점을 맞추었다. 대한자강회는 25개 정도의 지방 지회를 갖추었을 뿐 아니라 회원 구성도 도시의 지식인, 봉건관료층을 벗어나 지방의 상공인·지주·유생층 등을 모두 포괄하였다. 이 회는 월보(月報)를 펴내고 강연회를 개최하며 서울과 지방에서 활발한 대중계몽운동을 벌였다.

이리하여 계몽운동은 대한자강회에 이르러 대중적인 기반을 갖추게 되었다. 뿐만 아니라 일제가 헤이그사건을 빌미로 광무황제의 퇴위를 강요하자, 이에 반대하여 대규모 반일투쟁을 벌이는 등 정치활동도 전개하였다. 이 때문에 대한자강회는 통감부에 의해서 강제로 해산되었다.

《대한자강회월보》 제13호(권오설 유품)

대한자강회의 후신으로 1907년 11월 대한협회(大韓協會)가 조직되었다. 대한자강회 해산 뒤 일본인 고문 오가키(大垣丈夫)를 주축으로 대한자강회 인물들과 천도교 인사들이 중심이 되어 설립하였다. 대한협회는 애국사상의 고취와 교육을 통한 민권의 향상, 식산흥업을 통한 경제적 발전 등을 목적으로 대중계몽운동을 펼쳐 나갔다. 전국적으로 70여 개의 지회를 갖출 정도로 광범한 지지를 받아 계몽운동이 지방 곳곳까지 확산되는 데 크게 이바지하였다.

각 지방에도 이해관계를 달리하는 여러 종류의 집단들이 존재하고 있었다. 보수적인 유림의 척사론이 강하게 유지되는 가운데서도 자기 변신을 추구하는 유생층도 있었고, 개항 뒤 펼쳐진 통상무역의 과정에서 급속하게 성장한 지주나 상공업자도 나름대로 존립의 길을 찾고 있었다. 당시의 사회문제는 광범하게 세력을 확장하던 기독교나 천주교와 연관을 맺어야 해결할 수 있다고 생각하는 무리도 있었으며, 일진회(一進會)의 이념에 찬동하는 전국적인 조직도 존재하였다.

이러한 상황에서 계몽운동의 지방조직은 서울의 본회에서나, 지방에서도 모두 필요한 것이었다. 계몽운동을 주도하던 문명개화론자의 입장에서는 그들의 이념에 찬동하는 세력을 지지기반으로 확보할 필요가 있었고, 지방에 있던 집단은 향촌의 이해관계 속에서 기존의 기득권을 유지하며 사회운동을 주도해나갈 조직이 필요하였던 것이다. 따라서 개화파의 문명개화론은 자기변신을 추구하는 유생층이나 지주·상인 등의 자산가들에게 매우 환영을 받게 되었다. 특히 계몽운동에서 주장하던 교육운동과 식산흥업론은 바로 이러한 점에서 지방에 있는 그들에게 적합한 논리였던 것이다.

이 시기 안동에서도 의병항쟁과 계몽운동이 전개되었다. 그런데 전기의병 시기 곧 1894년에서 1896년까지 맹위를 떨쳤던 의병항쟁이 이때에 이르러서는 대규모 저항운동으로 확대되지 못하였다. 그것은 전기의병으로 활약하였던 김도화가 팔순의 나이로 은거하였고, 또 김도화의 문인이던 이상룡·류인식·김동삼·이인화 등 이 지역 소장 유림세력이 계몽운동으로 전환하는 양상을 보였기 때문이다.[182]

전기의병 이후에 상경 활동을 벌인 유교지식인과 또 그에 영향을 받은 유림들이 구국계몽운동을 활발히 전개하였다. 먼저 전기의병에서 활약하였던 류인식이 1904년 서울 성균관에서 신채호(申采浩)와 교유하는 가운데 개화사상을 수용하면서 계몽운동가로 변신하였다. 그는 안동에 내려와 의병봉기보다 신교육을 통한 계몽운동이 필요함을 주창하였

182) 조동걸, 《한말의병전쟁》, 독립기념관 한국독립운동사연구소, 1989, 86쪽.

다.[183] 이후 안동의 유림 가운데 상경하여 구국계몽운동에 참여하는 사람이 늘어났으며, 안동에서도 중앙과 연계하면서 다양한 형태의 계몽운동을 펼쳐 나갔다.

성리학적 전통이 강한 안동에서, 서유럽 근대사상이 학습되거나 이전의 의병항쟁에서 계몽운동으로 방략을 바꾸어 나가는 시기는 다른 지역보다 늦었다. 그러나 일단 선각자들에 의해 개화사상이 수용되면서부터는 다른 지역의 계몽운동가들보다도 더욱 적극적으로 구국계몽운동을 전개하였다. 한말과 일제 치하에 다수의 계몽운동가들이 타협적인 노선을 택하였던 데 견주어, 안동 지역의 혁신유림들은 더욱 적극적인 항일운동가로 투신하였다는 특성을 지니고 있다.

(3) 충의사(忠義社)와 재경 인사들의 활동

19세기 말 중앙에서 지식인들 사이에 서구사상·학문·기술에 대한 관심이 고조되고 실력양성운동이 확산되기 시작하였을 때, 안동을 비롯한 경상도 지역에서는 중앙의 새로운 경향에 대해 상당히 비판적이었다. 척사상소운동과 의병항쟁이 그 시기 다른 어느 지역보다도 강하게 나타났다. 이러한 태도는 물론 퇴계 이래의 성리학적 전통이 강하게 유지·재생산되고 있었던 지역 유림들의 세계관과 가치관이 반영된 것이었다.

안동 지역은 영남학파의 중심으로서 영남성리학의 이론적 측면뿐만 아니라 전통적인 유림계에도 강력하고 지속적인 영향을 미쳐왔다. 19세기 후반기의 안동사회에서는 1881년 영남만인소를 비롯하여 매우 조직적인 척사운동과 보수유림의 반외세투쟁이 펼쳐졌다.

안동을 중심으로 퇴계를 따르는 영남학맥이 19세기에 이르러 정재

183) 東山先生紀念事業會, 〈略歷〉, 《東山文稿》, 1977, 144쪽.

(定齋) 류치명(柳致明)에게 이어지고, 그의 문하인 김흥락·류필영·김도화 등으로 계승되었다. 19세기 류치명에 이르러 이(理)에 대한 해석이 아주 활발해지고, 현실을 좀 더 바로 보려는 경향으로 나아가게 된다.

을미의병 해산 뒤에도 일부의 자정론자들을 제외하고는 의병에 참여했던 유생들이 각자의 학통과 의병 경험에 따라 현실에 발을 들여 놓았다. 무엇보다 눈길을 끄는 것은 을미의병 해산 뒤 많은 유생들이 상경했다는 사실이다.

을미의병 해산 뒤 의병에 참여하였던 유생들의 상경활동은 매우 폭넓게 이루어졌다. 이들은 상경활동 속에서 현실에 대한 인식이나 행동을 새롭게 모색해 나갔으며, 대한제국이 성립하자, 상당한 기대 속에서 현실 참여를 시도하기도 하였다. 일부 유생들은 의병의 공로를 인정받아 관직으로 나아가기도 하였고, 일부는 상경활동에서 현실 인식을 새롭게 하여 사상적으로 변신하기도 했다.

1898년을 전후하여 전직관료와 지방유생들이 상소를 올리는 것으로 전개한 구국운동의 방향은 광무정권의 개혁정치 참여와 일본의 국권침탈에 대한 것이었다. 유생들의 상소는 1904년에 들어서면서 일본 화폐인 제일은행권의 통용에 대한 방해운동으로까지 한층 격화되었다. 특히 한일의정서가 체결되는 1904년부터 상경한 전직관료와 지방유생의 활동은 좀 더 조직화되고, 그 투쟁 대상도 일본으로 구체화하였다.

안동에서도 일부 유생들이 상경하면서, 당시 계몽운동의 영향을 받기 시작하였다. 을미의병에 가담하였던 류인식은 1900년대 초 상경하여 성균관에서 공부하던 가운데 신채호와 교유하면서, 서구사상과 학문에 대해 체계적으로 인식하기 시작하였다. 교유 관계를 확대하면서 신교육의 필요성을 절실히 느낀 류인식은 뒷날 고향 안동으로 돌아와 신학문과 신교육의 필요성을 역설하기 시작하였다.[184] 당시 상경해서 활동하던 김후병(金厚秉)·하중환(河中煥)도 신교육의 필요성을 인식하면서 신식학교 설립에 뜻을 같이하였다. 그러나 당시 안동유림들의 완강한 저항에 부딪혀 신식학교 설립 노력은 성과를 얻지 못하였다.

1904년 한일의정서가 체결되자 비난과 반대가 격렬히 일어났다. 유림들은 상소를 통해 공공연하게 정부의 처사를 경고·규탄하였고, 한편으로는 의정서 체결 당사자인 외부대신 이지용과 참서관이자 통역인 구완희(具完喜) 등을 매국노로 탄핵하고 그들의 집에 폭탄을 던지는 등 의정서의 폐기를 부르짖었다.

1905년 11월 을사조약이 체결되자, 보호국화 반대운동에서 재경 영남유림들은 재경 관료와 연계하여 광범하게 활동하였다. 재경 관료들의 후원 아래 그들의 지지세력으로 현실정치에 참여하게 된 재경 영남유림들은 1904년 이후 한일의정서 반대·황무지개척요구 반대·일진회 반대를 내걸고 배일언론투쟁을 전개하였다. 또한 1905년 이후 을사조약의 부당성을 성토하는 유생들의 배일언론투쟁은 한층 격렬해져, 친일매국노에 대한 규탄과 적극적인 형태의 무장투쟁인 의병항쟁을 모색하기도 하였다. 이처럼 을미의병 당시 활동했던 다수의 유림들이 상경하여 나라 안팎의 정세를 직접 파악하면서, 반외세운동·애국충군운동의 방법과 방향을 새롭게 찾고 있었던 것이다.

이러한 분위기에서 충의사(忠義社)가 창립되었다.[185] 1904년 8월 을미의병에 참여했던 재야 유생층이 주도하고, 이들과 연계된 재경 관인이 참여하여 조직하였다. 충의사는 〈충의사창립취지서〉에서 "외적을 물리

184) 東山先生紀念事業會, 《東山文稿》, 1977, 144쪽.

185) 충의사에 대한 기록은 呂中龍의 《南隱先生遺集》에 〈忠義社創立趣旨書〉·〈忠義社條例〉·〈署名錄〉 등의 직접적인 자료와 같은 책에 있는 〈乙巳日記〉에도 나타나 있다. 그리고 이에 대한 연구는 權大雄에 의해 처음 시도되었는데(權大雄, 〈韓末 在京 嶺南儒林의 敎育運動〉, 《日帝의 韓國侵略과 嶺南地方의 反日運動》, 1995), 그는 이 글을 통하여 전기의병 이후 상경한 유림들이 정세변화에 눈을 뜨고 중기의병 참여나 계몽운동으로의 전환을 보이는 상황을 추적하였다.

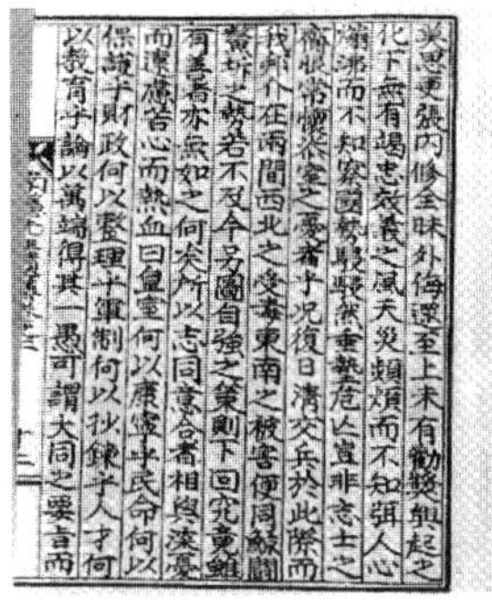

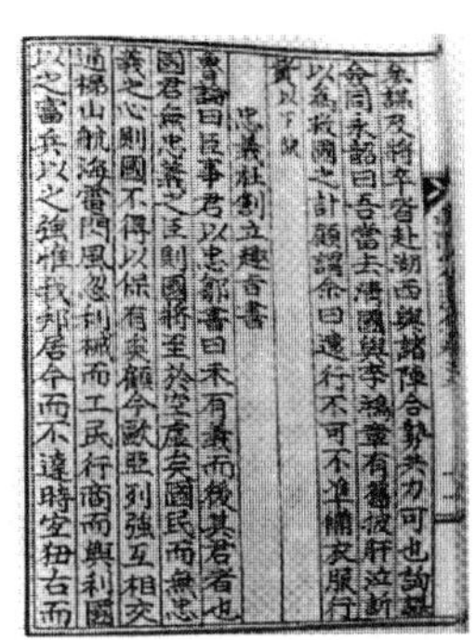

《남은선생유집》 재경 영남인들이 조직한 충의사에 안동인 11명이 서명하였다.

치고, 강토(疆土)를 보전하고, 종사(宗社)를 지키고, 생령(生靈)을 받들기 위해 결사(結社)한다"고 그 뜻을 밝혔다. 충의사는 또한 "국가의 권익을 향상시키고 옛날 악습[舊弊]은 철저히 배제(排除)하며, 위급한 때에는 생명을 돌아보지 않고 투신할 것"을 목적으로 삼았다.[186]

총사(摠社)를 서울에, 각 도·군에 지사(支社)를 두기로 하고, 사원(社員)들이 30냥 이상씩 출자하여 재정을 확보하기로 하였다. 회기는 매년 정월 1일과 6월 15일, 2회를 개최하여 국가 안위를 논하고 최선의 방법을 찾고자 하였다. 한 가지 주목되는 점은 충의사의 운영을 궁내부(宮內府)에서 감독하도록 한다는 것이다. 이것은 충의사가 충군적 성격을 강하게 띠는 단체이며, 권력 지향적인 면이 있음을 드러내는 면이라고 볼 수 있다.

충의사의 조직은 사장(社長) 1명, 부사장 1명, 평의원 5명, 감사 2명으로 구성되어 있었다. 사원은 현재 남아 있는 〈서명록(署名錄)〉을 통해 볼 때 133인 이상이었다. 충의사의 구성원을 보면 서울과 경상·충청도

186) 權大雄, 〈韓末 在京 嶺南儒林의 敎育運動〉, 《日帝의 侵略戰爭과 嶺南地方의 反日運動》, 1995, 75~76쪽.

출신이 대부분이며, 유생과 전·현직 관리를 망라하고 있었다. 즉 전기의병에서 대규모 항쟁을 전개하였던 의병계열의 인사들이 대거 상경하여 활동하고 있었던 것이다.

충의사의 〈서명록〉에 따르면, 안동부 관할 지역 출신 가운데 충의사를 중심으로 활동한 유생들은 이중식(李中植)·이규락(李圭洛)·김운락(金雲洛)·김학모(金學模)·류교영(柳喬榮)·이상희(李象羲, 이상룡)·이남우(李南羽)·류봉희(柳鳳羲)·김진수(金進洙)·권정식(權貞植)·권유하(權有夏) 등이었다. 이들은 주로 정부 각 기관과 외국 공사관에 투서하여 일제 침략을 규탄하였다. 을사조약을 전후하여 이들의 활동은 배일언론투쟁에 중점이 두어졌다. 1906년 이후가 되면 충의사와 관련을 가지면서 활동하였던 유생들 가운데 일부는 재차 의병항쟁에 참여하고, 일부는 이상룡이나 김진수처럼 구국계몽운동으로 방향을 전환해 활동하게 되었다.

(4) 협동학교와 교육구국운동의 전개

안동 지역에 근대교육이 시작된 것은 1907년에 설립된 협동학교였다. 그렇지만 이보다 훨씬 앞선 1896년에 안동 지역에도 근대교육을 지향한 학교가 존재하였다. 그런데 이것이 계몽운동 차원의 신교육으로는 보이지 않는다. 정부가 신교육을 전국에 펼쳐나가려 해도 교사나 교재 및 교육과정 등에서 아무런 준비가 되어 있지 않았다.

1896년 9월에 정부는 전국 38개 지역에 공립소학교를 설치하였는데, 경북에는 대구·경주·안동·상주에 설치되었다.[187] 그리고 한성사범학교 졸업생인 윤보영(尹輔榮)이 11월 16일자로, 신태규(申泰圭)가 1897년에 안동군 공립소학교 교사로 임명되었다. 아마 그들은 다른 지역과 마

187) 《官報》 1907년 10월 31일자.

찬가지로 관아 근처의 적당한 건물이나 향교 건물에서 학교를 운영했을 것이다. 그러나 실제로 안동에 그 학교가 있었다거나, 그 학교를 다녔다는 이야기가 전혀 전해지지 않고 있다. 정부에서 교사를 파견하여 신교육을 추진했지만, 실제 효과를 거두었다는 증거는 없는 셈이다.

廣告

●安東郡南門內에興化學校支校를設ᄒᆞ고十月十九日(陰九月十五日)開學ᄒᆞᆯ터이오니入學志願人은開學日前에本校에來ᄒᆞ야請願試驗ᄒᆞ시오

安東郡興化學校支校副校長柳椀

教員李運永 柳時萬

李麟義 金一河

안동 흥화학교 지교설립 기사(《황성신문》)

1898년 11월에 민영환이 서울에 사립 흥화학교(興化學校)를 세웠다. 국한문을 해득(解得)할 수 있어야 입학할 수 있었으므로 초등교육기관 보다는 수준이 더 높은 것임을 알 수 있다. 흥화학교는 대구와 안동에 지교(支校)를 두었다. 1899년 10월에 부교장 류완이 안동부성 남문 안에 학교를 설립했다. 학생모집 기사를 보면 부교장 1명과 교사 4명이 있었던 모양이다.[188] 류완은 무과에 급제하여 선전관을 거쳐 안동영장(安東營將)을 지낸 인물이다. 교사 류시만(柳時萬)은 통정대부에 올라 비서승(秘書丞)을 지낸 인물이며, 이운영(李運永)·이인희(李麟義)·김일하(金一河) 등도 모두 전직 관료로 보인다. 이들의 면면을 보아서도 이 교육과정을 근대 신교육으로 보기에 한계가 있다. 이 가운데 류시만은 뒷날 광복회에서 활약하게 된다.

1904년에 설립된 국민교육회(國民敎育會)는 근대 신교육체제를 갖춘 계몽운동의 시작점으로 평가받고 있다. 일제의 무력침략에 직면해서 나라의 힘을 키우고자 하는 노력은 자연히 교육에 대한 관심으로 나타났

188) 《皇城新聞》 1899년 9월 25일자.

고, 민족운동 차원에서 교육운동이 전개되기 시작한 것이다. 이 시기 관립학교나 공립학교와 함께 전국 각지에 사립학교가 세워졌다. 사립학교는 민족주의에 바탕을 둔 근대교육이 민족운동의 바탕이 되는 동시에 그 본질이라는 인식에서 설립되었다.

이와 같은 교육운동에 대해 일제는 '사립학교령'을 제정하여(1908) 사립학교의 설립과 운영을 통제하는 한편, '교과용도서검정규정'을 공포하여 애국적인 내용이 있는 교과서를 허가하지 않는 등 여러 가지 억압을 가하였다. 특히 관립학교에서는 역사시간을 축소하거나 심지어 없애기까지 하였고 역사교과서의 편찬마저 금지하였다. 그러나 사립학교들은 이러한 억압에 굽히지 않고 민족정신을 고취하는 데 더욱 힘써 항일구국운동의 온상이 되었다.

안동에 근대식 학교를 설립하기 위해 보수유림을 설득하며, 한편으로는 그들의 비난을 받으면서도 결국 협동학교의 설립을 성사시킨 이는 류인식이다. 1900년대 초 안동 지역의 유림으로서 계몽적 개화와 독립운동의 선구자로 일컬을 수 있는 이가 이상룡과 류인식·김동삼 등이다. 이들 가운데 류인식이 가장 먼저 구국계몽운동에 투신하였던 것이다.

류인식이 상경하여 공부하면서 국내외 정세에 대해 깊은 관심을 기울이고 있었던 때는 1900년대 초였다. 당시 서울은 근대 지식인들을 중심으로 계몽운동이 전개되고 있었으며, 열강들의 이권침탈이 가속화하면서 나라 안팎으로 긴장이 고조되고 있던 때였다. 외세의 위협이 점점 더 구체적으로 진행되는 상황에서, 가파른 벼랑에 내몰린 조국과 민족을 구하기 위해 고심하던 그는 서울에서 신채호·장지연·류근(柳瑾) 같은 이미 서구 근대문물을 접한 유교지식인들을 만났던 것이다. 류인식은 이들로부터 영향을 받고 크게 고무되면서 서구의 근대사상과 학문에 깊이 빠지게 되었다. 특히 신채호를 만나면서 사상과 행동에 커다란 변화의 전기를 맞이하였다. 류인식은 《음빙실문집(飮氷室文集)》을 비롯한 새로운 책을 보게 되면서 비로소 세계정세에 대해 폭넓은 인식을 가질 수 있었다. 아울러 국권을 수호할 새로운 방법을 모색하게 되었다.

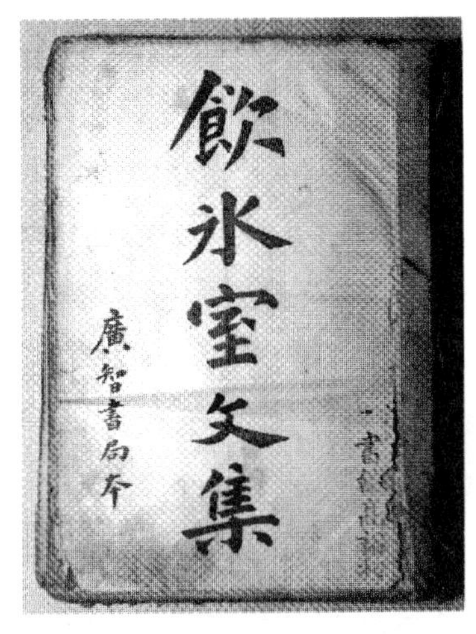

양계초가 저술한 《음빙실문집》(권대산 소장)

사상적으로 급변한 류인식은 보수적인 안동의 유림들을 깨우치고 청년들에게 신교육을 시켜 계몽운동의 주체로 육성하는 것이 무엇보다 시급히 자신이 해야 할 일임을 깨닫고 고향 안동으로 돌아왔다. 선각자로서의 태도와 의지를 확고히 보여주기 위해, 스스로 단발하고 안동으로 돌아온 그는 먼저 학교를 설립하여 신교육을 실시하며 근대 서구학문을 보급하고자 하였다. 보수유생들의 도포자락 아래에서 구학(舊學)의 폐습을 고스란히 이어받게 될 청년들을 끌어내어 계몽시키고자 노력했던 것이다.

류인식은 국권회복의 주체로 유림세력을 설정하였고, 그들에게 교육과 산업을 통한 실력양성에 힘쓸 것을 강조하였다. 1904년 서울에서 활동하던 김진수와 함께 안동에 근대식 학교의 설립을 도모하였다. 그러나 보수유생들이 격렬히 반발하였다. 당시 영남 지역은 전반적으로 보수유림의 전통이 강하여 신교육운동이 순조롭게 이루어지지 못하였다. 안동 지역은 그러한 보수적 경향이 가장 두드러진 고장이었다. 그래서 신교육을 도입하려는 시도는 여지없이 벽에 부닥치고 말았다.

보수유림의 저항이 얼마나 강했던가 하는 문제는 몇 가지 사례를 들어 보면 쉽게 이해될 것 같다. 우선 류인식은 당시 보수유림들이 구학과 구습에 얽매여 신학문을 배척하고 있는데 대해 강한 어조로 비판하면서 보수유림들과 격렬한 언쟁을 벌였으며, 결국 스승인 김도화와 아버지 류필영으로부터 사제(師弟)·부자(父子)의 인연을 끊기는 처지가 되고 말았다. 둘째, 예안의병장을 지낸 이만도는 1910년 나라를 잃어 식음을 끊고 순국하는 순간까지도 신교육을 일으키는 것에 반대하였다.[189] 셋째, 내앞[川前]의 백하(白下) 김대락(金大洛)과 그의 매부인 법흥의 이상룡은 1905년부터 의병에 힘을 쏟고 있었으므로 당연히 위정척사논리에 머물고 있었다고 생각된다.[190] 특히 김대락의 동생 김소락(金紹洛)은 1910년 자신의 아들이 단발하고 학교에 다니게 될까 염려하여 단지혈서(斷指血書)로 신교육을 엄금하는 글을 지을 정도였다.[191] 김대락 또한 신교육을 일으키자고 말하는 사람이 있으면 큰 소리로 꾸짖고 극력 반대하던 인물이었는데, 1909년 사고의 변화를 가져오면서 신교육에 참여하게 되었다.

류인식이 밀어붙인 추진과정이 얼마나 힘든 것인지는 불을 보듯 확연하다. 그러나 1906년 3월 광무황제가 〈흥학조칙(興學詔勅)〉을 공포하고, 이어 경북관찰사 신태휴가 〈흥학훈령(興學訓令)〉을 발표하면서, 재차 신학교 설립을 밀고 나갔다. 당시 신태휴는 안동·예안을 비롯한 41개 군을 순방하며 학교 설립을 추진하였다.[192] 이때 신태휴는 곳곳의 서당을 모두 폐지하고 그 세입 곡식과 토지를 신식학교의 재원으로 삼도록 하였다. 여기에 힘입어 류인식·김후병·하중환 등이 학교 설립인가를 신청한 것이다. 그 결과 1907년 봄에 학교 설립을 선언할 수 있게 되었다.[193]

협동학교라는 명칭은 흔히 틀리기 쉽다. 자료에 '협동(協同)'이라고

189) 조동걸, 〈白下 金大洛의 亡命日記(1911~1913)〉, 《안동사학》 5, 안동사학회, 2000, 148~149쪽.

190) 이상룡, 《石洲遺稿》, 고려대학교 출판부, 1973, 334쪽 ; 李濬衡, 〈先府君遺事〉, 《東邱遺稿》, 석주이상룡기념사업회, 1996, 306쪽.

191) 《皇城新聞》 1910년 8월 7일자.

192) 《皇城新聞》 1906년 3월 26·27일자, 〈論說〉.

193) 東山先生紀念事業會, 《東山文稿》, 1977, 144쪽. 실제로 학생들을 모집하고 수업을 시작한 시기는 다음해인 1908년으로 추정된다. 왜냐하면 3년제 중학과정의 1회 졸업생이 배출된 시기가 1911년 봄이었기 때문이다.

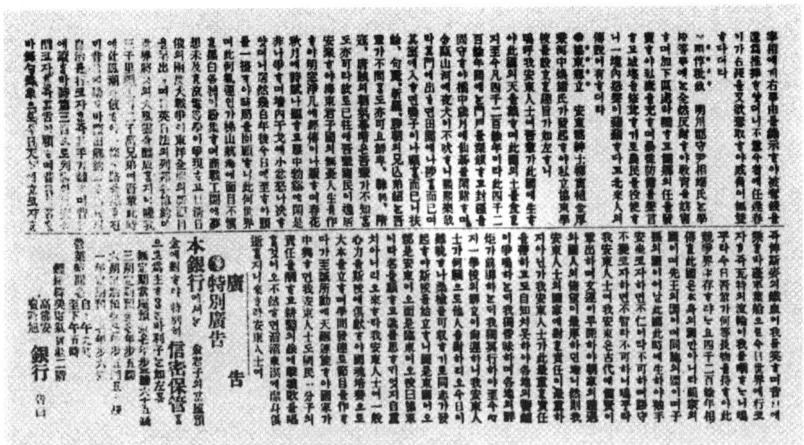

〈협동학교 설립취지문〉(《황성신문》 1908년 9월 27일자)

쓴 경우도 더러 있다. 그런데 〈협동학교 설립취지문〉은 '협동'이라는 명칭에 대해 분명하게 밝혀두었다. 곧 나라의 지향(志向)은 동국(東國)이요, 향토의 지향은 안동이며, 면의 지향은 임동(臨東)이므로 '동(東)'을 택하였고, '협(協)'은 안동군의 동쪽에 위치한 7개 면이 힘을 합쳐 설립한다는 뜻에서 '협동(協東)'이라고 하였다.[194)]

재원은 호계서원의 재산과 천전 의성김씨 문중을 비롯한 여러 문중의 것이 동원되었던 것으로 보인다.[195)] 그리고 우선 내앞마을의 의성김씨 서당인 가산서당(可山書堂)을 보수하여 학교 건물로 삼았다. 여기에 1909년 4월 1일 정부가 이른바 '지방비법'을 공포하여 유림이 가지고 있던 지방의 공물(公物)을 몰수하여 지방비로 쓰게 하는 조치가 내려지자,[196)] 이

194) 《皇城新聞》 1908년 9월 27일자, 〈協東學校 設立趣旨文〉.

195) 《皇城新聞》 1908년 9월 24일자, 〈嶠南의 一雷〉. "安東郡 東7面에 某名族이 시국의 풍조를 觀感하며 時務의 필요를 覺知하고 교육사상이 일치분발하야 동7면이 협력하야 일교를 창설하니 曰協東學校라. 유래 각 문중과 각 사숙의 유물을 정리하여" 재원을 마련했다고 보도하였다.

협동학교로 문을 연 가산서당(2007년 복원)

재산을 협동학교에 귀속시키는 방향으로 나아갔다. 류인식·김후병·하중환·김동삼 등이 상의한 뒤, 호계서원에서 기성회를 소집하였다. 이 회의에 유림들이 다수 참여하고 찬동함에 따라 당국과 교섭하였고 학부의 승인을 얻어 호계서원의 재산을 협동학교에 귀속시켰던 것이다.[197]

이어서 1909년 말에 내앞의 김대락이 계몽운동에 대한 인식을 급격하게 바꾸면서 협동학교 운영에 큰 도움을 주고 나섰다. 그의 사랑채를 학교 교사로 내놓고 자신은 작은 집으로 옮겨 살았던 것이다.[198]

196) 손인수, 《韓國開化敎育硏究》, 一志社, 1980, 319쪽.

197) 東山先生紀念事業會, 《東山文稿》, 1977, 144쪽.

198) 《皇城新聞》 1909년 5월 8일자, 〈嶠南敎育界의 新赤幟〉. 이 글은 金大洛이 원래 위정척사적인 인식을 지키면서 신교육에 극력 반대하였던 인물이었으나, 신교육에 대한 필요

백하 김대락이 기증하여 협동학교 교사와 기숙사로 사용되었던 백하구려(白下舊廬)

1913~1914년에 조사된 《토지조사부》에 따르면, 안동군 지역 안에 협동학교 재산으로 파악되는 토지는 임동면·임현내면·임북면·임서면·길안면·동후면·와룡면 등 7개 면 21개 동에 걸쳐 밭 35필지 19,378평, 논 92필지 53,544평, 대지 1필지 81평, 분묘지 1필지 59평 등 모두 73,000여 평이었다.[199] 이 자료에 근거한다면 협동학교의 토지재산은 안동의 동반부 지역에 흩어져 있었다. 특히 현재 행정구역인 임하면·임동면·길안면·예안면·와룡면 등에 분포해 있었던 것 같고, 호계서원(虎溪書院)·사빈서원(泗濱書院)·기양서원(岐陽書院)의 토지가 중심이었던 것으로 보인다. 협동학교 취지문에 보면 학교의 설립에 동쪽 지역 7개면이 협동하였다고 하였는데, 실제 토지재산의 위치를 보면 모두 안동의 동쪽 지역 7

성을 절감하게 되면서 이에 헌신적인 자세로 나섰다는 내용을 적고 있다.

199) 1913~1914년에 朝鮮總督府 臨時土地調查局에 의해 작성된 《土地調査簿》 참조.

협동학교 교사들. 1920년대 협동학교 주력 인사들이 만주로 망명하기 전에 사진관에서 찍은 사진으로 보인다. 뒷줄 왼쪽이 김동삼이고 가운데줄 왼쪽이 류인식의 모습이다.

개 면의 토지임을 알 수 있다.

협동학교 교사로는 김규식(金圭植)·김기수(金箕壽)·김동삼·김병식(金秉植)·김병칠(金秉七)·김형식(金衡植)·박태훈(朴泰薰)·이관직(李觀稙)·김진황(金振璜)·김철훈(金轍勳)·김하정(金夏鼎)·류동태(柳東泰)·류연갑(柳淵甲)·류인식·류장영(柳長榮)·류주희(柳周熙)[200]·류진하(柳鎭河)·안상덕(安商悳)·이강연(李康演)·이경희(李慶熙)[201]·이종화(李鍾華)·하중환

〈표 7〉 협동학교 교사

교사명	활 동	교사명	활 동	교사명	활 동
김규식 (金圭植)	만주망명	김형식 (金衡植)	만주망명	박태훈 (朴泰薰)	
김기수 (金箕壽)	피 살	류동태 (柳東泰)		안상덕 (安商悳)	피 살
김동삼 (金東三)	만주망명	류연갑 (柳淵甲)		이강연 (李康演)	
김병식 (金秉植)	파리장서	류인식 (柳寅植)	신간회	이경희 (李慶熙)	신간회
김병칠 (金秉七)	만주망명	류장영 (柳長榮)		이관직 (李觀稙)	만주망명
김진황 (金振璜)		류주희 (柳周熙)	사회운동	이종화 (李鍾華)	피 살
김철훈 (金轍勳)		류진하 (柳鎭河)		하중환 (河中煥)	계몽운동
김하정 (金夏鼎)		박준서 (朴濬緒)			

등이 활약하였다.

대개 협동학교를 세운 안동의 유지들과 서울 신민회(新民會)와 관련된 인물들이 주류를 이루었고, 이곳에서 양성된 1세대가 다시 모교의 교사로 활동한 장면을 확인할 수도 있다. 김병칠·류주희가 바로 그들인데, 특히 류주희는 조부와 부친인 류연갑·류동태를 이어 3대째 교사로 활약

200) 졸업생 林景勳 증언(1994년 97세, 미국로스엔젤레스 거주, 1994년 당시 천전국민학교 교장 李重淳과의 연락으로 작성된 증언서 참조).

201) 이경희 묘비 참조(대구 순국선열묘원 소재). 이경희는 대구 출신으로 신간회 대구지회장을 역임하였다.

협동학교 기념비문(복원된 가산서당 곁에 있다)

하는 기록을 남기기도 하였다.

협동학교가 세워진 1907년 후반기부터 1908년 말까지 전국적으로 사립학교 설립운동이 확대되었다. 이러한 경향은 신민회의 적극적인 지원에 따라 크게 고무된 것이라고 볼 수 있다. 일제의 삼엄한 탄압 속에서도 신민회가 적극적으로 활동하였던 부분은 교육운동이었다. 신민회 창립 당시에 이미 교육구국운동은 시작되고 있었으나, 이것이 열정적으로 불붙고 전국적으로 신교육에 대한 열기가 고조되면서 민중들 속에 확대된 것은 신민회의 신교육운동에 힘입은 것이었다.

신민회의 교육구국운동은 세 가지 측면에서 전개되었다. 국민들에게 국권회복을 위한 신교육의 필요성을 계몽하여 학교를 설립하고 신교육을 실시하도록 고취하는 것, 일반 민중에 의해 여러 곳에 설립된 학교의 교육방침을 국권회복에 적합하도록 지도하는 것, 그리고 신민회 자체에서 수준 높은 학교를 설립하여 국권회복을 위한 인재를 양성하는 것 등이 그것이었다.

신민회의 위와 같은 신교육운동의 대표적인 결실이 바로 안동의 협동학교였던 것이다. 이전의 사립학교들이 초등교육 수준의 지식을 전수하는 데 그쳤던 것에 견주어 볼 때, 협동학교는 중등교육을 위주로 하였으며, 신민회 차원에서 애국적 인사들을 교사로 파견하여 국권회복을 목표로 한 교육을 실시하였다. 또한 졸업생들이 안동 지역 일대에 수십 개소의 사립학교와 강습소를 개설하여 민중의 계몽과 애국심 고양, 국권회복운동을 고양하는 주도적 세력으로 성장하였던 점을 볼 때, 신민회의 교육운동 이념과 목표를 가장 성공적으로 수행했던 학교라고 해도 지나친 말은 아닐 것이다.

1907년 신민회의 주요 회원이었던 이회영(李會榮)·이동녕(李東寧)·안창호(安昌浩) 등이 교육 진흥을 목적으로 5학회(기호·서북·호남·교남·관동학회)와 긴밀히 협조하면서 각 지방의 학교에 교사를 파견하였다. 이때 협동학교에는 먼저 당시 신민회 회원이었던 이관직이 부임해왔고, 안상덕 또한 신민회가 추천하여 파견된 교사였다.[202] 이관직은 일제강점 뒤에는 서간도에서 독립운동을 전개하였다. 교감 김기수는 이회영의 영향을 받으며 교육운동에 종사하고 있던 인물로, 보성전문학교(普成專門學校) 법률학 전문과를 1회로 졸업했으며, 광신상업학교(光新商業學校) 교사를 지낸 상동청년학원계열 인사였다. 그는 학생들에게 특히 국민정신을 강조하였다. 수신(修身, 도덕)시간에는 정신수양·국어·국가·국민의 중요성을 강조하고 학생들의 모험적 행동이 필요한 시대임을 역설하였다.

이처럼 국민정신의 고취를 목적으로 한 교육태도는 당시 신민회의 교육이념과 일치하는 것이었다. 협동학교가 설립과정에서 신민회의 영향을 받았고 교사진이 주로 신민회 회원이나 관계인물로 구성된 점을 감안할 때, 협동학교 운영주체와 이 학교에서 교육받은 청년들의 활동성향이 쉽게 짐작된다. 그들 대다수가 강제병합 뒤 만주 지역으로 이주하여 독립운동을 주도하기도 하고, 국내에서는 안동 지역의 노·농운동을 이끌었는데, 이러한 역량을 이미 협동학교에서 배양하고 있었다고 볼 수 있다.

협동학교는 경북 북부 지역 계몽운동의 효시이면서, 이 지역에 대한 신민회의 교두보 확보라는 의미를 가지고 있었다. 협동학교는 청년들에 대한 신교육은 물론이고, 지역의 지식인들에게도 영향을 미쳤다. 뿐만 아니라 협동학교에 파견된 신민회 관련 교사들을 통해 안동의 개명유학자들이 중앙 계몽운동가들과 교분을 가질 수 있었다. 1907년 11월 대

202) 趙東杰, 《韓國民族運動史硏究》, 나남출판, 1997, 245쪽.

한협회를 조직할 때 류인식도 발기인의 한사람으로 참여하였고, 이상룡은 1908년 대한협회 본회의 요청을 받고 다음해 봄 대한협회 안동지회(大韓協會 安東支會)를 조직하였던 것이다.

협동학교의 정규교육과정은 3년제 중등과정이었으며, 본과 진학을 위한 예비과도 두었다. 당시 일반적으로 사립학교가 초등교육과정이었음에 비추어, 앞서 말하였듯이 협동학교는 중등교육과정이었다는 특징이 있다. 재학생의 연령은 대개 20세가 넘었다.[203] 1908년 수업을 시작한 뒤, 1회 졸업생이 1911년 3월 배출되었다.[204] 2회 졸업생은 4년 뒤인 1915년 4월 17일 배출되었다.[205] 1916년 3회 졸업생, 1917년 4회 졸업생, 1918년 5회 졸업생을 배출하였다.[206] 이후 1919년 3·1운동을 주도한 혐의로 장기간 휴교되었다가 끝내 강제 폐교되고 말았다.

전체 3년 과정 가운데 2학년 교과과정은 수신(修身)·국어(國語)·역사(歷史)·지지(地誌)·외국지지(外國地誌)·한문(漢文)·작문(作文)·미술(美術)·대수(代數)·지리(地理)·체조(體操)·창가(唱歌)·화학(化學)·생물(生物)·동물(動物)·식물(植物)·박물(博物) 등 17개 과목으로 구성되었다.[207] 설립자였던 류인식은 스승 김도화에게 보낸 편지에서 수업과목을지지(地誌)·역사(歷史)·법률(法律)·산술(算術)·농상학(農商學)·기화학(氣化學)·체조(體操)·어학(語學) 등이라고 소개하였다. 당시 신민회 회원 주도

203) 1회생들은 비교적 나이가 많았다. 졸업 당시 金秉大 23세, 金基南 25세, 金聲魯 27세, 柳浚熙가 20세였다(졸업장 참조). 30세를 전후하여 다닌 학생도 있었는데, 무실의 류연기가 바로 그러한 경우였다(權寧建, 〈민족교육의 뿌리, 협동학교의 전말〉, 《전통과 예술》 1, 한국예술문화단체총연합회 안동지부, 1986, 92쪽).

204) 1회 졸업생 김성로·김기남·류준희의 졸업장 참조.

205) 柳圭元의 〈학적부〉 참조.

206) 5회 졸업생 林景動의 증언, 그는 4·5회 졸업생에 관해 증언했지만, 3회에 대해서는 언급이 없었다. 2회가 1915년에, 4회가 1917년에 졸업했으니, 3회의 졸업 시기는 1916년으로 추정된다.

207) 柳圭元의 〈학적부〉 참조.

협동학교 교재. 《식물학교과서》와 《대동사》(류인식 유품)

로 개교되어 교육운동의 온상이 되었던 정주 오산학교(五山學校)나 평양 대성학교(大成學校)의 교과과정과 비교해 보면, 그 과목 구성이 비슷할 뿐만 아니라, 협동학교의 교과과정이 오히려 더욱 세밀하게 짜여져 있었음을 알 수 있다.

외세의 침략에 대해 국권을 수호하려는 국민들의 자각은 국사와 국어를 연구하여 민족의식을 고취하려는 국학운동으로도 나타났다. 애국심과 독립정신을 불러일으키는 데 있어서 국사와 국어는 가장 중요한 학문분야였던 것이다. 일제의 침략이 더욱 심해지는 가운데 펼쳐진 민족교육운동에서 국사·국어의 교육에 특별히 힘쓴 것도 이 때문이었다.

협동학교에서 채택했던 교재 가운데, 지금 남아있는 것으로 《대한신지지(大韓新地誌)》·《외국지리(外國地理)》·《중등생리학(中等生理學)》·《신찬물리학(新撰物理學)》·《식물학교과서(植物學敎科書)》·《상업대요(商業大要)》 등이 있다. 양계초(梁啓超)의 《음빙실문집》도 교재로 사용되었다고 알려진다.

학생들 대부분은 기숙사 생활을 했고, 학교 재산이 넉넉하였기 때문에 학비부담이 크지는 않았던 것으로 보인다. 한들로 교사를 이동한 뒤에는 교실 옆에 방 3칸과, 학교 밖 3칸짜리 초가를 구입하여 기숙사로 사용하였다. 5칸의 방에서, 한 방에 네 명씩 기숙하였다.[208]

현재 여러 자료에서 협동학교 출신으로 추정되는 인물은 64명 정도이며, 1회 졸업생 23명, 3회 졸업생 6명, 4회 졸업생 10명 정도, 5회 졸업생 16명 정도, 3·1운동 뒤 강제 폐교로 졸업하지 못한 재학생 7명 등이 손에 잡힌다. 그렇지만 확인하지 못한 사람도 염두에 두면 실제 협동학교 출신자는 최소한 80명은 넘으리라 짐작한다. 이 가운데 확인되는 졸업생 명단은 다음과 같다.

김광재(金光哉)·김기남(金基南)·김낙기(金洛基)·김두만(金斗滿)·김명인(金明仁)·김문식(金文植)·김민호·김병대(金秉大)·김봉수(金奉洙)·김성로(金聲魯)·김유식(金有植)[209]·김인조(金仁祚)·김인출(金仁出)·김주로(金宙魯)·김준찬(金俊燦)·류규원(柳圭元)[210]·류기동(柳基東)·류동복(柳東馥)·류동붕(柳東鵬)·류동혁(柳東爀)·류림(柳林)·류연기(柳淵琦)·류연도·류연복(柳淵福)·류연태(柳淵泰)·류준희(柳浚熙)[211]·류진걸(柳震杰)·류택수(柳宅洙)·박두영(朴斗榮)·배수철·배재기(裵在基)·배재형(裵在衡)·신세균(申世均)·신승균(申昇均)·신임균(申任均)[212]·신정균(申正均)·이광민(李光民)·이운형(李運衡)·이인홍(李仁洪)[213]·이

208) 林景動의 증언.
209) 6회 졸업예정자, 林景動 증언.
210) 2회, 〈학적부〉 참조.
211) 이상 1회, 졸업증서 참조.
212) 이상 5회, 졸업증서와 林景動 증언.
213) 이상 4회, 林景動 증언.

협동학교 제1회 졸업식(1911년)

준업(李俊業)·이해동(李海東)[214]·임경동(林景動)·정상용(鄭相容)·정춘흠(鄭春欽)[215]·정현모(鄭顯模)[216]·주병호(周秉浩)·황선규

이들 졸업생 가운데 대다수가 독립운동에 앞장섰다. 만주로 망명하여 활동하거나 국내에서 3·1운동에 참여한 사람들, 청년운동이나 노동운동 및 신간회(新幹會) 활동 등 일제강점기 독립운동과 사회운동의 중심적인 위치에서 활약하였다.

다음 표에서 그 대표적인 인물들의 졸업 후 활동을 볼 수 있다.

214) 金乙東, 《安東版獨立史》, 明文社, 1985, 308쪽.
215) 국사편찬위원회, 《한국독립운동사》 자료 18, 1989, 479쪽.
216) 《皇城新聞》 1910년 7월 29일자. 1910년도 학생이므로 모두 1회생으로 추정된다.

〈표 8〉 협동학교 졸업생의 활동

성 명	졸업후 활동	성 명	졸업후 활동
김명인(金明仁)	안동면 3·1운동	류준희(柳浚熙)	조선노동공제회 안동지회
김병대(金秉大)	정의부	류진걸(柳震杰)	청년운동
김성로(金聲魯)	한족회 서로군정서	배재형(裵在衡)	신흥무관학교 교관
류동복(柳東馥)	임동면 3·1운동	신승균(申昇均)	예안청년회
류동붕(柳東鵬)	안동면 3·1운동	이광민(李光民)	서로군정서 정의부
류 림(柳 林)	서로군정서 임정국무위원	이운형(李運衡)	3·1운동 서로군정서
류연기(柳淵琦)	임동면 3·1운동	이인홍(李仁洪)	안동면 3·1운동
류연복(柳淵福)	임동면 3·1운동	이해동(李海東)	예안면 3·1운동
류연태(柳淵泰)	임동면 3·1운동	정현모(鄭顯模)	신간회 안동지회
류주희(柳周熙)	협동학교 교사 청년운동		

협동학교는 출범 초기부터 갖가지 장애에 부닥쳤다. 일제는 1908년 8월 '사립학교령'을 발표하였고, 1911년 '사립학교규칙'을 내려 사립학교를 일제의 감독과 통제 아래 묶어두고자 하였다. 1915년 '개정사립학교규칙'으로 주요 관리사항이 총독부 인가사항으로 바뀜에 따라 사립학교의 수도 감소하였다.

'사립학교령'은 학칙이나 연간 수지예산 등을 학부대신의 인가사항으로 규정하였으며, 도서는 학부편찬이나 검인정 도서만으로 한정시켰

협동학교 제3회 졸업식. 1916년 한들 정재종택에서 열렸으며 중앙에 흰옷을 입고 수염을 기른 사람이 류인식이다.

다. 또한 "안녕 질서를 문란케 하거나 풍속을 괴란시킬 우려가 있을 때에는 학부대신이 학교를 폐쇄시킬 수 있다"고 규정하였다. 다시 말해 이것은 일제에 저항하거나 민족정신을 고취시킬 가능성이 있는 경우에는 언제든지 학교를 폐쇄할 수 있다는 탄압장치였으며, 이후 신설학교의 설립을 억제하는 취지도 포함되어 있었던 것이다. 또한 이미 설립된 학교에 대해서도 6개월 이내에 설립허가를 반드시 받도록 규정하였다. 이에 대해 당시 신문에서는 '교육을 방해하는 사립학교령'이라고 비난하였다.[217)]

1909년 2월 '기부금품모집취제규칙', 4월 '지방비법', 1910년 4월 '학부훈령 제3호' 등을 공포하여, 사립학교의 재원을 원천적으로 봉쇄하려고 하였다. 또한 사학 탄압의 한 방편으로 교과서에 대한 삼엄한 감시

217) 《京鄕新聞》 1908년 9월 18일자. "너무 엄한 규칙"이요, "지원이 없으면서 규칙만 강요"했다고 표현했다.

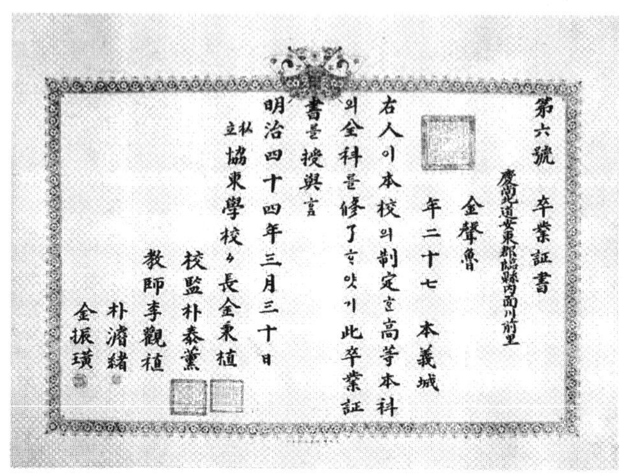

第六號 卒業證書

慶尙北道安東郡臨縣內面川前里

金聲魯

年二十七 本義城

右人이本校의制定ᄒᆞᆫ高等本科의全科를修了ᄒᆞ얏기此卒業證書를授與ᄒᆞᆷ

明治四十四年三月三十日

私立協東學校々長金秉植

校監朴泰薰

教師李觀植

朴濬緒

金振瓚

협동학교 제1회 졸업생 김성로의 졸업장

와 규제가 있었다. '사립학교령' 제6조에 교과용 도서는 검인정의 절차를 거쳐야 한다는 규정이 있었다. 특히 수신·국어·한문·역사·지리 도서들이 일제 통감부에 의해 철저히 감시되었고, 심한 탄압을 받았다. 민족정신을 드높일 수 있는 교육운동을 철저히 막기 위한 것이었다.

협동학교 운영과정에서의 탄압은 일제가 저질렀던 부분이 많지만, 지역 유림과 지방관들의 탄압도 없지 않았다. 협동학교 설립과정에서 이미 안동 유림들의 반발이 드세었으며, 이후 운영과정에서도 유림들의 비난이 끊이질 않았다. 특히 학교설립을 주도하였던 류인식과 심지어 그의 아버지 류필영에게도 지역 유림들의 비난이 빗발쳤다. 이에 류인식은 스승과 가문으로부터 배척당하는 처지에 이르고야 말았다. 1909년에는 보수유림들에 의해 서원을 다시 세우는 일이 도모되기도 하여 근대식 교육을 견제하고 나섰다.[218]

218) 《皇城新聞》 1909년 10월 2일자, 〈安東士人의 書院復設에 대하여 更加一椎〉.

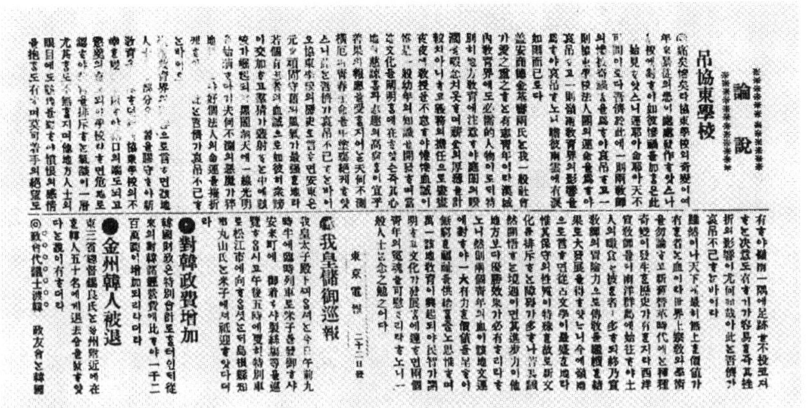
論說

吊協東學校

我皇儲御巡報

對韓政費增加

金州韓人被退

협동학교 피습에 관한 《황성신문》 기사 내용

이런 가운데 1910년 7월 급기야 인근 예천 지역 의병이 협동학교를 습격한 사건이 발생하였다.[219] 1910년 7월 18일 오후 3시 무렵 협동학교에 들이닥친 의병은 안동·예천·영주 지역에서 활동하고 있던 의병부대로 최성천(崔聖天)이 지휘하였다.[220] 그들은 화승총 1정, 진위대 사용총 8정, 30연식 총 1정, 엽총 7정, 칼 11자루, 권총 1정 등으로 무장하였다. 18명의 전체 인원 가운데 15명이 의병이라고 소리지르면서 협동학교에 난입하여 김기수(교감 32세)·안상덕(교사 24세)·이종화(서기 29세)를 살해하였다. 김형식은 단발했다가 다시 상투를 틀었다는 이유로, 학생 정춘흠은 어리다는 이유로 화를 면하였다.[221]

219) 國史編纂委員會, 《韓國獨立運動史》 자료 18, 1989, 478쪽 ; 《皇城新聞》 1910년 7월 22일자.

220) 협동학교 피습사건을 바로 1개월 앞둔 1910년 6월에는 최성천 휘하에 20명의 부하가 있었던 것으로 기록되어 있다(國史編纂委員會, 《韓國獨立運動史》 자료 18, 1989, 476쪽).

221) 국사편찬위원회, 《韓國獨立運動史》 자료 18, 1989, 476~480쪽. 김기수에 대해 교사로 나오기도 하지만, 사건 이후 11일 지난 뒤 《皇城新聞》에 게재된 〈協東學校哀函〉에는 그를 교감으로 명시하였기에 이를 따른다(이동언, 〈一松 金東三 硏究〉, 《韓國獨立運動史

의병이 협동학교를 습격한 이유는 계몽운동과 근대식 교육에 대한 부정적 시각과 학생들의 단발에 있었다. 당시 학생들을 일제히 단발시킨 장본인이 김기수와 안상덕이었다. 협동학교 학생들이 일제히 단발하자, 인근 유림들이 격노하였고, 이에 두 교사는 일시적으로 피신해 있어야만 하였다. 단발 뒤 10여 일이 지나 사태가 다소 진정되자, 두 교사가 학교로 돌아왔는데 바로 그 날 습격을 당한 것이었다.[222] 협동학교에 난입하였던 의병들은 동후면 광산동 방면으로 도주하였는데 일본군 추격대에 의해 19일 임서면 신당리에서 1명이 사살되었다. 7월 29일 최성천이 영주경찰서에 체포되었고,[223] 8월까지 김재명(金載明) 등 십여 명이 안동·영주·영양경찰에게 체포당하였다.[224]

의병들은 단발에 대해 극히 부정적 인식을 갖고 있었을 뿐만 아니라 신식교육에 대해서도 반감을 크게 가지고 있었다. 이는 안동뿐만 아니라 전국적으로 의병과 계몽운동이 뒤섞여 전개된 지역의 전반적인 현상이었다. 그런데 예천 지역 의병이 협동학교를 공격한 데에는 약간의 의문이 남는다. 전통적으로 예천과 안동의 위상으로 보면, 예천의병이 안동의, 더구나 내앞마을의 학교를 공격한다는 것은 상상하기 어려운 일이기 때문이다. 그럼에도 이러한 일이 벌어질 수 있었던 이유로 극단적 보수성을 지닌 일부 안동 유림세력이 예천의병의 배경에 자리 잡고 있었던 것이 아닌가하는 의문이 든다. 당시 전국에서 안동의 완고한 유림을 욕하는 글이 수없이 발표된 것을 보아도 그러한 추정이 가능하다.

협동학교의 의병 피습은 서울을 비롯한 전국 각지 계몽운동계에 큰 반향을 불러일으켰다. 중앙의 신문들은 날마다 안동 협동학교 피습사건

研究》 7, 1993, 128쪽).

222) 《皇城新聞》 1910년 7월 24일자.

223) 《大韓每日申報》·《皇城新聞》 1910년 8월 2일자.

224) 《皇城新聞》 1910년 8월 14일자.

을 보도하였고, 영남 지역 보수유림들을 격렬히 비난하였다. 서울에서는 호상(護喪)을 위한 대표가 파견되었고,[225] 전국 각지에서 의연금이 모금되었으며,[226] 안동 지역의 완고한 유림들에게 보내는 성토문이 줄을 이었다.[227] 서울에서는 기호·서북·교남·관동·호남학회의 공동 주관으로 장례식이 거행되었으며,[228] 그 과정이 신문기사로 상세하게 보도되었다.

대구에서도 교남학회(嶠南學會)가 주최하는 추도회가 열렸고,[229] 대한협회 대구지부의 임시총회가 열려 '가해폭도들에 대한 토벌'을 요구하고 나섰으며, 연설회를 개최하고 안동 지역의 완고한 유림들에 대해 성토문을 발송하기로 하였다.[230] 부산에서도 백산(白山) 안희제(安熙濟)가 달려와 수습과 호상에 참여하였다. 그가 보성전문학교 출신으로 김기수·안상덕과 동창이었고, 김동삼과 함께 대동청년단원으로 활약했던 인연이 작용한 것 같다.[231]

피습사건 뒤 협동학교는 존폐의 위기에 놓였다가 평양 숭실중학교 출신의 김하정과 서북 협성학교 1회 출신의 김철훈이 신임교사로 자원하면서, 다시 활기를 띠기 시작하였다. 8월 30일 찬무회(贊務會)를 개최한 뒤 김하정이 연설을 통하여 보조금 기부를 호소하였다. 이에 즉석에서 의연금 900원을 모금하였고, 이후 토지도 기부 받아 확장이 가능해졌다.[232]

1910년 국권을 상실하자 협동학교와 안동의 계몽·교육운동을 주도하던 인사들의 국외 망명이 잇달았다. 협동학교의 주역들이 만주로 가면

---

225) 《大韓每日申報》 1910년 7월 23~24일자.
226) 《大韓每日申報》 1910년 7월 23일·8월 5일자.
227) 《皇城新聞》 1910년 7월 27일자.
228) 《皇城新聞》 1910년 8월 2일자.
229) 《大韓每日申報》 1910년 8월 6일자.
230) 국사편찬위원회, 《한국독립운동사》 자료 18, 1989, 480~48쪽.
231) 〈백산 안희제 선생 해적이〉, 《나라사랑》 19, 1975, 20~21쪽.
232) 《皇城新聞》 1910년 9월 7일자.

협동학교가 1913년 한들로 이전한 뒤 학교 건물로 사용하였던 정재종택

서 류동태가 뒷일을 맡았다. 그리고 협동학교는 1913년 임동면 수곡동 한들에 있던 류치명의 종택으로 옮겨졌다.[233] 소유주는 류치명의 손자인 류연박(柳淵博)이었는데, 마침 종가 가족들이 강 건너편 무실로 옮겨 살고 있어서 종택이 비어 있었다. 이곳에서 류연갑이 교장을 맡아 1915년 4월에 2회 졸업생을 배출하였다.

서간도로 망명하였던 류인식이 독립운동 자금을 모으기 위해 국내로 들어와 그의 고향인 삼산의 전답을 정리하던 가운데 일제에 체포되면서 구금되었다. 석방된 류인식은 재차 망명하지 않고, 1917년에 협동학교를 다시 맡으면서, 이후 안동 지역의 사회운동을 이끌어 갔다.

1919년 3·1운동이 일어났다. 안동 지역에서는 3월 13일 이후 시위가 각 면으로 확산되었다. 협동학교의 학생들도 3월 18일 예정된 안동면

233) 林景勳의 증언.

의 시위에 참가하기 위해 17일 안동면으로 집결하였는데, 그날 안흥여관에 투숙해 있던 가운데 일제 경찰에 발각되어 모두 해산 당하였다. 이로써 안동면 시위에는 참가하지 못하였으나, 그 뒤 임동면 시위를 주도하였다.[234] 류연박의 아들인 류동시(柳東蓍)가 서울에서 독립선언서를 가지고 돌아옴으로써 임동면 시위가 고무되었다.[235] 임동면 시위는 당시 군내에서 가장 격렬하였던 것으로 전해지며 이 시위의 중심에 협동학교 학생들이 있었던 것이다.

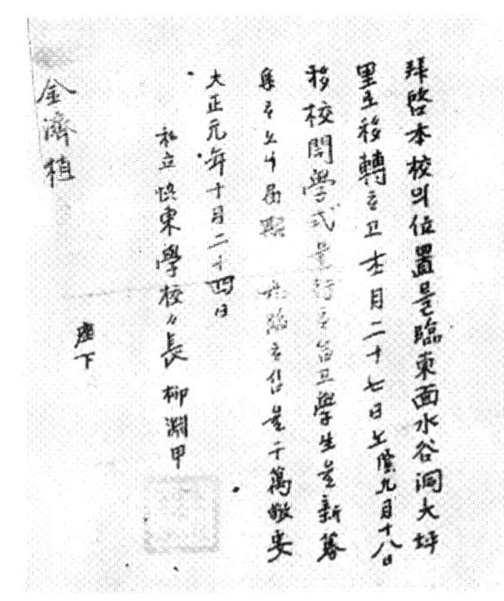
拜啓本校의位置를臨東面水谷洞大坪
里로移轉하고 去月二十七日로 [illegible]九月十[illegible]
移校開學式을[illegible] 學生을新募
集[illegible] [illegible]萬[illegible]
大正元年十月二十四日
私立 協東學校 校長 柳淵甲
金濟植 座下

협동학교 이전 통지문

만세 시위 이후, 협동학교 관련 인물들이 모두 구속되거나 수배 당한 상황에서 학교의 운영이 어려워졌다. 협동학교 학생들이 시위에 대거 참여하게 되면서 일제에 의해 휴교령이 내려졌다가 다시 개교를 하지 못하고 폐교를 당하게 되었다.[236] 이를테면 독립운동사 전개과정에서 장렬하게 산화한 것이다. 1920년 일제는 임동공립보통학교와 임하공립보통학교 개교를 준비하였고, 1921년 두 학교가 개교될 때, 협동학교의 집기류가 옮겨졌으며, 학교의 재원도 이들 양쪽 학교에 넘어갔다고 한다.[237]

협동학교는 안동 지역 계몽운동의 요람이요, 안동유림의 사상적 대변환의 갈림길이었다. 사상적으로 보수성을 가장 강하게 고집하였던 이

234) 김원석, 〈안동의 3·1운동〉, 안동대학교 석사학위논문, 1994, 25쪽.

235) 류연박의 아들로 東蓍와 東箸가 있었다. 서울에서 독립선언서를 가져온 인물은 형인 東蓍였다. 그러나 글자가 비슷하고 활동면에서도 비슷한 점이 많아 자료마다 서로 엇갈린 경우가 많다(東蓍의 증손 류성호 증언, 1996년 4월 17일).

236) 林景勳은 "3·1운동관계로 학교가 폐교되었다는 소식을 들었다"고 증언했다.

237) 南泰順의 증언(權寧建, 〈민족학교의 뿌리. 협동학교의 전말〉, 《전통과 예술》 1, 93쪽).

지역에 혁신의 바람을 불러일으키고, 이를 경북 북부 지역으로 확산시켜 나간 출발점이 협동학교였다. 그 노력의 결과로 혁신적인 교육운동이 확산될 수 있었다. 이 학교 출신들은 안동을 중심으로 한 경북 북부 지역의 독립운동사에서 두드러진 활동을 보여 주었다.

(5) 교남교육회와 사립학교 설립운동

1900년대 초 안동의 재야유생들 가운데 일부는 이미 상경하여 활동하고 있던 재경 관료 및 계몽적인 인사들과 교유하면서 현실에 대한 인식을 확대시켰다. 뿐만 아니라 서양문화에 대해서도 적극적인 관심을 보여 신서적을 읽거나 계몽운동단체에 관계하면서 사상적인 변화를 가져오기도 하였다. 종래 화이관(華夷觀)에 바탕을 두고 있던 보수 유생층과는 달리 새로운 세계관을 통해 당시의 현실을 인식하고 국권회복의 새로운 방법을 모색하였다.

이때 전국적으로 학회와 교육단체의 활동도 활발하였다. 이들의 교육운동은 1907~1908년 각 지역을 연고로 설립된 학회에 의해서 추진되었다. 이에 영남 출신 인사들도 학회의 설립을 추진하였다.

학회운동은 1904년 9월 국민교육회(國民教育會)가 설립되면서 시작되어 1906년 10월 무렵에 서우학회(西友學會)·한북흥학회(漢北興學會) 등이 조직되면서 본격화하였다. 1907년 7월 호남학회(湖南學會)와 호서학회(湖西學會)가 설립되었고, 1908년 1월에는 기호흥학회(畿湖興學會)가 설립되었다. 그 해에 서우학회와 한북흥학회가 서북학회(西北學會)로 통합되고, 1908년 2월에 관동학회(關東學會)·교남학회·대동학회(大東學會) 등이 차례로 조직되면서, 학회운동은 전국적인 규모로 확대되었다. 또한 여성에 대한 계몽사업을 전개하기 위한 여자교육회도 설립되었다.

이들 학회는 서울에 본부를 두고 해당 지역에는 지회를 두었으며,

각각 기관지를 펴내 대중계몽사업을 전개하였다. 기관지들은 대개 교육제도·교육행정·교육방법·각급 학교의 교육·실업교육·사회교육의 필요성·국문교육 등 교육에 관한 다양한 논설을 실어 신식교육의 필요성을 강조하였다.

학회운동을 주도한 인물들은 대체로 전현직 관료·일본유학생 출신·신지식인층·개명유학자·무관·신시민층이었다. 이 학회들은 외국의 선진문물을 수용하여 국력, 즉 힘을 기르자는 취지 아래 교육운동에 주력하였다. 이들은 통상회·특별총회·학생친목회·연합운동회·간친회·강연회·토론회 등을 열어 전 국민을 계몽하고자 하였다. 특히 각 지역에 설립된 학회의 지회들은 종전에 서울에서만 전개되었던 계몽운동을 지방까지 확산하는 구실을 하였고, 이후 전 국민을 대상으로 한 교육계몽운동을 가능하게 만들었다.

나아가 각 학회는 직접 사립학교를 세우거나 이미 설립되어 있는 사립학교의 교육을 지도하고 교사를 양성하는 데 힘을 쏟았다. 또 교과서를 만들어 배포하고 초등교육의 확대를 위해 의무교육의 실시를 건의하는 등 여러 방면에 걸쳐 활동을 전개하였다. 학회에서는 교육계몽운동을 효과적으로 추진하는 데 교사의 부족이 가장 심각한 문제라고 보아, 교사양성을 위한 사범학교를 설립하는 데도 많은 노력을 기울였다. 그리하여 1908년 이후 본격화하기 시작한 학회령·사립학교령·교과용 도서검정규정 등의 교육탄압책에 맞서고, 각 사립학교를 유지하기 위해서 1면 1학교로 통폐합하여 효과적으로 학사를 관리할 수 있도록 배려하기도 하였다.

개화기 초부터 상경활동을 펴고 있던 서북 지역의 인사들과는 달리, 영남 지역의 보수적인 유림세력은 을미의병 이후 상경활동을 통해 비로소 현실에 대한 새로운 인식과 자기반성이 이루어지면서 새로운 계몽운동의 방법을 모색하기 시작하였다. 이들은 상경 초기에 충의사를 중

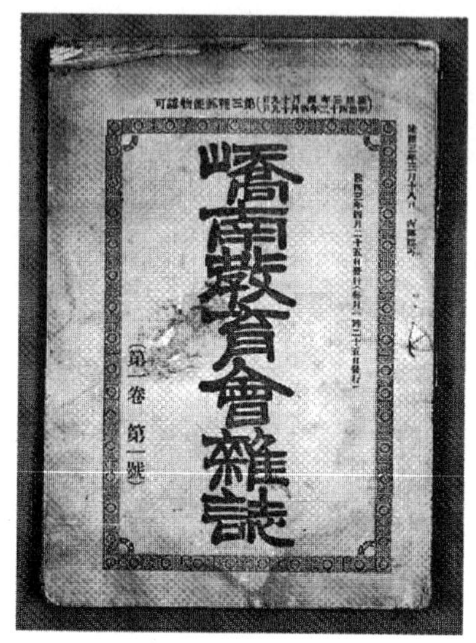

《교남교육회잡지》(권오설 유품)

심으로 서울의 외교가(外交街)와 정부 각 기관에 '보호국화 반대운동'을 전개하였다.[238]

상경한 재야 유생들 가운데 일부는 이미 상경활동하고 있던 재경 관료 및 계몽적인 인사와 교류하며 현실에 대한 새로운 인식을 갖게 되었을 뿐만 아니라, 서양문화에 대해서도 적극적인 관심을 보여 신서적을 읽거나 계몽운동단체에 출입하면서 자기 변신을 꾀했다. 종래 화이관에 입각하고 있던 보수 유생층과는 달리 새로운 세계관을 통해서 당시의 현실을 인식하고 국권회복을 모색하였던 것이다.

이러한 분위기에서 당시 계몽운동가들은 국권을 회복하기 위해서는 실력의 양성이 우선되어야 한다고 생각하면서, 교육운동에 치중하였다. 계몽운동가들은 실력양성의 방법으로 대중에 대한 교육계몽사업을 가장 중요시하였으며, 한국의 식민지화라는 현실적 위기 속에서 애국정신을 불러일으키고 민족의 각성과 단결을 도모하며 국권을 회복하기 위한 최선의 방법이 교육이라고 생각했다.

당시 중앙과 영남 지역을 연결하는 역할은 교남교육회(嶠南敎育會)가 맡았다. 계몽운동기에 상경활동하거나 지방에서 활동하던 진보적인 인사들이 이 교남교육회의 설립과 활동에 참여하였다. 이를 통해 그들은

---

238) 權大雄, 〈韓末 在京 嶺南儒林의 救國運動〉, 《日帝의 韓國侵略과 嶺南地方의 反日運動》, 한국근대사연구회, 1995.

자신들의 고향인 영남 지역과 연계된 활동을 펼칠 수 있었던 것이다.

1908년 3월 8일 재경 영남 인사 140여 명이 보광학교(普光學校)에서 교남교육회 발기회를 열었다. 이 자리에서 김중환(金重煥)을 임시회장으로 추천하고, 박정동(朴晶東)이 취지를 설명했으며, 최정덕(崔廷德)이 '습관개량'이라는 제목으로 연설하였다. 이어 교남교육회는 1908년 3월 14일 종로 청년회관에서 150명이 참석한 가운데 임시총회를 열어 다시 임시회장으로 현영운(玄暎運)을 뽑은 뒤 임원을 선출하고, 3월 15일 보광학교에서 발기인 박정동을 비롯한 경상도 인사 145명이 모여 총회를 개최함으로써 창립되었다.

교남교육회의 활동목표는 우선, 사범학교를 설립하여 교원을 양성하는 것이었다. 본회에 선발되어 학업을 받은 학생들에게 사범학교 교육을 이수하도록 하고 본회의 지시에 따라 해당 지회의 교육 사무에 종사하도록 할 계획이었다. 다음으로 지회를 설립하여 각 군 단위에 학교를 세우고자 하였다. 또 회보와 기타 필요한 서적을 펴내기로 하였다.[239]

교남교육회는 본회를 서울에 두고, 경상도의 각 군 단위로 지회를 조직하고자 계획하였다. 지회설립규정을 보면, 지방에서 지회를 설치하고자 할 때에는 10인 이상의 발기인이 연서한 청원서를 본회에 제출하도록 하였다. 본회에서는 청원인 가운데 성망(聲望)과 지식이 풍부하여 능히 지회를 유지할 수 있는 사람이 3인 이상 있다고 확인될 때에, 총회를 경유하여 지회 설립을 인가하도록 하였다. 이때 지회의 회비는 본회에서 관리하도록 규정하였다.[240]

창립 이후 안동과 거제에서 지회를 설립하였다.[241] 대구나 동래처럼 이미 회원세력이 강성한 지역에서는 지회의 설립이 반드시 필요했던 것

239) 《嶠南教育會雜誌》 第3號, 〈嶠南教育會規則〉, 58쪽.
240) 《嶠南教育會雜誌》 第3~4號, 〈嶠南教育會支會設立規定〉.
241) 《嶠南教育會雜誌》 第4號, 〈會錄〉, 53쪽.

이 아니었다. 그러나 거제처럼 본회와의 연락이 어렵거나 안동처럼 보수적 성격이 강한 곳에서는 지회의 설립이 반드시 필요했다고 볼 수 있다.

안동군의 유지들이 지회의 설립을 청원하자 1908년 10월 20일 임시평의회에서 이 문제가 논의되었고, 11월 1일 특별총회에서 인허되었다. 그 결과 1909년 음력 정월 20일 교남교육회 안동지회(嶠南教育會 安東支會)가 설립되었다. 교남교육회가 정기적으로 간행하던 회보에 안동군 지회설립 소식을 실었다.

> 안동군 모모 명족가에서 전일의 누습을 타파하고 문명진보하는 사업에 대하여 협력해서 일하기로 합의결심하고 음력 정월 20일 유통(儒通, 선비 사이에 전달하는 글/필자 주)을 발하고 전도의 사림이 안동군에 모두 모여 교남교육회 지회를 설립하기로 결의하였다. 학교설립의 방침은 상중하 사회를 막론하고 각 그 문중에서 맡기로 상호 권면한다고 하니 교남 산천에 문명광선이 발현하겠다.[242]

안동 지회의 설립은 중요한 의미를 지녔다. 안동은 문벌적 보수세력이 강한 곳으로 전통적인 유림사회에 직접적인 영향력을 발휘하고 있었다. 따라서 안동 지회의 설립과 학교설립운동은 경상도 각지에 흥학운동을 촉진하는 구실을 하였고, 이후 안동 지역의 보수적인 유림사회가 사상적인 변모를 거치면서 이후 민족운동사에서 새로운 변화의 한 축을 담당하게 하는 계기로 작용하였다.

창립 이래 1910년 5월 25일까지 615명의 회원이 가입하였다. 회원의 출신 지역별 구성을 보면, 경북 지역이 409명, 경남 지역이 136명이며, 출신 지역을 알 수 없는 경우가 68명, 그 외 지역 인물도 2명 포함되

---

242) 《皇城新聞》 1909년 2월 3일자.

어 있다. 회원 수가 많은 지역은 대구·안동·봉화·인동·상주·선산·김천·밀양 등이었다.[243)]

회원 가운데 경북 지역이 경남 지역에 견주어 현저히 많은 것은 을미의병 뒤 많은 유생들이 상경하여 정치적 활동을 펴거나 신학문을 배우고자 당시 서울에 거주하는 경우가 많았기 때문이다. 특히 봉화·안동·상주·선산·김천 등은 전기의병 때 창의했던 유생들이 많이 상경한 지역이며, 대구·선산·인동·김천 등은 경부선 철로가 지나는 지역이었다.

안동 출신으로서 교남교육회 본회 임원으로 활동한 인물로는 하중환·김응섭(金應燮)·이선호(李宣鎬)·강하형(姜夏馨)·이원식(李元植)·김병필(金秉泌)·류시봉(柳時鳳)·이문구(李文求) 등이 확인된다. 이 외에 회원으로 파악되는 사람은 권기하(權奇夏)·권재경(權載經)·김규섭·김병걸(金炳杰)·김병기(金秉夔)·김병도(金秉度)·김병수(金秉洙)·김병홍(金秉洪)·김병훈·김성동(金聖東)·김상화(金相華)·김시현(金始顯)·김영갑(金永甲)·김이섭(金履燮)·김의동(金宜東)·김장환(金璋煥)·김지섭(金址燮)·김진수(金進銖)·김태동(金泰東)·김태락(金泰洛)·김택동(金澤東)·김택로(金澤魯)·김형팔(金衡八)·김후병(金厚秉)·김하규(金夏圭)·금성철(琴聲轍)·남태휘(南泰彙)·배석환(裵奭煥)·서정호(徐廷鎬)·신문용(申汶容)·안찬중(安燦重)·류동영(柳東榮)·류백영(柳柏榮)·류명우(柳明佑)·류시일(柳時一)·류시환(柳時煥)·류오영(柳五榮)·류인식·류준영(柳浚榮)·류충우(柳忠佑)·이동식(李東植)·이중기(李中器)·이중기(李中基)·이중원(李中元)·이중항(李中沆)·이지호(李之鎬)·이직렬(李直烈) 등이 있다.

구성원은 전·현직 관료, 보수적인 유생, 계몽적인 유생, 신교육을 받고 있던 학생, 일본 유학생 등이 주류를 이루었다. 특히 다수의 전·현직 관료들이 교남교육회에 참여하고 있었다. 또 일찍부터 서울에 유학하

---

243) 《嶠南教育會雜誌》 第1～12號, 〈會員名簿〉.

였거나 일본 유학을 통해 신교육을 받은 관료들이 교남교육회를 주도하였다. 한편 의병 출신이거나 그와 관련이 있는 보수적인 유생도 참여하고 있었으며, 신학문에 관심이 큰 청장년층 유생들도 있었다. 안동의 김후병·하중환·김응섭·김진수·류인식 등이 이에 해당된다.

교남교육회의 가장 기본적인 활동은 교육의 진흥을 표방한 교육구국운동이었다. 본회는 서울에 사범학교를 설립하고, 지회는 각 지역에 학교를 세워 교남 지역의 교육을 진흥하는 것을 목표로 삼았다. 지회에서는 각 면에 하나의 학교를 설립하고 구역이 넓은 곳에는 2곳 이상의 학교를 설립한다는 방침을 세웠다. 따라서 교남교육회의 교육구국운동은 지회를 단위로 학교를 설립한다는 방향으로 전개되었다. 그리고 이를 효과적으로 달성하고자 사범학교를 설립해 교원을 양성하고, 잡지와 서적을 간행하여 교육의식을 고취하고, 교과서를 보급하고자 하였다. 그러나 사범학교를 세우는 데까지 이르지는 못하였지만, 교남교육회가 설립된 이듬해인 1909년 4월 25일 잡지를 창간하여 1910년 5월까지 12개월간 발간하며 교육진흥과 민중계발의 필요성을 강조하였다.

교남교육회는 서북·관동·기호학회 등 다른 지역 학회와 연대체계를 형성하고 있었다. 또 중앙이나 지방에서 조직된 교남학생친목회·동래부학생친목회·달성친목회 등과 밀접한 관계 속에서 활동하였다. 중앙간부를 지방에 파견하여 학교 설립과 그 운영을 지도하고 계몽 강연도 벌였다.

교남교육회가 전개한 활동은 주로 신식교육을 받고 있던 재경 유학생들의 출신 지역에 집중되었다. 교남교육회는 영남 지역에 권유위원을 파견하여 교육진흥을 위한 활동을 전개하였다. 그 가운데서도 안동지회는 가장 활발한 활동을 편 지회였다. 안동에서는 1907년부터 근대식 학교 설립운동이 일어났고, 특히 교남교육회가 창립된 뒤에 그 회원이 중심이 되어 학교설립을 위해 노력했으며 성과도 두드러졌다.

보문의숙 교사로 사용되었던 계남댁

1907년 무렵 안동의 유지들이 영가학교(永嘉學校)를 개교하였다. 또 영가학교를 설립한 인사들에 의해 교육방침을 연구하기 위한 영북학회(永北學會)가 조직되었다. 1908년 풍산에서 광명학교(廣明學校)가 세워졌는데, 교남교육회 회원인 김병걸·김태동이 학교 설립 비용과 운영 경비를 부담하였다.[244] 동선면(현 와룡면) 가구(佳邱)의 동양학교(東陽學校)는 원래 면에서 세운 것인데, 재정난으로 폐교 직전에 있었으나 교남교육회 회원인 김영갑·안찬중·이직렬 등이 노력하여 재건하였다.[245] 향교 재산을 사립학교로 전용하도록 하면서, 1908년 안동향교의 명륜당을 교사로 활용하여 동명학교(東明學校)가 세워졌는데, 이때 유림 김락기(金洛耆) 등이 중심이 되었다. 예안의 보문의숙(寶文義塾)은 퇴계 후손인 진성이씨 문중의 이충호(李忠鎬)·이중태(李中台)·이중한(李中翰) 등이 도산서원 소

244) 《嶠南教育會雜誌》 第11號, 〈學界彙聞〉, 28쪽.
245) 《嶠南教育會雜誌》 第11號, 〈學界彙聞〉, 28쪽.

〈표 9〉 1900년대 설립된 안동지역의 공·사립학교

학교명	장소	설립년도	설립	설립인	학제	출전
永嘉學校	府內	1907	사립	안동 유지	소학	황 1908.8.18
東明學校	鄕校	1908.9	사립	안동 유지	소학	황 1908.9.3
協東學校	臨河川前	1907.7	사립	柳寅植·金厚秉·河中煥	중등	황 1908.9.27 황 1908.10.7
光東學校	西後	1908.7	사립	안동김씨 종약소	소학	황 1908.7.22 황 1910.10.22
安東普通學校	府內		공립		소학	황 1909.11.28
寶文義塾	陶山書院	1909.12	사립	眞城李氏 李忠鎬·李尙鎬	소학	황 1910.1.12
廣明學校	豊山	1908.	사립	풍산 유지, 金炳杰·김태동	소학	황 1910.4.3
東陽學校	東先		사립	안승국·남하제 안중찬·김영갑	소학	대 1910.4.6

자료: 權大雄, 〈韓末 慶北地方의 私立學校와 그 性格〉, 《國史館論叢》 58, 국사편찬위원회, 1994.
참고: '황'은 《皇城新聞》 '대'는 《大韓每日申報》.

유의 전답을 기본 자산으로 설립한 문중학교였다.[246] 이상호(李尙鎬)가 기부한 70여 칸의 가옥과 설립총회에서 모인 300여 원의 의연금 그리고 도산서원 소유의 전답 등이 그 재원이 되었다. 학교 설립의 중심인물들은 교남교육회 회원이었다. 그 가운데 이선호는 교남교육회 총무를 역임하였으며 뒤에 함창군수가 된 인물이었다. 그리고 1908년 광동학교(光東學校)가 문을 열었는데 이는 안동김씨 종약소에서 세운 학교였다.

이와 함께 1909년 안동보통학교와 선명학교(宣明學校)를 비롯한 몇

246) 《皇城新聞》 1909년 12월 7일자, 〈禮安文明〉.

몇 학교가 개교하고, 지역 곳곳에서 사학계몽 교육운동이 활발히 전개되었다. 마을마다 근대교육을 수용하는 학교·의숙(義塾)·사숙(私塾)·강습소(講習所) 등이 잇달아 50~60여 개의 학교가 개교하였다.

사립학교들은 교육장소로 새로운 학교 건물을 신축한 경우도 있었다. 그렇지만 개인 집 사랑방과 창고 등을 교사로 사용하기도 하고 서당을 근대식 학교로 개편한 것도 있었는데, 규모는 매우 작다고 하더라도 교육을 통해 국권을 회복한다는 의지로 교육열에 불타고 있었다. 재정은 대부분 향교 재산과 원토(院土, 서원토지)를 기본 재원으로 삼고 지방유지와 지방관의 보조금으로 운영되었다.

사립학교를 중심으로 형성된 교육열은 들판에 번지는 불길처럼 펴져나갔다. 교육계몽운동은 기본적으로 제도권 교육이 갖는 한계를 극복하기는 어려웠지만, 교육을 시행하는 과정에서 점차 민중과 밀접한 관계를 맺게 되면서 민족운동의 주축이 되었고, 운동을 추진할 인재들을 양성해 내고 있었다.

이상 살펴본 바와 같이, 교남교육회는 구학문을 배우고 관직에 나아간 관료들의 협조 속에서 일찍부터 서울로 유학하였거나 일본유학을 통해 신교육을 받은 관료들에 의해 주도되었다. 또 이들은 전기의병 이후 대한제국 시기에 상경한 보수적인 영남유림과 계몽적인 청장년 유생, 그리고 신학문을 배우고 있던 학생들의 지원을 받고 있었다.

교남교육회의 성향은 교육을 통한 계몽운동 위주였지만, 관료지향적인 측면도 있었다. 회원 가운데 1910년 이후 관직에 진출한 자는 18퍼센트에 해당하고, 일부는 식민지 통치기구에 들어갔다. 그러나 계몽운동의 중요한 부분이었던 교육구국운동이 확대·발전하면서, 실력양성론의 논리와 추진방법이 개선되기 시작하였다. 사립학교의 교사와 졸업생들이 교육과정에 따라 민중과 직접적인 관계를 맺으면서 좀 더 적극적인 구국운동의 필요성을 깨닫게 되고, 항일운동의 중추로 성장하게 되었던

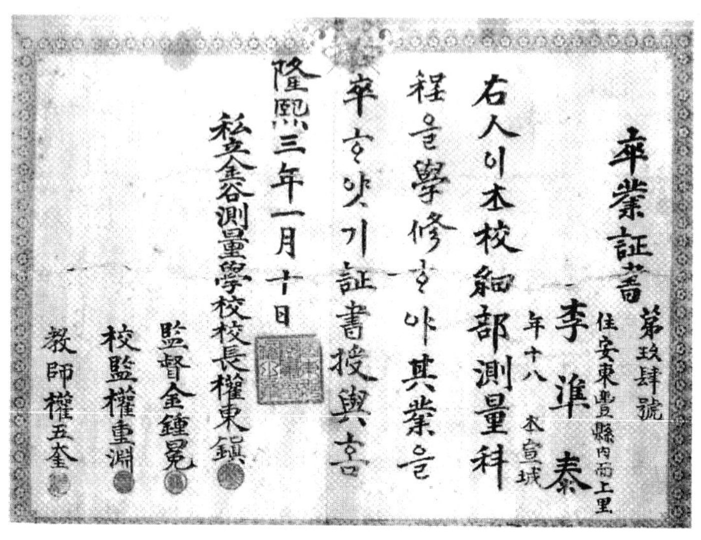
卒業証書 第玖肆號
住安東豊縣內西上里
李準泰 年十八 本宣城
右人이本校細部測量科
程을學修ᄒᆞ야其業을
卒ᄒᆞ얏기証書授與홈
隆熙三年一月十日
私立金谷測量學校校長權東鎭
監督金鍾冕
校監權重淵
教師權五奎

금곡측량학교 이준태 졸업장

것이다.

계몽운동가들 가운데는 민중의 반일무장투쟁이었던 의병항쟁을 긍정적으로 받아들이고 더 나아가 그들과 연합을 추진하였던 인사들이 있었으며, 이들을 중심으로 항일무장투쟁을 모색하고 실천하는 경향이 나타났다.

이러한 일반적인 성향의 교육과 달리 이 시기 안동에도 서울과 마찬가지로 기술학교가 문을 열었다. 측량학교가 그것이었다. 이것은 전국적인 토지측량을 앞두고 기술자를 육성하는 과정에서 측량기사의 필요성 때문에 생겨났고, 더구나 토지문제로 시비가 일어나자 문중마다 앞다투어 측량학교를 세우는 경향이 있었는데, 안동에는 측량학교가 1908년 무렵에 설립되기 시작한 것 같다. 1909년 1월에는 안동 금곡(金谷)측량학교에서 졸업식이 열려 최우 등 63명의 졸업생과 급제자 36명을 배출하였다. 그리고 이보다 앞선 1908년에 안동권씨 측량학교 설립을 위한 통문이 돌았는데, 더 이상의 기록이 없어 아쉽다. 1909년 7월에는 길성(吉城)측량학교의 졸업식이 열렸고, 설립자가 길안면 묵계리 거주자인 것으로 보아 안동김씨 문중에서 세운 학교가 아니었을까 짐작해 본다.

(6) 대한협회 안동지회

대한협회는 개화파의 명맥을 이은 일련의 정치운동과 대중계몽운동을 계승한 단체로 1907년 11월 설립되었으며, 그 뒤 대한협회의 지회가 전국 86개 지역에서 조직되었다. 안동에서는 이상룡 등 안동 혁신유림의 주도로 1909년 3월 대한협회 안동지회를 조직하였으며, 1910년 8월 '일제강점'으로 해체될 때까지 1년 6개월 동안 존속되었다. 1907년 설립된 협동학교가 교육운동의 중심이었다면, 1909년 설립된 대한협회 안동지회는 지역 전체의 구국계몽운동을 지도하는 조직이었다.[247)]

대한협회 본회에서 각 지역의 지도적 인사들에게 지회 설치 권유문을 발송한 것은 1908년 11월이었다.[248)] 이때 안동의 명망가 이상룡에게도 편지가 전달되었다. 대한협회 본회에서 지회 설립을 권유하는 편지를 이상룡에게 보냈던 것은, 안동 지역에서 그의 위상에 따른 영향력을 기대했기 때문이다. 〈권유문〉에 대해 이상룡은 지회 설립추진 의사를 밝힌 답장을 대한협회 본회에 보냈다. 이 편지에서 "나라를 위하는 도(道)로 사회보다 나은 것이 없고, 개인보다 못한 것이 없다. 사회단체가 아니면 내계(內界)를 발달시킬 수 없고 사회단체가 아니면 외계(外界)와 더불어 경쟁할 수 없다. 열강들이 강대한 것도 이 도를 먼저 깨달았기 때문"이라고 하면서 국가의 발전에 사회단체의 조직이 반드시 필요함을 역설

247) 김기승, 〈대한협회 안동지회〉, 《安東史學》 제4집, 안동사학회, 1999, 51쪽.
248) 《大韓協會會報》 7, 61쪽.

《대한협회회보》(권오설 유품)

하였다.[249]

이후 이상룡은 류인식·송기식(宋基植) 등의 혁신인사와 함께 대한협회 안동지회 설립을 추진하였다. 이때 혁신유림들은 보수유림의 비난과 일제의 감시라는 두 가지 난관에 부닥쳤다. 보수적인 안동 유림들은 계몽운동에 대해 비판적이었다. 다른 어느 지역보다도 더 철저한 척양척왜론의 입장에서, 강렬한 의병항쟁을 전개한 경험을 가지고 있었던 안동 유림들은 대한협회와 같은 계몽운동을 쉽게 긍정할 수 없었던 것이다.[250]

한편 일제는 1909년 2월 의병과 내통한 혐의가 있다는 구실로 이상룡을 체포·구금하였다. 당시 일본 경찰이 이상룡을 구금한 실제 이유는 대한협회 안동지회 설립을 견제하기 위해서였을 것으로 판단된다.[251] 이

249) 李相龍, 〈答敬求志士同情〉, 《大韓協會會報》 10, 58~59쪽.
250) 李相龍, 〈答大韓協會〉, 《石洲遺稿》, 고려대학교출판부, 1973, 72쪽.
251) 趙東杰, 〈安東儒林의 渡滿經緯와 獨立運動上의 性格〉, 《大丘史學》 15·16합집, 대구

상룡의 구금에 대해 안동 일대의 주민들은 그 부당성에 항의하면서 석방을 강력히 요구하였다. 이에 이상룡은 수십 일 만에 석방되었다.[252] 대한협회 안동지회는 보수적 유림들의 비판과 일본 관헌의 견제라는 어려운 여건 속에서 소수의 혁신유림을 중심으로 1909년 3월, 대한협회 86개 지회 가운데 60번째로 조직되었다.[253]

대한협회 안동지회를 이끌었던 혁신유림은 보수유림을 설득해야만 했다. 유교의 논리로 설득해야 보수주의적 유림의 동의를 구할 수 있었기 때문이었다. 그들은 서구 문물의 수용을 통해 국가의 부강을 추구하는 것은 유교의 본의와 어긋나는 것이 아니라 오히려 유교의 '시조지의(時措之宜)' 또는 '시중지도(時中之道)'에 해당하는 것이라고 했다. 따라서 그들은 자신들의 사상적 전환은 시대의 흐름에 적합한 방법으로 문중을 지키고 유교를 전수하고자 선택한 것이라며 보수유림들을 설득했다.

아울러 유교적 도리와 명분에 충실하여 '순국자정'이나 '의병항쟁'을 선택하는 것은 잘못이라고 주장했다. '살신보국'은 충성스러운 행위이지만 죽은 몸으로 이미 엎어진 대세를 뒤집을 수는 없다는 것이다. 또 의를 기치로 내걸고 싸우는 것은 용기 있는 행위이지만, 국민의 재산과 인명에 손상을 가하여 도리어 비참한 화를 재촉하는 결과가 될 것이라고 했다.[254] 왜냐하면 유림의 목표는 유교적 의리의 실천이라는 명분보다 국권회복이라는 현실적 목적 달성을 중시해야 한다고 생각했던 것이다.

다시 말해 대한협회 안동지회는 순국자결(殉國自決)·의병항쟁과 같은 위정척사적 사상에 기초한 저항의 방법을 비판하는 동시에 서구화에 심취한 맹목적 개화와 방관적 태도 또한 비판하는 입장이었다. 의병항쟁

사학회, 1978, 417쪽.

252) 〈行狀〉, 《石洲遺稿》, 고려대학교출판부, 1973, 334쪽.

253) 유영렬, 〈대한협회 지회 연구〉, 《國史館論叢》 67집, 국사편찬위원회, 1996, 63쪽.

254) 李相龍, 〈大韓協會安東支會趣旨書〉, 《石洲遺稿》, 고려대학교 출판부, 1973, 207쪽.

의 비현실성과 개화운동의 몰주체성을 극복하고자 하였으며, 그 방법을 "본유(本有)의 구학(舊學)에 부지런히 힘쓰며, 미비(未備)한 신법(新法)을 참구(參究)"하는 데서 찾았다. 곧 계몽운동의 방법으로 '구본신참론(舊本新參論)'을 채택하였던 것이다.[255]

대한협회 안동지회는 취지서에서 '대한국민 정당의 모임'임을 표방하고 나섰다.[256]

> 대한협회는 대한 국민 정당의 모임이다. 오호라 우리 한국에 또한 나라와 민이 있을진저. 나라는 민의 공산(公産)이요. 민은 나라의 주인이다. 저 문명국의 국민은 사람들이 모두 이 의무를 알아서 나랏일을 국민이 다스리고 나라의 법을 국민이 정하고 나라의 이익을 국민이 만들고 나라가 어려움에 국민이 막는다. 그러므로 그 국민이 모욕을 당할 리 없으며, 그 나라가 망할 리 없다. 이것을 일러 국민이라고 한다.

여기서 보듯 안동지회는 선진 문명국의 국민주권주의에 의거한 국민의 국정 참여를 모델로 삼고 있다. 그런데 한국에서는 국가를 '군주의 사유'로 생각하여 국정은 관리들이 전담하는 것으로 여기고, 국가의 일에 무관심하고 외적의 침입에도 수수방관하여 국권이 실추되었다고 했다. "나라는 민군(民群)의 단체이다. 민이 강하면 나라가 강하고 민이 약하면 나라가 약하며 민이 모이면 나라가 강고하고 민이 흩어지면 나라가 비게 된다. 그러므로 나라를 잘 다스리는 자는 반드시 먼저 합군(合群)을 선무로 삼는다"라고 했다. 그러면서 정치 모임으로 '의회'를 거론했다.

255) 김기승, 〈대한협회 안동지회〉, 《安東史學》 제4집, 안동사학회, 1999, 58~59쪽.

256) 李相龍, 〈大韓協會安東支會趣旨書〉, 《石洲遺稿》, 고려대학교 출판부, 1973, 207쪽 ; 김기승, 〈안동의 혁신유림과 계몽운동의 성격〉, 《안동독립운동기념관 개관기념 학술대회 발표지》, 2007.

倍、於將來立法行政、皆有所助、

大韓協會安東支會趣旨書 己酉

大韓協會者、大韓國民政黨之會也、嗚呼、我韓亦有
國民乎、夫國民之公産也、民國之主人也、彼文明國
之民、人人皆知此義務、國事爲民治之、國法爲民定
之、國利爲民興之、國難爲民捍之、故其民不可得以
侮、其國不可得以亡、此之謂國民也、我韓闢壤三千
里、疆域非不大也、生齒二十兆、種族非不多也、病於
壓制而無自由之力、病於依賴而無獨立之志、視國
家爲君主之私有、認朝政爲官司之獨專、語涉公
事、則曰越俎可慮、憂及外患、則曰閉戶無妨、遂使堂
堂四千年祖國、拱手以獻於隣邦保護之下、噫噫痛
矣、有民如此、國安不亡乎、於是賓主易處、群情倒懸、殺
身圖報、忠則忠矣、而冷血僵斃、何救已覆之勢、仗義
相抗、勇則勇矣、而糜財損命、反速孔懷之禍、粗解時
局者、心醉歐風、甘作外人之奴隷、未醒酣夢者、恬視
杞天自棄國民之義務、是皆悲觀國勢、絶望前途之
所致也、然我國其將永不振興而已乎、竊嘗聞之、
國也者、民群之團体也、民强則國强、民弱則國弱、民
聚則國鞏固、民散則國空虛、故善爲國者、必以合群

《석주유고》에 담긴 대한협회 안동지회 취지서

대한협회 안동지회는 '정당'적 단체로서 '의회'를 지향하고 있었다. 지회의 취지는 '정치·교육·산업' 3가지라고 했다. 지회의 활동에서 정치활동이 첫 번째로 거론되었던 것이다. 이 점에서 보면 지회는 단순한 '계몽' 단체가 아니었다. 활동기간이 1년 6개월 정도에 불과하여 모든 계획이 실제적으로 추진되지는 않았지만, 계획한 바를 중심으로 지회의 성격을 살펴본다면 정치운동에 중점을 두었던 정치적 결사였음을 알 수 있다.[257)]

이상룡은 〈서게대한협회회관(書揭大韓協會會館)〉에서 대한협회 안동지회의 활동방침을 구체적으로 밝혔다. 여기에서 이상룡은 '삼덕(三德)'·'오계(五誡)'·'육적(六的)'·'팔의무(八義務)'를 제시하였다. '삼덕'에서는 민덕(民德)·민지(民智)·민기(民氣)의 함양을 역설하였고, '오계'에

257) 김기승, 〈안동의 혁신유림과 계몽운동의 성격〉, 《안동독립운동기념관 개관기념 학술대회 발표지》, 2007.

서는 회원이 경계해야 할 잘못된 다섯 가지 자세에 대해 언급하였다. '육적'에서는 온화·공평·인내·광대(廣大)·평등·조리(條理)의 항목으로 나누어 회의 목적과 운영 원칙을 서술하였다.[258] 그리고 회원의 8가지 의무를 다음과 같이 밝혔다.[259]

1. 회세를 확장할 것 : 지회의 종지가 '구국'을 불이법문으로 삼고 있으므로 동지를 확보하여 국민 행복에 증진하도록 해야 한다.

2. 국민을 교육할 것 : 우리 지회는 '정당'을 자임했으므로 나라 사람들로 하여금 정치에 참여할 수 있는 국민의 자격을 갖추도록 교육해야 한다.

3. 상공업을 진흥할 것 : 본회 내에 대상회를 만들어 내부 실력을 길러야 한다.

4. 국정을 조사할 것 : 유신과 개혁을 급하게 추진해야 하는데, 개혁의 조리와 세목에 대해서는 아는 사람이 적다. 우리 지회는 국사(國事)를 하기로 자임했으므로 나라의 실정을 조사하여 연구에 참고할 수 있도록 해야 한다.

5. 정치 실무를 연습할 것 : 국민이 정치적 지식과 경험이 있어야 참정권의 실익을 향유할 수 있다. 우리 지회를 지방자치제도의 기초로 만들어야 한다. 서양에서 민권이 흥함에는 자치권이 먼저 있은 후에 참정권이 확립되었다. 자치의 기초가 확립된 뒤에 국회 설립이 가능한 것이다. 그러므로 우리 지회에서 각국 의회의 의사법에 준하여 두 정당으로 나누어 회의를 열어 정치 경제적 각종 문제에 대해 토론함으로써 후일 국회에 여유 있게 참여할 수 있도록 해야 한다.

6. 의용병을 양성할 것 : 오늘 제국주의가 성행하는 시대에 군

258) 李相龍, 〈書揭大韓協會會館〉, 《石洲遺稿》, 고려대학교 출판부, 1973, 201~208쪽.

259) 李相龍, 〈書揭大韓協會會館〉, 《石洲遺稿》, 고려대학교 출판부, 1973, 201~207쪽 ; 김기승, 〈안동의 혁신유림과 계몽운동의 성격〉, 《안동독립운동기념관 개관기념 학술대회 발표지》, 2007.

국주의를 취하지 않으면 자립하기 부족하다. 우리 회원 각자는 국방을 제일 의무로 삼아야 한다. 우리 회에서 만든 학교에서는 병식 체조를 해야 하며, 우리 회원이 설립한 공장·농장·광산 등에서는 노동자들이 작대법을 훈련해야 한다. 우리 회원이 있는 향리에서 자치제도를 시행할 때는 반드시 단련제를 채용해야 한다. 그리하여 후일 징병령 하에서 거국적으로 무장 군인이 될 수 있도록 해야 한다.

7. 외교에 널리 대비할 것 : 우리 회의 위원을 외국에 나누어 주재하게 하여 외교 행정을 조사하고 겸하여 기맥을 통하도록 한다. 회원이 개인 자격으로 다른 나라를 여행할 때 조야의 명사들이나 정당의 수령과 친교를 맺어 장래 외교에 도움이 될 수 있도록 한다.

8. 법률을 수집하여 정리할 것 : 문명국의 법률은 반드시 국민에게 공포한다. 우리나라의 법전은 아직 정비되어 있지 못하다. 훗날 우리 회의 목적이 달성되어 '여민동치'할 수 있을 때를 대비하여 여러 가지 법률을 하나라도 늦출 수 없다. 우리 회가 이미 정치 실무 책임을 맡기로 자임하였으니 법률에 깊은 자를 특별히 문명국에 파견하여 헌법·행정법·민법·상공법·형법·소송법 등을 연구하고 우리 실정에 필요한 것을 수집 정리하여 하나의 책을 만들도록 한다. 후일 법제국이 만들어지면 이것을 기본으로 하여 다시 전문가들이 정비하도록 함으로써 장래 입법 행정에서 모두 도움이 되도록 한다.

대한협회 안동지회의 활동은 지회가 국권회복운동을 전개할 '정당'으로서 국민에게 정치참여 능력을 함양하는 것을 목표로 두었다. 이를 위한 구체적 활동을 여러 방면에 걸쳐 구체적으로 제시했는데, 그것은 나라의 '유신과 개혁'을 추진하는 방향이었다. 말하자면 안동지회는 국민의 정치참여를 통한 국가의 유신과 개혁을 추진하는 정치적 결사체였다고 말할 수 있다.

지회가 계획한 활동으로 주목되는 것은 지회활동을 지방자치를 실제로 추진하는 것으로 위치 짓고 있다는 점이다. 지방자치에 따른 국민의 정치참여 훈련은 장차 '국회' 참여를 전망하는 것이었다. 이러한 뜻을 실현하기 위해 지회의 운영에서 선진 문명국가들의 의회 내 정당 사이의 자유 토론을 통한 의사 결정이라는 의회 규칙을 실천한다고 언명했다. 이것은 안동지회가 장차 국회의원을 배출할 정당적 조직임을 말해주는 것이라고 하겠다.

또 지회는 군사단체로서의 성격을 띠고 있음이 의용병 양성 계획에서 잘 드러난다. 학교에서는 군대식 체조훈련을, 공장과 회사에서는 작대법을, 지방자치를 시행하는 향촌사회에서는 단련제를 실시함으로써 징병령이 시행될 때 무장한 군인이 될 준비를 해야 한다는 것이다. 이것은 지회가 유사시 회원의 군사조직화를 계획한 것이라고 할 수 있다.

이 점은 안동지회가 본회와 달리, 항일무장투쟁을 염두에 두고 있음을 보여주는 것이며, 실제 강제병합 이후 안동지회 출신 다수 인물들이 국내외 항일무장투쟁에 뛰어든 사실로 증명된다. 안동지회 결성은 이상룡이 두 차례에 걸친 의병항쟁 뒤 선택한 보다 발전된 국권회복운동의 방법이었다. 따라서 안동의 혁신유림이 의병항쟁에서 구국계몽운동으로 전환한 것은 일본 제국주의에 대한 무장 항쟁의 포기가 아니었다. 이상룡은 의병항쟁 참여 때부터 당시 의병투쟁의 전략·전술적 측면에서의 한계를 목격하고 군사전략적 관점에서 체계적이고 조직적인 무장항쟁으로 발전시켜야 한다고 보았으며, 그 실천으로 대한협회 안동지회를 조직하고 운영하였던 것이다.[260)]

지회의 활동에서 특히 두드러진 것은 세계 각국에 대한 외교를 계획하고 있다는 점이다. 외교적 주권이 강탈당한 상태이므로 각국에 회원을 파견하여 외국의 실정을 조사하고 외국의 요인과 교류를 맺어야 한다

260) 김정미, 〈李相龍의 국권회복운동론〉, 《한국근현대사연구》 11, 한국근현대사학회, 1999, 226~227쪽.

고 했다. 회원 개인이 외국 여행 때에도 외국인과 친교를 맺을 것을 요구했다. 이것은 외교 주권의 회복을 위한 구체적 활동 지침으로 지회의 국권회복운동으로서의 성격을 분명하게 드러내는 활동계획이다.

마지막으로 지회의 목적이 달성되었을 때를 대비한 활동을 제시했는데, 그것은 입법 준비 활동이었다. 여기서 지회의 목적이 달성된 상태를 형용하기를 '여민동치(與民同治)'라고 했다. 이때에는 여러 가지 법률 제정을 늦출 수 없으므로 그 전에 미리 법률에 조예가 깊은 사람을 선발하고 외국에 파견하여, 세계 각국의 각종 법률을 조사하고 연구하도록 해야 한다는 것이다. 그 결과를 한 권의 책으로 엮어 냄으로써 헌법을 비롯한 각종 법률 제정의 참고 자료로 활용해야 한다는 것이었다.[261)]

이 같은 원대한 활동계획을 1년 6개월이라는 안동지회의 존속기간 동안 모두 실천에 옮기지는 못하였다. 이러한 사업을 추진하기 위해 먼저 할 일은 회원의 확보였다. 그런데 지방 유림들의 반응은 냉담하였고, 대한협회에 대해 비판적인 입장을 거론하는 유림들이 많았던 것이다. 선구적인 혁신유림이었던 류인식이 부친으로부터 의절을 당하고 스승 김도화로부터 파문을 당했다는 사실에서 당시 안동의 보수적 분위기를 짐작할 수 있다. 대한협회 안동지회 설립을 주도했던 이상룡은 "지회가 설립된 지 6개월이 지났는데도 지회의 발전 가능성이 요원하다"고 실토할 정도였다.[262)]

이상룡은 1909년 10월 16일 총회 개최를 앞두고 안동지방의 유림들에게 편지를 발송하였다. "현재 세계경쟁의 시대에 열강들은 민권이 점차 강해지고 있는데, 우리 한인만이 단체를 이루지 못하고 개개인이 흩어져 있다. 사회단체를 조직하여 민권을 신장시키는 것은 국민의 의무

261) 김기승, 〈대한협회 안동지회〉, 《安東史學》 4, 안동사학회, 1999, 59~60쪽.
262) 李相龍, 〈大韓協會安東支會與本鄉士友〉, 《石洲遺稿》, 고려대학교 출판부, 1973, 72쪽.

다. 이에 시국에 달하고 의무를 다하는 군자라면 총회에 참석하여 함께 일해주기를 바란다"라는 내용으로 총회 참가를 권유하였다.[263] 이후 이상룡·류인식·김동삼·송기식 등 혁신유림의 헌신적인 노력으로 대한협회 안동지회는 설립 초기의 어려움을 극복하고 1910년에 이르면서 어느 정도 기반을 갖추게 되었다. 당시 회원 수가 거의 수천 명에 이르게 되었던 것이다.[264]

한편 안동지회는 일제의 침략이 점점 노골화하는 마당에서, 대한협회 본회가 미온적인 태도와 소극적인 활동으로 일관하고 있는 것에 강하게 항의하였다. 뿐만 아니라 본회가 실정법의 범위 내라는 원칙을 강조하면서 오히려 지회의 독자적인 활동을 억제하고 있음을 비판하였다. 게다가 대한협회 본회의 임원들이 중심이 되어 일진회와 연합을 도모하는 사태가 발생하자, 안동지회장이었던 이상룡은 대한협회 간부 권동진(權東鎭)·홍필주(洪弼周) 등에게 잇달아 편지를 보내어 일진회와의 연합 의도를 격렬히 비난하면서 "까마귀와 백로는 한 무리가 될 수 없다"는 안동지회의 뜻을 분명히 밝혔다.[265]

> 까마귀와 백로가 함께 같은 무리를 이루지 않음은 무엇 때문이겠습니까? 어찌 한 검은 색과 한 흰색이 서로 현격하게 구별되기 때문이 아니겠습니까? 본회(本會)가 일진회(一進會)와 더불어 사세(事勢)상 서로 용납되지 못함은 나라 사람들이 아는 바입니다. 저들이 나그네들을 위하는 당(黨)이라면 우리는 국민을 위하고, 저들의 행위가 정신이 빠진 짓이라면 우리의 행위는 목적이 있으며, 저들이 건달 노릇

263) 李相龍, 〈大韓協會安東支會與本鄕士友〉, 《石洲遺稿》, 고려대학교 출판부, 1973, 72~73쪽.

264) 〈行狀〉, 《石洲遺稿》, 고려대학교 출판부, 1973, 334쪽.

265) 李相龍, 〈與大韓協會本會〉, 《石洲遺稿》, 고려대학교 출판부, 1973, 74쪽 ; 〈與洪弼周〉, 《石洲遺稿》, 84쪽 ; 〈與權東鎭〉, 《石洲遺稿》, 고려대학교 출판부, 1973, 90쪽.

石洲遺稿

烏鷺不與之同群何也豈不以一黑一白色相懸別
乎本會之與一進勢不相容乃國人之所知也彼爲
客黨我爲國民彼爲無精神我爲有目的彼爲了事
漢我爲有志人蓋其性質之不同見解之相反有非
一朝一夕之所可強合也曩自華亭一會之後氷炭
化爲膠漆若是者其將謂國家之幸福歟抑將謂本
會之容量歟鄙支會對此事件始焉羞之中焉訝之
終焉歎之何者鄉人之不正其冠干我甚事而望望
然去之者恐其浼己也況以志士自許而甘與惡人
同群乎吳越同舟中流遇風則協力擧棹誠不啻於
利涉而擧棹之時機尚遲舟中之敵國先對則面目
通而肝膽遠其果有利乎國體云者非止一兩會之
團結而已要使二千萬人無一人之不合也彼頑夢
未醒者不究目的而先加唾罵相戒畏避則所得爲
少群而所失爲多衆不其可惜矣乎且鄙會之對本
會不能無慨然者兩會俱是一國之大團也以一國
之大團合一國之大團是豈細事也哉而與在支會
未聞俯採意見半千里相距勢難逐件相商而前頭
大事將不一而足則遐鄉支會雖或有千慮之一得
何從而效愚也忠悃所激言不知擇幸賜恕照明以

대한협회에 보낸 이상룡의 편지

을 일삼는다면 우리는 뜻이 있는 일을 하는 사람들이니, 대개 그 성질이 같지 않고 견해가 상반되어 일조일석에 억지로 합할 수 있는 바가 아닙니다. 접때 화정(華亭)에서 한번 모인 이후로 얼음과 숯이 아교와 옻으로 바뀌었으니, 이처럼 하는 것을 장차 국가의 행복이라 하겠습니까, 아니면 장차 본회의 포용력이라 하겠습니까? 우리 지회(支會)는 이 사건에 대하여 처음에는 부끄러워하였고, 중간에는 의아해 하였으며, 마지막에는 탄식하였으니 무엇 때문이겠습니까?

서울에서 대한협회와 일진회의 양당 연합운동이 일어나자, 대한협회에 관심을 가지고 가입을 고려하고 있던 안동의 인사들마저 다시 뒤로 물러나는 사태가 빚어졌다. 이상룡은 "일진회와 연합함으로써 얻는 것은 적고, 오히려 이천만 대중을 잃어버리게 되었다"라고 통탄하였다.[266)]

---

266) 李相龍, 〈與洪弼周〉, 《石洲遺稿》, 고려대학교출판부, 1973, 84쪽.

대한협회 본회의 처사가 지방의 지회 활동에 큰 장애가 되고 있었던 것이다. 이러한 연합 기도에 대해 지회, 특히 경상도와 전북에서 심하게 반대하였는데, 이로써 지방의 사정이 중앙의 계몽운동 분위기와 같지 않았다는 점을 알 수 있다.

이러한 대한협회 안동지회의 설립과 활동은, 한말의 향촌사회운동과 의병항쟁·계몽운동을 계승하면서, 한편으로는 일제강점 뒤 만주에서 전개된 한인사회 건설과 무장독립운동의 밑그림을 그렸다는 점에서 그 의의가 매우 크다고 볼 수 있다.

안동지회 결성 주체는 의병항쟁에 참여했다가 사상적 전환을 이룩한 혁신유림이었다. 따라서 이들의 대한협회 안동지회를 통한 구국계몽운동은 독특한 성격을 지니게 되었다. 비록 안동지회가 중앙에 본회를 둔 지부로서 조직되었지만, 독자적인 활동 계획을 수립하고 있었다.

대한협회 안동지회의 활동은 일제 강점으로 말미암아 오랫동안 지속되지 못하였고 따라서 지방자치체의 조직이나 군대 양성의 계획을 바로 실행에 옮기지는 못하였다. 그러나 국권을 강탈당하자 안동의 유림들은 곧 만주로 망명하여 그 곳에서 한인사회를 조직하고 독립군을 양성하여 무장항일투쟁을 전개해 나갔는데, 그러한 민군단체의 결성과 군사양성의 계획은 이미 대한협회 안동지회 단계에서 추진되고 있었던 것이다.

한편 계몽운동 안에서도, 일제 지배체제를 받아들이면서 실력을 기르자는 실력양성론을 극복하고 민족운동의 방향을 수정하고자 하는 움직임이 일어나고 있었다. 교육과 식산의 필요성을 대중에게 계몽하는 방법만으로는 진정한 독립을 달성할 수 없다고 깨닫게 된 것이다. 그래서 일제의 지배정책을 적극적으로 부정하는 무장독립투쟁론이 제기되고 있었다. 대표적인 단체로 합법적인 문화운동을 표방하면서 비밀리에 반일 정치활동을 벌이던 신민회가 있었다.

신민회는 1907년 안창호(安昌浩)·양기탁(梁起鐸)·전덕기(全德基)·이동휘(李東輝)·이갑(李甲)·이승훈(李昇薰) 등이 주역이 되어 결성한 단체였다. 〈대한신민회통용장정〉에서 밝힌 목적은 "유신한 국민이 통일, 연합하여 유신한 자유문명국을 성립시키는 것"이었고, 활동목표는 "공화정체의 독립국을 건설하여 국민이 주인인 국가가 되어 자주독립을 달성하는 것"이었다. 신민회의 입헌공화제 설립 구상은 이제까지의 입헌군주제 수립운동에서 한 단계 발전한 것이었다. 신민회는 회원이 800여 명에 이를 정도로 세력을 확장시켰다.

이제 민족운동의 방향을 두고 세력이 두 갈래로 나뉘어졌다. 미국에서 활동하다가 귀국한 안창호는 계몽운동이 본래 추진하고 있었던 교육과 식산을 통한 실력양성론을 주장하였다. 이와 달리 이동휘·이시영(李始榮) 등을 중심으로 한 세력은 실력양성운동을 극복하고 민족운동의 방향을 직접적인 무장독립투쟁으로 전환시킬 것을 주장하고 있었다.

직접적인 무장독립투쟁을 주장한 이들은 만주로 이동하여 해외 독립군기지를 설립하고, 신흥무관학교(新興武官學校) 등을 통해 애국청년들을 양성하며 해외 독립전쟁의 근간을 마련하였다. 이에 계몽운동은 일제와의 직접적인 무력투쟁으로 전환되고 민중의 반일투쟁이었던 의병항쟁과 연결되는 계기가 마련되었다.

4. 자정순국

을사조약이 강제로 체결되자 이를 반대하는 의열·순국투쟁이 잇달았다. 특히 1910년 일제에 강점되자 전국적으로 자결하는 순국자가 줄을 이었다. 우선 을사조약을 전후하여 이한응(李漢應, 용인)·조병세(가평)·민영환(서울)·김봉학(金奉學, 황주)·이상철(李相哲)·홍만식(서울)·송병선(宋

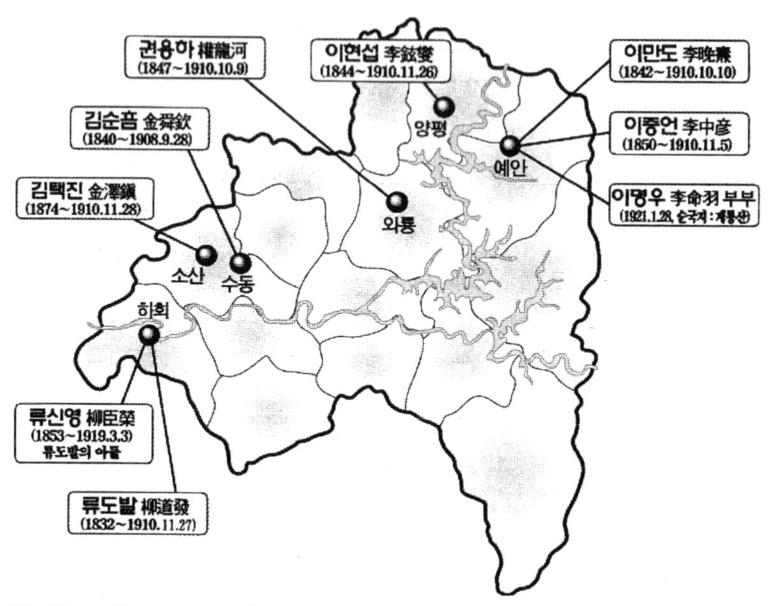

안동 지역 자정순국자(순국 날짜는 양력)

秉璿, 대전)·최익현(포천) 등이 순국하였다.

1907년 광무황제의 폐위와 군대 해산을 맞아서는 이규응(李奎應, 서울)·박승환(朴昇煥, 서울), 그리고 1910년 국치와 그 직후에는 이근주(李根周, 홍성)·노병대(盧炳大, 상주)·문태서(文泰瑞, 무주)·김도현(영양)·홍범식(洪範植, 괴산)·정동식(鄭東植, 전주)·김석진(金奭鎭, 고양)·정재건(鄭在健, 곡성)·반하경(潘夏慶, 파주)·장태수(張泰秀, 김제)·이면주(李冕宙, 봉화)·이재윤(李載允, 양주)·이승칠(李承七, 보은)·김성진(金聲振, 영주)·박세화(朴世和, 의주)·송주면(宋宙勉, 화순)·황현(黃玹, 구례)·박병하(朴炳夏, 광양)·오강표(吳剛杓, 연기)·조장하(趙章夏, 청원)·김근배(金根培, 이리)·이학순(李學純, 공주)·최우순(崔宇淳, 고성)·김지수(金志洙, 논산)·송병순(宋秉珣, 대전)·김제환(金濟煥, 청원)·장기석(張基錫, 성주)·박능일(朴能一, 군위) 등이 자결하였다.

시·군 단위로 보면 가장 많은 인원수인 10명의 순국자를 배출한 지역이 안동이다. 김순흠(金舜欽)·이만도·이중언·류도발(柳道發)·류신영(柳臣榮)·이현섭(李鉉燮)·권용하(權龍河)·김택진(金澤鎭)·이명우(李命羽) 부부 등이 바로 그 주인공인데, 안동인들의 저항정신을 보여주는 증거이기도 하다.[257] 게다가 안동문화권의 큰 틀로 보면, 선성의진 중군을 지낸 영양의병장 김도현도 여기에 포함된다.

김순흠(1840~1908)의 자는 치화(穉華), 호는 죽포(竹圃)이다. 그는 풍산읍 수동에서 태어났고, 이강년의진에 참여하여 활약하였다. 1905년 을사조약이 강제로 체결되자 5적의 매국행위를 규탄하는 〈토오적문(討五賊文)〉을 지어 전국 유림에 배포하였고, 중기의병에는 군자금 조달을 위해 노력했다. 1908년 "내가 죽거든 빈소를 차려 곡을 하기는 해도 상식(上食)은 하지마라. 왜놈 천하에서 자란 곡식을 먹을 수 없으니 국권이 회복되는 날 올리도록 하라"는 유언을 남기고 단식 23일 만인 1908년 9월 28일 순절하였다.[258]

이만도(1842~1910)는 퇴계의 11대 손으로 예안에서 출생하였다. 자는 관필(觀必), 호는 향산(響山)이다. 1866년 정시(庭試)에 장원급제하여 성균관 전적에 임명되었다가 병조 좌랑이 되었다. 여러 관직을 거쳐서 1882년 통정대부에, 뒤이어 공조 참의에 임명되었으나 사임하였다. 이후 관직을 단념하고, 백동(柏洞)서재를 짓고 경전을 연구하였다. 1894년 갑오의병 논의에 참가하였고, 1895년 을미사변과 단발령이 터지자, 예안의병장으로 활약하였다.[259]

1905년 을사조약이 일제에 의해 강제로 체결되자, 종기 때문에 자리에 누워있던 그는 아들 중업(中業)을 시켜 이에 항거하는 상소를 올렸

---

257) 金乙東, 《安東版獨立史》, 明文社, 1985, 120~125쪽.
258) 金乙東, 《安東版獨立史》, 明文社, 1985, 123쪽.
259) 金乙東, 《安東版獨立史》, 明文社, 1985, 120쪽.

김순흠 기념비(예천)

다. 왜적을 물리치기에 앞서 먼저 오적을 처단하라는 것이 내용의 핵심이었다. 얼마 뒤 이만도는 일월산 서북쪽 산촌으로 들어가 남루한 옷에 산채로 연명하며 스스로 죄인이라 일컬었다. 특히 아버지의 묘소가 있는 재산에 자주 머물며 그 영전에 엎드려 죄인으로서 근신 생활을 하였다.[260]

을사조약 체결 직후 〈청참오적소(請斬五賊疏)〉를 작성하였다. 그는 1894년 동학(東學)과 일련의 개혁정치를 모두 사(邪)로 인식하고 척사운동을 전개하였으며, 1895년 을미의병 당시 선성의진의 거의(擧義)를 주도하였던 인물이다. 이 무렵 이만도는 "종사가 위태로운데 몸이 폐인이 되어 움직일 수 없어 피맺히는 울분을 봉서(封書)에 담아 올린다"는 심경을 토로하였다.[261]

이만도는 상소문에서 지금의 화는 오랜 평화의 지속으로 풍속이 유약해져 일본과의 개항을 받아들인 잘못도 있지만 5적이 일본과 내통했기 때문이라고 보았다. 또한 을미년 변란에 대한 복수의 계책은 돈독하게 하지 않고 5적이 5조의 계약을 맺어 임금을 협박하고 조약을 체결케 했으니 참을 수 없는 일이라고 역설하였다.[262]

그의 상소문에서 무엇보다 주목되는 점은 을사조약으로 말미암아 나라가 없어질 것이라는 인식이다. 그는 "외부(外部)를 동경(東京)으로

260) 李晩燾, 《靑邱日記》 (필사본), 1910.
261) 《響山集》 卷之三, 認出編一, 封.
262) 《響山集》 卷三, 請斬五賊疏.

옮긴다는 한 가지 조항만을 보더라도, 우리는 천하에서 하나의 나라라고 할 수 없고, 토지와 인민과 재부(財富)가 다 저들의 곁다리가 될 것"이라고 직시하였다.[263] 또한 통감부 설치에 대해 크게 우려했다. 이만도는 통감부의 설치로 말미암아 황실은 물론 나라가 없어질 것이라고 보았다. 이러한 현실인식 아래 이만도는 만국공법에 물어서라도 협박에서 나온 조약을 폐지하여야 한다고 주장하였다. 지금까지 서구를 사(邪)로 규정하고, 금수로 여겼던 이만도의 인식 변화를 읽을 수 있는 대목이다. 이만도는 일본의 침탈 앞에서 만국공법에 의지해서라도 조약을 폐기해야 한다는 절박한 심정을 토로한 것이다.[264]

1907년 광무황제가 일제에 의해 퇴위를 당한 뒤에는, 관직에 있던 사람으로서 임금과 나라의 운명을 그르친 죄인이라 하여 더욱 고행하며 근신하였다. 더구나 1907년 음력 8월 일본군에게 퇴계종택이 소각되는 참상을 당하자, 그는 나라도 망하고 종택도 불탄 마당에 갈 길은 자정뿐이라고 생각하였다.[265]

대한제국이 멸망했다는 소식을 접하자, 그는 단식을 결행했다. 이만도는 자진(自盡)하기로 결심하고 실행에 옮긴 날(8월 14일) 《청구일기(靑邱日記)》에서 자신이 지금껏 살아 있었던 이유가 '소용(所用)의 희망'이 있었기 때문이라고 토로하였다.

> 나는 나라로부터 두터운 은혜를 입었는데 첫 번째 을미년에 죽지 못하였고, 다시 을사년에 죽지 못하고 산으로 들어가 구차하게 목

263) 《響山集》 卷一, 附錄, 年譜(윤천근, 〈향산 이만도선생의 절의정신〉, 《民族 위해 살다간 안동의 근대인물》, 한빛, 2003, 262쪽).

264) 《響山集》 卷之三, 認出編三, 請斬五賊疏 ; 강윤정, 〈정재학파의 현실인식과 구국운동〉, 단국대학교 박사학위논문, 2007.

265) 趙東杰, 《韓國近現代史의 理解와 論理》, 지식산업사, 1998, 217~218쪽.

> 숨을 연장한 것은 혹 쓰임이 있을까 해서였다. 이제 그럴 수 있으리란 희망이 없으니 죽지 않고 무엇을 바라겠는가? 변란의 소식을 듣고 여러 날이 지났는데 아직 이렇게 결행이 지연되고 있는 것은 자진하는 방법을 찾지 못하였기 때문이다. 이제 뜻이 이미 정하여졌으니 장차 명동(明洞)에서 죽고자 한다.[266]

첫 번째 기회인 을미년에 죽어야 했음에도 죽지 못했고, 또 두 번째 기회인 을사년에도 죽지 못하고 목숨을 연명한 것은 자신이 나라에 보탬이 될까 해서였다. 그러나 일제강점과 더불어 이제 더 이상은 '소용(所用)'의 희망이 없어졌으니 '소용(所用)'없는 목숨을 유지하는 것은 무의미하다고 판단하였다. 곧 이만도가 자진의 길을 선택한 이유는 나라의 멸망과 더불어 자신이 더 이상 '소용(所用)'될 바 없는 존재라고 느꼈기 때문이다. 이는 임금의 신하된 자로 '적의 백성'으로는 하루도 살 수 없다는 철저한 의리론적(義理論的) 대응이었다.[267]

이만도는 처음에는 재산 묘막에서 단식에 들어갔다가 동생 만규(晩煃), 아들 중업, 종손(從孫) 강호(綱鎬)의 간청으로 종가인 율리(栗里) 만화공(晩花公)댁으로 자리를 옮겼다. 그때 비로소 친인척에게 알렸고, 집안사람들이 함께 단식하며 만류를 하여도 이만도의 엄중한 뜻을 굽힐 수 없었다. 그는 오히려 집안사람들을 불러 삶에 대한 바른 자세를 하나씩 일러주었다. 소식을 듣고 많은 사람들이 방문하였다. 단식이 지속되는 동안, 일제는 그 소식이 바깥으로 나가는 것을 막으려 애를 썼다. 일제 경찰이 와서 강제로 미음을 떠먹이려고 하자, 혼수상태인 줄 알았던 그가 벌떡 일어나 "누가 감히 나를 회유하고 협박하려 하느냐"고 호령을 해서 자제들을 감탄시켰다. 단식 24일 만인 9월 8일(양 10.10) 운명하였다.[268]

266) 李晩燾, 《靑邱日記》 8월 14일자.
267) 강윤정, 〈정재학파의 현실인식과 구국운동〉, 단국대학교 박사학위논문, 2007, 126~127쪽.

이만도 순국 유허비(예안면 인계리)

이만도의 뒤를 이어 자정순국의 대열에 합류한 사람은 이중언(1850~1910)이다. 그는 이만도의 삼종질로, 그의 자는 중관(仲寬), 호는 동은(東隱)이다. 1879년 문과에 급제한 뒤 성균관 전적·사간원 정언·사헌부 지평 등을 지냈다. 1882년 정국이 혼란하자 봉화의 임당산에 들어가 농사를 지었다. 전기의병 때 선성의진에 참가하였고 전방장(前方將)으로 활약하였다.

1905년 을사조약이 체결되자 을사오적의 목을 베어야 한다고 상소하였다. 1910년 국가가 망했다는 소식에 통분하여 집 밖에 좁다란 방 한 칸을 마련하고 외부와 접촉을 끊었다. 또 때때로 을사조약 체결 때 상소하였던 글을 읽으면서 눈물을 흘렸고, 선조의 사당과 묘를 참배한 뒤 수십 일 동안 식음을 끊었다. 이 무렵 일제 경찰 몇 명이 와서 음식을 먹도

268) 趙東杰, 《韓國近現代史의 理解와 論理》, 지식산업사, 1998, 129쪽.

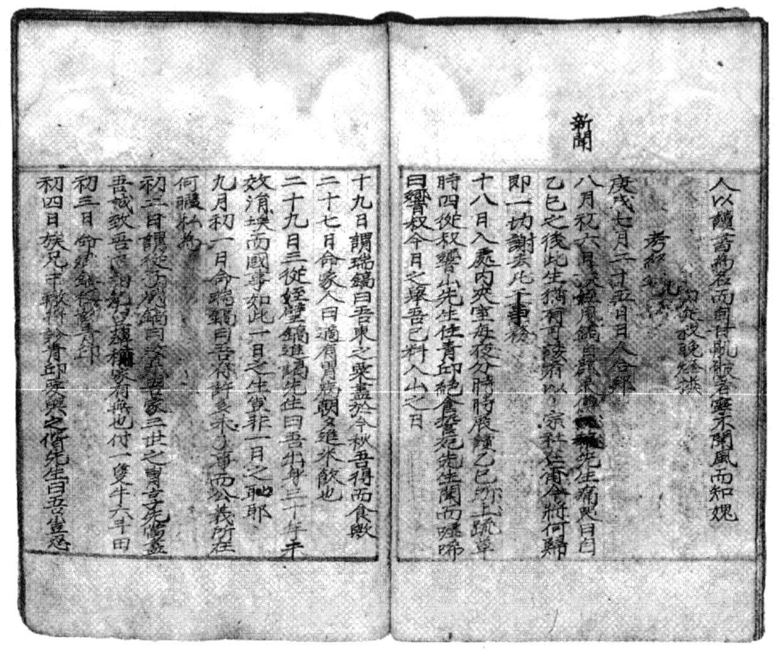

이중언의 순국 과정을 기록한 〈고종일록〉

록 권하라고 식구들을 협박하자, 그는 "저 놈을 쫓지 않으면 내가 찔러 죽이겠다"고 고함쳐 내쫓았다.[269)]

이중언은 단식을 시작한 다음날인 9월 9일(양 10.11) 일제를 향해 경고하는 글을 썼다. 〈경고문(警告文)〉이라 제목을 붙인 이 글은 자신이 단식순국을 결행하는 이유와 목표를 분명하게 드러낸 것이다. 그는 먼저 짐승같은 무리들의 위협을 받고 있는 상황에서 '선택할 수 있는 유일한 길은 의리뿐'임을 강조했다. 다음으로 그는 이만도에 이어 자신도 나라를 위해 스스로 목숨을 포기하여 의리를 지킴으로써 우리 동포가 모두

269) 김희곤, 《순절지사 이중언》, 경인문화사, 2006, 121쪽.

류도발의 묘소(풍천면 하회)

여기에 매진하여 일제 강점을 용납하지 않도록 하는 초석이 되겠다는 희망을 이 글에서 밝혔다.[270] 단식을 시작한 지 27일 만인 10월 4일(양 11.5), 저녁 6시 무렵 그는 세상을 떠났다.

류도발(1832~1910)은 풍천면 하회에서 태어났다. 자는 승수(承搜), 호는 회은(晦隱)이다. 그는 19세기 말 조선이 바람 앞의 등불 같은 상황에 처해 있음을 누구보다 잘 알고 있었다. 그 자신이 아버지 류진휘(柳振輝)를 따라 서울에서 생활하였고 고을원으로 있던 아버지를 따라 지방에서 생활한 적도 있었다. 그는 당시 조선이 위기에 처해 있음을 알고 〈시무편사론(時務便私論)〉을 지어 제자들에게 구습(舊習)을 버리고 각자 나랏일을 책임지고 정성을 다할 것을 촉구하였다.[271] 류도발은 밖으로는 교

270) 〈警告文〉, 《東隱實紀》.

린(交隣)의 도(道)를 강구하면서 안으로는 자강의 대책을 세워야 후일의 성공을 바랄 수 있다고 주장하였다. 그렇지 않고 강화를 하는 것을 다행으로 여겨 무기를 놓고 문호를 열어 저들을 맞이하여 일을 맡기고 섬기게 되면 일본의 노예나 포로가 될 것이라고 하였다.[272)]

류도발이 일제의 강점 소식을 마주한 것은 8월 21일이었다. 그로부터 한 달이 지난 9월 28일, 류도발은 안동 하회의 선묘를 돌아보며 울분의 감회를 토하였다. 이후 류도발이 단식을 결정한 것은 11월 11일(음 10.10)이었다. 이날 그는 유서를 작성하고 단식에 들어갔다. 단식을 결행하는 류도발의 의지는 이처럼 단호했다. 또 11월 25일 관리가 와서 면회를 청하여 단식을 만류하니, 그는 큰소리로 "불공대천의 원수를 어찌 상대할 수 있겠는가? 울분을 이기지 못 하겠다"라고 하였다.[273)]

류도발은 단식 17일째인 11월 27일 세상을 떠났다. 그의 자진 또한 이국(異國)의 백성으로는 단 하루도 살 수 없다는 의리론(義理論)에 바탕을 두고 있다. 류도발의 아들 류신영은 "선비가 의(義)에 처함은 대부(大夫)와 같지 않으니 하필 이와 같이 하십니까?"라고 만류하였다. 그러나 류도발은 "류성룡의 후손으로 선군(류진휘)을 모시고 세 고을의 녹을 먹었으니 이는 관직에 몸을 담은 것과 같다"고 대답하였다. 이는 의리론에 바탕한 그의 출처관(出處觀)을 잘 보여주는 대목이다.[274)]

권용하(1847~1910)는 귀가 먼 인물로 와룡에서 농사를 짓고 있었다고 한다. 그런데 1910년 10월 9일(음 9.7) 종형으로부터 나라가 망하고 일제의 식민지가 되었다는 소식을 전해 듣고 통분하여 기둥에 머리를 찧어

271) 《晦隱遺稿》 卷 一, 雜著, 時務便私論.

272) 권오영, 〈柳道發·柳臣榮 父子의 삶과 殉國〉, 《民族 위해 살다간 안동의 근대인물》, 한빛, 2003, 511~519쪽.

273) 권오영, 〈柳道發·柳臣榮 父子의 삶과 殉國〉, 《民族 위해 살다간 안동의 근대인물》, 한빛, 2003, 511~512쪽.

274) 강윤정, 〈정재학파의 현실인식과 구국운동〉, 단국대학교 박사학위논문, 2007. 129~130쪽.

이현섭의 생가(풍천면 갈전)

피를 흘리고 자결하였다.[275)]

이현섭(1844~1910)은 본관이 연안이고, 호는 우헌(愚軒)이요, 자는 서규(瑞圭)다. 그는 풍천면 갈전 원당에서 태어나 도산면 토계로 옮겨 살았다. 18세에 성균관 진사가 되었다. "내 차라리 목이 잘릴지언정 어찌 오랑캐의 백성이 될까보냐"라는 시를 남기고 단식하였다. 또 그는 자손들에게 자신의 혼백도 만들지 말라고 당부했고 단식 21일 만인 11월 26일(음 10.25)에 자리에 앉게 해달라고 말한 뒤 의관을 갖추고 순절하였다.[276)]

김택진(1874~1910)은 풍산읍 소산 출신으로 이강년의진에 참가하였다. 1910년에 나라가 망하자, 그는 가족들에게 "천만금이 생겨도 친일행위를 하지 말라"는 유언을 남기고 단식에 들어가, 21일 만인 11월 28일(음 10.27) 만 36세라는 젊은 나이로 순국하였다.[277)]

류신영(1853~1919)은 류도발의 큰아들로, 호는 하은(霞隱), 자는 경

275) 金乙東, 《安東版獨立史》, 明文社, 1985, 25쪽.
276) 金乙東, 《安東版獨立史》, 明文社, 1985, 121쪽.
277) 金乙東, 《安東版獨立史》, 明文社, 1985, 124쪽.

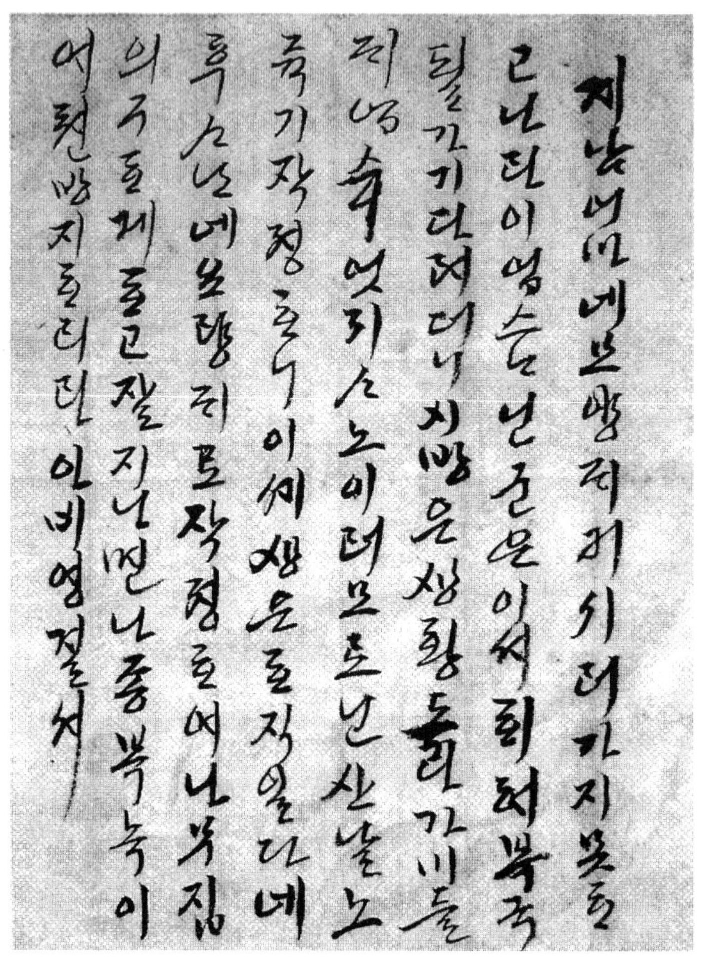

류신영이 며느리에게 남긴 한글 유서. 나라가 무너졌으나 임금이 있어 행여 나라를 찾을 수 있을까 기다렸는데, 상황이 그러질 못하니 인산일에 죽기로 작정했다고 적고 있다.

부(敬夫)이다. 전기의병에 참가한 것으로 전해지는 류신영은 1910년에 아버지의 순절을 지켜보는 아픔을 겪었다. 그러다가 광무황제가 죽었다는 소식을 듣고 그 장례에 아들 종묵(宗默)을 참례시킨 뒤, 3월 3일(음 2.2, 광무황제 장례일) 독약을 마시고 자결하였다. 부자가 모두 연이어 자결하는

비장한 역사가 펼쳐진 것이다.[278)]

이상 안동 출신 8명의 순절 인물을 살펴보았다. 앞에서도 말했듯이 전국에서 가장 많은 인물들이 자결한 것이다. 이 가운데 6명은 단식으로 순국하였다. 그런데 자결이라는 것이 극단적인 저항인데다가, 특히 단식 자결은 주변에 대단한 영향을 주었다. 우선 이들이 단식에 들어갔다고 하더라도 자식된 도리로서 음식을 권하지 않을 수 없고, 또 어른이 단식하고 있지만 자손들은 음식을 먹어가며 기다려야 하는 고통스런 날들일 뿐더러, 후손들이 음식을 먹는다 해도 그것이 제대로 목구멍을 넘어 갈 수가 없었을 것이다.

대부분의 인사가 약 21일에서 24일 곧, 3주일 남짓 단식하고 절명하였다. 그동안 멀고 가까운 친인척과 동학(同學)이나 제자들이 찾아와 대기하거나 영원한 이별 인사를 나누는 상황이 진행되었다. 또 곳곳으로 소식이 전해지면서 실제로 파급현상이 나타나기도 했다. 그러므로 일제는 그 영향을 우려하여 순절 뒤에 부고를 전하지도 못하게 했던 것이다.

또 이만도와 이중언은 숙질 사이였고, 류도발과 류신영은 부자 사이였다. 그리고 영양의 김도현은 이만도의 제자였고, 이별 인사를 할 때 곧 뒤를 따라 가겠다고 다짐했던 사이였다. 이러한 관계 속에서 결연하게 전개된 순국투쟁은 일제의 식민통치에 경종을 울리고 국민들에게 민족적 각성을 촉구하여 항일투쟁을 계속해 나가게 만들었다는 점에서 민족사적 의의를 크게 가진다.

278) 金乙東, 《安東版獨立史》, 明文社, 1985, 124쪽.

제2장 1910년대 안동인의 독립운동

1. 일제의 식민정책과 안동사회

(1) 1910년대 일제의 무단통치

일본 제국주의 식민지배는 경제적 수탈과 민족문화 말살이라는 두 가지 점에 초점을 맞추었다. 겉으로 약간의 차이가 있기는 했지만, 일제의 통치정책은 한국을 '완전히 그리고 영구히' 지배하려는 원칙에서 한 발도 벗어나지 않았다. 이런 기본 정책에 바탕을 두고 일제가 1910년대에 채택한 통치 방식이 바로 '무단통치'였다.

'무단통치'는 폭력과 야만적인 방법으로 식민지를 다스리는 것이었다. 우선 조선총독부 구성 형태에서 그러한 특성이 보인다. 조선총독은 일본 관리 가운데 가장 높은 총리대신과 등급이 같았는데, 육군대장 출신들이 임명되었다. 일제 강점기 동안 모두 여덟 명의 총독이 파견되어 왔는데, 그 가운데 해군대장 한 명을 제외하고 모두가 육군대장 출신이었다.

1910년대(위)·1920년대(아래) 조선총독부 전경

조선총독은 정무총감을 통하여 맨 아래 행정조직까지 완전히 장악하였다. 그리고 일반 경찰이 아닌 헌병이 경찰 임무를 담당하는 '헌병경찰제'를 채택하여 식민지 사회를 밑바닥까지 철저하게 장악하는 형태를 갖추었다. 한국에 주둔한 일본군, 곧 '조선군'은 2개 정규 사단 규모였고, 전국 중요 도시에 나누어 배치했다.

그 군대가 각 지방에서 경찰업무를 담당했으니, 지휘·명령 계통이 하나로 되어 있어서 식민지 통치에 무척 효율적인 것이었다. 일제는 한국인들의 기본권을 완전히 무시하였다. 근대적인 문물을 도입한다고 선전한 그들이지만, 실제로는 언론·출판·집회·결사 등 기본권을 대부분 부정하였다. 1910년 '집회 단속에 관한 건'을 제정하고, '신문지법'·'출판법'을 확대 적용하여 한국에서 활동하던 거의 모든 단체를 해산시켰다. 또 신문과 잡지 등 출판물을 강제로 폐간시켰다. 심지어 민족적 위치에서 자리를 굳게 지키고 있던 《대한매일신보(大韓每日申報)》를 압수하여 조선총독부 기관지인 《매일신보(每日申報)》로 둔갑시켜 버렸다.

다음으로 일제는 한국 경제를 손아귀에 틀어쥐는 길로 나아갔다. 당시 한국 경제는 농업 위주의 1차 산업에 머물러 있었다. 공장이나 상업보다는 토지에서 생산되는 곡식으로 경제가 움직여지는 단계였다. 때문에 일본은 토지 장악을 목적으로, 1908년 8월에 '동양척식주식회사법'을 공포하였다. 강점하자마자 1910년 9월에 토지조사사업에 착수하고, 1912년 '토지조사령'을 반포한 조치는 당연한 수순이었다. 그 결과 이 사업이 마무리된 1918년 11월에는 경제적인 침탈의 틀을 완전하게 짰다.

토지조사사업의 본래 목적은 많은 토지, 특히 국유지를 조선총독부 소유로 귀속하는 데 있었다. 따라서 일제는 한국의 전통적인 토지소유관계 대신 일제 자본이 토지를 장악하기에 알맞은 토지소유증명 제도를 만들었다. 그 과정에서 빼앗은 상당 부분의 토지가 동양척식주식회사(東洋拓殖株式會社)와 일본인에게 돌아갔다. 그래서 일본인 지주가 늘어났고, 이들이 식민통치의 앞잡이 구실을 하였다.

물론 조선 말기에도 이미 개인이 토지를 소유하고 있어 토지의 자유로운 매매가 이루어지고 있었다. 그렇지만 오늘날의 등기제도와 같이 사유권을 보장하는 법적인 증명제도가 충분하지 못하였다. 게다가 경작하고 있던 농민들도 토지소유권만이 아닌 경작권이나 도지권(賭地權, 토지를 전세로 빌려 쓰는 권리) 같은 권리를 갖고 있었다. 그럼에도 일제는 지주의 권리만을 인정하고, 경작 농민의 권리를 모두 무시하였다. 이로써 일본 자본이 우리의 토지를 쉽게 장악하고, 특히 러일전쟁(露日戰爭) 이후,

동양척식주식회사

일제 자본이 한국에 침투하여 이미 장악하고 있던 많은 토지를 합법적인 소유로 만들었다. 이것은 많은 농민들이 토지를 잃었다는 것을 말한다. 결국 토지조사사업은 식민지 지주제의 발전, 농민층의 계층분화와 몰락을 촉진하는 계기가 되었다.

토지조사사업은 또한 조세 약탈에도 영향을 주었다. 이 사업은 1914년에 공포된 토지세법인 '지세령'과 함께 조세수입을 증가시키는 데에도 작용하였던 것이다. '지세령'에 따라 일제는 세율을 40퍼센트 인상하고 지세의 납부자를 지주로 확정하였다. 이는 소작 농민과의 직접적 대립을 피하고 지주층을 식민지 지배체제 안으로 끌어들이는 작업이기도 하였다.

한편 일제는 '회사령'을 비롯한 여러 가지 법령을 통해 민족산업의 발전을 가로 막았다. 이 회사령은 회사 설립을 조선총독의 허가 사항으로 규정하였다. 때문에 조선총독부의 뜻이나 동양척식주식회사 및 조선은행의 목적에 어긋나지 않는 극소수의 기업만이 활동할 수 있었다. 이와 달리 일제는 철도·도로·통신의 정비에는 적극적이었다. 그 이유는 일본 군부나 조선총독부의 식민통치 방향이 한국을 대륙 진출의 발판으로 삼았기 때문이다.

이 밖에도 1911년 공포된 '조선어업령'과 1915년의 '조선광업령'은 어업과 광업을 일본인 중심으로 재편성하게 만들었다. 1910년대 일제의 식민지 공업정책은 거의 없는 것이나 마찬가지여서, 한국에서의 노동계층의 성장은 찾아보기 힘들었다. 그렇지만 민족적 차별 아래 가혹한 노동조건이 계속되는 과정에서 노동자들은 점차 민족적·계급적인 문제를 깨닫기 시작했다. 특히 1918년 말, 제1차 세계대전이 끝난 뒤 일제의 자본이 한국에 밀려들면서 공업이 활기를 띠게 되자, 한국 노동자들의 수도 증가하기 시작했다. 이에 따라 1920년대 초에는 많은 노동조합이 결성되고 노동쟁의도 발생하였다.

일제의 교육정책은 한국인을 일본의 신민(臣民)으로 동화시키려는데 목적을 두었다. 일제는 강제 병합과 함께 각종 법령으로 언론·집회·결사의 자유를 봉쇄하고 정치활동을 금지시켰다. 이로써 한국인의 근대적인 정치의식의 성장을 가로막고 민족의식을 말살하기 시작하였다. 그 가운데서도 일제가 가장 역점을 둔 것은 민족교육의 억압과 '황국신민화' 교육으로 새로운 세대의 민족의식을 마비시키는 일이었다.

일제는 1911년 8월 '조선교육령'을 공포하였는데, 여기서 그들이 내세운 교육 목표는 '천황에게 충실한 일본의 신민을 양성하는 것, 일본 국민다운 품성을 갖게 하고 국어(일본어)를 보급하는 것, 민도(民度)에 맞는 보통교육, 특히 실업교육에 중점을 두는 것' 등으로 요약된다. 곧 한국민족의 민족의식을 말살시키고 일본 천황에 대한 충성심을 갖도록 하는 한편, 고등교육·인문교육의 기회를 박탈하여 정치의식의 성장을 막고, 고작 보통교육이나 실업교육만으로 한국인을 그들의 통치에 순응하는 식민지 백성으로 만들고자 했던 것이 일제의 교육정책이었던 것이다.

한편 일제는 민족운동에 대해서는 그 무엇보다 탄압을 가했다. 일제는 이미 한국을 식민지로 만들기 전에 모든 무력을 동원해 의병을 진압하였다. 강점하자마자 일제는 장차 독립운동을 일으킬 가능성이 있는 인물들을 미리 두들기고 족쇄를 채워야 한다고 판단하였다. 1910년 12월 '안악사건(安岳事件)', 1911년 1월 '테라우치 총독 암살미수 사건' 등을 날조하여 수백 명에 달하는 민족운동가들을 체포·투옥시킨 것도 이 때문이다. 다수의 인물들이 풀려나기는 했지만, 그 과정에서 다시는 독립운동에 나서기 어려울 만큼 고문을 당하고 몸을 크게 다쳤다. 이러한 행위는 한국 민중들의 일제통치에 대한 저항을 억누르기 위한 조치였다. 또 일제는 1912년에 '조선태형령'을 공포하여 헌병경찰이 즉결처분권을 갖도록 했다. 한국인들을 태형이란 이름 아래 무지막지하게 구타할 수 있는 법적 근거를 마련한 것이다. 이것 또한 독립운동을 미리 막으려는데 목적을 두었다.

그렇다고 해서 한국인들의 국권회복과 민족의 독립을 위한 투쟁은 결코 끊어지지 않았다. 오히려 국내외에서 더욱 줄기차게 이어졌다. 일제 식민통치에 대한 거족적인 저항인 1919년의 3·1운동이 바로 이를 증명하는 것이다.

2. 1910년대 안동 사회

(1) 일제의 지방행정 장악과 안동사회

1910년 한국 강점에 성공한 일제는 식민지 정책 수행에 용이하도록 행정기구를 개편하였다. 대한제국의 13도(都) 11부(府) 317군(郡) 체계와 일제통감부의 이사청(理事廳)·재무서(財務署)를 통합해 총독의 중앙집권을 강화하는 식민지 체제로 행정기구를 개편하였다. 이와 더불어 1914년 촌락공동체에 바탕을 두고 있는 '마을단위'의 지방행정 조직을

안동시내 전경(1916년 이전)

전면적으로 개편하였다.

조선사회에서 동리(洞里)는 개별농가의 한계를 서로 보완하는 공동 조직이자 이를 운영해 가는 자치기구로서의 성격을 지니고 있었다. 이는 대체로 지역 명망가층의 주도 아래 운영되었다. 이러한 상황에서 일제는 동리의 자치운영은 물론 자치운영을 주도하는 지역 명망가층을 무력화하고 지방을 장악하기 위한 강력한 조치가 필요했다. 1914년의 '군·면·동·리 통폐합', 1917년의 '면제' 실시와 같은 일련의 조치는 이러한 목표와 깊은 관계 속에 이루어졌다.

특히 '군·면·동·리 통폐합' 조치는 기존의 자치적 지역 운영구조를 무력화하는 가장 기본적인 정책이었다. 일제는 1914년 3월 1일부터 군 단위의 통폐합을 실시해 종래 317개 군을 220개 군으로 통폐합하였다. 그리고 1914년 4월 1일부터는 면과 리(里) 단위를 통폐합해 4,322개였던 면을 2,522개 면으로 축소시켰다. 또 '마을(자연촌락)' 단위의 리는 평균 4~5개 마을을 하나로 통합하였다. 일제의 이러한 조치로 종래의 농촌

공동체는 빠른 속도로 해체되었을 뿐만 아니라 군청과 면사무소를 유치하려는 경쟁이 치열해 갈등도 일어났다.

안동도 1914년 일제의 행정구역 개편에 따라 변화를 거치게 되었다. 대한제국 때 안동에는 본래 안동부와 예안군이 있었다. 그러나 1914년 일제의 '군·면·동·리 통폐합' 조치로 행정구역이 통폐합되고, 예안군이 안동에 합쳐지면서 모두 20개 면 194개 동리로 재편되었다.[1] 곧 예안군이 안동군에 통합되고 기존의 생활터전이 뒤섞이면서 전통의 공동체적·자치제적 요소는 점차 사라지고 식민통치에 유리한 지방행정체제로 바뀌어 갔던 것이다. 아래의 표들에서 행정구역 개편에 따라 변화된 내용을 구체적으로 확인해 볼 수 있다.

〈표 10〉 안동군 행정구역 명칭(1912)[2]

면	동수	동리명
부내면(府內面)	19	용상리(龍上里), 용하리(龍下里), 신세리(新世里), 율세리(栗世里),운흥리(雲興里), 천리(泉里), 동문내동(東門內洞), 서문내동(西門內洞),안막리(安幕里), 성야동(城也洞), 법상동(法尙洞), 옥리(玉里), 안기리(安奇里), 두우현동(斗牛峴洞), 노하리(鷺下里), 미질리(彌質里), 송현동(松峴洞), 호암리(豪岩里), 이천동(泥川洞)
동선면(東先面)	10	가야리(佳野里), 주계리(周溪里), 지상리(池上里), 하가구리(下佳邱里), 상가구리(上佳邱里), 산동(山洞), 지하리(池下里), 물야리(勿野里), 가장동(佳庄洞), 중가구리(中佳邱里)
동후면(東後面)	17	나소곡리(羅所谷里), 미남동(美南洞), 노천동(蘆川洞), 요촌리(蓼村里), 주진동(舟津洞), 가류리(加流里), 구미리(九尾里), 우곡동(羽谷洞), 신기동(新基洞), 구접리(九接里), 절강동(浙江洞), 도곡리(道谷里), 초현동(草峴洞, 노산동(老山洞), 석동동(石東洞), 석서리(石西里), 감성동(甘城洞)

1) 조선총독부, 《舊韓國地方行政區域名稱一覽》, 1912, 611~615쪽 ; 越智唯七編, 《新舊對照朝鮮全道府郡面里洞名稱一覽》, 1917, 509~515쪽.

2) 조선총독부, 《舊韓國地方行政區域名稱一覽》, 1912, 611~615쪽.

남선면 (南先面)	16	강정리(江亭里), 이곡동(梨谷洞), 천평동(泉坪洞), 상신석리(上申石里), 구미리(九尾里), 지노동(指老洞), 신흥리(新興里), 도율리(道栗里), 원리(院里), 가현동(加峴洞), 노림리(魯林里), 노암리(魯岩里), 외하리(外下里), 토지동(兎枝洞), 내리(內里), 하신석리(下申石里)
남후면 (南後面)	14	무릉동(武陵洞), 개곡리(皆谷里), 대야동(大也洞), 검암동(儉岩洞), 하고동(下古洞), 상고동(上古洞), 수침동(水沈洞), 몽고리(夢古里), 광음리(光音里), 상아탄동(上阿呑洞), 중아탄동(中阿呑洞), 납시동(納是洞), 마지동(磨芝洞), 중고동(中古洞)
서선면 (西先面)	13	상계곡리(上桂谷里), 청사동(青沙洞), 상동(上洞), 중동(中洞), 하동(下洞), 노동(魯洞), 회곡리(檜谷里), 증수동(增壽洞), 와평리(瓦坪里), 토곡리(吐谷里), 상단지동(上丹池洞), 막곡리(幕谷里), 하단지동(下丹池洞)
서후면 (西後面)	26	광평리(廣坪里), 증거리(增巨里), 금하리(金下里), 명동(鳴洞), 보현동(甫峴洞), 저전동(苧田洞), 화원동(花原洞), 내동(內洞), 경광리(鏡光里), 이송천동(二松川洞), 하태장리(下台庄里), 가야리(佳野里), 추산동(秋山洞), 송내동(松內洞), 대석동(大石洞), 대두서동(大豆西洞), 평촌리(坪村里), 이개리(耳開里), 성곡동(城谷洞), 상태장리(上台庄里), 능동(陵洞), 자품리(者品里), 교동(校洞), 창풍리(昌豊里), 옹곡리(甕谷里), 금상리(金上里)
북선면 (北先面)	13	서지리(西枝里), 이하리(伊下里), 태동(台洞), 이중리(伊中里), 이상리(伊上里), 마암동(馬岩洞), 주하리(周下里), 주상리(周上里), 내감애동(內甘厓洞), 부곡동(釜谷洞), 서현동(西峴洞), 대동리(大同里), 점인동(店仁洞)
북후면 (北後面)	14	도촌리(道村里), 도진동(道津洞), 연곡리(蓮谷里), 물한동(勿閑洞), 옹천리(甕泉里), 두산동(斗山洞), 월전리(月田里), 신전리(薪田里), 석탑동(石塔洞), 추곡리(秋谷里), 마사리(麻仕里), 오산동(梧山洞), 소부동(小夫洞), 동음리(東音里)
임현내면 (臨縣內面)	13	현내동(縣內洞), 천전리(川前里), 추월리(秋月里), 망천동(輞川洞), 사의동(思義洞), 악사동(岳沙洞), 원리(院里), 임당리(林塘里), 반시동(盤市洞), 포진동(浦津洞), 송동리(松東里), 송서리(松西里), 송하리(松下里)
임동면 (臨東面)	10	수곡동(水谷洞), 오잠리(梧岑里), 중평동(中坪洞), 박곡리(朴谷里), 마령동(馬嶺洞), 위동(渭洞), 대곡리(大谷里), 고천동(高川洞), 갈전동(葛田洞), 동산리(東山里)

임남면 (臨南面)	16	용계동(龍溪洞), 지례동(知禮洞), 상국리(上菊里), 하국리(下菊里), 상지동(上枝洞), 하지동(下枝洞), 구수리(九水里), 내배방리(內杯芳里), 외배방리(外杯芳里), 부곡리(釜谷里), 오계동(梧溪洞), 천곡리(川谷里), 감동리(甘東里), 대곡리(大谷里), 대전동(大田洞), 검단리(儉丹里)
임서면 (臨西面)	12	신당동(新塘洞), 금소동(琴召洞), 인덕리(仁德里), 평지리(坪地里), 추목리(楸木里), 점리(店里), 나천동(羅川洞), 고곡리(古谷里), 현상리(縣上里), 현하리(縣下里), 천지리(泉旨里), 오도리(梧道里)
임북면 (臨北面)	17	구룡방동(九龍坊洞), 등산리(登山里), 미질리(美質里), 사월리(沙月里), 마동(馬洞), 하도목리(下道木里), 박곡리(朴谷里), 양옥동(陽玉洞), 상도목리(上道木里), 신기리(新基里), 아휴리(阿休里), 부여동(富如洞), 가곡리(佳谷里), 기사리(棄仕里), 상정정리(上鼎井里), 동달리(東達里), 하정정리(下鼎井里)
길안면 (吉安面)	11	백자동(柏子洞), 묵계리(默溪里), 오락리(五樂里), 만음리(晩陰里), 산하리(山下里), 금곡리(金谷里), 송제동(松蹄洞), 마사리(麻仕里), 대사동(大寺洞), 고란동(古蘭洞), 미천리(眉川里)
일직면 (一直面)	15	소호리(蘇湖里), 구미리(九尾里), 안망동(安望洞), 송리(松里), 조탑리(造塔里), 평팔동(坪八洞), 원동(院洞), 용각리(龍角里), 팔용보리(八龍洑里), 구천동(九川洞), 신운산리(新雲山里), 국곡리(菊谷里), 구운산리(舊雲山里), 거물억리(巨勿億里), 광연동(光淵洞)
풍현내면 (豊縣內面)	4	상리(上里), 하리(下里), 마애동(麻厓洞), 안교리(安郊里)
풍남면 (豊南面)	14	하회동(河回洞), 광덕리(廣德里), 안심동(安心洞), 신성동(申城洞), 구미리(九尾理), 신기리(新基里), 금계동(錦溪洞), 자개동(自開洞), 어담리(漁潭里), 상인금동(上仁今洞), 하인금동(下仁今洞), 월애동(月厓洞), 병산리(屛山里), 기산동(萁山洞)
풍서면 (豊西面)	9	역동(嶧洞), 소산리(素山里), 사야동(笥也洞), 갈전동(葛田洞), 가곡리(佳谷里), 도양동(道陽洞), 자방동(自芳洞), 구담리(九潭里), 상좌동(上佐洞)
풍북면 (豊北面)	17	오미동(五美洞), 괴정리(槐亭里), 발산동(鉢山洞), 신촌리(新村里), 매곡동(梅谷洞), 신사동(新寺洞), 율세리(栗世里), 신안동(新安洞), 답곡리(踏谷里), 서미동(西薇洞), 조치리(鳥峙里), 신양동(新陽洞), 현애리(玄厓里), 수전동(水磚洞), 죽전동(竹田洞), 우안동(愚安洞), 만운동(晩雲洞)

〈표 11〉 1914년 안동군 행정구역[3)]

면	동수	동리명
부내면	12	동부동, 서부동, 신세동, 율세동, 안막동, 법상동, 옥동, 안기동, 이천동, 노하동, 송현동, 용상동
동후면	7	석동동, 노산동, 도곡동, 절강동, 가류동, 나소동, 주진동
남선면	10	현내동, 원림동, 신석동, 이천동, 정상동, 정하동, 구미동, 신흥동, 도노동, 외하동
남후면	10	수상동, 수하동, 검암동, 개곡동, 무릉동, 광음동, 고하동, 고상동, 상아동, 하아동
서후면	11	대두서동, 이송천동, 광평동, 자품동, 이개동, 성곡동, 태장동, 명동, 금계동, 교동, 저전동
북후면	11	오산동, 도진동, 물한동, 연곡동, 도촌동, 옹천동, 장기동, 두산동, 월전동, 신전동, 석탑동
임현내면	5	송천동, 천전동, 망천동, 임하동, 사의동
임동면	8	수곡동, 박곡동, 중평동, 고천동, 갈전동, 마령동, 대곡동, 위동
임서면	6	추목동, 고곡동, 금소동, 오대동, 현하동, 신덕동
임북면	8	마동, 사월동, 미질동, 정산동, 구룡동, 계곡동, 도목동, 기사동,
길안면	14	만음동, 백자동, 고란동, 묵계동, 대사동, 송사동, 금곡동, 천지동, 대곡동, 지동, 구수동, 용계동, 지례동, 배방동
일직면	13	구천동, 망호동, 용각동, 구미동, 평팔동, 조탑동, 원호동, 운산동, 국곡동, 원동, 명진동, 광연동, 송리동
풍남면	9	하회동, 병산동, 인령동, 어담동, 금계동, 구호동, 신성동, 기산동, 광덕동
풍서면	5	소산동, 가곡동, 갈전동, 도양동, 구담동
풍북면	8	오미동, 괴정동, 매곡동, 만운동, 신양동, 죽전동, 현애동, 서미동
와룡면	13	이상동, 이하동, 태동, 주하동, 감애동, 서현동, 가구동, 산야동, 지내동, 주계동, 가야동, 중가구동, 서지동
풍산면	11	막곡동, 계평동, 수곡동, 회곡동, 수동, 노동, 단호동, 상리동, 하리동, 안교동, 마애동
예안면	13	동부동, 서부동, 의양동, 천전동, 오천동, 부포동, 귀단동, 태곡동, 인계동, 동천동, 도촌동, 삼계동, 신남동
녹전면	10	죽송동, 녹내동, 서삼동, 사신동, 구송동, 매정동, 원천동, 갈현동, 신평동, 사천동
도산면	10	분천동, 의촌동, 토계동, 원천동, 단천동, 가송동, 태자동, 온혜동, 운곡동, 의일동

3) 越智唯七編, 《新舊對照朝鮮全道府郡面里洞名稱一覽》, 1917, 509~515쪽.

일제는 식민통치가 미치지 못하던 먼 거리의 북선면 등을 주변의 면에 통합시킴으로써 통치권의 범주에 포함시켰다. 이는 리 단위로 생활권이 형성되는 전통적인 지방통치제도를 없애고 면을 중심으로 하는 생활권을 형성함으로써, 식민통치를 원활하게 하고 고유한 민족문화와 질서를 말살하려는 의도에서 나왔다. 또한 지역의 통합을 통해 지역 사이의 갈등을 불러 일으켜 민족분열정책을 체계적으로 적용하는 것도 일제가 노린 목적의 하나였다.

이와 함께 지방민 통제의 중요한 구실은 일반 행정기관이 맡았다. 특히 면의 경우 1910년대 이래 그 기능이 강화되어 1920년대 이후 지방민 통치의 기본 단위가 되었다. 면장은 상급기관의 위임사무 곧, 호적 등 일반사무와 더불어 국세·도세의 징수, 도로 부역 등의 일을 말단에서 담당하여 지방민을 통제하는 구실과 함께 식민지 경제수탈의 목적을 달성하는 데 앞장서게끔 하였다. 이렇게 일제는 지방행정에 한국인을 회유하고 끌어들여 친일적인 자원을 양성하면서 결정권은 일본인이 장악하여 한인 통제를 꾀하는 지배구조를 취하고 있었다. 그런데 주의할 점은 이전에도 면장이 있었지만, 일제 강점 뒤와는 그 성격이 달랐다는 점이다.

일제강점 이전에는 지역의 지도급 인사들이 면장을 맡았다. 예안의 류인식(柳寅植)이 그런 사례에 속한다. 그런데 일제는 지방통치를 쉽게 끌어가기 위해 면장·면서기를 일제 통치에 호의적인 지방의 유력자로 바꾸어 갔다. 그렇다고 해서 1910년대 면장이 모두 친일 인물이라는 말은 아니다. 간혹 예안처럼 면장이 3·1운동을 주도한 경우도 있었기 때문이다.

경북 지역의 1부 23군 가운데 12개 지역에 경찰서가 설치되었다. 안동군에는 안동경찰서가 설치되고, 각 면에 주재소를 두어 통치하였다. 1910년대에는 헌병경찰제가 시행되었으므로 헌병이 파견되어 있었음은 말할 필요조차 없다. 이밖에 3·1운동 당시 조직되었던 안동향군분회(安

東鄕軍分會)와 같은 일본인의 자치조직도 안동 지역민들을 통제하는 일에 앞장서고 있었다.

(2) 안동 지역의 사회적 변화

안동 지역은 전통적으로 토착세력이 강한 곳이다. 우선 혈연적인 면에서 동족마을이 많이 형성되어 있고, 이를 바탕으로 다시 통혼권을 형성하여 친인척으로 연결되는 복잡하면서도 다양한 층위를 보였다. 그래서 지금까지도 문중과 집안끼리 통혼권을 말하는 경우를 자주 보게 된다. 그리고 퇴계학통을 이은 유림들은 학문적으로 집단의식을 갖고 있기도 했다.

안동에는 생활공동체인 동족마을이 폭넓게 형성되어 있었고, 현재까지도 대다수의 전통마을이 그러한 성향을 간직하고 있다. 양반들의 마을인 반촌은 한편으로 배타적인 우월감을 내세우면서, 다른 한편으로는 동질적인 문중 집안들을 하나의 범위로 묶어 한 무리라는 일체감을 앞세웠다. 그리고 민중에 대한 인식은 지배계급이 아랫사람을 안고 갈무리하는 포용성을 보이면서도, 그들을 역사의 중심으로 끌어들이려고 하지는 않았다.

아쉽게도 안동의 동족마을에 대한 1910년대의 통계가 없어 1930년대의 것을 보면서 미루어 짐작할 수밖에 없는데, 〈표 12〉의 동족마을 분포를 보면, 30가구가 넘는 마을만 헤아려도 97개나 되었다.

우리나라 어느 곳이나 마찬가지겠지만, 안동도 사회적인 큰 변화는 항일투쟁기 동안 나타났다. 첫째, 전통적으로 국가에 충성을 보인 안동의 문중들은 일제에 대한 대응책을 둘러싸고 분화되어 갔다. 집안에 따라 일제에 대한 자세가 달랐다는 말이다. 물론 대의명분을 앞세우는 성향이 강하고 의병항쟁 이후 항일투쟁사의 큰 흐름을 잇고 있었으므로 다

〈표 12〉 일제하 안동 지역의 동족마을 분포상황[4)]

지역	성	본관	세대수	지역	성	본관	세대수	지역	성	본관	세대수
안동읍	이	고성	31	와룡면	이	영천	53	일직면	권	안동	52
	김	안동	556		황	평해	111		남	영양	45
	조	함안	183		김	안동	116		김	의성	37
	박	밀양	69		홍	남양	105	남선면	김	안동	71
	권	안동	457		이	선성	50		권	안동	38
풍산면	이	선성	99		이	진성	59		윤	파주	44
	이	전의	31		이	월성	36	임하면	김	의성	150
	이	진성	58	북후면	권	안동	97		권	안동	35
	김	안동	40		강	진주	421		임	예천	150
	권	안동	64		남	영양	36		임	울진	36
풍서면	김	순천	97		이	진성	51		정	동래	50
	김	광산	51		임	예천	79		손	경주	30
	김	안동	102		김	경주	63	임북면	권	안동	50
	권	안동	91	동후면	이	고성	42		김	김해	35
	안	순흥	33		김	안동	47		남	영양	32
풍북면	김	풍산	78		박	밀양	45	임동면	류	전주	250
	김	안동	61		박	반남	31		문	남평	45
	남	영양	31	남후면	이	월성	30		이	월성	30
	배	흥해	31		서	대구	90		김	안동	30
	이	진성	36		박	밀양	30	예안면	신	평산	61
	황	평해	37		김	안동	105		김	광산	40
풍남면	류	풍산	230	서후면	조	한양	111		이	진성	48
	김	광산	119		김	김해	120	도산면	이	진성	276
	권	안동	56		김	안동	40		이	영천	31
	황	평해	79		김	의성	60	길안면	김	안동	52
와룡면	안	순흥	47		최	경주	70		김	의성	50
	남	영양	54		박	영해	30	녹전면	최	강릉	34
	권	안동	206		권	안동	120		이	우계	38
	지	충주	69	일직면	이	한산	55				
	김	광산	109		이	진보	35				

4) 朝鮮總督府, 〈同族集團狀況〉, 《朝鮮の姓》, 1934, 256~259쪽 ; 朝鮮總督府, 〈同族部落と儒敎勢力〉, 《朝鮮の聚落》 (後篇), 1935, 697~700쪽(참고, 이 외에도 많은 성씨가 존재하고 있었지만, 세대수가 30호 미만인 경우는 생략).

른 지역에 비해 친일세력이 그다지 많은 편은 아니었다. 그렇다고 해서 친일파가 전혀 없었다는 말은 아니지만 널리 알려질 만한 친일파가 쉽게 눈에 띄지 않는 곳이 안동이다.

둘째, 새로운 사회가 만들어지면서 가치관에 커다란 변화가 나타났다. 전기의병이 끝난 뒤, 서울로 올라갔던 청년들로 말미암아 세상을 보는 눈이 달라졌다. 이들이 고향에 내려와 신식교육을 시작하면서 위정척사적 풍토에서 개화와 계몽에 대한 긍정적 인식을 불어넣기 시작했기 때문이다. 기존 사회의 구조로는 더이상 변화에 적응할 수 없다는 인식을 갖고, 심하게는 과감히 스승의 학문적 성향이나 한계를 지적하고 새롭게 나아갈 길을 제시하는 일이 생겨나기도 했다. 가히 혁명적이고 혁신적인 변화가 일어난 셈이다.

셋째, 신분사회가 무너지고 있었다. 전통적으로 양반과 상민이라는 구분, 그들이 사는 동네를 반촌이니 민촌이니 하던 구분에 변화가 나타난 것이다. 이것은 출세에 대한 전통적인 관념이 무너지고 새로운 방법에 따른 도전이 나타났다는 말이 된다. 1894년 갑오개혁에서 과거제가 폐지되고, 새로운 문화가 밀려들자 유학(留學)이 신분상승의 방법으로 떠올랐고, 그래서 일본 유학의 바람이 거세게 일어났다. 상민 가운데서도 재력만 뒷받침되면 얼마든지 유학을 떠날 수 있었고 이는 곧 신분 상승의 가능성을 뜻하는 것이기도 하였다. 과거를 통한 출세와, 그로 말미암아 더욱 굳건히 유지되던 신분 사회에 바야흐로 금이 가기 시작한 것이다.

안동 사회는 진보적인 변화를 보이는 한편, 전통적인 질서를 고집하는 경향도 강했다. 비록 신분제를 폐지하였다고는 하지만, 반촌이 민촌에 행사하는 불합리한 점도 있었다. 그 힘은 특히 마을의 집회·계·문회(門會) 등을 통하여 나타났고, 서원·향교·유도진흥회(儒道振興會) 등도 그러한 성향을 보였다. 이러한 집단은 일제 강점기 아래서도 조선의 지배이념이던 유교적 질서를 강화하려 하였고, 일제의 지배와 지역 통제에 알게 모르게 도움을 주는 부정적인 면모를 보인 것으로 평가할 수 있다.

유도진흥회는 특히 지방민 통제에 전통적 유교관계를 이용하려는 일제의 의도가 구체적으로 나타나는 조직이었다. 유도진흥회는 경상도를 중심으로 유생이 많은 남부 지역에 조직되었다. 설립 당초부터 총독부는, 이를 이용하여 임시정부(臨時政府)에서 활약하고 있는 유생 출신 인사와 내통시켜 임시정부를 무너뜨리게 하려는 의도를 갖고 있었다. 유도진흥회는 이를테면 전형적인 친일단체였다. 유도진흥회는 지방 행정기관의 관리들과 가까이 지내면서 향교를 통해 유생들을 손에 쥐려고 하였다. 이는 안동에도 존재하였고, 1927년에 유림 후예들이 대거 참가한 신간회 안동지회(新幹會 安東支會)가 향교철폐운동을 들고 나온 이유도 거기에 있었던 것이다.

(3) 일제의 농업정책과 안동

1910년 한국강점에 성공한 일제는 정치·행정은 물론 산업·경제를 장악하고자 했다. 이 가운데 농업정책은 당시 인구의 80퍼센트가 농업을 생계수단으로 삼는 상황에서 민중의 삶에 절대적인 영향을 끼쳤다. 농업부문에서 일제가 가장 먼저 실시한 정책은 토지수탈이고, 구체적인 첫 작업이 토지조사사업이었다. 일제는 1912년 '토지조사령'을 공포하고 본격적인 토지수탈 작업에 돌입했다. 그 결과 동양척식주식회사와 일본인 지주를 앞세워 전국 토지의 59.6퍼센트인 102만 정보의 미간지와 13만 7,200여 정보의 농경지를 약탈하였다. 그 과정에서 동양척식주식회사는 한국농민을 수탈하는 국내 최대의 가혹한 지주가 되었다.

일제는 또한 토지조사사업과 더불어 품종개량사업을 강행했다. 일본 국내에 공급하고자 쌀·면화·양잠의 품종을 개량하고 이들 품목을 증

안동에 있던 니시무라(西村) 잠종제조서

산했다. 그런데 그 목적은 저렴한 가격으로 물자를 수탈하는 데 있었다. 쌀은 일본인의 식량을 위해, 면화와 고치는 일본의 공업원료로 사용하기 위해 필요했던 것이다. 이러한 품종교체는 일제가 조직한 농업단체를 통해 매우 신속하게 추진되었다. 그 결과 경상북도의 경우 벼는 1918년에 교체율이 80퍼센트를 넘어섰다. 면화는 1918년 15개 군이 교체를 완료했고, 고치는 1914년 무렵에 품종교체가 완료되었다.[5] 안동군에서도 벼는 1920년도에 80퍼센트, 면화는 1925년에 완전히 육지면으로 교체되었다.[6]

이와 더불어 일제는 좀 더 효율적인 수탈을 위해, 나아가서는 농민에 대한 지배체제를 강화하기 위해 '농업단체'를 조직해 나갔다. 농업단체 가운데 일제가 가장 역점을 둔 것은 지주회와 면작·양잠조합의 설립

5) 慶尙北道, 《慶北産業誌》, 1920, 82·83·149쪽 ; 慶尙北道, 《慶北의 農業》, 1929, 25쪽 ; 李潤甲, 〈1920년대의 植民地 商業的 農業의 전개와 地主製의 확대〉, 《한국사연구》, 한국사연구회, 1995, 173쪽.

6) 朝鮮總督府 慶尙北道, 《慶北의 産業調査》, 1921 ; 慶尙北道, 《慶尙北道勢一斑》, 1926.

〈표 13〉 계층별 농가호수 및 비율

지역 / 계층	전국		경상북도		안동군	
	호수(戶)	비율(%)	호수(戶)	비율(%)	호수(戶)	비율(%)
지 주	66,391	2.5	7,455	2.4	173	0.8
자작농	530,195	20.1	43,998	13.9	2,833	13.4
자작 겸 소작농	1,073,360	40.6	160,363	50.8	10,328	48.9
소작농	971,208	36.8	103,634	32.9	7,784	36.9
계	2,641,154	100	315,450	100	21,118	100

이었다. 안동에서도 1910년대 지주조합(地主組合)·면작조합(棉作組合, 1915)·양잠조합(養蠶組合) 등이 설립되었다. 농민들은 강제로 조합에 가입되어, 이들의 통제 아래 놓이게 되었다.[7]

1910년대 안동의 경제적 상황을 알려주는 몇 가지 단편적인 자료들이 있다.[8] 〈표 13〉은 1910년대 안동의 인구와 농가구성에 대한 통계치이다. 1917년 당시 안동군의 호수는 25,932호, 인구는 139,329명이었다. 당시 국민 전체 수가 2,000만 명이었다. 지금 인구 4,500만 명으로 헤아려 단순히 비교한다면 오늘날 30만 명이 넘는 비율이다.

안동 인구 가운데 농업자 수는 21,118호, 114,545명으로 약 82퍼센트에 달했다. 당시의 계층별 농가 구성을 살펴보면 지주 약 0.8퍼센트, 자작농 약 13.4퍼센트, 자소작농 약 48.9퍼센트, 소작농 약 36.9퍼센트를 차지하고 있다. 경상북도와 안동 모두 전국 평균에 비추어 자소작농의 비중이 가장 큰 것이 주목되며, 특히 안동 지역은 지주와 자작농의 비율

7) 강윤정, 〈1920년대 안동지역의 植民地 商業的農業의 전개와 農民層分解〉, 《안동사학》 제7집, 안동사학회, 2002, 113쪽.

8) 朝鮮總督府, 《朝鮮總督府統計資料》 1909 ; 慶尙北道, 《慶尙北道統計年報》, 1918.

이 낮고 자소작농과 소작농이 85.8퍼센트에 이르렀다. 결국 이것은 일제가 수탈농정을 강화함에 따라 호당 경지면적이 적은 안동 지역 농민층의 몰락과 차지경쟁(借地競爭)이 다른 지역에 견주어 더욱 치열해지는 원인이 되었을 것이다. 이러한 현상은 1919년 안동의 3·1운동에도 영향을 미쳤으리라 생각한다.[9]

3. 의병항쟁과 계몽운동의 합류 모색

(1) 1910년대 민족운동의 특성

1910년대는 한국독립운동사에 있어서 새로운 활로를 찾던 시기였다. 국권상실 뒤 국내에서 항일운동을 전개하던 많은 인사들이 망명의 길을 선택하여 만주로 이주했으며, 독립운동기지 건설을 위해 분주하게 움직이기 시작하였다. 한편 국내에서는 일제의 무단통치 아래 표면에 드러난 활동이 탄압을 받으면서, 점차 비밀조직으로 전환해 나갔다. 이러한 활동은 의병항쟁과 계몽운동을 계승한 단체를 중심으로 펼쳐졌다.

일제강점 이전의 항일투쟁은 대체로 두 계열에 의해 독자적으로 추진되었다. 일제의 탄압을 직접 몸으로 부딪치면서 무력을 사용하여 해결하고자 하는 의병항쟁과, 사람과 자본을 길러 대항하자는 구국계몽운동이 그것이다. 의병항쟁이나 계몽운동은 모두 국권회복 또는 독립이라는 같은 목적을 갖고 있었지만, 방법상의 차이 때문에 갈등을 빚기도 하였다. 물론 방법상의 차이야 당연한 것이지만, 더 심각한 문제는 서로의 방

9) 강윤정, 〈1920년대 안동지역의 植民地 商業的農業의 전개와 農民層分解〉, 《안동사학》 제7집, 안동사학회, 2002, 125쪽.

법과 이념을 인정하지 않는다는 데 있었다. 곧, 의병항쟁의 주역들은 위정척사사상이나 군주사회를 회복하려는 복벽론(復辟論)으로 무장하였지만 이와 달리 계몽운동가들은 민주사회와 공화정치를 그 이념으로 삼고 있었던 것이다.

두 계열 사이의 갈등은 차츰 심각해져만 갔고, 의병이 계몽학교를 습격하는 극단적인 사태까지 빚어졌다. 이에 맞선 계몽운동가들은 언론을 통해 의병항쟁의 성과를 비판하기도 했다. 그런데 두 계열의 운동은 국권상실이라는 국가적 굴욕 상황에 맞닥뜨리면서 새로운 방향을 모색하게 되었다. 결국 이들은 민족독립이라는 공동의 목적을 달성하려면 힘을 합쳐야만 한다는 당위성을 깨닫게 되었던 것이다. 그것이 바로 민족이 살 수 있는 유일한 방법이었으며, 궁극적인 목적을 달성하는 데에는 분산적인 투쟁으로 효과를 거둘 수 없었기 때문이기도 하였다.

의병과 계몽운동의 합류는 독립운동의 발전적 현상으로 볼 수 있다. 독립운동의 전개과정에서 각각의 한계를 인식하고 이념과 방략을 주고받는 가운데 망국을 전후한 시기에 이르러서는 독립군으로 합류할 수 있었던 것이다. 두 계열의 합류 시도는 1910년대 중반에 접어들면서 이루어졌는데, 광복회(光復會)와 13도 의군이 대표적인 조직이었다.[10]

(2) 광복회의 조직과 안동인의 활동

광복회는 독립군기지 건설이라는 큰 목표 아래 1915년 조직된 혁명단체로서, 이전의 조직들을 바탕으로 만들어진 것으로 알려져 있다.[11] 그

10) 광복회의 명칭에 대해 역사교과서는 대한광복회로 정리하고 있다. 그런데 실제 자료에는 그 어디에도 '대한'이란 접두어가 붙은 것이 없다는 연구가 나왔다(이성우, 〈광복회연구〉, 충남대학교 박사학위논문, 2007). 그래서 이 책에서는 '광복회'라는 명칭을 사용한다.

11) 趙東杰, 〈大韓光復會의 結成과 그 先行組織〉, 《韓國民族主義의 成立과 獨立運動史

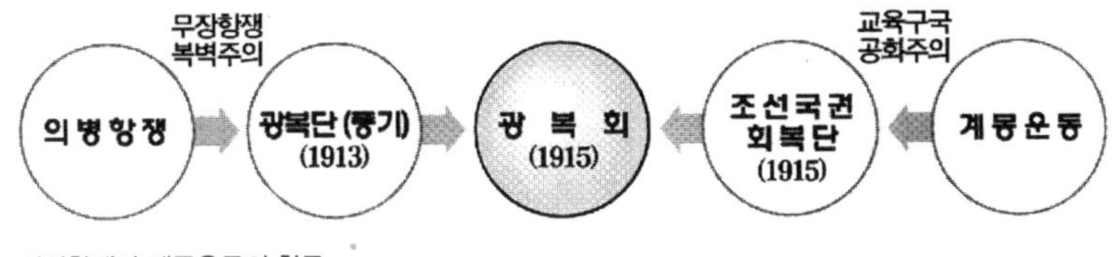

의병항쟁과 계몽운동의 합류

선행조직은 풍기(豊基)에서 조직된 광복단(光復團)과 대구의 조선국권회복단(朝鮮國權恢復團)이었다. 광복단은 1913년 소백산 바로 밑, 풍기에 모인 의병 출신자들이 조직한 단체이다. 채기중(蔡基中)·전원식(全元植)·정성산(鄭星山)·양제안(梁濟安) 등이 대표적인 인물로 거론되는데, 이곳은 《정감록(鄭鑑錄)》에 십승지지(十勝之地, 전쟁이나 재해가 없는 10곳) 가운데 한 곳으로 기록되어 있기도 하거니와, 일부 해산 의병들이 '독립운동'이라는 열망을 가슴에 품고 은거하기 시작한 곳이었다.

조선국권회복단은 1915년 음력 정월 보름 대구 대명동 안일암에서 결성된 계몽운동단체로서, 윤상태(尹相泰)·서상일(徐相日)·이시영(李始榮)·홍주일(洪宙一)·박상진(朴尙鎭) 등이 중심인물이었다. 대다수가 계몽주의 성향을 가지고 있었고, 경상도 출신이 주류를 이루었다. 조직의 목표는 국권회복을 위해 만주와 연해주의 독립운동을 지원하는 것이었고, 이를 위해 서상일의 태궁상점(太弓商店)이나 윤상태의 향산상점(香山商店) 등을 거점으로 삼아 자금을 조달하였다.

박상진이 만주 지역 독립운동기지를 둘러 본 뒤에 내린 결론은 독립전쟁론이었다. 이를 진행하기 위해 1차로 만주에 든든한 독립군기지를 건설하고, 둘째 육성된 독립군으로 국내진공작전을 벌인다는 것이 그 내용이었다. 그렇다면 이에 필요한 경비를 마련해야 하는데, 상덕태상회(商德泰商會)와 대동상점(大同商店, 영주) 등을 열어 자금을 마련하고 국외

研究》, 지식산업사, 1988.

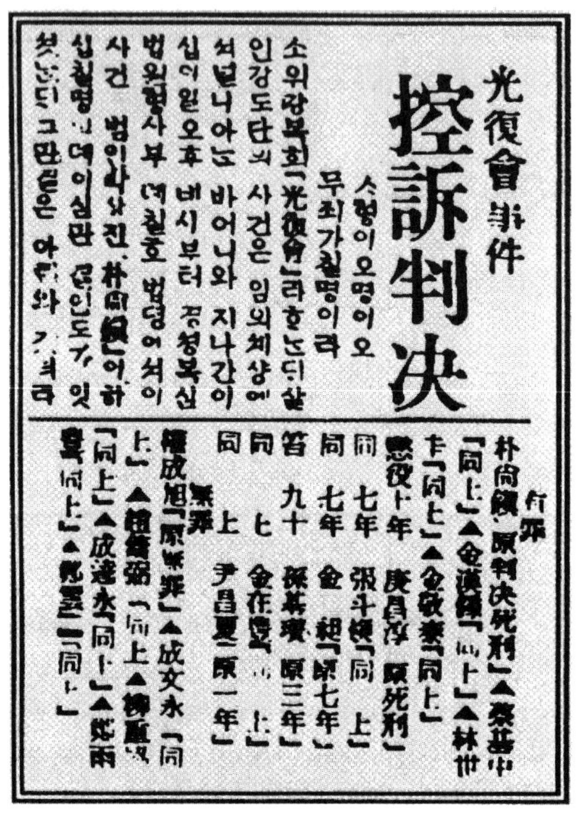

光復會事件
控訴判決
사형이 오명이오
무죄가 칠명이라

소위광복회「光復會」라하는디살인강도단의 사건은 임의세상에셔 널니아는바어니와 지나간이십이일오후 네시부터 경성복심법원형사부 뎨칠호 법뎡에셔 이사건 범인박상진「朴尙鎭」이하 십칠명에 대이심[illegible]인도가 잇셧는디 그판결은 아래와 갓더라

有罪

朴尙鎭「原判決死刑」▲蔡基中「同上」▲金漢鍾「同上」▲林世圭「同上」▲金敬泰「同上」
懲役十年 庚昌淳「原死刑」
同 七年 張斗煥「同 上」
同 七年 金 [illegible]「原七年」
笞 九十 孫基瓚「原三年」
同 上 金在昌「同 上」
同 上 尹昌夏「原一年」

無罪

權成旭「原無罪」▲成文永「同上」▲[illegible]「同上」▲[illegible]「同上」▲成達永「同上」▲[illegible]「同上」▲[illegible]「同上」

광복회 공소판결 보도기사(《매일신보》 1919년 9월 24일자)

로 송금하는 방법을 택했다. 그러나 자금 동원이 쉽지 않자 모금작업에 들어갔고, 그 가운데 친일 부호에게 강제로 자금을 받아내는 방안이 채택되었다. 이 일을 맡을 수 있는 인물은 총포를 다루어본 의병이 적격이고, 그것도 투쟁의지가 살아있는 인물이어야만 했다. 박상진이 풍기를 방문한 이유도 이런 인물들을 찾아내는데 있지 않았을까 짐작한다.

조선국권회복단의 박상진과 광복단 채기중의 만남은 이렇게 이루어졌다. 그 결과 1915년 7월 대구 달성공원의 회합을 거쳐 광복회가 만들어졌다. 광복회는 국내에 100여 곳의 거점을 확보하고 무력으로 독립을 달성한다는 목표를 세우고 혁명적인 조직으로 변모해 갔다.[12] 이들은 나라 밖, 특히 만주 지역으로 조직을 확대하여 곳곳에 거점을 확보하고, 김좌진(金佐鎭)을 부사령으로 만주에 파견하기도 했다.[13]

박상진의 상덕태상회와 대동상점은 그 대표적인 거점이었다. 광복단이 의병계열 인물과 풍기를 중심으로 한 경북 북부 지역의 조그만 조직에 지나지 않았다면, 광복회는 계몽운동계열이 합쳐지면서 국내만이 아니라 만주 지역을 포괄하는, 나라 안팎에 걸친 대규모의 조직으로 확장되었던 것이다. 여기에는 당연히 이념과 사상의 합류도 이루어지고 있었다. 공화주의 성격을 가진 이 조직에는 양반과 평민 출신이, 그리고 전통 한학과 신교육을 받은 사람들이 함께 어우러지면서 독립운동과 근대국가 이념을 널리 펼쳐 나갔다. 광복회는 친일 부호를 공격하여 자금을 확보하고, 그 과정에서 협조하지 않는 친일분자는 처단하였다.

광복회는 만주의 독립군기지에서 혁명군을 길러내고, 국내에 확보한 혁명기지를 거점으로 적당한 시기에 봉기하여 독립을 쟁취할 것을 계획하였다. 이때 행동지침은 비밀·폭동·암살·명령의 4대 강령이었고, 여러 지역에 곡물상을 설립하여 혁명기지로 삼는 한편 군자금 조달, 독립군과 혁명군의 기지 건설, 의협(義俠)투쟁으로 총독 처단과 친일 부호 처단 등을 내용으로 활동을 계획하고 추진하였다.

의병항쟁과 계몽운동 두 계열이 합류를 모색하는 과정에 안동인들도 참여하였다. 1910년까지 전개된 활동에서는 김동삼(金東三)이 대동청년단(大東青年團, 1909)에 참가하여 그런 모습을 보여주었고, 신민회(新民

12) 趙東杰, 〈大韓光復會 硏究〉, 《韓國民族主義의 成立과 獨立運動史硏究》, 지식산업사, 1989, 291~302쪽.

13) 趙東杰, 〈大韓光復會 硏究〉, 《韓國民族主義의 成立과 獨立運動史硏究》, 지식산업사, 1989, 283~291쪽.

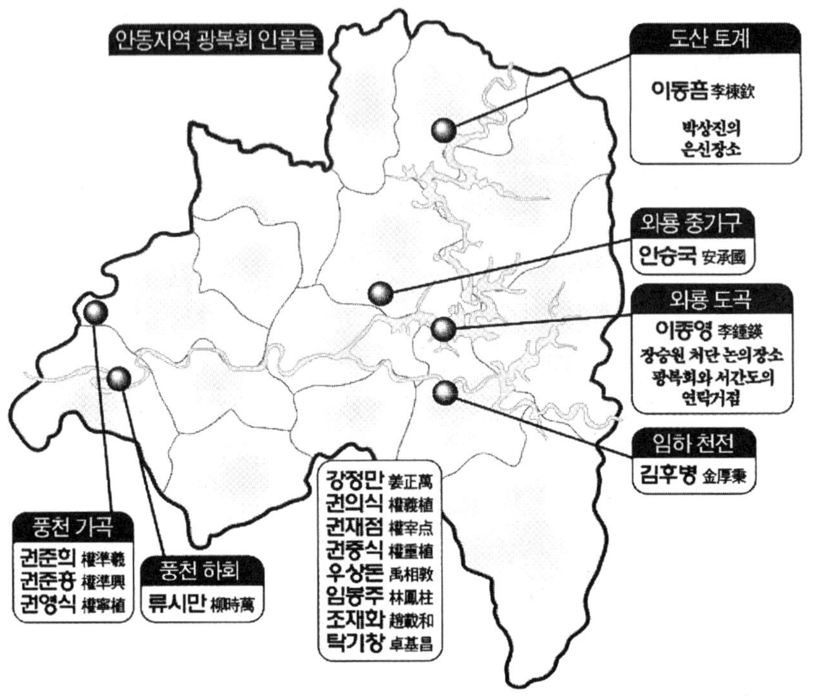

광복회에서 활동한 안동인들

會)와 더불어 만주 지역에 독립군기지 건설을 목표로 옮겨간 안동인들의 행로 자체가 이미 두 계열의 합류를 의미했다. 그렇지만 안동 독립운동계의 주류라고 불릴만한 인물들이 대거 만주로 떠난 1911년 이후에는 사실상 안동 지역 독립운동이 공백에 가까웠다. 물론 교육운동이 확산되고 있어서 계몽운동이 발전해 가고 있었다고 할 수는 있지만, 민족사 전체를 꿰뚫어 보면 양대 계열을 하나로 묶어 나가는 국내운동의 주류에는 안동인이 빠져 있었다. 그 구실을 할 인물들이 만주 지역에서 독립군기지 건설에 동분서주하고 있었기 때문이다.

그렇다고 하더라도 국내에서 활약한 사람이 전혀 없는 것은 아니었

一、李棟欽ノ脅迫事件

大正七年四月二日慶尚北道奉化郡法田面擬井里居住資産家李鍾弼ニ對シ光復會ノ名ヲ以テ金參千圓ヲ提供スヘシ若シ應セサレハ危害ヲ加フヘキ旨ノ脅迫文ヲ發送セシモノアリトノ事實ヲ所轄奉化憲兵分隊ニ於テ探知シタル旨通報ニヨリ安東警察署ニ於テ檢擧ノ結果脅迫文封筒ニ押捺シアル「親展」「秘」「大正七年二月十日」等ノ印影ハ同道安東郡陶山面事務所備付ノ印形ニ酷似シ又該封筒ハ面事務所使用ノモノト同種類ニシテ且封筒記載ノ筆跡ハ面長李明鎬ノ筆跡ト同一ナルコトヲ確メタルヲ以テ安東署ニ於テ同面長ヲ本件嫌疑者トシテ取調タル處同人ト昵懇ノ間柄ナル安東郡陶山面土溪洞居住李棟欽當三十年ナル者四月二日面事務所ニ同人ヲ訪問シ封筒ニ宛名ノ記載ヲ依賴セシテ以テ之ニ應シ代筆セシモ該封書ノ內容ハ之ヲ知ラス又印形ハ李カ擅手ニ使用セシモノニシテ自分ハ之ニ預ラサル旨ヲ申立タルニ付李ヲ取調ヘタル處自己ハ豫テ他ヨリ光復會員ノ發送セル脅迫文ノ內容ヲ聞知シ居リシヲ以テ同會ニ藉口シ金錢ヲ强取セムト企テシモノニシテ封筒ノ記載ヲ面長ニ依賴セシハ信書ト封筒トノ筆跡ヲ異ニシ以テ其ノ發覺ヲ防止セムトスル手段ニ外ナラス面長ハ本件ニ關與セサル旨ヲ申立同人等カ光復會ニ關係ナキコトハ瞭カナルモ兩者ノ陳述ハ曖昧ノ點アリ且平素ノ關係及前後ノ事情等ヲ綜合スルトキハ共謀セルモノナルコト疑ナキヲ以テ兩名トモ保安法違反恐喝未遂トシテ七年五月三日身柄ト共ニ事件ヲ所轄檢事ニ送致セリ

《고등경찰요사》의 이동흠 협박사건 일부분

다. 광복단에 이어 광복회에 참가한 인물 가운데 이종영(李鍾韺)이 대표적이었다. 그는 자신의 집을 광복회의 안동 지역 비밀거점으로 제공했다. 또 그는 채기중과 친일 부호 처단 문제를 협의하였는데, 특히 칠곡의 장승원(張承遠) 처단에 협조했기 때문에 검거되어 혹독한 형벌을 받았다.[14) 이외에도 광복회에 가입하여 활약한 인물로 고문을 맡은 권준희(權準羲)를 비롯하여 김진성(金振聲)·권의식(權義植)·권재점(權宰点)·권준흥(權準興)·류시만(柳時萬)·박상훈(朴相勳)·우상돈(禹相敦)·채태성(蔡泰成)·정송산(鄭松山)·탁기창(卓基昌)·권영식(權寧植) 등의 이름이 자료에서 확인되나, 구체적인 활약상을 보여주는 자료는 남아있지 않아 아쉽다.[15)]

다만 광복회란 이름으로 군자금 모집에 나선 자취가 얼핏 보인다. 이만도(李晩燾)의 손자요, 이중업(李中業)의 맏아들인 이동흠(李棟欽)의

14) 趙東杰, 〈大韓光復會 硏究〉, 《韓國民族主義의 成立과 獨立運動史硏究》, 지식산업사, 1989, 283~291쪽.

15) 이성우, 〈光復會 硏究〉, 충남대학교 박사학위논문, 2007, 84~86쪽.

행적에 그것이 나타나는데, 그는 1918년 4월 2일 봉화군 법전면의 자산가 이정필(李廷弼)에게 광복회 명의로 1,000원을 제공하라는 글을 보냈다. 봉화 헌병분견대가 이를 탐지하고 안동경찰서가 조사한 결과, "이동흠(도산면 토계동, 30세)이 앞서 광복회원이 발송한 협박문 내용을 듣고 있어서 이를 핑계로 금전을 모으려 했다"고 정리하고, 광복회와는 직접적인 관계가 없는 것으로 판정하여 보안법 위반과 공갈미수로 처리하였다.[16)]

여기에서 두 가지 사실을 확인할 수 있다. 하나는 그가 군자금을 요구하는 통보서를 광복회원으로부터 미리 받아보았다는 것이고, 또 하나는 그가 이를 확대시키고자 봉화의 이정필에게 글을 보냈다는 것이다. 그럼에도 그를 광복회와 관련시키지 않는 선에서 수사를 끝낸 것은 7년 반쯤 앞서 단식 순국한 이만도의 맏손자라는 점이 작용하였으리라 짐작해 본다.

(3) 교육구국운동의 확산

① 1910년대 교육운동의 확산

일제의 한국 식민정책의 핵심은 '한민족'을 없애는 것이었다. 이 말은 민족말살정책이 그 핵심이라는 뜻이다. 이를 위해 1차적으로 일제가 선택한 방법이 동화정책이었다. 그러자면 식민지 교육이 매우 중요했다. 1911년 '제1차 조선교육령'을 공포하면서 내세운 '충성되고 선량한 국민의 육성'이라는 목표를 식민지 통치기간 동안 줄곧 강화해 갔다. 1911년 '사립학교규칙'을 공포하여 반일 성향의 한국인이 경영하는 사립학교를 폐쇄시키고, 또한 공립학교를 비롯한 식민지 교육기관을 많이 세워 식민지 통치에 알맞을 정도의 지식과 기술만을 가르쳤다. 조선총독부의 조사

16) 朝鮮總督府 慶尙北道警察部,《高等警察要史》, 1934, 265쪽.

에 따르면 1910년 1,973개였던 사립학교가 1919년에는 742개로 줄어들었으며, 학생 수도 87,760명이던 것이 38,204명으로 크게 줄었다. 1915년 3월에는 '사립학교규칙'을 대폭 개정하여 사립학교의 교과 제한(종교과목의 배제)·일본인 교원 채용·교원의 제한(일본어를 할 수 없는 교원은 배제) 등을 밀어붙이고, 충성스러운 황국신민의 육성이라는 일제가 요구하는 교육방침을 더욱 강화하였다.

일제는 각급 학교 교과과정의 편성에서 보통학교의 역사·지리과목을 아예 없앴고, 고등보통학교에서도 일본과 세계의 역사·지리는 가르쳤지만, 한국의 역사와 지리는 제외시켰다. 그 대신 일본어 교육에 가장 많은 시간을 배정하였다. 다른 한편, 일제는 민족교육의 온상이던 사립학교 탄압을 한층 강화하였다. 조선총독부는 '사립학교규칙'을 위반하는 학교는 강권으로 폐쇄시켜 버렸다. 또 1918년에는 '서당규칙'을 만들어 민족교육의 터전이던 서당마저 통제하였다.

1910년에 안동 지역의 교육기관은 1개의 공립학교와 30개 정도의 사립학교가 존재하였다. 공립학교는 안동보통학교가 있었는데, 한말에 세워진 안동공립소학교에서 발전한 것으로 보인다. 사립학교는 지방학림(地方學林)·보광학교(普光學校)·계명학교(啓明學校) 등 다양했다. 특히 이전까지 안동 지역에는 문중을 중심으로 하는 문중학교나 가족학교가 주류를 이루고 있었는데, 1910년대에는 지역 단위의 사립학교가 다수를 차지하게 되었다. 그 가운데 계명학교는 1909년에 세워진 안동교회가 1911년에 설립한 사립학교로, 일종의 종교학교라는 데서 다른 학교와 차별성을 가진다.

1910년대 안동 지역의 사립학교를 살펴보면 다음 표와 같다.[17]

---

17) 심상훈, 〈1910년대 안동지역의 교육구국운동〉, 《안동사학》 제4집, 안동사학회, 1999, 92~93쪽(이하 교육운동과 관련한 내용은 본 논문에 근거하였음).

〈표 14〉 1910년대 안동 지역의 사립학교

학교명	설립지역	학교명	설립지역
계명학교(啓明學校)	안동교회 내	보광학교(寶光學校)	–
광동학술강습소(廣東學術講習所)	서후 금계	보문의숙(寶文義塾)	도산서원 내
광동학교(光東學校)	서후	봉양서숙(鳳陽書塾)	임하 송천
광명학교(廣明學校)	풍산	서부사숙(西部私塾)	예안 서부
금계사숙(錦溪私塾)	풍남 금계	선명학교(宣明學校)	예안 서부
금곡서숙(金谷書塾)	금곡당 서당	소산서숙(素山書塾)	소산 청원루 내
금양의숙(錦陽義塾	임하 금소	애산사숙(愛山私塾)	도산 토계
긍구당사숙(肯溝堂私塾)	도산 분천	영동서숙(永東書塾)	풍산 노리
납시서당(納是書堂)	남후 고곡	오릉학술강습소(五陵學術講習所)	풍북 오미
대동강습소(大東講習所)	동후 도곡	와룡강습소(臥龍講習所)	와룡 지내
대성학교(大成學校)	예안 서부	원촌사숙(遠村私塾)	도산 원촌
동릉강습회(東陵講習會)	와룡 주하	원흥의숙(元興義塾)	풍서 가곡
동소서당(東昭書堂)	남후 원림	중방사숙(中坊私塾)	남후 중방
동양학교(東陽學校)	동선	지방학림(地方學林)	안동시내
동화학교(東華學校)	풍남 하회	태오서당(台塢書堂)	월곡 사월
동흥강습소(東興講習所)	법흥 임청각 내	학남강습소(鶴南講習所)	서후 저전
망천서숙(輞川書塾)	풍산 마애	협동학교(協東學校)	임하 천전

이외에도 많은 사립학교가 존재하였을 것으로 보인다. 위의 〈표 14〉의 내용은 일단 확보할 수 있는 자료에 근거를 두고 확인한 결과이다. 그러나 학적부와 교과서가 남아있지 않은 상황이라, 구체적인 내용은 확인

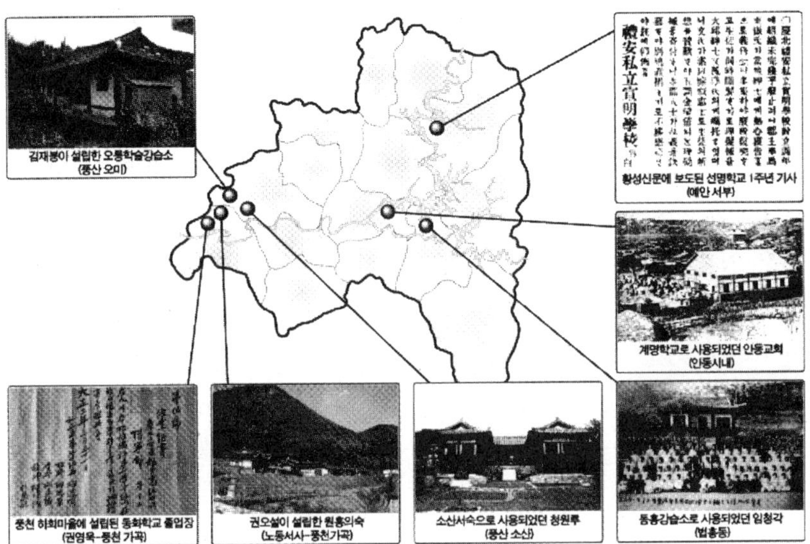

1910년대 안동 지역 사립학교

할 수 없다. 그래서 같은 시기에 존재하였던 다른 지역의 사립학교에 비추어 내용을 추정할 수밖에 없을 것 같다.

1910년 학무국에서 사립학교의 초등교육기관 교과서와 교과목을 지정해 주는 법령을 발표하였다. 이 법령에 따르면 수신서(修身書)·국어독본(國語讀本)·일어독본(日語讀本)·일본어로 씌인 이과서(理科書)·도서임본(圖書臨本)·습자첩(習字帖) 등이 있었다. 그리고 학부검정교과용 도서만을 사용토록 규제하였다. 확인할 수 있는 당시 사립학교의 교과목은 수신·국어·한문·일어·지리·역사·산술·박물·동물·식물·물리·화학·지과·생리·위생·농업·상업·도화·습자·체조·영어 등이다. 교과목의 명칭은 '보통학교령'에 규정된 보통학교의 것과 같다. 그러나 각 학교에서 이와 같은 교과목을 모두 가르쳤던 것 같지는 않다. 《황성신문》에 나타나는 사립학교의 교과목이 학교마다 조금씩 차이가 있기 때문이다.

안동 지역 학교의 교과목도 이와 별 차이가 없었을 것이다. 전반적으로 공통된 과목은 어학·산술·역사·지지·창가·한문이었고, 특히 모든 학교에서 공통적으로 열의를 가지고 채택한 교과목은 역사였다. 당시 사립학교의 설립 이념이 국권의 회복 또는 애국심의 고취였는데, 이를 실행하고자 역사 교육이 강화되었다. 다만 학교마다 조금씩 차이가 나는 것은 일본어 과목의 선택이었다. 그것을 선택하는 학교도 있었지만, 그렇지 않은 경우가 더 많았다.

안동 지역 사립학교의 설립 형태는 대부분 문중학교·서원학교·마을학교·종교학교로 구분된다. 문중학교는 설립 재원이 각 지역의 유명한 문중에서 나오고, 교사나 학생이 문중의 구성원으로 이루어진 경우이다. 서원의 재원을 이용한 서원학교로 대표적인 경우는 도산서원의 재원을 이용한 보문의숙(寶文義塾)과 분강서원 재산을 이용한 긍구당사숙(肯搆堂私塾)이 있었다. 그리고 각 지역마다 세워진 마을학교가 있었다. 안동 지역 학교 대부분의 경우가 여기에 해당된다. 그리고 고운사에서 안동 도심에 세운 지방학림이나 안동교회 안에 설립된 계명학교는 대표적인 안동 지역의 종교학교이다.

이처럼 안동 지역 사립학교는 설립 주체의 성격에 따라 다양하게 구분해 볼 수 있는데, 이는 지역의 여러 계층이 교육운동에 참가하였다는 사실을 보여주는 근거라고 할 수 있다. 그런데 원촌사숙(遠村私塾)과 선성의숙은 보문의숙과 선명학교를 잘못 표기한 것으로 보인다. 출신 학생 명단이나, 설립자의 이름으로 보아 그렇게 생각된다.

1910년대 사립학교들이 1920년대로 접어들면서는 공립보통학교로 편입되는 경우가 많았다. 1911년 '사립학교규칙'으로 교사 및 교과목에 대한 통제를 강화하면서 학교 존립 자체를 흔들어 놓은 조선총독부는 이를 바탕으로 1920년대 보통학교를 신설해 나갔다. 협동학교·보문의숙·선명학교 등의 재원이 공립보통학교로 넘어가게 되었다. 그리고 1925년

〈표 15〉 1920년대 안동 지역의 공립보통학교

학교	소재지	수학년한	학급수	아동수					교원수			학급당 평균	개교일
				남		여		계	남	여	계		
				한국인	일본인	한국인	일본인						
安東	安東邑 西部洞	6	18	697	·	273	·	970	16	3	19	54	1911.3.
禮安	禮安面 西部洞	6	6	265	·	47	2	314	5	1	6	52	1912.4.
陶山	陶山面 土溪洞	6	3	103	·	8	·	111	3	·	3	37	1918.9.
豊南	豊南面 河回洞	6	3	144	1	5	·	150	3	·	3	50	1919.9.
一直	一直面 遠湖洞	6	3	167	·	18	·	185	3	·	3	62	1921.1.
臨河	臨河面 臨河洞	6	3	129	·	8	·	137	3	·	3	46	1921.2.
臨東	臨東面 水谷洞	6	3	136	·	18	·	154	3	·	3	51	1921.1.
吉安	吉安面 泉旨洞	4	2	63	·	17	1	81	2	·	2	40	1926.5.
豊北	豊北面 槐亭洞	6	2	164	·	6	·	170	3	·	3	57	1928.6.
北後	北後面 場基洞	3	2	121	·	8	·	129	2	·	2	64	1929.9.
계			45	1,989	1	408	3	2,401	43	4	47		

을 전후로 폐교된 사립학교의 재원은 거의 대부분이 총독부를 통해 보통학교 설립 재원으로 충당되었다. 특히 선명학교의 재원은 다른 학교보다 상당히 일찍 보통학교의 재원으로 넘어간 것으로 보인다. 1920년대 안동 지역에 설립된 공립보통학교의 현황은 〈표 15〉와 같다.

학부의 인가를 받은 사립학교 외에도 다양한 형태의 교육기관이 있었다. 대표적인 것이 서당이었다. 보통학교나 사립학교에서 교육을 받을

〈표 16〉 1920년대 사설교육 기관 및 학생 수

구분 연도	서당				사설학술강습회			
	수	교사수	학생수		수	강사수	학생수	
			남	여			남	여
1926	9	12	223	5	2	7	89	
1927	7	10	180		1	2	43	
1928	6	8	140		6	13	287	52
1929	6	6	155		7	14	298	62
1930	11	13	8		7	14	402	68

수 없었던 아동들은 서당으로 몰릴 수밖에 없었다. 그러나 서당교육으로는 근대적인 교육을 받고자하는 교육열을 소화할 수 없었기 때문에, 교회·청년회·농민단체 등의 사회단체가 각종 강습소나 야학을 개설하여 이들을 교육하고자 하였다. 또한 서당도 새로운 교육체제를 갖추면서 기존의 서당교육에서 탈피하는 경향을 보이기도 하였다. 근대교육을 지향하던 서당은 1918년 '서당규칙'에 따라 제재를 받게 되었고, 뒤에 친일적인 경향으로 모습을 바꾸는 경우도 나타났다. 1920년대 사설교육기관의 학생 수를[18] 보면 〈표 16〉과 같다.

안동 지역의 교육운동은 한말의 정국변화와 신교육의 발흥이라는 상황을 마주하면서 혁신유림과 유생들의 선각적인 깨달음으로 시작되었다. 안동인들은 대한협회 안동지회(大韓協會 安東支會)·교남교육회 안동지회(嶠南敎育會 安東支會) 등의 활동으로 계몽운동의 중요성을 인식하였고, 주도세력이 직접 상경하여 나라 안팎의 정세를 파악하면서 계몽운동과 교육운동의 필요성을 새삼 느끼게 되었다. 앞서의 독립운동방략이었던 의병항쟁의 한계성을 깨달았을 것이며 국권수호를 위해서는 지배

18) 慶尙北道 安東郡, 《郡勢一般》, 1931, 14쪽.

계층과 대중이 함께 깨어 있어야 한다는 사실을 알게 된 것이다. 이에 안동지역의 계몽운동가들은 솔선수범하여 계몽운동단체에 가입하면서 그 열기를 지방으로 실어 날랐다.

한말에서 1910년대에 걸친 신교육의 보급은 1920년대 이후 안동 지역의 민족·사회운동을 이끌어간 주역들을 길러낸 밑바탕이 되었다고 할 수 있다. 1920년대 이후 안동 지역의 민족·사회운동을 이끈 이들은 모두 안동 지역에서 신교육을 받거나, 타 지역, 특히 서울에 유학하여 신교육을 받은 이들이었던 것이다. 그리고 민족·사회운동의 선각자 대부분이 중소지주나 양반 자제였고, 유교지식인이었기에, 1920년대 안동 지역의 전반적인 운동이 문중과 밀접한 관련 속에 펼쳐지는 흔치 않은 특징을 가지게 되는 것이다.

다만 한 가지 주의할 점은 교육운동이 모두 독립운동이나 민족운동이 아니었다는 사실이다. 문중이나 종교세력의 강화를 위한 학교도 있었으며, 심지어 일제 식민지교육 정책에 발맞추어 '황국신민'을 양성하고자 한 학교도 있었기 때문이다.

② 민족교육을 위한 역사서의 편찬

국권을 빼앗기고 난 뒤 국사를 연구하고 저술하는 그 자체가 곧 독립운동이었다. 이는 일제의 식민사관에 맞서 민족정신을 가다듬는 길이었기 때문이다. 여기에 앞장 선 대표적인 인물이 신채호(申采浩)·황의돈(黃義敦)·박은식(朴殷植)·계봉우(桂奉瑀)·이상룡(李相龍)·김교헌(金敎獻)·장도빈(張道斌) 등이었다. 이들은 대부분 해외로 망명하여 민족의 역사를 서술하였다. 국내에서는 일제가 이를 봉쇄하였기 때문이다.[19)]

19) 심상훈, 〈1910년대 안동지역의 교육구국운동〉, 《안동사학》제4집, 안동사학회, 1999, 100~108쪽(이하 '민족교육을 위한 역사서의 편찬'과 관련한 내용은 본 논문에 근거하였음).

류인식

1910년대에 해외에서 저술된 한국사로는 신채호가 만주의 동창학교(東昌學校)에서 교재로 사용했다고 전하는 《조선사(朝鮮史)》, 이상룡의 《대동역사(大東歷史)》, 김교헌의 《신단민사(神壇民史)》와 《단군실기(檀君實記)》, 그리고 박은식이 상해에서 출간한 《한국통사(韓國痛史)》가 있다. 이것은 모두 민족교육을 위해 '독립운동' 차원에서 만들어진 책이었다. 민기(民氣)나 국혼(國魂)이 강조되었는데, 비록 나라는 잃었지만 국혼을 간직해 나간다면 다시 나라를 찾을 수 있다는 의식을 민족의 가슴에 불어 넣었다. 그렇기 때문에 이들의 역사 서술은 대종교적인 성격이 강했다고 볼 수 있다.

이렇게 역사서술을 통해 민족의식을 고취해가자, 일제는 당황하였다. 특히 1915년에 《한국통사》가 간행되어 국내에 들어오자, 조선총독부가 다음 해에 '반도사편찬사업(半島史編纂事業)'을 서둘렀고, 조선사편찬위원회(朝鮮史編纂委員會, 1922)를 설치하고 조선사편수회(朝鮮史編修會, 1925)로 개편하면서 식민사학을 심화·확대해 나갔다.

안동인이 민족교육을 위해 편찬한 역사서적은 류인식의 《대동사(大東史)》와 이상룡의 《대동역사》가 대표적이다. 앞의 책은 1910년대 중반 안동에서, 뒤의 것은 1920년 직후에 만주에서 각각 편찬되었다.

류인식은 1911년 초에 독립운동기지를 건설하기 위해 만주로 망명하였다가 귀국하였다. 서간도로 망명하였던 많은 독립운동가들이 경학사(耕學社)를 조직하고, 신흥학교(新興學校)를 설립하게 되었다. 그리고 중국인에게 토지를 빌려 농사를 짓게 되었는데, 기후와 토양에 따른 농사법의 차이에 익숙치 않아 흉작을 면치 못하였다. 이에 국내에 있는 재산을 정리하여 군자금으로 활용하고자 귀국한 인물들이 있었는데, 류인식도 1912년 후반에 같은 목적으로 귀국했다가 검거되었다. 일제 경찰에서 풀려난 뒤 그는 안동에서 다시 교육운동과 사회운동을 펼쳤다.《대동사》를 저술하여 협동학교 교재로 사용했다. 1917년과 1920년에 홍치유(洪致裕)·이한걸(李漢杰)에게 교정과 복사를 부탁했다는 기록이 보이는 것으로 보아 1917년 이전에 집필한 것으로 생각된다.

《대동사》는 단군에서 시작하여 경술국치까지 4243년 동안의 한국사를 편년체로 서술한 순한문체 통사로, 총 21권 11책이며 차례는 대동연혁지총도(大東沿革地總圖)·대동연혁국차도(大東沿革國次圖)·대동족총도(大東族總圖)·대동역대일람표(大東歷代一覽表)·범례로 되어 있다.[20]

《대동사》는 정치사를 중심으로 한 고증사학으로 흐르고 있으나, 부족국가에서 통일신라를 거쳐 후삼국까지를 남북조라는 민족적 입장에서 다루고 있다.[21] 이는 한민족의 활동무대와 강역을 계통적으로 명시한 것으로 다른 역사서에 견주어 색다른 성격을 가지고 있다. 또한 당시의 역사서들이 국한문 혼용체를 채택한 것과 달리 순한문체라는 독특한 형태를 지니고 있다. 류인식이 한글쓰기를 주장하면서 방대한《대동사》를 순한문체로 저술한 것은 민중적 민족역량을 성장시키기 이전에 먼저, 유림을 개화시켜야 한다고 생각했기 때문일 것이다. 무엇보다도 급한 것이 유림의 개화였던 만큼 유림의 부패를 신랄히 지적하여 비판했다. 이러한 비판은〈태식론(太息論)〉에 잘 나타나 있다. 곧, 당시 지식계층인 유림들을 민중의 개화를 위한 인적자원으로 생각하였고, 이들에게 민족주

---

20)〈答洪致裕〉,《東山文稿》, 동산선생기념사업회, 1977, 30쪽 ;〈答李德純〉,《東山文稿》, 동산선생기념사업회, 1977, 31쪽.

21) 김정미,〈동산 류인식의 국권회복론과 민족교육운동〉,《대구사학》50, 대구사학회, 1995, 44쪽.

체성 확립과 독립정신을 고양시키기 위해 역사를 저술한 것이다.

《대동사》에서는 단군부터 1910년까지의 우리나라 역사를 편년순서에 따라 적었는데, 상고사의 전개과정을 북쪽의 단군–북부여–위만–한사군–고구려–발해와 남쪽의 기자–삼한–신라–백제–가락으로 남북 양조의 이원적인 역사로 나누어 파악하였다.[22)]

류인식의 역사인식을 다음 몇 가지로 정리할 수 있다. 첫째, 고대사의 인식에 있어서 류인식은 부여와 고구려를 정통으로 인식하면서도 기자조선이 단군조선의 정통을 직접 계승한다고 보았다. 북쪽의 옛 땅으로 이동한 단군 후손 북부여를 북조라 하고, 중국 성경지방(盛京地方)에 있던 기자조선을 남조라고 불렀다. 류인식은 신라와 발해의 대립이 있기 이전인 단군조선 이후부터를 남북조로 나누어 이해했던 것이다. 이것은 당시 주권을 상실한 시대적 상황에서 민족정신을 고취하고 민족주체성을 함양하여 국권을 회복하기 위한 일환으로, 우리 민족의 활동 영역을 넓게 보려는 그의 역사인식과 깊은 관계가 있다. 특히 그가 만주 지역에 얼마나 애착을 가졌는지는 최영(崔瑩)의 요동정벌 사건을 우리나라 역사상 가장 빛나는 일이라고 평가한 데서 알 수 있다.

둘째, 발해를 통일신라와 함께 남북조시대에 포함시킴으로써 한국사의 범주에 넣은 것이다. 발해는 고구려 유민들이 세운 나라로서 고구려의 영토·백성·사회·문화·전통을 계승했다고 이해하였다. 그리고 부강하고 제도가 발전하여 가히 동방의 등불로 일컬어졌다면서, 발해사를 한국사의 체계 안에서 이해하려고 하였다.

셋째, 류인식의 시대적 역사서술 범위가 매우 광범위하다. 위로는 단군에서 시작하여 한일합방까지 체계 있는 서술을 시도하여 《대동사》라는 통사를 남긴 것은 큰 업적인 것이다. 또한 민족학자·재야학자로서

22) 박인호, 《한국사학사대요》 (제3판), 이회, 2002, 248~249쪽.

민족주의적 사관으로 역사를 저술한 것도 주목해야 할 것이다.[23] 그런데 그가 많은 사료를 인용하고 고증·분석하였지만, 근대사학의 특징인 사료 선택과 인과관계의 과학적 분석에는 다소 한계를 보였다. 그러나 그의 서술이 비록 과학적인 역사방법을 바탕으로 삼지 않아 근대민족사학에 미치지는 못했다고 하더라도, 전통사학을 근대민족사학으로 연결하고 확장한 점은 마땅히 인정받아야 할 것이다.

류인식의 《대동사》는 만주에서 이상룡이 쓴 《대동역사》와 많은 부분에서 공통점을 가지고 있다. 첫째, 새로운 역사인식이 민족정신과 민족 주체성을 확보할 수 있는 근거라고 판단하였다. 곧 역사가 바로서야 민족이 살 수 있다고 본 것이다. 둘째, 발해를 우리나라 역사의 범주에 포함시켰다. 셋째, 민족의 기원을 단군에서 찾고 단군조선에 민족의 정통성을 부여한 것으로, 기존 역사인식과는 차이를 보였다. 특히 류인식은 한국사의 기원을 단군에서부터 시작해야 한다고 주장하고, 단기(檀紀) 연호 사용을 강조하였다. 넷째, 우리나라의 영역에 대한 인식을 만주 지역으로 확대하였고, 그곳을 우리의 영역이자 독립운동의 근거지로 이해하였다. 다섯째, 민족교육을 실시하기 위한 역사교재로 집필하였다. 《대동역사》는 신흥무관학교(新興武官學校)로 발전한 신흥학교의 교재로, 《대동사》는 협동학교의 교재로 사용하기 위해 집필한 것으로 보인다.

그렇지만 완간된 《대동사》는 협동학교의 교재로 사용되지 못하였다. 《대동사》가 완성된 무렵에 협동학교가 3·1운동으로 휴교에 들어갔다가, 끝내 폐교되었기 때문이다. 그러나 몇 년을 끈 집필 기간 동안 그의 집필내용이 협동학교 학생들에게 전수되었을 것으로 짐작한다. 또한 이 책이 1920년대 안동 지역을 이끌어 간 신지식층에게 보급되었을 것

23) 김희곤, 〈동산 류인식의 생애와 독립운동〉, 《한국근현대사연구》 7, 한국근현대사학회, 1997, 56쪽.

은 분명하다. 안동 시내 옥정동에 자리 잡은 송재(松齋, 진성이씨 두루파 종가 소유)의 애련정(愛蓮亭)에 류인식은 도서관을 만들고 《대동사》를 비치하였다. 그런데 이곳이 바로 1920년대 안동청년동맹(安東靑年同盟)의 사무실로 사용되었으니, 많은 청년운동가들이 드나들며 그 영향을 받은 것은 당연한 일이었을 것이다.

제3장 3·1운동

1. 3·1운동과 지방확산

(1) 3·1운동의 배경과 계기

민족의 저항은 1910년 일제 강점기에 들어서면서도 위축되지 않고 이어졌다. 국내 의병항쟁은 비록 규모가 작아졌지만 도심을 파고들거나 만주로 이동하여 독립군이 되었다. 계몽운동도 도시를 중심으로 확산되었고 만주 지역 독립군기지 건설도 눈에 띌만한 성과를 보이기 시작하였다. 그러면서 이들은 때가 오기를 기다렸다. 국제적으로 상황 변화가 있어야 그 틈을 이용하여 우리가 독립을 성취할 수 있다고 판단한 때문이다. 기다리던 국제 정세 변화가 1914년에 제1차 세계대전으로 나타났다.

전쟁이 일어나자, 독립운동의 양상은 발 빠르게 바뀌었다. 이상설(李相卨)이 연해주에서 대한광복군정부(大韓光復軍政府)를 수립하고, 1915년 상해 중심의 인물들과 결합하여 신한혁명당(新韓革命黨)을 조직하기도 했다. 전쟁이 지속되자, 1917년 대동단결선언(大同團結宣言)이 발표되어 새로운 정부수립에 대한 논의가 일어났다.[1] 더구나 1918년 1월 미국의 윌슨 대통령이 제시한 '민족자결주의'가 독립운동계에 영향을 주기도 했다. 이것은 제1차 세계대전이 끝난 뒤 있을 마무리 방침으로 제시된 것인데, 모든 민족의 장래는 그 민족 자신의 결정에 맡긴다는 것이 골자였다.

제1차 세계대전이 끝난 시기는 1918년 11월이다. 국내외에서 독립운동에 전념하던 모든 이들이 여기에 시선을 집중한 것은 당연한 일이었다. 특히 국외에서 활동하던 인물들은 신속하고 정확한 정보를 가지고 있었기 때문에 발 빠른 움직임을 보였다. 특히 전쟁 마무리를 위한 강화회의가 프랑스 파리(Paris)에서 열린다는 소식은 우리 독립운동가들에게 독립을 위한 기회라는 인식을 가져다주었다. 그런데 단순히 대표를 파견하여 우리의 주장을 펴나가는 일이 큰 의미가 없다는 사실도 알고 있었다. 왜냐하면 "한국이 일본 통치에 따라 발전하고 있고, 한국 민중도 일본 통치에 감복하고 있다"고 선전하는 일본의 목소리가 더 크다는 사실을 잘 알고 있었기 때문이다. 그러니 일본의 주장보다 더 큰 목소리가 필요했다. 그것은 하나로 뭉쳐진 한민족의 함성이었다.

국외 독립운동계는 모두 강화회의에 대표를 파견하고자 했다. 중국에서는 신규식(申奎植)이 이끄는 동제사(同濟社)와 여기에서 성장한 여운형(呂運亨)이 대응책 모색에 나섰다.[2] 여운형은 신한청년당(新韓青年黨)을 조직하고 김규식(金奎植)을 대표로 선임하여 파리에 파견하였다.[3] 이런

1) 趙東杰, 〈臨時政府 樹立을 위한 1917년의 大同團結宣言〉, 《韓國民族主義의 成立과 獨立運動史 硏究》, 지식산업사, 1989, 314~338쪽.

2) 金喜坤, 《中國關內 韓國獨立運動團體硏究》, 지식산업사, 1995, 91~92쪽.

3) 여운형, 《夢陽呂運亨》, 青廈閣, 1967, 27쪽 ; 국회도서관, 《韓國民族運動史料》(중국편), 1976, 191쪽.

2·8독립운동의 주역들과 동경의 조선기독청년회관

움직임은 연해주 동포나 일본 유학생들에 의해서도 동시에 추진되고 있었다. 특히 일본 유학생들은 2월 8일 동경의 조선기독교청년회관에서 독립을 선언한 '2·8독립운동'을 일으키고 일본에 '혈전'을 선언하고 나섰다. 이 무렵 중국 지역에 있던 인사들은 일본 유학생들에게 밀사를 파견하여 연계를 추진하기도 했다. 또한 미국 동포사회도 대표 파견을 결정하였다.[4] 그러나 미국 정부의 비협조로 성공하지 못했다.[5] 이들 국외의 활동은 독립을 열망하는 민족의 의사를 큰 함성으로 세계에 알려야 한다는 필요성에서 나온 것이었다. 그것이 바로 3·1운동으로 나타난 것이다.

(2) 3·1운동의 발발

초기의 3·1운동 계획은 종교계와 학생들이 각기 추진하였다. 일제

4) 朝鮮總督府 慶尙北道警察部, 《高等警察要史》, 1934, 130쪽 ; 주요한편, 〈安昌浩豫審訊問記補遺〉, 《安島山全書》, 샘터사, 1979, 897~898쪽 ; 국사편찬위원회, 《한국사》 21, 2003, 124쪽.
5) 국회도서관, 《韓國民族運動史料》 (중국편), 1976, 7~8쪽.

가 한국강점 직후 독립운동세력을 제거하기 위하여 정치성을 띤 모든 사회단체에 대해 강제해산 조치를 단행했기 때문에, 그나마 조직과 단체를 유지할 수 있었던 세력으로는 사실상 종교계와 학생조직 밖에 없었던 셈이다. 이들 국내·국외 지역 독립운동가와 유학생의 구국 에너지가 한데 어우러져 펼쳐진 항쟁이 바로 3·1운동이었다.

천도교 측의 손병희(孫秉熙)·권동진(權東鎭)·오세창(吳世昌)·최린(崔麟) 등은 1919년 1월 중순 무렵 시위운동을 일으키기로 결의하고, 대중화·일원화·비폭력화의 3대 원칙을 수립하였다. 대중화와 일원화 원칙은 전 민족이 하나의 체계로 민족운동에 나설 수 있게 하였다는 점에서 발전양상이라고 평가할 수 있다. 더구나 서로 다른 종교단체가 민족문제 해결을 중시하고 민족적 양심으로 뭉친 것이다. 종교가 다르면 부정해버리는 요즈음의 일부 종교와는 크게 다른 모습이었다. 그리고 이들이 선택한 비폭력 원칙은 3·1운동 추진 세력들의 계몽주의적 성향을 보여주는 것이기도 하지만, 당시 한민족에게는 어떠한 무력수단도 없었다는 제약 때문에 취한 불가피한 선택이기도 했다. 그러나 민중운동이 비폭력적으로 진행될 수 있으리라 믿은 것은 대표들이 가진 사고의 한계 때문이었다.

기독교 측의 시위계획은 주로 평안도와 황해도가 중심이었다. 여기에는 상해에서 파견된 신한청년당원 선우혁(鮮于赫)의 활약이 연결고리로 작용하였다.[6] 신한청년당이 파리강화회의에 대표를 파견하는 한편 국내와 일본·만주·노령의 독립운동세력을 연결하였던 것이다. 선우혁은 1919년 1월 말에서 2월 초순 사이에 평안도로 들어와 이승훈(李昇薰)·양전백(梁甸伯) 등 옛 신민회(新民會) 동지들을 만났다. 그는 그 자리에서 제1차 세계대전의 마무리와 이에 따른 국제회의 소식을 전하면서 독립

6) 김희곤, 《中國關內 韓國獨立運動團體研究》, 지식산업사, 1995, 95~96쪽.

운동 방법을 협의하였다. 그 영향이 평양과 정주, 선천 일원의 교회와 기독교계통 학교 학생을 중심으로 확산되어 갔다.[7]

일본 유학생의 2·8독립운동은 국내 천도교 인사들에게 자극을 주었다. 1918년 말 유학생들은 최팔용(崔八鏞) 등 10명의 실행위원을 선출하여 독립운동을 추진하였다.[8] 이들은 제1차 세계대전이 끝나는 상황을 지켜보면서 조선청년독립단(朝鮮青年獨立團)을 조직하고 송계백(宋繼白)을 국내로 파견하여 현상윤(玄相允)과 최린 등을 접촉하게 하였다. 송계백은 그들이 준비하고 있던 독립선언과 투쟁방향을 국내에 알렸던 것이다. 그리고서 유학생들은 1919년 2월 8일 200여 명이 모여 동경 조선기독교청년회관에서 한국의 독립과 일본과의 혈전을 선언하고 나섰다.[9] 이를 계기로 국내 천도교 지도자들이 충격을 받아 독립운동을 본격화하였다.

한편 학생들은 1919년 1월 하순부터 독자적인 움직임을 보이기 시작하였다. 강기덕(康基德)·김원벽(金元璧) 등 전문학교 대표들이 회합을 갖고,[10] 각 학교별로 대표를 선임해 〈독립선언서〉의 기초 등 세부적인 계획을 세우고 추진하였던 것이다.

이처럼 각기 추진되던 독립운동은 2월 초에 들어 대통합을 향해 움직이기 시작하였다. 천도교 측은 기독교 측 이승훈에게 연합을 제의하였다. 그 결과 조국독립이라는 명제 아래 교단과 종파의 차이를 극복하고 연합할 것에 동의하였다.[11]

---

7) 독립운동사편찬위원회, 《독립운동사자료집》 6, 1983, 891~892쪽 ; 〈예심종결결정서(김형기 등 학생단)〉, 《독립운동사자료집》 5, 1983, 69쪽.

8) 국사편찬위원회, 《한국독립운동사》 자료 2, 1971, 655쪽.

9) 국사편찬위원회, 《한국독립운동사》 자료 2, 1971, 657쪽.

10) 독립운동사편찬위원회, 《독립운동사자료집》 6, 1983, 867쪽 ; 이병헌, 〈손병희 조선 독립을 선언함〉, 《3·1운동 비사》, 3·1동지회, 1966, 64쪽.

11) 이병헌, 〈1919년 4월 7일 경성지방법원 예심에서의 최린 취조서〉, 《3·1운동 비사》, 3·1

광무황제(고종) 장례식과 행렬

이들은 당초 거사 날짜를 광무황제의 국장일인 3월 3일로 잡았다. 국장에 참례할 많은 사람들이 서울로 몰려들 것을 예상하였기 때문이다. 그러나 국장일에 거행할 수 없다는 주장이 있어 3월 2일로 거사일을 수정했으나, 기독교 측의 요구에 따라 다시 하루를 앞당겨 3월 1일로 거사 날짜를 잡았다. 이유는 3월 2일이 때마침 일요일이었기 때문이다.[12] 이어서 구체적인 활동 방침이 확정되었다. 〈독립선언서〉를 비롯한 각종 문서의 기초와 인쇄 담당, 일본 정부와 의회 및 강화회의에 참가한 각국 대표에게 보낼 통고문과 청원서의 송부 방법, 서울과 지방 등 〈독립선언서〉 배포의 역할 분담, 민족대표의 선정, 불교계의 동참 등이 그 내용이었다.[13]

한용운(韓龍雲)의 노력으로 불교계와도 연합이 성사되었다.[14] 또 독

동지회, 1966, 589쪽 ; 이병헌, 〈1919년 3월 7일 경무총감부에서의 최남선 취조서〉, 《3·1운동 비사》, 3·1동지회, 1966, 659쪽.

12) 이병헌, 〈1919년 3월 12일 경무총감부에서 검사의 함태영 취조서〉, 《3·1운동 비사》, 3·1동지회, 1966, 648쪽 ; 독립운동사편찬위원회, 《독립운동사자료집》 6, 1983, 874쪽.

13) 신용하, 〈3·1독립운동 발발의 경위〉, 《일제강점기하의 사회와 사상》, 신원문화사, 1991, 60~66쪽.

14) 독립운동사편찬위원회, 《독립운동사자료집》 5, 1983, 19쪽 ; 김법린, 〈3·1운동과 불교〉, 《3·1운동 50주년 기념논문집》, 동아일보사, 1969, 75~77쪽.

3·1 〈독립선언서〉

자적으로 독립운동을 추진하던 학생들과도 연합하기로 결정하였다. 이에 학생대표들은 회의를 열고 두 가지 활동전략을 수립하였다. 하나는 연합시위에 참여하는 것이고, 다른 하나는 형편에 따라 학생의 독자적 시위를 전개하는 것이었다. 이로써 천도교·기독교·불교·학생의 대연합이 결성되었다.[15]

〈독립선언서〉는 천도교에서 경영하던 보성사에서 사장 이종일(李鍾一)의 책임 아래 2월 27일 무렵 21,000여 장 인쇄되었다.[16] 독립선언서가 인쇄되고 독립선언을 위한 준비가 마무리되자 각 종단은 민족대표를 선임하였고, 선임된 민족대표들은 〈독립선언서〉에 서명 날인하였다. 대표로 선임된 33인은 천도교 측 손병희 등 15명, 기독교 측 이승훈 등 16명, 불교 측 한용운 등 2명이었다.

2월 28일 저녁 손병희의 집에서 열린 마지막 모임에서 대표들은 계

15) 독립운동사편찬위원회, 《독립운동사자료집》 5, 1983, 46~47쪽.
16) 이병헌, 〈권동진 선생 취조서〉, 《3·1운동 비사》, 3·1동지회, 1966, 180쪽.

획을 변경하였다. 3월 1일 오후 2시에 파고다공원에서 독립을 선언하기로 했던 것을 바꾸어 바로 이웃한 태화관에서 독립선언식을 거행하였다. 이들은 시민들이 보는 앞에서 자신들이 체포될 경우에 폭력 사태가 일어날 것으로 판단했기 때문이다.[17] 이들의 행위는 뒷날 엇갈리는 평가를 빚어냈다. 더구나 이들 가운데 불교 대표와 소수를 제외한 나머지 대다수가 뒷날 친일분자로 변절했기 때문에 두고두고 이들의 대표성이 부정되어 오기도 한다.

한편 파고다공원에서는 대표들을 기다리다가 학생들이 독립선언식을 주도해 나갔다. 수천 명의 학생과 시민들이 모여 있다가 뒤늦게 독립선언 장소가 변경된 사실을 알고 독자적인 선언식을 거행하고 시위에 들어갔다. 시위대 가운데 일부는 덕수궁으로 들어가 광무황제의 영전에 조례를 올리기도 하였고, 프랑스 영사관에 들어가 조선인의 독립의지를 본국에 통고해 줄 것을 요구하기도 하였으며, 미국 영사관 앞에서 혈서를 들고 시위를 벌이기도 하였다.[18] 서울의 만세시위는 날이 저물도록 시내 곳곳에서 펼쳐졌다. 그러나 공약 3장에 밝힌 그대로 질서정연하게 비폭력 평화시위를 전개하여 한 건의 폭행사건도 발생하지 않았다.

(3) 3·1운동의 국내외 전개와 일제의 탄압

① 3·1운동의 지방 확산

3·1운동은 3월 중순까지 국내만이 아니라 국외의 동포사회에까지 확산되어 갔다. 국내의 경우는 전파되는 경로에 몇 가지 특성을 보였다. 첫째, 교통망에 따라 확산된 점이다. 철도 교통망을 따라 그 주변의 대도

---

17) 이병헌, 〈1919년 3월 8일 경무총감부에서 검사의 이갑성 취조서〉, 《3·1운동 비사》, 3·1동지회, 1966, 294~295쪽.

18) 독립운동사편찬위원회, 《독립운동사자료집》 5, 1983, 72~74쪽.

시로 퍼져 나갔고, 대도시의 장날에 시위가 크게 일어난 뒤, 다시 중소 도시의 장날을 따라 퍼져 나갔다. 둘째, 시위준비 세력이 전국 주요도시에 연락망을 정하고 이에 따라 선언서를 발송한 것이 하나의 경로였다. 서울에서 발송된 선언서가 지방의 유지들에게 전달되고, 그들에 의해 지방마다 시위가 준비되었다. 셋째, 각 지방에서 광무황제 장례에 봉도단으로 참여했다가 고향으로 돌아간 인물에 의해 시위가 확산된 것이 또 하나의 경로였다. 국장에 참여한 인물들은 현장에서 갖게 된 태극기와 선언서뿐만 아니라 시위 현장의 열기까지 그대로 지방에 전달하였던 것이다.

1919년 3월 1일, 서울을 비롯하여 평양·진남포·안주·의주·선천·원산 등 주요 도시에서 동시에 독립선언과 만세 시위가 펼쳐졌다. 이들 지방 도시에서 서울과 같은 날 만세 시위가 일어날 수 있었던 것은 종교조직을 통하여 사전에 조직화 작업이 이루어지고 〈독립선언서〉가 배포되는 등 준비가 진행되었기 때문이다. 3월 1일 시작된 독립선언과 만세 시위는 3월 중순 무렵에는 전국 방방곡곡으로 파급되었는데, 3월 20일 무렵부터 4월 10일 무렵까지 절정에 이르렀고 5월 말까지 계속되었다.[19]

시위 양상을 보면 매일 연달아 시위가 일어난 곳이 많아 서울에서는 13회, 해주·개성·진주·함흥 등지에서는 7회의 만세시위가 이어졌다. 만세운동이 일어난 횟수를 모두 합친다면 서울 64회, 의주 37회, 시흥 23회, 고양 22회, 수원 20회, 해주와 북청이 각각 16회이며, 참가 인원은 서울 수십만 명, 의주 30,000명, 강화 24,000명, 선천과 삭주 20,000명 등의 순이었다.[20] 전국에서 대개 2백만 명, 곧 인구의 10퍼센트가 만세운동에 참가한 것으로 알려진다.

19) 한국근현대사학회, 《한국독립운동사강의》, 한울, 2007, 107쪽.
20) 한국근현대사학회, 《한국독립운동사강의》, 한울, 2007, 108쪽.

삼원포 시위 장면(상상도)과 삼원포 시내 거리(현재)

② 3·1운동의 국외 확산

3·1운동의 여파는 국외에까지 전해져 만주·연해주·미주 등 한인이 거주하는 곳이면 어느 곳에서나 독립선언과 만세 시위가 일어났다. 만주 지역에서는 서간도와 북간도 등에서 한인들이 만세 시위를 펼쳤다. 서간도 최초의 만세 시위는 3월 12일 유하현 삼원포(三源浦)와 통화현 금두복

락(金斗伏洛)에서 수백 명의 동포들이 참가한 가운데 독립축하회와 만세 운동으로 전개되었다. 안동인들이 집중적으로 망명해 있던 곳이 바로 서간도 일대였고, 특히 삼원포를 중심으로 터를 잡았기 때문에 아마 시위에 많이 참가했을 것이다. 북간도에서는 3월 13일 1만여 명의 한인들의 용정 북쪽의 서전대야(瑞甸大野)에 모여 독립선언과 만세 시위를 벌였다. 또 훈춘지방의 만세 시위는 3월 20일에 있었다. 이후 만주 지역에서는 3월 21일에 봉천 안산참(鞍山站)을 비롯하여 이후 4월 10일에 냉수천자(冷水泉子) 등 각지에서 만세 시위가 계속되었다.

연해주의 한인사회에서도 만세 시위가 전개되었다. 3월 17일 블라디보스토크 일대의 한인 집단거주지인 신한촌에 대형 태극기를 게양한 한인들은 대오를 지어 만세 행진을 하였는데, 오후 4시 무렵에는 블라디보스토크 주재 11개국 영사관과 러시아 당국에 대한국민의회(大韓國民議會) 명의의 〈독립선언서〉를 배포하고 일본 총영사관 앞을 행진하면서 열띤 만세 시위를 벌였다. 외교 분쟁을 우려한 러시아 당국의 탄압이 있자, 격분한 한인 노동자들은 이튿날인 3월 18일부터 동맹휴업을 단행하였으며, 학생들은 동맹휴학으로 호응하였다. 우스리스크를 비롯한 여러 지역에서도 만세 시위가 펼쳐졌다.[21)]

미주 지역에서는 3월 15일 대한인국민회 중앙총회가 미국·멕시코·하와이 거류동포 전체회의를 열어 독립을 다짐하는 12개 항의 결의안을 채택하고 포고문을 발표하였다. 또 서재필(徐載弼)의 주선으로 4월 14일부터 16일까지 3일 동안 한인들이 필라델피아에 집결, 한인자유대회를 열어 우리 민족의 독립선언과 대한민국임시정부(大韓民國臨時政府)의 수립을 전 세계에 선포하고 악대를 선두로 태극기를 흔들며 시가를 행진

21) 반병률, 〈이동휘와 3·1운동〉, 《조동걸선생 정년기념논총 한국민족운동사연구》, 나남출판사, 1997.

하였다.[22]

③ 일제의 탄압

만세 시위가 삽시간에 전국 방방곡곡으로 퍼지자, 당황한 일제는 즉각 병력을 배치하고 무력진압에 나섰다. 당시 한국에 주둔하던 정규군은 완전 무장한 2개 사단으로 23,000여 명이나 되었다. 만세 시위가 격렬해지자 일제는 4월에 헌병과 보병부대를 늘려서 무력탄압에 나섰다.

3·1운동이 발발하자 조선총독 하세가와(長谷川好道)는 바로 진압명령과 발포명령을 내렸다. 또한 일본 육군성은 3월 7일 '조선군' 사령관에게 '불상사를 속히 진압하고 거사를 미연에 방지하는 수단을 유감없이 발휘하라'고 지시하였다. 이에 따라 전국 각지에서 일제의 야만적 탄압이 자행되었다. 특히 4월 들어서는 경고조차 없이 실탄사격을 가하라는 지침이 시달되어 더욱 많은 희생자가 발생하였다.[23]

피해가 줄을 이었다. 3월 1일부터 5월 말까지 3개월 만에 사망 7,509명, 부상 15,961명, 피체 46,948명이었다. 또 교회당 47개소, 학교 2개소, 민가 715호가 불탔다고 한다.[24] 이와 달리 일제 측 자료에는 1919년 3월 1일부터 1년 동안 피살 7,645명, 부상 45,562명, 피체 49,811명이며, 가옥 724호, 교회 59동, 학교 3동이 불탔다고 되어 있다. 일제 측 기록은 축소된 것이 분명하므로 실제의 피해가 그것보다 많은 것은 당연하다.

일제의 야만적 탄압에 분개한 군중들은 경찰관 주재소나 헌병 분견

22) 국사편찬위원회, 《한국독립운동사》 자료 1 임정편 4, 313쪽 ; 방선주, 〈재미 3·1운동 총사령관 백일규의 투쟁 일생〉, 《수촌 박영석교수 화갑기념 한민족독립운동사논총》, 탐구당, 1992.

23) 이정은, 〈3·1운동 학살만행 사례〉, 《역사비평》 45, 역사비평사, 1998 ; 이덕주, 〈3·1운동과 제암리사건〉, 《한국기독교와 역사》 7, 한국기독교역사연구소, 1997.

24) 박은식, 〈한국독립운동지혈사〉, 《박은식전집》 상권, 단국대학교 부설 동양학연구소, 1975, 534~555쪽.

소, 식민지 통치기구인 군청·면사무소·우편소를 습격하기도 하였다. 지도자들의 비폭력 투쟁의지와 달리 민중들이 격렬한 저항을 벌인 데에는 일제의 혹독한 탄압만이 원인은 아니었다. 그동안 줄기차게 전개된 독립운동으로 민중의 역량이 그만큼 성숙하였던 사실과 토지조사사업으로 토지를 잃은 농민들의 분노도 아울러 작용했던 것이다.

④ 3·1운동의 역사적 의의

3·1운동은 '독립운동의 호수', '독립운동의 분수령'이라 불릴 만큼 우리의 민족사는 물론 세계사에도 큰 영향을 끼쳤다. 먼저 민족사적 차원에서는 첫째, 3·1운동은 한민족에게 주체적인 독립쟁취에 대한 강한 자신감을 심어 주었다. 대부분의 민중들도 시위과정에서 독립쟁취의 가능성을 확인하게 되었다. 둘째, 세계 언론이 이를 보도함으로써 한민족의 자주독립 의지와 역량을 세계인들에게 알리는 절호의 기회가 되었다. 셋째, 3·1운동은 종교계와 학생, 노동자·농민들의 참여로 독립운동의 참여계층을 확대하였다. 이로써 1920년대 이후 농민운동·노동운동·학생운동·사회운동·여성운동 등으로 독립운동이 전문화하고 영역을 넓혀 나가는 바탕을 마련하였다. 넷째, 국민들의 정치인식이 근대화하는 기반을 마련하였다. 3·1운동 때 민중들이 시위과정에서 민주공화정 추구라는 광장에 합류하였다. 다섯째, 3·1운동의 결실로서 임시정부를 탄생시켰다. 한국이 독립국임을 선언했으니, 다음은 그 독립국을 운영해 나갈 정부를 수립하는 것이 당연한 순서였다. 여섯째, 3·1운동은 이후 만주와 노령 연해주 일대에서 무려 40여 개의 독립군 단체들이 편성되고 정비되어, 국내진입작전을 개시하는 등 본격적인 항일무장투쟁을 전개하는 계기가 되었다.[25)]

25) 박은식, 〈한국독립운동지혈사〉, 《박은식전집》 상권, 단국대학교 부설 동양학연구소,

3·1운동은 세계사에서도 큰 의미를 갖는다. 중국의 1919년 5·4운동, 1919년 4월 인도 마하트마 간디 주도의 비폭력·비협조 운동, 그해 여름에 일어난 베트남 독립운동, 필리핀 마닐라 대학생과 이집트 카이로 대학생들의 독립운동 등에 영향을 끼쳤기 때문이다. 결론적으로 말하자면, 제1차 세계대전을 마무리 짓는 단계에서 터져 나온 세계 식민지해방운동의 선두에 바로 3·1운동이 있었다는 말이다.

2. 안동의 3·1운동 전개

(1) 안동면 시위

① 시위의 발단과 1차 시위

안동의 3·1운동은 동경 유학생 강대극(姜大極)의 귀국과 '세브란스 연합의학전문학교' 재학생인 김재명(金在明)의 귀향으로 시작되었다. 강대극은 1919년 2월 8일 일본 동경에서 유학생들이 일으킨 2·8독립운동의 선언서를 가지고 귀국했다고 알려진다.[26] 그는 평소 잘 알고 지내던 안동군청 서기 김원진(金元鎭)을 3월 3·4일 방문하여 일본에서 한국 유학생들이 독립운동을 시작했고,[27] 서울을 비롯한 여러 곳에서 시위가 시

1975, 637쪽.

26) 강대극은 1913년 안동군 북후면 龍田書塾에서 수학하고 서울 徽文義塾을 거쳐 1917년 동경 正則英語專門學校에 입학하였으며, 1919년 동경 '2·8선언'에 참가하였다(金乙東, 《安東版獨立史》, 明文社, 1985, 232쪽).

27) 김원진은 안동군 안동면 안막동(현 안동시 안막동) 출신으로 1912년 경성사범학교를 졸업하고 동년 4월 1일 안동공립보통학교 교사, 1913년 10월 의성공립보통학교 교사로 근무하다가 1914년 7월, 함경남도 정평·단천군청 서기를 거쳐 3·1운동 당시 안동군청에 근무하고 있었다(金乙東, 《安東版獨立史》, 明文社, 1985, 220쪽).

안동면 1차 시위 장소(현 신한은행 자리)

작되었으므로 거사에 나설 것을 권유하였다.[28]

김원진은 일본의 한국지배에 불만을 가지고 독립의 방법에 대해서 고민하던 인물이었다. 그는 이미 강원도 지역에서 발행된 사회주의 성향으로 짐작되는 혁신잡지를 구독하였으며, 윌슨의 민족자결주의를 관철해 나갈 방법을 찾고 있었다.[29] 김원진은 강대극과 만세운동을 합의하고, 안동교회 지도자 김영옥(金泳玉)·이중희(李重熙)와 함께 3월 13일 장날(음 2.12) 거사할 것을 논의하였다.[30] 한편 안동교회의 김병우(金炳宇)는 아들 김재명이 서울에서 가져온 〈독립선언서〉를 보고 바로 시위 준비에 나섰다.

김원진은 3월 11일 안동수비대 청사의 인부 40~50명을 설득하여, 교회 종소리를 신호로 합세할 것을 합의했다. 그리고 안동군 북후면 옹

28) 독립운동사편찬위원회, 《독립운동사자료집》 5, 1983, 1335쪽.
29) 독립운동사편찬위원회, 《독립운동사자료집》 5, 1983, 1335쪽.
30) 안동의 장날은 2·7일인데, 해방 이전에는 음력으로 장이 섰다.

천의 강대극 집에서 만든 태극기와 격문을 은밀히 돌리기도 하였다. 그러나 불행하게도 안동의 3·1운동은 강대극·김원진·김영옥·이중희 등 주역 4인이 하루 전날인 3월 12일 계획 단계에서 예비 검속을 당함으로써 좌절되었다.[31)]

하지만 안동면의 1차 시위는 완전하게 실패하지는 않았다. 그것은 이상룡(李相龍)의 동생인 이상동(李相東)에 의해서 이루어졌다.[32)] 이상동은 장날인 13일 오후 5시 반 무렵, 공신상회(현 신한은행 앞 성결교회 입구쯤으로 추정) 앞 도로에서 태극기를 모방한 종이 연에 '대한독립만세'라 쓰고 이것을 날리면서 대한독립만세를 부르짖었다.[33)] 그리고 "상제(上帝)의 뜻과 가호에 의해 한국은 10일을 넘기지 않아 독립될 것이며, 지금은 감옥에 들어가지만 출옥은 시간문제"라고 외치며, 압송 자동차 위에서도 만세를 불렀다.[34)] 이상동의 단독 시위는 안동 3·1운동을 은밀히 추진하고 있던 유림과 기독교 지도자들에게 기폭제 구실을 하였다.

② 2차 시위

안동면[35)] 2차 의거는 계획 단계에서 안동교회와 송천동의 송기식(宋基植)을 비롯한 유림들에 의해 두 갈래로 준비되고 있었다. 예비 검속을 면한 김병우·김익현(金翊顯)·김계한(金啓漢)·황인규(黃仁圭)·권점필

31) 대한예수교장로회 안동교회, 《안동교회80년사》, 1989, 161쪽.
32) 이상동은 안동 법흥동 출신으로 본명은 '龍羲'이다. 그는 전기의병 때 의병활동을 전개하다가 박제순-하야시 강제합의(을사조약) 뒤 이상룡과 함께 '대한협회 안동지회'를 조직하여 계몽운동에 전념하기도 하였다. 그 뒤 1911년 12월 향중사림의 반대를 물리치고 기독교로 전향하여 입교하였다(金乙東, 《安東版獨立史》, 明文社, 1985, 22쪽).
33) 독립운동사편찬위원회, 《독립운동사자료집》 5, 1983, 1373쪽.
34) 朝鮮總督府 慶尙北道警察部, 《高等警察要史》, 1934, 173~174쪽.
35) 안동시내 행정명칭은 1919년 3·1운동 당시 안동면, 1931년에 안동읍이 되고, 1963년에는 시외 지역을 안동군으로 독립시키고, 시내만 안동시로 바꾸었다. 1995년 안동시와 안동군이 통합되었다.

(權點必)·이인홍(李仁洪) 등이 거사를 서두르자고 의논하고, 18일 장날 떨쳐 일어나기로 결의하였다.[36] 이들은 안동교회를 중심으로 〈독립선언서〉를 인쇄하고 태극기를 제작하였다.[37] 마침 하루 앞서 17일에 일어난 예안 시위는 이들을 고무시키기 충분했다.

3월 18일 장날 낮 12시 무렵 기독교인 30여 명에 의해 삼산동 곡물전(현 신한은행과 농협안동지부 중간 지점) 앞에서 만세 함성이 터져 나왔다. 이들이 태극기와 '대한독립만세'라고 쓴 깃발을 앞세우고 남문통과 북문통을 오르내리며 시위를 벌이고 있을 때, 동문통에서 밀려드는 또 다른 시위대가 합세하였다. 그 시위대는 송기식을[38] 비롯하여 류동붕(柳東鵬)·송장식(宋章植)·송홍식(宋弘植)·권중호(權中鎬)·문소원(文召源)·이종록(李鍾綠) 등 유림들이 지휘하고 있었다. 송기식은 안동시위 계획 단계에서 이미 안동교회의 김병우·김원진과 시위를 논의했고, 협동학교(協東學校)·보문의숙(寶文義塾)·동화학교(東華學校)의 교사와 학생을 동원하는 한편, 태극기와 격문을 만들어 곳곳에 배부하였다. 여기에서 주동자로 보이는 14명이 체포되었고, 시위군중은 일단 해산했다. 그러다가 오

36) 협동학교 출신 이인홍은 협동학교 학생 약 30명을 안동면 만세운동에 참가시키기 위해 17일, 시내 안흥여관(현, 안동초등학교 후문 부근)에 투숙시켰다가 일제 경찰에 연행되는 바람에 학생들이 시위에 참가하지 못했다고 증언했다(이인홍 증언, 1987년 3·1운동 68주년 안동 KBS 대담).

37) 《대구매일신문》 1982년 4월 27일자 ; 대한예수교장로회 안동교회, 《안동교회80년사》, 1989, 161쪽.

38) 안동 3·1운동 관련 기록에 송기식을 안동 천도교의 중심인물로 표현한 경우가 있다. 그러나 그는 단지 유림일 뿐 천도교인은 결코 아니었다. 다만 그가 1908년 사재로 세운 송천동 鳳陽義塾이 1911년 이후 재정난을 겪게 되자, 천도교로부터 자금 2백원을 지원 받은 일이 있을 뿐이다. 그는 전기의병 때 金道和 아래서 활약했고, 金興洛의 문하에 들어갔다. 또 송기식에게 큰 영향을 준 사람은 李相龍이고 후일 이상룡이 조직한 대한협회 안동지회에 가입하기도 했다. 이렇게 송기식은 개화로 방략을 전환하였지만 안동면 만세운동으로 투옥되어서도 수감자들에게 《中庸》을 가르치며 유교의 근본 취지를 설파한 것을 보면 유림으로서 풍기는 그의 면모를 알 수 있다(安秉杰, 〈송천동의 인물과 사상〉, 《안동문화》제9집, 156쪽 ; 金乙東, 《安東版獨立史》, 明文社, 1985, 222쪽).

안동면 2차 시위 장소. 멀리 보이는 아파트가 시위 당시 경찰서 자리였으며, 맞은 편 안동문화원이 재판소였다. 시위는 경찰서 앞에서 펼쳐졌다.

후 6시 무렵 다시 기독교인 60여 명이 구속자 석방을 요구하며 시위운동을 전개하였다.

밤이 되자 시위 군중들은 더욱 몰려들어 19일 0시 50분 무렵 2,500여 명으로 불어났다. 당시 안동면의 인구가 5,502명이었으므로 대다수의 면민들이 모두 참여했다는 것을 알 수 있다. 이들은 일제 통치기관인 군청·경찰서·대구지방법원 안동지청 등에 몰려들어 구속자 석방을 요구하며 돌을 던지고 일부는 불을 지르고자 했으나 이에 놀란 일본 수비대의 사격으로 해산되었다.[39] 당시 안동에 거주하고 있던 일본인들은 129호 495명이었다.[40] 이들은 안동면 2차 시위 뒤 자위단(自衛團)을 조직하였고, 23일의 3차 시위 때는 일제 경찰의 탄압 대열에 가담하였다.[41]

39) 朝鮮總督府 慶尙北道警察部, 《高等警察要史》, 1934, 220·222쪽.
40) 朝鮮總督府, 《朝鮮總督府統計年報》, 1918년 12월 말, 54~55쪽.

③ 3차 시위

안동교회와 송기식 계열이 주도한 2차 의거와는 달리, 3월 23일의 3차 의거는 안동군의 다른 면민들이 대거 참가하여 군 전체가 벌이는 시위의 양상을 보였다. 오후 7시 30분 무렵 시위가 시작되었다. 3,000여 군중이 "경찰서와 법원 안동지청을 파괴하고 구금된 자를 구출하자"는 구호를 외치며 두 기관으로 밀고 들어갔다. 수비대가 공포를 쏘다가 실탄 사격으로 나오는 바람에, 30여 명이 죽고 50여 명이 부상을 입었다. 군중들은 북서쪽 산 위로 철수하여 만세를 외치고 해산하였으니 그때가 다음 날 새벽 4시 무렵이었다.

일제 경찰과 수비대·자위단의 공격과 탄압이 극에 달했다. 안동면 시위에서 현재까지 밝혀진 피살자는 김옥진(金玉鎭, 안동면)·권두경(權斗慶, 서후)·이암회(李岩回, 서후)·권도익(權道益, 와룡)·황영남(黃英南, 남후)·김필수(金鉍洙, 와룡)·김회백(金會伯, 와룡) 등인데, 피살자의 이름을 다 알 수 없다는 것은 3차 의거가 그만큼 거군적(擧郡的)인 참여로 대중적인 양상을 나타내고 있었음을 말해준다.[42]

(2) 예안·도산·동후면 시위

① 예안면 1차 시위

안동 지역에서 대규모 군중이 최초로 만세 시위를 일으킨 곳은 예안이었다. 안동면에서는 3월 13일 이상동 한 사람에 의해 1차 시위가 있었지만, 예안은 처음으로 대규모 군중이 참가하여 시위를 전개한 곳이

41) 경상북도사편찬위원회, 《慶尙北道史》 中卷, 慶北印刷所, 1983, 142쪽.

42) 3월 23일 안동 3차 시위의 피살자 숫자는 자료마다 다르다. 사망 13명, 부상 20명(朝鮮總督府 慶尙北道警察部, 《高等警察要史》, 1934, 28쪽). 사망 38명(金乙東, 《安東版獨立史》, 明文社, 1985, 72쪽). 사망 40여 명(《海窓文集》 권1).

예안 시위 때 선언서가 등사되었던 예안면사무소. 안동댐으로 수몰되어 도산면 서부리로 이전하였다.

다. 예안 시위의 발단은 광무황제 인산(因山)에 참가했던 이동봉(李東鳳)·이용호(李用鎬)·김동택(金東澤)·신응한(申應漢) 등에 따라 이루어졌다. 그들은 서울의 시위를 직접 보고 돌아와 소식을 전하면서 시위를 준비하였다.

예안 시위는 계획 단계에서 세 갈래로 준비되었다. 첫째, 예안면장 신상면(申相冕)을 중심한 인사들이 면사무소 숙직실에서 시위를 논의하였다. 3월 11일 밤 8시 무렵에 이시교(李時敎)·이남호(李南鎬)·이광호(李洸鎬)·이호명(李鎬明)·신응두(申應斗)·신동희(申東熙) 등이 모여 있을 때, 신상면이 3월 17일(음 2.16) 거사를 제의하였다. 예안 시위는 식민통치 기관인 면사무소에서 비밀리에 논의되었음이 주목된다. 둘째, 예안의 유림 지도자 가운데 한 사람인 조수인(趙修仁)도 의거 세력을 모으고 있었다. 그는 3월 8일 무렵 서울의 손병희로부터 서신을 받고 예안 만세운동을 주도할 결심으로 평소 눈여겨 두었던 김진휘(金鎭暉)·조병건(趙炳建)·이원영(李源永)[43]·조맹호(趙孟鎬)·조방인(趙邦仁) 등과 의논하여 17일 거사하기로 합의했다. 셋째, 예안 만촌교회(현 예안교회)에서도 교인들을 중심으로 3월 17일의 만세 시위를 준비하고 있었다. 인산에 참가하여 독립선언서를 가져온 신응한과 민태규(閔泰圭) 및 면려청년회 간부 신세균(申世均) 등이 교회에서 등사판으로 태극기 수백 장을 제작하였다.

예안 시위는 3월 17일 오후 3시 30분 무렵 20~30명의 군중이 면사무소 뒤편 선성산(宣城山)에 올라가 일제가 세운 '어대전기념비(御大典記念碑)'를 쓰러뜨리고, 독립만세라 부르는 것을 신호로 시작되었다. 시장 주변의 세 곳에 있던 약 30명 정도씩 3개 시위대가 일제히 시장을 향하여 진격해 갔다. 일제 경찰이 수비대까지 동원하여 시위군중 진압에 나섰지만, 이동봉은 만세를 부르며 앞장서서 군중을 예안주재소로 이끌었다. 이를 본 이열호(李列鎬)와 예안 선명학교(宣明學校) 및 예안보통학교 학생들이[44] 태극기를 던져주어 시위 군중들에게 용기를 북돋우었다.[45] 주동자를 비롯한 15명이 체포당했으며, 이로 말미암아 군중도 해산하였다.[46]

---

43) 이원영은 도산면 원천동 출신 진성이씨로, 보문의숙을 다닌 뒤 예안 시위에 가담하여 옥고를 치렀다. 그는 옥중에서 이상동으로부터 기독교 신앙을 전도 받았으며, 출옥 뒤 가문의 반대를 무릅쓰고 1930년 12월 18일 목사가 되었다(배흥직, 《鳳卿 이원영목사》, 보이스사, 1975, 49·88쪽).

44) 3·1운동 당시 보통학교 학생은 독립운동에 참여할 수 있을 정도로 지금의 초등학생보다 나이가 많았음을 아래 표를 보면 알 수 있다.

〈공립보통학교 생도 평균연령(1919년 3월말)〉

구 분	제1학년	제2학년	제3학년	제4학년
경 북	11.3세	13.9세	15.3세	16.3세
전국평균	11.4세	12.1세	14.1세	15.3세

* 《조선총독부통계연보》, 대정 9년(1920) 3월 발행

45) 류한상·김해길, 《안동지－안동지방의 항일운동》, 고향문화사, 1987, 59~60쪽.

46) 朝鮮總督府 慶尙北道警察部, 《高等警察要史》, 1934, 27쪽.

예안 선성산(도산면 서부리)

오후 6시 무렵, 격분한 군중들이 점차 주재소로 몰려와서 구금자의 석방을 요구하였다. 해산 명령에도 오히려 군중의 수가 많아져 1,500여 명에 이르렀으며, 구금자를 탈환코자 돌과 기왓장을 던지면서 주재소로 밀고 들어갔다. 이때 일제의 진압과정에서 25명이 다시 체포당했다.[47] 해산 군중 가운데 와룡·예안면민 약 600명은 산을 타고 안동 북문으로 들어가 다음날 18일 안동 시위에 합세하였다.[48]

② 예안면 2차 시위

3월 22일, 다시 예안 2차 시위가 일어났다. 해질 무렵인 오후 7시부터 약 2,000명의 군중들이 태극기를 들고 동부동과 서부동, 선성산 위에

47) 朝鮮總督府 慶尙北道警察部, 《高等警察要史》, 1934, 27쪽.
48) 독립운동사편찬위원회, 《독립운동사》 3, 3·1운동사(하), 1983, 397쪽.

서 서로 무리를 이루며 만세를 부르기 시작했다. 시위 군중이 밀집한 시장에서 해산에 힘쓰던 일제 경찰 2명이 시위대에 포위되자, 수비병 6명이 총을 쏘아서 군중을 해산시켰다. 이때 시위 군중 13명이 부상을 입고 3명이 체포되었다.[49] 예안 시위로 재판을 받은 자는 모두 50명(태형을 받은 이유홍[李裕弘] 포함)이었다.[50]

③ 도산·동후면 시위

17일의 예안면 1차 시위는 안동면뿐 아니라 이웃 도산면 시위에도 직접적인 영향을 주었다. 도산면 토계동의 이용호와 이극호(李極鎬)는 예안 시위에 참여하고 도산공립보통학교 학생인 이호기(李鎬基)에게 독립운동을 주동할 것을 권유하였다. 그래서 다음날 18일 이용호·이극호가 주동이 되어 마을 앞 개울가에 있는 큰 나무 밑에서 동민들과 같이 독립만세를 부르짖었고, 이호기도 도산공립보통학교 교정에서 30여 명 학생과 독립만세를 외쳤다.[51] 도산 만세시위는 예안 시위의 열기를 계속 확산시켜 나가는 의미를 가졌다.

동후면 시위는 예안 2차 시위 다음날인 3월 23일 오후 2시에 절강동(현 와룡면 절강리)에서 일어났다. 백여 명의 군중이 면사무소를 습격하여 창문·비품·서류 등을 모두 부수고 스스로 해산하였는데, 자세한 자료가 없어 인물들은 확인할 수 없다.

---

49) 朝鮮總督府 慶尙北道警察部, 《高等警察要史》, 1934, 27쪽.
50) 독립운동사편찬위원회, 《독립운동사자료집》 5, 1983, 1359쪽.
51) 독립운동사편찬위원회, 《독립운동사자료집》 5, 1983, 1326쪽.

(3) 임동·임북면 시위

① 임동면 시위

안동의 3·1운동은 21일이 되자 4개 면(임동·임하·길안·일직)에서 동시다발적으로 일어났다. 독자적인 준비과정이 있었던 데다, 17일과 18일의 예안·안동 시위가 자극을 주었기 때문이다.

임동 시위는 류동시(柳東蓍)가 3월 초 광무황제 인산에 참가했다가 귀향하면서부터 계획된 것으로 보인다. 정재(定齋) 류치명(柳致明)의 주손인 그는 협동학교를 운영하던 류동태(柳東泰)·이균호(李均鎬)와 거사계획을 의논하고 숙부 류연성(柳淵成)과도 협의하였다. 그리고 협동학교에서 태극기와 〈독립선언서〉도 준비하였다. 15일 편항시장(鞭巷市場, 챗거리장) 동쪽 공동 타작장에 류연성·류동수(柳東洙)·박재식(朴載植)·류교희(柳敎熙)·박진성(朴晉成) 등이 모여 논의한 결과, 21일 장날에 만세 시위를 벌이기로 약속하였다. 그리고 인원 동원을 위해 류연성은 대곡동과 위동, 류동수는 마령동, 박진성과 박재식은 임동면 소재지인 중평동, 류교희는 수곡동과 박곡동, 이강욱(李康郁)과 홍명성(洪明聖 또는 洪鍾律)은 갈전동을 각각 맡았다.[52] 이렇게 조직적인 거사 계획을 세우게 된 데는 류연성의 구실이 컸다.

3월 21일 오후 1시 무렵 기독교인 10여 명이 독립만세를 부르자 시장에 모인 군중들이 같이 따라 외쳤다. 여기서 류연성이 시위대를 이끌었다. 이때 우치다(內田) 순사가 이를 가로막다가 밀려서 주재소로 도주하자, 군중들은 주재소로 향했다. 주재소로 밀고 들어간 군중들은 일제경찰이 휴대하거나 보관하던 무기를 모두 빼앗고, 지적도·호적부·지세명기장 등 주요 서류도 파기하였다. 시위대는 일제 경찰을 완전히 제압

52) 독립운동사편찬위원회, 《독립운동사자료집》 5, 1983, 1348쪽.

수몰되기 전 임동면 전경(김복영)

하고, 우치다 순사와 권태석(權泰奭) 순사보를 거꾸러뜨렸다. 이때 오카다(岡田) 순사가 신덕리 주재소로 도망가자, 시위대는 주재소를 부수고 무기를 모두 우물에 집어넣어 폐기했다.

시위 군중들은 22일 새벽 2시 무렵 모두 해산하였다. 군중이 흩어진 뒤 새벽 5시 무렵에 안동에서 수비대가 도착했지만, 현장에는 아무도 없어 체포된 사람은 없었다. 이날 시위참가 인원은 약 500명이고, 성원을 보낸 자는 1,000명 이상이나 되었다.[53)]

임동 의거를 주도했던 이강욱과 홍명성은 영양군 청기로 달려가서 3월 24일 청기 3·1운동을 주도하였고, 그날 밤 영양군 입암의 이원오(李元五) 집에서 이곳으로 달려온 류동수와 합류하여 25일 영양 의거를 주도하였다고 전해진다.

53) 朝鮮總督府 慶尙北道警察部, 《高等警察要史》, 1934, 29쪽.

② 임북면 시위

임동 시위대의 일부가 3월 22일 오후 2시쯤 이웃해 있는 임북면 소재지인 사월(현, 임동면 사월리)로 몰려갔다. 그리고 그 지역 사람들과 합세한 3백여 명이 면사무소와 숙직실을 모두 부수고, 서류도 파기한 뒤 오후 5시쯤 자진 해산했다. 이곳의 주동인물은 권영석(權寧奭)·권오규(權五奎)·권태환(權泰煥)·금명석(琴明石)·김일선(金日先)·류광식(柳廣植)·배방우(裵方于)·이응팔(李應八)·천점백(千占伯)·천치락(千致洛) 등이었다.[54]

21일에서 22일까지 임동 챗거리와 사월에서 일어난 시위로 체포되어 재판에 회부된 자는 모두 69명(67명은 실형, 2명은 무죄)이었다. 이 숫자는 경북 지역 면 단위 시위에서 가장 많은 기소자를 기록한 것이며, 시위의 과격함과 격렬함을 증명하는 것이다.

(4) 길안·임하면 시위

① 길안면 시위

임동 시위가 일어난 3월 21일, 길안 천지에서도 오후 3시 무렵에 시위가 격렬하게 펼쳐졌다. 임하면 오대동의 손영학(孫永學)·김정익(金正翼)·김정연(金正演) 등이 가까운 길안면 천지장터에서 시위하기로 결의한 결과였다.[55] 이때 오대동 인물로 서울에서 광무황제 인산에 참가한 정성흠(鄭成欽)이 있었다.

이들은 깃발을 앞세우고 대한독립만세를 부르면서 장터를 돌다가 면장과 면서기의 참여를 촉구하려고 면사무소로 향했다.[56] 스기모토(杉

54) 광복회 대구·경북연합지부, 《대구·경북항일독립운동사》, 신흥인쇄소, 1991, 147쪽.
55) 《대구매일신문》 1982년 5월 1일자.
56) 독립운동사편찬위원회, 《독립운동사자료집》 5, 1983, 1364쪽.

길안면 만세 시위 장소였던 천지장터

本) 순사가 시위대를 저지하고 나서자, 350여 군중은 오후 6시 무렵 면사무소에 돌을 던져 유리창과 출입문을 부수고, 다시 300여 미터 떨어진 천지 주재소로 몰려갔다. 시위대가 주재소 입구와 유리창을 부수기 시작하자, 한인 순사 박덕한이 이들을 가로막았다. 그러자 앞에 섰던 시위대 가운데 한 명(김정연인 듯)이 박덕한의 뺨을 때렸다고 전해진다.[57] 마침내 순사들이 공포를 쏘기 시작하였고, 시위 군중들은 흩어졌다.[58] 이때 안동에서 수비대는 파견되지 않았다.

길안 만세 시위가 일어난 다음 날인 22일, 길안 주재소에서 시위에 가담한 김술병(金述秉)과 정성흠을 붙잡아 갔다. 그리고 이틀 뒤인 24일 손두원(孫斗源)이, 다시 이틀이 지난 26일 김필락이 각각 오대동 자신의

57) 金時明, 〈길안 독립만세사건의 시작과 결과〉(프린트본), 4쪽.
58) 朝鮮總督府 慶尙北道警察部, 《高等警察要史》, 1934, 28쪽.

〈표 17〉 길안 시위 주도자

이름	출신지	본관	수형량	판결처	비고
김필락(金珌洛)	임하 오대	의성			피살 순국
손두원(孫斗源)	임하 오대	경주			피살 순국
권영직(權寧職)	임하 오대	안동	6월	안동지청	
권우철(權又哲)	임하 오대	안동	6월	안동지청	
김병도(金炳道)	길안 현하	안동	1년	대구복심	
김술병(金述秉)	임하 오대	의성	1년	대구복심	
김재락(金載洛)	임하 오대	의성	6월	안동지청	
김정연(金正演)	임하 오대	경주	5년	대구복심	
김정익(金正翼)	임하 오대	경주	5년	대구복심	
손영학(孫永學)	임하 오대	경주	5년	대구복심	출옥 後 군자금 모집활동
이한룡(李漢龍)	임하 고곡	경주	5월		미결수
장두희(張斗熙)	임하 오대	안동	3년 6월	대구복심	
정성흠(鄭成欽)	임하 오대	청주	1년	안동지청	
정유복(鄭有福)	임하 오대	청주	6월	안동지청	
정태모(鄭泰模)	길안 현하	동래	1년	대구복심	
김목락(金穆洛)	임하 오대	의성	도피		
손영희(孫永熙)	임하 오대	경주	도피		도피 後 만주망명

집에서 일제 경찰에게 살해되었다. 두 사람은 사실 천지장터 시위에 간일이 없었지만, 일제 경찰은 김필락(金珌洛)과 손두원이 실제 주동자라고 판단한 것 같다.[59]

59) 권장환·김시명 문답 〈녹취록〉, 1990, 13쪽(권장환은 1919년 당시 14세로 오대동 주민, 김시명은 김필락의 증손).

오대동이 행정구역상으로는 임하면이지만, 오히려 길안에 더 가까운 거리에 있어서 생활권은 길안이었다. 그래서 만세운동도 길안 천지장터에서 벌이게 되었으며, 주동자도 오대동 사람들이 많았다. 시위로 형을 받은 사람은 모두 13명인데(피살자 2명 제외), 10명이 오대동 사람이었다. 그리고 체포를 면하여 형을 받지는 않았지만, 지금까지 드러난 시위 가담자 가운데는 김목락(金穆洛)과 손영희(孫永熙)도 있었다.[60] 사실 자료가 부족하여 밝히기 힘들지만, 김필락이나 손두원의 영향권 안에 있던 오대동 청년들이라면 누구나 그날 시위에 참여한 것으로 판단하는 것이 마땅하다.

손영학·김정익·김정연은 의거 뒤 피신하고, 임시정부로 가기 위한 여비를 마련하다가 의성의 박재하(朴在夏) 집에서 1920년 9월 2일 체포되었다.[61] 5년 복역 뒤 출옥한 손영학은 임시정부로 갈 목적 아래 군자금 모금을 위해 1925년 7월 21일 청송군 파천면 지경동의 조규한에게 거액을 요구하였다가 그가 밀고하는 바람에 붙잡혀 다시 옥고를 겪었다.[62] 그 뒤 만주로 가서 일생을 마쳤는데, 일제는 손영학의 재판기록에 '강도예비'로 죄명을 적었다.

② 임하면 시위

임하면 시위는 금소동의 임찬일(林贊逸)이 임범섭(林範燮)·임득연

---

60) 金乙東, 《安東版獨立史》, 明文社, 1985, 203~204쪽 ; 김종로·김시명 문답 〈녹취록〉, 1975.3, 17쪽(김종로는 김필락의 손자). 〈녹취록〉 17쪽에 만세운동 뒤에 피신한 4명의 이름이 나오는데, '저니실 할배'는 김목락(金穆洛)이며, 청송 월막리에 거주하는 그의 며느리 김개남은 일제 경찰이 집에 찾아와서 불을 지르기도 했다고 말한다(2007년 11월 21일, 79세). 함께 등장하는 '영희씨'와 '영학씨'는 각각 손영희와 손영학으로 판단된다(조사자 : 김원석, 진성중학교 교무부장).

61) 독립운동사편찬위원회, 《독립운동사자료집》 5, 1983, 1364쪽.

62) 金乙東, 《安東版獨立史》, 明文社, 1985, 241~242쪽.

임하 시위 때 시위대의 공격 대상이 되었던 임하면사무소 자리(현 임하면 보건지소)

(林得淵) 등과 국장에 참가하고 〈독립선언서〉를 구해오면서 준비하기 시작했다. 임찬일은 금양의숙(錦陽義塾)에서 수학한 뒤 광무황제 국장에 참례하고자 상경하여 봉도단에 가입하였다. 그는 귀향 뒤 즉시 안동의 김원진과 밀의하고 선언서를 준 다음 동지규합에 나섰다. 이때 규합된 동지인 노말수(盧末守)·임동숙(林東淑)·임윤익(林潤益)·손응돌(孫應乭, 乭伊)·류북실(柳北實)·임춘섭(林春燮)·임범섭 등은 3월 16일 길안 장날에 거사하기로 결의했지만, 당일 호응하는 사람이 적어 3월 21일로 연기했다.[63]

21일 저녁, 백여 명의 금소마을 사람들은 마을 앞에서 독립만세를 소리 높여 외치고 면 소재지인 신덕으로 몰려갔다. 신덕 주재소에 몰려간 군중들은 일제 경찰의 위협 발포로 한때 해산했으나, 밤 9시 무렵 다시 3백여 명의 군중들이 주재소에 밀고 들어가서 일부는 몽둥이를 들고

63) 이용락 편저, 《3·1운동실록》, 영남인쇄소, 1966, 744쪽.

돌을 던지기도 하였다. 이때 순사 2명이 뒷산으로 도망갔다가 다시 총을 쏘며 해산을 시도하자, 시위 군중들은 주재소의 문과 유리창을 부수고 호구조사부 등 서류를 파기했으며 벽을 밀어 건물 대부분을 넘어뜨렸다.[64] 군중들이 "순사보부터 죽여라"고[65] 고함친 것을 보면 한국인 순사에 대한 감정이 악화되어 있었음을 알 수 있다.

주재소를 파괴한 뒤 임찬일과 노말수가 앞장서서 임하면사무소를 부수러 갔다. 면서기 김병린(金秉麟)은 뒷산으로 도망갔고, 군중들은 면사무소의 지붕과 기둥만 남기고 모두 부수었다. 주재소와 면사무소를 부수는 데 적극 가담한 자는 임찬일·노말수·조복선(趙福先)·임석현(林錫鉉)·박유석(朴有石, 본명은 임유진이라 전해진다) 등이었다. 그리고 금중연(琴重淵)은 안동군 남선면 이천동 사람인데, 처가에 왔다가 시위에 적극 나섰다.[66]

처음 시위를 계획할 당시에는 길안 천지에서 거사하여 임하 신덕까지 가기로 임찬일·손영학·김필락·이한룡(李漢龍) 등이 정했던 것으로 보인다. 그래서 태극기와 격문을 만들어 두 면에 배부하였으며 집집마다 방문하여 힘을 북돋우었다. 그러나 이한룡 등 소수의 인원이 길안에서 임하 시위까지 참여한 경우는 있지만, 양쪽 중심세력이 합류하지는 못하였다.[67]

임하 시위에서도 일제 경찰의 발포가 있었지만 사상자는 없었다. 그러나 안동수비대의 추격을 받던 임호일(林浩逸)·임지열(林志烈)·김도주(金道周)·신달석(辛達石)·신필원(辛必元) 등 5명이 26일에 살해당했다.[68] 임하 시위로 실형을 받은 사람은 15명이고, 그 가운데 임석현은 궐

64) 朝鮮總督府 慶尙北道警察部,《高等警察要史》, 1934, 28~29쪽.
65) 독립운동사편찬위원회,《독립운동사자료집》 5, 1983, 1357쪽.
66) 독립운동사편찬위원회,《독립운동사자료집》 5, 1983, 1356~1357쪽.
67) 金乙東,《安東版獨立史》, 明文社, 1985, 201쪽.

석 재판을 받았다.

(5) 일직·풍남·풍산면 시위

일직면 시위는 21일 밤 11시에 망호동 솔밭에서 일어났다. 이구덕(李九德) 외 5명이 앞장서서 주민 백여 명과 함께 만세시위를 벌인 것이다. 그러나 곧 주재소의 일제 경찰이 와서 해산하였다. 이튿날 오후 6시에 이들은 다시 시위를 일으켰으나 주도자인 이구덕이 체포됨으로써, 군중은 해산하였다.[69)]

풍산면 시위는 안동면 3차 시위에 참가한 전성철(全聖哲)·김후성(金後性)·권영헌(權寧憲) 등을 중심으로 한 기독교인 30여 명이 3월 24일 오후 3시 20분 무렵 장날을 이용하여 풍산시장 부근에서 전개하였다.[70)] 시위가 일어나기 전에 전성철은 안동의 김병우·김원진·송기식 등의 지시를 받았으며, 김후성의 동생인 김후근(金厚根)은 임동 류동붕의 집에서 격문과 태극기를 가져왔다고 전해진다. 풍산 시위는 수비대의 제지로 곧 해산되고, 전성철·김후성은 체포되었다.[71)] 이들 말고도 한 무리의 동화학교 학생들이 시위에 참가한 것 같다.[72)] 또 풍산면 만운동 마부 박재욱(朴在旭)이 단독으로 밤 11시에 풍산 주재소 앞 국도에서 태극기를 들고 만세를 부르다가 검거된 사실도 있다.[73)]

안동에서 마지막으로 3·1운동이 일어난 곳은 풍남면 하회(현 풍천면

68) 임호일 등 5명은 임하면 임하리 밭 750번지와 금소초등학교(현재 폐교) 근처에서 피살되었다.(金乙東, 《安東版獨立史》, 明文社, 1985, 215~219쪽).

69) 朝鮮總督府 慶尙北道警察部, 《高等警察要史》, 1934, 29쪽.

70) 국사편찬위원회, 《일제침략하 한국36년사》 4, 1969, 339쪽.

71) 朝鮮總督府 慶尙北道警察部, 《高等警察要史》, 1934, 30쪽.

72) 《매일신보》 1919년 3월 28일자, 〈싱도들이 압서서〉.

73) 독립운동사편찬위원회, 《독립운동사》 3, 1983, 413쪽.

하회)이다. 3월 27일 오전 11시 무렵 16세 이하 소년 23명이 솔밭(만송정)에 모여 태극기를 앞세우고 만세를 부른 뒤, 마을을 한 바퀴 돌았다. 이때 "16세 이하의 소년들은 법의 저촉을 받지 않는다"는 생각에서 하회동의 류점등(柳點登)이 이들을 움직였다. 류점등은 체포되고, 소년들은 부형의 서약서 제출로 풀려났다.[74]

3. 안동 3·1운동의 성격

(1) 시위 양상의 변화와 인명 피해

① 전개 시기와 규모

안동의 만세 시위는 3월 13일 안동면 이상동의 단독 시위에서 27일 풍남면 하회 시위까지 모두 14회,[75] 1만여 명이 참가하는 대규모였다. 안동면에 세 차례, 예안면에 두 차례 시위가 있었고, 17일에서 23일까지가 절정기였다. 안동면과 예안면·임동면은 1,500명에서 3,000명에 이르는 대규모 항쟁이었다. 이를 제외하면 나머지 시위 규모는 수십 명에서 300명 정도였던 셈이다. 안동면 시위는 사실상 안동면민 만으로 이루어진 시위가 아니라 안동군민 전체가 참가한 시위였다. 그리고 안동군 19개 면 가운데 11개 면에서 시위가 일어났다. 시위가 일어나지 않은 면은 사실상 장이 서지 않는 규모가 작은 면이었고, 그 지역 사람들은 인근 큰 면의 시위에 참가하였다.

74) 독립운동사편찬위원회, 《독립운동사》 3, 1983, 411쪽.
75) 김원석, 〈안동의 3·1운동〉, 안동대학교 석사학위논문, 1994, 35쪽.

〈표 18〉 면 단위별 시위 날짜와 인원수(일자 양력)

일시 지역	13 음 2.12	17 음 2.16	18 음 2.17	21 음 2.20	22 음 2.21	23 음 2.22	24 음 2.23	27 음 2.26
안동	1		2500			3000		
예안		1500			2000			
도산			수십					
임동				1500				
임북					300			
임하				300				
길안				350				
일직				100				
동후						100		
풍산							수십	
풍남								소년 23

② 평화적 시위 단계

3월 13일부터 27일까지 계속된 안동의 3·1운동에서 18일까지는 비교적 온건한 시위 모습을 보였다. 13일에 있은 이상동의 단독 시위가 기폭제 역할을 한 뒤 대규모 시위는 예안에서부터 시작되었다.

17일의 예안 시위는 선성산에서 첫 만세함성이 터져 나온 것을 신호로 시장통에 모인 80~90명의 무리가 만세를 외치며 시작되었다. 그런데 이미 일제는 그 전날 안동에서 경찰 4명과 하사 이하 10명의 보병을 파견하여,[76] 시위가 벌어지는 가운데 주동자 15명을 체포하였다. 1,500여 군중들은 구금자를 탈환코자 주재소로 몰려갔다. 그 소란 틈에

76) 姜德相, 《현대사자료》 26 (3·1운동편), 東京 : みすず書房, 1970, 125쪽 ; 국회도서관, 《한국민족운동사료》 (3·1운동편 3), 일본외무성육해군성문서(제5집), 46쪽.

시위 전개 양상

		평화적 시위 단계			격정적 시위 단계						
1일	8일	13일	17일	18일	21일	22일	23일	24일	27일	4월 28일	5월 7일
울 공원	대구 서문시장	안동면 1차 1명	예안면 1차 1,500여 명	안동면 2차 2,500여 명	임동면 1,500여 명	예안면 2차 2,000여 명	안동면 3차 3,000여 명	풍산면 수십명	풍남면 소년 23명	경북 포항	강원 양양
				도산면 수십명	임하면 300여 명	임북면 300여 명	동후면 100여 명				
					길안면 350여 명						
					일직면 100여 명						

시위 시기와 규모

주재소 유리창을 몇 장 파손하였으며 사무실 안으로 들어가려 했으나 경찰과 수비대에게 저지되었다. 이때 수비대는 공포를 발사하였고 25명이 또 체포되었다.

예안 시위에 참가했던 사람들에 의해 도산에서 18일 두 차례의 만세시위가 있었다. 그러나 모두 단순시위의 범위를 벗어나지 못했으며, 일제 경찰의 출동 기록도 보이지 않는다. 예안 시위와 관련하여 형을 받은 사람은 모두 59명인데, 예안면민 26명, 도산면민 24명, 임북·녹전·동후면민 9명 등이었다.[77]

18일 안동면에서는 전날 예안 시위의 여파 때문에 아침부터 분위기가 사뭇 살벌하였다. 그런 가운데 오후 3시와 6시 무렵 두 차례에 걸쳐 기독교도와 송기식을 비롯한 그의 족친과 제자들에 의해 시위가 전개되었다. 시위 규모는 겨우 100여 명 정도였으며 14명이 체포된 뒤 곧 해산

77) 당시 예안은 장이 섰기 때문에 인근 도산·녹전·동후의 경제 중심지 노릇을 하여 만세시위에서도 많은 사람이 자연스레 모이게 되었다. 한편 단순시위가 두 번 일어난 도산에서 '도산공립보통학교'가 수일간 휴교조치 되기도 했다(독립운동사편찬위원회, 《독립운동사자료집》 6, 1983, 825쪽).

하였다. 그러나 온건한 시위 양상은 밤이 깊어지고 군중의 수가 많아진 밤 12시가 지나면서 변하기 시작했다.

③ 격정적 시위단계

18일부터 시작된 안동면 2차 시위는 밤 12시를 넘어서자 공격적인 양상을 보이기 시작했다. 19일 0시 50분 무렵 2,500여 군중이 군청·경찰서·법원 안동지청에 몰려갔으며, 법원 안동지청에 불을 지르려하자, 수비대가 실탄을 발사하였다. 이때 시위대는 2명이 중상을 입고 17명이 체포되었으며, 오전 1시가 넘어서야 해산하였다.[78] 구금자 탈환을 목적으로 한 예안의 1차 시위와는 달리 안동면 시위는 식민통치기관에 대한 과감한 공격을 시도하는 모습을 보였다.

더 격렬한 시위는 21일에 있었다. 그날에는 임동·길안·임하의 세 곳에서 주재소와 면사무소를 부수고 서류와 비품을 파기하는 등 일제의 말단 행정조직에 대한 적극적인 투쟁 양상을 나타냈다. 임동 시위가 가장 격렬하였다. 시위 군중이 주재소 구내에 진입하여 무기를 모두 빼앗았을 뿐만 아니라 경찰들을 폭행하여 저항불능 상태로 만들었다. 시위 군중의 위세에 눌린 일제 경찰은 무기를 사용조차 하지 못했다. 급보를 받고 안동에서 순사부장 1명과 수비병 8명이 22일 새벽 5시 무렵에 도착하였지만, 이미 시위군중이 모두 해산한 뒤였다.[79] 날이 밝자 임동 시위의 여파를 몰아서 시위대 일부가 임북면 사월동(현 임동면 사월리)으로 진격하였다. 그 곳 면사무소와 숙소는 완전히 파괴되어 뼈대를 제외하고는 처음의 모습을 지닌 것이 없었다.[80] 21·22일의 임동 시위에서 시위 군중은 한국에 대한 일제의 강압적인 지배체제를 부정하며 이들의 축출을 위

78) 朝鮮總督府 慶尙北道警察部, 《高等警察要史》, 1934, 28쪽.
79) 朝鮮總督府 慶尙北道警察部, 《高等警察要史》, 1934, 29쪽.
80) 독립운동사편찬위원회, 《독립운동사자료집》 5, 1983, 1353쪽.

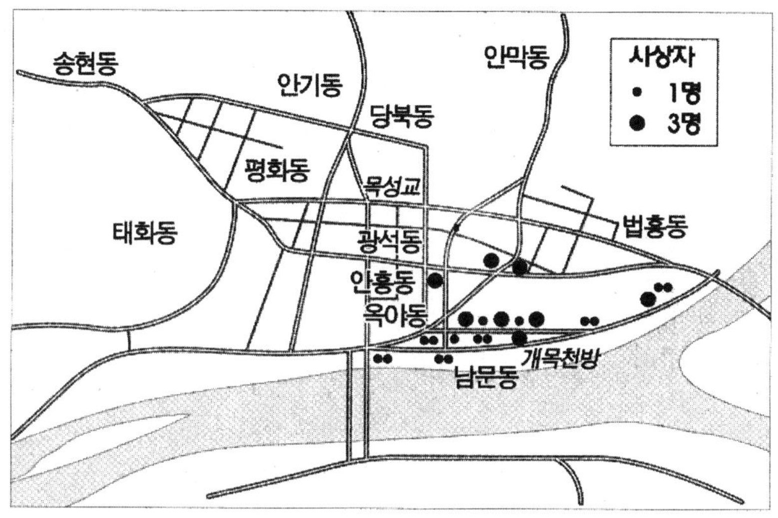

안동면 만세운동 당시 사상자 분포

해 항거하였다. 당시 시위대는 주재소에서 탈취한 무기류를 사용하지 않고 우물에 집어넣었다.[81)]

22일 예안 2차 시위에서 일제 경찰과 수비병의 실탄 발사로 13명이 부상을 당했다.[82)] 일제 경찰과 수비대의 강력한 무력진압으로 예안 2차 시위는 격렬한 저항을 보이지 못했다. 그러다가 23일 안동면 3차 시위 때 절정에 이르렀다.[83)] 오후 8시 무렵 안동군 모든 면에서 참여한 시위

81) 《대구매일신문》 1982년 5월 1일자.

82) 朝鮮總督府 慶尙北道警察部, 《高等警察要史》, 1934, 27쪽.

83) 이때 수비대는 안동경찰서장과 협의한 뒤 다음과 같은 대책을 세웠다(국회도서관, 《韓國民族運動史料》 (중국편), 1976, 246쪽).

1. 수비대는 읍내로 들어가는 도로를 경계하고 시위군중의 진입을 차단한다.
2. 경찰은 당시 유치소가 만원이므로 경찰서 자위에 임한다.
3. 안동재류 일본인으로 성립한 자위단은 군청·재판소·병원 및 일본인 거주지 경계에 임한다.
4. 일본인의 老幼婦女는 수비대 내에 수용한다.

군중들이 2~3백 명씩 집단으로 영호루·남문동·개목천방·법흥산·율세산·목성산·서당골·안기천 등에 모여 미국 선교사 주택(현 경안고등학교 구내) 부근에 불을 붙이는 것을 신호로 독립만세를 부르기 시작하였다. 이어서 시위 군중이 시내로 진격하던 가운데 수비대와 마주치자 수비대의 총기를 뺏으려 하였다. 3천여 명 시위 군중은 군청·경찰서·대구지방법원 안동지원을 포위하고 구금자 석방을 요구하면서 수비대를 밀어붙였다. 그 자리에서 시위 군중 15명이 총에 맞아 희생되었다.[84] 이때 안동거류 일본인으로 구성된 '자위단'의 공격도 극심하였다.

3·1운동 당시 안동군은 19개 면으로 구성되었다. 이 가운데 11개 면에서 만세 시위가 일어났다. 시내는 주로 장날을 이용하였으므로 시장권을 중심한 인근 지역이 모두 참가하였다. 특히 23일의 안동면 시위는 거군적인 성격을 띤 만세 시위로서 30여 명(일본 기록 15명)이 살해당하여 경북에서 가장 많은 인명 피해가 발생했다. 안동 만세 시위는 강력한 투쟁력을 보였다. 임동·길안·임하·임북·동후면 등 5곳의 면사무소를 부수고, 임동·길안·임하 등 3곳의 주재소를 박살냈다. 당시 경북에서 일어난 일제 경찰헌병관서 습격 12회, 일반관서 습격 6회 가운데 안동이 각각 3회와 5회를 차지하고 있다. 이 사실만 보아도 안동 지역 시위가 얼마나 격렬하였는지를 알 수 있다.[85]

④ 인명 피해

경상북도의 3·1운동은 3월 8일에서 5월 7일까지 두 달 동안 계속되었다.[86] 절정기는 3월 하순부터 4월 초순까지였는데, 경북 지역 전반의

5. 안동수비대에서는 장교이하 28명이 시위진압에 동원되었으며, 의성수비대장도 부하 6명을 인솔하여 23일 오후 10시 30분 안동에 지원하러 왔다.

84) 朝鮮總督府 慶尙北道警察部, 《高等警察要史》, 1934, 28쪽.

85) 朝鮮總督府 慶尙北道警察部, 《高等警察要史》, 1934, 23쪽.

〈표 19〉 안동 3·1운동의 인명 피해 상황

시위	예안 1차	안동 2차	임하	길안	예안 2차	안동 3차
피해 내역	부상 5명	부상 2명	피살 3명 부상 5명	부상 1명 (여자)	부상 13명	피살 15명 부상 20명

자 료: 1. 朝鮮總督府 慶尙北道警察部, 《高等警察要史》, 1934.
2. 국회도서관 《한국민족운동사료》(3·1운동편).
3. 《매일신보》 1919년 3월 26일자.

상황과 비슷하게 안동의 시위는 3월 중·후반에 집중되었고 인명 피해는 경북에서 가장 크게 나타났다.[87)]

3월 12일 조선총독은 부대 재배치 명령을 내렸다. 안동에는 시위가 한창 달아오르던 22일에 보병 제 80연대에서 1개 중대병력이 분산 배치되었다. 당시 안동에 배치된 일제 경찰은 모두 78명이었는데, 본서에는 서장(경시) 1명, 경부 1명, 경부보 3명, 순사부장 7명, 순사 21명이, 주재소에는 순사부장 15명과 순사 30명이 배치되었다. 파견된 군대는 경찰과 합동작전을 펴면서 시위 진압에 나섰다.

이때 안동 지역의 시위 군중이 입은 인명 피해는 일제 측 기록에 따르면 〈표 19〉와 같다.

그런데 안동 시위 당시 인명 피해에 대한 일제 기록은 실제와 많은 차이를 보이고 있다. 안동 지역에 남아있는 기록에는 23일 안동군 전체가 참가한 안동면 시위에서 30여 명의 피살자가 발생하였으며, 길안 시위 뒤에도 손두원·김필락, 임하 시위 바로 뒤인 26일의 주동자 색출 과정에서 임호일·임지열·김도주·신필원·신달석 등 5명이나 살해당했다

86) 독립운동사편찬위원회, 《독립운동사자료집》 6, 1983, 542쪽.

87) 일본 측 기록에 경북 지역 시위 관련 피살자 26명(朝鮮總督府 慶尙北道警察部, 《高等警察要史》, 1934, 23쪽) 가운데, 안동이 15명(국회도서관, 《韓國民族運動史料》 중국편, 1976, 246쪽)으로 가장 많다.

〈표 20〉 안동 3·1운동의 진압 참가 인원

일시	진압 참가 인원	비고
17일	하사 이하 10명, 군·경 합동 진압	예안 1차
18일	장교 이하 20명, 군·경 합동 진압	안동 2차
21일	하사 이하 13명	임동
21일	수비대 약간	임하
21일	상등병 이하 4명, 군·경 합동 진압	길안
22일	하사 이하 6명, 군·경 합동 진압	예안 2차
23일	장교 이하 28명, 군·경 합동 진압	안동 3차
24일	수비대 약간	풍산
27일	수비대 약간	하회

고 전해진다. 당시 안동면 시위를 이끌었던 송기식은 죽음을 당한 자가 40여 명이라고 기록했다. 그런데 안동면 시위에서 이름이 밝혀진 피살자는 김옥진·권두경·이암회·권도익·황영남·김필수·김회백 등 7명과 길안 시위 뒤 김필락·손두원 2명, 그리고 임하 시위로 살해된 임호일·임지열·김도주·신필원·신달석 5명을 합쳐 모두 14명에 불과하기 때문에, 이 수치는 3·1운동 뒤 취조과정에서 고문 등의 후유증으로 숨진 안동 지역 전체 사망자를 합친 것으로 보인다.

당시 일본 외무성과 육군성의 기록에 경상북도 전체의 사망자가 25명, 부상자가 72명이라고 밝힌 것과는 큰 차이를 보이고 있으며, 심지어 조선총독부 기관지 《매일신보》는 겨우 사망 15명, 부상 108명으로 보도하였다.

일제 경찰은 17일 예안과 18일 안동에서 시위가 일어났을 때 단호한 조치를 취하지 않았기 때문에 23일 안동 시위가 대규모로 일어났다고 판단하였다.[88] 그리하여 23일에는 모든 수단을 일으켜 시위대를 무력 진압하였으며 이로 말미암아 많은 피해를 입게 되었다. 일제의 탄압이 얼마나 비인간적이고 잔혹했는가는 예안 시위에 참가한 뒤 체포되어 고문을 받고 두 눈을 잃은 한 여인의 사례로 확인된다. 다음은 일제 경찰이 기록한 내용이다.

> 안동의 양반 고 이중업의 처는 대정 18년(1919) 소요 당시 수비대에 끌려가 취조 받은 결과 실명(失明)했고, 이후 11년 동안 고생한 끝에 소화 4년(1929) 2월에 사망했기 때문에, 밤낮 적개심을 잊을 수 없다는 뜻을 아들 이동흠이 스스로 고백하고 있다.[89]

예안 시위에 참가했던 김락(金洛)은,[90] 1910년 나라가 망하자 24일 동안 단식하여 순국한 예안의병장 이만도(李晩燾)의 며느리이자 제1차 유림단 의거(일명 파리장서[巴里長書])의 핵심인물로 활약했던 기암 이중업(李中業)의 아내였다. 시위에 참여할 당시의 나이가 57세로 할머니라 불릴 정도인데도, 고문으로 두 눈을 잃고 실명할 만큼 가혹하게 다룬 일제 수비대의 잔학성이 여실히 드러나는 대목이 아닐 수 없다.

다음으로 시위 주도세력의 수형기간별 분포를 살펴보고자 한다.

---

88) 독립운동사편찬위원회, 《독립운동사자료집》 6, 1983, 647쪽.

89) 朝鮮總督府 慶尙北道警察部, 《高等警察要史》, 1934, 2쪽.

90) 김락이 3·1만세시위에 참가한 지역이 예안인지 안동인지는 명확하지 않다. 예안 시위가 3월 17일과 22일, 안동 시위는 3월 18일과 23일로 모두 하루 사이로 연결되는 것인데, 실제로 시위도 예안에서 전개되다가 밤새워 안동으로 넘어와 안동 시위에 합류하는 형태였다. 그런데 57세의 나이와 여자라는 것을 미루어 볼 때 예안 시위에 참가한 것으로 보는 것이 타당할 것 같다(김희곤, 〈민족의 딸, 아내 그리고 어머니, 김락(1862~1929의 삶〉, 《민족 위해 살다간 안동의 근대인물》, 안동청년유도회, 2003, 475쪽).

〈표 21〉 안동 3·1운동 주도세력의 형량 분포(단위: 명)

형량 / 지역	7년	6년	5년	4년	3년	2년 6월	2년	1년 6월	1년	10월 이하	집행 유예	계
예안			1	1	3	1	4	5	19	13	2	49
안동					1		4	1	7	8	1	22
임동	1	5			6	3	43	1		2	6	67
임하							2	11	2			15
길안			3		1			1	5	5		15
계	1	5	4	1	11	4	53	19	33	28	9	168
백분율	1	3	2	1	6	2	32	11	20	17	5	100

위의 표에 따르면 안동 3·1운동으로 실형을 받은 사람은 168명이다. 그 가운데 23일의 안동면 시위에서는 많은 사상자를 내기는 했지만, 거군적인 최대 규모 시위였음에 비추어 수형자의 숫자나 형량도 비교적 적게 나타나 있다. 이에 대해 일제 권력층과의 평소 관계가 다소간 작용하였으리라고 보는 견해도 있다. 강대극의 경우는 상당한 금액으로 집행유예를 끌어냈고,[91] 임동의 류동시는 문중 차원에서 구명한 것이 좋은 예이다.

가장 격렬한 시위를 벌인 임동에서는 67명의 수형자가 발생했을 뿐 아니라 2년 이상의 형을 선고받은 사람이 58명이나 된다. 이것은 민족대표 33인의 최고형도 3년으로 한정된 사실과[92] 견줄 때 상당히 중형임에 틀림없다. 특히 류연성은 안동에서 최고형인 7년을 선고받고 결국 옥사하였으니, 그의 위상을 짐작할 수 있다.

91) 강대극은 공술에서 "조부의 병환 때문에 귀국하였다"고 했다. 이 기록은 앞뒤 정황에 비춰볼 때 강대극을 구하려는 어떤 힘이 작용하였을 것으로 보인다(김을동씨 증언).

92) 신용하, 《한국 민족독립운동사 연구》, 을유문화사, 1985, 328쪽.

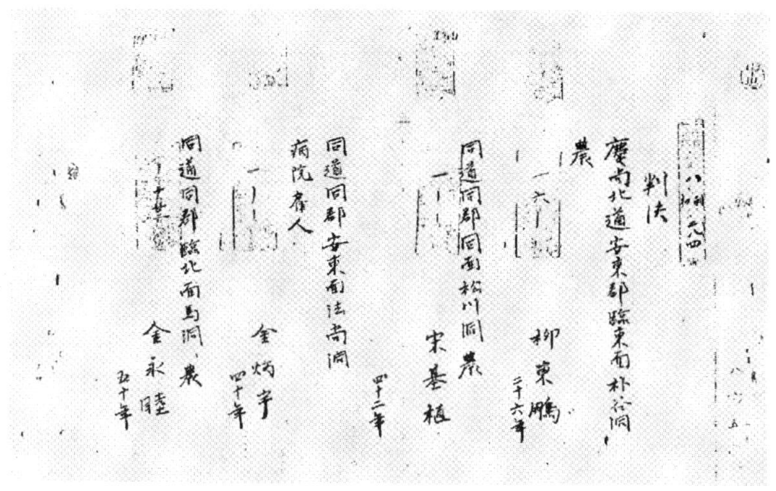
判決
慶尙北道安東郡臨東面朴谷洞
農
柳東鵬
二十六年
同道同郡同面松川洞 農
宋基植
四十二年
同道同郡安東面法尚洞
病院雇人
金炳宇
四十年
同道同郡臨北面馬洞 農
金永睦
五十年

류동붕과 송기식의 〈판결문〉

(2) 시위 주도 인물의 성격

① 사회적 성격

유림세력이 단독으로 시위를 주도했던 지역은 예안면과 임동면 두 곳이다. 또 아주 작은 규모이기는 하지만, 예안 시위 다음날 진성이씨 집성촌인 도산면에서도 유림이 중심이 되어 시위를 주도하였다. 이것은 예안의 시위가 계속 확산되었다는 것을 나타내주고 있다.

예안 시위는 계획 단계에서 기독교도의 역할도 있었지만, 전반적인 전개는 유림이 앞장서 이끌었다. 그런데 유림과 기독교의 연합으로 시위가 펼쳐진 경우는 안동면의 2차 시위였다. 예안 시위의 주도세력으로서 재판에 회부되어 형을 받은 사람은 50명이다. 징역형 49명, 태형 1명이었다. 그리고 재판에 회부되지 않고서 태형을 받은 사람이 9명이다. 수형자 59명 가운데 36명이 유림 출신으로서 예안 시위의 주도세력은 유림이 61퍼센트를 차지했다.

〈표 22〉 예안 시위 주도세력의 유림 분포

번호	이름	나이	본관	직업	주소	형량	비고
1	이동봉	26세	진성	농업	도산 토계	2년	
2	이용호	46세	진성	농업	도산 토계	2년	
3	이극호	29세	진성	농업	도산 토계	2년	
4	이광호	35세	진성	면서기	예안 서부	2년	
5	이남호	38세	진성	면서기	예안 삼계	1년 반	
6	이회림	29세	진성	농업	도산 온혜	1년	
7	이맹호	26세	진성	농업	도산 의촌	1년	
8	이원영	34세	진성	농업	도산 원천	1년	
9	이운호	37세	진성	농업	도산 의촌	1년	
10	이영호	37세	진성	농업	도산 토계	1년	
11	이중무	37세	진성	농업	도산 의촌	1년	
12	이비호	35세	진성	농업	도산 토계	1년	
13	이중원	39세	진성	면서기	예안 서부	10월	
14	이병린	36세	진성	면서기	도산 온혜	8월	
15	이인호	26세	진성	농업	도산 온혜	6월	
16	이호준	26세	진성	농업	도산 토계	6월	
17	이상호	불명	진성	농업	도산 토계	笞 90	
18	이출이	불명	진성	농업	도산 토계	笞 90	
19	이동욱	불명	진성	농업	도산 토계	笞 90	하계종손
20	이성호	불명	진성	농업	예안 부포	3월	
21	이기호	불명	진성	농업	도산 토계	4월	
22	조수인	39세	횡성	농업	임북 정산	5년	
23	조병건	29세	횡성	농업	예안 부포	3년	
24	조만인	불명	횡성	농업	도산 원천	1년	
25	조방인	30세	횡성	농업	임북 정산	1년	
26	조사명	43세	횡성	농업	예안 대곡	1년	
27	이의필	불명	영천	농업	도산 분천	笞 90	
28	이참현	불명	영천	농업	도산 분천	笞 90	
29	이유홍	22세	영천	농업	도산 운곡	笞 90	
30	이주섭	20세	우계	학생	녹전 녹래	1년	
31	이종홍	51세	우계	접장	녹전 녹래	笞 90	
32	김형진	42세	선성	구장	예안 천전	4년	
33	김두진	33세	선성	농업	예안 천전	2년 6월	
34	김응진	30세	선성	농업	예안 천전	6월	
35	김동택	불명	선성	농업	도산 의일	6월, 執猶	
36	신응숙	40세	평산	농업	녹전 사신	笞 90	

〈표 22〉에서 보면 진성이씨 21명, 횡성조씨 5명, 영천이씨 3명, 우계이씨 2명, 선성(예안)김씨 4명으로 진성이씨가 전체의 58퍼센트를 차지한다. 시위 주도세력의 또 한 가지 특징은 일제 식민통치의 행정 말단인 면장·면서기·잠업교사와 마을에서 여론을 선도할 만한 위치에 있는 동장이 상당수 참여하고 있다는 점이다. 면장 신상면, 면서기 이광호·이남호·이중원(李中元)·이병린(李炳麟), 잠업교사 이시교 등이 예안 시위에서 주요한 역할을 맡았다.

임동은 전주류씨를 중심으로 한 유림이 시위에서 주도적인 구실을 하였다. 이들은 수곡동과 박곡동에 집성촌을 이루고 있었다.[93] 임동 시위에서 재판에 회부되어 실형을 선고받은 67명 가운데 전주류씨를 중심으로 한 유림이 18명으로 27퍼센트를 차지하고 있다. 이들 가운데 시위에서 주도적인 역할을 맡은 류연성·류동수·류교희·류동환 등은 모두 정재 류치명의 증손인 류동시와 가까운 혈연관계를 맺고 있었다.

임동면 수곡동은 전주류씨의 집성촌일 뿐 아니라 사립 협동학교가 자리한 곳이기도 했다. 이곳에서 태극기와 〈독립선언서〉를 준비하였으며,[94] 협동학교 출신자들에게 연락하여 임동 시위에 참여할 것을 종용하기도 하였다.[95] 이러한 정황으로 볼 때 임동 시위의 구심체는 협동학교와 류동시를 축으로 하는 학연·혈연·지연의 결속세력으로 볼 수 있다.[96] 길

93) 안동군, 《임하댐 건설 전의 옛 모습》, 1993, 29·35·49쪽.

94) 경상북도사 편찬위원회, 《경상북도사》 중권, 1983, 307쪽.

95) 《대구매일신문》 1919년 4월 27일자.

96) 협동학교가 임동면 수곡동 '한들'로 옮겨 갔을 때 校舍로 쓰였던 건물의 소유주는 류동시의 부친인 류연박(파리장서 참여)이었으며 건물의 규모는 마당에서 학생들이 공을 찰 수 있을 정도였다고 한다. 만세운동 뒤 수배자들 대부분이 협동인들이어서 도피생활을 하느라 수업이 될 리가 없었고 자연 휴교상태가 되더니 마침내 그 길로 영영 폐교에 이르렀다. 그러자 일제는 재빨리 협동학교의 재물을 임동·임하의 보통학교 설립기반으로 분산 투입하였다(權寧建, 〈민족교육의 뿌리 협동학교의 전말〉, 《전통과 예술》, 한국예총 안동지부, 1986, 92쪽).

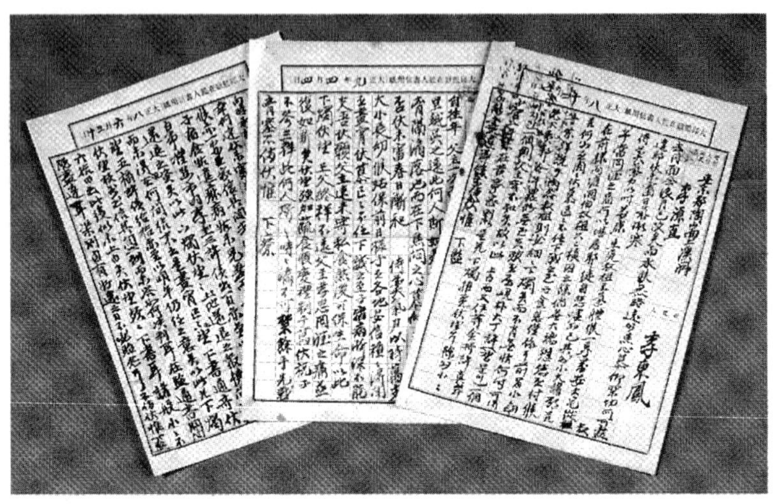

이동봉 옥중편지

안 시위로 재판에 회부되어 형을 받은 사람이 13명, 살해된 사람은 2명이고 김필락·김재락(金載洛)·김목락 등 의성김씨와 손두원·손영학 등 경주손씨가 주역으로 두드러진다. 여기에 같은 오대동 사람인 정성흠, 길안 현하의 정태모(鄭泰模)의 역할도 볼 만하다. 임찬일을 비롯한 임하면 시위의 주역은 대개 금소에 자리 잡은 금양의숙에서 수학한 것 같다. 21명 가운데 임씨가 12명으로 57퍼센트를 차지한다.

안동 3·1운동에서는 유림 출신의 역할이 강하다. 또 기독교가 들어온 지 10년이 지나 그들의 역할과 목소리도 선명하게 드러났다.

또 하나의 특징은 문중 단위의 활동도 의병항쟁 때와 마찬가지로 지속되었다는 점이다. 만세운동을 준비하고 진행하는 과정에서 마을과 문중, 혈족이라는 연결선이 중요한 결집력으로 작용했다는 사실이 그를 말해준다. 물론 이러한 특성은 지방에서 공통적으로 나타나는 일이기는 하지만, 안동의 면 단위 시위 현장에는 어김없이 혈족 단위의 움직임이 중심축을 이루었음을 확인할 수 있다.

〈표 23〉 임동 시위 주도세력의 유림 분포

번호	이름	나이	본관	직업	주소	형량
1	류연성	63세	전주	농업	안동군 임북면 계곡동	7년
2	류동수	32세	전주	농업	안동군 임동면 마령동	6년
3	류교희	33세	전주	농업	안동군 임동면 박곡동	6년
4	류연태	36세	전주	농업	안동군 임동면 수곡동	1년, 執猶
5	류종직	57세	전주	농업	안동군 임동면 수곡동	1년, 執猶
6	류동복	21세	전주	농업	안동군 임동면 수곡동	1년, 執猶
7	류연기	27세	전주	농업	안동군 임동면 수곡동	1년, 執猶
8	류동수(만수)	21세	전주	농업	안동군 임동면 수곡동	1년, 執猶
9	류춘흠	41세	전주	농업	영양군 임암면 산해동	2년 6개월
10	류연익	18세	전주	농업	안동군 임동면 수곡동	2년
11	류동창	19세	전주	농업	안동군 임동면 수곡동	2년
12	류동혁	29세	전주	농업	안동군 임동면 수곡동	2년
13	류동환	35세	전주	농업	안동군 임동면 수곡동	2년
14	류치득	25세	전주	농업	안동군 임북면 마령동	2년
15	류경발	23세	전주	농업	안동면 임북면 사월동	2년
16	류기영	31세	전주	농업	안동군 임북면 구룡동	2년
17	김옥창	35세	광산	농업	안동군 임북면 계곡동	2년
18	이승연	31세	광산	농업	안동군 임북면 계곡동	2년

② 경제적 성격

안동면 시위의 주도세력인 기독교인들은 거의 대다수가 상업적인 농업 및 양축업에 종사하고 있었다. 김병우·이중희·황인규·김계한 등은 복숭아와 같은 과수를 재배하면서 소규모의 철공소도 경영하고(이중희), 안동교회에서 운영하는 계명학교(啓明學校)의 교사로도 활동했으며(이중희·김익현), 권점필은 기독교서점을 운영하였다. 이렇게 볼 때 기독교인들은 전통적인 농업보다 시장성이 있는 상품을 재배하고, 생산하는 경제활동에 종사한 계층이었다고 할 수 있다.

송천의 송기식은 서산(西山) 김흥락(金興洛)의 학통을 계승한 유림으로서 경제적 배경도 농업이 중심이었다. 그는 유림이기에 직업이 당연히 농업으로 나와 있지만 실제 농사를 지은 것이 아니고 농업을 배경으로 하고 있었다고 보아야 할 것이다. 3·1운동에서 체포된 인물의 직업이 농업으로 기록되었다고 해서 그들을 농민으로 파악하는 것은 크게 잘못된 일이다. 대다수의 안동 유림들이 관직과는 거리가 멀고 토지 경제에 바탕을 두고 있던 신분이었으므로, 그들의 직업이 농업으로 기록되는 것은 당연한 일이기 때문이다.

예안 시위의 수형자 59명 가운데 71퍼센트가 농업에 종사했다. 나머지는 면장을 비롯한 관직자 15.2퍼센트, 상업 6.8퍼센트, 교사와 학생이 각각 3.4퍼센트 등이었다. 농업으로 분류된 사람 가운데 중농층으로 보이는 4명(이동욱〔李東旭〕·이호명·조만인〔趙晩仁〕·신동희)을 제외하고는 자작 내지 자·소작으로, 여유롭지 못한 사정이었다. 유림이라 하더라도 경제적인 형편이 같을 수는 없었다. 임동·임북 시위로 재판에 회부된 67명(2명은 무죄판결) 가운데 농업에 종사한 사람은 58명으로 거의 87퍼센트를 차지한다. 이는 예안의 71퍼센트보다도 훨씬 높다. 이밖에 음식점·고용인·날품팔이·도살업 등의 직업도 보인다.

예로부터 임동은 '챗거리'로 불리는 경북 북부 지역의 어염(魚鹽) 집산지로서 시장이 크게 발달했던 곳이다. 1일과 6일 장날은 소매를 하고, 다른 날은 도매장을 열어 어물을 인근 외지로 반출하였다. 뿐만 아니라 '챗거리' 어물장 안에는 '마방(馬房)'이 있어서 부상(負商)이라는 상업조직을 동원하여 각 장이나 지방을 순회하면서 상품유통을 매개할 정도로 상업자본을 형성하기까지 하였다.[97] 그러므로 임동 지역에서 상인들의 경제적 역할은 상당했을 것이다. 그렇지만 큰 상인들이 시위에 가담했다

는 흔적은 보이지 않는다.[98)]

임하 시위에서 재판에 회부되어 실형을 받은 사람은 16명이고, 살해된 사람은 5명이다. 그 가운데 임하동 출신 류북실과 남선면 이천의 금중연을 빼면 모두 금소마을 사람들이다. 시위 주도인물 21명 가운데 노말수(대장간) 외에는 모두 농업에 종사했다. 임찬일·임석현(또는 임석홍, 영덕으로 도피, 궐석재판) 등이 중농이고, 다른 인물들은 자·소작농으로 경제적으로 어려운 계층에 속하였다.

금소동은 역이 있던 곳이다. 금소역은 동해안의 영해로부터 안동을 거쳐 조령 쪽으로 연결되는 역로에서 안동-청송을 잇는 지선에 속하였다. 그런데 1895년 역참제가 폐지됨에 따라 관둔전이나 마전(馬田) 등의 역토가 일반 국유지에 편입되었다. 일제의 토지조사사업 이후 금소동 앞들과 마을 근처 토지들은 대부분 국유지가 되고, 대지는 71퍼센트가 국유지였다. 이는 곧 금소동 땅이 거의 역토라는 뜻인데, 경제적으로 역에 예속된 관계를 보여주는 수치이다.[99)] 일제의 토지조사사업은 농촌에 대한 착취를 수월하게 함과 동시에 한국인 지주를 친일세력으로 이용하였지만, 이와 달리 광범한 농민층을 항일 저항세력으로 만들어 놓았다. 특히 금소마을 사람들의 신덕 주재소와 면사무소 파괴와 같은 격렬한 시위는, 이러한 수탈과 생계에 대한 직접적인 위협에 따른 불만이 쌓여 있다가 만세 시위 과정에 크게 폭발한 사례로 보인다.

길안 시위로 재판 받은 사람은 13명이고 살해된 사람은 2명이다. 이 가운데 10명이 임하면 오대마을 사람들이었다. 이들 가운데 목수인 정

97) 최성기, 〈조선후기 지방 상업연구 - 책가(챗거리) 어물장을 중심으로〉, 영남대학교 박사학위논문, 1989, 110쪽.
98) 최성기, 〈조선후기 지방 상업연구 - 책가(챗거리) 어물장을 중심으로〉, 영남대학교 박사학위논문, 1989, 111·126쪽.
99) 임세권, 〈금소동의 역사적 변천〉, 《안동문화》 11, 안동대학교 안동문화연구소, 1990, 7쪽.

유복(鄭有福)을 제외한 다른 사람들은 모두 농업에 종사하였으므로, 시위 주도세력이 농민이라고 생각된다. 손영학·정성흠 등이 중농이었고 다른 사람들은 자·소작농으로 알려지고 있다.

안동 3·1운동의 주도세력은 경제적으로 볼 때 농업에 기반을 둔 자작 내지 자·소작 정도의 부유하지 못한 유림이 대부분이다. 일반 농민의 경우도 중농의 비율이 아주 낮고 대부분 영세하고 가난하였다. 이 지역은 특히 유교적인 가치관이 중시된 곳이었기에 상공업보다는 농업에 강한 집착을 보였다. 그러나 안동면 2차 시위의 한 갈래를 맡은 기독교 주도 인물의 직업은 상공업 분야가 뚜렷하였다. 이들 다수는 몰락양반이나 중인계층 인물이었다.

③ 종교적 성격

위정척사운동의 중심지 안동은 1900년대 중반에 커다란 변화를 맞았다. 혁신유림이 등장하고 그들이 교육구국운동을 펼쳐 나간 활동이 그것이다. 그러나 척사유림은 향리에서 서당을 운영하면서 후진을 양성하기도 하고, 또 절개를 지켜 자결하는 모습을 보이며 위정척사적 대의명분을 지켜나갔다.

3·1운동에서 유림이 시위를 이끌어 나간 사실은 굳이 자세하게 설명할 필요가 없다. 안동면의 경우는 송기식을 중심한 유림이 움직였고, 예안의 경우도 진성 이씨문중을 비롯한 유림들이 주도해 나갔다. 위정척사운동과 의병항쟁 및 계몽운동을 이끌어 왔고, 또 전국적으로 가장 많은 수의 순절자를 남긴 안동에서, 유학적 명분과 힘이 3·1운동을 통해 일제 통치기관을 파괴하고 체제를 부정하는 격렬한 시위로 모습을 나타낸 것이다. 그리고 유림들은 파리장서 의거에 참여하여 3·1운동의 또다른 줄기에 참가하였으며, 1920년대 들어서는 좌우파로 나누어지면서 민족운동을 줄기차게 이어 나갔다.

시위 주도세력에는 이들 유림뿐 아니라, 기독교도들의 적극적인 참여 사실도 눈여겨볼 만하다. 안동에 1908년 선교부가 설치되고 1909년 8월에 안동교회가 창립되었으니, 3·1운동 당시에는 선교 10년을 기록하던 시기였다. 안동 지역의 만세시위 14회 가운데 6회는 기독교도들이 주도세력으로 활약한 것으로 보인다. 예안 시위에 기독교도가 선두에서 만세를 불렀다는 사실이나,[100] 안동면 시위에서도 김영옥을 비롯한 안동교회 지도자들이 앞장섰다는 사실, 또 임동 시위에서도 한 무리의 기독교도의 참여,[101] 그리고 길안 시위의 주도인물에도 오대교회 교인들의 참가와,[102] 풍산면 시위 주도세력도 30여 명의 기독교도들이었다는 사실에서 확인할 수 있다.

3·1운동 때 관서 지방과 서울에서 기독교인이 주동으로 참여한 것은 익히 알고 있으나, 위정척사적 저항정신이 드높았던 안동에서도 시위 계획 단계부터 기독교도들이 참여하였음은 이채롭다 볼 수 있겠다. 하지만 이는 유학의 권능이 한 풀 꺾인 과도기에 기독교가 점차 터를 잡아가기 시작한 당연한 결과였다. 이때 기독교도들의 신분은 대개 중·하층 계급이었으며, 직업적으로는 상공업에 종사하는 인물이 다수를 이루었다. 평소에 주장을 표출하지 못하던 그들은 3·1운동이 전국적으로 확산되자 만세 시위를 통한 구국의 대열에 동참하여, 그들의 존재를 선명하게 드러내 보였다. 하지만 이들은 3·1운동에만 반짝 고개를 내밀고는, 이후

100) 이병헌 편저, 《3·1운동 비사》, 3·1동지회, 1966, 925쪽.

101) 독립운동사편찬위원회, 《독립운동사자료집》 5, 1983, 1338쪽.

102) 길안 시위의 주도적 인물인 김정익(경주)·김정연(경주)·정성흠(청주)은 오대교회에 다닌 기독교인이다. 이들은 특별 헌금을 납부하였음이 오대교회의 1908년도 《別捐補記》에 나타나 있다. 또 헌금 수납장부인 《연보기》에 기록된 내용을 보면, 선교사와 동행한 助事로 金翊顯·金炳宇의 이름도 나온다. 이들이 안동면 3·1운동에서 주도적인 역할을 한 점으로 볼 때, 오대교회 교인이면서 만세운동에 참여한 김정익·김정연·정성흠 등과 사전에 교감이 있었을 것 같다(조사자 : 김원석, 진성중학교 교무부장).

독립운동에서 모습을 거의 나타내지 않았다.

안동에서 천도교도가 앞으로 나선 사례는 없다. 전국적으로 보면 천도교가 시위를 주동한 지역이 42개소에 달했지만, 경북 지역은 천도교 단독 주동 지역이 한 곳도 없다.[103] 다만 1920년대에 들어 보천교(普天敎)나 흠치교에서 민족문제를 해결하려는 움직임은 나타난다.

불교도 안동에서 시위를 주동하지 못했다. 의성 고운사의 지방학림(地方學林)을 다닌 권이원(權二元)이 주지 이만우(李萬愚)와 교사 권태석(權泰錫, 의병장 권재중의 아들)·강혜전(姜惠典)의 지도로, 송기식 아래에서 안동면 시위에 참가한 것 밖에 없다. 당시 고운사는 지방학림을 운영하면서, 학생들에게 민족정기와 자주독립 사상을 심어 주었는데, 일제가 강제로 폐교하고 말았다.

(3) 안동 3·1운동의 특성

경상북도의 3·1운동은 3월 8일부터 5월 7일까지 펼쳐졌는데, 3월 16일에서 25일 사이에 절정을 이루었다. 그런데 안동의 3·1운동은 바로 경북 지역의 절정기에 해당하는 3월 13일부터 27일까지 15일 동안 11개 지역에서 14회, 1만여 명이 참가하는 규모를 보였다. 23일에 있었던 안동면 3차 시위는 안동 지역 3·1운동의 절정이었다.

안동 시위의 계기는 동경 유학생의 2·8만세운동 소식과 광무황제의 장례에 참가했던 유림과 학생에게서 비롯되었다. 특히 장례에 참여했던 인물들이 서울 시위 현장에서 갖고 온 〈독립선언서〉나 태극기가 안동 시위 현장에 그대로 사용되고, 독립선언서는 예안·안동·임동·임하·길안 등 5곳에 전달되었다. 〈독립선언서〉가 안동에서 인쇄되었다는 기

103) 이방웅, 〈경북지방 3·1 독립운동에 대한 연구〉, 계명대학교 석사학위논문, 1983, 35쪽.

록은 안동교회 교인들이 안동 2차 시위(18일) 때 마련한 한 번 뿐이고, 태극기는 여러 곳에서 제작된 것으로 보인다.

시위 현장에 등장한 격문으로는 '대한독립만세'라고 쓴 깃발(안동·임동·길안)과 등사한 문서(안동) 정도이며 태극기는 거의 전 시위 지역에서 사용되었다. 그러나 안동면 시위에서 "왜적은 퇴거하라. 침략간흉계(侵略奸凶計)를 버리라"라는 격문이 등장하여 다른 지역과 차이를 보인다. 안동 지역 시위에서 격문이 크게 사용되지 않은 것은 선전적인 시위가 아니라 직접 행동으로 일본 통치조직을 파괴하고자 나선 때문이라 여겨진다.

시위 날짜는 주로 장날이었다. 안동 지역의 14회 시위 가운데 8회(예안 2, 안동 3, 임동 1, 길안 1, 풍산 1)가 장날에 일어났으며, 그 날에는 장이 서지 않는 인근 지역 주민까지 모두 시위에 참여하였다. 17·22일의 예안면 시위에서는 인근 도산·동후·녹전면 등지의 군중이 참여하였으며, 21일의 임동면 시위에서도 임북면 주민들과 멀리 청송군 진보면민들까지 참여하였다. 특히 23일의 안동면 시위에서는 군 전체가 참여하는 모습을 보였다.

시위 장소는 장터가 중심이었다. 사람들이 많이 모이는 날이요, 장소였기 때문이다. 구체적인 장소를 보면, 시장터 8회, 면소재지(장이 서지 않는 경우) 2회, 마을 앞 1회, 학교 운동장 1회, 솔밭 2회였다. 특히 임동의 챗거리시장은 북부일원의 어물 집산지로서 이를 신속히 유통시킬 수 있는 교통의 요지였기에, 그 시위는 그 인근지방으로 상당한 파급효과를 나타냈으리라 짐작된다. 그리고 장터에서 시작된 시위는 군청과 경찰서, 면사무소나 주재소 등의 일제 통치기구로 이동하였다. 이것은 전국적으로 어느 지역이든지 마찬가지였다.

안동은 영덕과 더불어 경북 지역에서 가장 격렬한 시위를 벌인 곳이다. 때문에 인명 피해가 경북 지역에서 가장 많이 발생하였다. 시위 주도세력의 수형기간을 보면, 168명의 실형 선고자 중에서 2년형이 가장 많고 3년 이상도 14명이나 된다. 이것은 민족대표 33인의 최고형이 3년으로 한정된 사실과 견줄 때, 안동 3·1운동의 격렬했던 시위양상을 짐작할 수 있게 해준다. 이 때문에 일제의 무력탄압 또한 극심하였으니, 그 후유증으로 말미암아 안동 3·1운동은 짧은 기간밖에 지속하지 못했던 것으로 보인다.

안동 3·1운동을 열어나간 주도세력의 성격은 두 가지로 정리된다. 첫째, 시위 주도세력의 사회적 성격은 유림과 기독교인이 축을 이루었다. 전통적 세력인 유림과 새롭게 자리 잡으면서도 큰 소리를 내지 못하고 있던 기독교인들이 앞장을 섰다. 그리고 농민들이 주력부대로 틀을 갖추면서 밀고 나갔다. 하지만 이 지역에 들어선 신식교육기관이 별로 없어 학생들의 참여는 적었다. 그런데 협동학교의 활약은 임동 시위에서 꽃을 피웠고, 그로 말미암아 이 학교는 영원히 폐교되는 지경까지 이르고 말았다. 적은 사례지만, 교육구국운동의 빛나는 결실이었다.

향반인 유림이 단독으로 시위운동을 전개한 대표적 지역은 예안면과 안동면 두 곳이고, 기독교도와 유림이 연합하여 시위를 전개했던 곳은 임동면 한 곳이었다. 예안은 전기의병 항쟁의 거점으로서 척사적 저항의식이 밑바탕에 깔려 있는 데다, 퇴계의 후예로서 집단적 항일 성향을 가진 진성이씨 일족이 집성촌을 이루고 있던 곳이다. 그리고 임동은 전주류씨를 중심으로 한 유림이 시위에서 주도적인 역할을 담당한 곳이었다. 안동면 시위는 유림과 기독교인의 연합으로 펼쳐져 민족문제에 합류하는 모습을 보였다. 안동 지역 만세시위 14회 가운데 기독교인이 크게 활약하거나 참가한 것은 6회였다. 그런데 이들의 역할은 대체로 시위의 계획 단계에 집중되었다. 한편 안동에서는 불교세력의 참가는 미미한 것이었고, 천도교의 경우는 전혀 보이지 않는다.

둘째, 시위를 주도한 유림들의 경제력은 넉넉하지 못하거나, 가난한 정도에 머물렀다. 그들 대다수가 자작농이거나 자·소작농이었던 것이다. 이와 달리 기독교인들은 전통적으로 천대를 받아온 상인이나 공장인이 많았고, 또한 상업적인 농업을 경영하는 경우가 많았다. 그러므로 이들이 자본주의 체제에 적응하는 속도가 유림보다 훨씬 빠른 것은 당연했다. 그렇지만 가장 자본주의에 가까워지고 있던 임동 지역에서 상인들이 만세 시위에 앞장 선 경우는 볼 수 없다. 상업 활동에서 일제와 갈등이 거의 없었고, 때문에 민족의식과 불만이 없었던 때문으로 여겨진다. 그리고 역토가 많았던 금소동의 시위는 토지조사사업으로 토지 경작권을 빼앗긴 농민들의 불만과 생계위협 문제가 쌓여 격렬하게 튀어 오른 사례였다.

4. 제1차 유림단 의거(파리장서(Paris長書))와 안동

(1) 파리장서의 발단과 전개

'파리장서'는 3·1운동 직후에 일부 유림세력이 파리강화회의에 우리의 독립을 요구하는 긴 문장의 청원 서신(長書)을 보낸 일이다. 파리장서 의거는 제1차 유림단 의거라고 불린다. 이를 파리장서나 제1차 유림단 의거라 부르는 데는 파리장서 이후 6·7년 지난 1925~1926년에 국외 독립군기지 건설 시도와 이에 따른 재원 모집 활동이 나타났고, 이를 경북 유림단 의거, 또는 제2차 유림단 의거라고 부르는 데 그 이유가 있다.

3·1운동 때 발표한 선언서에 유림 대표의 이름이 빠졌다고 해서 유림들이 전혀 움직임을 보이지 않은 것은 아니다. 일부 유림에서는 3·1운동의 준비과정을 알고 여기에 동참하고자 자신들의 역할을 짚어 보면서 방향을 찾아 갔다. 그 가운데 한 가지 중요한 자취가 바로 '파리장서'라

불리는 일이었다. 또 지방에서 벌어진 시위에서 유림들의 활약이 두드러진 경우도 많았다. 따라서 3·1운동에서 유림들의 기여가 없다고 주장하는 평가는 잘못되었다. 다만 그 기여도가 조선시대를 꿰뚫으며 지탱해 온 주역으로서의 역할에 미치지 못했다는 평가가 옳을 것이다.

1919년 1월 22일 광무황제 고종이 세상을 떠나자, 서울에 머물던 유림 인사들 사이에는 파리강화회의에 대응하여 독립의사를 국제사회에 밝히려는 움직임이 있기는 했지만, 조직적이거나 적극적이지 않았다. 이를 천도교나 기독교의 동향과 비교한다면, 그 움직임은 아주 미미할 정도였다. 특히 국외에서 전달된 시위 계기의 형성이라는 점에서도 차이가 난다. 곧 상해에서 파견된 인물이 평안도와 황해도의 기독교 세력에, 일본에서 2·8운동의 대표로 파견된 인물이 천도교 세력에 각각 연결되면서 3·1운동이 준비되었는데, 그러한 연결선에서 유림은 빠져 있었던 것이다. 더구나 전직 고위관료 출신이던 이름난 유림들은 시대 인식에 한계를 갖고 있어서 역사적 거사를 외면하고 말았다. 천도교와 기독교에 비추어 늦게나마 거사에 동참한 불교 대표와 비교한다면 특히 유림들이 동참하지 못한 사실은 몰락해 가는 기득권 세력의 마지막 모습이라는 느낌마저 준다.

파리장서 거사는 서울에서 활동하던 지방 출신 중진 유림들이 중심이 되어 시작하였다. 김창숙(金昌淑, 성주)·김정호(金丁鎬, 성주)·이중업(안동)·류준근(柳濬根, 보령)·유진태(兪鎭泰, 괴산)·윤중수(尹中洙, 합천) 등이 그 주역이었다.[104] 성태영(김포 출신)으로부터 급한 전갈을 받은 김창숙이 서울에 도착한 때는 2월 28일이었다. 그러므로 김창숙을 비롯한 주역들은 만세 시위 현장을 지켜보면서 통한을 금할 수 없었다.

---

104) 김창숙, 《心山遺稿》, 국사편찬위원회, 1973, 309~310쪽.

"나는 그 글(〈독립선언서〉/필자 주)을 읽고 통곡하였다. 우리 한국은 즉 유교의 나라다. 진실로 나라가 망한 원인을 궁구한다면 바로 이 유교가 먼저 망하자 나라도 따라서 망한 것이다. 지금 광복운동을 인도하는 데 오직 세 교파만 주장하고, 소위 유교는 한 사람도 참여하지 않았다. 세상에 유교를 꾸짖는 자는 쓸데없는 유사(儒士), 썩은 유사는 더불어 일하기에 부족하다 할 것이다. 우리들이 이런 나쁜 명목을 덮어 썼으니 무엇이 이보다 더 부끄럽겠는가."[105)]

3·1만세 시위를 지켜본 재경 유림들은 긴급하게 논의에 들어갔다. 일단 〈독립선언서〉에서 밝힌 것처럼, 유림들도 독립의사를 국제사회에 천명할 필요가 있다는 데 의견을 모으고, 파리강화회의에 그 의사를 전달하기에 앞서 유림의 찬동을 구할 방안을 논의했다. 그 결과 김창숙이 곽종석(郭鍾錫)을 만나고, 이중업·김정호·성태영·류준근이 나서서 전우(田愚)와 접촉하였다. 하지만 전우는 3월 6일 거부 의사를 전해 왔다.

이들은 전국 유림의 동참을 끌어내기 위해 지역을 나누어 책임을 맡았다. 이 가운데 경북과 관련된 지역은 주로 김창숙이 담당했고, 경북 유림의 동참에는 안동 출신 이중업의 영향력도 작용하였다. 뿐만 아니라 경남 지역에는 김황(金榥)·곽윤(郭奫)·김수(金銖)의 활약도 컸다. 이들이 전국을 누비면서 구체적으로 동참자를 규합하는 기간은 열흘을 갓 넘길 정도로 짧았다.

파리장서 거사는 두 가지 사업으로 나누어 진행하였다. 하나는 앞에서도 본 것처럼 동조자를 확보하는 것이고, 다른 하나는 파리로 보낼 독립청원서를 작성하는 일이다. 전자를 위해서는 표에서 보이는 것과 같이 지역마다 대표자를 결정하여 추진하였고, 후자는 김창숙이 주역을 맡고 곽종석의 최종 점검을 거쳐 '장서'가 준비되었다. 이를 가지고 김창숙

105) 김창숙, 《心山遺稿》, 국사편찬위원회, 1973, 309쪽.

〈표 24〉 파리장서 거사 추진의 지역별 담당 주체

이름	출신지	담당 지역
김창숙	경북 성주	경북
김정호	경북 성주	충남·충북
유진태	충북 괴산	평남·평북
윤중수	경남 합천	함남·함북
이중업	경북 안동	강원·충북
성태영	경기 김포	경기·황해

이 상경한 시기가 3월 17일 무렵이었다. 유진태·성태영·윤중수·이중업과 만난 자리에서 서명자 명단이 접수되었다. 그리고 해외로 출발하기 직전에 호서 지역에서 별도로 '장서'가 준비되었다는 소식을 알게 되고, 이를 하나로 묶는 작업이 펼쳐졌다. 김복한(金福漢)을 종장으로 삼은 호서유림이 김창숙을 중심으로 펼쳐지던 활동과는 완전히 별개로 '장서'를 준비하고 있었던 것이다. 그래서 논의한 끝에 양쪽의 서명자를 하나로 통합하되, 장서는 영남에서 준비된 것을 채택하였다.

이들은 장서를 국외로 가져갈 방법을 찾았다. 직접 몸에 지니고 가다가는 낭패를 당할 우려가 있어 먼저 중국 무역회사 동순태(東順泰)의 점원을 통해 봉천(현 심양)분점으로 보냈다. 그리고서 김창숙은 3월 23일 기차를 타고 봉천으로 향했다. 그곳에서 '장서'를 확보한 그는 상해로 갔다. 그 시기는 대개 3월 27일 전후였다. 그곳에서 김창숙은 마침 독립운동의 교두보를 마련하거나 정부 수립을 논의하기 위해 상해로 집결해 있던 이동녕(李東寧)·신채호(申采浩)·조완구(趙琬九)·신규식(申圭植)·조성환(曺成煥) 등 독립운동 지도자들과 만나 장서를 프랑스로 가져갈 방안을 협의하였다. 하지만 이동녕은 이미 대표로 김규식이 파견되었으므로 그에게 우편으로 발송하라고 주문하였고, 김창숙은 이를 받아들였다.[106]

4월에 들어 김창숙은 '장서'를 윤현진(尹顯振)에게 부탁하여 영문으로 번역하였다. 그리고서 한문본 2,000부와 영문본 3,000부를 각각 인쇄하여 4월 상순에 김규식에게 발송하고, 각국 공사관을 비롯한 외교부서, 중국 각계·동포·국내 향교 등에도 발송하였다.[107)]

결국 파리장서는 1차 세계대전의 뒤처리를 위해 파리에서 열리는 국제회의에, 한국문제를 상정시키려는 노력의 하나였다. 당시 일본은 한국이 일본의 통치와 보호 아래 빠르게 성장하고 있고, 한국인들이 일본의 통치에 감읍하고 있어서 강화회의의 주제로 삼을 필요가 없다고 주장하고 있었다. 그런데 전 한국인이 모두 일어나 독립을 원한다고 한 목소리로 주장하고 나섰고, 여기에 유림도 일제의 주장과는 반대로 한국의 독립을 청원하고 나섰던 것이다.

장서는 유림들의 세계관이 변했다는 것을 뚜렷이 보여주었다. 전통적으로 중화중심의 시각을 가졌던 유림들이 이제는 만국을 평등하게 인식하고, 그것이 공의(公議)로 움직여져야 한다는 점을 강조하였다. 그들은 장서에서 "평화회의를 개최한다는 소식을 듣고서 우리는 모두 용기를 갖고, 만국이 평화롭게 된다면 우리도 만국의 하나이니 우리의 평화도 당연한 것"으로 주장했다. 또 장서는 "우리 한국이 비록 국력이 약하지만, 삼천리 강토에 이천만 동포가 사천 년 동안 지내왔으며, 우리 손으로 우리 국가 일을 감당할 힘이 있거늘, 어찌 이웃 나라의 다스림을 받겠는가?"라고 하면서 오랜 역사 속에 흘러온 민족의 역량을 내보였다. 그리고서 이 글은 "차라리 일시의 위협에 굴복되어 압박을 받을지언정 심리는 한국 민족임을 잊지 못할 것"이라고 한 뒤, 끝으로 "차라리 몸이 묶여 죽더라도 맹세코 일본의 노예가 되지 않겠노라"고 강력하게 주장하

106) 김창숙, 《心山遺稿》, 국사편찬위원회, 1973, 315쪽.
107) 朝鮮總督府 慶尙北道警察部, 《高等警察要史》, 1934, 248쪽.

였다.

제1차 세계대전까지 열강들의 주된 사상이었던 사회진화론적 제국주의를 비판하면서 인도주의 또는 대동주의를 강조하고 나섰다. 이 장서는 강력한 독립의지를 표명하고 있어서, 파리강화회의에 대해서는 독립청원서 구실을, 일제에 대해서는 독립선언의 의미를 가지고 있었다. 선언서는 정확하게 파리까지 전달되었다. 또한 장서 서명자들은 한결같이 일본 경찰에 끌려가 온갖 고초를 겪었다. 그러므로 이 유림단 의거의 주모자들을 3·1운동을 전개한 다른 종교지도자들과 함께 묶어서 평가할 필요가 있다. 특히 파리장서가 뚜렷한 자취를 남기게 됨에 따라 3·1운동에 참여하는 유림계층이 늘어났고, 또 조직성을 갖게 되었다. 더구나 이 장서에 대한 서명이 그동안 문제가 되어왔던 학통이나 당색을 넘어서서 이루어진 일이라는 점에서 유림 집단의 역사적 발전이라고 평가할 만하다. 특히 일제 경찰의 치밀한 추적을 뿌리치면서 단시일에 이처럼 많은 인물의 직접적인 서명을 받아 상해를 거쳐 파리로 전달한 일은 성공작으로 높이 평가될 만하다.

서명자 가운데는 사상적인 차이가 상당히 있었다. 위정척사사상에서 벗어나지 못한 인물부터 근대지향적인 인물까지 존재했다. 곽종석은 이미 위정척사적인 사고를 벗어났지만,[108] 김복한은 아직도 그 틀을 벗어나지 못하고 있던 인물이었다. 그런데 이 장서에 류필영(柳必永)이 서명함으로써 그 자신 척사의식에서 한 걸음 나아가는 계기를 마련한 셈이기도 했다. 3·1운동 때 파리장서에 서명하면서 종래의 척사의식을 청산했다고 이해할 수 있고, 이 점은 한국유학사에서 커다란 변화라고 해도 좋을 것이다.[109]

108) 《俛宇先生文集》 권 28, 〈답김치수서〉.
109) 김복한, 《지산선생문집》 곤, 경인문화사, 1990, 496~501쪽.

(2) 파리장서에 참가한 안동인

파리장서 의거에 안동 출신 유림들도 주도적으로 참여하였다. 우선 대표적인 인물로 이중업을 들 수 있다. 그는 서울에서 거사 논의가 있을 때부터 주동인물로 활약하였고, 강원·충북 지역의 유림에게 서명 받는 작업을 담당하였다.[110] 그는 일찍이 의병항쟁에 참여하고 1910년 나라를 잃게 되자 24일 동안 단식하여 순국한 이만도의 아들이며, 그의 부인 김락은 만주로 망명한 김대락(金大洛)의 누이로서 3·1운동에 참가하였다가 일제의 모진 고문으로 두 눈을 실명한 사실이 있었다.[111] 또한 그의 두 아들 동흠(棟欽)과 종흠(棕欽)은 군자금 모금이나 경북유림단 의거에서 공을 세운 인물이기도 했다.

장서를 상해로 가져가는 데 기여한 인물로 김응섭(金應燮)이 있었다. 이중업이 서울에서 발의될 때부터 활동한 인물이지만, 김응섭은 상해 임시정부에 가 있다가 합류한 경우였다. 그러나 이중업이나 김응섭은 모두 서명자 명단에 들어있지 않다.[112] 사실 파리장서 주역 가운데 서명하지 않은 인물이 여럿 있었다. 우선 전반적으로 이 일을 이끌어 나간 김창숙이나 곽종석의 조카 곽윤(郭奫) 등 주역 가운데 상당수가 빠졌다. 이는 만약 일이 중도에 일제에게 발각되더라도 이들이 장서를 가지고 해외로 무사히 빠져나갈 수 있는 길을 준비한 때문이다.

안동 출신으로 여기에 서명한 사람은 도산 하계의 이만규(李晩煃), 예안 주진동의 류필영, 임하 천전동의 김병식(金秉植), 임동 수곡동의 류연박(柳淵博), 서후 금계동의 김양모(金瀁模, 또는 翊模) 등이 있다.[113] 이만규

110) 국사편찬위원회, 《심산유고》, 탐구당, 1973, 310쪽.
111) 朝鮮總督府 慶尙北道警察部, 《高等警察要史》, 1934, 11쪽.
112) 조동걸, 〈향산 이만도의 독립운동과 그의 유지〉, 향산이만도선생 순국88주기 추모강연회, 유도회 안동지부, 1997, 35쪽.

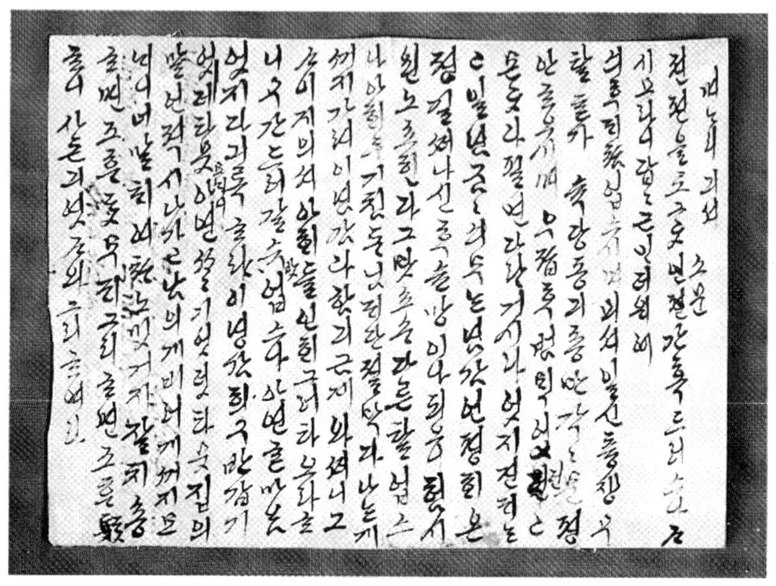

이중업이 며느리에게 보낸 편지

는 의병장이자 순절한 이만도의 동생으로 일제의 은사금 받기를 거부하였던 인물이다. 그리고 김병식은 내앞의 의성김씨 종손으로 협동학교 교장을 맡았던 인물이다. 또 류연박은 류치명의 종손으로 내앞의 협동학교가 1912년 이후 한들로 옮겨질 때 자기 집을 제공하였던 인물이다. 김병식이나 류연박은 모두 전통 있는 가문의 종손으로서 보수의 극단을 걷던 사회에 혁신의 물꼬를 튼 인물들인 셈이다. 류필영은 안동사회의 혁신을 이끌고 나간 류인식(柳寅植)의 아버지인데, 그 때문에 부자의 관계를 끊는 고통을 택하기도 했던 인물이었다. 그러던 그가 여기에 서명함으로써 극단의 척사의식에서 한 걸음 벗어나는 자세를 보여 주었다. 끝으로 김양모는 1896년 전기의병에 참여했던 인물로 서후면 금계 출신이다.

113) 朝鮮總督府 慶尙北道警察部, 《高等警察要史》, 1934, 248~251쪽.

제4장 1920년대의 독립운동

1. 1920년대 식민통치와 안동

(1) 일제의 기만적 문화통치와 경제수탈

① 문화통치의 기만성

3·1운동으로 우리 민족의 강인한 독립의지를 알게 된 일제는 '문화통치'라는 것을 들고 나섰다. 이것은 강점 이후 펼친 무단통치가 지나쳐 3·1운동이 일어났다는 판단에서 나온 정책의 변화였다. 그러나 이 문화통치, 또는 문화정치라는 것은 우리 민족을 위해 베풀어진 것이 아니고, 일제가 부닥친 어려운 국면을 뚫고 나가려는 통치방법이었다. 그들로서는 우리 민족에게 실제의 목적을 감추고 부드럽게 포장할 필요가 있었다. 그래서 관리 채용과 대우에서 민족차별 철폐, 언론·출판·집회 등의 자유 허용, 교육·산업·교통·경찰·위생·사회제도 개선, 지방자치제로 참정권 부여, 한국의 문화와 관습 존중, 육·해군 대장으로 조선총독을

임명하는 규정 폐지 등을 선언하였다.[1]

그러나 이것은 우리 민족을 속이면서 분열시키려는 술책에 지나지 않았다. 특히 조선총독을 무관에서 문관으로 바꾼다는 약속은 전혀 지켜지지 않았다. 3·1운동 이후 조선총독은 육군대장 5명과 해군대장 1명이었고, 문관 출신은 한 사람도 없었다. 헌병경찰을 보통경찰로 바꾸면서 전국의 경찰관서와 경찰관을 3배 이상 늘리고, 부(府)와 군마다 한 개의 경찰서, 면마다 한 개의 주재소를 설치하여 거미줄 같은 탄압망을 짜놓았다. 뿐만 아니라 경찰 유지 비용도 1918년에 약 800만원이었던 것이 1920년에는 약 2,400만원으로 역시 3배로 늘었다.[2]

언론·집회·결사의 자유를 허용한 일도 허위와 기만에 가득 찬 것이었다. '치안유지법'(1925)을 만들어 저들의 비위에 거슬리는 행위와 사람들을 검거·탄압하였기 때문이다. 이 법은 당시 고조되어 가던 반일운동과 사회주의운동을 탄압하는 데 목적을 두었다. 《동아일보》·《조선일보》·《시대일보》와 같은 우리말 신문의 창간이 허용되었으나, 심한 검열로 삭제·압수·정간 등이 끊이지 않았다. 결국 언론을 허용하는 척하면서 친일언론으로 길들이는 것이 그들의 목표였다. 결사나 집회의 허용도 친일단체를 조직하는 데 이용되었다.[3]

일제는 한국인의 독립정신을 말살하기 위해서 무엇보다도 한국인의 자존심을 지키고 있던 역사의식을 바꿔야 한다고 생각하였다. 특히 박은식(朴殷植)이 쓴 《한국통사(韓國痛史)》(1915)가 독립운동가들 사이에 널리 읽히는 것에 충격을 받아 대대적인 역사왜곡에 나서기 시작하였다.

1) 朝鮮總督府, 《施政二十五年史》, 1935, 316~317쪽 ; 原敬, 〈朝鮮統治私見〉, 《齋藤實文書》, 고려서림, 1990, 61~93쪽.

2) 朴慶植, 《日帝帝國主義의 朝鮮支配》, 청아출판사, 1986, 202~203쪽 ; 姜東鎭, 《日帝의 韓國侵略政策史》, 한길사, 1980. 강동진은 문화정치의 수법을 첫째 속임수, 둘째 교묘함, 셋째 매수·위협을 뒤섞은 회유의 강화로 보았다.

3) 朴慶植, 《日帝帝國主義의 朝鮮支配》, 청아출판사, 1986, 197쪽.

1915년에 중추원을 중심으로 우리나라 역사를 왜곡하는 편찬사업을 시작, 3·1운동 뒤 이를 확대하여 1922년 조선총독부 아래 조선사편찬위원회(1925년 조선사편수회로 개편)를 설치하고 일본인 어용학자와 일부 한국인 역사가를 참여시켜 35권의 방대한 《조선사》를 간행하였다.[4]

한국인의 교육열을 억누르고자 '신교육령'(1922)이 발표되었다. 최초의 대학기관으로서 경성제국대학(1924)이 설치되고 전체 학생 정원의 약 3분의 1 정도를 한국인에게 할당하였다. 초등교육과 실업교육이 약간 강화되었지만, 한국인 학령아동의 약 18퍼센트만이 취학하는 데 그쳤다.[5] 그나마 민족교육은 제외되고 일본문화에 동화시키는 교육만이 시행되었다. 때문에 일제강점기 공립학교의 교육을 받은 인사들이 독립운동에 기여하는 측면은 적을 수밖에 없었다.

조선총독부는 본래의 계획대로 지방제도를 일부 개편하고, 거기에 자문기관을 두어 지방자치에 대한 훈련을 한다고 선전했다.[6] 하지만 지방자치제도의 실상을 보면 그 기만성을 이해할 수 있다. 조선총독부가 3·1운동 뒤 지방제도 개편과 함께 만든 자문기관은 행정기관에 둔 부(府)협의회·면(面)협의회·도(道)평의회와 교육기관에 설치한 학교평의회 등 네 가지였다. 이 가운데 일본인이 많이 사는 부와, 도시화 과정에서 일본인과 한국인 지주가 많아진 전국 24개 지정된 면만 선거제였다. 나머지 약 2,500개 보통 면의 협의회 회원은 모두 군수가 지명했다. 도평의회의 경우 회원의 3분의 2를 부·면협의회 회원이 뽑은 후보자 중에서 도지사가, 나머지 3분의 1도 그들의 눈으로 보아 이른바 '학식과 명망이 있는 사람'을 역시 도지사가 각각 임명했다. 학교평의회는 부와 군에만 설치되었으며, 부회원은 선거제였으나, 군회원은 면협의회 회원이 뽑은

4) 趙東杰, 〈植民史學의 성립과 확대〉, 《現代韓國史學史》, 나남출판사, 1998, 267~275쪽.
5) 朝鮮總督府, 《統計年報》, 1925, 656~657쪽.
6) 朝鮮總督府, 《施政に關する諭告·訓示竝演說》, 175~176쪽.

사람 가운데서 군수가 임명했다.

도지사나 부윤(府尹)·군수가 임명하는 회원의 대부분이 친일 인사였음은 말할 나위 없다. 또 선거제의 경우도 일본인의 당선율이 한국인의 그것보다 훨씬 높았다. 우선 선거권자가 1년에 부세(府稅)나 면부과금(面賦課金)을 5원 이상 납부한 사람으로 제한되어 있었다. 이 때문에 일본인과 한국인 지주 및 자산가와 부유한 상인만이 선거권을 가질 수 있었다. 1920년의 경우를 예로 들면 한국에 사는 일본인들은 45명 가운데 1명이 부·면협의회 회원이 되었으나, 한국인은 2,800명에 1명이, 그것도 친일 인사가 회원이 되었다.

② 경제수탈의 강화

일본에서는 1910년대 이후 자본주의 경제가 급속하게 발전하면서 농민들이 도시로 몰려 식량 조달에 큰 차질을 빚었다. 이 문제를 해결하고자 일제는 한국에 이른바 산미증식계획(産米增殖計劃)을 세웠다. 이 계획은 토지와 농사 개량으로 식량생산을 대폭 늘려 일본으로 더 많은 쌀을 가져가고 우리나라 농민생활도 향상시킨다는 목표 아래 추진되었다. 그러나 제1차(1920~1925)·2차(1926~1934) 계획이 계속 추진되었음에도 1936년 현재 쌀 생산량은 1920년보다 약 30퍼센트가 증가한 데 불과하였으나, 일본에 수출하는 양은 약 8배로 증가하였다.[7] 1932~1936년의 쌀 생산량은 평균 1,700만 석인데, 절반이 넘는 876만 석을 일본으로 가져갔다. 그 결과 한국인 1인당 연간 쌀 소비량은 1920년대의 약 일곱 말에서 네 말 정도로 줄어들었다. 이에 견주어 일본인은 1년에 열일곱 말을 소비하였다. 한국인들은 부족한 식량을 만주에서 들여오는 잡곡(조·

7) 趙東杰, 〈1920년대의 日帝 收奪體制〉, 《韓國民族主義의 發展과 獨立運動史 硏究》, 지식산업사, 1989, 109~118쪽 ; 河合和男, 《朝鮮における産米增殖計劃》, 未來社, 1986.

수수·콩) 등으로 메웠다.[8)]

한국 농민들은 식량사정만 나빠진 것이 아니라, 지나친 수리조합비 부담으로 자작농이 소작농으로 몰락하는 경우가 많았다. 또한 농업구조와 유통구조까지 쌀 중심으로 개편되어 경제구조의 파행성이 깊어졌다. 결국 일제의 산미증식계획은 1920년대 이후 소작쟁의가 격화하는 원인을 제공하였다.

한편, 일본은 일본자본의 침투를 촉진하고자 '회사령'을 철폐(1920)하여 회사 설립을 허가제에서 신고제로 완화하였다. 이로써 일본인 자본가의 투자가 크게 늘어났는데, 1930년 현재 회사자본의 62.4퍼센트를 일본인이 차지하고, 한·일 합자가 30.8퍼센트, 그리고 한국인은 6.4퍼센트에 지나지 않았다.[9)] 투자대상은 주로 상업·공업·운수업에 치중하였는데, 공업과 관련된 것으로는 조선수력전기회사가 세운 부전강수력개발(赴戰江水力開發, 1925)과 함경도 흥남에 건설된 질소비료회사 등 규모가 큰 것이었다.

한국인이 건설한 회사로서 비교적 대규모의 것은 호남 지주출신의 김성수(金性洙)가 세운 경성방직주식회사, 대구와 평양의 메리야스공장, 부산의 고무신공장 등이었다.[10)] 이런 분위기 아래 대부분의 한국인 회사들은 중개상업·고리대·토지투기 등 비생산적인 부분에 투자하여 대자본으로 성장하지 못하였다. 그러나 1920년대에 회사가 크게 늘어남으로써 노동자층은 확산되고 농민·노동운동이 일어나게 되었다.

그 밖에 일본은 목화재배를 장려하고, 누에고치 생산을 늘려, 그 생산물은 통제가격인 헐값으로 가져갔다. 광업생산의 80퍼센트 이상을 독점하였으며 연초전매제도(1921)와 교통·체신의 관영사업을 통해 조선총

8) 안병태, 《朝鮮社會の構造と日本帝國主義》, 東京 ; 龍溪書舍, 1977, 264쪽.
9) 朝鮮總督府, 《朝鮮の商工業》, 1926·1930.
10) 朝鮮總督府, 《會社及工場に於ける勞動者の調査》, 1925.

독부 수입을 늘리고, 조선총독부 재정의 80퍼센트에 해당하는 액수를 각종 세금을 통해 충당하였다. 조선총독부는 크게 늘어난 수입을 일본인 지주와 자본가를 지원하고 각종 탄압기관을 운영하는 데 지출하였다.

(2) 1920년대 안동 사회

① 일제의 행정 장악

3·1운동 직후 일제는 문화정치의 일환으로 지방통치체제에서 헌병경찰 제도를 보통경찰 제도로 바꾸었다. 헌병경찰기관이 경찰기관과 헌병으로 분리되면서, 경찰기관은 도지사가 관장하면서 행정기관에 속하게 되었다. 군 단위 아래에서는 경찰서·주재소가 군·리 행정기관과 분리되어 실질적으로 강력한 통제기관으로 자리 잡았다. 특히 기구·장비의 교체, 인원 보충으로 경찰력이 더욱 강화되었기 때문이다. 그리하여 안동의 경우 1928년 당시 경찰서 한 군데와 17개의 주재소, 한국인 39명을 포함한 정식 경찰 87명의 규모로 경찰력이 증가하였다.[11]

경찰기관과 함께 지방민 통제에 중요한 기능을 한 것은 행정기관이었다. 특히 면의 경우 1910년대 이래 그 구실이 강화되어 1920년대 이후 지방민 통치의 기본단위가 되었다. 일제는 지방통치를 수월하게 하고자 면장·면서기를 친일적인 지방 유력자로 임명하였다. 그리하여 이들로 하여금 상급기관의 위임사무와 일반사무 및 국세·도세의 징수, 도로 부역 등의 일을 맡아 지방민을 통제하게 만들고 경제를 수탈하도록 했다.[12]

앞서 대한제국 시기에는 지방 자치조직으로 면이 조직되었고, 지역에서 신망 있는 유지가 면장을 맡았다. 그래서 일제 강점기에 들자 면장

11) 慶尙北道, 《慶尙北道統計年報》, 1930, 225쪽. 이 87명은 조선인 39명, 일본인 48명이었다. 직급은 경부 일본인 1인, 경부보 2인이었고, 철저히 일본인 우위·우대조치를 취하였다.

12) 염인호, 〈日帝下 地方統治에 관한 硏究〉, 연세대학교 석사학위논문, 1983, 93쪽.

안동읍 전경(1916~1920년)

들은 항일의식을 대변하기도 했다. 예안의 3·1운동은 면장 신상면(申相冕)이 시위를 주도했던 대표적인 사례였다. 그런데 일제는 이러한 면의 행정 통치력을 장악하고자 나선 것이다.

일제는 친일적인 인물로 면협의회를 구성하였다. 안동면의 면협의회는 민선으로, 기타 면은 관선으로 꾸렸다. 이 자문기구는 의결권이 없는 형식상의 기관이었음에도, 일제는 선거권자·피선거권자·피임명자격자를 모두 25세 이상 남자, 일정한 부세와 부과세를 납부한 자로 국한시켰다.[13] 1923년 당시 안동의 면협의회는 유권자가 겨우 160명에 지나지 않았고, 면협의회원들은 대부분 지주 부농이거나 부유한 상공업자들이었다.[14]

일제가 제한된 범위이지만 한국인을 지방행정에 끌어들인 목적은 두 가지로 요약할 수 있다. 하나는 일제에 협조적인 인물을 내세워 지방행정을 장악하려는 것이고, 다른 하나는 지방 유력자들을 회유하여 그들

13) 朴慶植, 《日帝帝國主義의 朝鮮支配》, 청아출판사, 1986, 209쪽.
14) 《東亞日報》 1923년 6월 5일자.

의 이익과 의견을 일정하게 면 행정에 반영함으로써 한국인의 정치적 욕구를 풀어주는 것이었다. 이것은 결국 다수의 농민을 면 운영에서 소외시키고, 지주 부농이나 부유한 상공업자를 포섭하여 아래로부터의 저항 열기를 막아보려는 식민지 분할통치의 성격을 띠고 있었다.

행정구역의 개편 외에도 지방통치에서 중요한 구실을 하였던 것은 학교였다. 3·1운동 때 학생들이 주도적 역할을 했고, 안동의 경우도 협동학교(協東學校)가 그 대표적인 사례였다. 이에 일제는 학생들이 민족운동에 참가하는 것을 막고자 민족운동을 방지할 민족동화정책을 강력히 추진하였다. 지방의 경우 일제는 공립보통학교만이 아니라 사립보통학교나 강습소, 야학까지도 교과내용을 통제하였다. 뿐만 아니라 '학교령'을 반포하여 각 지역 사립학교의 재산과 교사(校舍) 등을 공립학교 설립 재원으로 빼앗거나 폐교시키는 사례가 많았다. 안동의 협동학교·선명학교(宣明學校)·보문의숙(寶文義塾) 등도 마찬가지였다. 협동학교의 재산은 임하·임동공립보통학교로,[15] 선명학교는 예안공립보통학교로, 보문의숙은 도산공립보통학교로 각각 넘겨지게 되었다.[16] 한말·일제강점 초기에 안동 지역 민족운동의 진원지로 성장하였던 학교들이 민족운동의 뒤안길로 접어들게 되었다.

한편 일제가 발표한 '학교령'이 그렇게 순탄하게만 진행되지는 못하였다. 특히 사립학교의 재산을 강제로 공립학교로 넘기는 조치는 안동인들의 저항을 불러 일으켰다. 사립학교의 재산은 개인이나 문중 그리고 지방민의 힘으로 조성된 것인데, 이를 공립학교로 넘기는 것은 그들의 재산을 빼앗는 것이나 다름없기 때문이었다. 이에 일제는 민심을 수습하

15) 金喜坤, 〈안동 協東學校의 독립운동〉, 《우송조동걸선생정년기념논총》Ⅱ, 나남출판사, 1977, 197쪽.

16) 逵捨藏, 〈慶北沿線發展誌〉, 《韓國地理風俗誌叢書》 67, 1989. 334~335쪽 ; 慶尙北道 安東郡 篇, 《郡勢一斑》, 大邱印刷合資會社, 1931, 13~14쪽.

기 위해 학교평의회를 설치하였다.[17] 그러나 학교평의회는 학교정책과 교사의 채용에는 간섭할 수 없는, 자문기관의 기능만 갖고 있었다. 교장은 일본인으로 국한되었고, 교사 채용에 관한 전권을 가지고 있었다. 이 때문에 학생들과 지방민들은 오히려 학교운영에 불만을 가지게 되었고, 동맹휴학을 결행하거나 학부형회나 동창회 등을 만들어 압력을 가하기도 하였다.[18]

이렇게 일제는 지방행정에 한국인을 회유하고 끌어들여 친일적인 한국인을 양성하면서 결정권은 일본인이 장악하여 한국인을 통제하는 이중적인 지배구조를 가지고 있었다. 이밖에도 3·1운동 때 조직되었던 안동향군분회(安東鄕軍分會)와 같은 일본인 자치조직과[19] 향교나 서원·서당을 끌어들여 안동사회를 통제하기도 했다.

② 사회적 상황

안동 지역은 전통적으로 토착세력이 강한 곳으로 알려져 있다. 곧, 임진왜란 이후부터 급속히 생성되기 시작한 동족집단이 광범위하게 형성되었던 것이다. 동족집단은 전면적인 생활공동체와 신분제가 형성되어 있었던 곳이다. 특히 안동을 중심으로 하는 경북 북부 지역은 양반 유림의 동족집단, 곧, 반촌(班村)이 유난히 많았다. 이러한 상황은 아래의 표를 통해서 뚜렷이 확인할 수 있다. 1929년 통계를 보면, 경상북도 전체의 양반 호수가 31,326호에 인구가 151,458명이었는데, 안동은 4,008호(12.8퍼센트)에 16,853명(11.1퍼센트)로 가장 많은 수치를 보였다. 다음으로 대구

17) 신상준, 〈일제 조선총독부시대의 행정조직에 관한 연구〉, 《청주여자사범대학논문집》, 1974, 208~210쪽.

18) 《東亞日報》 1924년 7월 14일자, 1925년 6월 9일자·7월 10일자·7월 17일자·7월 30일자·12월 16일자, 1926년 5월 5일자.

19) 逵捨藏, 〈慶北沿線發展誌〉, 《韓國地理風俗誌叢書》 67, 1989, 314~315쪽.

〈표 25〉 경상북도 양반·유생 분포

종별 / 지역별	양반			유생		
	족성수	호수	인구	족성수	호수	인구
대구	5	2,975	15,161	3	87	467
경산	1	61	206			
영천	12	1,846	8,192	1	7	30
경주	9	1,121	5,396	5	357	1,631
포항	10	656	3,402	2	121	530
영덕	7	1,480	6,423			
영양	18	831	4,507	6	160	824
청송	7	1,530	8,144	1	60	300
안동	21	4,008	16,853			
의성	13	1,753	8,132	5	701	2,568
군위	3	263	1,822	1	50	250
왜관	11	128	5,958			
김천	12	2,013	11,569	13	191	1,020
상주	12	1,801	9,912			
예천	15	1,015	5,477	2	130	641
영주	20	1,811	7,749	4	189	714
봉화	5	769	3,970			
문경	19	917	4,335	3	242	1,023
성주	13	1,519	6,613	3	72	200
고령	16	1,386	6,707	3	355	1,636
청도	11	2,081	9,759	4	208	1,202
선산	4	205	1,054	1	8	43
울릉도	1	2	17	12	37	143
합계	255	31,325	151,458	65	2,620	12,586

자료: 朝鮮總督府 慶尙北道警察部, 《高等警察要史》, 1934, 331~332쪽.

의 2,975호와 15,161명, 김천 2,013호와 11,569명이고, 나머지 군은 1,000호 이하에 3,000~5,000명 정도였다.[20] 양반 호수로서는 평균의 3배, 양반 인구는 2.6배에 해당하는 수치이니, 안동을 양반 동네라 일컬을 만했다.

〈표 26〉 동족마을의 계층별 농가 구성

면·동	동족부락			동성 이외 호수	계	계층별 분포			
	성	본관	호수/인구			지주	자작	자작겸 소작	소작
北後面 道村洞	權	安東	35 177	12 57	47 234	5 (10.6)	7 (14.9)	10 (21.3)	25 (53.2)
豊南面 河回洞	柳	豊山	158 857	132 637	290 1,494	48 (16.6)	72 (24.8)	70 (24.1)	100 (34.5)
一直面 望湖洞	李	韓山	28 145	45 227	73 372	1 (1.4)	10 (13.7)	35 (4739)	27 (37.0)
臨河面 川前洞	金	義城	85 435	71 365	156 800	.	42 (26.9)	77 (49.4)	37 (23.7)
陶山面 溫惠洞	李	眞寶	77 395	112 518	189 913	27 (14.3)	28 (14.8)	61 (32.3)	73 (38.6)
陶山面 土溪洞	李	眞寶	60 330	78 390	138 720	17 (21.8)	19 (24.4)	20 (25.6)	22 (28.2)

위의 표를 통해서 알 수 있는 것은 당시 안동은 대지주가 적었다는 점이다. 그리고 양반이라 하더라도 지주적인 성격보다는 자기 토지를 직접 경작하거나 관리하는 경우가 많았다는 것이다. 이는 안동 지역 농민운동이 한인 지주보다 일본인 지주를 상대로 소작쟁의를 전개한 원인이기도 했다. 또한 1924년 이후 안동 지역 사회운동의 주도세력으로 등장하는 이준태(李準泰)·김남수(金南洙)·안상길(安相吉) 등이 민촌 출신이 아니라, 양반마을인 반촌에 기반을 둔 중소지주였던 점에서도 그 이유를 찾을 수 있다.[21] 그리고 청년운동의 조직체 결성과 활동이 반촌을 중심으

20) 朝鮮總督府 慶尙北道警察部, 《高等警察要史》, 1934, 331~332쪽.

21) 尹學俊, 〈양반과 공산주의〉, 《나의 양반문화탐방기 1 – 온돌야화》, 길안사, 1995, 197~235쪽 ; 崔在錫, 〈農村의 班常關係와 그 變動過程〉, 《震檀學報》 제34호, 1972, 176쪽. 당시 1920년대 사회운동을 매개로 민족해방운동을 전개하던 지식인들이 가지는 공통점이었다고 할 수 있다. 이는 당시까지 문명의 혜택을 받고, 신지식을 광범위하게 접할 수 있었던 것은 소작인 등이 아니라 경제적인 기반을 가진 중소지주나 양반의 자제들이었기 때문이다.

로 이루어지는 경우로 보아, 초기 조직화 과정에서 반촌의 결속력, 그리고 옛 질서 속에서 민촌에 미치는 그들의 영향력을 유리한 쪽으로 이용하였다고 할 수 있다.

이처럼 주도계층의 인물들은 사상적인 변화를 거쳐 자신들의 계급적 이해를 초월할 수 있었다. 그러나 이 점이 단순히 긍정적인 측면만 가지고 있었던 것은 아니다. 옛 질서의 관계 속에서 이들을 지원하고 동조했던 계층들이 이념적 분화과정을 거치지 못하였기 때문에, 그들의 이해에 맞지 않을 경우 사회운동에서 떨어져 나가는 경향을 보여주었던 것이다.

③ 경제적인 상황

1920년대에는 식민지 경영의 근본 목적을 달성하기 위한 수탈기구가 각지에 존재하고 있었다. 이러한 형편은 안동도 예외가 아니었다. 안동의 경제적 수탈기구로는 군농회·금융조합·대구전매지국 안동출장소·대구은행 안동지점·조선은행지점·식산은행 등이 있었다. 이는 금융을 중심으로 하는 금융수탈로도 이용되었다. 이 가운데 가장 농민과 밀접한 관계를 가지며 수탈기구 노릇을 담당한 것은 군농회와 금융조합이었다.

1917년 당시 안동군의 호수는 25,932호, 인구는 139,329명이고, 주민 가운데 농업자 수는 21,118호, 114,545명으로 약 82퍼센트에 달했다.[22] 당시 계층별 농가 구성은 아래의 표에서 보는 것처럼 지주가 약 0.8퍼센트, 자작농 약 13.4퍼센트, 자소작농 약 48.9퍼센트, 소작농 약 36.9퍼센트, 소작관계 농가는 약 85.8퍼센트에 이르고 있다. 이것은 1920년대 일제의 식민지 농업정책으로 크게 변화되었다.

22) 慶尙北道,《慶尙北道 統計年譜》, 大邱印刷合資會社, 1918, 220~222쪽. 당시 안동 거주 일본인은 568명, 기타 외국인은 21명이었다.

식산은행 앞 거리 모습

경북 지역은 자작 겸 소작농이 매우 많은 것이 특징인데 1920년대 이후부터 계층의 변화가 두드러지게 나타나고 있다. 이러한 현상은 안동도 마찬가지였다. 곧 1920년대 '산미증식계획'과 '경제공황' 등으로 전국에 소작농이 급속히 많아졌다. 그러나 경북 지역은 자작·소농이 분해되어 자작농의 수가 4퍼센트 늘어난 데 견주어, 소작농은 18퍼센트 이상 증가하였다. 중간계층이 급속하게 몰락하는 양상을 보여주는 것이다. 안동의 경우 변화된 통계치가 잡히지는 않으나, 크게 다르지 않았으리라 생각한다.

소작농층이라 하여 계급적으로 바로 빈농에 속하는 것은 아니었다. 그러나 대부분의 소작농가가 춘궁상태에 있었고, 소작농민 중 약 25퍼센트가 생활이 곤란하여 임금노동을 하고 있었다.[23] 또한 가옥·택지조차 없어 지주로부터 빌려서 사는 경우가 많았다. 당시의 소작농은 빈농에

〈표 27〉 계층별 농가호수 및 비율

계층 \ 지역		전국		경상북도		안동군	
		호수	비율	호수	비율	호수	비율
지 주	1917년	66,391	2.5	7,455	2.4	173	0.8
	1932년	104,823	3.5	13,475	3.8		
자작농	1917년	530,195	20.1	43,998	13.9	2,833	13.4
	1932년	476,351	16.3	61,454	17.3		
자작 겸 소작농	1917년	1,073,360	40.6	160,363	50.8	10,328	48.9
	1932년	742,961	25.4	106,327	29.8		
소작농	1917년	971,208	36.8	103,634	32.9	7,784	36.9
	1932년	1,546,456	52.7	171,805	48.2		
계	1917년	2,641,154	100	315,450	100	21,118	100
	1932년	2,931,088	100	356,240	100		

자료 : 慶尙北道編, 《慶尙北道 統計年報》, 1918, 220~222쪽.
朝鮮總督府, 《朝鮮に於ケル小作ニ關スル參考事項摘要》, 1934, 48~56쪽.

가까울 정도였다. 대부분의 안동 지역 소작농민들은 생계를 보충하기 위하여 양잠·양계·가마니짜기·소규모 상업 등에 종사하는 한편, 고리대금업자·지주·시장 상인에게 자금을 대출 받는 경우도 많았다.[24)]

당시 안동면 바깥에 거주하는 지주의 소유지를 소작하는 농가 호수가 약 27.9퍼센트였다. 다시 말해, 면내 거주 지주에 소속된 소작농가가

23) 朝鮮總督府, 《朝鮮ノ小作慣行》 下(續編), 1932, 112~122쪽.
24) 朝鮮總督府, 《朝鮮ノ小作慣行》 下(續編), 1932, 89·100~108·112~122·152~155쪽.

약 72.1퍼센트임을 뜻하는 것이다. 그리고 군내 지주의 소작지 면적이 전 군(郡) 소작지 면적의 86퍼센트에 이르는 것으로 보아, 소작농은 안동에 살고 있는 지주에 소속된 경우가 대부분이었다. 또 소작농들은 거의 다 한국인 지주의 토지를 경작하고 있었다.[25)]

또한 안동 지역의 상품작물 재배가 비교적 성했던 것으로 보아 중농·부농으로 분류할 수 있는 자작농·자소작농의 성장이 가능했을 것이다. 그러나 일제의 수탈적 식민지 농업정책의 피해가 이들에게도 예외적인 것이 아니었기에 1920년대 말, 30년대 초에 이르면 이들의 빚은 급격히 늘어나 일부를 제외하고 점차 몰락하게 되었다. 안동 지역 농민생활은 일제의 지방지배 수탈정책, 지주소작 관계라는 측면 말고도 전통적인 양반사회의 문화적인 요소와 많은 동족집단 등 사회적인 요소에 따라 규제되고 있었다.

계층별로 농업경영 및 기타 경제활동을 살펴보면, 지주의 경우 일용 노동자 또는 소작인들을 써서 농업을 경영하였다. 그리고 농외대부나 금융·상공업 등의 경제활동으로 부를 축적해 갔다.[26)] 그런데 아래의 표에 보이는 것처럼 안동 자산가의 분포에서 1만원 이상 5만원 이하 자산가는 모두 한국인으로 215명이고, 그 자산규모는 30만원에 미치지 않았다.

이러한 점으로 보아 군내에 거주하고 있었던 지주들은 대지주가 아니라 거의가 중소지주였을 것이다. 이 상황은 경북 지역의 전반적인 특징과 비슷하다고 할 수 있다. 위의 표에서 확인할 수 있는 것은 안동이 경상북도의 다른 지역과 견주어 일본의 자본이나 자본가의 침투가 적었다는 사실이다. 이러한 현상이 1920년대 초기 안동 지역의 각종 청년운

25) 朝鮮總督府, 《朝鮮ノ小作慣行》 下(續編), 1932, 78~83·112~122쪽.
26) 朝鮮總督府, 《朝鮮ノ小作慣行》 下(續編), 1932, 125쪽.

〈표 28〉 경북과 안동 지역 자산가 분포 비교

		1만 원 이상	5만 원 이상	10만 원 이상	30만 원 이상	50만 원 이상	70만 원 이상	100만 원 이상	200만 원 이상	계
안동	한국인	181	28	6	·	·	·	·	·	215
	일본인	·	·	·	·	·	·	·	·	·
경북	한국인	1,919	286	112	12	8	5	3	3	2,348
	일본인	398	98	40	8	3	3	1	1	552

자 료:朝鮮總督府 慶尙北道警察部, 《高等警察要史》, 1934, 333쪽.

동에서 일본인들과 대립하는 사태가 크게 일어나지 않은 요인이었다고 할 수 있다.

안동의 대표적인 농산물은 쌀·보리·면(棉, 목화)·저(楮, 모시)·대마 등이었고, 잠업·임업 등이 발달하였다. 특히 안동의 잠업은 상주(尙州)와 더불어 전국적으로 유명하였다.[27] 잠업이 성행하였던 이유는 일제가 농민들을 조직적으로 수탈하고자 농가 부업으로 장려하였기 때문이다.

안동에서는 공업이 별로 발달하지 않았고, 부업 성격의 가내수공업에 머물렀다. 그리고 소규모 공장 공업으로 소주(燒酎)·제재(製材)·정미(精米) 등이 있었을 뿐이다.[28] 안동 지역이 다른 지역과 달리 계층 사이의 갈등이 적었거나 노동운동이 전개되지 못하였던 요인은 대규모의 공장 공업이 발달하지 못하고 영세한 소규모 공장 공업이 주류를 이루었기 때문이다. 그리고 농민운동이 활발할 수 있었던 원인은 이곳이 전형적인 농업지대였기에 청년운동과 연대한 소작쟁의가 가능한 데 있었다.

27) 達捨藏, 〈慶北沿線發展誌〉, 《韓國地理風俗誌叢書》 67, 1989, 322쪽.
28) 達捨藏, 〈慶北沿線發展誌〉, 《韓國地理風俗誌叢書》 67, 1989, 325~330쪽.

일장기가 내걸린 안동 본정 모습

2. 노동·농민운동

(1) 노동운동

① 조선노동공제회 안동지회

1920년대 안동에서는 노동운동이라는 말 자체가 낯설었다. 그것은 안동만의 현상이 아니라 전국적으로 마찬가지였다. 더구나 안동은 공업이 발달되지 않은 곳이었으므로 노동자 계층이 제대로 형성될 수가 없었다. 그럼에도 안동에서 노동단체가 나타났다는 사실은 급진적인 변화임이 분명하다. 노동자 계층이 형성되지 못했으니, 자연히 노동운동은 지식인이 주도하는 계몽적인 것일 수밖에 없었다. 그 최초의 조직이 조선노동공제회 안동지회(朝鮮勞働共濟會 安東支會)였다.

조선노동공제회(朝鮮勞働共濟會)는 1920년 4월 서울에서 조직된 최초의 대중적 노동운동단체였다. 박중화(朴重華)·박이규(朴珥圭)·차금봉(車今奉)·오상근(吳祥根)·신백우(申伯雨)·장덕수(張德秀)·김명식(金明植)

조선노동공제회가 펴낸 잡지 《공제》(권오설 유품)

동이 발기하여 4월 11일 창립총회를 열었다.[29] 이들은 네 가지의 강령을 채택하였다. 첫째, 인권의 자유평등과 민족적 차별의 철폐, 둘째, 식민지교육의 지양과 대중문화의 발전, 셋째, 노동자의 기술양성과 직업소개, 넷째, 각종 노예의 해방과 상호부조 등이 그것이었다. 민족적 차별을 버리고 노동자에게 기술을 보급하고 직업을 마련해준다는 것이 골자였다.[30]

조선노동공제회는 노동단체들의 연합체가 아니라 회원들이 개인 자격으로 참가하였다. 신문배달부·인력거부·지게꾼·물지게꾼 등의 자유노동자와 정미공·인쇄공·연초공장 직공 등 공장노동자를 포함한 다양한 직종의 노동자와 아울러 소작농민들까지 가입하였다. 그리하여 창립 당시 678명에 불과하던 회원이 1921년 3월에는 17,259명으로 불어났다.

서울에서 조선노동공제회가 창립되자, 안동 지역 인사들은 1920년 9월 7일 안동지회 설립준비위원회를 열었다. 여기서 설립회원을 선거하여 설립 사무를 준비하였다.[31] 이후 서울의 본회와 교섭하여 9월 23일 정식으로 안동지회가 설립되었다.[32]

29) 〈조선노동공제회연혁대략〉, 《공제》 창간호, 1920, 166쪽 ; 金森襄作, 〈朝鮮勞動共濟會について〉, 《朝鮮史叢》 3, 1980.

30) 愼鏞廈, 〈朝鮮勞動共濟會의 創立과 勞動運動〉, 《한국사회사연구회논문집》 3, 1986, 80~82쪽.

31) 《東亞日報》 1920년 9월 17일자.

32) 조선노동공제회 안동지회는 예수교회당(현재 안동교회)에서 발기총회를 가졌으며, 여기서 류연박의 둘째 아들 柳東著를 총간사로 선출하였다.

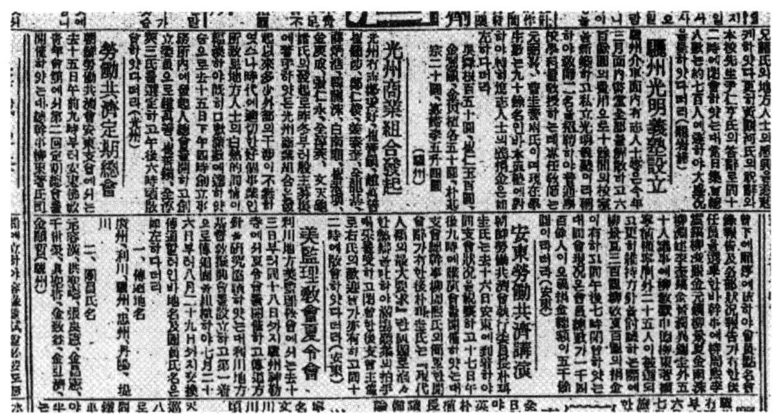
驪州光明義塾設立

光州商業組合發起

安東勞働共濟講演

美監理敎會夏令會

勞働共濟定期總會

조선노동공제회 안동지회 제2회정기총회 개최 기사(《동아일보》 1921년 7월 22일자)

제1회 총회에 관한 상황은 자세히 알 수 없다. 《조선일보》·《동아일보》가 모두 일제로부터 무기한 발행정지 처분을 당했기 때문이다. 제2회 정기총회에서는 회원 점검·회의록 보고·각부 상황보고·임원선출과 회의 유지방침에 대한 토의가 이루어졌다. 이때 임원으로 총간사 류주희(柳周熙) 등 60명과 의사(議事) 30명이 선출되었다.[33] 당시 선출된 임원 가운데 두드러지게 활동하였던 인물을 살펴보면 〈표 29〉와 같다.

이 회의 주역들은 대개 구국교육운동으로 성장한 신세대였다. 협동학교 출신이거나 이운호(李雲鎬)와 김남수처럼 류인식(柳寅植)의 영향을 받은 인물이 주류를 이루었다. 김원진(金元鎭)의 경우처럼 3·1운동을 거쳐 청년운동계로 성큼 들어선 인물도 있었고, 의사인 이석규(異錫圭)처럼 서울에서 안동 '야소병원(현 성소병원)'으로 와서 근무하다가 영생병원을 개업한 뒤, 사회운동에 뛰어든 경우도 있었다.

조선노동공제회 안동지회가 설립되는 바탕에는 안동사회의 혁신

33) 《東亞日報》 1921년 7월 22일자.

〈표 29〉 조선노동공제회 안동지회 임원 명단[34)]

이 름	직 책	소속 단체	기타 사항
류주희(柳周熙)	總幹事	안동청년회	
이운호(李雲鎬)	幹 事	예안청년회	3·1운동으로 1년 징역형
류준희(柳浚熙)	〃		동아일보 안동지국 총무
김원진(金元鎭)	〃	안동청년회·안동물산장려회	3·1운동으로 2년 징역형 동아일보 안동지국 기자
류경하(柳景夏)	〃	안동청년회	노동공제회 의연금 300원 납부
김남수(金南洙)	〃	안동청년회	동아일보 안동지국 총무
류연건(柳淵建)	〃	안동불교청년회·길안청년회	안동강습회연합협의회
이규호(李奎鎬)	〃	예안청년회·화성회	
김진윤(金晋潤)	〃	안동불교청년회·안동청년회	
이석규(異錫圭)	〃	안동청년회	의사(영생병원장)
류교묵(柳敎默)	議 事	풍남우리청년회	
신 덕(申 德)	〃	예안청년회	
류동저(柳東著)	〃	안동청년회	청년회 의연금 100원 납부
권영식(權寧植)	〃	안동청년회	
권영동(權寧洞)	〃	안동청년회	안동강습회연합협의회

적인 변화를 이끌어 온 원로 류인식의 지도가 있었다. 주역들이 모두 류인식의 영향 아래 신교육을 받으며 성장한 인물들이었기 때문이다. 본회와 교섭을 벌인 류동저(柳東著)는 류치명(柳致明)의 증손자이고, 총간사

34) 《東亞日報》 1921년 7월 22일자 ; 독립운동사편찬위원회, 《독립운동사자료집》 5권, 1983, 1333·1340쪽.

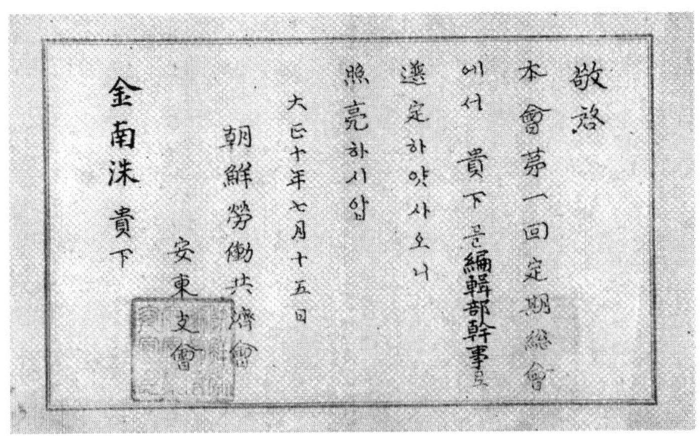

敬啓
本會第一回定期総會
에서 貴下를 編輯部幹事로
選定하얏사오니
照亮하시압
大正十年七月十五日
朝鮮勞働共濟會
安東支會
金南洙 貴下

김남수의 조선노동공제회 안동지회 편집국 간사 〈임명장〉(김남수 유품)

류주희(柳周熙)는 협동학교 졸업생으로서 모두 류인식의 집안 청년들이었다.[35]

뒷날 사회주의 운동가로 성장하는 김남수도 조선노동공제회에 참여하였다. 자료에 그의 이름이 나타나는 시기는 결성 뒤 10개월이 지난 1921년 7월 제1회 정기총회였다. 이 자리에서 그는 편집부 간사로 선임되었는데,[36] 그가 당시 《동아일보》 안동지국을 경영하면서 동시에 총무와 기자를 맡고 있던 사정과도 연관이 있었던 것 같다.[37]

1921년 당시 안동지회의 회원 수는 1,400여 명에 이르고 의연금 총액은 5,000여 원이었다.[38] 그러나 1,400여 명의 회원 모두가 노동자로서 노동운동에 참가했던 것은 아니었다. 조선노동공제회 본부의 인원 구성

35) 김희곤, 〈김남수(1899~1945)와 안동지역 사회주의운동〉, 《한국근현대사연구》 제21집, 한국근현대사학회, 2002, 165쪽.
36) 〈임명장〉, 《金南洙 선생 자료집》, 집문당, 2001, 32쪽.
37) 김희곤, 〈김남수(1899~1945)와 안동지역 사회주의운동〉, 《한국근현대사연구》 제21집, 한국근현대사학회, 2002, 165쪽.
38) 《東亞日報》 1921년 7월 22일자.

도 개인적인 참가를 표방하고 있었다. 그리고 여기에도 각계각층의 인사들이 회원으로 참가하였다. 이러한 현상은 안동지회도 마찬가지였을 것이다. 1925년에 조직된 노동단체 안동노우회(安東勞友會)가 430명 정도의 회원으로 구성되었다는 사실로 미루어 이를 짐작할 수 있다. 곧, 조선노동공제회 안동지회 핵심부는 안동 지역에서 민족의식을 가진 대부분의 청·장년들로 구성되었다.

지회 임원은 일정한 금액의 의연금을 납부하였다. 안동지회는 군 단위로 조직되었고, 연령층도 폭이 넓었던 것으로 생각한다. 뿐만 아니라 조선노동공제회 안동지회의 발기에 류인식[39]·김원진·이운호 등 한말 계몽운동에 참가하였던 인물이나 안동 지역 3·1운동의 주도자들이 참여한 것으로 보아 민족적인 색채가 강했던 것 같다.

안동지회의 활동 내용은 구체적으로 알 수 없다. 다만 조선노동공제회의 지회였던 만큼 본회의 취지와 강령에 따라 활동하였을 것으로 짐작한다.[40] 또한 제2차 정기총회 때 각부 상황보고란 것이 있는 점으로 보아 부서별 활동이 있었던 것 같다. 그 외에는 노동야학, 서울 본회 박이규의 강연,[41] 안동군 출신의 동경유학생으로 조직된 화산구락부원(花山俱樂部員)의 강연회 개최에 관한 것만 기록에 남아 있다. 또 1924년 결성된 조선노농총동맹(朝鮮勞農總同盟) 창립대회에 안동 지역 사회운동단체의 대표 성격을 띠고 참가하였다.[42]

전국적으로 광범위하게 설립되었던 청년회·노동공제회 지회 등이

39) 《東亞日報》 1928년 5월 4일자 ; 《朝鮮日報》 1928년 5월 4일자.

40) 《東亞日報》 1920년 4월 17일자.

41) 《東亞日報》 1921년 7월 22일자 ; 愼鏞夏, 〈朝鮮勞動共濟會의 創立과 勞動運動〉, 《한국사회사연구회논문집》 3, 1986, 105~106쪽. 1921년 7월 16일 박이규는 안동을 방문하여 '現代人類의 最大要求'라는 주제로 강연하였다.

42) 이경용, 〈1920년대 초반 노동운동의 분화과정－朝鮮勞動共濟會를 중심으로〉, 《韓國近現代移行期社會研究》, 신서원, 2000.

안동에서도 조직될 수 있었던 계기는 두 가지 면에서 고려해 볼 수 있다. 하나는 활발하게 추진된 민족운동의 경험과 1920년 5월 무렵에 설치된 《동아일보》 안동지국의 영향이었다. 《동아일보》 안동지국 기자들이 전국 동향과 안동 소식 등을 기사화하면서 광범하게 대중적인 바탕을 마련해 주었다. 다른 하나는 안동 출신 유학생들의 활동이다. 서울·일본 등에서 유학한 학생들이 고향으로 돌아와 펼쳤던 계몽운동, 그리고 전국 순회강연 등의 영향에 힘입었다. 조선노동공제회 안동지회는 1920년대 초반 안동 지역의 모든 청년운동 단체를 하나로 묶는 연합체적인 성격을 가졌다. 그리고 노동운동의 중심인 계급투쟁보다는 계몽운동에 주력하는 등 실력양성운동의 맥락을 계승한 것이라 할 수 있다.

② 안동노우회

안동 지역은 공업이 발달하지 않고, 노동자의 수가 적어 노동운동이 크게 일어날 조건을 갖추지 못했다. 그렇지만 1920년부터 조선노동공제회 안동지회가 성립된 뒤 노동운동에 대한 관심이 계속 커져 갔다. 그것이 발전하여 1925년 조선노동공제회 안동지회가 해소되고, 안동노우회가 조직된 것이다.[43]

안동노우회는 김남수·김진윤(金晋潤)과 노동자 120여 명의 발기로 1925년 10월 13일 안동청년회관에서 창립되었다. 창립총회에서 경과 보고, 선언·강령·규약 결정, 집행위원 선출 등이 논의되었으며, 의장 김남수의 사회로 진행되었다.[44] 1925년 10월 13일 개최된 창립총회에는 안동 지역 청년운동단체 대표들이 참석하였고, 의연금이 도착하였다.

---

43) 《東亞日報》 1925년 10월 12일자. 1925년 10월 7일 안동청년회관에서 발기인회를 개최하여 10월 13일(음 9월 26일)에 창립총회를 개최하기로 결정하고, 26인의 준비위원을 선출하였다.

44) 《東亞日報》 1925년 10월 18일자.

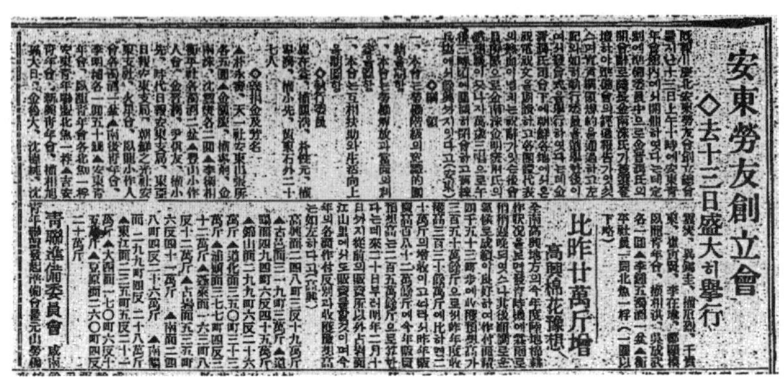
安東勞友創立會
◇去十三日盛大히擧行

比昨廿萬斤增
高麗棉花豫想

靑聯準備委員會

안동노우회 창립총회 기사 (《동아일보》 1925년 10월 18일자)

이때 결의한 강령은 첫째, 노동계급의 의식적 단결을 기함, 둘째, 본회는 노동해방과 당면의 이익을 도모함, 셋째, 본회는 상호부조와 생활향상을 도모한다는 것이었다. 그리고 집행위원으로 최재익(崔在益)·권봉호(權鳳浩)·박성원(朴性元)·권영윤(權寧潤)·권소선(權小先)·황동석(黃東石) 외 37인이 선출되었다.

안동노우회도 지식인들이 주도하는 단체였다는 점에서 노동운동을 계몽하는 성격을 띠었다고 할 수 있다. 주도인물이 노동자가 아닌 지식계층인 데다가, 다른 청년회 창립의 경우와는 다르게 상당한 금액의 의연금이 모금되었다는 사실은 노동자가 아닌 인물들이 많이 참여했음을 간접적으로 보여주고 있기 때문이다.

이후 안동노우회의 구체적인 활동을 알려주는 자료는 없으나 창립 직후 조선노농총동맹에 가입하였고[45] 다른 청년운동 단체와 함께 도산서원 철폐운동을 전개하기도 했다.[46]

---

45) 《東亞日報》 1926년 2월 16일자.

46) 《朝鮮日報》 1925년 11월 26일자 ; 《東亞日報》 1925년 11월 27일자.

小作人會創立
安東郡豊山에서

풍산소작인회 창립 기사(동아일보 1923년 11월 18일자)

(2) 농민운동

① 풍산소작인회의 결성

안동의 노농운동은 1920년 9월 조선노동공제회 안동지회가 설립된 뒤, 조선노동연맹회(朝鮮勞働聯盟會)가 조직되자 여기에 가맹하는 등 비교적 활발한 활동을 펼쳤다. 또한 1920년대 초 청년운동도 19개 면에 25개의 단체가 조직되어 있었고, 그밖에 사회단체들의 활동도 활발하였다.

이같이 1920년대 초 사회운동의 분위기가 고양되어 있었던 상황에서 본격적으로 농민운동이 전개될 수 있는 계기를 만든 것은 풍산소작인회(豊山小作人會)의 결성이었다. 풍산소작인회는 1923년 11월 11일 풍산학술강습회(豊山學術講習會)에서 회칙·결의·집행위원을 선출하고 조직

이준태와 그의 생가(풍산 하리)

되었다. 결성 장소는 권오설(權五卨)이 풍산학술강습회를 열고 있던 사무실이었고, 그 자리에서 회의를 열고 임원 및 결의사항을 확정하였다.[47)]

따라서 소작인회의 초기 회원들은 권오설이 1922년 창설한 풍산학술강습회의 회원들이 다수 참여하고 있었을 것으로 짐작한다. 권오설은 그가 교사로 근무하고 있던 풍산학술강습회를 이용하여 광범위하게 소작농들과 접촉하였고, 그의 영향 아래 있던 풍산면 일대의 소작인 약 200여 명으로 소작인회를 결성하였던 것이다.[48)]

풍산소작인회의 조직과 활동에 깊은 영향을 미쳤던 사람은 이준태와 권오설이었다. 이준태는 일찍부터 서울에서 활동하였는데, 1920년에는 동향의 안상길·김재봉(金在鳳) 등과 함께 임시정부 자금 모금에 관여하였다. 그러다가 1920년 초 사회주의 사상에 영향을 받고, 1922년 무산자해방을 목적으로 성립된 국내 최초의 사상운동단체인 경성무산자동

47) 《東亞日報》 1923년 10월 31일자·11월 18일자.

48) 김도형, 〈豊山지역의 농업경영과 소작쟁의〉, 《한국근현대사연구》 제18집, 한국근현대사학회, 2001, 112쪽.

지회(京城無産者同志會)를[49] 비롯하여 주요 사회단체에서 활동하였다.[50]

풍산학술강습회 교사로 활동을 시작한 권오설은 1920년 초기부터 안동청년회(安東青年會)·일직면금주회(一直面禁酒會) 등 계몽단체에 참여하였다. 그러다가 그는 류인식·이준태·김남수 등과 가까이 지내면서 당시의 새로운 사상을 적극 수용하였다.[51] 그는 풍산소작인회 창립 과정과 조직화 과정에 적극 참여하였고, 1924년에는 풍산소작인회 대표로 조선노농총동맹에 참가하여 집행위원으로 선출되면서 전국으로 활동 무대를 옮겼다. 즉 풍산소작인회는 서울에서 활약하던 안동 출신 인물의 영향을 절대적으로 받았던 셈이다.[52]

풍산소작인회 회원들의 구성을 보면 〈회칙〉의 제2조와 제3조에 "본회는 명칭이 소작인 및 준소작인으로써 조직한다"고 밝히고, "소작인·준소작인의 호상부조와 생활향상을 목적한다"고 하여 기본적으로 소작농과 준소작농으로 구성된다고 정했다. 그러나 실질적으로 소작인회의 지도부엔 자작농, 중소지주 및 진보적인 청년지식층이 많았고, 회원대중은 소작농이었으리라 짐작한다.[53]

---

49) 金俊燁·金昌順, 《韓國共産主義運動史》 Ⅱ, 청계연구소, 1969, 34쪽.

50) 이준태는 無産者同盟會·新思想硏究會(朝鮮勞動共濟會 전신)·火曜會 등에서 활동하였고, 1923년 3월24일에서 30일까지 열렸던 全朝鮮靑年黨大會에도 개인 자격으로 참가하였다.

51) 권오설이 신사상을 접하게 된 것은 이준태·김남수의 영향도 있지만, 1920년대 안동 지역 청년운동의 정신적인 지주 역할을 담당한 柳寅植의 영향이 컸다고 할 수 있다. 류인식은 만주에서 돌아온 뒤 옥고를 치르고, 안동 지역의 교육운동과 계몽운동에 앞장섰으며 특히 서울에서 전파되는 신사상을 적극 수용하여 청년계층에게 전하는 산파의 역할을 담당하였다(金貞美, 〈東山 柳寅植의 國權回復과 民族教育運動〉, 《大丘史學》 第50輯, 1995, 24쪽 ; 金喜坤, 〈東山 柳寅植의 생애와 독립운동〉, 《한국근현대사연구》 7, 한국근현대사학회, 1997).

52) 權大雄, 〈權五卨의 生涯와 活動〉, 《安東文化硏究》 6, 安東文化硏究會, 1992, 97~100쪽.

53) 김도형, 〈豊山지역의 농업경영과 소작쟁의〉, 《한국근현대사연구》 제18집, 한국근현대사학회, 2001, 113쪽.

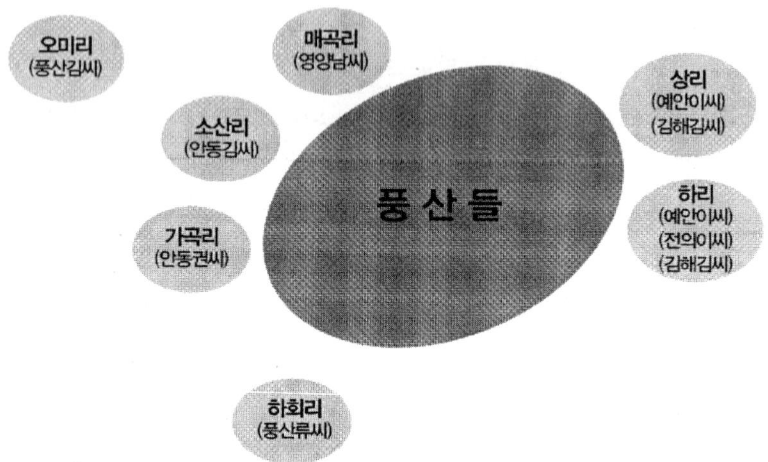

풍산 동성마을 분포도

풍산소작인회가 딴 지역의 소작인회와 가장 다른 점은 지도부 구성 인물의 대부분이 양반가문 출신으로서 자작농이거나 자소작농이었으며, 그 가운데는 고등교육을 받은 지식인들도 있었다는 점이다.[54] 소작인회에 이렇듯 소작농·자작농·중소지주·지식인들이 망라될 수 있었던 데는 이준태를 비롯하여 권오설·김남수·안상길 등이 이 지역의 영향력 있는 집안 출신이었기 때문이다.

풍산소작인회 집행위원의 명단을 확인하면, 이들 가운데 예안이씨(풍산 하리)·안동권씨(풍천 가곡)·풍산김씨(풍산 오미)·안동김씨(풍산 소산)가 다수를 차지하고 있었다. 집행위원들은 양반의 후예이며, 또 경제적으로 중소지주 내지 자작농으로 보이는 계층의 인물들이 참여하고 있었다.[55] 이는 동성(同姓)마을 중심의 문중사회가 발달한 안동사회에서,

54) 강정숙, 〈일제하 안동지방 농민운동에 관한 연구〉, 《한국근대농촌운동사》, 열음사, 1988, 365쪽.

55) 《東亞日報》 1923년 11월 18일자 기사에 보면 당시의 집행위원을 다음과 같이 기록하고

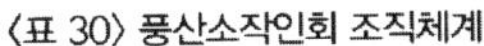
〈표 30〉 풍산소작인회 조직체계

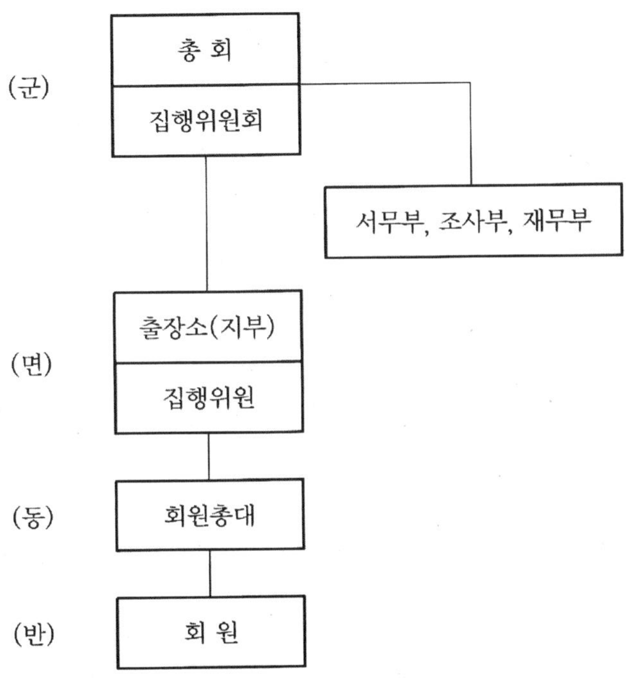

1920년대 전반기 청년운동과 단체의 조직이 문중을 기반으로 발생하고 있음을 보여주는 것이라 하겠다.[56)]

풍산소작인회의 조직은 의결기관인 총회와 집행기관인 집행위원회로 구성되었다. 집행위원은 총회에서 선출되고, 이 가운데서 선임된 상무집행위원이 중심이 되어 회의 사무를 집행하였다. 집행위원회는 농번기를 제외하고 거의 1개월에 1회씩 소집되고, 여기서 토의된 내용은 출

있다. 中泰雨·李昌植·李準文·李會昇·權丙南·李用萬·李準悳·權永浩·李守宗·權寧昊·權大亨·權準杓·權五愼·權五高·李用誓·金善圭·金重東·金斗成·趙鳳碩·金春根·韓漢成·李會春·金朝東·李承烈·李會源.

56) 김희곤·강윤정, 《잊혀진 사회주의 운동가 이준태》, 국학자료원, 2002, 58쪽.

장소문제, 회원·비회원에 관한 조직관리 등의 사항과 기타 정기총회에서 논의한 사항, 정기총회에서 채택된 결의에 대한 실천방안 등이었다.[57)]

그리고 행정조직으로는 서무부가 일반 서무를 담당하였으며, 조사부가 지주들과 그 동향에 대해 연구·조사하였다. 그리고 재무부에서는 재정 및 경비 등을 맡았다.[58)]

또 총회·집행위원회는 그 밑에 면 단위의 출장소를 두고, 집행위원을 두었는데, 출장소의 규모에 따라 집행위원의 수를 달리하였다. 그리고 각 동에는 다시 총대를 두어 마을을 반 단위로 조직하였다. 이러한 조직 형태를 충족시키고 체계적인 운동을 전개하기 위해 은풍(예천)·와룡 등지에 출장소를 설치하여 농민운동을 지도하였다.[59)] 풍산소작인회 와룡지회(豊山小作人會 臥龍支會)는 1923년 풍산소작인회 성립 직후에 조직되었다. 풍산소작인회가 어느 한 지역으로 편중되고서는 농민운동을 효과적으로 실행할 수 없다는 판단에 따라, 이 지회를 조직한 것이다.

② 풍산소작인회의 활동

1920년대 전반기 농촌문제에 있어서 가장 중요한 쟁점은 소작문제였다. 1923년 11월 결성된 풍산소작인회도 소작료 인하와 지세공과금 문제를 현안으로 내걸고 투쟁하였다. 안동 지역은 1910년대와 1920년대 사이에 소작료가 상당히 인상되었다. 이에 소작인회는 창립총회 직후에 열린 임시총회에서 소작료 인하를 목표로 투쟁방침을 다음과 같이 정하였다.

---

57) 강정숙, 〈일제하 안동지방 농민운동에 관한 연구〉, 《한국근대농촌운동사》, 열음사, 1988, 368~369쪽.

58) 《東亞日報》 1924년 10월 21일자(김도형, 〈豊山지역의 농업경영과 소작쟁의〉, 《한국근현대사연구》 제18집, 한국근현대사학회, 2001, 113쪽에서 재인용).

59) 《東亞日報》 1924년 5월 30일자·1925년 12월 5일자.

풍산소작인회관 자리(풍산읍)의 오늘 모습

> 첫째, 지세는 지주가 부담한다. 둘째, 소작료를 인하한다. 셋째, 소작권을 5년 이상 보장한다. 넷째, 부역을 반대하고 마름의 중간 수탈도 반대한다. 다섯째, 거리가 2리 이상인 경우 소작료 운반비용을 지주가 부담한다.[60]

이 결의사항은 소작인회 활동에 있어서 가장 기본적인 지침으로 자리 잡았다. 풍산소작인회는 이러한 지침 아래 대규모의 선전과 교양사업을 펼쳤다. 이는 무산자의 의식을 높이고, 회원의 유대를 강화하기 위함이었다. 이어서 그들은 조합원 사이의 부조·단결을 위한 원칙도 분명히 밝혔는데, 회원 사이의 유대를 가장 우선으로 삼았다.[61] 예를 들어 품앗이나 품팔이의 경우 먼저 회원을 상대로 하고, 여력이 있으면 비회원을

60) 《東亞日報》 1923년 11월 18일자.
61) 《東亞日報》 1924년 3월 2일자·4월 14일자·5월 31일자.

안동에서 가장 넓은 풍산들 모습

도울 수 있도록 규정한 것이다. 그리고 회원에게 손해를 끼치는 비회원에 대해서는 강경한 조치로 대처했다.[62)]

풍산소작인회의 대규모 운동은 1924년 봄, 수확 작물의 소작료 내리기 운동으로 전개되었다. 구체적인 내용을 살펴보면 소작인회는 지세를 지주가 부담하고, 소작료는 논의 주요 작물에 한하여 지주 4할·소작인 6할, 밭의 가을 수확 작물은 지주에게 3할 5푼 이내, 봄에 수확하는 작물은 당분간 지주에게 2할을 가져가도록 요구하였다. 이에 대해 지주측은 지세는 지주가 부담하겠지만, 논에는 각 5할, 이모작 논의 경우 부작물을 지주 4할·소작인 6할, 밭에는 가을 수확 작물에 각 5할, 봄 수확 작물은 지주 4할·소작인 6할로 하자는 것이었다. 이렇게 지주와 소작인 사이에 팽팽한 대립이 계속되자 경북 도당국은 개입하지 않을 수 없었다.

62) 《東亞日報》 1923년 12월 5일자.

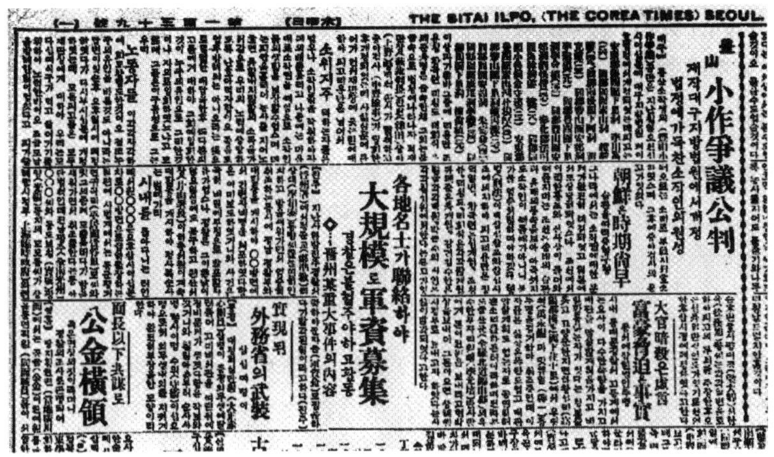
THE SITAI ILPO, (THE COREA TIMES) SEOUL.

豊山 小作爭議公判

재작대구지방법원에서개정

법정에가득찬소작인의청성

朝鮮은時期尙早

大官暗殺은虛僞

各地名士가聯絡하야

大規模로軍資募集

경찰은활동을주야하고잇다

◇…晉州某重大事件의內容

實現된

外務省의武裝

面長以下共謀로

公金橫領

노동자들

시내통

소위지주

풍산소작쟁의 공판 보도기사 (《시대일보》 1924년 10월 9일자)

그러나 도청 방침은 지주 측에 유리한 것이었고 봄 수확 작물의 분배문제에 대해서는 모호한 입장을 보였다.[63]

소작농민들의 요구가 집단적인 쟁의로 발전하자, 지주들은 일본인의 협조로 풍서농무회(豊西農務會)를 결성한 뒤 탄압에 나섰다.[64] 풍서농무회는 소작인회 간부 이용만(李用萬)을 비롯해 조용성·황극련(黃克鍊)·이성도(李聖道)·이회식(李會植)·류쾌준(柳快俊)·권병수(權丙洙)·강건(姜建)·김수한(金守漢)·박근후(朴根厚)·주수명(朱壽命)·이건(李建)·권상식(權尙植) 12명을 업무방해죄로 경찰에 고발하였다.[65] 그리고 쟁의에 참여한 소작인의 소작권을 박탈하였으며, 농무회에 가입한 농민에게만 소작권을 주는 등 강경하게 대응했다.[66]

63) 《東亞日報》 1924년 8월 17일자.

64) 《東亞日報》 1924년 8월 17일자.

65) 독립운동사편찬위원회, 《독립운동사자료집》 제14집, 1983, 812~815쪽. 당시 구속된 이용만은 징역 10월, 조용성·황극련·이성도·이회식·류쾌준은 각각 징역 6월, 김수한·강건은 벌금 30원, 박근후·주수명·이건·권상식·권병수는 벌금 20원으로 결정되었다.

지주들의 강경한 대처에 풍산소작인회는 구속된 회원들과 소작권을 박탈당한 농민들을 돕는 데 적극 나섰다. 검찰에 구금된 회원을 위해서는 공동으로 품을 팔아 도와주기도 하고,[67] 소작권을 상실한 회원들에게는 매두락 벼 서 말씩을 부조하기도 하였다.[68] 또 악덕지주 고바야시(少林兵二郎)에게 소작권을 박탈당한 회원에게는 겉보리를 부조하고, 악덕지주와 그 지주에게 빌붙은 간사한 소작인의 태도를 조사하기도 했다.[69] 회원이 박탈당한 토지를 받아서 소작하는 농민에게는 압박을 가하기도 했다.[70] 이러한 단결과 부조, 후원을 통해 풍산소작인회는 소작쟁의를 지속하면서도 회원을 확대할 수 있었던 것이다.[71]

또 풍산소작인회는 서울의 노농운동 단체와 연계하면서 농민운동을 전개하였다. 풍산소작인회가 조선노농총동맹과 밀접한 관계를 가질 수 있었던 이유는 풍산소작인회의 지도층인 권오설·이준태·김남수 등이 조선노농총동맹에서 활동하고, 특히 권오설이 중앙집행위원으로 움직였기 때문이다. 이에 풍산소작인회는 조선노농총동맹의 영향을 상당히 많이 받았을 것으로 보인다. 조선노농총동맹에 가입하고, 여기에서 제시하는 소작율과 투쟁 방침에 맞추어 조직적으로 활동한 것이다.

이처럼 풍산소작인회의 결성은 안동 지역 청년운동이 체계적인 형태로 발전하는 바탕이 되었다. 특히 중심인물들이 서울의 세력과 연계하면서 전체적인 청년운동을 선도하였다.

66) 《東亞日報》 1925년 3월 6일자.
67) 《東亞日報》 1924년 7월 28일자.
68) 《東亞日報》 1924년 1월 6일자.
69) 《東亞日報》 1924년 4월 14일자.
70) 《東亞日報》 1924년 4월 14일자. '奸小作人 膺懲으로 두사람 구금'이라는 제목으로 기사화되었다. 내용은 풍산소작인회 집행위원인 李會源·牟元瑞가 지주와 간소작인에게 말썽을 피웠다는 이유로 구금되었다는 것이다.
71) 김도형, 〈豊山지역의 농업경영과 소작쟁의〉, 《한국근현대사연구》 제18집, 한국근현대사학회, 2001, 123쪽.

③ 풍산소작인회의 혁신과 사회운동

1925년 조선공산당(朝鮮共産黨)이 창립된 뒤, 농민운동은 새로운 발전기에 들어섰다. 1925년 말에 이르러 노농운동이 노동운동과 농민운동으로 분리되는 움직임을 보이거나, 농민조합이 결성되면서 대중운동이 강화되어 갔기 때문이다. 조선공산당은 당시 운동노선과 농업문제에 대해 민족운동의 단계를 부르조아 민주주의혁명으로 잡고, 농업혁명에 대한 명확한 노선을 제시하였다. 곧 농업문제를 소작문제와 같은 단순한 경제상의 문제가 아니라, 토지문제를 바탕으로 풀어나가야 하는 것이라고 정리함에 따라, 농민운동이 노동운동과 다른 차원의 것임을 분명히 하였다.

농민운동 조직이 소작조합에서 농민조합으로 개편되기 시작했다. 이것은 소작농뿐만 아니라 식민지 지주제와 농업정책에 대해 불만을 갖고 있던 중농·소농까지 이 농민조직에 포함시키는 작업이었다. 그리고 농민조합 건설은 조선공산당 운동과 결합되어 나타났고, 청년운동·신간회운동·노동운동 등도 여기에 얽혀 있었다.

그러다가 1920년 말에서 1930년대 초에 걸쳐 군 단위 농민조합의 결성운동은 새로운 전기를 맞았다. 이른바 코민테른이 발표한 '12월 테제' 때문이었다. 좌파 세력은 민족우파 세력과 헤어지라는 국제공산당의 요구에 따라, 농민운동은 점차 사회주의 노선을 수용한 '혁명적 농민조합'으로 전환되어 갔다. 그리고 이 운동은 바로 공산당재건운동과 결합되어 있었다.

1920년대 후반기에 들면서 농민운동의 전국적인 조직인 조선농민총동맹(朝鮮農民總同盟, 1927)이 결성되었고, 각 지역에 존재하던 소작조합은 농민조합으로 발전하였다. 특히 당시 지주층은 일제의 도움을 받으면서 그들의 이익을 대변하고자 농회를 결성하고, 이를 내세워 적극적으로 소작문제에 대응하고 있었다. 이러한 상황을 극복하기 위해 농민운동

〈표 31〉 경북 지역 농민단체 및 인원수(1929년 6월 현재)

지역	농민단체(인원수)
대구	옥포면소작조합(163), 해안면소작조합(707)
영천	영천소작조합(38)
경주	양동농우회(165), 대전농우회(42)
영양	가천농우회(29)
안동	풍산소작인회(4,200), 풍산소작인회 와룡출장소(835), 풍서농민회(207), 풍서농우회(262), 길안 우리농림회(76)
김천	개령농우회(50), 농남농민조합(28), 금릉농우동맹(100), 풍계농회(43)
예천	예천농민조합(1,768), 지보지부(500), 용문지부(537), 은풍지부(550)
영주	농양노농회(112), 들계회(96), 용암농우회(30) 영주농민조합(2,352), 금계지부(225), 이산지부(385),
봉화	유곡농우회(38), 오록농우회(73), 구천농우회(57), 구천농우회 개포지부(170)
문경	문경농민조합(16)
성주	성주농우회(6), 초전면 고산동농우회(15)
선산	장천농업조합(42)

은 새로운 돌파구를 마련해야만 했다. 농민조합은 바로 이 요구에 따라 소작조합을 한 단계 진전시킨 조직이었다. 경북 지역에서 조직된 농민단체는 〈표 31〉과 같다.

풍산소작인회는 소작인회라는 명칭을 계속 사용하였다. 이는 안동의 농민운동은 조선농민총동맹 결성 이후에도 소작투쟁이 중심을 이루었다는 뜻이다.[72] 풍산소작인회는 정우회(正友會) 선언이나 노농총동맹

72) 《朝鮮日報》 1925년 9월 1일자 ; 《東亞日報》 1925년 9월 11일자. 풍산소작인회는 1925

풍산시장의 오늘날 모습

의 영향 아래 '실제 생활에 치중한 현실적 이익의 쟁취'를 투쟁방향으로 잡았다.[73] 이때 노동운동 쪽에서도 '노동계급의 의식적 단결, 노동해방과 당면의 이익 도모, 상호부조와 생활향상의 기도' 등을 목표로 내건 안동 노우회가 만들어졌다.[74] 농민운동의 이러한 방향은 1926년 12월의 정기 총회에서 그대로 결의되었다.[75] 3,000여 명의 소작인이 풍산시장에 모여, 안상길의 사회로 총회를 열었다. 그들은 "우리는 현실적 이익을 당면의

년 8월 28일 체계적인 농민운동을 위해 풍산소작인회관 낙성식을 거행하면서, 농민운동과 소작쟁의의 당위성을 전파하였다. 풍산소작인회관 낙성식에는 안동을 비롯한 인근 지역의 청년운동단체 대표들이 참가하였다. 낙성식은 상무위원인 李準泰의 式辭와 權五卨·李會昇·李準悳의 축사와 축전 낭독을 마친 뒤 시가 행진을 하였다. 낙성식에 참석한 귀빈은 다음과 같다. 金元鎭(火星會)·柳淵建(吉安青年會)·李準文(禮安青年會)·金道天(衡平社慶北第二支社)·白基浩(永陽青年會)·卞聖道(永川衡平分社)·金雨田(安東青年聯盟, 金南洙).

73) 《東亞日報》 1925년 10월 18일자.

74) 《東亞日報》 1925년 10월 18일자.

75) 《時代日報》 1925년 11월 18일자 ; 《東亞日報》 1925년 11월 18일자.

풍서농민회 회원들

목적으로 한다"는 원칙을 결의하였다.[76] 또 당면사업으로 "새로운 소작대장의 작성, 농사개량과 부업장려 기관의 설치, 농촌부인 및 농민노동자의 교양 교육" 등을 결의하였다. 그리고 농민들에게 가장 중요한 문제였던 소작료와 지세 문제를 논의하였고, 소작료의 인하와 지주의 지세납부 등을 다시 결의하였다.[77] 이 내용은 풍산소작인회 와룡지회에서도 똑같이 결의되었다.[78]

1925년 11월 풍서면 소산동에서 김지한(金智漢)·김기진(金基鎭) 등이 풍서농민회(豊西農民會)를 조직하였다.[79] 이 회는 '상호부조와 생활개량'을 목적으로 삼고, '무산계급의 해방운동을 기하며 당면 이익을 위하여 투쟁'한다는 강령을 내세웠다. 이 내용은 사회주의운동 성향을 뚜렷하게 보여 주는 것이다. 당면 과제는 여전히 소작료와 지세 문제였고, 또한 악독한 지주에게 대항하고 간악한 소작인을 처치하여 농민의 실생활을

76) 《東亞日報》 1925년 12월 25일자.
77) 《朝鮮日報》 1926년 12월 9일자 ; 《東亞日報》 1926년 12월 25일자.
78) 《東亞日報》 1927년 2월 22일자.
79) 《東亞日報》 1925년 11월 17일자.

보장하는 것이었다.[80] 이에 따라 김기진 등은 지주에 빌붙어서 소작권을 빼앗은 소작인을 공격하다가 '업무방해 협박죄'로 구속되기도 하였다.[81]

풍산소작인회와 풍서농민회는 각 면, 동리에 농민운동을 위한 세포단을 만들어 나가면서 조직을 정비하였다. 1926년 12월 풍산소작인회 5회 정기총회에서는 '마을마다 세포단을 조직할 것'을 결의하였다.[82] 그리고 괴정(槐亭)·수동(水洞)·수곡(壽谷)의 출장소는 사무 처리의 편의상 조직을 없앴으며, 예천에 설치하였던 은풍출장소는 독립시켰다.[83] 또 풍서면 가곡동에 거주하는 회원은 풍서농민회에 속하게 하였고,[84] 와룡출장소를 지부로 변경하였다.[85] 마찬가지로 사무 처리 편의를 위해 풍서농민회는 산하에 있던 2개 조직을 독립시켰다. 1926년 10월에 농민회의 구담동 출장소는 풍서농민친목회(豊西農民親睦會)로,[86] 풍서농우회(豊西農友會)도 따로 독립시켰다.[87] 정확한 성격을 알 수 없지만, 길안면의 지례동(知禮洞)에서도 김성환(金聖煥)·김필환(金弼煥) 등이 우리농림회를 조직하였다.

농민회의 조직이 확산되면서 여러 가지 투쟁이 일어났다. 1927년 4월에는 구담동에서 소작회원과 비소작회원 사이의 대립으로 풍서농우

---

80) 《東亞日報》 1926년 5월 3일자 ; 《朝鮮日報》 1926년 5월 3일자.

81) 《東亞日報》 1926년 5월 3일자 ; 《朝鮮日報》 1926년 5월 3일자.

82) 《東亞日報》 1926년 12월 25일자.

83) 《東亞日報》 1927년 5월 10일자. 출장소의 독립은 1926년 9월에 결의되었다. (《東亞日報》 1926년 9월 11일자)

84) 《東亞日報》 1926년 12월 25일자.

85) 《東亞日報》 1927년 2월 22일자.

86) 《東亞日報》 1926년 10월 13일자. 당시 풍서농민회 위원회에서 구담출장소 독립에 대한 안건을 상정하여 통과가 되었다. 여기에 결의 사항을 정리한다.
결의사항 ⇒ 1. 任員增選에 關한 件(金東燁외 18인).
2. 九潭出張所獨立에 關한 件 → 九潭出張所는 事務處理上 便利를 圖謀키 爲하여 豊西農民親睦會로 獨立케 할 것.

87) 《東亞日報》 1927년 3월 15일자.

회 집행위원 9명과 회원 11명이 검거되는 사건이 일어났다.[88] 12월에는 농우회의 간부 김원학(金元鶴) 등 5명이 비소작회원에게 경고하였다가 안동경찰서에 구속되었다.[89] 그리고 풍서농민회의 간부 김지한 등은 노동자들의 파업을 선동하였다. 그곳에서 진행되고 있던 도로 공사에서 임금지불이 불공평하고 노동자에 대한 태도가 야비하였기 때문이었다. 이 사건으로 풍서농민회의 간부 및 회원 30여 명이 검거되기도 하였다.[90]

또한 안동에서는 사안에 따라 각 사회단체가 농민운동에 가담하였다. 1927년 신간회(新幹會)에서 소작료 투쟁건, 세금공과금 지주부담, 비료대 이자의 지주부담 등을 결의하기도 하였다.[91] 무엇보다도 대표적인 것은 1925년 11월에 전개된 도산서원(陶山書院) 철폐운동이었다. 이 운동에 안동의 전 사회운동 단체들이 연합하였다. 도산서원의 토지를 소작하는 농민이 소작료 납부 날짜를 어기다가 서원 측으로부터 구타(태형) 당하는 사건이 발생하였다. 이를 화성회(火星會)가 먼저 이를 문제로 삼고 나섰다.[92] 그리고 풍산소작인회·정광단(正光團)·안동노우회·안동여성회(安東女性會)·안동청년연맹(安東青年聯盟) 등이 연합하였다. 안동 지역 사회운동단체들은 "죄악의 소굴인 도산서원은 일반민중의 방해물이므로 이면에 잠재한 죄악을 일일이 조사·적발하여 사회에 공개하는 동시에 희생적 정신으로 철폐"해야 한다고 주장하였다.[93] 이 사건에 대해서는 대구청년회에서도 "인권을 유린하고 생활을 위협하며 봉건제도의 악습인 사태형(私笞刑)을 감행하는 도산서원은 무산대중의 원수로 인(認)"한다고 하면서 폐지를 요구하였다.[94] 이 도산서원 철폐운동은 단순

88) 《東亞日報》 1927년 4월 6일자.
89) 《東亞日報》 1927년 12월 2일자.
90) 《東亞日報》 1927년 12월 30일자·1928년 1월 2일자.
91) 《朝鮮日報》 1927년 9월 19일자.
92) 《東亞日報》 1925년 11월 4일자.
93) 《東亞日報》 1925년 11월 27일자 ; 윤학준, 《나의 양반문화 탐방기》, 길안사, 1994 참조.

군자리 탁청정과 김남수 기념비(와룡 오천)

히 철폐만을 목적으로 한 것이 아니었고, 도산서원으로 대표되는 봉건적 지배질서에 대한 항쟁이었다. 그리고 문화통치를 실시하던 일본의 간교한 정책을 비판한 것이었다. 그 선봉에 선 사람은 소작인이 아니라 안동에서 유명한 양반가문 출신들이었다.

일본은 3·1운동 발생의 정신적 배경을 계몽운동의 맥을 이은 신지식인과 의병항쟁의 정신을 따른 유학자들로 파악하였다. 그래서 조선총독부는 신지식인에게는 참정권을 부여하는 유화정책으로, 유학자들에게는 유도진흥회·서원·서당 등에 대한 지원을 미끼로 포섭하였다. 때문에 도산서원 철폐운동은 봉건적 지배질서에 대한 항쟁뿐만 아니라, 일본의 간교한 문화통치에 정면으로 맞서 민족운동의 차원에서 이루어졌던 것이다.

안동 지역 농민운동의 구심점이었던 풍산소작인회가 1926년 정기총회 뒤 사회운동의 새로운 추세에 어떻게 대응하였는지는 확실하지 않다. 그렇지만 소작인회 구성 자체가 소작인의 권익보호를 표방하면서도

94) 《東亞日報》 1925년 11월 26일자.

자작농·중소지주도 참가하는 좌우합작 또는 민족협동전선 형태를 취하고 있었고, 조선공산당 사건으로 검거된 풍산소작인회 간부들이 정치적으로 활동하고 있었던 만큼, 신간회 성립을 적극 지지하였을 것으로 보인다. 더구나 소작인회의 주요 간부들이 신간회에 가입하고 있었던 점으로 미루어 보아, 이들이 신간회 안동지회(新幹會 安東支會) 활동과 관련을 가졌을 것이라고 생각한다. 그러나 1927년 풍산소작인회는 쟁의가 발생하면 집회를 금지 당하는 등 일제의 탄압이 커서 활동에 많은 제약을 받고 있던 상태였다.

이와 같이 안동의 농민운동은 유력 양반가문 출신이 앞장서서 소작쟁의라는 방법으로 일제와, 일제에 연계된 지주를 공격하는 성향을 보였다. 유력 인사들이 앞장서 이끄는 바람에 안동 지역 농민운동은 노동운동과 마찬가지로 초기부터 매우 활발하였다. 그런데 1920년대 후반까지 안동 전역을 이끌어 갈 군 단위의 농민조합을 결성하지는 못했다. 하지만 그들의 노력은 꺾이지 않았고, 그 결실은 1930년대에 가서 혁명적 농민조합(안동콤그룹)의 결성으로 나타나게 되었다.

3. 청년·여성운동

(1) 청년운동

① 청년회의 결성과 문화활동

3·1운동은 대중의 힘을 효과적으로 결집하고 지속적으로 항일이데올로기를 육성하기 위한 조직체의 필요성을 요구하게 되었다. 더욱이 민족의 장래를 책임져야 할 청년들의 수양과 훈련, 이들을 통한 대중의 계몽과 지도의 필요성이 절실하게 요구되었다. 이러한 시대적 요망은 청년

풍산하기강습회 청강생 명부와 지출장(권오설 유품)

들로 하여금 3·1운동 뒤에 민족운동의 전면에 나서게끔 만들었다. 그 결과 전국적으로 청년들은 자기 고장을 중심으로 청년회를 조직하고 민족 역량의 기초를 다지기 시작하였다. 물론 청년회가 모두 민족 역량을 기르는 단체는 아니었고, 지역에 따라 친일적인 성향을 띠는 곳도 있었으므로 구별해서 이해해야 한다.

1920년부터 조직되기 시작한 청년회의 주된 활동은 계몽적인 성격을 가졌다. 당시 민족주의 계열은 청년운동을 주도하면서 실력양성운동과 문화운동을 전개하였다. 이는 1920년대 초반기의 국내독립운동의 성격과 연관성을 보여 준다. 청년운동의 주도권이 사회주의 계열로 옮겨진 뒤에도 문화운동이 꾸준히 전개된 것으로 보아, 청년운동은 두 계열의 대립이 아니라 상호보완적인 형태로 이루어졌다고 할 수 있다.[95] 이는 이념적 차이는 있지만 두 계열 모두 문화운동의 중요성을 인식했던 것으로 생각된다.

95) 안건호, 〈1920년대 전반기 청년운동의 전개〉, 《한국근현대청년운동사》, 풀빛, 1995 참조 ; 박철하·신주백·이준식, 〈한국청년운동사(1920·1946)의 새로운 이해를 위하여〉, 《한국근현대청년운동사》, 풀빛, 1995 참조.

안동불교청년회의 요람이었던 법룡사(안동시내 당북동)

안동 지역의 청년운동 단체는 1920년에 들면서 생겨나기 시작했다. 1920년 5월 안동청년회의 설립을 출발로, 예안청년회(禮安青年會)·안동부인회(安東婦人會)·기독청년회·안동불교청년회(安東佛教青年會)·일직면금주회·조선노동공제회 안동지회 등이 설립되고, 1923년에는 안동조선물산장려회(安東朝鮮物産奬勵會)가 조직되었다.

안동 지역 청년단체의 활동은 지·덕·체를 중시하는 문화운동에 주력하였다. 곧, 교육활동과 토론회·강연회 그리고 체육·오락활동 등이 주된 것이었다. 첫째, 교육활동은 청소년들의 지식계발을 중요한 목적의 하나로 삼고 있었다. 1920년대 경북 지역의 청년운동 단체에서는 노동야학·여자야학 등 각종 야학회를 설치하거나, 학원·의숙·강습소 등을 설치하여 운영하였다. 그밖에도 도서관이나 문고를 개설하고, 학교기성회를 조직하여 기존의 정규 학교를 후원하거나, 새로운 학교 설립에 애쓰고 있었던 것 같다.[96] 당시 각종 야학에서 가르치는 교과목은 주로 조선어·한문·일본어·산술(算術) 등이었다. 그리고 이러한 교육사업에 직접 교편을 잡고 가르쳤던 강사들은 청년회의 회원이 대부분이었으며, 인근 공·사립학교의 교사들도 참여한 것 같다. 이들은 저녁 시간을 이용하거나 농한기·여름방학·겨울방학 등의 여가를 이용해서 지방 청소년들을 열심히 가르쳤으며, 이로써 새로운 지식을 보급하였을 뿐만 아니라, 청소년들의 의식을 깨우쳐 나갔다. 안동 지역의 야학운동은 1921년 4월 무렵부터 시작된 안동불교청년회의 노동야학을 비롯하여,[97] 서후면 광동사숙(廣東私塾),[98] 일직서숙(一直書塾),[99] 안동청년회 학술강습회,[100] 예안청년회의 노동야학,[101] 예안여자학술강습회(禮安女子學術講習會)가 설치되면서 신교육을 펼치게 되었다. 이는 한말부터 시작된 계몽운동과 사립학교를 중심으로 펼쳐졌던 신교육운동의 영향으로 볼 수 있다.

둘째, 강연회와 토론회는 청년뿐만 아니라 일반대중의 교화와 계몽

---

96) 《東亞日報》 기사에 따르면 안동 지역 19개 면의 25개 단체들 가운데 안동청년회·예안청년회·불교청년회·신흥청년회·안동청년동맹·안동청년동맹 풍산지부·와룡청년회·안동여자청년회·도산구락부 등 9개 청년회가 적극적으로 활동한 것 같다.

97) 《東亞日報》 1921년 5월 1일자. 1921년 4월부터 '일반노동자 교육기관이 없어 그들을 교육하기 위하여' 신설되었다. 교실은 불교청년회관을 이용하였다. 학급은 연령을 기준으로 2학급으로 나누었는데, 12세 이하는 유아반, 14세 이상은 본과로 편성하였다. 교사는 徐丙老·柳淵建·權泰勳·金晋潤 등이었고, 학생 수는 약 170여 명이었다.

98) 《東亞日報》 1921년 4월 27일자.

99) 達成徐氏·韓山李氏 문중의 재정 도움을 받아 운영되었으며, 校舍로는 '蘇湖軒'을 이용하였다. 교사로는 1920년대 청년운동을 주도하던 권오설이 재직하였다.

100) 《東亞日報》 1921년 6월 24일자·1921년 6월 15일자. "지방청년의 前進을 지도하기 위하여" 안동청년회관에서 실시하였다. 교사는 許億·金省吾·柳東著·富谷直吉·權寧燦·崔尙夏가 담당하였다. 교과목은 歷史·地理·法律·經濟·日語·簿記·生理·數學으로 편성되어 있다. 여기서 주목할 점은 1907년 개설되었던 협동학교의 교과목과 일치하는 것이 많고, 다른 야학에서 강의하지 않는 과목이 대부분이다.

101) 《東亞日報》 1922년 8월 22일자.

巡廻探訪

人傑이 許多 文化의 淵源 (4)

風光조차明媚

安東 一記者

社會團體

안동의 각 청년회 활동 기사
(《東亞日報》 1927년 3월 15일자)

을 위해서 모든 청년운동 단체가 중요시 한 활동이었다. 강연회의 경우 정기강연회·임시특별강연회·학술강연회·농촌문제강연회·순회강연회 등 다양한 형태로 열렸다. 그리고 그 내용도 사회문제·교육문제·위생문제·여성문제·농촌문제·지역 발전과 국가 및 민족의 장래에 관한 문제 등 매우 다양하게 다루어졌다.

1920년부터 강연회가 자주 개최되었는데, 강사는 인근 지역의 유명인사나 서울에서 초빙하는 경우가 종종 있었으나, 대부분 경북 지역 청년운동 단체의 대표들이었다. 그 가운데 안동 지역 청년들은 대개 협동학교 출신이거나 3·1운동을 거쳐 등장한 인물이 주류를 이루었다. 안동 지역 청년회에서 주관한 강연회의 개최 상황을 살펴보면 〈표 32〉와 같다.

토론회의 경우 각 청년운동 단체가 자체적으로 진행하는 형태로 이루어졌다. 그 형식은 두 가지의 문제를 놓고, 이에 대한 가부(可否), 또는 완급을 논하거나 주장하는 것이었다. 그렇기 때문에 여기에 참가하는 토론자는 대체로 양 편으로 각각 2~3명씩 나누어서 자기의 뜻을 주장하였으며, 심판자가 있어서 우열을 판정하는 형식이었다. 이는 한말 독립협회(獨立協會)가 개최한 만민공동회(萬民共同會)의 토론방식과 비슷한 형태였다. 안동 지역 청년운동 단체의 토론회 주제를 간추려 보면 〈표

〈표 32〉 안동 지역 청년운동 단체의 강연회 사례

주관단체	강사	주제	일시	장소	비고
예안청년회	申 德 李均鎬 申長均 李東完 李裕鎬	世界一周談 자연계에 面養한 吾人 나의 今日觀 본회의 창립과 감상 반가운 우리청년회	1920. 8.5	예안 공립 보통 학교	동아일보 (20.8.15)
안동청년회	吳錬洙 權寧炯 金元鎭	虎疫에 대하야 자아의 개조 사랑과 교육	1920. 8.21	안동청 년회관	동아일보 (20.9.15)
예안청년회	申應漢 金仁培 申相稷 李雲鎬 趙俊熙	경제의 適用 과거의 一夢 청년회에 대한 소감 우리의 배움 우리의 책임	1920. 8.24	예안 공립 보통 학교	동아일보 (20.9.15)
불교청년회	徐丙老 李完基	봉축석가교주탄신 우주와 인생	1921. 5.15	법룡사 포교당	동아일보 (21.5.22)
안동기독 면려청년회	張德秀 崔惠善	기독교의 사회화 진보합시다	1921. 7.8	안동 교회	동아일보 (21.7.8)
우리청년회	金潤鎬 權鍾杓 柳敎夏 柳震杰	자녀의 해방 신문명을 발휘 我의 사회관 교육의 新精神	1921. 7.22		동아일보 (21.7.31)
안동기독 면려청년회	洪東植	아동교육과 교회	1923. 3.14	안동 교회	동아일보 (23.3.14)
안동기독 면려청년회	吳華英	아등은 何오	1923. 3.28	안동 교회	동아일보 (23.3.28)
안동기독 면려청년회	蔡聖錫	신앙의 목적	1924. 1.20	안동 교회	동아일보 (24.1.20)
길안청년회	柳淵建	우리의 살길	1925. 5.8		동아일보 (25.5.13)
안동청년 연맹	李墀鎬 李雲鎬 柳淵建 李會昇	무산청년의 사명 청년연맹의 필요 운동상으로 본 작금의 안동 청년운동의 의의	1925. 8.30	안동 청년 회관	동아일보 (25.9.7)
안동청년 동맹	金南洙 李準泰 金 活 金元鎭 安相吉 李會昇	국제청년데이의 유래 국제청년데이의 위력 국제청년데이의 의의 국제청년운동과 조선청년운동 무산청년의 국제적 사명 未定	1925. 9.10	안동 청년 회관	동아일보 (25.9.10)

〈표 33〉 안동 지역 청년운동 단체의 토론회 사례

주관단체	논제	토론자	비고
안동청년회	인격이 勝於 金錢	인격 : 許億 외 7인 금전 : 徐丙老 외 7인	동아일보 (20.8.3)
안동청년회	사업진행에 경험이 勝於 학식	경험 : 柳東著·權寧潤 학식 : 權泰勳·徐丙老	동아일보 (20.8.12)
안동청년회	사업발전이 도덕이냐? 법률이냐?	도덕 : 權相稷·金璉漢·○裕友 법률 : 金箕鎭·李完基·金慶漢	동아일보 (23.7.21)
예안기독 면려청년회	가정을 화락케 함은 남자냐? 여자냐?	남자 : 申世均·韓基蓮·申玉珠 여자 : 金容榮·李甲元·申乙星	동아일보 (23.7.29)
예안기독 면려청년회	현시대의 요구는 과학이냐? 산업이냐?	과학 : 李甲元·金仲圭·金福述 산업 : 申鉉章·申允明·金周泰	동아일보 (23.10.29)
안동청년회	현하 생활의 급무가 農이냐? 工이냐?	농업 : 尹世衡·金璉漢 공업 : 金澈鎭·金慶漢	동아일보 (25.7.12)
안동기독 면려청년회	이혼의 폐습은 남자에게 있냐? 여자냐?	?	안동교회 팔십년사
예안기독 면려청년회	사회원동력이 愛냐? 황금이냐?	愛 : 申昇均·崔惠誠·申大均 황금 : 申在益·金難得·權順好	동아일보 (25.7.12)

33〉과 같은데, 대개 사회 현실문제가 다루어졌다. 특기할 만한 사항은 1925년부터 주제로 무산자 문제를 다루고 있다는 점이다. 그 전에는 청년회의 성격에 가까운 주제를 다루었지만, 뒤에는 정치적 성향을 드러내 보이는 점이 눈길을 끈다.

셋째, 청년운동 단체의 활동은 야학회를 설치하여 청소년을 교육하거나, 강연회나 토론회를 열어 그 지역의 신문화를 일으키는 것, 운동회를 개최하여 체육을 향상시키는 경우와 풍속의 교화나 문화 선전을 위한 오락활동 등을 중심으로 펼쳐졌다. 체육활동은 지역에서 체육대회를 열거나 전국적인 대회에 참가하는 것이 주된 활동이었다. 체육대회의 종목

〈표 34〉 안동 지역 청년운동 단체의 체육활동 사례

주관단체	체육활동	일시	비고
안동청년회	대운동회 개최	1921. 4.	동아일보 (21.4.27)
안동청년회	예천청년회와 정구시합	1921. 5.	동아일보 (21.5.7)
안동불교청년회	춘계연합운동회	1921. 5.	동아일보 (21.5.7)
안동청년회	예천에 정구시합 원정	1921. 6.	동아일보 (21.6.16)
안동청년회	춘계대운동회	1923. 5.	동아일보 (23.5.14)
실업청년회	육상대운동회	1923. 5.	동아일보 (23.5.18)
안동청년회	안동 각단체 정구대회	1923. 8.	동아일보 (23.8.28)
길안청년회	춘계체육대회	1924. 4.	동아일보 (24.5.11)
안동청년회	춘계육상대운동회	1924. 5.	동아일보 (24.5.11)
안동청년회	제1회 안동소년목판정구대회	1924. 7.	동아일보 (24.7.3)
안동청년회	경북정구대회	1924. 8.	동아일보 (24.8.21)
안동여자청년회	서악사로 원족	1926. 6.	동아일보 (26.6.13)
안동청년회	전안동정구대회	1926. 8.	동아일보 (26.8.24)
길안청년회	청송에 정구시합	1926. 9.	동아일보 (26.9.28)
안동청년동맹	추천대회(그네뛰기)	1927. 6.	동아일보 (27.6.7) 중외일보 (27.5.30)
안동청년동맹	정구대회	1927. 7.	동아일보 (27.7.24)
안동청년동맹	육상경기대회	1927. 8.	동아일보 (27.8.17)

으로는 야구·정구·축구가 주축을 이루었으며, 특히 안동 지역의 청년운동 단체는 정구에 대한 열의가 높았던 것으로 전해진다. 그리고 계절에 따라 한국 고유의 운동경기를 대중과 함께 펼치는 경우도 있었고, 육상대회나 대운동회를 개최하기도 하였다. 안동 지역의 청년운동 단체에서 추진하였던 체육활동을 살펴보면 〈표 34〉와 같은데 특히 정구시합이 많

〈표 35〉 안동 지역 청년운동 단체의 예술·오락활동 사례

주관단체	예술·오락활동	일시	장소	비고
일직청년회	소인극	1924.8.	운산시장	동아일보 (24.8.30)
안동청년회	동양음악무도대회	1925.4.	안동청년회관	동아일보 (25.4.7)
지호(志湖) 동우구락부	순회소인극	1925.7.	하회·예천·풍기·영주·봉화·예안·영양·청송·의성·안동.	동아일보 (25.7.12) (25.7.25) (25.8.1)
예안기독 면려청년회	음악무도가극대회	1926.2.	예안교회	동아일보 (26.2.10)
안동청년회	음악대회	1926.7.	안동청년회관	동아일보 (26.7.2)
안동청년 동맹	연극무도대회	1927.7.	안동청년동맹회관	동아일보 (27.7.21)
안동청년 동맹	순회소인극대회	1927.7.	안동청년동맹회관	동아일보 (25.7.24)

았던 것이 눈에 띈다.

청년 단체의 오락활동은 단순한 친목이나 군민을 위안하기 위해서 또는 그 무엇을 기념하기 위해서만 행해진 것이 아니라, 각 지역의 풍속교화나 문화선전을 목적으로 하고 있는 것 같다. 그러나 더 중요한 것은 교육활동을 지원하는 비용을 마련하는 방법이자 청년회의 활동을 공식화하려는 것이었다. 오락은 주로 연극(소인극)을 하거나, 음악·무도회·활동사진대회(영화)·야유회·윷놀이 등 다양한 형태였다. 안동 지역의 청년운동 단체가 추진하였던 오락활동을 살펴보면 〈표 35〉와 같다.

이외에도 청년회나, 그 지역 발전을 위한 활동과 다른 여러 사회 단체를 돕는 활동을 벌였으며, 더 나아가서는 청년운동을 억압·방해하는 행위나 여러 가지 사회문제에 대해 강력하게 대항·대처하는 활동을 펴기도 하였다.

② 청년회의 사회주의 수용과 사회운동

1924년 말까지, 곧 1920년대 전반기의 청년회는 설립 초기와 같이 지식인층이나 유산자 중심의 수양·친목단체 노릇에 그치거나 활동조차 거의 하지 않은 경우도 있었다. 그런데 1924년 말부터 시작하여 1925년에 들면서 거의 모든 청년회가 혁신적으로 변하기 시작하였다. 이 혁신운동은 풍산청년회(豊山青年會)에서 시작되었다. 여기에는 풍산소작인회의 활동과 조직을 위해 노력하였던 이준태·권오설 등의 영향이 컸던 것으로 보인다.

풍산청년회는 1924년 9월 임시총회를 거쳐 명목뿐인 회원을 정리하는 한편 신흥청년회(新興青年會)로 명칭을 바꾸고, 선언·강령을 채택한 뒤, 임원을 선출하였다. 남아있지는 않지만 이때 채택된 강령에는 사회주의사상이 포함된 듯하고, 1920년에 청년회들이 내건 계몽주의적인 경향과는 다른 주장을 갖고 있었을 것이라 여겨진다.

풍산청년회가 혁신이란 이름으로 사회주의를 받아들이면서, 그 영향은 안동 전체로 퍼져나갔다. 1924년 12월 예안, 1925년 1월 안동,[102] 2월 와룡 등 1925년 말까지 안동에 있는 기존 청년회가 거의 모두 혁신적인 성향으로 바뀌었다. 각 면의 청년회는 신흥청년회처럼 회원을 정리하고 강령을 제정하였다. 안동청년회의 경우를 보면 1925년 1월 16일 혁신총회를 개최하여 취지와 강령을 새로 정비하였다. 안동청년회의 취지는

102) 《朝鮮日報》 1925년 1월 18일자 ; 《東亞日報》 1925년 1월 19일자.

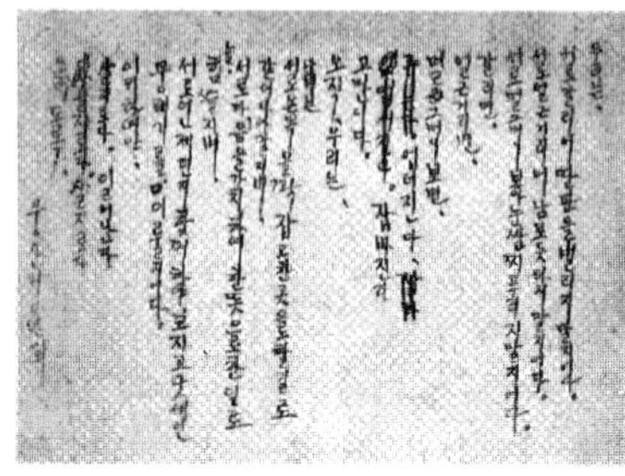
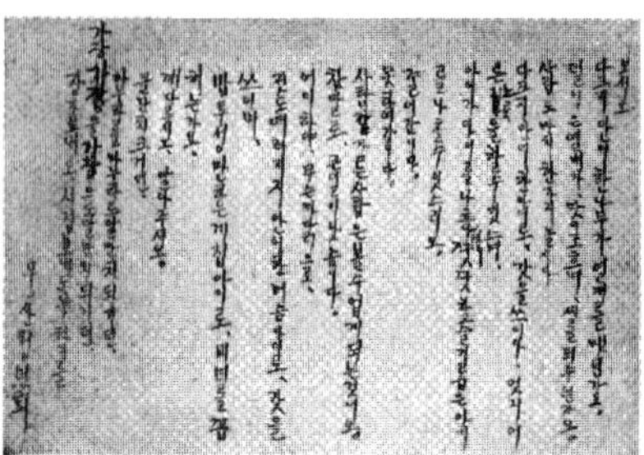

권오설이 쓴 풍산청년회 연설문 초고

"대세의 추이(사상의 변화)와 환경의 바뀜에 따라 청년운동의 근본정신을 관철키 위하여 운동의 새국면을 열고자 함"이었다. 그에 따라 "첫째, 본회는 사회진화의 법칙에 의하여 사회혁신과 역군훈련과 양성을 기한다. 둘째 무산계급 청년의 단결을 기하는 것"을 강령으로 채택하였다.

이러한 청년회의 혁신에는 사상단체 화성회의 영향이 컸던 것으로 판단된다. 화성회는 당시 조선노농총동맹의 임무를 띠고 남부 지역으로 파견되었던 권오설과, 풍산소작인회·청년회에서 활동하던 인물들이 1925년 1월 8일 창립하였다.[103]

안동 지역 여러 단체의 대표적인 성격을 가진 화성회는 안동 지역 사회운동 단체들의 전반적 활동을 관할하고자 만들었다고 볼 수 있다. 특히 화성회는 노농운동의 지원과 청년회의 혁신·통일, 새로운 청년단체의 조직 등에 중심을 두었고, 노우회·정광단[104]·기우단(記友團)[105] 등의 성립에도 영향을 미쳤다.

103) 《朝鮮日報》 1925년 1월 11일자 ; 《東亞日報》 1925년 1월 12일자 ; 《朝鮮日報》 1925년 1월 13일자 ; 《東亞日報》 1925년 1월 13일자. 1925년 1월 8일 錦南旅館에서 창립총회를 가졌으며, 취지·강령·결의사항 등과 집행위원을 선출하였다.

104) 《東亞日報》 1925년 10월 13일자·10월 19일자, 1927년 4월 6일자.

105) 《東亞日報》 1925년 10월 25일자·11월 6일자 ; 《時代日報》 1925년 11월 5일자.

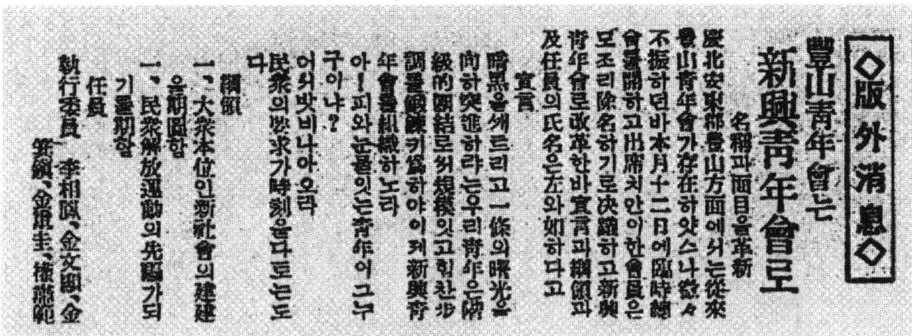
◇版外消息◇

豐山靑年會는
新興靑年會로

名稱과 面目을 革新

慶北安東郡豊山方面에서는 從來豊山靑年會가 存在하얏스나 微々不振하던바 本月十二日에 臨時總會를 開하고 出席치 안이한 會員은 모조리 除名하기로 決議하고 新興靑年會로 改革한바 宣言과 綱領과 及任員의 氏名은 左와 如하다고

宣言

暗黑을 깨트리고 一條의 曙光을 向하야 突進하랴는 우리 靑年은 階級的 團結로써 規模잇고 힘찬 步調를 鍛鍊키 爲하야 이제 新興靑年會를 組織하노라

아! 피와 눈물잇는 靑年이 그 누구이냐?

어서 밧비 나아오라

民衆의 要求가 時刻을 다토는도다

綱領

一、大衆本位인 新社會의 建設을 期圖함

一、民衆解放運動의 先驅가 되기를 期함

任員

執行委員 李相[illegible]、金文[illegible]、金[illegible]、金[illegible]、[illegible]

풍산청년회를 신흥청년회로 변경했다는 기사 (《동아일보》 1924년 9월 22일자)

화성회 활동에 힘입어 각 면 청년회들은 혁신적으로 변하였다. 또 1925년 8월에는 8개의 청년회가 안동청년연맹을 설립하여 청년 단체를 통일할 수 있게 되었으며,[106] 임하면·남후면에는 새로운 청년회가 조직되기도 했다. 그리고 청년회 조직의 발전과 함께 각 면 청년회들은 신흥청년총동맹(新興青年總同盟)에 가입하였다.[107] 혁신된 청년회에서는 강령에 따른 구체적 실천 활동으로 독서회 조직, 무산청년을 위한 프로청년문고의 설치, 소년단 조직으로 청소년의 사상교육 등을 강화해 나갔다.[108] 그리고 노동야학을 설치하여 민중교육에 힘썼는데, 특히 이 노동야학은 매우 활발하여 동(洞) 단위로 설치된 경우도 있다. 야학이 설치되지 않은 면에는 인근 면의 청년회가 파견되어 활동하기도 하였다.[109] 이로 말미암아 당시의 사회사상이 농민에게 보급되었고, 또 필요한 인력을 충원할 수도 있었던 것이다.

---

106) 《東亞日報》 1925년 8월 26일자.

107) 《東亞日報》 1925년 5월 16일자·5월 30일자.

108) 《東亞日報》 1925년 2월 16일자·4월 13일자·5월 16일자·5월 30일자·6월 10일자·8월 24일자.

109) 《東亞日報》 1925년 3월 2일자·5월 30일자·8월 24일자·10월 1일자·10월 20일자, 1926년 7월 2일자·8월 21일자.

안동기우단창립 대표사진. 앞 줄 왼쪽에서 세 번째가 김남수(《동아일보》 1925년 11월 6일자)

청년회의 기본 활동이 청년운동에 있었지만, 당시 안동의 경우 청년회원들 대부분이 농민이었던 까닭에 청년운동은 농민운동적 성격을 갖고 있었다. 그래서 소작인회가 조직되었던 풍산·풍서·와룡면 청년회원 가운데 풍산소작인회에 직접 참여하여 활동하고 있는 경우도 있었다. 곧, 안동 지역 청년의 구성이 농민으로 이루어져 있었고, 연령과 계층이 청·장년층으로 이루어져 있었다는 것을 의미한다. 그런데 다른 지역 청년회가 회원을 정리하면서 연령 제한을 30세로 둔 것과 달리, 안동은 40세에서 45세까지의 청·장년을 청년회 또는 소작인회의 회원으로 인정하고 있었다. 이는 다른 지역보다 회원의 나이가 많았음에도 혁신적 성향을 밀고 나갔다는 특징을 보여주는 것이다. 그리고 청년회는 소작인회 활동과 사회운동가들을 보호하고 지원하는 행동단체의 역할을 하였다고 할 수 있다.

청년회에서 농민들의 권익을 보호하고자 벌인 활동으로 잘못된 기금 납부 강요 문제와 농회비 문제를 해결하는 것이 있었다. 예를 들자면, 와룡면에서는 1925년 청년회원 등이 중심이 되어 면민대회를 개최하였는데, 그 이유가 와룡면에서 안동고등보통학교 설립기금을 납부하지 않은 면민에게 인감증명·호적등본 등 증명서 발급을 이유 없이 거절하고, 농회비 징수에도 문제가 있었기 때문이다. 앞의 기금은 1922년에 일반 시민들이 자발적으로 안동고등보통학교를 설립하고자 모았던 것이다. 그런데 기금 관리를 군에 위탁한 뒤로는 안동군이 모금을 빙자하여 생계 유지도 어려운 일반 농민에게까지 기금 납부를 강요하는 일이 벌어졌던 것이다. 그리고 농회의 문제에 있어서도 당시 농회가 일반 농민에게 별 혜택을 주지 못하면서도 농회비 등의 잡부금 징수에는 열심이었다. 특히 농회가 1925년까지 법적 근거도 마련되어 있지 않은 임의단체였기 때문에, 강제 징수권이 없음을 이용한 지주들이 회비를 잘 납부하지 않았고, 그 부담이 영세 농민에게 돌아왔던 것이다.[110)]

그래서 이 면민대회에서는 일반 농민을 위한 초등교육기관을 설치할 것, 농회비를 폐지할 것, 면장 개선을 위해 군 당국과 교섭할 것, 지나친 면 행정을 방어하기 위해 집행위원을 선거할 것 등을 결의하였다.[111)] 이러한 청년회의 활동은 말단 행정기관을 견제하고 농민자치적 기구를 조직하여 농민의 권리를 보호하려는 것이었다. 예안면에서는 청년회원들이 중심이 되어 협동조합을 조직하여 농민들의 일상 생활상의 요구를 수렴해 나가기도 했다.[112)]

이 시기 청년운동의 특징은 전반기에서 진행되어 오던 계몽운동을 계승하면서, 정치적인 성향을 강하게 나타낸 것이다. 특히 화성회라는 사상단체를 중심으로 변혁운동이 준비되었고, 1927년 중반에 나타나는 좌우합작의 밑거름이 되기도 하였다.

---

110) 文定昌, 《韓國農村團體史》, 一潮閣, 1961, 44쪽.

111) 《東亞日報》 1925년 5월 29일자·7월 17일자.

112) 《東亞日報》 1927년 8월 17일자 ; 朝鮮總督府 慶尙北道警察部, 《高等警察要史》, 1934, 69~70쪽. 예안협동조합은 李雲鎬·李準文 등이 중심이 되어 조직하였는데 부근 6면을 망라하는 농민단체를 만들고자 하였다.

〈표 36〉 청년회 중심 인물의 활동 상황

이름 \ 단체	활동 단체(1923~1927)			조선공산당 관련검거 사건명
	청년회	농민단체	기 타	
권오설(權五卨)	안동청년	풍산소작	화성회	2차 조선공산당사건(1926)
김경한(金慶漢)	안동청년		화성회·정광당	4차 조선공산당 야체이카(1930)
김여원(金如源)	와룡청년	와룡출장	화성회	
김기진(金基鎭)	신흥청년	풍서농민		4차 조선공산당 야체이카(1930)
김남수(金南洙)	안동청맹		노우회·화성회·기우단	4차 조선공산당 야체이카(1930)
김원진(金元鎭)	안동청맹		화성회	
김지한(金智漢)	신흥청년	풍서농민		
김진윤(金晋潤)	불교청년		노우회·신간회	
남 장(南 璋)	일직청년	와룡출장	신간회	4차 조선공산당 야체이카(1930)
류연건(柳淵建)	길안청년		기우단	
안상길(安相吉)	신흥청년	풍산소작	화성회·신간회	4차 조선공산당 야체이카(1930)
안상훈(安相薰)	와룡청년	와룡출장		
오성무(吳成武)	안동청맹		노우회·기우단·신간회	4차 조선공산당 야체이카(1930)
류 준(柳 準)	신흥청년	풍산소작		
이상봉(李相鳳)	신흥청년	풍산소작	신간회	
이용만(李用萬)	신흥청년	풍산소작	정광단	
이운호(李雲鎬)	도산구락	풍산소작	신간회·예안청년회	4차 조선공산당 야체이카(1930)
이준문(李準文)	예안청년	풍산소작	신간회	
이준태(李準泰)	신흥청년	풍산소작		2차 조선공산당 사건(1926)
이지호(李墀鎬)	도산구락			4차 조선공산당 야체이카(1930)
이창직(李昌稙)	신흥청년	풍산소작		
이회승(李會昇)	신흥청년	풍산소작	신간회	4차 조선공산당 야체이카(1930)
이회원(李會源)	신흥청년	풍산소작	신간회	4차 조선공산당 야체이카(1930)
황극련	신흥청년	풍산소작		

안동청년동맹 제2회 정기총회 기념사진(1929년)

1927년까지 안동 지역에는 청년운동을 지도했던 사상단체로 화성회와 지하에서 활동하던 조선공산당 지역 조직이 있었다. 이들 단체는 농민·청년·노동·여성·형평 등 각 부문별 조직과 운동을 서로 연결하며 지도했다. 이러한 조직 배치는 전국적 운동의 추세와 거의 일치한다. 그러나 운동조건의 차이 때문에 안동의 경우 농민·청년 단체가 가장 광범한 대중적 조직기반을 가졌고, 활동도 그만큼 활발하였다.

한편 안동청년동맹은 신간회 안동지회와 밀접한 관계를 가지면서 노동야학을 더욱 확장하고 회원 모집에 노력하였다. 각 지부의 단결을 위해 체육회를 개최하고 순회소인극·하기강연회 등을 열어 청년회원들의 의식을 높여 나갔다. 이러한 여러 활동으로 농촌 속에 조직 기반을 확대해 가면서 대외적으로도 조선청년총동맹(朝鮮靑年總同盟)의 방침에 따라 다른 군의 청년동맹과 함께 경북청년동맹(慶北靑年同盟)을 조직하는 데 노력하여, 1928년 1월 경북도연맹(慶北道聯盟)을 설립하였다.[113)]

113) 《東亞日報》 1928년 1월 6일자. 당시 경북기자대회를 개최할 때 다수의 청년운동가들이

(2) 여성운동

안동 지역의 여성운동은 안동여성회가 설립되면서 본격적으로 시작되었다. 1920년 안동부인회가 창립되었지만 두드러진 활동을 하지 못하였다. 그리고 안동·예안기독면려청년회에서도 여성들이 활동하였지만 종교적인 색채가 강하였다. 안동여성회는 안동면을 중심으로 안동유치원의 보모였던 이기현(李基賢)·주금경(朱錦卿) 등의 발기로 1925년 11월 7일 안동유치원에서 창립되었다. 창립총회에서는 선언·강령·규약을 결정하였고, 임원 선출과 함께 결의사항을 채택하였다.[114)]

안동여성회의 구체적인 활동은 잘 나타나지 않는다. 단지 창립총회에서 첫 사업으로 부인 야학 설치를 결의하였던 것으로 보아, 그 활동이 교육 등의 계몽운동을 중심으로 전개된 것 같다. 부인 야학 곧, 여자 야학은 이미 예안과 풍산에서 각각 설치된 바 있었으나, 그 경우 여성을 대상으로 파악한 것과 달리, 이 경우는 여성이 주체가 되어 교육을 담당하려고 하였다는 점에 특징이 있다. 그리고 이들은 도산서원 철폐운동 등 다른 청년운동 단체와의 연대투쟁에 참가하기도 했다.[115)]

안동여성회는 1926년에 회의 이름을 '안동여자청년회(安東女子青年會)'라고 고치고 선언·강령·규약 등을 개정하였다.[116)] 여성회의 활동은 광범위하게 여성 대중을 조직하는 데까지는 이르지 못하였으나, 여성들

모인 것을 계기로 1923년 1월 8일 경북청년운동자간담회를 개최하고 경북도연맹을 결성하였다.

114) 《朝鮮日報》 1925년 11월 11일자 ; 《東亞日報》 1925년 11월 12일자 ; 《時代日報》 1925년 11월 12일자.

115) 《朝鮮日報》 1925년 11월 26일자 ; 《東亞日報》 1925년 11월 27일자.

116) 《東亞日報》 1926년 6월 13일자. 명칭의 변경은 서울에 존재하고 있었던 여성단체와 성격을 같이한 것 같다. 이는 화요회 계열의 여성운동 단체가 '여자청년회'로 개칭하는 것으로 알 수 있다. 당시 안동 지역의 청년운동 단체가 화요회 계열이고, 여성운동 단체도 이와 밀접한 연관성을 가졌을 것이라 짐작된다.

안동여성회 창립 기사 (《동아일보》 1925년 11월 12일자)

신간회 안동지회(왼쪽)와 안동청년동맹(오른쪽)에 참가한 두 여성의 모습

로 하여금 사회운동과 민족운동 및 여성지위에 관한 관심을 가지도록 하는 데 기여하였다고 할 수 있다.

안동에서는 여성청년회만이 아니라 남자들과 자리를 함께 한 여성들도 있었다. 그 시작점이 언제인지는 확실하지 않지만 대개 청년운동이 시작된 뒤라고 생각한다. 자료에는 1928년 무렵 신간회 안동지회 관련 사진 가운데 여성 2명이 보이고, 1929년 7월 8일 안동청년동맹 제2차 정기대회 사진에 여성 1명이 나타난다.

여성운동이 계몽운동과 여성들의 수양에 치중한 점에서 한계를 가지기는 했지만, 안동사회에서 근대 여성운동이 시작되었다는 점에서 커다란 의의를 찾을 수 있다. 여성운동이 활발하게 이루어지지 못한 이유는 문중·서원·향교를 중심으로 하는 보수적인 안동의 사회 분위기와 신지식인으로 구성되었던 대부분의 청년 단체가 당시 여성들의 지위를 정확히 이해하지 못한 점, 그리고 여성들 자신이 개화를 적극적으로 받아들이지 못한 데서 찾을 수 있을 것이다.

4. 민립대학 설립운동과 물산장려운동

(1) 민립대학 설립운동

1920년대 초에 들면서 한민족을 위한 대학을 설립해 보려는 시도가 나타났다. 한말에 이미 시도된 적이 있지만, 목적을 달성하지 못하고 주저앉은 일이 있었다. 그러다가 3·1운동 이후 물산장려운동과 함께 민립대학 설립운동이 다시 시작되었다.

1922년 1월 이상재(李商在)·이승훈(李昇薰) 등이 조선민립대학기성준비회를 결성하였다.[117] 1923년 3월 29일에는 1,170명의 발기인 가운데 462명이 서울 조선중앙기독교 청년회관에 모여 발기총회를 열었다.[118] 이 자리에서 그들은 '민립대학 발기 취지서'를 채택하였는데, "한 민족의 지식욕을 충족시킬 만한 대학이 하나도 없다는 것은 민족의 수치이므로 민립대학을 설립하지 않을 수 없다"고[119] 주장하였다. 이 취지서는 결국 우리 민족의 우수 인력을 우리 민족의 손으로 길러내자는 뜻을 분명히 밝혔던 것이다. 곧 민족에 의한, 민족을 위한, 민족의 교육을 내세운 셈이다.

117) 朝鮮總督府 警務局,《高等警察關係年表》1922년 11월 23일 ; 朝鮮總督府 慶尙北道 警察部,《高等警察要史》, 1934, 43쪽 ;《東亞日報》1922년 11월 30일자.

118)《東亞日報》1923년 3월 30일자.

119)《東亞日報》1923년 3월 30일자.

그들은 이 자리에서 3개년 계획을 수립하고 자본금 1,000만원 모금 운동에 들어갔다. 그들의 계획은 3개년에 걸쳐 법과·경제과·문과·이과·공과·농과대학을 설치하려 했다.[120] 그리고 조직으로 중앙집행위원회와 지방부를 두었다. 1923년 4월 2일 제1회 중앙집행위원회에서 위원장에 이상재, 상무위원에 한용운(韓龍雲)·강인택(姜仁澤)·유성준(兪星濬)·한인봉(韓仁鳳)·이승훈 등 9명이 선출되었다. 그리고 지방선전위원 13명을 선정하여 지방으로 파견하였다.[121]

1923년 말까지 전국 100여 개 지역에 지방부가 조직되고, 만주 간도와 봉천(현 심양), 미국 하와이 등지로 확산되었다. 지방부 조직은 각 부·군들이 군민대회를 개최하여 많은 군민이 모인 가운데 결성하는 것이 일반적이었다. 이와 같이 민립대학설립기성회는 중앙부(집행위·감사위·회금보관위)와 지방부를 조직하여 민립대학 설립에 대한 선전과 모금운동에 착수했고, 이승훈·조만식(趙晩植)·안재홍(安在鴻) 등은 지방을 순회하면서 여러 곳에서 강연회를 열고 민립대학 설립의 취지를 강조하였다.[122]

당시 경북에 파견되어 민립대학 설립운동을 주도한 인물은 안동 출신 류인식이었다. 그는 민립대학 설립기금 마련을 위해 조직된 지방부의 경북 담당위원이었고, 안동을 중심으로 그 운동을 전개하였다.[123] 그리고 경북 지역을 순회하며 강연회를 열어 민립대학 설립의 필요성을 힘주어 말하고 모금운동을 벌인 것이다. 또한 안동 지역 청년운동을 주도하던

120) 《東亞日報》 1923년 3월 30일자, 〈民立大學設立計劃書〉.

121) 《東亞日報》 1923년 4월 1일자. 당시 집행위원으로 선출된 사람은 李商在·李昇薰·趙炳漢·金鐸·高元勳·姜仁澤·韓龍雲·崔麟·韓仁鳳·金漢昇·吳達世·柳寅植·曺晩植·李春世·兪星濬·高龍煥·宋鎭禹·鄭祐湜·白南雲·李甲成·南宮薰·南洪允·姜栢淳·朱翼·洪性偰·玄相允·許憲 등 30인이었다.

122) 金鎬逸, 〈1920년대 민립대학설립운동의 전개와 그 한계〉, 《韓國近現代移行期民族運動》, 신서원, 2000, 237~240쪽.

123) 류인식, 〈南征日錄〉, 《東山文稿》 卷之二, 동산선생기념사업회, 1977, 30~32쪽.

조선민립대학설립기성회 창립총회

이균호(李均鎬)와 민립대학설립기성회 지방부 설립을 논의하였으나 순조롭게 진행되지 못하였다.[124)]

민립대학 설립운동이 전국적으로 확산되는 조짐이 보이자, 일제는 '조선교육령'을 개정하여 관립 경성제국대학 설립을 서두르며 운동의 기를 뺐다. 또한 그들은 민립대학설립기성회가 배일사상을 고취한다는 이유를 내세워 강연회를 중지시키고 청중을 강제로 해산시켰다. 민립대학 설립운동을 민족운동의 하나로 판단한 것이다. 이러한 탄압으로 민립대학 설립운동은 좌절되었다. 그렇지만 이는 민족의 교육과 장래를 위해

124) 류인식, 〈與李均鎬〉, 《東山文稿》 卷之一, 동산선생기념사업회, 1977, 41쪽 ; 《東亞日報》, 1922년 5월 2일자. 당시 이균호는 1922년 4월 26일 조직된 연합고보 기성회 임시회장으로 선출되어 활동하고 있었다.

자신의 힘으로 대학을 세우고 운영하려는 의지를 천명한 운동이었다. 또한 계몽운동의 연장선에서 이루어졌으며, 민족운동의 근간을 이루는 교육구국운동의 활성화를 유도했다고 평가할 수 있다.

(2) 물산장려운동

조선물산장려운동(朝鮮物産獎勵運動)은 1920년대 초부터 1930년대 말까지 펼쳐진 경제자립운동이다. 국권상실 뒤 일제의 경제침략은 더욱 거세어 한민족의 생활권은 일제 침략자본에 급격하게 잠식되어 갔다. 이러한 긴박한 상황에서 민족의 자각을 촉구하고, 단결하여 근대기업을 세움으로 자주·자립 경제를 수립하자는 운동이었다. 이는 일제 침략으로부터 한민족의 경제권을 수호하려는 것이었다. 경제 자립을 위한 민족적 자각이 싹트기 시작한 시기는 3·1운동 직후이며, 1920년대 초부터 전국적인 규모로 전개되었다. 1920년 봄 조만식을 비롯한 평양 기독교계의 지도자들은 민족기업의 건설과 육성을 촉구하는 조직체 결성을 논의하였다. 이를 계기로 1923년 1월 조선물산장려회(朝鮮物産獎勵會)는 전국적 단체로 서울 협성학교(協成學校) 강당에서 조직되었다.

창립총회에서 이사 20명을 선출하였는데, 독립운동가·교육자·종교인·기업인 등 여러 분야의 민족지도자가 포함되었다. 이 회의에서 조직과 활동방향을 결정하였고, 활동지침은 세 가지로 정해졌다. 첫째, 한국인의 산업적 지능을 계발·단련하여 실업에 바탕을 두고 일어서게 하는 산업 장려, 둘째, 조선인의 산업을 육성하기 위한 조선인 상품 애용 장려, 셋째는 조선인의 생활 및 기타에 관하여 개선할 일반 상황을 조사하여 지도·관찰하는 경제적 지도 등이 그 내용이었다.[125]

125) 趙璣濬, 〈朝鮮物産獎勵運動의 展開過政과 그 歷史的 性格〉, 《歷史學報》 41, 역사학

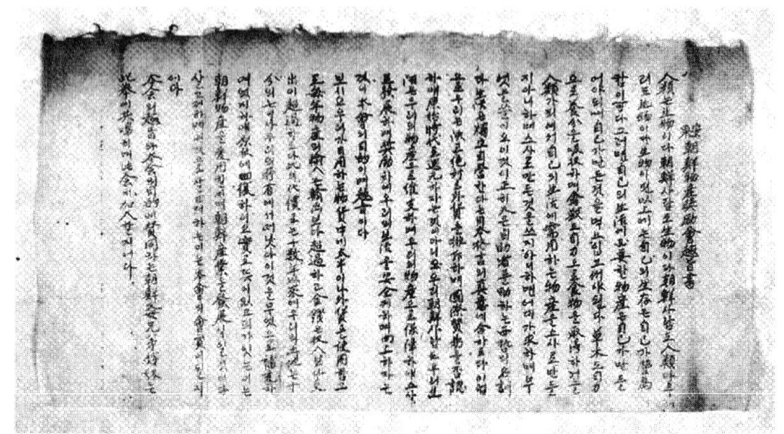

안동조선물산장려회 취지서(권오설 유품)

조선물산장려회는 활동지침과 민족자본의 육성을 강연회나 유인물 및 회지 발간을 통해 홍보하였다. 이러한 활동은 자연히 각 지방에 분회를 조직하게 하였다. 처음에는 평양·대구·부산·광주·함흥 등 대도시에, 이후 지방 소읍에까지 분회를 설립하게 되었다.[126)]

안동에는 1923년 2월 26일 '안동조선물산장려회'라는 이름으로 조직되었다. 회장은 안동 3·1운동을 이끌어내는 데 기여한 김원진이 맡았고, 안동 유지들이 여기에 동참한 것으로 알려져 있다.[127)]

안동조선물산장려회는 취지서를 발표하여 회원을 모았다. 안동에서 발표된 취지서는 서울에서 나온 것과 달리 독자적으로 배포되었다. 취지서는 가로 34센티미터, 세로 17센티미터의 한지에 내려쓰기로 작

회, 1969, 88~91쪽.

126) 이윤희, 〈일제하 물산장려운동의 조직과 기능〉, 《경희사학》 16·17합, 경희사학회, 1991 참조.

127) 강영심, 〈1920년대 朝鮮物産奬勵運動의 전개와 성격〉, 《國史館論叢》 47, 국사편찬위원회, 1993, 152쪽.

성되었는데, 철필로 쓰고 등사판으로 찍어냈다. 이 취지서는 "자기의 생존은 자기가 영위함이 가하다. 그러면 자기의 생활에 필요한 물산은 자기가 만들어야 되며, 자기가 만든 것을 먹고 입고 써야 된다"라고 전제한 뒤, 목적이 "우리 물산으로 발전하며 장려하여 생활을 안전하게 향상하자"는 것이라고 밝혔다. 끝으로 수입이 수출을 초과하고, 10여 년 사이에 토지의 10분의 7이 우리의 소유에서 떠났다는 점을 경고하면서, 이를 되돌리려는 뜻을 가진 사람들, 조선 물산을 애용하고 조선 산업을 발전시키려는 뜻을 가진 사람들은 적극 나서서 찬동하고 가입해 주기를 촉구했다.[128)]

안동조선물산장려회가 어느 정도의 규모로 구성되었는지, 또 어떠한 활동을 벌였는지 알려주는 자료는 별로 보이지 않는다. 여기에 류인식이 관련을 갖고 지도자로서 움직였다는 사실과 중앙위원이 안동에 파견되어 강연회를 열고, 청년회와 더불어 안동군청에 위생문제를 건의했다는 기사가 보일 뿐이다.

그런데 이 보다도 흥미를 끄는 일은 조선물산장려회가 서울에서 시가행진을 계획하면서 안동의 특산물인 '안동포'를 사용할 계획을 세웠다는 점이다. 조선물산장려회는 전국적인 계몽활동을 계획하고, 또 설을 맞아 전국적으로 가두행렬을 계획하였다. 가두행렬에는 8도의 특산 옷감으로 깃발을 만들어 앞세우기로 하였다. 경기도는 강화의 반포(班布), 충청도는 한산의 세저(細苧), 강원도는 철원의 명주(明紬), 전라도는 전주 우초(牛綃), 황해도는 해주 백목(白木), 평안도는 안주 고라(古羅), 함경도는 육진 환포(環布) 등으로 제작하기로 했다. 이때 경상도는 안동의 갈포(葛布)를 선택하였다. 비록 계획이 중단되고 말았지만, 이 사실은 '안동포'의 명성을 보여주는 부분이어서 눈길을 끈다.

---

128) 〈安東朝鮮物産奬勵會趣旨書〉(권오설 유품, 안동독립운동기념관 전시).

5. 국외 기지 지원활동과 유림의 독립운동

(1) 국외 독립군기지 지원활동

1919년 3·1운동 직후 상해를 비롯한 여러 지역에서 민족의 염원이었던 망명정부가 수립되었다. 당시의 대표적인 정부조직으로는 국내의 한성정부(漢城政府), 블라디보스토크의 대한국민의회(大韓國民議會), 상해의 대한민국임시정부(大韓民國臨時政府)가 존재하였다. 이들 세 개의 정부 조직은 1919년 9월에 통합을 이루었다. 일제강점 뒤 만주 지역에서 무장독립운동을 전개하던 독립군은 임시정부 아래로 편입되었다. 이 무렵 여러 지역에서 임시정부에 군자금을 지원하고자 단체들이 조직되었고, 이들은 출신 지역을 기반으로 활동하였다. 안동 인사들이 참여한 대표적인 단체로는 의용단(義勇團)·주비단(籌備團) 등이 있었다.

의용단은 평안도와 황해도에 중심을 둔 조직과, 영남 지역을 중심으로 활동했던 두 단체가 존재하였던 것으로 보인다. 이 단체가 하나의 조직이면서 본단과 지단으로 구분된 것인지, 전혀 다른 조직인지는 확실하지 않다.[129] 안동 지역 인사들이 참가했던 의용단은 한말 의병에 이어 조선국권회복단(朝鮮國權恢復團)·대동단(大同團)·광복회(光復會)로 계승된 경상도 항일 인맥을 아울러 만들어진 단체였다. 이 조직의 배후 기관은 중국의 길림성 유하현(柳河縣)에 근거지를 둔 서로군정서(西路軍政署)였다. 의용단이 언제 조직되었는지는 정확하지 않지만, 1922년 1월에서 11월까지 활동하였던 것으로 추정된다. 의용단과 서로군정서가 관계를 맺을 수 있었던 것은 광복회 회원이었던 김동진(金東鎭) 때문이었다. 광복회 출신과 서로군정서가 밀접한 관계를 유지할 수 있었던 것은 광복회

129) 朝鮮總督府 慶尙北道警察部, 《慶北高等警察要史》, 1934, 208~221쪽.

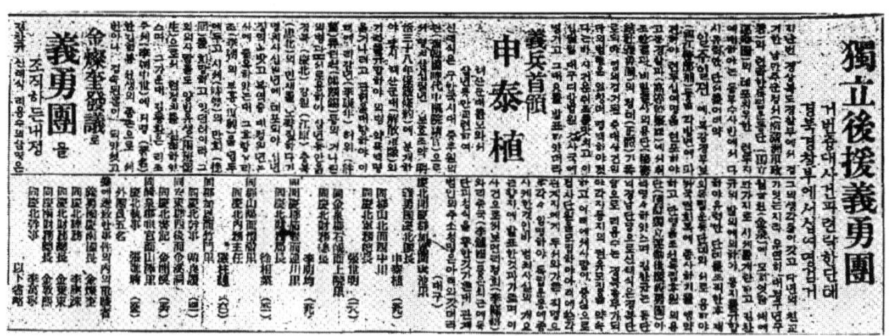

獨立後援義勇團

義兵首領 申泰植

義勇團을 조직하든내정

의용단 김용환 관련 기사 (《동아일보》 1922년 12월 30일자)

가 해체되면서 많은 인사들이 서로군정서에 소속되어 독립운동을 펼쳤기 때문이다.[130]

의용단에 참여하여 군자금을 모금한 안동 출신 인물은 김시현(金始顯)·김용환(金龍煥)·김응섭(金應燮)·이종국(李鍾國)·이태기(李太基) 등이다.[131] 김시현과 김응섭은 풍산 출신으로 김지섭(金祉燮)을 고리로 연결되었다. 그리고 김용환은 학봉(鶴峯) 김성일(金誠一)의 종손이며, 안동 지역 의병항쟁사에 우뚝한 존재인 김흥락(金興洛)의 손자이므로 조부의 영향을 받았을 것이다. 이종국과 이태기는 이상룡(李相龍)의 집안사람으로 그의 영향 속에서 활동하였던 것으로 보인다. 이들은 전통적인 안동 지역 양반가문의 후손으로서 탄탄한 경제적·사회적 배경을 바탕으로 군자금 모금에 참여하였고, 자신의 재산도 헌납했다.[132]

130) 朝鮮總督府 慶尙北道警察部, 《慶北高等警察要史》, 1934, 208~221쪽.

131) 朝鮮總督府 慶北警察部, 《慶北高等警察要史》, 1934, 209~211쪽(관련자 명단).

132) 김용환이 대표적인 경우이다. 《東亞日報》 1922년 12월 30일자 기사를 보면 군자금 모금에 연루되어 3번이나 검속을 받았으며, 종가 재산 대부분을 군자금으로 사용한 것으로 추측된다(金喜坤, 〈西山 金興洛(1827~1899의 의병항쟁〉, 《한국근현대사연구》 15, 한국근현대사학회, 2000, 31쪽).

주비단은 임시정부에서 그 규칙을 마련, 국내에서 조직하여 활동하게 한 일종의 독립 예비군이다. 독립정신 고취, 군자금 모금, 해외 독립군 모집이 주된 목적이었으며, 일단 시기가 되면 국내에서 봉기할 수 있도록 준비하면서 군대식 체제를 갖추었다. 이 조직에 참여한 김시현의 일제 경찰 기록이 남아 있지만, 뚜렷한 활동상을 찾아보기 힘들다.[133]

이외에도 흥업단(興業團)의 군자금 모집에 김연환(金璉煥)이 참여하였다.[134] 또 일본에 머물던 류창우(柳昶祐)는 상해로 가서 안동 지역 독립공채 모집원으로 임명된 뒤, 일본을 거쳐 국내로 잠입하려다가 나가사키(長崎)에서 체포당했다. 서로군정서에서 활동하였던 김원식(金元植)은 1920년 8월부터 군자금 모금과 폭탄암살 계획으로 임시정부를 지원하였다.[135] 또한 류시언(柳時彦)·류시준(柳時俊)·천영기(千永基)·류성우(柳性佑) 등도 안동과 서울을 중심으로 군자금을 모금하였고, 안상길·권태일(權泰駟) 등도 군자금 모금에 참가하였다. 특히 안상길은 1921년 당시 "만주일보 기자 김재봉의 영향으로 임시정부 경북 교통국장을 맡아 활동에 나섰다가 대구에서 체포당하였다"는 내용이 《독립신문(獨立新聞)》에 보도되었다.[136] 여기에 등장한 김재봉은 물론 안동 출신으로 뒷날 조선공산당 최고 지도자로 떠오르게 되는 인물이다. 또 동후면 절강 출신인 최인현(崔寅賢)도 임시정부 지원 활동을 벌였는데, 김천을 중심으로 활약하였다.

---

133) 朝鮮總督府 慶尙北道警察部, 《慶北高等警察要史》, 1934, 204~206쪽.

134) 朝鮮總督府 慶尙北道警察部, 《慶北高等警察要史》, 1934, 268~269쪽 ; 김희곤, 〈報讎를 가르쳐라 – 금계인의 독립운동〉, 《안동 금계마을 – 천년불패의 땅》, 예문서원, 2000, 163~164쪽.

135) 김희곤, 〈報讎를 가르쳐라 – 금계인의 독립운동〉, 《안동 금계마을 – 천년불패의 땅》, 예문서원, 2000, 164~167쪽.

136) 《獨立新聞》 1921년 2월 17일자.

(2) 유림의 2·3차 독립청원운동

1919년 3·1운동 직후 유림이 파리강화회의에 독립을 청원하는 긴 글〔長書〕을 보낸 것은 이미 앞에서 살펴보았다. 그런데 안동문화권의 유림들은 파리장서(巴里長書)에서 투쟁을 끝낸 것이 아니라 거듭해서 독립청원서를 국외로 보내려고 계획을 세웠다.[137] 1920년 11월 예안의 이중업(李中業, 이만도〔李晩燾〕의 아들)이 파리장서 의거에 동참했던 경북 지역 인물 가운데 장석영(張錫英, 칠곡)·권상익(權相翼, 봉화)·김황(金榥, 산청)·손후익(孫厚翼, 울주) 등과 함께 독립청원서를 중국의 유력 인사들에게 보내려 시도한 일이었다.[138]

이중업은 거사를 일으키자고 앞장서 주장하였다. 그는 "이제는 사정을 달리하는 색다른 인종에게 의뢰하지 말고 동족 동문으로 4천여 년 동안 역사적으로 순치(脣齒, 입술과 이)의 관계를 가진 중화민족에게 우리 민족이 바라는 것을 하소연하여 국권회복에 원조를 받자"고 주장하였다. 앞서 파리강화회의에 독립을 청원해 보았지만 아무런 효과가 없으니, 차라리 이해관계가 가까운 중국에 부탁해 보자는 게 그의 뜻이었다.

이들은 논의를 거쳐 3통의 청원서를 작성하였다. 이중업은 장남 동흠을 보내 봉화 사동(沙洞, 사그막골) 추원재(追遠齋, 안동권씨 문중 재사)에 머물던 권상익에게 청원서 작성을 부탁했고,[139] 권상익은 선뜻 이에 응하여 초안을 써 보냈다. 이런 과정을 거쳐 광동정부의 손문(孫文)과 북경정부에 보낼 2통은 권상익이,[140] 중국 군벌 오패부(吳佩孚)에게 보낼 1통은 장

137) 김희곤, 〈안동의 독립운동 얼마나 활발하였나〉, 《안동문화의 수수께끼》, 지식산업사, 1997 ; 趙東杰, 〈巴里長書의 성격과 역사적 意義〉, 《韓國近現代史의 理解와 論理》, 지식산업사, 1998.

138) 南富熙, 〈儒林의 獨立運動史 硏究〉, 범조사, 1994 ; 조동걸, 〈響山 李晩燾의 獨立運動과 그의 遺誌〉, 《韓國民族主義의 理解와 論理》, 지식산업사, 1998.

139) 권상익의 집이 봉화 사동 추원재 바로 근처에 있었다.

추원재와 권상익이 작성한 청원서 일부분

석영이 각각 작성하였다. 당시 권상익이 작성했던 글은 뒷날 1926년 제2차 유림단 의거 당시 일제에 발각되어 세상에 알려졌다.

그리고 유림 대표로 이중업을 뽑고 중국으로 보낼 것을 결정하였다. 그런데 아쉽게도 이중업이 갑작스럽게 병으로 죽음에 따라 거사는 중단되고 말았다. 거사가 중도에 그쳤지만, "당시 주모자인 이중업이 우리 집에서 기숙하며 나와 같이 계획했기 때문에 내가 보관(청원서를/필자 주)하게 되었다"는 손후익의 진술에서 이중업의 투쟁의욕과 위치가 분명하게 드러난다.[141)]

유림들은 다시 1921년 가을에 3차 계획을 실천에 옮겼다. 김해의 조경기(趙敬璣) 발기로 손문에게 보내는 독립청원서였다. 청원서 작성자는 김황이었고, 그것을 가지고 중국으로 간 대표는 조경기였다.

---

140) 권상익이 작성한 글은 "上中國大統領 代臨時政府 庚申 韓國新政府某等敢奉書控訴于 中國大統領閣下"로 시작된다(김희곤 외, 《봉화의 독립운동사》, 봉화군, 2007, 196~197쪽).

141) 南富熙, 《제2차 유림단 사건－독립운동사자료집》, 불휘, 1992, 78~80쪽(손후익 경찰신문조서 제1회분) ; 獨立運動史編纂委員會, 《獨立運動史資料集》 12, 1983, 303~374쪽.

(3) 제2차 유림단 의거

'경북유림단 의거'는 1925년에서 다음 해까지 펼쳐졌다. 1919년에 파리장서를 들고 상해로 갔던 김창숙(金昌淑)이 주도한 투쟁이었다. 1925년 초, 그는 북경에 유학하던 김화식(金華植, 봉화)·송영호(宋永祜, 영주)·이봉노(李鳳魯, 대구) 등과 협의하여, 유림의 새로운 투쟁방향을 다듬었다. 중국의 적당한 지역에 땅을 구입하고 독립운동 기지를 만들자는 것이었다. 이것은 마치 1910년대 만주 지역에 독립운동 기지를 건설하려 노력했던 것과 맥이 통하는 일이었다. 또한 안창호(安昌浩)가 당시 이와 비슷한 이상촌 설립 계획을 갖고 미국 동포에게서 자금을 모아왔던 것과도 같은 시도였다.[142)]

김창숙은 20만원 모금 계획을 갖고 6월에 김화식과 송영호를 국내에 파견하였다. 그는 김화식에게 권총 두 자루를 맡겼다. 이어서 7월에 국내로 몰래 들어온 김창숙은 서울에서 파리장서 의거 동지들을 모아놓고 계획을 알렸다. 여기에서 그는 신건동맹단(新建同盟團)이라는 이름의 자금 모금단을 결성하였다.[143)] 그리고서 김창숙은 송영호·김화식·정수기(鄭守基)·손후익·곽윤·김황·하장환(河章煥) 등을 경상도 각 지역으로 파견하여 본격적인 모금 사업에 들어갔다.

안동 지역을 담당한 연락책은 정수기였다. 그는 이종흠(李棕欽, 이중업의 둘째 아들)에게 알려 11월 대구 남산동에서 김창숙과 만나게 했다. 형인 동흠의 동의 아래 이종흠은 대구로 가서 아버지 이중업의 동지였던 김창숙을 만났고, 권총 1자루를 받았다. 이 총을 들고 그는 정수기의 부탁대로 외숙부인 이현병(李鉉炳, 양어머니의 오빠, 영양군 석보면 원리)을 찾아

142) 제2차 유림단 의거에 대한 연구로는 南富熙의 《儒林의 獨立運動史 硏究》(범조사, 1994)와 《제2차 유림단 사건－독립운동사 자료집》(불휘, 1992)가 주목된다.

143) 南富熙, 〈제2차 儒林團義擧〉, 《儒林의 獨立運動史 硏究》, 범조사, 1994, 256~259쪽.

◇公判畵報 其二＝향하야우로부터송영호김헌식손후익리종흠리우락

儒林團事件眞相 (三)

랑진(三浪津)역까지 가처다가 김창숙을맛나주게하야 김창숙의하는일을 극력으로원조하여 주엇다

資金가지고奉天

삼랑진에서차를타고

피고인김창락(金昌錄)은 작보한바와가치 손후익의편지를밧엇고 오백오십원을 김창숙에게 주

고곳김창숙을 맛나그돈을가지다주기로 협의하고작년삼월십구일에김창숙이가 조선안에서 자금을모집하야 령수긔에게맛겨두엇든돈 삼천오백오십원을 령수긔로부터 차저가지고그달 이십이일 오전몃시에 마산(馬山)을떠나동일오후 아홉시에삼랑진역(三浪津驛)에서 예뎡하엿든바와가치 김창숙을맛나가치긔차를타고 그달이십사일에봉텬(奉天)에 도착하야그곳에서 가지고갓든 돈긔삼천오백오십원을 김창숙에게 주엇고

梵魚寺에안저 富豪를呼出

부호오래환을범어사로청해

資金二千圓을請求

그후또손후익은 작년이월초순경에김창숙이가 리재락의집에 가다가도중에서 자동차에여러 지어부상을 당하엿슴에 자긔 집으로다려드려다가 친절히치료하여준후 다시김창숙이가부 상당햇든것이 다나하서 그해 삼월경에경남동래군(東萊郡) 범어사(梵魚寺)로갈때에리현 구(李鉉球=陳鉉球)와가치 그를안내하여 주엇고또그절에 서김창숙이가 동군오래환(吳來煥)에게 자금을청구할때에 알고리현구를 식히어오래환을 그곳까지다려고 오라고명령하엿섯는데 그달십일 오래환의 머리가범어사에 온것을손후익은그에대하야 김창숙은 상해(上海)로부터 도라온사람이니 상해로다시 도라갈려비와또중국에서 군사양성에 사용할자금으로돈 이천원만내이라하엿스나요구에 불응하야목뎍을달치못하엿고 그와전후하야 손후익은또 리우락(李宇洛)에게 도오래환이가 자금을내이도록 진력하라는뜻을권고한일도 잇섯스며또그는김창숙이가 자긔의집에류숙하고잇는동안 모집한금전을 관헌에게발각되지안토록 가지고가게하기위하야 당시의상인(商人)이든김창락(金昌錄)을불러다가작년삼월십오일그돈을김창락에게맛기어 삼

密會塲所는 儒城溫泉과東萊金井寺

◇리재락관계의전후사실

또피고인리재락(李在洛)은대정십사년십월경에 손후익으로부터김창숙이가 나왓다는말을듯고김화식과가치 대뎐군(大田郡)유성(儒城)온천장에서김창숙을맛나그로부터 여러가지계획나온파또는 이삼십년후에는목뎍을달한다는등의 말을듯고위선그자금으로 돈이백원을내주고다시작년일월사일경에 대구(大邱)에서또김창숙에게주라고돈일백원을령수긔에게 맛기고 도라가이다또그해이월중에 김창숙으로부터동래(東萊)의 오래환(吳來煥)이가재산가잉으로자금을제공케하고저 손후익이가 동래금정사(金井寺)에가잇스니그곳으로 가보라는 통지를밧고 곳그절로갓스나손후익은오지안코 리우락(李宇洛)이가대리로왓슴으로 그와협의하고 오래환을 량산군동면명곡리(梁山郡東面明谷里)자동치당(紫洞齋?)장으로오라고 사람을보냇섯스나 오지아니하야자금징재의전후목뎍을 달치못하엿다(계속)

경북유림단사건 공판 모습이 실린 기사(《동아일보》 1927년 2월 13일자)

가 자금 2만원을 요구하였지만, 목적을 달성하지 못하였다. 그는 외숙에게 권총으로 직접 위협했다기보다는, 자금을 내놓지 않으면 동지들이 공격해 올 것이라고 권총을 증거로 내보이며 군자금을 요구했던 것이다. 이종흠은 이 거사로 징역 1년, 집행유예 4년을 선고받았다.[144]

김창숙은 8개월 동안 국내를 누비면서 활약하였다. 비록 모금액이 턱없이 부족하여 실망하기도 했지만, 비밀이 끝내 유지되는 놀라운 면을 보이기도 하였다. 유림계의 철저한 의리 정신을 엿볼 수 있는 장면이다. 김창숙은 활동경비를 뺀 나머지 3,500원의 자금을 갖고 중국으로 갔다. 1926년 5월에 상해에 도착한 그는 이 자금으로 의열투쟁을 벌이기로 작정하였다. 황무지 개간을 통한 독립운동기지 건설이라는 원래의 목표를 바꾸어, 우선 국민의 기를 살리고자 작정하였던 것이다. 그래서 의열단원이자, 김구(金九)의 제자인 나석주(羅錫疇)와 이승춘(李承春), 류자명(柳子明)이 추천한 한봉근(韓鳳根) 등에게 의열투쟁을 주문하였다. 김창숙이 준 자금으로 나석주가 1926년 12월 27일 인천으로 잠입하고, 다음 날 서울에서 동양척식주식회사와 조선식산은행에 폭탄을 던지고 경찰과 시가전을 펼치다가 자결하는 거사를 벌였다. 이승춘과 한봉근도 천진에서 대기하다가 일제 경찰에 잡혀 죽음을 당했다.

파리장서에 이은 유림계의 활동에 안동에서는 이중업 부자의 맹렬한 활약이 돋보인다. 이로써 이중업 가문은 부친 이만도 이래 3대에 걸쳐 독립운동의 찬란한 빛을 발했다. 이만도의 의병항쟁과 단식순국에 이어, 이중업의 부인 김락(金洛, 협동학교와 만주독립운동을 벌인 김대락[金大洛]의 막내누이이자 이상룡의 막내 처제)의 3·1운동 참여와 일제 경찰의 고문에 따른 실명(失明), 이중업 자신의 파리장서 활동과 2차 독립청원 시도, 그리

144) 南富熙, 〈손후익·김화식의 경찰신문조서〉, 《제2차 유림단 사건-독립운동사자료집》, 불휘, 1992.

고 두 아들 동흠과 종흠의 경북유림단 의거가 그것이었다.

6. 조선공산당과 6·10만세운동

(1) 안동 지역 사상단체 화성회

1922년 1월 모스크바에서 김재봉이 극동민족대회(極東民族大會)에 참석하면서 작성한 〈조사표〉는 한국 공산주의와 독립운동의 관계를 보여주는 좋은 자료이다. "조선 독립을 목적하고, 공산주의를 희망함"이란 구절은 김재봉의 의사만은 아니었을 것이다. 민족문제를 해결하는 데 계급투쟁 이론을 매력적으로 받아들이는 사람들이 많았다. 타도할 대상이 독점자본가 계급이 주도하는 제국 일본이고, 해방될 주체가 무산자 계급인 한국이라는 틀은 간단한 설명으로도 쉽게 이해되는 것이어서 파급력이 컸다. 물론 시간이 흐르면서 논리도 복잡해지고, 받아들이는 처지에 따라 변화가 생기지만, 기본 틀은 그러했다. 대체로 이러한 까닭으로 안동사회에도 사회주의는 폭발적으로, 특히 양반문중을 중심으로 급속하게 확산되었다.

서울에서 1924년 11월 화요회(火曜會)가 결성되자, 안동의 사회주의자들은 안동에서도 지부 성격을 가진 조직을 준비했다. 두 달 만인 1925년 1월에 화성회가 결성된 것이다. 이름에서 느껴지듯 이는 화요회 안동지회와 같은 성격을 가졌으며 창립위원은 이준태·권오설·권태석(權泰錫)·김남수 등이었다.[145] 이준태가 서울에서 일찍부터 노동운동의 터를 닦은 인물이라면, 김남수는 조선노동공제회 활동을 통한 서울과 안

145) 《朝鮮日報》 1925년 1월 11일자(석).

安東郡에 思想團體

火星團創立

부패한사회를개조코자

경북안동읍내 금남려관(慶北安東邑內錦南旅館)에서는 지난칠일하오칠시반에권오설(權五卨)권태석(權泰錫)량씨외당디유지청년의 발긔로본군각디에 유지청년삼십여인이회집하야신년간친회를 개최하고 약일시반동안각각개인의 감상담을 토한후안동사회의부패함을통절히생각하는동시에 이를개조키위하야사상단톄 화성단(火星團)을 조직하기로발긔한후그익일안동청년회관에서 창립총회를 개최하기로결뎡하고 창립위원으로 권오설권태석리준태(李準泰)김남수(金南洙)등 사씨를 선뎡한후간단한여흥이잇섯다더라(안동)

화성회 창립 기사 (《조선일보》 1925년 1월 11일자)

동의 연결고리였으며, 권오설은 풍산소작인회를 발판으로 노농운동의 핵심부로 진출한 신진 인물이고, 권태석도 안동에서 기자로 활동하다가 1920년대 중반에 상경하여 중앙무대에 두각을 나타낸 인물이다. 이들이 서울에서 화요회를 결성하자마자, 고향 안동에서도 후원세력들이 앞장서 화성회를 조직한 것이다.[146)]

화성회는 1925년 1월 8일 11시에 안동시내 율세동에 자리 잡은 금남여관(錦南旅館)에서 창립되었다. 이 여관은 이미 1920년에 '조선독립단사건'이라는 임시정부 자금모금과 관련한 아지트로 사용된 적이 있어 상당히 알려진 장소였고, 안상길의 연인 하성경이 경영하던 여관이기도 했다. 20여 명이 모여 창립총회를 열었고, 그 자리에서 이준태와 김원진 외 7인으로 구성된 집행위원회가 조직되었다.[147)] 화성회 간부 명단을 살펴보면 다음과 같다.[148)]

146) 김희곤·강윤정, 《잊혀진 사회주의 운동가 이준태》, 국학자료원, 2002, 63쪽.

147) 《東亞日報》 1925년 1월 12일자.

148) 김희곤·강윤정, 《잊혀진 사회주의 운동가 이준태》, 국학자료원, 2002, 66쪽.

〈표 37〉 화성회 간부 조직표

성 명	소속 단체	기타 사항
이준태	풍산소작인회, 무산자동맹, 조선노농총동맹(중앙집행위원), 화요회	조공2차당(차석비서)으로 피검(1926)
권오설	풍산소작인회, 화요회, 조선노농총동맹(중앙집행위원)	고려공산청년회, 6·10만세운동과 조공2차당으로 피검(1926)
안상길	풍산소작인회, 조선노농총동맹(중앙집행위원)	조공4차당으로 피검(1928)
김여원	풍산소작인회, 와룡청년회	
남동환	일직청년회	
김원진	안동청년회	《동아일보》 안동지국 기자
권태석	안동기자단	《동아일보》 안동지국장
이규호	도산구락부, 예안청년회	《동아일보》 기자
김남수	안동청년회, 안동기자단, 안동노동공제회	《동아일보》 기자, 《조선일보》 지국장, 조공3차당으로 피검(1928)
류연건	길안청년회, 안동기우단	《朝鮮之光》 안동지사 기자

창설 당시 간부들의 면면을 보면, 크게 세 가지 활동성향을 보인다. 대개 풍산소작인회 소속이거나 안동 지역 청년회에서 활동하던 인물이며, 또 기자 출신이라는 점이다. 그러면서 대부분이 조선노농총동맹과 화요회 소속이었다는 점도 눈에 띈다. 따라서 화성회는 화요회로 대변되는 서울 중심의 사회주의운동을 그대로 옮겨 놓은 조직이었으며, 화요회의 세포조직이었다. 또한 안동 지역의 노농운동을 총괄 지휘하는 본부의 역할을 맡은 단체였다. 실제 화성회가 다루고자 목표한 내용들을 보면,

노농·청년·형평운동 등 안동 지역 사회운동을 모두 담고 있음을 알 수 있고, 프로문고를 설치한다는 점에서도 지향하는 방향을 분명하게 보여주었다.[149] 그 내용은 다음과 같다.[150]

1) 매월 1일 월례회를 개(開)하며, 강연회 및 연극을 임시순회 개최할 사.
2) 소작운동과 노동운동에 대하야 그 근본정신을 민중에 이해케 하며 적극적으로 응원할 사.
3) 청년운동을 촉진할 사.
4) 적의한 지방에 청년단체를 조직케할 사.
5) 기성청년단체의 내용에 결함이 있을 시에는 차(此)를 개혁케 할 사.
6) 청년운동의 통일에 노력할 사.
7) 형평운동에 대하야 그 근본정신을 민중에게 이해케하며 적극적으로 응원할 사.
8) 전(前)안동노동공제회의 사실을 소상히 조사하야 사회에 공개할 사.
9) 프로문고를 설치할 사.

화성회 집행부는 강연회를 열어 안동 지역 청년들을 지도하였다. 창립 직후 화성회가 개최한 강연회에서 김남수·이준태·권오설·김원진 등이 강사로 나섰다. 김남수는 '사회운동의 본류', 이준태는 '노농운동의 의의', 권오설은 '《리부크네히트》와 《룩센부르크》', 김원진은 '무산계급의 활동' 이라는 주제로 강연을 펼쳤다.[151]

149) 김희곤·강윤정, 《잊혀진 사회주의 운동가 이준태》, 국학자료원, 2002, 66쪽.
150) 《朝鮮日報》 1925년 1월 13일자.
151) 《朝鮮日報》 1925년 1월 13일자.

新思想硏究會
새로발긔되엿다

홍수와가치 밀려하게 몰녀오는신사상을연구하야 조리잇는 갈피를 차저보랴는목뎍으로 신사상연구회가셩겨낫다 위치는경성락원동(京城樂園洞一七三)에두고 실행방법으로는 강습과 토론회하는외에 도서와밋잡지를 간행할터이라하며 발긔인의 씨명는 여좌하더라

洪璔植 洪命憙 尹德炳
金炳僖 李[illegible] 李昇馥
[illegible] 李準泰 李相熙
具然欽 洪[illegible] 元友觀
朴[illegible] 金燦 朴一秉
金鴻爵

신사상연구회 관련 기사(《동아일보》 1923년 7월 11일자)

(2) 꼬르뷰로 내지부와 안동인의 역할

1922년 12월 블라디보스토크에 고려공산당 중앙총국(高麗共産黨 中央總局), 곧 꼬르뷰로가 설치되었다. 코민테른의 지도 아래 조선의 각파 공산주의그룹의 통일된 공산당을 건립하기 위한 것이었다. 김재봉은 꼬르뷰로로부터 국내 당 기관 건설의 책임을 부여받고 1923년 4월 무렵 국내로 들어왔다. 김재봉은 역시 꼬르뷰로의 지시를 받고 한 달 먼저 도착해 있던 신용기(辛容箕, 辛鐵)와 만나 국내 당 및 공청기관을 조직하고자 노력하였다. 그 결과 1923년 5월 무렵 꼬르뷰로 내지부를 설치하였다.[152]

꼬르뷰로 내지부의 초기 구성은 명확하지 않으나 중심에는 김재봉이 있었다.[153] 꼬르뷰로 내지부는 먼저 신사상연구회(新思想硏究會)라는

152) 박철하, 〈식민지에서는 민족해방이 곧 계급해방이다－조선공산당과 안동의 공산주의자들〉, 《안동독립운동기념관개관기념학술대회발표지》, 2007, 88쪽(이하 '꼬르뷰로 내지부와 안동인의 역할'에 대한 내용은 본 논문에 근거한 것임을 밝혀둔다).

153) 김찬 등 5명으로 내지부가 구성되었다고 하는 반면, 1923년 9월 30일자 정재달의 보고서에 따르면, 중립당 측의 정재달과 신백우, 재일본 조선인 공산주의 단체의 김약수, 조선중

신사상연구회 자리(서울 낙원동 173번지 파고다공원 동쪽 길)

사상 단체를 조직하고 나섰다. 사회주의 사상을 연구하고 대중적으로 널리 보급하면서 조직을 확대하고자, 기존의 무산자동맹회(無産者同盟會)와 조선노동연맹회의 지도자들을 중심으로 조직한 것이 이 신사상연구회였다. 무산자동맹회의 상임위원을 지낸 이준태도 신사상연구회에 참가하였다.[154]

신사상연구회는 서울 낙원동 173번지, 파고다공원 동문 앞에 회관을 마련하였다. 이 단체는 이름 그대로 '신사상', 다시 말해 "새로 수입되고 있던 코뮤니즘의 연구가 그 목적"이었다.[155] 이를 달성하기 위한 활동 방침은 강습회와 토론회를 열면서 도서와 잡지를 발간하는 것이었다.[156]

앙공산당의 신일용, 이르쿠츠크그룹의 김재봉 등 5명으로 구성되어 있었다고 한다.

154) 박철하, 〈식민지에서는 민족해방이 곧 계급해방이다 – 조선공산당과 안동의 공산주의자들〉, 《안동독립운동기념관개관기념학술대회발표지》, 2007, 88쪽.

155) 金璟載, 〈金燦時代의 火曜會〉, 《삼천리》7권 5호(1935년 6월 1일), 45쪽.

여기에 발기인으로 나선 인물은 홍증식(洪璔稙)·홍명희(洪命熹)·윤덕병(尹德炳)·김병희(金炳僖)·이재성(李載誠)·이승복(李昇馥)·조규수(趙奎洙)·이준태·강상희(姜相熙)·구연흠(具然欽)·홍덕유(洪悳裕)·원우관(元友觀)·박돈서(朴敦緖)·김찬(金燦)·박일병(朴一秉)·김홍작(金鴻爵) 등 16명인데,[157] 대개 무산자동맹회와 조선노동연맹회에 관련된 사람들이었다. 이들은 곧 김재봉이 자신의 임무를 수행하는 데 동지적 결속을 가지는 인물들인 셈이었다.[158]

김재봉은 1923년 8월 꼬르뷰로 내지부를 이끌면서 당 건설 기반을 다지는 작업에 나섰다. 이에 따라 전국 노동단체와 소작단체를 합하여 전선노동총동맹발기회(全鮮勞動總同盟發起會)를 결성하는 한편, 청년단체도 정리하여 전선청년총동맹(全鮮靑年總同盟)을 조직하기로 결정했다. 청년 단체는 1924년 2월에 무산청년회(無産靑年會)와 토요회(土曜會)가 결합하여, 신흥청년동맹(新興靑年同盟)으로 발전하였다.[159]

김재봉은 각 공산주의 그룹을 통합하여 당을 건설하려고 시도했다. 1924년 3월 무렵 내지부(內地部)·북성회파(北星會派)·상해파(上海派)·서울파(고려공산동맹) 등 각파 공산주의 그룹의 대표자들이 통일된 당을 조직하는 문제를 논의하고자 한 자리에 모였다. 각 그룹의 대표 13명이 모였다는 뜻에서 '13인회'라고 이름 붙였는데, 서울파는 '조선(고려)공산당 창립준비위원회'라고 규정하였다. 이들의 노력은 1924년 4월 조선노농총동맹과 조선청년총동맹의 결성을 가져왔다.[160]

그러나 각 그룹들 사이에는 공산당을 창립함에 있어서 함께 할 대

156) 《東亞日報》 1923년 7월 11일자.
157) 《東亞日報》 1923년 7월 11일자.
158) 김희곤, 《조선공산당 초대책임비서 김재봉》, 경인문화사, 2006, 56~57쪽.
159) 《東亞日報》 1924년 2월 13일자.
160) 박철하, 〈식민지에서는 민족해방이 곧 계급해방이다 – 조선공산당과 안동의 공산주의자들〉, 《안동독립운동기념관개관기념학술대회발표지》, 2007, 88쪽.

상의 범위와 방법론에 대해 서로 다른 견해들을 가지고 있어 의견이 쉽게 모아지지 않았다. 결국 블라디보스토크의 오르그뷰로(조직국)에서 파견된 정재달(鄭在達)과 이성(李星)이 국내에서 당 창립을 도모하던 가운데 1924년 9월 일제 경찰에 검거되자, 이것이 서울파의 폭로전에 말미암은 것으로 판단한 내지부 측은 1924년 9월 '13인회'에서 탈퇴를 선언하였다.[161]

일이 난관에 부딪치자, 김재봉은 공산당을 건설하기 위한 전제 조건으로 서울파와 꼭 통합한다는 방침에서 한 발 물러섰다. 내지부에서 단독으로 당을 조직하더라도 당을 이끌어갈 실력이 있다는 자신감 때문이었다. 내지부 단독으로 당을 조직할 경우 1년 동안은 각파의 반발이 맹렬하겠지만, 제1선이 희생되더라도 제2선, 제3선이 있을 것이므로 결국 조선에 당은 교두보를 마련할 수 있다고 그는 믿었다. 또한 그는 정치운동(政治運動)에서는, 합법적 공간의 정치운동이 어렵다고 판단했다. 합법운동은 타협적 운동이 될 수밖에 없어서 민중의 배척을 받을 것이라고 그는 생각했다. 결국 남는 것은 비밀운동이었다. 또 경제투쟁으로는 당면 이익에 대한 표어를 내걸고 민중을 혁명적 투쟁으로 이끌어야 한다는 인식을 지니고 있었다.

김재봉의 생각은 당 조직 방침에 대해 코민테른을 중심으로 조선당 건설에서 끊임없이 요구해 왔던 각파 통일 또는 합동정책을 버리고, '당적 조직과 훈련이 되어 있는 공산주의 그룹', 곧 꼬르뷰로 내지부가 중심이 되어 당을 조직한다는 것이다. 당 조직 이후 다음 순서가 각파 공산주의자를 개별적으로 흡수하는 것이었다. 그런데 조직에 대한 비밀이 오르그뷰로를 포함하여 '연해주의 조선인들'에 의해 더러 탄로난 일이

161) 박철하, 〈식민지에서는 민족해방이 곧 계급해방이다 – 조선공산당과 안동의 공산주의자들〉, 《안동독립운동기념관개관기념학술대회발표지》, 2007, 88쪽.

있으므로 연해주 방면에는 절대 비밀로 하기로 하였다.[162)]

1924년 말 내지부, 곧 화요회를 중심으로 공산당 건설에 들어갈 즈음, 김재봉·이준태·권오설·김남수·안상길 등 안동의 주요 공산주의자들도 화요회를 중심으로 단결하였다. 김남수는 1924년 4월 조선노동연맹회·조선노동대회(朝鮮勞動大會)·남선노농총동맹(南鮮勞農總同盟) 등의 대표자들이 모여 조선노농총동맹을 결성하려고 논의할 때, 조선노동연맹회 교섭위원의 한 사람으로 참석하였다. 권오설은 조선노농총동맹 창립총회에서 풍산소작인회 대표로서 집행위원(상무위원)에 선정되었다. 그는 상무위원으로서 경상남·북도와 충청북도 일부 지역의 소작쟁의 상황을 직접 조사하러 나가기도 하였다. 또한 김남수와 권오설은 1924년 6월 서울에서 각 단체들과 연합하여 언론집회에 대한 조선총독부의 탄압을 규탄하고 그에 대응하기 위한 간담회에 참석하였다. 이때 김남수는 신사상연구회 소속으로, 권오설은 조선노농총동맹 소속으로 참석하여 언론집회압박탄핵회(言論集會壓迫彈劾會)를 결성하였다.

내지부는 1924년 11월 18일 신사상연구회를 화요회로 개칭하고 '불철저한 강령의 발표보다는 실천으로써' 자신의 목적을 대중에게 선전한다는 입장을 밝히고, 독자적인 당 건설을 추진해 나갔다. 화요회는 각지의 사회주의자들을 사상적, 조직적으로 통일해 나가면서 당 건설의 길로 나아가고자 화화사(火花社)를 설립하고 기관지로 《화화(火花, 불꽃)》를 발행하기로 했다. 김재봉과 안상길·이준태·권오설 등은 화화사의 발기인 및 《화화》의 동인으로 참여하였다.

1925년 2월에는 4월에 개최 예정인 전조선민중운동자대회(全朝鮮民衆運動者大會)의 준비위원회에 이준태(안동)와 권오설(경성)이 참여하였

162) 〈조선의 현상 및 당의 계획〉, 〈내지부 책임자 의견(1925년 1월 25일)〉, 《이정 박헌영 전집》, 역사비평사, 2004, 67~78쪽.

다. 권오설이 '경성'으로 표기된 것은 당시 그가 조선노농총동맹의 상무위원으로서 서울에서 활동하고 있었기 때문이다. 1925년 4월 17일 서울에서 개최된 전조선기자대회(全朝鮮記者大會)에 《조선일보》 안동지국 소속으로 김남수와 안상길, 이준태가 참석하였다.

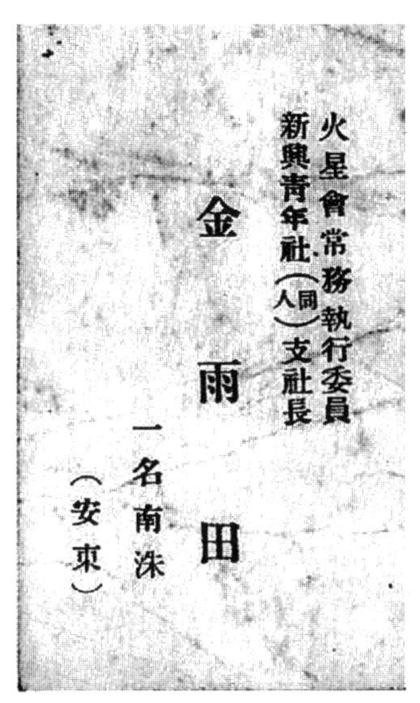

김남수의 화성회 명함(화성회의 존재를 알려주는 유물)

내지부가 화요회를 표면에 내세우고 독자적으로 공산당을 조직하는 방침을 결정한 즈음에 안동 출신의 사회주의자들은 고향 안동에 내지부 세포기관의 구실을 할 단체를 조직하였다. 1925년 1월 8일 권오설·이준태·김남수 등이 주도적으로 참여하여 만든 사상단체 화성회가 그것이다. 화성회는 1925년 이후 안동지역 사회운동의 지도기관 구실을 담당하였다. 창립 직후 화성회의 집행위원은 이준태·김남수·안상길·이규호(李奎鎬)·권태석·배세표(裵世杓)·김여원(金如源)·류연건(柳淵建)·남동환(南東煥)·김원진 등이었으며, 이 가운데 김남수·김원진·안상길 등이 상무위원을 맡았다. 당시 김남수는 '화성회 상무집행위원장'이자 '신흥청년사(同人) 지국장'이란 직함이 인쇄된 명함을 가지고 있었다.[163] 화성회 결성 직후인 1925년 2월 김남수와 이준태·김재봉·권오설 등은 화요회가 주최하는 전조선민중운동자대회 준비위원으로 선정되었으며, 특히 김남수는 경상도 지역으로 파견되었다.

163) 김희곤, 〈김남수(1899~1945)와 안동지역 사회주의운동〉, 《한국근현대사연구》 제21집, 한국근현대사학회, 2002, 171쪽.

김재봉이 이끄는 꼬르뷰로 내지부, 곧 화요파가 중심이 되어 조선공산당 창립대회를 준비하면서 지방의 사회주의자들을 도 단위로 결합시켜 나갔다. 경북의 경우 1925년 3월 21일 안동에서 화요파와 그에 우호적인 사회주의자들이 모여 사합동맹(四合同盟)을 결성하였다. 안동 지역에서는 안동-김남수·김응한(金膺漢)·김원진, 예안-이규호, 도산-이운호(李雲鎬), 와룡-안상길, 길안-류연건, 풍산-김지현(金芝鉉) 등이 사합동맹의 주요 간부로 선정되었다.[164] 그리고 안동의 사상단체인 화성회와 농민단체인 풍산소작인회는 내지부와 밀접한 관계를 맺고 있었다.

(3) 1차 조선공산당과 안동인

김재봉이 이끄는 내지부는 1925년 4월 17일 조선공산당을 결성하였다. 12명이 오후 1시에 황금정(黃金町) 일정목(一丁目), 지금의 롯데호텔 커피숍 근처에 있던 중국요리점 아서원(雅叙園)에 집결하였다. 조선공산당을 창당한다는 데 합의하고, 전형위원을 선정한 뒤, 중앙집행위원과 검사위원을 선임하였다. 김재봉·김두전(金枓全)·유진희(兪鎭熙)·주종건(朱鍾健)·조동호(趙東祜)·정운해(鄭雲海)·김찬(金燦) 등 7명이 중앙집행위원, 윤덕병(尹德炳)·송봉우(宋奉瑀)·조봉암(趙奉岩) 등 3명이 검사위원으로 각각 선임되었다.

창당 다음 날인 4월 18일 가회동 김찬 집에서 열린 제1차 중앙집행위원회는 조직을 구성하였다. 비서부 김재봉·정경부 유진희·인사부 김약수(金若水)·조직부 김찬·선전부 조동호·조사부 주종건·노동부 정운해 등이 그들이다.[165] 김재봉은 중앙집행위원 가운데서도 가장 중요한 비

164) 박철하, 〈1920년대 사회주의 사상단체연구〉, 숭실대학교 박사학위논문, 2003, 308쪽.
165) 〈신문조서〉(제3회), 신의주지방법원, 1926년 5월 13일.

서부 책임을 맡았고, 코민테른에 보내는 문서에는 '책임비서'라고 밝혔다. 조선공산당은 코민테른에 창당 사실을 보고하고자 조동호를 모스크바로 파견하였다. 그러면서 조동호에 대한 증명서와 함께 《조선공산당창립총회록》을 보냈다. 총회록을 보면, 4월 17일 서울에서 19인이 참석한 가운데 제1회 대표회를 열었고, 회의 경과와 중앙집행위원 및 검사위원 인선 내용을 적었다.

서대문형무소의 김재봉

당 창당 다음날인 4월 18일에 박헌영(朴憲永)을 책임비서로 고려공산청년회(高麗共産靑年會)도 결성되었다. 고려공청 창립대회에 참석한 권오설(조선노농총동맹)은 중앙집행위원에 선정되어 선전부를 담당했다.[166]

조선공산당과 고려공산청년회가 창립된 이후 대중활동에서 권오설과 이준태의 활동은 눈여겨볼 만하다. 조선공산당은 창립과 동시에 화요회·무산자동맹회·북풍회(北風會)·조선노동당(朝鮮勞動黨) 4단체의 합동을 추진하였다. 권오설과 이준태는 1925년 4월 26일 4단체 합동 준비위원회에 참석하여 '규약 수정위원', 같은 해 10월에는 조선노농총동맹의 집행위원이자 상무위원으로 활동했다. 특히 1925년 9월에는 조선노농총동맹의 계획에 따라 러시아의 노동자농민대표 '레푸세' 외 3명을 조선으로 초청하기 위해 파견되기도 하였다.[167]

166) 〈고려공산청년회 제1차 창립대표회, 대표회준비위원회〉, 〈고공청창리대회 결의사항초〉, 〈제1회 고공청 중앙간부회〉, 《이정 박헌영 전집》, 역사비평사, 2004, 164~171쪽.

167) 박철하, 〈식민지에서는 민족해방이 곧 계급해방이다 - 조선공산당과 안동의 공산주의자

김재봉 생가와 어록비(풍산 오미)

권오설은 청년운동에서도 두각을 나타냈다. 1925년 9월 신흥청년동맹 제4회 정기총회에서 교육강령 작성위원으로서 강령과 규약 개정에 참여하였다.[168] 1925년 10월 신흥청년동맹 월례회에서는 직접 지방 조사를 거쳐 확인한 일제 경찰의 교묘한 청년운동 탄압정책을 비판했다. 곧

들〉, 《안동독립운동기념관개관기념학술대회발표지》, 2007, 91쪽.

168) 〈(京鍾警高秘 제4799-1호) 4단체 합동 준비위원회 개최의 건〉 1925년 4월 27일, 《검찰사무에 관한 기록(2)》, 국사편찬위원회 소장.

울산청년회의 집행위원 선거에서 고등계 형사 3명이 전형위원에 당선되었다는 것과, 예천사건 시찰 중 경찰서장이 "사회운동을 하러 온 것이라면 나도 사회운동에 공명하니 나와 악수하면 이곳 운동은 가능할 것이다"라고 하며 접근을 시도했다는 등의 사실을 고발하였다.[169)]

조선공산당(화요파)과 고려공산동맹(서울파)은 1925년 11월부터 양파 합동문제를 논의하였다. 이준태는 1926년 5월 6일부터 16일 사이에 열린 회의에 김철수(金綴洙)와 함께 조선공산당 대표로 참석하였다. 그러나 통합은 성공을 거두지 못하였고, 그 뒤 두 공산주의 그룹 사이의 통합 논의는 더 이상 진행되지 않았다.[170)]

이 시기에 조선공산당에서 활동한 두 명의 안동 출신 당원이 더 확인된다. 《시대일보》 기자이자 정우회 회원이며 홍남표(洪南杓)의 추천으로 입당한 류연화(柳淵和)와 연희전문학교 학생 신분으로 신흥청년동맹에서 활동하던 권오상(權五尙)이다. 이들은 각각 1926년 3월 조선공산당 제7회 중앙집행위원회에서 시대일보 야체이카와 학생 야체이카에 배속되었다.[171)]

(4) 2차 조선공산당과 안동인

1925년 11월 '조선공산당 제1차 검거사건'이 있은 뒤 이준태와 권오설은 당과 공청의 재건에서 매우 중요한 역할을 담당했다.[172)] 사건이

169) 〈(京鍾警高秘 제11560호) 신흥청년동맹 월례회의 건〉 1925년 10월 12일, 《검찰행정사무에 관한 기록(1)》, 국사편찬위원회 소장.

170) 〈조선유일공산당 조직문제에 관한 보고－본 동맹과 화요회의 교섭 전말〉.

171) 〈조선공산당중앙집행위원회 회의록〉.

172) 박철하, 〈식민지에서는 민족해방이 곧 계급해방이다－조선공산당과 안동의 공산주의자들〉, 《안동독립운동기념관개관기념학술대회발표지》, 2007, 92쪽(이하 '2차 조선공산당과 안동인'에 대한 내용은 본 논문에 근거한 것임을 밝혀둔다).

발생하자 당과 공청의 주요 간부들은 일제 경찰에 검거되거나 해외로 망명하였다. 조선공산당의 경우 사건 직후인 11월 말부터 12월에 걸쳐 김재봉과 김찬은 이준태를 불러 강달영(姜達永)·홍남표·김철수·이봉수(李鳳洙)·이준태 5명에게 당을 인계하기로 하였다.[173)]

이준태는 1926년 3월 강달영 당 책임비서와 함께 조선공산당 중앙집행위원회 비서부에 소속되었으며, 또한 권오설과 함께 조선노농총동맹의 야체이카 및 사상(思想) 제2 프락치, 그리고 동시에 경성부 제5 야체이카에 배속되었다.[174)]

이준태는 조선공산당이 비타협적 민족주의자들과 더불어 단체 결성을 추진할 때 천도교의 이종린(李鍾麟)을 만나기도 했다. 그 결과 이준태는 '반승낙'을 받았다고 조선공산당에 보고하였다. 당원 입당 및 간부 선임에서도 조선공산당에서 중요한 역할을 담당한 이가 이준태였다.

고려공청의 경우 7명의 중앙집행위원 가운데(1명은 당 중앙위원) 3명은 체포되고 2명은 상해로 망명하였으며, 권오설만 서울에 숨어 활동하고 있었다. 고려공청은 우선 이병립을 중앙위원회 서기로 삼고, 김남수·이상훈(李相薰)·김동명(金東明)·전덕(全德)·염창렬(廉昌烈)과 당 중앙위원회 대표 1명으로 고려공청 중앙위원회를 재구성하였다.[175)] 여기에서 김남수가 고려공청 중앙위원에 선정된 것으로 보아, 그는 이전부터 고려공청 회원이었으며, 1926년부터 당과 고려공청에서 지위를 확보하기 시작한 것 같다.

곧이어 권오설은 고려공청 집행위원회 비서부 책임비서가 되고 1926년 2월 국제공산청년동맹 집행위원회에 사업보고를 하였다.[176)] 동시

---

173) 〈이준태 피의자 신문조서(2회)〉.
174) 〈조선공산당중앙집행위원회 회의록〉 및 〈조선공산당중앙집행위원회 비서부 일기〉.
175) 권오설·김동명, 〈국제공청 집행위원회에 제출한 보고서〉, 1926년 1월 31일.
176) 고려공산청년회 집행위원회 비서부 책임비서 권오설, 〈(高共靑 제18호) 선전사업에 관

권오설의 서대문형무소 옥중 사진과 기적비(풍천 가곡)

에 1926년 3월 조선공산당 당원으로 승인됨과 아울러 중앙집행위원에 보선되어 선전부 위원을 맡았고, 이준태와 함께 조선노농총동맹 야체이카 및 경성부 제2 야체이카에 배속되었다.[177]

일제 경찰은 권오설이 고려공청 책임비서로 활동하던 시기에 그를 "조선에 있어서 사회운동의 주도권을 잡고 있다"고 평가하였다.[178] 권오설은 고려공산청년회 책임비서로서 6·10만세운동을 주도적으로 계획, 지도하다가 일제 경찰에 검거되어 1930년 4월 서대문형무소에서 옥중 순국하였다.

1926년 6월 6·10만세운동을 계기로 '제2차 조선공산당 검거사건'이 발생했다. 당과 고려공청에서 종횡무진 활동하던 권오설과 이준태도 다른 당원들과 함께 일제 경찰에 체포되었다. 기존 화요파를 중심으로 한 당원과 고려공청원들 대부분이 검거되거나 해외로 망명하였다. 이로

한 건〉.

177) 〈조선공산당중앙집행위원회 회의록〉·〈조선공산당중앙집행위원회 비서부 일기〉.

178) 《왜정시대 인물사료》 (1), 국회도서관, 1983, 137쪽.

써 2차 조선공산당은 거의 궤멸상태에 빠졌다.

(5) 6·10만세운동과 안동인

1926년 6월 10일 순종황제 인산일에 일어난 6·10만세운동은 3·1운동을 계승한 제2의 만세운동이었다. 1926년 4월 말 무렵부터 계획·추진된 6·10만세운동은 조선공산당의 임시상해부 인사들과 국내의 권오설을 중심으로 이루어지고 있었다. 당시 이들은 국장(國葬)을 사회주의 운동 선전에 절호의 기회로 포착하고 있었다. 사회주의 운동이 대중에 뿌리를 내리기 위해서는 민족운동의 선봉에 서야 한다는 것이 그들의 생각이었다.[179]

4월 말 무렵부터 6·10만세운동이 기획되기 시작했다. 그 기획자가 바로 권오설이다. 순종의 장례에 참가하여 사회주의운동을 전국에 뿌리내리는 계기로 삼자는 것이 그의 계산이었다. 권오설은 1926년 5월 1일 상주 차림으로 변장하고서 압록강을 건너 안동현 역전 근처 초원에서 김단야(金丹冶)를 만나 활동 방향을 논의하고 돌아왔다. 만세 시위를 펼치는 것, 제2의 3·1운동을 일으키는 것이 그 핵심이었다. 여기에는 조선공산당의 찬동이 필요했다. 이 문제는 이준태와 협의하여 해결했다.[180] 그러나 추진 과정에서 자칫 조선공산당이 붕괴될 수도 있으므로, 일단 투쟁 지도부를 당 중앙과 분리했다는 이야기도 전해진다. 그런데 권오설은 조선노농총동맹 중진이자 학생운동계의 중심 조직인 조선학생과학연구회(朝鮮學生科學研究會)에도 깊은 영향력을 가지고 있었으므로,[181] 이를 내

179) 지중세 편, 《조선사상범 실화집》, 돌베개, 1984, 40쪽(장석흥, 〈1920년대 항일투쟁 세력의 통합운동과 안동인〉, 《안동독립운동기념관개관기념학술대회발표지》, 2007, 69쪽에서 재인용).

180) 〈권오설 신문조서 3회〉, 1926년 10월 11일 ; 〈권오설신문조서 6회, 1927년 3월 8일.

세워 '6·10투쟁특별위원회'를 구성하였다. 권오설의 지휘 아래 투쟁지도부가 조직된 것이다.[182] 그리고서 3·1운동 당시처럼 민족운동체의 결속을 다져나갔다.

시위를 일으킬 조건은 3·1운동 당시보다 훨씬 나빴다. 3·1운동과 같은 시위가 다시는 발생하지 않게 만들고자 일제가 군대와 경찰을 모두 동원하였다. 정말 물 샐 틈이 없었다. 일제 경찰은 주동적으로 움직일 만한 인물들을 한 사람씩 철저하게 분석하고 추적하고 있었다. 3·1운동이 일어나던 무렵과는 비교할 수 없을 만큼 통제가 철저하게 이루어지고 있었다. 그런 가운데 인산일에 맞춰 시위를 일으킨다는 것은 사실상 불가능한 일이었다.[183]

대중 시위를 펼치려면 통일전선체 구성이 필요했다. 그 해결 방향이 천도교 진영의 구파와 조선노농총동맹, 그리고 조선학생과학연구회가 연대를 이루는 것인데, 협의과정을 거쳐 이를 달성했다. 그리고 서로 역할을 분담했다. 천도교 청년동맹이 격문 인쇄와 만세운동의 지방 확산을 맡았고, 권오설은 조선학생과학연구회에 임무와 역할을 지시하였다.[184] 학생들에게 주어진 임무는 바로 인산 당일 행렬에서 시위를 이끌어내는 것이었다. 곧 만세를 선창하고 격문을 살포하여 거족적인 시위에 불을 지피는 것이었다. 이를 밀고나가고자 이병립·이선호(李先鎬)·이천진(李天鎭)·조두원(趙斗元) 등 조선학생과학연구회 간부들이 구체적인

181) 장석흥, 〈조선학생과학연구회의 초기 조직과 6·10만세운동〉, 《한국독립운동사연구》 제8집, 한국독립운동사연구소, 1994 참조.

182) 전석담, 〈六十運動小史〉, 《民主主義》 22호, 1947년 7·11쪽 ; 조두원, 〈6·10운동과 조선공산당〉, 《청년해방일보》 1946년 6월 9일자.

183) 김희곤, 〈안동의 모스크바 가일마을〉, 《안동가일마을》, 안동대학교 안동문화연구소 2007, 222쪽(이하 '6·10 만세 운동과 안동사람들'은 본 논문에 근거한 것임을 밝혀둔다).

184) 조선총독부 경무국 극비문서, 《광주항일학생사건자료》, 조선총독부 경무국, 1979, 392~393쪽.

권오상, 권오운, 류면희, 이선호(왼쪽부터)

논의를 거듭하였다.[185]

여기에서 주목할 점은 안동 출신 학생, 특히 가일마을 출신 학생들이 주도적으로 참가한 사실이다. '권오설과 안동그룹'이라고 이름 붙일 수 있을 정도이다. 권오상(본명 권오돈[權五敦])과 권오운(權五雲)은 집안 동생들이고, 권태성(權泰晟)은 풍산들 북쪽에 있는 풍산 안교동 출신, 그리고 이선호는 안동 예안의 부포, 류면희(柳冕熙)는 예안의 삼산 출신이다.

이선호는 중앙고보에 다닐 때 고려공산청년회나 조선공산당에는 가입하지 않았으나 권오상과 함께 조선학생과학연구회의 상무를 맡았던 핵심 인물이었다. 그는 6·10만세운동 당시 격문 배포를 책임졌다. 그는 6·10만세운동의 주도자로 옥고를 치른 뒤 일본으로 건너가 사회주의 활동을 전개하였다.[186] 류면희는 중앙고보생으로 류인식의 동생 류만식(柳萬植)의 아들이었다. 그는 6·10만세운동으로 옥고를 치르고 나와 1929년 조선학생과학연구회 집행위원으로 활약했다.[187]

권태성은 풍산면 안교동 출신으로,[188] 중앙고보 재학 중 6·10만세운

185) 이천진, 〈육십운동의 회고〉 (상), 《독립신보》 1946년 6월 10일자.
186) 李源五, 〈處事眞城李公行略〉, 《6·10만세운동과 李先鎬先生》, 1976, 13~14쪽.
187) 《東亞日報》 1929년 5월 14일자.

동에 참여했다가, 서대문형무소에 수감되었다.[189] 그는 안동유학생회 회장을 맡기도 했다.[190] 그리고 조선학생과학연구회 회원은 아니지만 중앙고보에 다니던 권오운도 6·10만세운동에 참가한 것으로 알려지고 있다.

이들은 6·10만세운동 때 조선학생과학연구회와 연희전문, 중앙고보에서 만세시위를 계획하거나 추진했던 사람들이다. 6·10만세운동 당시 중앙고보와 연희전문 학생이 특별히 많았던 것은 6·10만세운동이 바로 이들의 노력에 의해 이루어진 것이기 때문이었다.[191]

6·10만세운동에서 안동그룹은 권오설을 정점으로 철저하게 역할을 나누어 맡았다. 물론 이병립을 중심으로 움직인 학생들과 천도교 구파의 활동도 대단했지만, 권오설은 이들 학생 조직을 움직이면서 가일마을 형제들을 비롯한 안동 출신 학생들을 선두에 내세웠다. 그러니 1926년은, 서울에 유학하던 가일마을 청년들이 6·10만세운동의 한 복판에서 움직이고 있던 해였던 것이다.

만세시위가 일어나기 직전, 6월 4일에 시위준비 작업 일부가 일제 경찰에 노출되었다. 권오설이 6월 7일에 체포되고, 시위는 불발로 끝날 위기에 놓였다. 하지만 인산 당일 종로4가 네거리에서 중앙고보생 이선호가 길 가운데로 뛰쳐나가며 만세를 부르기 시작했고, 이것이 제2의 3·1운동이라는 6·10만세운동의 신호탄이었다. 6·10만세운동이 확산되면서 권오상과 권오운도 체포되었다.

이들은 모두 안동 향중의 유수한 가문 출신이었다. 비록 이들이 동일 조직으로 결합한 일이 없더라도, 서로 굳은 신뢰를 가질 수 있었던 것

188) 독립운동사편찬위원회, 《독립운동사》 9, 1983, 373쪽.
189) 《東亞日報》 1926년 7월 6일자.
190) 선우기성, 《한국청년운동사》, 금문사, 1973, 371쪽. 여기서는 權泰成으로 표기되어 있다.
191) 《東亞日報》 1926년 6월 11일자. 만세현장에서 일제 경찰에 체포된 210여 명 학생의 학교별 상황은 연희전문 42명, 중앙고보 58명, 세브란스의전 8명, 보성고보 7명 등이었다.

은 안동 지역의 특수한 향토적 정서에 따라 가능했으며, 자연스럽게 동지관계를 이뤄 나갔던 것으로 보인다. 그런 점에서 6·10만세운동과 안동 지역이 갖는 관계는 특별한 것이었다. 이들은 거사 직전인 6월 7일 권오설의 계획이 발각되는 상황에서도 비밀을 보전하여 6·10만세운동의 거사를 실현시킨 것이다. 그런 점에서 권오설이 추진한 6·10만세운동의 계획을 이들이 계승하여 결실을 거둔 것이라 해도 크게 틀리지 않을 것이다.[192]

6·10만세운동은 운동의 추진 배경이나 주체·이념·성격 등에 이르기까지 3·1운동과는 차별성을 드러내고 있었다. 그것은 3·1운동 때와는 다른 독립운동의 주·객관적 조건에서 비롯하였다. 예컨대, 3·1운동이 제1차 대전 뒤 인도주의가 부상하는 것과 더불어 세계 개조의 분위기가 무르익던 상황에서 계획된 것이라면, 6·10만세운동은 제국주의적 지배질서가 공고해진 상황에서 계획된 것이었다. 또한 3·1운동의 계획 주체가 종교 지도자와 같은 자유주의자였다면, 6·10만세운동은 자유주의자와 더불어 사회주의자가 전면에 나섬으로써 새로운 양상을 보였다. 3·1운동 때의 지도 이념이 자유주의 사상이었다면, 6·10만세운동은 자유주의와 사회주의 사상이 민족독립에 귀결되면서 서로 결합 또는 연합하는 모습을 보였다. 6·10만세운동은 3·1운동 이후 사회주의 사상의 유입과 더불어 꾸준히 제기된 민족통일전선의 이념과 노선에 새로운 전환을 이루는 계기가 되었던 것이다. 그리고 그 핵심에는 안동인들이 주축을 이루고 있었다.[193]

192) 장석흥, 〈1920년대 항일투쟁 세력의 통합운동과 안동인〉, 《안동독립운동기념관개관기념학술대회발표지》, 2007, 77쪽.
193) 장석흥, 〈1920년대 항일투쟁 세력의 통합운동과 안동인〉, 《안동독립운동기념관개관기념학술대회발표지》, 2007, 77쪽.

(6) 3·4차 조선공산당에서 활동한 안동인

제2차 사건 뒤 조선공산당에는 이른바 'ML파'가 새로이 그 중심에 섰다. 서울파도 공청 세력을 중심으로 'ML파'의 주요 구성원으로 합류하였다. 이들은 사상 단체 정우회를 장악하고 고려공산청년회와 서울파의 고려공산청년동맹(高麗共産靑年同盟)의 합동, 이른바 '합(合)Y'를 이뤄냈으며, 1926년 11월 서울파 공산주의자들이 대거 조선공산당에 입당하였다. 1926년 12월 당시 조선공산당원은 국내외의 총 인원이 405명(수감자 95명 포함)이며, 후보당원이 약 138명에 이르렀다.[194] 이를 바탕으로 이후 한국 공산주의운동사에서 대대적인 이론투쟁의 신호탄이자 신간회 설립의 주요한 계기가 되는 '정우회(正友會)선언'이 발표되었다. 이와 같은 일련의 변화에는 조선공산당과 고려공산청년회의 조직활동과 이론투쟁이 숨어있었던 것이다.[195]

이 무렵 안동의 대표적인 공산주의자 가운데 한 사람인 김남수가 조선공산당 제2차 대회에 관계하였다. 그는 이미 1926년 초 고려공산청년회 임시간부를 역임한 바 있었다. 조선공산당이 1926년 11월 29일 당대회 날짜를 12월 6일로 결정하던 날, 김남수는 7인으로 구성되는 중앙집행위원회의 한 사람으로, 동향 출신 안상길은 7인의 후보 가운데 한 사람으로 각각 선정되었다.[196]

김남수 이외에 1927~1928년 전반까지 안동 지역과 관련하여 조선공산당 및 고려공산청년회에서 활동한 공산주의자들을 살펴보면 다음과 같다. 자료로 확인된 바로는, 1927년 8월에 조선공산당 경상북도 당

194) 〈(조선공산당 제2차)대회 보고서〉, 1926년 12월 7일자.

195) 박철하, 〈식민지에서는 민족해방이 곧 계급해방이다 – 조선공산당과 안동의 공산주의자들〉, 《안동독립운동기념관개관기념학술대회발표지》, 2007, 95쪽.

196) 〈(조선공산당 제2차)대회 보고서〉, 1926년 12월 7일자.

김남수 옥중 사진

책임비서는 안상길이었다. 같은 해 11월 제3차 조선공산당대회에 즈음하여 개최된 경북도당대회에서 도내 각 기관을 조직하였다. 이때 안동의 당프락치-안상길, 공청프락치-이지호(李墀鎬), 풍산의 당프락치-이회원(李會源) 등이 선정되었다.[197)]

이후 1930년에 발생한 '경북공산당사건'에 대한 일제 경찰 조사 결과를 보면, 1926~1928년 안동 지역의 조선공산당 및 고려공청 기관의 현황을 알 수 있다. 당원은 안상길·이회승·남병세·이병호·김경한·안상태 등이었으며, 공청원은 김남수·이운호·김연한·류연술·남장·오성무·김기진 등이었다. 김남수와 안상길은 1926년부터 1928년까지 안동에서 당과 고려공청 조직활동을 전개하며 그곳에 야체이카를 설치하였다. 1928년 6월 11일에는 이회승과 남병세가 이병호, 류연술과 함께 '조선공산당 안동집행위원회'에 선임되어 같은 달 13일에 위원회를 열고 당원 교양, 야체이카 조직, 선전, 재정, 비밀통지 등에 대해 협의하기도 했다고 한다.[198)]

197) 강덕상·梶村秀樹, 《현대사자료 29》 (조선 5), 1971, 106~107쪽.
198) 《東亞日報》 1930년 11월 11일자.

〈표 38〉 조선공산당 안동군 조직 중심인물

이름	직업	나이	활동단체	검거사건 및 시기
안상길(安相吉)	農業	39	풍산소작인회·화성회·신간회	경북공산당(1930)
이회원(李會源)	農業	45	풍산소작인회·신간회	경북공산당(1930)
이회승(李會昇)	記者	33	풍산소작인회·신간회·안동청년연맹	경북공산당(1930)
김기진(金基鎭)	農業	27	풍서농민회·신흥청년회	경북공산당(1930)
남 장(南 璋)	農業	31	풍산소작인회·일직청년회	경북공산당(1930)
안상태(安相泰)	農業	30		경북공산당(1930)
이지호(李墀鎬)	農業	30	도산구락부·안동청년동맹	경북공산당(1930)
오성무(吳成武)	記者	33	안동청년동맹·기우단	경북공산당(1930)
이운호(李雲鎬)	農業	38	예안협동조합·도산구락부·신간회	경북공산당(1930)
김남수(金南洙)	記者	32	안동청년연맹·화성회·노우회·기우단	제3차 조선공산당(1928)
김경한(金慶漢)	農業	28	안동청년회·정광단	경북공산당(1930)
김연한(金璉漢)	記者	26	안동청년회·정광단	경북공산당(1930)
류연술(柳淵述)	先物賣買商	33	안동청년동맹·정광단	경북공산당(1930)
남병세(南炳世)	農業	33		경북공산당(1930)

(7) 당재건에 나선 안동인들

조선공산당은 우수한 당원을 확보하고자 자질이 뛰어난 인물들을 모스크바의 '동방노력자공산대학'에 유학을 보냈다. 유학생 선발을 주도한 것은 고려공산청년회였다. 이는 자질이 우수한 인물들을 청년당원으로 확보하고, 이들을 직업적 혁명가로 길러 조선공산당의 토대를 강화할 필요 때문이었다. 동방노력자공산대학을 졸업한 안동 출신의 공산주의자들로 안상훈(安相勳)과 권오설의 친동생인 권오직(權五稷), 이영조(李

永祚) 등이 있다. 이들은 모두 1925년 10월 무렵 국내에서 선발되어 입학한 공청원 및 당원들이다. 이들은 각각 1929년에 상해파 중심의 '조선공산당재건준비위원회'와 화요파 중심의 '조선공산당조직준비위원회' 등 기존의 파벌적 편제 위에서 펼쳐진 당재건 운동에 참가하였다.[199]

먼저 안상훈의 경우를 보면, 그는 안상길의 동생으로 안동에서 풍산소작인회와 와룡청년회·안동청년연맹 등에서 집행위원으로 활동하다가 1925년 10월 무렵 고려공청의 추천으로 선발되어 공산대학에 유학하게 된 자이다. 그러나 공산대학에서 파벌분쟁에 휘말려 1927년 7월 퇴학처분을 받고서 연해주 농촌 소학교에서 교사생활을 하였다고 한다.[200]

안상훈은 블라디보스토크에서 코민테른의 결정서를 가지고 돌아온 김규열(金圭烈)과 이동휘(李東輝)·김철수 등과 당재건 방법을 협의하였다. 이들은 국내외에서 '열성분자'를 규합하여 조선 안에서 열성자대회를 열고 후계 중앙간부를 조직하여 부서를 결정하는 동시에, 국내에 공산당재건준비위원회를 설치하기로 합의하였다. 그리하여 우선 조선과 가장 연락하기 쉬운 길림성을 중심으로 1929년 3월 무렵 조선공산당재건설준비위원회 발기회를 조직하였다. 안상훈은 송무영(宋武英)과 함께 이를 실행하고자 국내로 파견되었다.[201]

국내에 파견된 안상훈은 서울에서 서울계의 이준열(李駿烈)과 이민용(李敏用)을 만나 각지에서 열성자대회를 개최하여 당조직을 확대하는 방안을 협의하였다. 그런데 이준열과 이민용은 그와 같은 방식은 현실적으로 불가능하다는 사실을 지적하고 자신들은 당분간 합법적인 운동에

199) 박철하, 〈식민지에서는 민족해방이 곧 계급해방이다 – 조선공산당과 안동의 공산주의자들〉, 《안동독립운동기념관개관기념학술대회발표지》, 2007, 95쪽(이하 '당재건에 나선 안동인들'에 대한 내용은 본 논문에 근거한 것임을 밝혀둔다.).

200) 강만길·성대경, 《한국사회주의운동인명사전》, 창작과 비평사, 1996, 268쪽.

201) 한국역사연구회 1930년대 연구반, 《일제하 사회주의운동사》, 한길사, 1991, 94~95쪽.

진력할 것임을 밝혔다. 이들은 이미 재건준비위와 연계를 가지고 있던 이운혁(李雲赫)과 협의하여 서울에서 당재조직 준비위원회를 꾸려나가고 있었던 것이다. 안상훈은 방향을 바꾸어 학생들의 조직화에 착수하였다. 주로 보성전문학교와 연희전문학교 학생들을 대상으로 한 듯한데 1929년 6월 12일 검거되고 말았다.[202] 일제는 안상훈 등의 치안유지법 위반사건을 '공산당 열성자사건'이라 불렀는데, 안상훈은 징역 5년을 언도받았다.

다음은 권오직과 이영조의 경우를 보겠다. 권오직은 권오설의 동생이고, 이영조는 가일마을 맞은 편 마애마을 출신이다. 이들은 모두 1925년 10월 고려공청의 추천으로 공산대학에 입학한 뒤 1929년 5월에 졸업하였다. 그리고 국제공산청년동맹(國際共産靑年同盟)의 지시를 받아 고려공청 재조직을 위해 국내로 파견되었다.

1929년 7월 공산대학 졸업생들과 함께 귀국한 김단야는 당시 김한과 정재달을 중심으로 진행되던 고려공산청년회 후계간부 조직회를 공산대학 졸업생들의 당 및 공청 재건운동으로 흡수했다. 1929년 10월 권오직과 이영조는 김단야를 만나 서울과 부산, 평양에서 노동자를 기초로 조선공산당과 고려공청을 조직할 것을 협의하였다. 그들은 코민테른의 간부인 미국인 스미스로부터 코민테른의 결의인 〈혁명투사인 농민 및 노동자에 대한 조선문제〉에 대한 설명을 듣고 '완전한 공산청년회'를 조직할 것을 지시받았다. 이는 코민테른이 당 재건운동에 직접 개입했음을 뜻한다.

당 재조직 준비위원회는 이와 같은 모색과정을 거쳐 1929년 11월 6일 김단야·채규항(蔡奎恒)·박민영(朴珉英) 등이 모인 자리에서 조직되었다. 이들은 '12월테제'에 기초하여 원산·부산·평양·목포·함흥·마산·청

202) 김준엽·김창순, 《한국공산주의운동사》 5, 청계연구소, 1988, 294쪽.

진·웅기·신의주에 기본 당원을 배치하거나 공산대학 졸업생을 파견하여 지방 당기관을 설치하기로 하였다. 위원회의 활동은 각 활동가들을 각지에 파견, 공장활동으로 파업을 유도하고 선전선동을 펼치는 한편, 활동가로서 자질이 있다고 판단되는 자들을 모스크바로 파견, 공산대학 유학을 거쳐 양성하는 형태로 전개되었다. 위원회의 활동 역시 재건준비위나 함남 간부기관그룹과 같이 과거의 파벌관계에 의존하여 준당기관을 즉각 조직한 뒤 전국적인 파견활동을 펴는 초기 당 재건운동의 양상을 보여준다.

준비위원회는 당시 광주학생운동으로 비롯된 반일감정을 고양시킬 격문을 1930년 3·1절을 맞아 작성·배포하기로 하였다. 그리하여 권오직과 박장송(朴長松)이 작성한 〈전조선 피압박 피착취계급에게 격함〉, 〈3·1운동 11주년을 기하여 전조선 노력대중에게 격함〉이라는 격문을 전국의 청년동맹·농민조합·노동단체 등에 우편으로 보내고 일반에게 배포하였으나, 이 일로 말미암아 대거 검거되었다.[203)]

"만국 무산자와 세계 피압박 민중은 단결하라"로 시작되는 〈3·1운동 11주년을 기하여 전조선 노력대중에게 격함〉에서는, 생명과 재산의 보장도 없이 곳곳에서 핍박받는 조선의 노농대중에게 오직 유일한 길은 "일본제국주의를 박멸하는 투쟁뿐이다", "조선민족해방운동은 도시 프롤레타리아트의 영도 아래 일본제국주의에 반대투쟁하는 광범위한 농민과 도시빈민, 혁명적 지식분자들의 투쟁적 결합에 의해서만 완전히 실현될 수 있다"고 주장하였다.

당 재건을 위한 행보에서도 안동인들의 활약은 뚜렷했다. 김재봉·이준태·김남수·권오설·안상길 등이 서울에서 터를 잡고 조선공산당을 만들고 이어 갔으며, 안동에서 활약하던 인물들이 지원세력으로 단단하

203) 한국역사연구회 1930년대 연구반, 《일제하 사회주의운동사》, 한길사, 1991, 111~112쪽.

게 뒤를 받치고 있었다. 1·2차 당의 붕괴, 6·10만세운동 뒤 안동 출신 인물들이 급격하게 중앙무대에서 사라졌지만, 당 재건운동 과정에서 다시 그 자리를 메우는 안동인들이 나타났던 것이다.

7. 신간회 안동지회

3·1운동 뒤 일본의 유화적인 민족분열정책으로 좌우의 민족운동은 모두 위기에 봉착하였다. 우파민족주의 인사들의 실력양성운동은 타협주의라는 비난을 받았고, 공산주의자들은 1926년 6·10만세운동을 계획하다가 사전에 발각되어 조직이 거의 붕괴되다시피 하였다. 이러한 위기 상황에서 타협주의를 거부하던 민족주의 인사들은 온건한 좌파와 연합하여 이념적으로 중도적인 중앙당(中央黨) 또는 민족유일당(民族唯一黨)을 건설하여 분열된 민족운동세력을 결집하였다. 좌파에서도 역시 양심적인 민족주의자와 통일전선을 구축하여 궤멸되었던 조직을 합법적으로 재건하려고 하였다. 이러한 노력은 우리 민족이 일제 식민지 상태에서 해방되는 것을 최우선 과제로 여겼기 때문에 분화의 바람을 잠재울 수 있는 운동전선의 통일이 요구됨에 따라 이루어진 것이다.[204]

국내의 좌우합작운동은 1925년에 결성된 조선사정연구회(朝鮮事情研究會)와 1926년에 조직된 정우회로 나타나기 시작했다. 이 운동이 더욱 확대되어 1927년 2월 드디어 신간회로 발전·조직되었다. 발의자는 신석우(申錫雨)·안재홍(安在鴻)·홍명희·문일평(文一平) 등 《조선일보》계열의 민족주의자와 이갑성(李甲成)·이승훈 등 기독교계, 권동진(權東鎭) 등 천도교 구파, 한용운 등 불교인, 그리고 공산당원인 한위건(韓偉健) 등

204) 이현정, 〈신간회안동지회의 성립과 활동〉, 《安東史學》 7, 안동사학회, 2002, 137쪽.

農民組合의趣旨를宣傳하며禁酒禁煙을大大的으로宣傳하리라더라(鎭東)

安東新幹會設立

慶北安東에서新幹會支會를設立한다함은이미報道한바어니와去二十六日下午二時에當地普光學校大講堂에서會員百九十七人中九十餘名이出席하고設立大會를開催하엿는데準備委員中鄭顯模氏가開會를宣言하자臨時議長으로權泰錫氏가選擧되여議事를執行할새準備委員會의經過報告가잇슨後本會에서出張한洪命熹氏의簡單한趣旨說明이잇고來賓側으로朴儀陽氏의祝辭와四方에서들어온祝電文을朗讀하고그다음任員選擧에잇서서는銓衡委員七人을選擧하여一任하고財政問題에들어가서여러가지의討議가잇슨後同七時半頃에大盛況裡에萬歲三唱으로無事閉會하엿는데選擧된任員은會長柳寅植、副會長鄭顯模、總務幹事權泰錫外二十三人이라더라(安東)

신간회 안동지회 창립 기사(《동아일보》 1927년 8월 31일자)

모두 28명이었다. 이상재를 회장으로, 홍명희를 부회장으로 결성된 신간회는 전국에 약 140여 개의 지회를 두고 약 4만 명의 회원을 확보할 만큼 큰 단체를 형성하였다. 그리고 유영준(劉英俊)·김활란(金活蘭) 등 여성들이 조직한 근우회(槿友會)가 신간회의 자매단체로 활동하였다.[205)]

1920년대 안동에서 전개된 사회운동은 크게 3시기로 구분할 수 있다. 1시기는(1920~1924) 사회운동단체의 태동기이며, 2시기는(1924~1927) 청년운동의 혁신기이고, 3시기는(1927~1931) 민족협동전선운동기로 볼 수 있다.[206)] 1920년대 중반까지 안동 지역의 청년운동을 기반으로 하여 1927년 신간회 안동지회가 설립되면서 청년운동은 협동전선이라는 새로운 방향으로 자리 잡게 되었다.

안동의 사회운동단체들은 대부분 사회주의 사상을 흡수하고 있었다. 중앙에서 민족주의 노선과 사회주의 노선의 통일전선운동이 펼쳐지자, 안동에서도 이러한 분위기를 받아들여 발 빠르게 제3시기로 전환하였던 것이다.[207)] 그 결과 1927년 2월 서울에서 정우회가 해체되면서 신간회가 창립되자, 그 영향이 안동에도 그대로 미쳤다. 안동 지역 청년운동의 지도적 조직체였던 화성회는 1927년 4월 "금후 조선운동에 있어서 사

205) 신간회의 창립과 지회 설립 및 활동 등에 대한 연구로는 이균영의 《신간회연구》(역사비평사, 1993)가 주목된다.

206) 이현정, 〈신간회안동지회의 성립과 활동〉, 《安東史學》 7, 안동사학회, 2002, 139쪽.

207) 이현정, 〈신간회안동지회의 성립과 활동〉, 《安東史學》 7, 안동사학회, 2002, 142쪽.

신간회 회의가 열렸던 애련정. 현재는 안동민속촌으로 옮겨졌다.

상단체의 필요 없음을 인정하고 해체한다"는 선언과 함께, 신간회 안동지회 설립으로 방향을 바꾸었다.[208]

신간회 안동지회는 협동전선의 깃발 아래 1927년 7월 9일 신간회 안동지회 설립준비위원회를 개최하여 준비위원 정현모(鄭顯模)·김중학(金中學)·심규하(沈揆夏)·이술상(李述相)·권태석·이세녕(李世寧)·권중열(權重烈)·문재빈(文在彬) 등 20명을 선정하였다.[209] 그리고 각 면에서 발기인을 모집하여 8월 26일 197인을 회원으로 설립되었다.

설립대회는 서울의 신간회 본부에서 파견된 홍명희 등 내빈들의 참석 아래 열렸는데, 여기서는 경과보고, 재정문제 토의와 임원선출이 있었다. 이때 선출된 임원은 회장 류인식·부회장 정현모·총무간사 권태석 등 23인이었다.[210]

208) 《東亞日報》 1927년 4월 3일자·4월 14일자. 화성회가 해체하면서 물품을 안동노우회에 인계하였다. 이는 화성회와 노우회의 밀접한 연관성을 의미한다(《東亞日報》 1927년 4월 6일자).

209) 《朝鮮日報》 1927년 7월 17일.

당시 독립운동의 최상부에 자리하고 있었던 류인식이 신간회 안동지회의 회장으로 선출됨으로서 민족주의자들만이 아니라, 안동 지역의 유력자들까지 신간회로 이끄는 데 큰 힘을 발휘하였을 것이다. 반면 신간회 안동지회 총무간사들의 이름은 정확히 밝혀지지 않고 있으나, 권태석이 총무간사로 선출되었던 것으로 보아, 신간회 안동지회 설립준비위원들과 더불어 기존의 사회운동 단체들의 간부와 회원, 그리고 각 면의 유지들로 간사진이 구성되었을 것으로 추정된다.[211]

이때 참가하게 된 각 면의 유지들은 이전까지는 대중적인 조직에 참가하지 않았던 것으로 보인다. 그들은 8군 연합 고보 설립운동에 참가하거나 공립보통학교의 학부형회나 동창회를 조직하거나 학술강습소·도서관 건립에 노력하는 등 교육·문화운동에 참가하였던 것으로 보인다.[212] 창립 당시 이들 외의 간사 이름은 밝혀지지 않지만, 이후의 정기총회에서 선임된 간부진으로 보아 안동 청년운동단체의 간부와 각 면의 유지들로 구성되었을 것으로 보는 게 무리한 짐작은 아닐 것이라 생각한다.[213] 신간회 안동지회의 임원 명단은 다음의 표와 같다.

---

210) 류인식은 일제강점기 이전부터 의병운동·계몽운동에 참가하였고, 1920년대에는 조선노동공제회 안동지회·8군연합고보기성회·조선민립대학 설립운동 등에도 참가한 당대 민족운동의 역사를 대변하는 상징적 인물이었으며, 안동 지역 청년운동의 정신적인 지주였다고 할 수 있다. 정현모는 일본에서 대학을 졸업한 인텔리로서 당시 유산자층과 더불어 교육·문화운동에 참여하였던 인물이고, 권태석은 화성회·기우단에 참가하여 활동하였다(《朝鮮日報》 1927년 8월 30일자 ; 《東亞日報》 1927년 8월 31일자 ; 逵捨藏, 앞의 글, 351~366쪽(安東郡人物評論 참조) ; 《朝鮮日報》 1927년 8월 30일자 ; 《東亞日報》 1927년 8월 31일자.

211) 이현정, 〈신간회안동지회의 성립과 활동〉, 《安東史學》 7, 안동사학회, 2002, 145쪽.

212) 《東亞日報》 1925년 12월 25일자·1926년 2월 22일자·1927년 7월 13일자·1928년 5월 25일자. 특히 공립보통학교의 학부형회나 동창회는 학생들의 일반적인 교육조건을 개선하기 위한 목적 이외에도 교장이나 교사들의 비행이 자주 행해지는 것을 막기 위해 조직되는 경우가 많았다.

213) 《朝鮮日報》 1927년 7월 17일자·8월 30일자 ; 《東亞日報》 1927년 8월 31일자 ; 《朝鮮日報》 1928년 1월 21일자·2월 6일자·3월 10일자·4월 4일자·1929년 1월 29일자·8월 14일자.

〈표 39〉 신간회 안동지회 임원 명단

일시	부서 및 간부진	출전
1927.7.9	準備委員會 : 鄭顯模·金中學·沈揆夏·李術相·權泰錫· 李世寧·權重烈·文在彬	朝鮮日報 (27.7.17)
1927.8.26	회장 : 柳寅植, 부회장 : 鄭顯模 간사 : 權泰錫 외 23인	朝27.8.30 東27.8.31 中27.8.30
1928.1.18 1928.1.29	전형위원 : 柳淵述·權泰勳·吳成武·金慶漢·南東煥· 安相吉·李昌稙·李雲鎬·李相鳳 회　　장 : 鄭顯模, 부회장 : 權重烈 간　　사 : 權泰勳·李雲鎬·金中學·權泰錫·文在彬· 柳淵述·尹世衡·李述相·孫大日·金潤鎬· 李世寧·沈揆夏·吳成武·李順瑞·李明稙· 權泰東·金建植·安相垌·南東煥·金國鎭· 柳基泰·柳世佑·金衍植·金慶漢 대표위원 : 鄭顯模·安相吉·李雲鎬·李昌稙·李會昇· 李墀鎬·沈揆夏·李術相·吳成武·柳淵述· 金元鎭·南璋·金眞潤·金連漢·權泰東· 金膺漢·安相允·權泰錫·申應麟·金慶漢 후　　보 : 權泰勳·鄭元模·李會源·李準文·金廷植· 金達淵·金偉植 총무간사 서무부 : 權泰勳, 재정부 : 文在彬, 정치부 : 金中學 조사연구부 : 權泰錫, 조직부 : 李雲鎬, 선전부 : 李世寧 상무간사 서무부 : 權泰東·李術相, 재정부 : 沈揆夏·李順瑞 정치문화부 : 吳成武·尹世衡 조사연구부 : 金國鎭·柳淵述 조직부 : 金慶漢·金廷植, 선전부 : 安相垌·李明稙 건의안 작성위원 : 安相吉·金國鎭·李會昇·尹世衡· 權泰東	朝鮮日報 (1928.2.1) (1928.2.2) (1928.2.6)
1928.3.6 1928.3.30	신입회원 확정 : 權一英·金永柱·金源大 강좌개설실행위원 : 鄭顯模·權重烈·金中學·權泰東· 安相吉·金慶漢·柳淵述 간사보선 재정부총무간사 : 沈揆夏, 선전부총무간사 : 李衡國 간사 : 金査閑 權泰錫·李世寧·文在彬 사임	朝鮮日報 (1928.3.10) (1928.4.5)

1929.1.20	회 장 : 李雲鎬, 부 회 장 : 金中學, 간 사 : 李世寧·李奎鎬·金國鎭·李準文·柳基馥·權正三·金元鎭·柳淵建·南璋·權重准·朴永壽·金廷植·吳成武·金斗漢·申應麟·廉尙進·李光春·玉文煥·金東澤·權祥龍·金在淵·鄭元模·柳時求·權重仁 대표회원 : 金元鎭·李墀鎬·權世寧·李雲鎬·金中學·李會昇·金國鎭·李奎鎬·朴永壽·權正三·鄭顯模·吳成武·南 璋·金璉漢·金元鶴·李相鳳·申應麟·李準文·李光春·柳基泰 대표회원 후보 : 金廷漢·鄭元模·金東澤·玉文煥·裵東煥·李震鎬·張師鳳	朝鮮日報 (1929.1.25)
1929.8.10	집행위원 : 李震鎬, 서 기 장 : 柳淵建, 조직부장 : 李準文, 조직부원 : 金慶漢 교육부장 : 李衡國, 교육부원 : 金明燮 재정부장 : 金中學, 재정부원 : 權正三 선전부장 : 李奎鎬, 선전부원 : 朴元棨 조사부장 : 權重准, 조사부원 : 金廷植 기타 집행위원 李會昇·權丙南·權重仁·玉文煥·柳時求·崔斗亮·李相鳳·李準悳·李世寧·柳基泰·吳成武·金斗漢·金廷植·權鼎甲·金在淵·裵東煥·權龍壽·金亨漢·南璋·李墀鎬·安相垌·池龍鎭 대표의원 : 金元鎭·李世寧·李墀鎬·柳淵建·金國鎭·李會昇 대표의원 후보 : 李準文·金慶漢·權正三	朝鮮日報 (1929.8.14)

1928년 안동지회의 급속한 성장과 더불어 조직체계 또한 확대·정비되었다. 우선 그 명칭이 본부의 조직체계를 모방하였다. 회장·부회장·간사 그리고 각 부서장을 따로 두어 수직적 조직체계를 구성한 사실이나, 위원회를 설치하고 전형위원과 대표위원을 선정하여 수평적 체계를 갖춘 점이 그러하다.[214]

214) 이현정, 〈신간회 안동지회의 성립과 활동〉, 《安東史學》 7, 안동사학회, 2002, 147~148쪽.

신간회 안동지회 2차 정기대회 모습(1928)

안동지회의 규모는 대단히 컸다. 700명이 넘는 회원 수를 보여 전국에서 평양지회 다음으로 큰 규모를 자랑했다.[215] 이처럼 거대한 조직이니만큼 하부 조직이 필요했다. 그래서 등장한 것이 면 단위 지부와 반(班) 조직인 것 같다. 1928년 1월 정현모가 회장이 되던 제2회 정기총회에서 반 조직체에 대한 문제가 안건에 들어 있는 점을 보면 이를 짐작할 수 있다.[216] 당시 안동에는 마을에 신간회 간판이 걸린 곳이 허다했다는 말이 지금까지도 전해진다.

1929년에는 1928년 확대했던 조직이 정착되었다. 기본적인 구조는

215) 설립대회까지 모집된 회원은 지회마다 다소 차이를 나타내고 있는데, 20~80명 사이가 가장 일반적이다(이균영, 《신간회 연구》, 역사비평사, 1993, 259쪽). 그런데 안동지회는 설립 4개월 뒤에 회원이 613명에 이르게 되었다(《朝鮮日報》 1928년 1월 2일자). 이후 1929년이 되자 회원이 735명으로 더 늘어났다.

216) 신간회 안동지회 제2회 정기총회 사진(안동독립운동기념관 소장).

신간회 안동지회 2차 정기대회 뒤 기념사진(1928)

1928년과 비슷해 보이나 6부에서 5부 체제로 바뀌고, 부장과 부원 각 1명씩이 따로 편성되었다. 정치문화부와 조사연구부를 대신하여, 교육부와 조직부를 신설하였다. 서무부를 폐지하고, 새롭게 서기장을 따로 두었으나, 이는 회장이 겸하고 있었다. 여기에 수평적 조직체계였던 각종 위원의 수가 29명에서 43명으로 늘어났다. 이는 전형위원을 없애고, 집행위원을 신설하여 위원회를 강화한 것이었다.[217]

이와 같이 신간회 안동지회는 안동 지역 청년운동 단체 회원 전원이 참가한 것으로 보이며, 개인적인 자격으로 가입한 것 같다. 신간회 안동지회 성립이 계기가 되어 여러 갈래의 민족운동 노선이 통합하게 되었고, 사상면에서나 연령면에서도 폭이 확장되었다. 특히 청년운동 전반기에 주도권을 장악하였던 민족주의 계열이 다시 주도세력으로 등장하였

217) 이현정, 〈신간회안동지회의 성립과 활동〉, 《安東史學》 7, 안동사학회, 2002, 148쪽.

신간회의 국내와 국제 정세 보고문 초고(권오설 유품)

다. 그러다가 류인식이 회장에서 물러난 뒤, 점차 그 주도권은 다시 사회주의 계열로 넘어갔다.

신간회 안동지회의 활동은 두 가지 틀로 나뉜다. 하나는 서울 본부와 호흡을 같이한 계몽운동·영남친목회 박멸대회·1929년 이후 조선공산당재건운동이고, 다른 하나는 안동지회가 독자적으로 벌인 안동 고등보통학교기성회 항의 운동과 향교철폐운동 등이다.

신간회 안동지회는 1920년대 안동 사회단체 활동의 일환이었던 계몽운동을 계속 전개하였다. 안동지회에서는 정치문화부에 일임하여 강연회를 통한 대중계몽운동을 펼쳤다. 강연회는 대규모로 열고, 그 내용을 신문에 자세히 기록하였다. 이렇게 대규모의 강연회는 1927년과 1929년 2차례 열렸다. 반면에 소규모 강연회는 지속적인 사업으로 계속 펼치고 있었는데, 순회강연회·학술강연회·농촌문제강연회·임시특별강연회 그리고 반조직강연회 등이 이에 속한다.[218]

영남친목회는 경상남·북도 사람들의 상설 친목기관을 조직하자는 취지 아래 1927년 9월 4일 창립되었다.[219] 그러나 설립 취지가 불분명하

218) 이현정, 〈신간회 안동지회의 성립과 활동〉, 《安東史學》 7, 안동사학회, 2002, 149~150쪽.
219) 《東亞日報》 1927년 9월 5일자·9월 10일자.

였고, 구성원이 대부분 친일적인 사람들로 이루어졌다. 이에 사회운동을 주도하던 단체에서는 영남친목회를 친일단체로 규정하였다. 그런데 당시 조선공산당 책임비서였던 안광천(安光泉)이 영남친목회 창립 선언문을 작성해 주는 등 관계를 맺고 있었다. 이는 그가 영남 지역 출신이라는 점을 최대한 이용하여, 당시 조선공산당 책임비서로서의 위상이 흔들리던 상황을 극복하고자 자신의 기반을 확대하려고 꾀한 일이었다.

이 사건은 조선공산당뿐만 아니라 신간회·청년동맹 등 사회운동단체에 커다란 영향을 주었다. 이에 반발한 사회운동 단체들은 지방별 박멸대회를 열었다.[220] 그리고 신간회에서도 제3차 간사회를 열고 "영남친목회·호남동우회(湖南同友會)·오우구락부(五吽俱樂部) 등 지역적 단체는 현하 대중의 절실한 요구인 민족단일당 정신에 배치됨으로 이를 철저히 배격함"이라고 결의하였다.[221] 그리하여 신간회 안동지회에서도 본부의 결의를 따랐던 것으로 보인다.

안동 고등보통학교기성회 문제는 1927년 군민들이 고보(高普, 고등보통학교)를 설립하겠다고 거두어 낸 돈을 안동군청에서 제대로 관리하지 않는 바람에 발생한 문제로, 이에 신간회 안동지회가 항의하고 나선 사건이다. 민족적인 인재를 양성하려고 대중이 나서서 모금했지만, 안동군청이 그 돈을 유도진흥회에 위탁하여 관리하도록 만들었는데, 거기에서 부정 지출 사건이 터져 나온 게 사건의 발단이었다. 이 문제로 이듬해 2월까지 계속 논란이 있었으며, 군민들이 안동군과 유도진흥회에 항의를 계속하였다.[222]

220) 京畿道 警察局, 《治安概況》, 1928, 75쪽. "서울靑年會係의 權泰錫·宋乃浩·許一 등은 火曜會係의 丁七星·印東哲·金南洙 등과 연합하여 안광천일파를 매장하고자 전국에 격문을 띄우고, 여론을 환기시켰다"고 한다.

221) 《東亞日報》 1927년 10월 2일자.

222) 朝鮮總督府 慶尙北道警察部, 《慶北高等警察要史》, 1934, 51쪽.

신간회 안동지회가 펼친 사업 가운데 주목할 만한 것은 향교 철폐 운동이었다. 일제는 성균관을 경학원(經學院)이라고 개칭하고, 석존향사(釋尊享祀)와 재산 관리만을 담당하게 하면서 친일의 길로 몰아넣었다. 그리고 이러한 영향은 각 지방의 향교로 확산되었다. 당시 일제는 문화통치라는 기치 아래 통치 범주로 유생들을 끌어안고자 하였다. 그래서 성균관을 이용하여 유도진흥회를 결성하였던 것이다. 향교가 친일적인 측면으로 방향을 바꾸자 정기총회에서 향교의 철폐와 향교 재산처리권의 획득·유도진흥회 철폐를 의결하고, 영주·봉화·영양지회와 더불어 철폐운동을 전개하였던 것이다. 이것은 1925년 안동 지역 사회운동 단체들이 대대적으로 펼친 도산서원 철폐운동과 함께 일제의 간교한 민족 분열정책을 거부한 것이라 평가할 수 있다.[223)]

신간회 안동지회가 1927년 12월 17일에 개최하기로 예정했던 집회가 금지 당했다. 그것은 집회에서 발표할 선언서에 정치적인 성향이 보인다는 이유 때문이었는데 선언서의 내용은 아래와 같다.

1. 약소민족운동의 결전적 해방전으로서 2,300만 민중 항쟁의 전 영역에 개재하는 신간회는 전민족 정치투쟁의 전위이다.
2. 금일의 소작권은 명일 동척 이민에게 넘어가고 외래의 특수적 금융기관의 참혹한 위압을 받아 기아의 수평선상에 표류할 뿐이다.

이러한 활동을 보면, 안동지회는 정치투쟁의 필요성을 역설한 것과는 달리, 아직 민중생활상의 요구는 충분히 수용하지 못했던 것 같다. 그렇지만 안동군에서 발생하는 문제에 대해서는 일제 지배기관에 그 공격

223) 朝鮮總督府 慶尙北道警察部, 《慶北高等警察要史》, 1934, 51쪽. 향교철폐운동은 안동뿐만 아니라 많은 지회에서 논의하거나 추진한 사업이었다. 대표적인 경우로 사천지회·어주지회·연백지회·문천지회·남원지회 등을 들 수 있다.

의 화살을 돌리고 있었던 것으로 보인다. 그리고 신간회 서울본부와의 관계도 지속되었다. 1929년에는 신간회의 중앙상무집행위원이던 안철수(安喆洙)가 안동지회를 방문하여 순회강연을 가졌던 것은 그러한 사례 가운데 하나이다.

신간회는 창립대회 이후 전국대회를 일제 경찰의 금지로 1928년, 1929년 계속 치르지 못하였다. 그리하여 1929년 6월 어쩔 수 없이 대표위원회의 이름으로 전국적인 회합을 갖고 대회의 기능을 대행하였다. 이때 안동지회에서는 이세녕(李世寧)이 대표위원으로 참가하였다. 이 회합에서 이운호가 중앙집행위원, 이회승이 중앙집행위원 후보로 선출되었다. 이운호·이회승은 권오설·이준태가 검거된 뒤 안동 지역 청년운동의 대표적인 인물이었다. 이러한 점으로 보아 1920년대 말부터 1930년대 초반 안동 지역 청년운동가들의 일대 검거 이전까지 민중운동 단체의 대표들이 신간회 간사로서 중심 역할을 맡았고, 지역 유지 일부가 활동에 참가하는 형태로 운영되었던 것 같다. 또한 1928년 이후 안동 지역 청년운동 단체 가운데 집회가 가능하였던 조직은 신간회 안동지회뿐이었다. 이에 청년운동 단체들이 신간회와 연계할 수밖에 없었다. 그러나 신간회 안동지회의 경우도 본부의 결정사항이나 지회 단위에서 전개할 운동방향을 적극적으로 논의하지는 못하였다.

1928년 4월 신간회 안동지회 초대회장을 지낸 류인식이 서거하였다.[224)] 이에 신간회 안동지회는 다른 청년운동 단체와 더불어 안동사회장을 치르려 하였으나 일제의 탄압으로 제대로 진행하지 못하였다. 류인식은 안동 지역 사회운동을 이끌었고, 또 이를 주도해 나갈 인물을 육성했다. 그리고 민족주의와 사회주의 어느 쪽에도 치우치지 않은 중도적 입

224) 《東亞日報》 1928년 5월 4일자 ; 《朝鮮日報》 1928년 5월 4일자 ; 《中外日報》 1928년 5월 4일자.

1928년 5월 류인식의 장례 행렬

장을 취하였고, 정신적인 지주로서 당시의 청년운동을 포용하면서 유지들도 끌어들일 수 있었던 인물이었다.

류인식의 사망을 3개월 앞둔 1928년 1월 제2회 정기총회에서 정현모가 2대 회장으로 취임하였다. 정현모도 류인식의 제자 가운데 한 사람이자, 안동지회 창립 당시 준비위원장을 맡았던 인물이다. 좌우합작의 구심점에 있던 류인식이 세상을 떠나자, 그동안 좌우합작이 잘 이루어지던 신간회 안동지회에 어두운 그림자가 드리웠다. 이후 좌우세력의 분열이 나타났고, 주도권이 민족주의 계열에서 사회주의 계열로 넘어가게 되었다. 그러한 변화가 바로 1929년에 나타났다.

2대 회장 정현모는 우파 인물의 대표자였다. 그런데 1929년 1월 회장에 이운호가 선임되면서, 분위기가 바뀌었다. 대부분의 요직을 사회주의자들이 장악하게 되고, 신간회의 성격도 상당히 좌경화되었다. 1929년 6월 열린 복대표대회 이후 신간회 안동지회에서는 비밀리 당 재건운동을 꾀하였다. 당 재건운동은 서울에서부터 일어났다. 이미 신간회의 조직이 항일운동 과정에 맞닥뜨린 한계를 극복하지 못한데다, 좌우파 세력이 서로 어우러지지 못하는 모습을 보이자 사회주의 진영에서부터 서서히 당 재건운동이 일어났던 것이다. 서울파 조선공산당 재건 조직 관여자로 신간회 본부에 진출해 있던 인물은 이운호·이기석(李基錫)·정종명(鄭鍾鳴)·나승규·이회승·윤병구(尹秉球)·이시환·이항발(李恒發)·전도의 9명으로 확인된다. 이운호와 이회승이 복대표대회를 계기로 안동에서 당 재건운동을 꾀하였다. 이들이 꾀한 당 재건운동이 발각난 것이 1930년 '경북공산당사건'이었다.[225)]

경북공산당사건으로 말미암아 신간회 안동지회는 더이상 회생할 수 없는 상황에 이르렀다. 1930년에 경북공산당사건으로 신문지상에 오르내리다 안동지회의 기사는 사라지고 만다. 이것은 신간회 안동지회가 집회조차 이루어지지 않는 사회단체가 되어버린 것을 뜻하는 것인데, 결국 발전적 해소조차 논의되지 못한 채 사라지고 만다. 이후 안동지회는 해소론의 등장과 함께 지하조직으로 명맥만 겨우 유지한 채 잠복하였다.[226)]

신간회 안동지회는 창립부터 해소에 이르기까지 안동 지역에서 가지는 위치가 어떤 사회대중 단체보다 높았다. 그래서 회원이 700여 명이나 되는 거대한 규모를 자랑했던 것이다. 또한 안동지회는 초대 회장인 류인식을 비롯하여 권태석·이회승 등 안동의 좌우파들이 모두 참여하는 좌우연합체의 성격을 그대로 드러내고 있었다. 그러나 다른 지역에서 보였던 좌우파 사이의 대립은 크게 빚어지지 않았다. 그것은 안동 지역의 특수성이라 할 수 있는 좌파계열의 신분 구성 때문이었다. 안동은 예로부터 대지주가 아닌 소지주 중심으로 지역사회의 틀이 마련되었고, 유교

225) 이현정, 〈신간회 안동지회의 성립과 활동〉, 《安東史學》 7, 안동사학회, 2002, 154~155쪽.
226) 이현정, 〈신간회 안동지회의 성립과 활동〉, 《安東史學》 7, 안동사학회, 2002, 155쪽.

를 배운 유림들이 선두에 나서 지역사회를 이끌었다. 그러나 시대가 달라지면서 안동의 유림들은 그들 스스로가 유교의 굴레를 벗고 계급을 해방하자는 사회주의 운동을 받아들였다. 이들은 유교사회가 가지고 있는 끈끈한 문중관계를 바탕으로 사회주의 사상을 무리 없이 안동 지역에 뿌리 내렸다. 따라서 혈연관계를 바탕으로 사회주의 성향의 사회단체에 참여하여 사회운동을 전개한 인물들이 많았던 특징을 가지고 있다.[227)]

신간회 안동지회는 유림 출신 인물들이 앞장선 단체였지만, 활동은 급진적이었다. 친일 성향을 보인 영남친목회를 부수기 위한 '박멸대회'에 앞장서고, 일제가 펼친 유교 친일화 정책에 맞서 향교 철폐운동을 이끌어 나갔다. 여기에 '경북공산당사건'으로 구체화한 당 재건운동과의 연계에서 드러나듯, 민족해방투쟁의 성격 또한 바탕에 깔고 있었다. 신간회 안동지회가 단순한 좌우연합체 성격만이 아니라 적극적 항일투쟁 조직으로 평가되는 이유가 여기에 있다.

227) 이현정, 〈신간회 안동지회의 성립과 활동〉, 《安東史學》 7, 안동사학회, 2002, 157쪽.

제5장 1930·40년대의 독립운동

1. 일제의 군국통치와 안동사회

(1) 전시총동원체제와 민족말살정책

1931년 일제가 중국대륙 침략을 시작함에 따라 한국은 종전의 미곡 수탈대상에서 전쟁수행을 위한 병참기지 구실까지 떠안았다. 나아가 1937년 중일전쟁(中日戰爭), 1941년 태평양전쟁(太平洋戰爭)이 발발함에 따라 일제의 전쟁수행 정책은 더욱 강화되었다. 일제는 내선일체(內鮮一體)·황국신민화(皇國臣民化)를 내세우며 한국인을 총동원하는 동시에, 경제적으로는 농공병진 정책을 진행하여 대륙 병참기지화를 더욱 강화하였다.

일제는 본국으로부터 군수물자 조달이 어렵게 되더라도 대륙 침략 전쟁을 원활하게 수행하고자 한국에 대규모 군수공장을 건설하였다. 식료품·방직공업이 크게 성장하였으며, 광산용 기계, 기구의 생산, 차량의

신사참배광경

제조, 선박의 건조, 비행기의 조립을 위한 대규모 공장을 경인 지역·부산·평양 등지에 건설하였다. 청진·흥남 지역에는 제철소와 제강소를 건설하거나 확장했고, 흥남·남포 등지에는 마그네슘·알루미늄 등 경금속 공장을 건설하였다. 또한 순천의 화학공장을 비롯하여 석유 정제, 유지(油脂) 및 화약제조 공장을 신설하거나 확장하였다.

1940년부터 군수공업 분야의 광공업 생산액이 농·축산물의 그것을 능가했다. 이러한 군수산업의 성장은 한국 민중들의 크나큰 희생 위에 가능하였다. 일제는 1938년에 '국가총동원'을 공포한데 이어, 1939년에는 '국민직업능력신고령'을 비롯한 노무관계 법령을 계속 공포하고 이를 한국에도 적용하였다. 1940년에는 '조선직업소개소령'을 공포하여 한인을 대대적으로 강제 연행하였다. 이렇게 강제 연행된 노무자들은 대부분 농민들이었다. 이들은 북한의 공업지대뿐만 아니라 사할린, 남양군도의 군수공장 등에 동원되었다. 태평양전쟁이 일어난 뒤 강제 동원되는 노무자의 수가 크게 증가하였다. 그래서 1939년부터 1945년 해방 직전까지 강제

징용이나 징병으로 강제 동원되는 모습

동원된 한인은 113~146만 명에 이르렀다. 또한 초등학생까지 군사시설 공사에 강제 동원하였으며, 1944년에는 '여자정신대근무령'을 만들어 수십만 명의 여성들을 강제 징집하여 일본과 조선의 군수공장에서 일하게 하는 한편, 남양군도의 일선 지구에 보내어 군인 상대의 위안부 노릇을 하게 하는 만행을 저질렀다.

한편 중일전쟁 뒤 일제는 각종 공출제도를 실시하여 민중들을 약탈하였다. 그 대표적인 사례가 미곡 공출이다. 1940년에는 미곡 배급제를 실시하였으며, 1943년에는 식량영단(食糧營團)을 설립하여 강제 수탈체제를 완비하였다. 곡물 생산량이 더욱 떨어지고 있는 상황에서 경찰과 관리들은 농촌 구석구석까지 뒤지고, 저항하는 농민들에게 폭행을 가하면서 곡물을 압수하였으며, 공출이라는 명목으로 약탈해 갔다.

이러한 일제의 식민정책은 한인들을 철저히 일본인처럼 만들어 민족말살 정책과 황민화 정책을 완성하는 것이었다. 1937년에는 신사참배를 강요하기 위해 1면(面) 1신사(神社) 설치를 추진하고, 각종 '황국신민서사(皇國臣民誓詞)'를 제창하도록 강요하였다. 1938년에는 국체명징(國體明徵)·내선일체·인고단련(忍苦鍛鍊)의 3대 강령 아래 '조선교육령'을 개정하여 학교 명칭·교육 내용 등을 일본인 학교와 똑같이 만들고 조선어 사용을 금지하였다. 1940년에는 창씨개명(創氏改名)제도를 만들어 한인의 성까지도 일본식으로 바꾸었다. 창씨개명을 하지 않는 사람의 자식은 각급 학교에 입학할 수 없도록 하였다. 1943년에는 다시 '조선교육령'을 대폭 개정하여 군사교육·노무동원을 도입하고, 수업연한을 단축하여 학생들을 전쟁에 동원할 수 있게 만들었다.

1938년에는 '국민정신총동원조선연맹(國民精神總動員朝鮮聯盟)'이 중일전쟁 발발 1주년을 기해 발족되면서 국민정신총동원운동이 전개되었다. 이 운동은 중국과의 전쟁에 대처하고 국가총력전에 대비하여 국민운동의 통제를 강화하고, 정보 선전의 필요로부터 거국일치·진충보국(盡忠報國)·견인지구(堅忍持久)·내선일체 및 황국신민화라는 목표를 갖고 시작된 것이었다. '국민정신총동원조선연맹'은 하부 조직으로 행정단위인 도·부·군·도(府郡島)·읍·면·정·동·리(町洞里) 등의 지방연맹과 관공서·학교·회사·은행·금융조합·공장·상점 등의 각종 연맹을 두었으며, 그 아래에 애국반을 두었다. 이 조직은 1940년 2차 세계대전이 시작되자, 각 부문의 여러 운동을 통합하여 '국민총력조선연맹(國民總力朝鮮聯盟)'으로 재편되었다.

(2) 전시총동원 체제하의 농민들

1929년 세계자본주의의 중심 국가였던 미국에서 시작된 공황은 1차 세계대전이 끝난 뒤 안정되어 가던 자본주의 체제를 크게 뒤흔들었다. 미국의 주가폭락으로 시작된 공황의 근본 원인은 공업과 농업 생산품의 비약적 증대에 견주어 구매력이 따라주지 못하는 빈약한 상태, 곧

안동금융조합 직원들(현 농협 안동시지부)

수요와 공급의 불균형에 있었다. 공황은 순식간에 전 세계로 파급되어 세계 경제공황으로 확산되었다. 미국·영국 등 선진자본주의 국가는 보호무역주의에 기초한 블록경제권을 확립하거나 국가주도의 경제부흥계획 등으로 이러한 위기를 타개해 나가고자 했다. 그러나 독일·일본 등 후발자본주의 국가는 해외시장은 물론이고 국내시장마저 선진자본주의 국가보다 협소했으므로 위기를 극복하기 어려웠다. 따라서 상품 수출은 물론 국내 소비마저 크게 줄어들어 공장들이 문을 닫을 수밖에 없었다. 이로 말미암아 많은 실업자들이 생겨났으며, 도시로 나갔던 이들이 다시 농촌으로 되돌아왔다.

이와 함께 때마침 1930년에는 유례없는 대풍작으로 미곡 가격이 폭락하였다. 일본의 지주들은 줄어든 이윤을 만회하고자 농민들을 더욱 심하게 수탈했다. 따라서 일본 본토의 노동자와 농민들의 투쟁은 날이 갈수록 치열하게 전개되었다. 이러한 일본의 노동자, 농민들의 투쟁에는 한국 쌀 수입금지 요구도 포함되었다. 이에 따라 한국산 미곡의 일본 수출이 중단되고, 한국을 일본의 식량기지로 만들려고 실시하던 '산미증식

계획(産米增殖計劃)'도 1934년에 중단되었다.

이처럼 일제가 자국의 모순을 한국에 떠넘김에 따라 인구의 절대 다수를 차지하던 한국 농민들은 몰락의 길을 걷게 되었다. 일본인과 한인 지주들은 농민들을 수탈하여 공황과 농산물 가격폭락에 따른 이윤 감소를 만회하려 했다. 이를 위해 고율의 소작료를 받거나 고리대를 동원하였다. 농민들은 미곡 가격 폭락으로 생산비조차 건지기 어려운 상황이었다. 따라서 농사를 지으려고 빌렸던 돈을 갚지 못하게 되어 농민들의 토지는 고리대금업자와 지주들에게 넘어갔다. 당시 한 신문보도에 따르면, 공황이 발생하기 전에는 쌀 한 석(石)을 팔면 세금을 낼 수 있었지만, 이때는 쌀 두세 석을 팔아야 세금을 겨우 낼 수 있을 정도였다고 한다. 곧 풍작으로 생기는 이익보다는 가격 하락에 따른 손실이 더 컸다는 것을 의미했다.

결국 농민들의 생활은 이전보다 더욱 비참해질 수밖에 없었다. 농산물 가격이 폭락하고 이 때문에 토지를 무조건 팔아치우는 상황 속에서 농민 내부의 계층분화가 급속하게 진행되었다. 그 가운데 영세 자소작농·순소작농·농업노동자·화전민으로 이루어지는 빈농계층이 크게 증가하였다.

〈표 40〉은 공황을 전후하여 농민들의 농업경영 형태에 상당한 변화가 있었음을 보여주는 통계 수치이다. 지주들의 비율은 거의 변화하지 않았지만, 자작이나 자작 겸 소작농은 크게 줄고 순소작농이 크게 늘어났음을 보여주고 있다. 특히 농산물의 가격 폭락이 농민들에게 직접적인 영향을 미치기 시작한 1932년에 그런 현상이 몰려서 나타나고 있다.

이러한 변화는 농산물의 가격 폭락으로 자작농이나 자작 겸 소작농이 빚을 갚기 위해 토지를 팔거나 저당 잡힌 토지를 강제로 매각 당하는 경우가 잦았기 때문에 일어났다. 특히 농촌에서 도저히 생활할 수 없던 농민들이 농촌을 떠나 화전민이 되는 경우가 계속 늘어났다는 점은 이

〈표 40〉 농민의 농업경영 형태[1]

	지주(甲)	지주(乙)	자작	자작 겸 소작	소작	피용자	화전민	총계
1929	21,326 (0.8)	83,170 (3)	507,384 (18)	885,594 (31.5)	1,283,471 (45.6)		34,332 (1.1)	2,815,277 (100)
1931	23,013 (0.8)	81,691 (2.8)	488,579 (17)	853,770 (30)	1,393,424 (48)		41,212 (1.4)	2,881,689 (100)
1932	32,890 (1.1)	71,933 (2.5)	476,351 (16)	742,961 (25.4)	1,546,456 (53)		60,497 (2)	2,931,088 (100)
1934	·	·	542,637 (18)	721,661 (23.9)	1,563,056 (52)	103,225 (3.4)	81,287 (2.7)	3,013,104 (100)
1936	·	·	546,337 (18)	737,849 (24.1)	1,583,622 (51.7)	116,968 (3.8)	74,727 (2.4)	3,059,503 (100)
1938	·	·	552,430 (18)	729,320 (23.9)	1,583,435 (51.9)	116,020 (3.8)	71,187 (2.4)	3,052,392 (100)
1942	·	·	529,717 (17.3)	729,431 (23.9)	1,641,702 (53.8)	95,778 (3.1)	56,818 (1.9)	3,053,446 (100)

당시 농민들의 생활이 어떠했는지를 단적으로 보여주는 것이다. 당시 일제의 화전민 정리사업에도 화전민의 수가 이처럼 크게 늘어난 것은, 농촌에서 토지를 잃은 사람이라도 화전으로 넓은 경작지를 쉽게 마련할 수 있었기 때문이었다.

이처럼 1930년대에 들어오면서 농민들의 생활은 이전과 엄청나게 차이가 날 정도로 비참해졌다. 세계공황으로 농산물의 가격이 폭락하여 생산비를 건지기는커녕 세금을 내기도 어려웠다. 더구나 도시로 나갔던

1) 朝鮮總督府, 《統計年報》(1936·1942년 판)에 의거하여 작성. 지주(甲)은 토지를 완전히 소작을 주는 경우, 지주(乙)은 자영도 하는 경우이다. 1933년부터 지주(乙)은 자작농에 포함시키고, 지주(甲)은 조사대상에서 제외됨.

사람들이 다시 농촌으로 들어와 1930년 초부터 아비규환 상태가 되었으며, 봄을 넘기지 못하고 양식이 바닥났다. 가뭄 피해가 극심했던 1928년에도 양식이 떨어진 농가의 비율은 21.8퍼센트에 불과했으나, 1930년에는 일찍이 보기 드문 대풍년이었음에도 양식이 떨어진 농가의 비율이 줄어들지 않았으며, 1933년 1월에는 무려 43.8퍼센트에 이르렀다. 곧 절반의 농민이 봄에 굶주리는 현상이 나타난 것이다.

이 때문에 농민들의 불만은 높아져 생존권을 위한 투쟁이 더욱 치열하게 전개되었으며, 이러한 투쟁은 독립운동으로 상승, 발전하였다. 이에 위협을 느낀 일제는 새로운 농업정책을 마련할 수밖에 없었다. 1931년 조선총독 우카키(宇垣一成)는 조선 농민들의 가난은 근본적으로 농민이 게으르고 낭비가 많기 때문이라고 주장하면서 농민 스스로 가난에서 벗어나야 한다는 '자력갱생'과 '진흥대책'을 내세웠다. 이것이 바로 '농촌진흥운동(農村振興運動)'이었다. 그에 따르면 농민들이 잘 살려면 더 열심히 일하고 근검 절약하며, 농업경영을 합리화해야 한다는 것이었다.

일제는 농촌진흥운동의 대책으로 1932년 '자작농지 창설 유지사업'과 '조선소작조정령', 그리고 1934년에는 '조선농지령'을 발표하였다. '자작농지 창설 유지사업'은 농업에서 지주·소작관계 문제가 심각해졌다고 판단한 일제가 이를 어느 정도 완화하고자 농민들에게 자금을 빌려주어 자작농지를 구입하게 만든다는 것이었다. 그리고 '조선소작조정령'은 일제 사법기관이 잦은 소작쟁의를 조정하여 농민들의 저항을 가라앉히려는 것이었다. 또한 '조선농지령'은 지주와 소작인의 협조·융화를 내세워, 마름의 중간 수탈 금지, 재해 시 소작료 감면, 소작기간 규정을 통한 소작권 보호 등을 밝혔다. 그러나 이러한 정책의 본질은 농민들의 불만을 무마해 식민 지배를 원활히 하고 농촌을 통제하려는 데 있었으며, 특히 당시 크게 일어나고 있던 혁명적 농민조합운동을 막아 보려는 속셈에서 나온 것이었다.

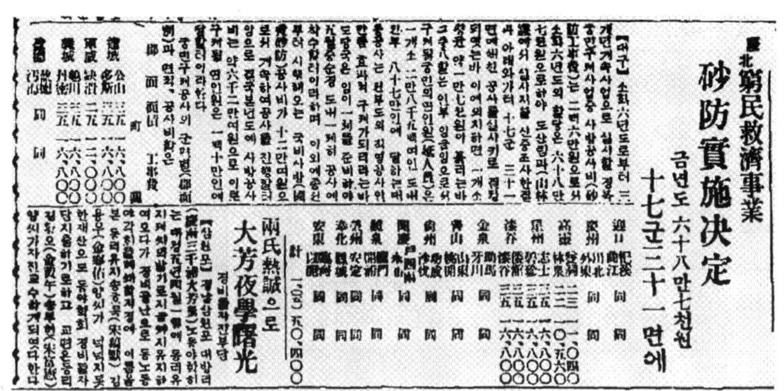

慶北窮民救濟事業
砂防實施決定
금년도 六十八만七천원
十七군三十一면에

兩氏熱誠으로
大芳夜學曙光

사방공사 실시 기사(《동아일보》 1931년 4월 29일자)

이처럼 농민들의 생활이 열악해지고, 농민들의 불만이 높아지자, 일제는 농민구제사업을 추진하였다. 일제가 이전부터 국비(國費)로 시행해오던 각종 사방공사(砂防工事)와 토목공사에 이어 경상북도에서도 농민구제사업의 일환으로 사방공사를 실시하기로 결정하였다. 사방공사는 1931년부터 1934년까지 3개년 계획으로, 경북의 17개 군 가운데 31개 면에 실시하는 것이었다.

이와 같은 농민구제사업은 일제가 혁명적 농민조합운동을 차단하고 농민들을 효과적으로 통제하고자 마련한 정책 가운데 하나였다. 경제공황으로 농민들의 생활이 더욱 피폐해지고, 여기에 불만을 느낀 농민들이 공산주의를 추구하는 혁명적 농민조합에 적극적으로 참여하자, 이에 따른 대책을 마련한 것이다. 일제는 식민지 수탈정책으로 비롯된 농민들의 경제적 파탄을 숨기고, 그 모든 원인이 농민들의 게으름과 무지 때문이라고 선전하였다. 따라서 농민들에게 은혜를 베푼다는 명목으로 '농촌진흥정책'을 추진하였으며, 각종 사방공사나 토목공사 등의 농민구제사업도 그 가운데 하나였다. 그러나 이러한 '농민구제사업'에서도 일제는 농민들을 수탈하고 나섰다. 곧 사방공사나 토목공사가 시행되는 과정에

〈표 41〉 경상북도의 사방공사 계획[2)]

郡	面	面積(町)	공사비(圓)	郡	面	面積(町)	공사비(圓)
달성	공산 다사	35 35	16,800 16,800	김천	조마 아천	35 35	16,800 16,800
군위	결귀	25	12,000	선산	산동 도개	35 35	16,800 16,800
의성	구천 단밀	35 35	16,800 16,800	상주	공성 사벌	35 35	16,800 16,800
영덕	영덕 오해	35 35	16,800 16,800	문경	호서남 영순	35 35	16,800 16,800
영일	기계 곡강	35 35	16,800 16,800	예천	용문 개포	35 35	16,800 16,800
경주	천북 외동	35 35	16,800 16,800	영주	안정	35	16,800
고령	진동 임천	23 22	11,040 10,560	봉화	봉성	35	16,800
성주	지사 벽진	35 35	16,800 16,800	안동	임하 와룡	35 35	16,800 16,800
칠곡	왜관 칠곡	35 35	16,800 16,800	계	31	1,050	500,400

서 농민들에게 장시간 노동을 시키거나, 임금을 제대로 지급하지 않아 농민들과 충돌하는 일이 자주 발생하였다. 또한 농민들을 효과적으로 통제하려던 목적은 오히려 공사현장에 많은 사람들이 모이게 됨에 따라 민족운동에 뜻을 둔 인물들이 노동자·농민들을 쉽게 접촉하여 조직을 확대하는 기회를 제공하였다.

2) 《東亞日報》 1931년 4월 29일자 참조.

한편, 일제는 공황으로 폭발된 자국의 모순을 해결하고 민중들의 불만을 밖으로 돌리기 위해 침략전쟁을 감행하였다. 바로 1931년에 일어난 만주사변(滿洲事變)과 1937년에 일으킨 중일전쟁이 그것이었다. 이러한 침략전쟁을 원활하게 수행하기 위해 지정학적으로 대륙침략의 전초기지인 한국을 병참기지로 만들고자 하였다. 이에 따라 농업과 공업을 함께 발전시킨다는 명목으로 '농공병진(農工併進)'을 주장하며, 군수공업 중심의 식민지 공업화 정책을 실시하였다. 일제 독점자본은 한국의 값싼 노동력과 지하자원을 노리고 한국에 본격 진출하여 식민지 공업화를 이루어 나갔다. 그 업종은 전기·화학·기계·금속 중심의 중화학공업과 군수공업의 원료를 확보하기 위한 철·석탄·알루미늄·마그네슘 등의 광공업에 집중되어 있었다.

이러한 일제의 식민지 공업화 정책은 그때까지 미약하나마 존재하고 있던 민족자본의 몰락을 가져왔으며, 일제의 독점자본이 노동자들을 더욱 착취할 수 있도록 만들었다.

(3) 전시체제기의 안동 사회

1929년에 발생한 세계 경제공황과 1930년 대풍작으로 말미암은 농산물의 가격 폭락은 전체 인구의 절대 다수를 차지하고 있던 농민들의 생활을 비참하게 만들었다. 이러한 사정은 안동도 마찬가지였다. 1930년 당시 안동군 인구는 약 154,000명이었는데, 그 가운데 95퍼센트가 농민이었다. 안동에서도 농산물의 가격이 폭락하여 농민들은 생활은 이전보다 더욱 어려워졌다.

다음의 〈표 42〉는 1920년대 중반부터 공황의 영향을 받기 시작한 1930년까지 안동군 농산물 가격의 변화 추이를 나타낸 것이다.

〈표 42〉 안동의 주요 농산물의 가격(단위:원)[3)]

품목(단위)	精米(1升)	大豆(1升)	小豆(1升)	粟(精)(1升)	豚肉(百匁)
1926	30	16	18	24	40
1927	28	16	17	23	40
1928	27	15	14	22	27
1929	27	14	15	23	28
1930	13	6	9	12	20

〈표 42〉는 1925년 중반부터 1929년 공황이 발생하기 이전까지는 안동 지역의 농산물 가격에 별다른 변화가 없었음을 보여준다. 그러나 공황의 영향이 미치기 시작한 1930년에는 농산물 가격이 폭락한 것을 볼 수 있다. 미곡 가격이 절반 이하가 된 것을 비롯하여 모든 농산물 가격이 큰 폭으로 떨어졌다. 1930년에 비록 대풍작을 이뤘지만, 생산비조차 건질 수 없는 상황이 되어 버렸다. 따라서 농사를 지으려고 지주나 고리대금업자에게 빌린 자금을 갚을 수 없었을 뿐만 아니라 각종 공과금도 내기 어려운 상황이었다. 이 때문에 농민들은 그나마 가지고 있던 토지를 빚을 갚고자 팔거나, 저당 잡힌 토지를 고리대금업자나 지주들에게 빼앗겨 소작농으로 전락하였다. 이는 농민 내부의 급격한 계층분화를 가져왔다. 다음의 〈표 43〉은 이러한 상황을 잘 보여주고 있다. 〈표 43〉에서 1929년과 공황이 발생한 직후인 1930년을 비교해보면, 자작농과 자작 겸 소작농이 조금 줄어든 만큼 소작농이 증가했음을 알 수 있다. 그리고 자료상에 나타나지 않는 2퍼센트의 농가는 고용자 내지 화전민이라고 볼 수 있다. 공황의 영향이 아직 서서히 나타나기 시작한 시기였기 때

3) 安東郡, 《安東郡郡勢一班》, 1931, 51쪽.

〈표 43〉 안동농가의 농업경영 형태 및 화전민 수[4)]

구분	지주	자작	자작 겸 소작	소작	피용자	화전민		총계
						순화전민	겸화전민	
1925	1,136 (4.7)	3,453 (14)	8,954 (38)	10,292 (43)	·	·	·	23,835 (99.7)
1927	1,266 (5.5)	3,731 (15)	9,467 (39)	9,889 (40)	·	·	·	24,453 (99.5)
1929	1,260 (5.1)	2,917 (16)	9,105 (37)	10,106 (41)	·	·	·	24,388 (99.1)
1930	1,237 (5.0)	3,826 (15)	8,838 (36)	10,423 (42)	·	·	·	24,324 (98)
1937	·	4,385 (18.2)	6,734 (28)	11,319 (47.1)	506 (2.1)	475 (2)	634 (2.6)	24,053 (100)

문에 그 변화는 크지 않았다. 공황과 농산물 가격 폭락의 영향이 직접적으로 미치기 시작한 1931년 이후의 상황은 자료가 없어 파악하기 어렵다. 그렇지만 영향이 최고에 이르렀던 1937년의 자료를 보면 자작농, 특히 자작 겸 소작을 하는 농민이 급격하게 줄어들고 소작농이 전체 농민의 절반에 이를 만큼 크게 늘어났다. 특히 농촌에서 소작농으로도 생활할 수 없었던 농민들은 농촌을 떠나 화전민으로 전락하는 경우가 점차 증가하였다.

이 시기 농민들의 비참한 생활 정도를 보여주는 대표적인 사례가 춘궁(春窮) 상태에 있는 농민들이 얼마나 되었는가 하는 점이다. 1930년 대풍작에도 춘궁 상태에 있는 농민들은 크게 증가하였다. 농민들은 1920년대 후반 몇 해 동안 가뭄으로 말미암아 굶주림에 허덕였으나, 대

4) 安東郡, 《安東郡郡勢一斑》, 1931, 33쪽 ; 慶尙北道, 《昭和十四年 道勢一斑》, 1939, 49~51쪽에 의거하여 작성(1937년 조사에서 지주는 자작농에 포함됨).

〈표 44〉 농민 가운데 춘궁민과 임금노동을 하는 소작농(1930년)

구분			자작농	자작 겸 소작농	순소작농	계
안동군	계급별 농가호수		3,917	9,095	10,088	23,100
	춘궁상태에 있는 농민	호수	749	2,404	4,830	7,983
		비율(%)	19.1	26.4	47.9	34.6
	임금노동하는 소작농	호수		4,332		
		비율(%)		22.6		
경상북도	계급별 농가호수		67,483	130,466	145,949	343,899
	춘궁상태에 있는 농민	호수	13,477	47,129	84,289	144,895
		비율(%)	20	36.1	57.8	42.1
	임금노동하는 소작농	호수		82,193		
		비율(%)		29.7		
전국	계급별 농가호수		501,992	863,484	1,229,622	2,605,097
	춘궁상태에 있는 농민	호수	92,304	323,470	837,511	1,253,285
		비율(%)	18.4	37.5	68.1	48.3
	임금노동하는 소작농	호수		775,106		
		비율(%)		37		

풍작이었던 1930년에도 이런 현상은 비슷하였다. 다음의 〈표 44〉는 1930년 봄에 먹을 양식이 떨어져 춘궁 상태에 있는 농민들의 상황을 보여주는 것이다.[5)]

먼저 전국적인 상황을 보면, 자작농인데도 춘궁 상태에 있는 농민

5) 朝鮮總督府, 《朝鮮ノ小作慣行》 下卷 續編, 1932, 112·117쪽.

들이 적지 않았으며, 자작 겸 소작농은 약 40퍼센트, 소작농은 무려 70퍼센트에 가까운 상황이었다. 이들은 거의 기아상태에 있어 풀뿌리와 나무껍질을 먹으며 연명하는 상황이었다. 이에 견주어 안동은 전국적 상황보다는 조금 나았지만, 자작농 19.1퍼센트, 자작 겸 소작농은 26.4퍼센트, 소작농은 거의 절반 정도가 춘궁 상태였다. 전체적인 상황은 2만 3천여 가구 가운데 거의 8천 가구에 이르렀다.[6)]

또한 안동은 지형의 특성상 공업도 발달하지 않아 1931년 당시에 영남양조(대표 권태연[權台淵])·안동주조(대표 니시무라[西村正武])·경안양조(대표 윤좌형[尹佐衡])·안동곡자주식회사(대표 권태연[權台淵]) 등 주로 양조공장만 있을 뿐이었다. 이후 안동목재(安東木材)·환일제재소(丸日製材所) 등 제재소와 정미소 등이 설립되었으나, 이 또한 영세하여 고용된 노동자의 수는 많지 않았다. 농민들 가운데 일부는 부업으로 마포(麻布)나 면포(綿布) 등을 짜는 가내수공업을 하기도 하였지만 이도 규모는 보잘 것 없었고,[7)] 따라서 안동사람들은 농사가 아니면 생계를 유지할 수 없는 조건 속에 살았다.

2. 안동콤그룹의 조공재건운동

(1) 1930년대 독립운동의 특성

1930년대 이후 국내 독립운동은 군국파쇼 체제가 강화되고 전시수탈이 자행되는 상황에서 대중운동을 중심으로 전개되었다. 이는 1920년

6) 朝鮮總督府, 《朝鮮の小作慣行》 下卷, 續篇, 1932, 112~122쪽.
7) 安東郡, 《安東郡郡勢一班》, 1931, 18쪽.

대의 농민운동·노동운동·학생운동·청년운동·여성운동 등 대중운동을 계승·발전한 것이었다. 하지만 조선공산당(朝鮮共産黨)의 해체(1928), 광주학생운동(光州學生運動) 발발(1929), 신간회(新幹會) 해소(1931) 등 일련의 상황 변화가 끼친 영향도 적지 않았다. 특히 조선공산당 해체 뒤 펼쳐진 당 재건운동은 대중운동을 확대, 발전시키는 계기가 되었다.

1928년 조선공산당이 해체된 뒤 사회주의자들은 당 재건운동을 추진하였다. 그 방향은 지식분자 위주의 당으로부터 벗어나 농민·노동자·소부르주아지 등 대중에 기초하여 아래로부터 위로 전위당을 재건한다는 것이었다. 재건 방식은 농민·노동자 등 기층민중 속으로 들어가 이들을 묶어세워 혁명적 대중조직을 만들고, 그 바탕 위에서 당을 재건한다는 방침이었다. 특히, 선(先) 혁명적 대중조직 건설, 후(後) 당 재건이었다. 예컨대 혁명적 농민조합·노동조합 등 대중조직을 먼저 건설하고, 이들을 기초로 해서 조선공산당을 재건한다는 것이 그 핵심이었다.[8)]

이에 따라 조선공산당 재건운동과 결합하여 1930년대 전반기 전국 곳곳에서 혁명적 농민조합·노동조합·학생조직 등 대중운동 조직이 결성되었다. 이들의 조직형태나 운동노선은 1920년대 대중운동과는 크게 달랐다. 합법적 표면단체가 아닌 비밀지하조직으로 결성되었던 것이다. 운동양상도 일반적인 소작쟁의나 노동쟁의·동맹휴학 등 종래의 방식에서 벗어나 주로 식민통치기관에 직접 맞서는 정치투쟁으로 전개되어 종래의 경제 권익투쟁 차원을 뛰어넘는 것이었다. 이리하여 대중운동이 1930년대 국내 독립운동의 주류를 이루게 되었다.

이 시기 대중운동 가운데 가장 치열한 투쟁양상을 보인 것이 농민운동이었다. 그것은 1929년 세계 대공황으로 말미암아 농촌경제도 커다

8) 김영범, 〈1930년대 독립운동의 특성〉, 《한국독립운동사연구》 8, 독립기념관 한국독립운동사연구소, 1994 참조.

란 타격을 받게 되었고, 여기에 일제가 침략전쟁 수행을 위해 농업 수탈을 강화하였기 때문이었다. 특히 사회주의운동가들이 농민대중을 조직하고 빈농 출신의 활동가를 양성하면서 혁명적 농민조합을 전국 곳곳에 조직하였던 것이 주체적 동력으로 작용하였다. 농민운동의 주체와 노선에도 변화가 생겼다. 1920년대 소작쟁의는 소작조합이나 농민조합이 주도했으나, 이 시기에는 혁명적 농민조합이 주도하였다. 운동노선도 종래의 소작료 인하와 소작권 이동반대 등 경제 권익투쟁에서 반제·반일 정치투쟁으로 변하였다. 그리고 전쟁물자 수탈에 저항하여 부역동원 반대, 군수용 물자 강제수매 반대 등 일제의 식민지 수탈정책에 정면으로 맞서기도 하였다. 이를 위해 상설 투쟁기구를 조직하거나 면사무소·주재소·경찰서 등 식민통치기관을 공격하는 경우도 많았다.[9)]

노동운동은 기존의 공업 중심 지역과 병참기지화 정책에 따라 새로 발달한 공업지대를 중심으로 일어났다. 서울·경기 지역과 함경도 지역이 노동운동의 중심지였고, 신의주·평양·목포·부산 등 전국의 주요 도시에도 노동운동이 활발하게 일어났다. 이들 지역의 공장과 노동자들을 중심으로 산업별 노동조합이 결성되고, 그것이 사회주의 운동가들의 세례를 받아 혁명적 노동조합으로 발전하였던 것이다. 그리고 이들 혁명적 노동조합이 공장과 각종 사업장에서 파업을 지도하는 등 투쟁을 앞장서 이끌었다. 이러한 혁명적 노동조합의 활동은 '태평양노동조합사건'·'평양 적색노동조합사건'·'마산 적색노조사건' 등의 경우에서 보듯이 조선공산당 재건운동과 밀접하게 연계되어 있었다.

광주학생운동을 계기로 학생운동도 전국적으로 확산되었다. 학생운동은 조직 형태나 활동상에서 크게 두 가지 특성을 보였다. 하나는 각종 독서회·반제·반전동맹 등의 비밀지하조직 형태의 학생운동이다. 이

9) 지수걸, 《일제하 농민조합운동연구》, 역사비평사, 1993 참조.

는 학생들의 독자적 운동이라기보다는 조선공산당 재건운동이나 다른 부문의 사회운동과 관계를 가진 것이었다. 다른 하나는 계몽운동을 위주로 하는 학생운동이었다. 학생들의 주도 아래 문자보급운동과 농촌계몽운동이 전개되고, 야학을 세워 교육의 중요한 부분을 담당한 것도 학생들이었다.

근우회(槿友會) 해산 뒤 여성운동은 각 부문운동과 밀접하게 연계되었다. 일제의 침략전쟁과 군국파쇼 체제가 강화되는 상황에서 여성의 독자적인 운동기관이나 운동노선은 별다른 의미를 가질 수 없었다. 따라서 여성운동은 농민조합·노동조합을 비롯하여 반제·반전운동의 모든 사회운동 부문에서 이루어졌다. 이러한 가운데 종교계를 중심으로 여성운동이 펼쳐졌고, 기독교 여성들이 신사참배를 거부하면서 수난을 당하는 일도 발생하였다.

해방을 1년 앞두고 장차 일제의 패망을 예견한 여운형(呂運亨)의 주도 아래 국내에서 비밀결사 형태로 조선건국동맹(朝鮮建國同盟)이 결성되었다. '건국에 대비하기 위해 주체세력을 조직적으로 준비 편성하는 것'을 목표로 삼았던 조선건국동맹은 결성 뒤에 조직을 전국으로 확대해 갔다. 아울러 중경의 임시정부, 연안의 조선독립동맹(朝鮮獨立同盟)과 연결을 도모하고자 연락원을 파견하여 국내외 독립운동 세력의 통일을 추진하였다. 국내외 독립운동 세력이 서로 실체를 인정하고 존중하면서, 광복 직전에는 독립운동 세력의 통합을 적극적으로 모색하였다. 임시정부는 조선독립동맹과 교섭하고자 김구(金九)가 직접 연안을 방문할 계획을 세웠고, 실제로 국무위원 장건상(張建相)을 파견한 바 있었다. 하지만 이러한 노력이 구체적 결실을 얻기 전에 일제가 패망함으로써 독립운동 세력은 분산된 상태에서 각기 광복을 맞이하게 되었던 것이다.[10]

10) 한시준, 〈1940년대 전반기 독립운동의 특성〉, 《한국독립운동사연구》 8, 독립기념관 한

이렇듯 1930년대 이후 국내의 독립운동은 대중운동을 중심으로 전개되었다. 특히 농민운동·노동운동·학생운동이 사회주의운동가들의 참여와 영향으로 정치투쟁, 곧 민족해방운동의 성격을 강하게 표출하여 갔다. 국외에서는 정치적으로는 자유민주주의, 경제적으로는 사회민주주의의 요소를 가진 건국 구상을 공통적으로 밝히면서 이념의 장벽을 넘어 민족독립을 향해 역량을 총집중하려는 노력을 기울였다.

(2) 안동콤그룹의 결성

안동콤그룹의 결성은 1920년대부터 꾸준히 펼쳐진 안동 지역의 대중운동을 기반으로 삼았다. 1920년대 안동의 대중운동·사회운동은 중앙의 축소판이라고 할 수 있을 만큼 중앙과 긴밀한 관계를 맺으며 활발하게 전개되었다. 그 이유는 서울에서 활동하던 인물들이 고향인 안동을 드나들며 운동의 이념을 제공함과 동시에 실질적인 운동의 주도세력이 되었기 때문이다. 그리고 이들의 활동은 질적인 면에서도 수준 높은 양상을 보여주었다.[11]

그러나 일제의 탄압으로 1928년 이후 안동 지역의 사회운동은 침체기를 맞게 되었다. 이를 주도하던 인물들이 조선공산당 사건과 관련하여 거듭 검거되는 바람에 위기를 맞게 된 것이다. 1928년 2월 무렵부터 시작된 제3차 조선공산당사건과 관련하여 김남수(金南洙)가 체포되었으며, 8월 무렵에는 제4차 조선공산당사건으로 안상길(安相吉)·이회원(李會源)·권태동(權泰東)·이지호(李墀鎬) 등이 검거되었다.[12] 여기에다 안상

국독립운동사연구소, 1994 참조.

11) 강윤정, 〈안동콤그룹'의 조공재건운동〉, 《안동사학》 제8집, 안동사학회, 2003, 220～221쪽(이하 '안동콤그룹'에 대한 내용은 본 논문에 근거한 것이므로 주를 생략한다).

12) 朝鮮總督府 法務局, 〈農村獨立思想運動の變遷〉, 1931(강정숙, 〈일제하 안동지방 농

길을 중심으로 조직된 경북 야체이카 안동조직의 이회승(李會昇)·김기진(金基鎭) 등 당시 안동의 사회운동을 주도하던 인물들이 1930년 경북공산당사건(慶北共産黨事件)으로 체포되면서 안동의 사회운동은 위기를 맞게 되었다.

이러한 위기상황과 함께 '12월테제'의 영향으로 신간회 해소론이 제기되자, 안동에서도 논의가 일어났다. 신간회 해소론에 적극 관심을 보인 인물은 안동청년회(安東青年會)와 신간회 안동지회(新幹會 安東支會)에서 활동하던 안상윤(安相潤)·이필(李鉍)·권중택(權重澤)이었다. 이들이 신간회 해소론을 본격적으로 제기한 시기는 1931년 1월 무렵이다.[13)]

안상윤·이필·권중택은 신간회 해소를 논의한 지 두 달 만인 1931년 3월 20일 비밀결사인 안동코뮤니스트그룹(안동콤그룹)을 조직하였다. 안상윤은 안동콤그룹의 결성 경위에 대해 다음과 같이 밝혔다.

> 신간회 해소론의 등장과 안동의 표면단체 활동이 거의 불가능해짐에 따라 안동청년동맹 회원이던 이들이 중심이 되어 신간회 해소이론에 관한 연구와 함께 이회승 등의 검거로 인해 침체되어 있던 안동지역 사회운동을 재건하고 공산주의 운동을 부활할 목적으로 안동군 좌익운동의 총 지도기관으로서 안동콤그룹(안동코뮤니스트그룹의 약칭)을 조직하였다.[14)]

이들은 1931년 3월 20일 밤, 안동읍 남문 밖 들판(당시 안동역 예정 부지)에서 회합을 가졌으며, 여기에서 안상윤이 '콤그룹'이라 칭하는 비밀결사를 조직할 것"을 제의했다. 이에 이필과 권중택이 안상윤의 제의에

민운동에 관한 연구〉, 《한국근대 농촌사회와 농민운동》, 열음사, 1988에서 재인용).

13) 朝鮮總督府 法務局 大邱支檢, 〈판결문〉 昭和 9, 刑公 第499號.

14) 朝鮮總督府 法務局 大邱支檢, 〈판결문〉 昭和 9, 刑公 第499號.

동의하고 지도조직 부서를 결정함으로써 안동콤그룹이 결성되었다.[15)]

안상윤

이로 보면, 안동콤그룹의 결성에 절대적인 역할을 한 중심인물은 안상윤이라 할 수 있다. 1929년 안상훈(安相勳) 등이 검거된 '공산당 열성자사건'에 그가 관계하고 있었던 점은 이를 시사해준다.[16)] 그는 1929년을 전후하여 조선공산당 재건운동에 깊은 관심을 가지고 있었으며, 또한 1930년 5월 무렵부터 제기된 신간회 해소론에도 적극적인 관심을 가지고 있었다. 이는 안상윤이 1931년 5월에 개최된 제2차 신간회 해소 대회에 직접 참여하고 있는 것으로도 확인된다.

여기에 이필과 권중택이 합류한 것으로 보인다. 이필은 서울에서 학교를 다니고 일본으로 갔다가 일본공산당과 연계된 인물로 알려진다. 당시 신문에 안동콤그룹의 결성에 대해 "이필이 일본전협계 인물로서 일본공산당 조선부를 결성하라는 지시를 받아, 안동에 잠입하여 안상윤 등과 지하운동에 착수하였다"고 기록했다. 그러나 판결문에는 이와 관련한 내용이 없기 때문에 그가 일본전협(日本全協, 일본노동조합전국협의회〔日本勞動組合全國協議會〕의 약칭)계의 사람이었는지는 확인할 수 없다. 반면 권중택은 안동에서 터를 잡고 신간회 안동지회와 안동청년동맹에서 활동하고 있던 인물이다.

15) 《東亞日報》 1934년 5월 28일자 ; 동년 3월부터 지하공작을 하여 동월 26일 안상윤의 집에서 동지 수 명이 비밀결사 '콤그룹'을 조직하였다.
16) 《東亞日報》 1929년 6월 19일자.

결국 이들의 목적은 조선공산당을 재건하는 데 있었다. 1920년대 전국의 대표급 인물을 배출하고 왕성하게 활동하며 역량을 자랑하던 안동 사회주의운동을 계승함과 동시에 신간회 해소론에 입각하여 노동자·농민을 바탕으로 조선공산당을 다시 세우려는 데 뜻을 두었던 것이다.

(3) 안동콤그룹의 조직

안동콤그룹은 결성과 동시에 지도부서를 조직하였다. 지도부서를 살펴보면 안상윤을 책임비서, 이필을 교양부위원, 권중택을 조직부위원으로 결정하였다. 또 이들은 면별로 활동구역을 나누어 안상윤이 와룡·임하·풍사(豊四, 풍산·풍서·풍북·풍남 등 풍산 지역 4개 면)를, 이필이 예안·도산을, 권중택이 안동읍을 각각 담당하여, 지역별로 야체이카를 조직하기로 하였다.[17]

이들은 혁명적 대중조직보다는 콤그룹의 세포그룹 조직에 우선순위를 두었다. 안상윤에 대한 제2회 신문조서에서 "비밀결사를 조직하고 3명이 간부가 되어 그 아래에 2~3명의 관계자가 있는 부락에 각 그룹을 만들고 공산주의의 보급을 도모하였다"는 진술은 이러한 실상을 비교적 정확하게 보여준다.[18]

지도부 결성 뒤 이들은 안동청년동맹회관, 신간회 안동지회회관, 안상윤의 집에서 여러 차례 모임을 가졌다. 이들은 공산주의를 연구·토론하고, 활동 상황을 보고하는 한편 회원 확보에 노력하였다. 지도부를 구성하고 본격적으로 세포조직 건설에 들어간 시기는 4월부터였다. 안동읍을 중심으로 권중택이 1931년 4월 10일 권예윤(權藝潤)과 함께 적색

---

17) 朝鮮總督府 法務局 大邱支檢, 〈판결문〉 昭和 9, 刑公 第499號.
18) 지수걸, 《일제하 농민조합운동연구》, 역사비평사, 1993, 447쪽.

勞農直接行動隊組織
農村青年蜂起劃策
三千餘名急進青年을操縱
安東事件眞相判明
赤色教導에努力
廿餘細胞秘置
女子部와兩組合設立
安相潤의活動內容
「自力更生」의
農村振興會
咸北共產黨
原審대로求刑
「메―데」를機會
一大暴動計劃
京城과東京直通電話
一般通話는明日부터

안동콤그룹 관련 기사(《동아일보》 1933년 7월 15일자)

노동조합 조직에 착수하였다. 책임자는 권중택이었고, 그 아래에 양화직공조합과 인쇄직공조합을 두었다. 또한 여성부를 두어 전금옥(全今玉)과 박금숙(朴錦淑)을 책임자로 삼고 인텔리 여성에게도 공산주의 이념을 전파하고 동지를 획득해 나갔다.[19]

또 이들은 7월 중순 무렵 임하그룹을 조직하였다. 임하그룹은 김공망(金公望)·김후식(金厚植) 등을 중심으로 만들어졌다. 이들은 7월 중순 임하면 천전동 임하청년동맹(臨河青年同盟) 지부회관에서 안상윤의 권유로 안동콤그룹에 가입하고, 임하그룹 조직을 주도하였다. 이들은 그룹 산하에 적농부(赤農部)와 반제동맹(反帝同盟)을 두었으며, 권오범(權五範) 외 6명을 조직원으로 가입시키고, 류동철(柳東徹)과 김덕규(金德圭)를 각

19) 〈판결문〉에는 권중택과 이필도 여자부의 조직에 참여하였다고 한다.

각 임동면과 길안면의 세포로 확보하였다.[20]

그리고 7월 28일 또 하나의 조직이 결성되었는데, 그것이 바로 예안노농행동대(禮安勞農行動隊)이다. 예안노농행동대는 이점백(李點伯)과 이발호(李發鎬)·류기만(柳基萬)·김태상(金台尙)이 김인근(金麟根)·류기일(柳基一)과 함께 예안면 동부동에 모여 회합을 가진 뒤 조직하였다. 이점백을 총책임자로 류기만은 조직훈련부, 김태상은 선전부, 류기일은 연락부를 맡았다. 또 이발호는 교양부 책임을 김인근은 그 부원이 되었다.[21]

이상과 같이 안동 지역에서는 면그룹 또는 세포조직을 결성하였다. 이들은 안동콤그룹의 세포조직인 면그룹을 조직하고, 그 아래에 적농부와 반제부(反帝部)를 두고자 했다. 적농부는 무산농민들로 적색농민조합을 조직하고 급진적 소부르조아층은 반제동맹을 조직하는 등 계급연합의 협동전선을 지향하면서도, 무산자층으로 구성되는 적농·적노에 중심을 둔 프롤레타리아 주도형 조직을 구성하였다. 다만 예안·도산면에서는 조금 다른 조직 형태를 취해 예안노농행동대를 조직하고 조직훈련부·선전연락부·교양부를 두고 있다.[22]

안동콤그룹은 야체이카 조직을 다른 지역으로 확산시켰다. 이들은 조직을 안동에 국한하지 않고 확대하였는데 영주와 봉화 지역에도 조직을 만들었다. 그것이 바로 1932년 10월에 결성한 '영주적농재건투쟁위원회(榮州赤農再建鬪爭委員會)'와 1933년 2월에 봉화 지역에 결성한 '적농재건준비위원회(赤農再建準備委員會)'이다.[23]

안동콤그룹은 결성 뒤 민족독립과 공산주의 사회 실현을 목적으로

---

20) 朝鮮總督府 法務局 大邱支檢, 〈판결문〉 昭和 9, 刑公 第499號.

21) 朝鮮總督府 法務局 大邱支檢, 〈판결문〉 昭和 9, 刑公 第499號.

22) 朝鮮總督府 法務局 大邱支檢, 〈판결문〉 昭和 9, 刑公 第499號 ; 강정숙, 〈일제하 안동지방 농민운동에 관한 연구〉, 《한국근대 농촌사회와 농민운동》, 열음사, 1988, 402쪽.

23) 《大阪朝日新聞》 1933년 7월 13일자 ; 《동아일보》 1934년 5월 25일·28일자.

〈표 45〉 안동콤그룹과 세포조직[24)]

조직명		결성일자	주요인물 및 참여자	활동지역	조직부서
안동콤그룹		1931. 3	안상윤·이필·권중택	안동 전역	책임비서 : 안상윤 교양부위원 : 이필 조직부위원 : 권중택
세포조직	적색노동조합	1931. 4. 10	권중택·권예윤	안동읍	양화직공조합 인쇄직공조합
	안동여자부	1931. 4. 10	권중택·이 필 전금옥·박금숙	안동읍	
	임하그룹	1931. 7월 중순	김공망·김후식 권오범·류동철 김덕규·김시태 김홍로	임하면 천전동	적농부 반제동맹
	예안노농 행동대 (녹전·예안)	1931. 7. 28	이점백·이발호·류기만 김태상·김인근·류기일	안동읍 예안면	총책임 : 이점백 조직훈련부, 선전부, 연락부, 교양부
	풍산그룹		김무규 김위철	풍산읍 오미동	적농부 반제부

비밀활동을 전개하였다. 당시 일제가 농촌진흥운동을 활발하게 전개하고 있었는데, 이들은 이에 주목하여 적색운동을 중심으로 20여 개의 세포단체를 만들어 적색농민·적색노동·적색구원·공산청년회 등의 외곽운동을 시작하였다. 그리고 중견 청년·농민계급에 깊이 들어가 무정부주의(無政府主義)적 공산운동을 선전하며 당원의 수를 차츰 확대해 갔다.[25)] 그리하여 조직원 수가 검거 당시 3,000여 명에 이르렀다.

24) 〈판결문〉에 풍산그룹에 대한 내용은 없다. 풍산그룹에 대한 내용은 《朝鮮新聞》 1933년 8월 4일자에 녹전면 신평동의 김무주가 반제 책임, 풍북면 오미동 김위철이 적농을 책임지고 있었다는 기사가 있다.

그러나 1933년 메이데이 기념투쟁 준비 협의로 활동가들이 검속되어 취조당하는 가운데, 조직이 드러났다. 그로 말미암아 안동콤그룹과 그 산하 세포조직원 143명이 검속되었고, 이 가운데 18명이 예심에 회부되어, 사실상 조직은 와해되었다.

(4) 안동콤그룹의 조공재건활동

안동콤그룹의 당 재건 방침과 운동노선을 알려주는 단서는 두 가지로 나누어 볼 수 있다. 우선 1931년 3월 전위조직인 안동콤그룹을 결성할 당시 이들이 결의한 사항이다. 안동콤그룹 지도부는 결성 당시 다음과 같은 사항을 결의하였다.

1. 지방 '그룹' 조직에 대해서는 중앙간부회에서 '계획'을 충실히 할 것.
2. 교양부는 실천적 전위(前衛)분자 양성에 전력을 경주할 것.
3. 당의 명칭에 대해서는 과도기에 안동 '콤그룹'으로 하고 군내의 총 지도기관으로 할 것.[26)]

이 자료는 안동콤그룹이 조선공산당을 재건하기 위한 과도기 전위조직으로 군내의 총 지도기관이며, 그룹 야체이카를 조직하기 위한 계획을 충실히 하는 것이 기본 임무임을 알려준다. 또 교양부는 실천적 전위분자 양성에 전력을 경주할 것을 결의했다. 이는 뒤에 교양부를 담당했던 이필이 자신의 고향인 예안 지역에 '예안노농행동대'를 만들어 노동야학과 강좌회를 통한 당원 획득에 노력한 것과 관련이 있을 것이다.

---

25) 《東亞日報》 1933년 7월 14일자.
26) 朝鮮總督府 法務局 大邱支檢, 〈판결문〉 昭和 9, 刑公 第499號.

안동콤그룹의 당 재건노선과 활동방침을 살펴볼 수 있는 또 하나의 단서는 1931년 조직한 안동콤그룹의 세포조직인 영주적색재건투쟁위원회의 운동 방침이다. 영주적농재건투쟁위원회는 안동콤그룹의 세포조직으로 1932년 10월에 조직되었다. 안상윤이 그 지도부 책임자로 직접 간여하고 있기 때문에, 이는 곧 안동콤그룹 지도부의 운동 방침이었다.

1. 지도부는 적농·반제운동에 대한 당면의 전술을 지도할 것.
2. 적농부는 정기적 농민강좌회를 개최, 계급의식을 주입하여 의식분자를 획득하고 적색농민 조합을 조직할 것.
3. 반제부는 급진적 소부르층에게 맑스주의를 주입하고, 그 순수분자를 획득하여 반제동맹을 조직할 것.
4. 독서회를 조직하여 목적의식을 함양함과 동시에 반제(反帝)와 적농(赤農) 요소의 한계를 엄격하게 구분하여 반제요소로 되어야 할 자에게는 소부르적 관념을 방기시키고 식민지운동의 계급적 연대성을 앙양시킬 것. 그리고 적농(赤農) 요소(要素)로 되어야 할 자에게는 공산주의 의식을 주입하여 일상투쟁을 통해서 계급적 연대성을 앙양시킬 것.
5. 적농은 소작료 감하, 지세 기타 공과금 지주부담 등의 요구조건을 제기하여 대중투쟁을 야기시킬 것.
6. 유산계급 청년으로부터 동정금을 모집하여 희생동지 구원기관을 확립할 것.[27)]

위의 방침으로 알 수 있듯이 안동콤그룹은 적농과 반제의 요소를 구분해서 조직을 편제했다. 적농부는 정기적인 농민강좌회를 거쳐 당원을 획득하여 적색농민조합을 조직하고, 반제부는 소부르주아층을 중심

27) 朝鮮總督府 法務局 大邱支檢, 〈판결문〉 昭和 9, 刑公 第499號.

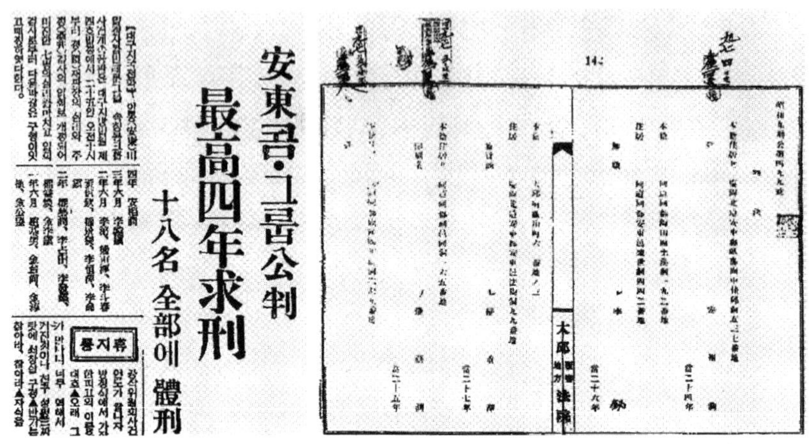
安東콤·그룹公判
最高四年求刑
十八名 全部에 體刑

안동콤그룹 판결 보도 기사(《동아일보》 1934년 6월 26일자)와 〈판결문〉

으로 맑스주의를 주입해 반제동맹을 조직하고자 했다. 그리고 이들은 당원 획득을 위한 적극적인 활동으로 독서회를 조직하고, 독서회를 거쳐 적농과 반제운동에 적합한 당원을 획득한다는 방침을 정했다. 당시 독서회는 대체로 두 가지 기능, 곧 농민조합 건설의 초기 단계에서 동지를 규합하고 또 동지들 사이의 사상과 노선의 통일을 매개하는 공간, 그리고 조직 확대 과정에서는 중견 간부들을 교양·훈련하는 공간이었다.

안동콤그룹은 이와 같은 방침 아래 조선공산당 재건을 위해 노동자·농민·청년들을 대상으로 각종 강좌와 야학을 실시하여 민족의식을 심어주고, 사회주의 사상을 전파하였다. 또 농민운동으로 소작료 인하, 지세 및 공과금의 지주부담 등을 요구조건으로 내걸고 대중운동을 일으키려고 하였다. 특히 노농운동은 1931년부터 실시된 사방공사와 토목공사를 이용하였으며, 농민운동은 일제가 조직한 합법적인 농조직을 이용하였다. 이들 생산현장을 바탕으로 안동콤그룹은 메이데이 기념 대규모 봉기를 계획하기도 했다.[28]

(5) 안동콤그룹의 특성

안동콤그룹의 조직 성격을 살펴보면 첫째, '안동콤그룹'은 안동 지역의 좌익운동을 지도하는 정치조직이었다. 안동콤그룹은 1920년대 신간회 해소로 이루어진 후속 조직으로, 거듭되는 검거로 위기에 부닥친 사회운동을 일으키고자 좌익 인사를 중심으로 조직되었다. 그런데 한 가지 특징은 중앙에서 신간회의 해소가 결정되기 전인 3월에 이미 '신간회 해소론'에 입각해 당 재건을 위한 비합법 단체를 조직했다는 점이다.

둘째, 이들은 혁명적 대중조직보다 콤그룹의 세포조직에 우선 순위를 두었다. 일제하의 당 재건 운동은 크게 '선 당 재건 준비조직 결성, 후 혁명적 농민조합 건설' 방침에 기초한 운동(1929~1931), 그리고 '선 혁명적 농민조합 건설, 후 당 재건 준비조직 결성' 방침에 기초한 운동(1932~1937)으로 크게 나눌 수 있다. 안동의 경우는 전자에 가깝다고 할 수 있다.

활동면에서 안동콤그룹은 두 가지 특징을 갖는다. 첫째, 일제지배기구 전반을 적극 활용하는 전투적인 경향을 띠고 있었다는 점이다. 이들은 적색농노조·반제부로 나누어 대중조직을 확보하려고 하였는데, 특히 적색농조는 일제의 합법적 기구였던 농촌진흥조직을 적극적으로 활용하였다. 그리고 적색노조는 생산 기반이 열악했기 때문에, 일제가 실시한 사방공사와 토목공사장의 인부를 중심으로 운동을 펼쳤다는 점이다.

둘째, 이들은 '12월테제'의 지시대로 혁명적 농조와 노조를 건설하는 활동에 상당한 관심을 기울였다. 그러나 이들은 당 재건 준비조직을 먼저 결성하고 이를 연결고리로 혁명적 농조와 노조를 건설하고자 했다. 곧 안동의 혁명적 농조운동은 좌익적인 농민대중운동이 아니라 당 재건

28) 朝鮮總督府 法務局 大邱支檢, 〈판결문〉 昭和 9, 刑公 第499號 ; 《東亞日報》 1934년 3월 7일·7월 14일자.

〈표 46〉 안동콤그룹 지도자의 직업 및 단체소속 상황

이름	나이	직업	학 력	활동 단체
안상윤	24	농업	서울중동학교 중퇴	조선학생과학연구회, 서울청년회, 신간회 안동지회, 안동청년동맹 와룡지부
이 필	25	무직	경성제1고보 중퇴	안동청년동맹 예안지부
권중택	27	상업	안동공립보통학교 졸업	중앙일보 안동지국 기자, 신간회 안동지회, 안동청년동맹
권예윤	25	인쇄업	〃	안동청년동맹
김공망	29	농업	한문수학	신간회 안동지회, 안동청년동맹 임하지부
김후식	28	농업	대구교남학교 고등과 중퇴	신간회 안동지회, 안동청년동맹 임하지부
이점백	27	노동자	한문수학	일본 조선노동조합, 안동청년동맹 예안지부
김태상	21	제유업	안동공립보통학교 졸업 이와쿠라(岩倉)학교 중퇴	안동청년동맹 예안지부, 동경대중당 삼천지부
이발호	33	“	서울배재고보 중퇴	안동청년동맹, 신간회 안동지회
류기만	29	“	예안공립보통학교 졸업	신간회 안동지회, 안동청년동맹 예안지부
김종진	31	농업	한문수학	신간회 안동지회, 안동청년동맹 예안지부
김명진	27	농업	영주공립보통학교 졸업	영주청년동맹 평은지부
김계진	28	농업	영주공립보통학교 중퇴	영주청년동맹 평은지부, 신간회 영주지회
박항택	26	농업	내성공립보통학교 졸업	신간회 봉화지회, 봉화청년동맹 내성지부
황신흠	27	농업	한문수학	신간회 봉화지회, 봉화청년동맹 내성지부
이두춘	23	농업	내성공립보통학교 졸업	봉화청년동맹 내성지부
권익환	24	농업	한문수학	
권경섭	45	농업	한문수학	신간회 봉화지회

의 물질적 기반을 확보하고 준비하기 위한 준비운동이었다. 그로 말미암아 실질적으로 당시 운동주체들의 궁극적 지향이었던 토지혁명·노농소비에트 건설 등의 정치적 슬로건은 채택되지 않았다.

활동 주체들은 대개 세 가지 특징을 가졌다. 첫째, 전반적으로 1920년대 청년운동과 신간회 지회에서 활동하던 인사를 중심으로 조직되었으며, 여기에 일본에서 돌아온 인물들이 다수 관여했다는 점이다. 그리고 1920년대 서울과 안동 지역에서 공산주의 운동을 주도했던 대부분의 인물들이 검거되었기 때문에, 새로운 청년층이 운동의 주도 세력이 되었다는 점이다.

둘째, 최고 지도기관을 구성하고 있던 안상윤·권중택·이필은 지식층이었다. 안상윤은 서울과 안동에서 활동한 조직운동 경험자였으며, 권중택은 신문사 지국 기자를 거친 인물이다. 여기에 일본 전협계의 일본로 알려진 이필이 가세하여 안동콤그룹의 지도부를 형성했다.

셋째, 조직의 지도부 인물이 특정한 파벌(예컨대 ML파·서울상해파·화요파)에 소속되었다는 사실이 보이지 않는다. 안상윤이 1929년 서울상해파의 조공재건운동에 참가하기 위해 서울로 파견된 안상훈과 관련을 맺었다는 사실 이외에는 특정 파벌에 소속된 인물은 보이지 않는다. 또 운동의 전개과정에서 파벌이 문제가 되었던 경우도 발견되지 않는다는 점이다.

안동콤그룹은 생산현장에 바탕을 둔 볼세비키적 당 재건의 대중적 토대와 선진인자 획득을 위한 '전위조직'이었다. 안동의 사회운동이 위기에 빠진 열악한 조건에서, 노동자·농민대중·소부르주아층을 망라한 대중운동으로 조선공산당을 재건하고자 하였다. 이는 1930년대가 안고 있는 민족적 과제를 해결하고자 지역 차원에서 벌인 중요한 운동이었다고 할 수 있다.

당시 안동콤그룹의 지도부는 민족문제를 해결하기 위해 노동·농민·반제부를 설치하고 생산현장에서의 활동에 주력하였던 것이다. 그러나 안동콤그룹은 노동자·농민과 소부르주아를 너무 엄격히 구분해서 노동자·농민은 혁명농·노조로, 소부르주아는 반제동맹으로만 그 영역을 고착화하는 바람에, 반제동맹 자체가 큰 성과를 거두지 못하는 상황이 되었다. 이는 결국 소부르주아와의 협동전선을 이끌어 내지 못하는 결과로 귀결되고 말았다. 이에 따라 안동 지역의 사회운동은 안동콤그룹을 마지막으로 별다른 역량과 활동을 끌어 내지 못했다.

3. 신사참배와 창씨개명 거부운동

(1) 일제의 신사참배 강요

일제강점 당시 각 도시와 마을마다 일제 식민지배의 상징물로 '신사(神社)'라는 것이 세워졌다. 이는 일본인이 일정한 양식의 건물에 특정의 신령(神靈)을 모셔 놓고 그곳을 성스러운 터전으로 신앙하고 제사지내는 곳이다. 신사의 기원은 일본의 농경생활과 밀착한 원시종교에서 주술(呪術)의 장이었다고 하며, 봄에는 풍년을 기원하고 가을에는 풍요로운 수확에 감사하는 곳이었다. 일본의 도시와 촌락마다 크고 작은 신사가 있어 '고을과 마을을 지켜주는 신령님이 계시는 곳'으로 추앙되고 계승되어 온 것이다. 신사가 크게 발달하게 된 시기는 메이지유신(明治維新)으로 근대 천황제국가가 수립되고 난 뒤, 곧 1870년대부터였다. 메이지유신을 주도한 세력은 천황을 '사람의 모습을 타고 난 절대신[現人神]'으로 추앙하게 하는, 국민 계도이념(啓導理念)으로 신사를 이용한 것이다. 메이지정부는 일본 전국의 모든 신사를 등록시켜 법률적인 격(格)을 부여하였다. 이리하여 일본의 건국시조로 추앙하던 아마데라스 오미카

안동신사 자리(현 원불교 교당)와 주춧돌

미(天照大神)의 본궁인 황태신궁(皇太神宮)을 꼭대기로 하는 피라미드형의 신사 체계가 형성되었다. 이때부터 신사와 신사의 제사는 중앙정부의 정치적 이념으로 이용되어 통치권력과 뗄 수 없는 관계를 맺었다.

한국에 일본의 신사가 처음으로 세워진 때는 17세기 초였다. 임진왜란 뒤 양국 사이에 무역이 재개되면서 일본인이 부산에 상주하게 되자, 항해의 안전을 기원하는 사당을 부산진에 세웠다고 한다. 1876년 강화도조약으로 일본 거류민의 수가 많아지자, 각지 거류민들은 거주지에 신사를 세웠으며, 1910년 강제 병합 때에는 12개에 이르렀다. 1925년 말 한국에는 36곳에 신사(神社), 108곳에 신사(神祠)가 들어섰고, 같은 해에 조선신궁(朝鮮神宮)이 세워졌다. 그러나 일제는 1930년대 초까지만 하더라도 신사에 대해 큰 관심을 보이지 않았다. 신사참배에 대해서도 "이해를 못하는 자들에게 이를 강요해도 교육상의 효과를 거두기 어려우니", "이해를 못해 문제가 발생하지 않도록 신중하게 고려하라"고 할 정도였다.

그러나 1931년 만주사변이 발발한 뒤부터 전쟁의 기운이 감돌자, 일제의 정책은 변해 갔다. 아울러 일제가 전쟁을 수행하는 데 가장 절실한 것이 식민지의 안정이었음에도 불구하고 한국인들의 독립운동이 끊임없이 전개되자, 일제는 한인의 사상통일을 꾀하려 나섰다. 이에 따라

〈표 47〉 조선 내 신사(神社)·신사(神祠)의 수(1945년 6월말 현재)

道	府·邑·面數	神社·神祠 總數	官幣社	國幣社	一般 神社	神祠
총 수	2,346	1,141	2	8	69	1,062
경 기 도	234	162	1	1	5	155
충청북도	106	74			3	71
충청남도	173	39	1		8	30
전라북도	177	34		1	10	23
전라남도	254	255		1	9	245
경상북도	252	68		1	5	62
경상남도	242	47		1	5	41
황 해 도	211	185			3	182
평안북도	172	139			5	134
평안남도	141	34		1	1	32
강 원 도	174	46		1	3	42
함경남도	132	26		1	5	20
함경북도	78	32			7	25

자료: 森田芳夫 著, 《朝鮮終戰の記錄》, 巖南堂書店, 1964, 108쪽.

일제는 1933년 이후 농촌진흥운동과 더불어 심전(心田)개발운동을 권장하고, 신사 중심의 황국신민화를 위한 의식화 작업을 강화하였다. 1936년에는 '신사규칙'을 개정하여 국폐사(國弊社)에 대한 직제, 신사에 대한 도·부·읍·면으로부터의 신찬폐백료(神饌幣帛料), 공진제도(供進制度)를 확립하고 신사 57개를 더 세웠다. 그리하여 '1면(面) 1신사주의'로 면에 이르기까지 신사를 세우고 참배를 강요하였다. 같은 해에 경성신사·용두산신사(부산), 1937년에는 대구신사·평양신사, 1941년에는 광주신사·강원신사가 국폐사로 세워졌다. 안동에는 아마데라스 오미카미를 제사지내는 안동신사가 안동읍 신세동 영남산 기슭(현 원불교당 자리)에 세워졌다.

이러한 신사참배는 내선일체·국체명징·신위선양(神威宣揚)의 중요

안동신사에서 치러진 결혼식 장면

한 수단이 되었다. 일제는 매월 하루 애국일을 정해 조선신궁을 비롯하여 각 신사에 애국반 단위로 신사참배, 국기게양, 황국신민서사 제창, 근로봉사 등의 월례 행사를 강행했다. 기독교도에 대해서도 신사참배를 강요하고, 거부하는 사람은 투옥하였으며, 교회도 폐쇄했다. 한인의 각 가정에는 가미다나(神棚)를 설치할 것을 강요하고, 아마데라스 오미카미의 부적을 강제로 사게 했으며, 매일 아침 예배를 하도록 했다.

(2) 신사참배·창씨개명 거부운동과 안동

일제는 1937년 중일전쟁을 계기로 한인에 대한 황민화정책을 본격화하여 매월 6일을 애국일로 정하였다. 이날은 신사참배뿐만 아니라 국방헌금·국기게양·황거요배(皇居遙拜, 천황이 있는 동쪽을 향하여 큰절을 하는 의식) 등을 실시하도록 강요하였다. 이것은 기독교인에 대해서도 마찬가지였다. 이에 따라 일제는 기독교인의 시국인식을 철저하게 지도한다는 명목으로 교회에는 일장기를 달게 하였으며, 기독교인에게 국기에 대한 경례·황거요배·황국신민서사의 제창을 강요하였다. 이에 불응할 경우에는 체포·투옥하였다.

이러한 일제의 집요한 정책으로 결국 기독교는 일제의 황민화정책을 받아 들였다. 1938년 2월 당시 전국에서 가장 교세가 강했던 평북노회가 신사참배를 국가의식으로 인정하고, 참배를 결의하였다. 그 뒤 전국 각 노회도 신사참배를 결의하였으며, 1938년 9월 장로회 총회가 개최될 때까지만 헤아려도 전국 23개 노회 가운데 73퍼센트나 되는 17개 노회가 신사참배를 결의하였다.

1938년 9월 평양 서문밖교회에서 조선예수교장로회 총회가 개최되었다. 총회가 개최되기 전 일제 경찰은 참석자들에게 ① 총회에 참석하여 신사참배 찬성을 동의할 것, ② 신사참배 문제가 상정되면 침묵을 지킬 것, ③ 앞의 두 조건을 실행할 의사가 없으면 총대(總代)를 사퇴하고 출석하지 말 것을 강요하며, 이에 불응하는 사람은 체포하여 총회장에 나갈 수 없게 하였다. 또 일제 경찰이 교회의 안팎에 포진하여 총회를 감시하였다. 그리고 그때까지 신사참배를 거부해온 주기철(朱基徹)·이기선(李基宣)·김선두(金善斗) 목사 등 교회 지도자들을 사전에 구금하였다. 이러한 분위기에서 총회 대표들은 일제의 각본대로 만장일치로 신사참배를 결의하였다.

총회를 마친 교회 지도자들은 부회장 김길창(金吉昌, 경남노회)의 안내로 평양신사를 참배하였다. 이때 통과된 결의문은 "신사는 종교가 아니며, 기독교의 교리에 위반하지 않는 것으로 이해하고 신사참배가 애국적 국가의식임을 자각한다. 이에 신사참배를 솔선수범하여 이행하고 추후 국민정신 총동원에 참가하여 비상시국 하에서 황국신민으로서 온 힘을 기울이기로 한다"라는 내용이었다. 1939년 9월 신의주에서 열린 조선

이원영 목사와 기념비(안동시 옥동 서부교회 구내)

예수교장로회 총회에서는 '국민정신총동원 조선연맹' 산하에 '국민정신총동원 조선예수교장로회 총회연맹'을 결성하여 일제의 침략전쟁을 지지하거나, 일제 정책을 홍보하는 구실을 담당하였다.

한편, 평양에서 총회가 열리기 전 장로교 경북노회는 1938년 8월 대구에서 임시노회를 가지고 "신사는 종교가 아닌 국가의식임을 확인하고 국민의 의무로 신사를 참배"하기로 결의하였다. 이처럼 기독교 대부분의 지도자들이 일제의 협박과 회유로 일제와 타협하거나 친일화해 갔지만, 목숨을 걸고 끝까지 거부한 기독교인들도 있었다. 앞에서 언급한 평북의 이기선, 평남의 주기철 목사뿐 아니라 경남의 한상동(韓相東)·전남의 손양원(孫良源) 등이 끝까지 일제 정책의 지지를 거부하였다.

경북에서도 안동의 이원영(李源永) 목사, 의성의 권중하(權重河) 조사가 신사참배를 거부하여 투옥되었으며, 권중하 조사는 결국 옥사하였다. 안동에서의 신사참배 거부운동은 이원영 목사 외에도 이원세(李源世)·박충락(朴忠洛)·전계원(田桂元)·권수영(權秀盈)·이수영(李壽永)·이수원(李壽元) 형제 등이 주도하였다. 여기서 두드러진 인물은 이원영 목사였다.[29]

이원영은 1886년 안동군 도산면 원촌리에서 태어났으며, 퇴계(退

溪) 이황(李滉)의 14대 손으로 전통적인 유교 집안 출신이었다. 그는 보문의숙(寶文義塾, 도산공립보통학교의 전신)에서 1909년부터 2년 동안 공부하고 1911년 3월에 졸업하였다. 그는 일제강점기 내내 다섯 차례나 검거되었다. 첫 번째가 1919년 3월 17일 예안 시위에서 만세운동을 전개하다가 체포된 것으로, 그는 징역 1년을 선고받고 복역하였다.[30] 청년 유림으로서 예안 만세운동에 나섰던 것이다.

이원영이 기독교를 처음으로 접하게 된 계기는 임시정부 국무령을 지낸 이상룡(李相龍)의 아우 이상동(李相東)을 옥중에서 만나면서 이루어졌다. 이후 기독교에 심취하여 1921년에 세례를 받았으며, 1930년 평양신학교를 졸업하고 목사가 되었다. 그가 신사참배 거부로 검거된 것은 네 번이나 되었다. 첫 번째 체포된 것은 1939년 5월이다. 일제 경찰이 신사참배를 종용하였지만, 그는 거부하였다. 3개월 동안 안동경찰서에서 고문을 당해 건성늑막염(乾性肋膜炎)에 걸렸고, 이에 경찰은 어쩔 수 없어 그를 석방하였다. 그가 건강을 회복할 무렵인 1940년 8월에 두 번째로 일제 경찰에 체포되었으나 신사참배 거부의 뜻을 굽히지 않고 1940년 12월에 석방되었다. 1941년 7월에는 세 번째로 경찰에 검거되었다가 1942년 3월에 병보석으로 석방되었다. 마지막으로 해방을 3개월 앞둔 1945년 5월에 그는 네 번째로 검거되었으며 감옥에서 해방을 맞았다.[31]

이처럼 이원영을 비롯한 일부 기독교인들이 신사참배를 거부하고 투쟁했음에도, 1942년 11월 장로회 총회는 일제의 침략전쟁을 지원한다면서 다음의 내용을 결의하였다. ① 비행기[愛國機] 1대와 기관총 7정을 헌납하기 위하여 153,103엔을 헌납한다. ② 육군 환자용 자동차 3대와 돈을 헌납한다. ③ 놋그릇 1,540개 및 교회 종 헌납운동을 전개한다는 등

29) 金乙東, 《安東版獨立史》, 明文社, 1985, 191~195·307·308쪽.
30) 독립운동사편찬위원회, 《독립운동사자료집》 5, 1983, 1342~1346쪽.
31) 金乙東, 《安東版獨立史》, 明文社, 1985, 307·308쪽.

이었다. 한국의 기독교 교단 전체가 친일의 깃발을 선명하게 내걸던 상황이었다. 그렇기 때문에 이원영의 저항이 더욱 돋보이는 것이다.

한편 일제는 1940년 2월에 '창씨개명(創氏改名)'을 강요하고 나섰다. 한국식 성(姓)을 버리고 일본식 씨(氏)를 만들어 사용하며 이름을 일본식으로 바꾸라는 요구였다. 이것은 한국인들이 가장 중요하게 생각하는 혈통을 상대적으로 흐리고 혈족·씨족·민족으로 확대되어 가는 민족의식을 말살하는 데 목적을 두었다. 많은 사람들이 이에 저항하여 이름을 지켜나갔지만, 해방 직전에 관리들이나 군인 및 공직자들은 모두 이름을 바꾸었다. 특히 친일파들은 앞다투어 일제 정책에 동참하였다. 그러나 저항도 만만치 않았다.

예안 교동 출신인 이현구(李賢求, 1862~1940)는 창씨개명에 저항하여 자결한 유일한 인물이다. 퇴계의 후손인 그는 일찍이 의병항쟁에 참여했고, 나라를 잃자 자결을 기도하기도 했다 전하며, 이후 일제강점기에 그는 나라 없는 백성이라 자처하면서 산촌을 전전하였다. 일제가 창씨개명을 요구하자 그는 단식에 들어갔고, 단식한 지 36일 되던 1940년 8월 6일에 순국하였다.[32)]

4. 안동농림학교 조선회복연구단의 항일투쟁

(1) 일제의 학교 병영화정책과 학생운동

일제가 1937년 중일전쟁을 일으키고 곧이어 1941년 하와이 진주만을 기습함으로써 태평양전쟁이 일어났다. 한국은 일제 침략전쟁을 지원

32) 金乙東, 《安東版獨立史》, 明文社, 1985, 125쪽.

하는 군수기지로 전락하고, 민족의 현실은 암담하기만 했다. 그러나 한편으로는 일제의 패망이 예견되면서 독립의 희망이 싹트던 시기이기도 했다.

1940년대의 운동은 일제의 패전이라는 객관적인 정세를 감지하고, 이를 민족독립의 결정적 시기로 파악하여, 무력항쟁을 전개했다는 점이 특징이다. 곧 임시정부가 한국광복군(韓國光復軍)을 창설하여 무력항쟁을 적극적으로 준비한 점이나, 중국 관내의 사회주의자들이 조선독립동맹(朝鮮獨立同盟)과 조선의용군(朝鮮義勇軍)을 조직하여 화북 지역에서 직접적으로 무력항쟁을 전개한 것도 이러한 분위기에서 나왔다. 또한 이러한 투쟁형태의 변화뿐만 아니라 정치노선에도 일정한 변화가 일어났는데, 좌우합작 추진이 그것이었다. 임시정부의 건국강령과 민족혁명당(民族革命黨)의 임시정부 합류, 독립동맹과의 합류 모색에서 볼 수 있듯이 국외에서의 독립운동은 모든 역량을 통일하여 건국을 예비하는 쪽으로 가닥을 잡아가고 있었다.

한편, 국내에서의 독립운동은 일제의 극악한 탄압 때문에 국외에서처럼 그렇게 활발하지는 못했지만, 1940년 7월부터 1943년 6월까지 치안유지법 위반으로 검거된 사람이 모두 2,818명에 이를 정도로 독립운동은 계속 전개되고 있었다. 검거된 사람 가운데 당시 전체 인구의 절대다수였던 농민이 710명으로 가장 많았으며, 다음으로는 학생이 456명이었다. 이것은 당시 학생운동이 다른 어떠한 운동보다도 활발하게 진행되고 있었음을 보여주는 것이다.

1920년대까지 학생운동의 보편적인 투쟁형태는 동맹휴업이었다. 그러나 1931년 신간회 해산 이후 동맹휴업은 급격하게 줄어들고, 소수 정예의 비밀조직으로 일제 통치에 대항하였다. 특히 사회주의 성향을 강하게 띠었으며, 노동·농민운동과 결합하여 운동을 전개하는 경우가 많았다. 이와는 달리 언론기관이나 종교단체가 주도하는 계몽운동을 중심으로 합법적인 운동을 전개하는 세력도 있었다. 이들의 운동은 식민지 자체를 변혁시키기보다는 식민지 체제를 인정하는 바탕 위에서 점진적인 개량을 추구하는 한계를 가지고 있었다.

그러나 1940년 이후부터 계몽운동, 실력양성운동의 형태도 없지는 않았지만, 대부분의 학생운동은 무력항쟁을 기도하는 것이 일반적인 추세였다. 이러한 변화에 가장 큰 영향을 준 것은 일본의 패전이 예상되는 객관적인 정세의 변화였다. 중일전쟁에 이어 태평양전쟁을 도발한 일제는 전시 체제를 더욱 강화하면서 전쟁 수행을 위한 공출·징용·징병 등 수탈을 극대화해 나갔다. 아울러 1938년 3월 '조선교육령'을 개정하여 일본인과 같은 교육방침 아래 황국신민을 길러내고자 하였다.

교육령의 개정으로 한국어는 필수과목에서 빠지고 선택과목으로 남았지만, 공립학교에서는 대부분 사라졌다. 또한 역사와 지리 과목의 중심 내용은 바로 천황숭배사상의 주입이었다. 이러한 황국신민화교육은 1941년 태평양전쟁이 발발하자 더욱 강화되었다. 1941년에 다시 교육령의 일부를 개정하여 소학교를 국민학교로 고쳤다.

1943년 3월에는 '조선교육령'을 대폭 개정하여 군사교육·노무동원을 대거 도입하고, 수업연한을 단축하여 학생들을 전시에 동원할 수 있도록 하였다. 같은 해 10월에는 '육군특별지원병임시채용규칙'을 공포하여 학생들을 징병하였다. 또한 1944년에는 '학도군사교육강화요강'과 '학도동원비상조치요강'을 발표하여 학생들의 군사화를 다그치고 근로동원태세를 정비하도록 했다. 이와 같은 조치는 학교가 더이상 학생들을 교육하는 기관이 아니라 일제의 침략전쟁을 수행하는 데 필요한 군인들을 양성하는 기관으로 변질되었음을 뜻하는 것이었다.

이처럼 학교가 병영으로 변하고 학생들이 강제 징병되는 상황에서, 일제의 침략전쟁에 강제 동원되어 헛되이 죽기보다는 민족을 위해 싸우다 죽자는 분위기가 학생들 사이에 강하게 퍼졌다. 또한 국외 방송의 청취로 일제의 패망을 예상한 학생들이 무력투쟁을 계획하고 준비하는 비밀결사조직이 전국 곳곳에서 결성되었다. 안동에서도 안동농림학교(安東農林學校) 학생들이 중심이 된 '조선회복연구단(朝鮮回復硏究團)'과 '명성회(明星會)'라는 비밀결사가 결성되어 무력투쟁을 계획한 학생결사운동이 발생했다.

태평양전쟁이 격화되고 전황이 일본에 불리해져감에 따라 학생들의 교육환경은 말이 아니었다. 책 대신 근로보국이라는 미명 아래 혹독한 작업이 연일 계속 강요되고, 날로 더해 가는 군사훈련과 죽음의 땅 전장으로 내모는 일제의 말기적 작태, 학교의 식민지 통제교육 등은 의식 있는 학생들로 하여금 한국인으로서의 정체성에 대한 물음과 반일감정을 싹틔우기에 충분한 것이었다. 자연스럽게 마음이 맞는 학우들을 중심으로 모임이 생기고 그러한 모임에서 반일 감정을 토로하는 가운데 항일을 위한 적극적인 비밀 결사로 발전하게 되었던 것이다.[33]

(2) 안동농림학교 학생항일운동

1933년 4월 문을 연 안동농림학교는 중일전쟁과 태평양전쟁이 발발하면서 다른 학교와 마찬가지로 군사교육기관으로 변했다. 만주군 출신의 일제 군인이 학교에 배치되어 군사교육과 근로봉사를 강행해 나갔다. 학생들에게 소년비행대·전차대 지원을 강요하고, 군사훈련과 낙동강 도강 훈련을 시키기도 했다. 또 학생들을 일제의 침략전쟁에 필요한 군수물자를 지원하기 위한 근로봉사에 동원하기도 하였다. 농산물 증산이라는 허울 아래 황무지 개간에 나서 낙동강 백사장을 개간한 뒤 좌안

33) 신승훈, 〈해방직전(1943~45) 안동농림학교 학생항일운동연구〉, 안동대학교 석사학위논문, 2005, 11쪽.

안동농림학교 학생들의 군사 훈련

농장(左岸農場)이라 이름 붙였으며, 멀리 의성과 예천 등지에 농사실습이라는 명목으로 동원하기도 하였다. 또한 전교생은 대구와 영양의 군사기지, 또는 부여신궁(夫餘神宮) 건설에 동원되어 장기간 노동을 하였다. 이와 함께 학교의 규율도 엄격해져, 무궁화를 우리나라의 국화라고 말하다가 퇴학을 당하거나 사상이 불온하다는 이유로 퇴학당하는 일도 발생했다.[34)]

전황이 점점 불리해지자, 일제는 학도병 지원을 강요하고 나섰다. 1943년 2월에는 안동농림학교 9회 재학생을 대구 80연대로 끌고 가서 신체와 적성검사를 받게 하였다. 여기에서 통과된 학생들은 단기교육을 마치고 이른바 신풍특공대(神風特攻隊)가 되는 것이었다. 그 결과 3월에 김형규(金亨奎)와 김재규(金載圭)가 소년 항공병으로 입대하게 되었다.[35)]

34) 金乙東, 《安東版獨立史》, 明文社, 1985, 329쪽.
35) 金乙東, 《安東版獨立史》, 明文社, 1985, 330쪽.

1944년 6월 20일 낙동강 좌안농장 개간실습

1943년 7월, 방학임에도 학생들은 풀베기와 관솔(비행기의 연료가 되는 송탄유의 원료) 채취에 동원되었다. 이 과정에서 권영동(權寧東)·고제하(高濟夏)·서정인(徐正寅) 등은 전쟁에서 연합군이 승리를 거두고 있어 일제의 패전이 확실하므로, 소년 항공병·소년 전차병으로 끌려가 죽기보다는 차라리 민족을 위해 싸우다 죽자고 결의를 다졌다. 자신들이 학도병으로 끌려가기 전에 방책을 모색하기로 의견을 모았다.[36]

이전부터 일부 학생들은 손명술(孫明述)의 집에서 임시정부가 국내로 보내는 방송을 듣고 있었다. 이를 모태로 많은 학생들이 몇 차례의 모임을 가지면서 구체적인 방안을 모색하였다. 그 결과 1944년 10월 말 무렵 권영동·윤동일(尹東一)·황병기(黃炳基)·이준택(李準澤)·이갑룡(李甲龍)·김오섭(김세헌)·장인덕(張寅德)·김우현(金佑炫)·이승태(李承台) 등 8, 9회생들이 참여하여 조선회복연구단(조선독립회복연구단[朝鮮獨立回復研究

36) 金乙東, 《安東版獨立史》, 明文社, 1985, 330쪽.

團))을 조직하였다.[37)]

그 목적은 "구국의 일념으로 일본인 기관을 파괴하며, 적의 후방을 교란하여 일본인들의 사기를 저하시키고, 연합군을 유리하게 하고 조국의 조속한 독립회복을 기함"에 있었다. 이때 결성된 조선회복연구단의 조직부서는 참모부·연락부·교화부·신풍부·특공부 등이었다. 뒤에 특공부는 혼자 감당하기 어렵다고 판단하여 윤동일이 추가되었다. 이승태는 본래 연락책이었으므로 대외연락부를 맡게 되었다. 또 이승태의 발의로 의료부를 신설하여 당시 백태성(白泰星)의원 X-레이 기사였던 이주헌(李主憲)을 추천하였다.[38)]

조선회복연구단에는 안동농림학교 학생들을 비롯한 안동사회의 지도층 인사들도 참여하여 1944년 방학 때까지 단원이 50여 명에 이르렀다. 특히 이상룡의 손자인 이대용(李大用, 또는 이병화[李炳華])은 조직의 방향 정립에 큰 도움을 주었다. 또한 안동교회 김광현(金光顯) 목사, 백태성의원(성소병원)의 백태성 원장 등도 지원하고 교유(敎諭)인 류시승(柳時昇)도 가담하여 학생들을 지도하였다. 그리고 당시 일본대학에 다니던 김복한(金福漢)을 비롯한 일반인들, 그리고 경주중학 재학생 정현모(鄭賢模)·신두수(申杜洙) 등도 가입하여, 단원은 총 51명에 이르렀다.[39)]

한편 1942년 2월 무렵에 사상이 불온하다는 이유로 퇴학당했던 이정선(李貞善)은 바로 일본 동경으로 유학을 가게 되었다. 그의 진술에 따

37) 신승훈, 〈해방직전(1943~45) 안동농림학교 학생항일운동연구〉, 안동대학교 석사학위논문, 2005, 21쪽. 신승훈은 1977년 황병기의 진술을 근거로 하여 조직의 명칭을 '조선독립회복연구단'으로 하였다. 그러나 1845년 해방 직후 이들이 찍은 두 장의 사진에는 모두 '조선회복연구단' 이라는 명칭을 쓰고 있다. 이로 미루어 볼 때 두 가지 명칭이 혼용된 것으로 생각된다.

38) 신승훈, 〈해방직전(1943~45) 안동농림학교 학생항일운동연구〉, 안동대학교 석사학위논문, 2005, 21쪽.

39) 金乙東, 《安東版獨立史》, 明文社, 1985, 330쪽.

〈표 48〉 조선회복연구단 조직

부 서	담당자	부서의 역할	
		평 시	유사시
참모부	황병기	국내외 정세입수 분석	작전계획
연락부	권영동	각 기관과 각계의 동조자 포섭	교통절단
교화부	이갑룡	단원조직 및 교육훈련	통신단절
신풍부	장인덕	악질 일인 조사	처 단
특공부	김우현	경찰서 및 헌병대무기고조사	습 격

르면 그곳에서 당시 한국광복군 제1지대장 김약산(김원봉)이 파송한 공작원 이회술을 만났으며, 그로부터 무선통신과 프로파간다(선전선동) 실제 등을 교육받고, 일본은 곧 패망하니 귀국하여 비밀결사를 조직하라는 지시를 받았다고 한다.[40)]

1943년 귀국한 이정선은 당시 친분이 있었던 안동농림학교 9회생 동기들을 규합하여 비밀결사를 도모하였다. 그해 4월 하순 무렵 면학과 민족의식 고취를 목적으로 이정선은 김한용(金漢龍)·권오봉(權五鳳) 등과 함께 문예써클인 명성회를 조직하였다. 이 단체는 시·수필·감상문 등을 연재한 《여명(黎明)》이라는 교양잡지를 발간하고 역사서·사상서 등을 탐독하며 민족의식 고양에 힘쓰고 있었다. 이때 회원은 이정선·정현모·권태염(權泰琰)·권오봉·김원룡·김한용·김홍구(金弘九)·고영찬·손성환(孫聖煥)·박동렬(朴東烈) 등이었으며, 더욱 효과적인 투쟁을 전개하고자 1944년 10월 조선회복연구단과 교류하였다.[41)]

40) 신승훈, 〈해방직전(1943~45) 안동농림학교 학생항일운동연구〉, 안동대학교 석사학위논문, 2005, 24~25쪽.

41) 金乙東, 《安東版獨立史》, 明文社, 1985, 331쪽.

조선회복연구단의 황병기·이갑룡은 명성회의 박동렬·고영찬과 친분이 있었고, 명성회 리더 이정선도 조선회복연구단의 이준택과 서로 아는 사이였다. 따라서 이 두 비밀결사의 연대는 자연스럽게 이루어졌다. 두 단체는 평상시 조직 활동은 개별적으로 추진하되, 무력봉기 때에는 함께 동참하기로 의견을 모았다. 거사 계획은 조선회복연구단에서 수립하고, 명성회는 조선회복연구단의 계획에 따르기로 합의하였다.[42]

(3) 조선회복연구단과 명성회의 활동

조선회복연구단원들은 규모가 확대되자 본격적인 항일투쟁을 계획하였다. 그 내용은 안동농림학교의 무기고에 있는 총으로 안동경찰서와 안동 헌병파견대를 기습 공격하여 점령하고 일본인들을 제압한다는 것이었다. 나아가 철도와 통신망을 파괴한 뒤 의성으로 진격한다는 것이었다. 당시 안동 헌병파견대에는 불과 5~6명이 주재하고 있었고, 안동경찰서에도 경찰이 얼마 되지 않아 거사의 성공 가능성이 높았다.[43] 한편 명성회도 1944년 11월 조선회복연구단의 거사 계획에 합류하여 무력항쟁에 동참할 것을 결의하고 결전의 각오를 다졌다.[44]

거사 일정은 처음에 8회생의 졸업일을 전후하여 계획하였다가 무산되고, 1945년 2월 27일로 잡았다가, 다시 3월 10일로 연기하였다. 이날은 일본육군기념일인데, 러일전쟁 때 일본군이 심양을 점령한 것을 기념하는 날이었다. 이날 각종 행사가 예정되어 있었으므로 경비가 허술하리

42) 신승훈, 〈해방직전(1943~45) 안동농림학교 학생항일운동연구〉, 안동대학교 석사학위논문, 2005, 26쪽.

43) 金乙東, 《安東版獨立史》, 明文社, 1985, 331쪽.

44) 신승훈, 〈해방직전(1943~45) 안동농림학교 학생항일운동연구〉, 안동대학교 석사학위논문, 2005, 39~40쪽.

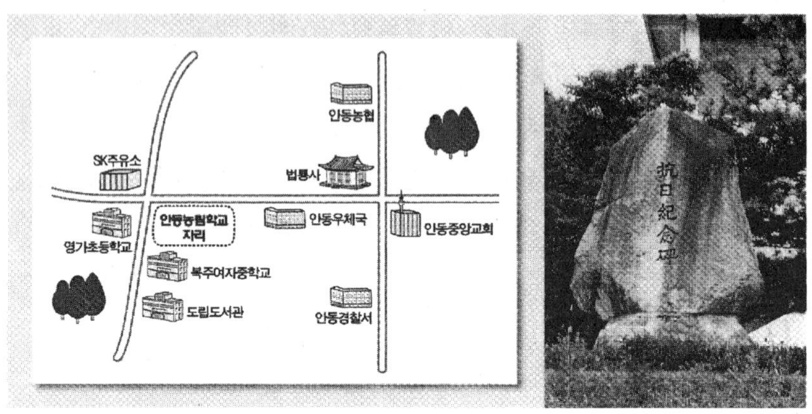

당시 안동농림학교 자리와 항일기념비

라는 판단 때문이었다.[45]

1945년 2월 초 일제 경찰이 이 계획을 감지하여 관련자들의 검거에 들어갔다. 1943년에 사상이 불온하다고 퇴학당한 갈정호가 황해도 겸이포(兼二浦) 제철소에 근무하다가 먼저 체포되었다. 2월 7일 이준택은 수업 중에, 김인규(金仁圭)는 만주 동양척식회사에서 각각 체포되었다. 이후 안동경찰서와 경북경찰부는 대대적으로 단원 검거에 나섰다. 3월에는 추방된 미국인 선교사의 집에 있던 영어서적을 가지러 들어간 강순원과 현필기가 붙잡히고, 두 사람의 집에서 조선회복연구단원 명단이 발각되었다. 이어 권영동·황병기·이갑룡도 체포되었다. 이처럼 단원들을 개별적으로 체포할 뿐만 아니라 집단적으로 체포하는 일도 발생하였다. 단원들은 동료들이 체포되는 것을 보고 자신들의 진로를 논의하였다. 그때 배속장교 니시야마(西山)는 일본군 육군기념일을 축하하는 검술인대회를 관람한다는 명목으로 학생들을 데리고 안동경찰서로 갔고, 그곳에서

45) 金乙東, 《安東版獨立史》, 明文社, 1985, 331쪽.

해방 뒤 출감한 조선회복연구단 단원들

20여 명이 검거되었다. 안동 전역에 비상경계령을 내린 가운데, 경찰은 경북 도 경찰과 안동 인근 경찰의 지원을 받아 3월 10일 밤에 대대적인 검거에 나섰다. 단원들은 자택과 자취하는 집에서 체포되거나 도피하다 붙들리기도 했다. 류시승도 체포되었고, 검거 열풍은 4월까지 이어졌다.[46)]

당시 한인 사이에서 고문으로 악명을 떨치던 고등계 형사 손대용(孫大用)·이대우(李大雨)·서영출(徐永出)이 단원 체포에 나섰다. 그 가운데 서영출은 대구사범학교를 졸업하고 교사가 되었던 인물인데, 일제 경찰이 된 뒤 '오니게이부(鬼警部, 귀신잡는 경부)'로 통했다. 대구·경북 지역에서 악명을 떨치던 대표적인 고등계 형사로, 심지어 자신의 제자까지도 고문하고, 많은 독립운동가를 후유증으로 신음하게 만든 인물이었다.[47)]

단원들은 조사 과정에서 혹독한 고문을 받았다. 손성한은 후유증으로 6월에 숨지고 말았다. 그러나 이러한 고문 속에서도 단원들의 항일 의지는 꺾이지 않았다. 조사가 진행되는 상황에서 해방이 되어 조선회복연구단 관련자들은 8월 17일 석방되었다.[48)]

안동농림학교 학생항일운동은 1940년대 한국 학생운동의 성향을 그대로 보여준다. 독립군이나 결사대적인 투쟁양상을 보인 점에서 보편성을 가진다. 경찰서 무기고를 습격하여 무기를 장악한 뒤에 대구 방향으로 진공한다는 계획은 무모하기 그지없다는 생각도 들지만, 당시 정황으로 보아 불가능한 일만은 아니었다. 더구나 징용과 징병이 자행되어 언제 끌려갈지 모르는 상황에서 충분히 생각해 볼만한 일이었다. 그렇기 때문에 이와 비슷한 항쟁이 당시 전국 곳곳에서 터져 나왔다. 하지만 중국 중경에서 임시정부가 보낸 대국내방송의 영향을 받았다는 점은 드문 사례에 속한다.

---

46) 金乙東, 《安東版獨立史》, 明文社, 1985, 331～332쪽.
47) 《嶺南日報》 1949년 5월 7일자 ; 《東亞日報》 1949년 6월 17일자.
48) 金乙東, 《安東版獨立史》, 明文社, 1985, 332·335쪽.

안동농림학교의 투쟁은 항일투쟁기를 마무리 짓는 독립운동이다. 그 어느 지역보다 먼저 항일의 깃발을 올린 안동에서, 가장 오랫동안 줄기차게 지속해온 민족운동의 줄기를 계승하여 마지막 단계까지 항일독립투쟁으로 화려하게 장식하였다.

독립운동가들을 세대로 표현하자면, 척사의병을 전개한 1세대, 계몽운동을 펼친 혁신유림은 1.5세대, 3·1운동과 1920년대 청년운동과 사회운동을 벌인 신진인물은 2세대, 1930년대 조공재건운동은 2.5세대, 그리고 마지막을 장식한 1940년대 학생운동은 3세대에 해당한다. 51년 동안 전개된 안동독립운동사의 대미를 장식한 것이 바로 조선회복연구단의 투쟁이었던 것이다.

제3부 국외 독립운동

제1장 만주지역 독립운동

1. 혁신유림의 만주망명

(1) 신민회와 교류

나라가 무너진다는 판단이 서자, 안동 지역 독립운동의 주역들은 새로운 무대를 개척하고 나섰다. 서울에서 소수 선각자들이 국가의 멸망을 피할 수 없는 사실로 깨닫기 시작하던 1905년을 전후하여, 안동에도 커다란 변화가 나타났다. 1904년부터 시작한 변화 조짐은 1907년 설립된 협동학교(協東學校)를 통한 교육구국운동과 1909년 대한협회 안동지회(大韓協會 安東支會)를 중심으로 펼쳐진 계몽운동으로 집중되었다. 이 무렵 안동 독립운동계의 핵심 인물들은 구국계몽운동의 대명사처럼 불리던 비밀조직 신민회(新民會)와 밀접한 관계를 맺으면서 지방 차원이 아니라 전국적인 무대의 주역으로 진출하기 시작하였다.

신민회는 1907년에 안창호(安昌浩)를 중심으로 서울에서 계몽운동을 벌이던 인사들이 만든 비밀결사체였다. 이 단체는 교육운동으로 인재를 육성하고 산업을 발전시켜 민족을 위한 자본을 쌓아가는 데 그 목적을 두었다. '신민(新民)'이란 말은 새로운 백성, 새로운 국민을 가리키는 말로서, 주역들이 시민사회를 추구했음을 보여 준다. 군주사회를 넘어서 민주사회로 방향을 잡아간다는 의지가 바로 그 이름에서도 확인된다.

1909년은 신민회의 활동방향이 변화하기 시작한 시점이다. 더 이상 국내의 계몽운동만으로 독립을 달성할 수 없다고 판단했던 시기가 이 무렵이기 때문이다. 더구나 나라가 이미 일본의 손아귀에 들어가 있음을 깨닫게 되었다. 이제 군대를 기르고, 그 군대로 독립전쟁을 펼치지 않으면 독립을 이룰 수 없다는 판단을 갖게 된 것이다. 그래서 그들은 만주지역에 군사기지를 건설하려는 계획을 세웠다. 이러한 신민회의 방향전환은 그들이 줄곧 추진했던 계몽운동과는 크게 다른 노선이었다. 이것은 의병 노선에 가까운 것이었으니, 지금까지 부정적으로 생각해왔던 의병계열의 전략을 계몽운동 인사들이 긍정적으로 채택하고 나선 셈이다. 물론 의병계열에서도 계몽운동의 정치사상에 접근하고 있었으므로 독립운동 전체의 발전이라고 평가할 수 있다.

안동의 독립운동가들이 신민회와 연결된 시기는 신민회가 결성되던 1907년이나 그 다음해 무렵으로 짐작된다. 이미 앞에서 본 것처럼, 안동이 서울의 새로운 흐름과 연결되던 시기는 1903년 류인식(柳寅植)이 성균관에 가서 공부하다가 신채호(申采浩)를 만나면서부터이고, 이 무렵 류인식뿐 아니라 안동 출신의 유림들 속에도 의식의 변화가 나타나기 시작했다. 또한 서울에 머물던 경상도 출신 인물들이 조직한 충의사(忠義社)도 의병항쟁에서 계몽운동으로 변화하는 모습을 보여주는 것이라 할 수 있다.

서울에서 새로운 서양 문물을 접하기 시작한 안동 출신 선각자 류인식은 경북 북부 지역에 광범하게 형성된 안동문화권을 변혁시켜야 한다는 역사적 임무를 깨달았다. 이와 함께 서울의 계몽운동가들도 이 지역을 변혁시키기 위해서는 먼저 안동 지역에 혁신의 물꼬를 터주어야 한다는 생각을 가졌다. 곧 안동문화권은 서울에서 관심을 갖던 계몽의 대상권역 가운데 주요한 사례였던 것이다.

서울에서 활약하던 안동의 선각자들과 신민회가 결합하는 것은 지극히 당연한 일이었다. 공동의 목표 아래 안동인은 협동학교를 세우고, 신민회는 신교육을 담당할 교사를 파견한 것이니, 안동 지역의 교육구국운동은 바로 안동의 혁신유림과 신민회의 합작품이었다. 이런 과정에서 안동의 혁신유림과 신민회 주역들이 자연스럽게 똑같은 역사적 사명을 가진 동지가 되었다. 그래서 서울에서도 안동 지역에 시선을 집중하였고, 계몽운동의 한 분야를 이루고 있던 신문들도 여기에 상당한 관심을 나타냈다. 교사들도 서울에서, 그것도 신민회에서 파견되다시피 했다. 특히 1910년 7월 의병들의 공격을 받아 교감과 교사가 살해되는 처참한 상황에서 다시 교사를 파견했다는 점은 신민회의 안동에 대한 결연한 의지를 보여주는 대목이다. 이를 통해 안동의 혁신유림들과 신민회가 보통의 관계가 아닌, 동지적인 관계를 맺고 있었다는 사실이 쉽게 이해된다.

(2) 만주망명

일찍이 많은 독립운동가들이 만주로 진출하였다. 김구(金九)도 청국인과 연합의병을 맺으려 나서기도 했고, 류인석(柳麟錫)이 이끌던 제천의 호좌의진(湖左義陣)도 그러했다. 이처럼 독립운동 세력들이 만주로 진출한 데에는 몇 가지 이유가 있었다. 첫째, 만주는 우리나라와 가장 가까운 곳이어서 장차 국내로 군대를 파견하여 전쟁을 벌이는 데 알맞은 지역이었다. 둘째, 동포들이 많이 거주하고 있고, 또 새로 이주시킬 수도 있어서 독립군 운영을 위한 사람과 물자의 지원이 가능한 지역이었다.

김형재

셋째, 고구려를 비롯한 고대 사회의 유적이 남아 있어 동포들에게 외국이라는 두려움을 줄이고 자신감을 줄 수 있는 곳이었다. 넷째, 개척할 수 있는 엄청나게 넓은 황무지가 있는 곳이었다. 다섯째, 양국인 모두 반일의식을 갖고 있어서 연대활동이 가능한 곳이었다.

신민회도 역시 이러한 이유 때문에 만주로 진출하고자 계획을 세웠다. 신민회가 이주 계획을 세운 시기는 1909년 봄이었으나, 구체화한 것은 1910년 3월부터였다. 1909년 10월 26일 안중근(安重根)이 하얼빈역에서 이토오 히로부미(伊藤博文)를 처단한 거사 직후, 많은 애국지사들이 일제에 체포되어 탄압받고 있었기 때문이다. 3월 간부회의에서 구체안이 마련되고, 곧 실천에 옮겨지기 시작했다. 안창호·신채호 등이 중국 청도(靑島)로 망명하여 그곳에서 회의를 가지고, 활동무대를 연해주로 옮기기로 결정했다. 그러나 문제가 생겨 다시 장소를 물색하다가 서간도로 방향을 틀었다.

안동인으로서 만주 지역 항일운동에 처음으로 등장하는 인물은 이들과 다른 쪽에서 나왔다. 곧 안동군 풍서면 구담리(현 안동시 풍천면 구담) 출신 김형재(金衡在)가 첫 인물로 보인다.[1] 그는 처음부터 정치적인 망명길에 오른 것이 아니라 1908년 10월《대동공보(大東共報)》 통신원으로

1) 허영길, 〈만주지역 자료로 본 재만 안동인의 독립운동〉, 《안동독립운동기념관개관기념 학술회의 발표지》, 2007, 44~45쪽.

하얼빈에 도착했다. 이듬해 1월 그곳에서 그는 항일운동 조직인 공립회(共立會)에 참여하고, 4월 하얼빈의 첫 한인학교인 동흥학교(東興學校)를 설립하였으며, 안중근과도 밀접한 관계를 가지고 있었다.[2] 이로 말미암아 그는 안중근 의거에 연루되어 옥고를 치르기도 했다.[3] 그러나 실제로 본격적인 독립운동기지 건설을 목표로 삼은 망명은 김대락(金大洛)·이상룡(李相龍)·김동삼(金東三) 등에 따라 펼쳐졌다.

신민회와 연결된 안동인의 만주망명에 김형재가 연계된 흔적은 보이지 않는다. 오히려 이동녕(李東寧)·이회영(李會榮)·이관직(李觀稙)·주진수(朱鎭洙) 등이 서간도를 답사하고 논의하던 과정이 결정적으로 작용했다. 그런데 사전 조사가 있었다고 해서 안동유림이 쉽게 안동을 떠나 만주로 갈 수 있는 것은 아니었다. 그들이 만주라는 멀고도 낯선 지역으로 이동하는 데에는 상식으로 헤아릴 수 없는 많은 문제가 가로놓여 있었다. 첫째, 한 사람도 아닌 가족을 이끌고 가야했다. 만약 문제가 생기면 한 가문이 무너질 수 있는 일이었다. 둘째, 이들은 고향을 등지고 떠나야 했다. 언제 다시 돌아올지 모르는, 기약 없는 망명길에 올라야 했다. 셋째, 조상 대대로 물려받은 재산을 처분하여야 했다. 그것도 일제의 감시를 피하면서 이루어내야 하는 일이었다. 우선 일제의 감시를 피하면서 논밭을 팔아야 했다. 몰래 토지를 처분한다고 해도 그것을 구입하겠다고 나설 만한 인물도 흔하지 않은 게 안동의 형편이었다. 또 그 논밭이 한 지역에 몰려 있는 것도 아니니, 자연스럽게 이것들을 처분하기 위해 철저한 비밀 속에 동분서주해야 했으리라는 점을 쉽게 헤아릴 수 있다. 넷째, 일제의 감시를 뚫고 가야하는 어려운 길이었다. 실제로 이동 중에 동지들이 체포되었다는 소식을 듣기도 하여 급한 발걸음이었다. 다섯째,

2) 《外務省警察史》 제14권 3, 만주부, 177~183쪽.
3) 《外務省警察史》 제14권 3, 만주부, 207~210쪽.

과연 그곳이 망명자가 살아갈 수 있는 적당한 지역인지, 확신이 서지 않았다. 풍토병이나 식량문제 해결에 대한 확신을 갖기 힘들었을 것임에 분명하다. 여섯째, 이 사회에서 가지고 누리던 특권을 모두 포기해야 했다. 이들은 안동 지역에서 말 그대로 '가진 자'요, '지배계급'이었다. 그냥 안동에 자리 잡은 채 살아가더라도 누구 하나 부러울 게 없는 인물들이었다. 그럼에도 그들은 노비를 해방시킨 뒤 만주로, 그것도 가족들을 이끌고 대거 떠났다.

그들의 만주망명은 이처럼 어려운 길이었다. 그 길을 아무런 정보 없이 나설 수는 없었다. 그들은 고향을 떠나기 전에 미리 만주 지역을 조사했다. 아무런 사전 지식 없이, 믿을 수 있는 동지들의 이야기라고 해서 그저 신민회 결정만 따라 선뜻 나설 수 있는 일은 아니었다. 더구나 조상 대대로 물려받은 고향을, 그것도 기존 재산을 처분하여 떠나야 하고, 특히 목적지에 도착하여 가족들의 생명을 유지할 수 있는지에 대한 아무런 정보도 없이 무작정 떠날 수는 없었다.

만주망명에 대한 구체적인 추진은 신민회와의 관계 속에서 이루어졌는데, 두 가지 방면으로 전개되었다. 첫째, 안동 지역 인사들은 자체의 조사원을 파견하였다. 신민회의 논의를 지켜보면서, 안동인들은 조사원을 파견하기로 했다. 그 역할을 맡은 사람이 내앞 출신이요, 협동학교를 열어 활동한 김동삼과 김만식(金萬植)인 것 같다.[4] 이들이 만주 지역을 사전 답사하고 돌아와 보고한 것에 따라 안동 지역 구국계몽운동가들이 만주 지역으로 이동한 것으로 판단된다.

안동 지역 혁신유림들의 만주망명에 머리를 맞대고 협의한 주체는 다름 아닌 협동학교 주도자들이었다. 이들은 서울에서 전해진 계획을 구체화해 나갔다. 류인식·김대락·김동삼 등은 협동학교 교무회의에서 망

4) 이상룡, 〈西徙錄〉, 《石洲遺稿》, 고려대학교 출판부, 1973, 270쪽.

명을 논의하였다. 그러면서 그들은 협동학교의 뒷일을 임동면 무실의 류동태(柳東泰)에게 맡겼다. 이들은 모두 협동학교를 세워 구국교육운동을 벌이던 동지들이었다. 특히 김대락은 협동학교가 세워질 때, 그의 집 사랑채를 학교로 이용하게 만들었고, 뒷날에는 그것을 기숙사로 사용하게 함으로써 안동 지역 계몽운동의 선구자 역할을 해낸 인물이자, 이상룡의 맏 처남이기도 했다.

만주 망명을 만들어낸 두 번째 길은 안동 지역 유력 인사와 신민회 인사들의 회합이었다. 이것도 다시 두 갈래 길이 있었다. 하나는 서울에 머물던 류인식이 만주 지역을 답사하고 돌아온 이동녕을 만나면서 이루어졌다. 신민회는 1910년 9월 이동녕·이회영·장유순(張裕淳)·이관직·주진수 등 신민회 대표를 서간도 일대의 조사를 위해 파견하였다. 이들이 돌아오자, 류인식은 이동녕으로부터 만주 지역에 대한 정보를 얻었다. 또 이관직이 협동학교 교사로 활약하고 있었으므로 그로부터도 자료를 받았을 것이다. 협동학교 임원들은 12월에 망명한다는 계획을 구체화하고서, 김동삼·김형식(金衡植)·이원일(李源一)을 선발대로 보냈다.[5] 또 하나의 길은 이상룡과 신민회의 만남이었다. 이상룡은 1910년 12월 신민회 강원도 모금 책임자인 주진수로부터 신민회의 계획을 들었다. 울진 출신인 주진수는 평해 지역 황만영(黃萬英)과 합의하고 이상룡을 찾아와 동의를 얻게 된 것이다. 물론 이상룡은 협동학교 교무회의의 결의사항을 알고 있었을 것이고, 또 이미 망명을 준비하고 있었을 것이다. 그렇기 때문에 12월 하순에 주진수로부터 이야기를 듣자마자 바로 망명길에 오를 수 있었던 것이다.

안동 인사들은 출발 날짜와 경로를 확정하였다. 경부선 열차를 탈

5) 김동삼의 망명 시기에 대해 협동학교 제1회 졸업식 직후인 3월로 판단한 경우도 있지만, 아마 이 사진은 미리 찍어둔 것으로 보인다.

수 있는 곳까지 이동하여 열차로 상경하고, 그곳에서 동지들을 만나고 협의하여 만주로 출발하고자 했다. 먼저 김형식·이원일이 출발하였다.

김대락은 12월 24일 고향을 떠나 서울에서 10일 동안 머물다가 1911년 1월 6일 남대문역(현 서울역)을 떠나 의주 백마역에 이르고, 걸어서 신의주와 만주의 안동을 거쳐 회인현(懷仁縣) 항도촌(恒道村, 현 橫道川村)에 이른 때가 1월 15일이다. 며칠 뒤 이상룡이 항도촌에 도착했을 때, 김대락의 도움을 받았다는 곳이 바로 이곳이다. 김대락은 한겨울을 넘겨 4월 19일 삼원포에 도착하고, 이도구(二道溝)에 거주지를 마련하였다.[6]

이어서 이상룡이 우선 홀몸으로 상경하였다. 그는 1911년 1월 5일 친척들에게 주연을 베풀어 자신의 뜻을 알리고 뒷일을 부탁하였으며, 다음 날 일찍 가묘에 예를 올리고 거국음(去國吟)을 읊고 망명길에 올랐다. 그는 추풍령 정거장까지 가서 기차로 상경하였다. 그리고 25일 뒤를 쫓아온 가족과 합류하여 27일에 압록강을 건넜다. 동후면 도곡동에 자리 잡은 고성이씨 30여 가구도 뒤를 따랐다. 그의 동생 봉희(鳳羲)를 비롯하여, 아들 준형(濬衡), 손자 병화(炳華, 大用), 조카 문형(文衡, 光民) 등이 대표적인 인물이다. 이상룡은 압록강을 건너면서 비장한 심정을 다음과 같은 시로 읊었다.

> 삭풍은 칼보다 날카로워 나의 살을 에는데
> 살은 깎여도 오히려 참을 수 있고
> 창자는 끊어져도 차라리 슬프지 않다.
> 옥토 삼천리와 이천만 백성의 극락 같은 부모국이
> 지금 누구의 차지가 되었는가.
> 차라리 이 머리 잘릴지언정

---

6) 조동걸, 〈白下 金大洛의 亡命日記〉, 《안동사학》 5, 안동사학회, 2000, 162쪽.

어찌 내 무릎을 꿇어 그들의 종이 될까보냐.
집을 나선지 한 달이 못 되어 압록강 물을 건넜으니
누가 나의 길을 더디게 할까 보냐
나의 호연한 발걸음을.

김대락과 그의 아들 형식, 그리고 김동삼을 비롯한 내앞마을 인사들도 만주로 향했다. 김동삼이 떠난 시기는 협동학교 제1회 졸업식에 참석한 바로 뒤였다. 1930년대 일제 기록에 등장하는 내앞[川前] 출신 인사로 김동삼과 김정묵(金定默, 김동삼의 아들)·김형식·김병달(金秉達)·김규식(金圭植)·김병만(金秉萬)·김장식(金章植)·김정식(金政植)·김성로(金聲魯)·김병대(金秉大) 등이 등장한다. 물론 이 밖에도 많은 인물이 있었다. 또 만주에서 활약한 김원식(金元植)은 서후면 금계동 인물로 내앞과 같은 집안 출신이다. 여기에다가 도산면 하계 출신의 진성이씨 이원일은 김동삼의 투철한 동지였고, 이동하(李東廈, 본명 원식[元植])나 의촌의 이기호(李祁鎬)와 이원박(李源博)도 그러했다. 여기에 류인식을 비롯한 무실 전주류씨 집안도 참가했음은 더 말할 필요가 없다. 류인식은 1911년 여름에 만주로 갔다. 그는 1912년 가을이나 겨울 무렵 가산을 정리하려고 귀국했다가 일제 경찰에 체포되었고,[7] 그 뒤로는 국내에서 활동하게 되었다. 이처럼 1911년 무렵 안동과 주변 지역에서 만주 망명길에 오른 인원은 모두 100여 가구, 무려 1,000명에 가까운 숫자였다.

1911년뿐만 아니라 1912년과 그 이듬해에도 만주망명은 이어졌다. 이상룡을 찾아 나선 권기일(權寄鎰)의 경우나, 이상룡의 일가로서 김형식의 사위가 된 이태형(李泰衡)도 그러한 경우였다. 이태형은 통화현 모저구(母猪溝)에서 합니하(哈泥河) 신흥학교(新興學校)와 가까운 청구(淸

7) 1912년 7월 22일자로 류인식이 만주에서 작성한 편지가 남아 있는 점으로 보아, 그가 1912년 여름까지 만주에서 활약했음을 알 수 있다.

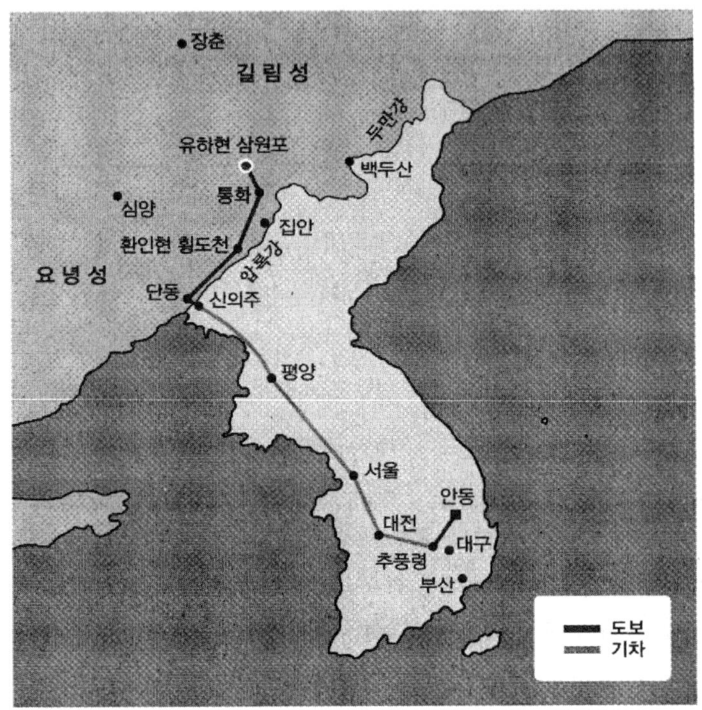

안동에서 만주에 이르는 길

滿)로 이주하여 어려운 살림살이를 해야 했다. 이들의 삶을 보면 동포들의 고난이 얼마나 혹심했던지 이해되기도 한다. 추위는 말할 필요도 없고, 식량을 마련하는 일도 마찬가지였다. 안동인들은 망명하자마자 벼농사를 처음으로 시도했다가 차디찬 수온에 적응하지 못해 참혹한 흉년을 겪었다. 이후로는 찬 물에 적응하는 농법을 개발하기도 하지만, 메밀농사에 힘을 기울였다. 게다가 석유와 소금이 귀해서 밤에는 전나무 뿌리를 캐서 불을 붙여 등잔불로 대신했고, 옥수수 한 짐과 소금 한 줌을 바꿀 정도였다.[8] 특히 대대로 양반가문을 지키며 살던 안동인들로서는 평생 겪지도 못한 고난의 삶을 살게 되었다. 의식주 모든 면에서 처참한 생활이 시작된 것이다.

하지만 의기는 결코 꺾이지 않았다. 그들이 각오하고 견뎌내던 '3대 각오' 이야기도 결코 과장된 것이 아니다. 즉 굶어 죽는 아사(餓死), 맞아 죽는 타사(打死), 그리고 얼어 죽는 동사(凍死)를 각오하지 않고는 민족 해방운동 전선에 뛰어들 수 없었던 것이다.[9]

만주 지역의 항일무장투쟁 세력은 그들 독자적으로만 존재하기는 어려웠다. 사실 이들에 대한 인적·물적 바탕인 동포사회의 존재와 역할은 이들의 생존과 활동에 필수조건이었다.[10] 먹고 살아가는 기본부터 인력과 재력, 무기와 탄약 등 모든 자원의 공급지가 바로 동포사회였다. 안동 출신 독립운동가들도 이러한 필요성을 절감했기 때문에 동포사회 형성에 가장 우선 목표를 두었다. 때문에 일제는 독립운동의 뿌리를 자르려고 훈춘사건(琿春事件)을 날조하는 등 동포사회를 압박했던 것이다.

(3) 유하현 삼원포

안동 망명객들이 목표로 삼은 도착 지점은 유하현 삼원포 추가가를 중심한 동변도(東邊道) 일대였다. 이곳을 목적지로 선정한 이유는 다음과 같다.

첫째, 유하현 삼원포 일대는 일찍부터 한인 이주민들이 정착하여 한인사회가 형성되고 있었고, 특히 한말 의병들이 옮겨와서 항일투쟁을

8) 박도, 《민족반역이 죄가 되지 않는 나라》, 우리문학사, 2000, 269쪽.

9) 김일성, 《세기와 더불어》 1, 평양 : 조선로동당출판사, 1992, 126쪽.

10) 윤휘탁은 만주 항일무장투쟁이 항일유격대·농민·日帝 세력이라는 세 力學集團들의 상호작용에 따라 표출된 민족해방운동이라는 입장에서 이들 3자에 대한 개별적·종합적 분석뿐만 아니라, 그들 상호간의 역학작용이 만주 항일무장투쟁의 양적·질적 변화와 어떤 관계를 갖는지 분석해야 한다고 주장하였다(尹輝鐸, 〈일제하 '滿洲國'의 治安肅正工作 연구－만주 항일무장투쟁의 내적 구조와 관련하여〉, 서강대학교 박사학위논문, 1995, 11쪽).

오늘의 삼원포 입구

벌이고 있었다. 1875년 봉금정책이 철폐되고, 1880년대에는 한인들에 대한 회유정책이 실시되면서 이미 한인사회가 형성되기 시작했던 터였다. 당시 이동했던 의병지휘자로는 류인석·박장호(朴長浩)·백삼규(白三圭)·조맹선(趙孟善) 등이 대표적이다.

둘째, 유하현 삼원포 일대가 독립운동기지로 선택된 이유는 지리적 우세 때문이다. 유수하가 흐르기 때문에 1902년 7월 1일 유하현으로 설립된 이곳은 지방 당국의 통치력이 미약하였다. 삼원포는 남산(藍山)·홍석하(紅石河)·마록구하(馬鹿溝河) 등이 합쳐지는 곳이라고 하여 이름 붙여진 곳인데, 예부터 군사요충지였다. 게다가 주위에는 넓은 평야가 널려 있고 물이 풍부하여 벼농사와 군사력 양성에 적절한 지역이었다. 더구나 압록강에서 북상하는 길에 통화를 지나 험악한 노령(老嶺)산맥이 가로 놓여 있어서 일본군이나 관헌의 진출이 힘들어 안정성이 높은 곳이라는 점도 높이 평가될 만하였다.[11)]

11) 허영길, 〈만주지역 자료로 본 재만 안동인의 독립운동〉, 《안동독립운동기념관개관기념

안동인들은 집안현(輯安縣) 양수천자(凉水泉子, 현재 집안시〔集安市〕 양수조선족향〔凉水朝鮮族鄉〕 해관촌〔海關村〕)와 회인현 항도천을 거쳐 삼원포로 향했다. 이상룡의 경우 이동로는 대체로 확인된다. 곧 항도천을 출발하여 양수조선족향, 유림진 사도구촌을 거친 뒤 험악한 노령산맥을 넘어 대상진 쌍차촌에 도착, 이어서 화전진 → 청하진(淸河鎭) → 두도진(頭道鎭) → 통화현 대도령향(大都嶺鄉),[12] 금두만족조선족향(金斗滿族朝鮮族鄉),[13] 영액포진(英額布鎭) 대도목구(大倒木溝), 사붕향(四棚鄉) 화선촌(華鮮村), 랍자구(磖子溝), 영춘원(永春院)을 거쳐,[14] 유하현의 대우구(大牛汋), 곧 현재 삼원포진 안인촌(安仁村)에 이르게 된다. 안동인들이 모두 이 길을 택하지는 않았더라도 대개 이 루트를 크게 벗어나지는 않았으리라 짐작한다.

(4) 안동인들이 터를 잡은 지역

독립운동 기지를 개척하러 만주로 떠난 안동인들은 자신과 가족들의 망명으로만 끝내지 않았다. 궁극적으로 많은 동포들이 이주하여야만 독립운동의 근거지를 마련할 수 있기 때문에, 그들은 동포들에게 이주를 권고하는 운동을 펼쳤다. 일제 경찰 기록은 김형식·김정식·이봉희(李鳳

학술회의발표지》, 2007, 44~45쪽.

12) 대도령촌은 청나라 광서 초년에 설립된 마을이었다. '대도'란 만주어로 사냥꾼의 宿營地라는 뜻이다. 《석주유고》에는 통화현 杜陵溝로 이사했다고 적혀있는데 도령구와 두릉구의 漢文 발음이 일치하므로, 두릉구는 대도령촌의 都嶺溝로 추정된다(허영길, 〈만주지역 자료로 본 재만 안동인의 독립운동〉, 《안동독립운동기념관개관기념학술회의발표지》, 2007, 46쪽).

13) 금두는 진두허 마을로 추정된다. 금두의 원명은 金斗火洛 곧 진더우허러로서 한문 발음이 진두허와 유사하다. 청나라 광서 초년에 설립된 이 마을은 만주어로 넓은 골이라는 뜻이다(허영길, 〈만주지역 자료로 본 재만 안동인의 독립운동〉, 《안동독립운동기념관 개관기념 학술회의 발표지》, 2007, 46쪽).

14) 이상룡, 〈서사록〉, 《석주유고》, 고려대학교 출판부, 1973, 270쪽.

〈표 49〉 안동인들이 거주하던 지역

시·현	지역(괄호는 현재 지명)
통화현(通化縣)	다취원(길림성 통화현 大泉源滿族朝鮮族鄕), 합니하(哈泥河, 光華鎭 광화촌 7촌민소조), 대황구, 두릉구(대도령향), 진두허(金斗만족조선족향), 영춘원(사붕향 迎門岔일대)
유하현(柳河縣)	대우구(大牛溝, 길림성 유하현 삼원포진 安仁촌), 우두구(五道溝鎭), 마록구(馬鹿溝, 柳南鄕), 삼원포진, 추가가(이도구향 추가촌), 대화사(大花斜, 紅石鎭 대화사촌), 유가가(劉家街, 二道溝鄕), 곽가가(霍家街, 삼원포진 곽가가촌), 대사탄(安口鎭, 대사탄촌), 고산자(孤山子, 孤山子鎭), 대두천(大肚川, 全勝鄕), 성수하자(聖水鎭), 소북차(凉水河子鎭 小北岔村)
해룡현(海龍縣)	사팔석(四八石, 길림성 梅河口市 사팔석향), 오인반(五人班, 曙光鄕 오인반촌)
휘남현(輝南縣)	대탄평(大灘坪, 당시 유하현 소속, 길림성 휘남현 金川鎭 大坦坪촌)
청원현(淸原縣)	남산성자(南山城子, 요녕성 청원만족자치현 남산성진)
환인현(桓仁縣)	항도천(요녕성 환인만족자치현 이붕전자진 횡도천촌)
반석현(盤石縣)	호란진(길림성 반석시 호란진), 합마하자(蛤蟆河子, 반석시 明城鎭 蛤蟆河村), 파리하투(玻璃河套, 반석시 명성진 西玻璃村), 부태하(富太河, 반석시 부태하향)
화전현(樺甸縣)	밀십하(密什河, 길림성 화전시 金沙鄕), 공랑두(公郞頭, 화전시 公吉鄕 공랑두촌)
액목현(額穆縣)	황지강자(黃地岡子, 길림성 蛟河市 烏林朝鮮族鄕 新安村), 신참(新站) 영안둔(永安屯, 교하시 신참진 永安村)
서란현(舒蘭縣)	소성자小城子(길림성 서란시 소성진), 소과전자(燒鍋甸子, 서란시 二道鄕 소과촌)
길림시(吉林市)	조양문내(朝陽門內, 길림성 길림시 恒客隆超市 근처)
영길현(永吉縣)	신안촌(新安村, 길림성 길림시 左家鎭 左家村 新安屯)
영안현(寧安縣)	영고탑(寧古塔, 흑룡강성 영안시 영안진), 철령하(鐵嶺河, 흑룡강성 牡丹江市 鐵嶺鎭)
주하현(珠河縣)	일면파一面坡(흑룡강성 尙志市 일면파진)
아성현(阿城縣)	아성진, 취원창(흑룡강성 하얼빈시 아성구 거원진), 해구(海溝, 料甸滿族鄕 해구촌), 황산취자(荒山嘴子, 아성구 亞溝鎭 일대)
동녕현(東寧縣)	영후(嶺後, 흑룡강성 동녕현 東寧鎭 東大肚村), 삼차구(三岔口, 동녕현 삼차구조선족진)
하얼빈시(哈爾濱)	하얼빈시 도리구고려가(道里區高麗街, 흑룡강성 하얼빈시 도리구 西8道街), 도리구 외국(外國) 3도가(道街) 47호(도리구 紅霞街 39호), 도외구(道外區) 18도가.
연길현(延吉縣)	용정촌(龍井村, 길림성 延邊朝鮮族自治州 龍井市 용정진)

羲)·이준형(李濬衡)·김규식 등 십여 명의 치열한 활동은 경북 북부 지역에서 많은 동포들이 만주 지역으로 이주하는 데 기여하였고, 그 결과 1911년에 2,500여 명을 이주시켰다고 기록하였다. 그리고 1920년대 말에는 25,000명에 이르렀다고 전해진다.[15]

안동인들이 정착하고 활동한 지역은 매우 넓다. 1910년대를 거쳐, 1920년대에 북상하면서 안동인들이 정착하거나 활동을 집중한 지역들 가운데 가장 대표적인 곳을 정리하면 〈표 49〉과 같다.[16]

안동인들이 활약한 지역은 크게 보아 서간도 일대와 그 북방 지역이 중심부를 이루었다. 압록강 중류인 집안에서 곧장 북쪽으로 올라가서 통화·유하·길림, 다시 북상하여 하얼빈에 이르는 남북선이 중심축이고, 그를 중심으로 좌우에 자리 잡은 지역에 안동인들이 집중적으로 터를 잡고 활동하였다. 가장 아래 지점이 통화현이라면 가장 북쪽은 하얼빈 동쪽에 있는 아성현 취원창이다. 주로 유하현을 중심으로 머물던 안동인들이 북상하게 된 가장 큰 요인은 1920년 경신참변 때문이었다.

2. 1910년대 독립운동

(1) 경학사와 신흥무관학교

안동인들은 1911년 앞서거니 뒤서거니 몇 차례로 나뉘어 요녕성 유하현 삼원포 추가가(鄒家街)로 향했다. 먼저 이주한 인물들은 삼원포에 합류했지만, 조금 늦은 이상룡 일행은 영하 30도를 내려가는 추위를 피

15) 朝鮮總督府 慶尙北道警察部, 《高等警察要史》, 1934, 81쪽.

16) 허영길, 〈만주지역 자료로 본 재만 안동인의 독립운동〉, 《안동독립운동기념관개관기념 학술회의발표지》, 2007, 47~48쪽.

경학사 설립대회가 열렸던 추가가 대고산(길림성 유하현)

하려 잠시 횡도천에 머물다가, 한겨울을 난 뒤 다시 이동하여 삼원포에 도착했다. 이곳에서 서간도 지역 독립운동을 이끌어 나갈 최초의 조직, 경학사(耕學社)를 결성하였다.

경학사는 1911년 4월, 대고산중(大孤山中) 노천군중대회에 300명이 모인 가운데 조직되었다. 경학사는 독립군기지 건설을 위한 동포사회의 형성에 주안점을 두었다. 때문에 경학사는 취지서에서 민생과 교육이라는 두 가지 목표를 내세웠다. 경학이란 말 자체가 경작을 통해 민생을, 교육을 통해 구국 인물을 길러낸다는 의미를 가졌다.

안동 출신 인사들이 어느 정도의 위상을 가졌는가 하는 점은 그들이 맡은 직책만 보아도 쉽게 알 수 있다. 경학사의 대표인 사장에 이상룡이 취임하였고, 류인식이 교육부장을, 김동삼이 조직과 선전을 담당하였다. 이외에 서울 출신 이회영이 내무부장, 이동녕이 재무부장, 장유순이 농무부장을 각각 맡았다. 그러니 신민회의 독립군기지 건설에 안동 출신

〈경학사 취지서〉

인사들이 핵심적인 위치에 있었다고 말하는 것이 지나치지 않음을 알 수 있다. 특히 사장이 된 이상룡은 〈경학사취지서(耕學社趣旨書)〉를 발표하였다. 이 글에는 한국의 오래된 역사, 독립전쟁을 통한 근대국민국가 수립 의지, 힘을 길러 독립을 쟁취할 것, 단결 호소 등의 내용이 담겨 있다.

안동인들은 청년 교육에 나섰다. 신흥강습소(新興講習所)가 그 출발점이고, 이것이 신흥무관학교(新興武官學校)로 발전해 나갔다. 1912년 음력 6월 7일 통화현 합니하에 토지를 구입하고 학생을 수용하였다. 그 뒤 고산자에 토지를 구입하여 학교를 신축하고 분교를 두기도 했다. 초대 교장에 이상룡, 그 뒤로 여준(呂準)·이광(李光)·이세영(李世永) 등이 교장을 역임하였고, 교관은 대한제국 무관학교 출신들과 신흥강습소 졸업생들이 맡았다.[17] 신흥무관학교는 중등 과정을 가르치는 3년제 본과와 무관훈련을 시키는 1년제 군사과로 나뉘어 있었으나 군사훈련에 더욱 비중을 두었다. 교과목으로는 국문·역사·지리·수학·수신·외국어·창가·박물학·물리학·화학·도화·체조 등을 가르쳤다.[18] 이것이 뒷날 신흥중학교(新興中學校), 신흥무관학교로 발전하여 독립군을 양성하였고, 청산리·봉오동 전투를 승리로 이끄는 바탕이 되었던 것이다.

17) 元秉常, 〈新興武官学校〉, 《독립운동사자료집》 10, 독립운동사편찬위원회, 1976, 24쪽.
18) 〈奉天东边道尹兼安东交涉员公署饬 第53号〉(허영길, 〈만주지역 자료로 본 재만 안동인의 독립운동〉, 《안동독립운동기념관개관기념학술회의발표지》, 2007, 50쪽에서 재인용).

신흥무관학교 옛 자리인 고산자(위)와 합니하(아래)

신흥무관학교 운영은 결코 쉬운 상황에서 이루어진 게 아니었다. 학교의 주요간부와 교관을 지낸 원병상(元秉常)의 회고록을 보면, "학교 생도들의 주식은 현지 중국인들이 몇 년씩 창고에 저장해두어 팔리지 않은, 뜨고 좀먹은 좁쌀이 대부분이었다. 그래서 솥뚜껑을 열면 쉰 냄새가 코를 찔렀고, 찰기도 영양가도 없는 밥을 먹어야 했다. 반찬은 콩기름에 절인 콩장 한가지였다. 그나마 배부르게 먹을 수도 없고, 굶지 않는 것을 다행으로 여겨야 했다"고 기록하고 있을 정도이다.[19]

신흥무관학교 졸업자 가운데 안동 출신으로 현재 확인되는 사람은 김규식·김성로(金成魯, 김규식의 아들)·김성로(金聲魯)·이광민(李光民, 이상룡의 조카)·이형국(李衡國, 이상룡의 조카)·이덕숙(李德淑)·이목호(李穆鎬)·김사순(金社淳)·권중봉(權重鳳) 등이 있다. 이들 가운데 다수는 졸업 뒤 다시 신흥무관학교의 교관으로 활동하기도 하는데, 김성로가 대표적인 경우다.

안동인이 신흥무관학교에 기여한 부분에는 교재 서술 분야에서도 확연하게 눈에 띈다. 1913년 이상룡은 만주 지역 독립운동계 만이 아니라 그곳으로 이주해 오는 동포들을 정신적으로 무장시키고자 역사서를 저술하였는데, 이것이 바로 신흥무관학교의 교재로 사용된 것으로 전해진다. 중국인들의 압박을 견디면서 독립운동의 근거지를 마련하기 위해서는 무엇보다도 '기(氣)'를 살려야 했다. 그래서 그는 《대동역사(大東歷史)》를 편찬하였는데 이는 민족교육의 지침을 마련한 것이었다.[20]

당시 동포들은 만주라는 공간에 자리 잡으면서 중국인에 위축되고 있었다. 이를 극복하는 방법으로 그는 만주가 우리 영역임을 확인시켜 주고자 다짐하였다. 그래서 그는 한편으로는 독립운동을 직접 지도하면서, 다른 한편으로는 민족정신과 주인정신을 동포들에게 심어주고자 민족의 역사를 서술한 것이다. 필요에 가장 알맞은 연구 분야가 바로 고대사였고, 그래서 그는 이 분야 연구와 집필에 힘을 기울였다. 한국 역사를 압록강·두만강 이남에 국한시키면서 그나마 고대에 있어 한반도 북부 지역에 한사군이 설립되었다는 종래의 설에 대해 이상룡은 그 실상을 고

19) 元秉常, 〈新興武官学校〉, 《독립운동사자료집》 10, 독립운동사편찬위원회, 1976, 20쪽.
20) 조동걸, 〈대한광복회의 결성과 그 선행조직〉, 《한국민족주의의 성립과 독립운동》, 지식산업사, 1989, 264쪽.

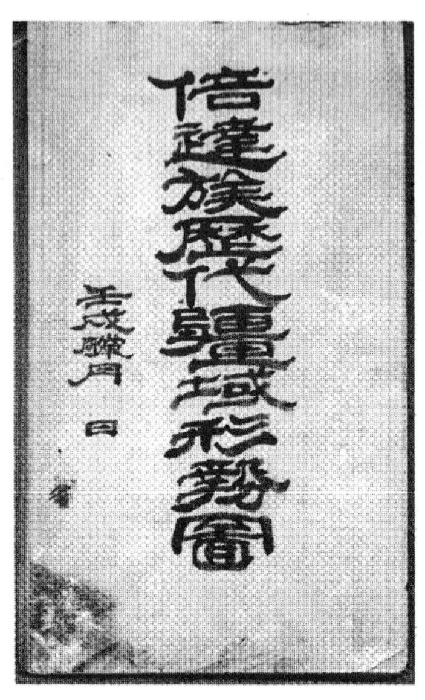

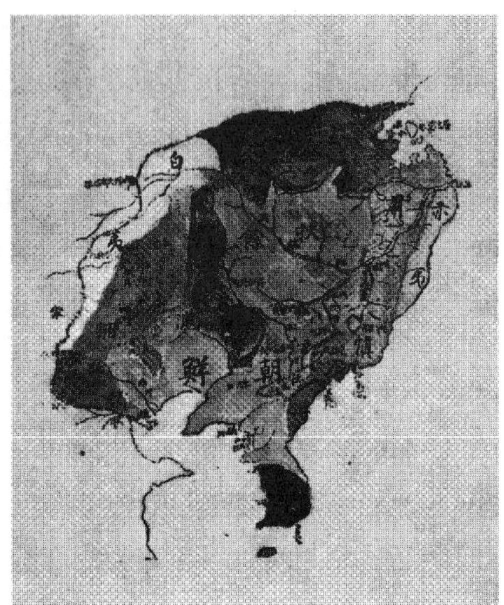

《배달족강역형세도》와 〈채색강역형세도〉

찰하여 규명하고자 하였다. 만주에 관한 내용이 기록되어 있는 역사서인 《한서(漢書)》·《신·구당서(新·舊唐書)》·《진서(晋書)》·《만주원류고(滿州源流考)》·《만주지지(滿州地誌)》·《요사(遼史)》 등의 자료를 분석하고 우리 역사와의 관계를 연구하여, 부여·고구려·발해사, 백제·신라사에 이르기까지 민족사관의 입장에서 다시 탐구·고찰하였다.

이상룡은 많은 관계문헌과 당시 만주의 지명 등을 고증하여 한사군의 위치가 반도의 서북부가 아닌 만주임을 밝혔다. 그리고 기자조선에 대해서는, 성리학적 정치이념으로 역사를 기록하는 과정에서 사대적 성향 때문에 빚어진 것이라고 비판하였다. 또 서간도를 비롯한 남북 만주 지역이 고대 한민족 발달사의 지리적 중심이라고 주장하였다. 곧, 단군-부여의 정통이 고구려-발해로 이어졌다는 견해를 제시하여, 우리 고대사의 재구성이 필요하다고 주장한 것이다.

김동삼(백서농장 장주)

이러한 그의 작업은 고향에서 동지인 류인식이 《대동사(大東史)》를 저술한 정신과 거의 비슷했다. 그들의 역사인식은 역사가 바로 서야 민족이 다시 설 수 있다고 본 것, 발해를 우리 역사 범주에 포함시킨 것, 민족의 기원을 단군에서 찾은 것, 우리 강역에 대한 인식을 만주 지역으로 확대한 것 등으로 요약할 수 있다.

신흥무관학교의 교재를 저술한 또 한 사람은 도산면 상계, 곧 퇴계종택에서 태어난 이원태(李源台)이다. 그는 역사지리 교재 《배달족강역형세도(倍達族疆域形勢圖)》를 집필하였다. 이 책은 한민족사의 형세를 모두 44장의 지도와 '비고'라는 덧붙인 글로 설명한 것이다. 전체 내용의 75퍼센트가 만주 지역에 관한 부분인데, 그곳에서 활약했던 민족들을 한민족 계통으로 파악하였다. 이것은 학생들에게 만주의 역사 역시 한민족의 역사임을 강조하여 독립운동의 정신적 이념을 제공하고자 한 것이다.

1910년대 초 서간도에서 활약한 백농(白農) 이동하의 활동도 빠트릴 수 없다. 서울 계산학교(桂山學校) 교사와 대구 협성학교(協成學校) 교감을 지내고, 예안의 보문의숙(寶文義塾)을 설립했던 그는 1911년 김동삼과 더불어 만주로 망명했다. 환인현에서 동창학교(東昌學校) 교장을 맡았는데, 이 학교는 대종교 제3대 교주 윤세복(尹世復)이 그의 동생 윤세용(尹世茸)과 함께 세운 것이다. 이어서 그는 신빈현에 흥경학교(興京學校)를 세워 민족교육에 몰두했다.

(2) 백서농장과 부민단

1915년에 백서농장(白西農庄, 白西農莊)이 만들어졌다. 이는 제1차 세계대전이 터지자 장차 중일전쟁이 일어날지도 모른다고 예상하면서, 그럴 경우 군대를 갖추어야 한다는 다급함에서 만들게 되었다. 이상설(李相卨)이 연해주에서 '대한광복군정부(大韓光復軍政府)'를 수립했던 이유도 거기에 있었다. 백서농장은 경학사 부설 신흥강습소 관계자를 중심으로 만들어진 신흥학우단(新興學友團)을 바탕으로 삼아 385명의 독립군으로 조직되었다. 이것은 백두산 서쪽 깊은 산록의 사방 200리 사람의 자취가 없는 고원평야에 만들어진 독립군부대인데, 다만 이름을 백서농장이라 위장하였다. 이 조직을 이끈 최고 지도자 장주(莊主)가 김동삼이고, 삼부관(三副官) 김동진(金東振)도 주역 가운데 한 사람이었다.[21]

백서농장의 명칭이 흥경현공서 문헌에는 '백운산장(白云山莊)', '백설산장(白雪山莊)'이라고 기재되어 있다.[22] 그 위치에 대해 세 가지 설이 있는데, 소백채구(小白菜溝),[23] 통화현 제8구 관할(管轄) 팔리초(八里哨) 5관하(管下)에 있는 소백차(小白岔),[24] 그리고 유하현 대전자향(大甸子鄉) 팔리초 임장(林場)마을 등이 그것이다. 이 가운데 통화현 팔리초의 소백차가 가장 유력하다고 연구자들이 주장하고 있다.[25]

---

21) 원병상, 〈백서농장사〉, 12쪽 ; 《신흥학우보》 제2권 제2호.

22) 興京縣公署檔案 3002-47725(요녕성당안관 소장, 허영길, 〈만주지역 자료로 본 재만 안동인의 독립운동〉, 《안동독립운동기념관개관기념학술회의발표지》, 2007, 50쪽 재인용).

23) 강덕상, 〈해외에서의 조선독립운동의 발전〉, 《조선민족운동사연구》 2, 일본 東京 清丘文庫, 1985, 45~46쪽.

24) 中野清助, 〈天樂覺書〉, 《독립운동사자료집》 10, 독립운동사편찬위원회, 1983, 206~209쪽.

25) 허영길은 현장을 조사하고 다음과 같이 발표했다. "첫 번째 설은 합니하 소백채구라고 되어 있는데, 소백채, 소백차와 소북차의 한어발음이 비슷하고, 소백채가 확실히 합니하 부근에 있기 때문에 어느 정도 신빙성이 있으나 명확하지 않다. 세 번째 설의 팔리초 임장

1914년 가을부터 군영 건설이 시작되었다. 소북차에서 벌목을 시작하여 온갖 힘을 다 기울여 수천 명의 병력을 수용할 수 있는 군영을 완성시킨 때는 6개월이 지난 1915년 봄이었다.[26] 백서농장을 군영이라고 부르지 않고 백서농장 또는 유장(酉庄)이라 부른 것은 신흥학교와 마찬가지로 지방 당국의 감시와 간섭을 면하기 위한 조치였다. 신흥무관학교 졸업생으로 제1회에서 제4회까지의 졸업생과 각 분교·지교·노동강습소에서 온 385명의 훈련된 청년들이 백서농장의 주축이 되었다.[27]

백서농장은 3·1운동 직후까지 유지되었다. 그런데 백서농장이 겪어야 했던 가장 큰 어려움은 영양실조와 질병이었다. 물과 풍토가 맞지 않아 열병이 유행하고 위장병·심장병·천식·폐병 등이 줄을 이었다. 이러한 실정에서 1919년 한족회(韓族會)는 백서농장의 문을 닫을 수밖에 없었다.

마을은 대전자 동쪽 4리 되는 곳에 있는데 삼계산의 첫 시작으로서 확 트인 고원평야도 없고 좁은 골 안에 자리 잡고 있어 수천 명을 수용할 병영을 건설할 수 없는 위치라서 설득력이 없다. 백서농장이란 백두산 서쪽이란 뜻으로서 사방 200여 리가 무인지경으로 사람의 발길이 전혀 닫지 않는 망망한 산림지대이지만, 군영이 위치했던 곳은 오히려 시원한 고원평야가 펼쳐진 곳이었다고 한다. 그렇다면 현재 길림성 유하현 양수하자진 소북차촌이 당시 백서농장의 위치라고 판단된다. 소북차촌은 양수하자진 남쪽 19리 되는 곳에 있다. 三界山(해발 1,052미터) 정상부위에 자리 잡은 소북차촌은 서쪽으로 팔리초 林場에서 산위로 약 15리 지점에 있고, 동쪽으로는 양수하자진으로 통하는 白山-長春 省級公路에서 산 위로 약 15리 지점에 있다. 이곳에는 말 그대로 확 트인 고원평야가 펼쳐져 있으며 마을 가운데는 합니하가 동쪽에서 서쪽으로 흐른다. 날씨가 맑은 날에는 삼계산 정상에서 백두산이 보인다는 소북차촌 일대는 당시 통화현 제8구 팔리초 관할 소백차였다고 한다. 현재 소북차촌은 주민이 전부 30여 호이고 모두 漢族으로서 1930년대 일제가 만든 마을이다. 현지 노인의 말에 따르면 그들은 부모를 따라 山東省에서 소북차촌에 왔는데 이곳에는 거주민이 한 집도 없었으나 초석을 비롯한 무너진 집과 개간한 밭 흔적들이 있었으며 현 주민의 집 건축에도 그 초석이 이용되었다고 한다. 소북차촌은 고원평야에 있기 때문에 지금도 야수들이 출몰하고, 교통사정도 아주 열악하여 11월 말부터 이듬해 4월 말까지 눈 얼음이 녹지 않아 교통이 단절된다"(허영길, 〈만주지역 자료로 본 재만 안동인의 독립운동〉, 《안동독립운동기념관개관기념학술회의발표지》, 2007, 50~51쪽).

26) 원병상, 〈백서농장사〉, 11~12쪽 ; 《신흥학우보》 제2권 제2호.

27) 원병상, 〈백서농장사〉, 19쪽.

백서농장 입구 팔리초 전경

1916년(또는 1912년)에 새로운 자치단체 부민단(扶民團)이 조직되었다. 기록에 따르면 초대 단장으로 이상룡·허혁(許赫)·김동삼이 등장한다. 허혁은 허환, 혹은 허노라는 이름을 사용하였는데, 의병장 허위(許蔿)의 둘째형이며, 안동과 이웃한 진보에서 의병장으로 활동했던 인물이다. 그리고 삼원포에 세워진 삼광학교(三光學校)의 교장으로 김동삼의 동생인 김동만(金東滿, 1920년 경신참변 때 일본군에게 학살됨)이 활약하였다.

(3) 한족회와 서로군정서

3·1운동이 일어나던 무렵, 남만주 일대에서 활약하던 독립운동가들은 〈대한독립선언서(大韓獨立宣言書)〉를 발표하였다. 제1차 세계대전이 끝난 직후 나라 안팎에서 〈독립선언서〉가 발표되었는데, 그 흐름을 앞장서서 이끌어낸 것이 이 선언이다. 여기에 서명한 사람은 모두 39명

〈대한독립선언서〉

인데, 안동 출신으로는 이상룡과 김동삼이 참여했다. 3·1운동을 일으키면서 서울에서 발표한 선언서의 서명자 33인 가운데는 그다지 알려지지 않은 종교지도자도 많지만, 만주에서 발표한 〈대한독립선언서〉의 대표 39인은 다들 이름이 널리 알려진 '민족 대표급'이었다. 대종교 교주 김교헌(金敎獻)을 선두로 안창호나 이승만(李承晩) 등 당대 최고의 지도자들로 구성되었다. 그 가운데 안동인으로 이상룡과 김동삼이 포함되었던 것이다.

같은 무렵인 1919년 3월 만주 한인사회의 자치기구를 다시 만들었으니, 한족회였다. 이상룡은 중앙위원회 위원을, 김동삼은 총무사장을, 김규식이 학무부장을 각각 맡았으며, 신흥무관학교를 졸업한 김성로도 여기에 참여하였다.

한족회는 정부 조직체 수립에 나섰다. 이미 독립을 선언했으니, 다음으로 독립국을 유지할 정부조직체가 필요했다. 우선 3·1운동 직후 국내에서 만주로 이동해오던 청년들을 동력으로 활용할 계획을 세웠다. 그러자면 이들을 군사력으로 키울 무관학교가 필요했다. 그래서 1919년 5월에 신흥무관학교를 만들었다. 그런데 이 신흥무관학교는 어느 날 불쑥 솟아난 것이 아니라, 신흥강습소와 신흥중학교를 이어받은 것이었다. 다만 본격적으로 군대를 육성하는 체제로 바꾸었다는 점에서 커다란 차이를 보였다. 더구나 일본육군사관학교 출신이자 일본육군 중위 출신 이청천과 김광서가 망명해 와서 교관을 맡아 독립운동 진영에 감동을 불러일으켰다.

이들은 군정부, 곧 군사정부를 수립하려 했다. 그런데 마침 상해에서 임시정부가 수립되었다는 소식을 들은 그들은 임시정부 아래에 자리하는 군정서 조직을 건설하는 것으로 그 방향을 잡았다. 그리하여 1919년 11월에 서로군정서(西路軍政署)를 조직하였다. 조직은 독판부(대표부)·정무청(민정담당)·군정청(군정담당)·참모부(군사지휘) 등으로 구성되었다.

최고 대표직인 독판에는 이상룡이, 군사지휘를 총괄하는 참모부의 대표인 참모장에는 김동삼이 선임되었다. 그리고 교관으로는 지청천(池青天, 이청천이라 개명)·신팔균(申八均)·김경천(金擎天, 金光瑞)이 활약하였다. 이외에도 안동 출신 인사로 법무사장에 선임된 김형식, 김동만·김규식·김원식(金元植)·김만수(金萬秀)·김만식·류기동(柳基東)·류림(柳林)·김창로(金昌魯, 김형식의 아들)·김응섭(金應燮) 등을 빼놓을 수 없다.

또 1910년대 활동한 단체로 자신계(自新契)·공리회(共理會)·길남사(吉南社) 등이 등장한다. 자신계는 이상룡이 유하현 일대에서 황무지를 빌려 논농사를 벌인 조직이다. 성수하자(城水河子)·해룡현 사팔석(四八石, 八石은 만주어로 地方이라는 뜻)·오인반(五人班) 일대, 청원현 남산성자(南山城子)·반석현 호란진(呼蘭鎮)·반석진(盤石鎮) 등지가 주된 무대였다. 일

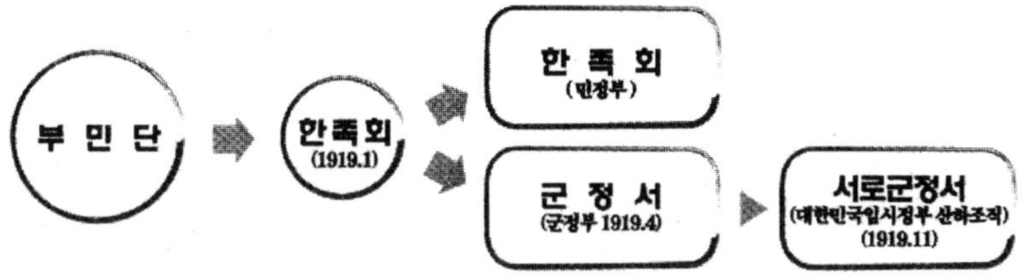

만주 지역 한인 자치단체의 조직 변화

제의 기록에 따르면 송순(宋順)을 비롯한 10여 명의 안동인들이 1918년 무렵 유하현에서 반석진 부근으로 이주하여 논농사를 지은 것으로 나타난다.[28] 공리회는 같은 시기 김대락·김형식 등이 통화현에서 조직한 것이고, 길남사는 이상룡이 1919년 화전현 밀십하(密什河) 부근으로 자리를 옮겨 개척한 농장이다. 그는 이곳에서 농번기에는 청장년들에게 농사를 짓게 하고 농한기에 군사훈련을 진행하는 병농일치제를 실시하였는데, 이는 국내에서 이미 대한협회 안동지회 시절부터 구상하던 전략을 실천에 옮긴 것이다. 한편 이 시기에 대사탄에서는 안동 출신 목사 권순백(權順伯)과 김하성(金河聖) 등이 독립운동을 벌이기도 하였다.[29]

3. 1920년대 독립운동

서간도 남만주에 터를 잡은 안동인들은 1920년대에 들면서 왕성한 활동을 펼쳤다. 1920년 봉오동전투와 청산리 승첩을 전후하여 일본군은

28) 《外務省警察史》 제13권 3, 만주부, 1997, 365~366쪽.
29) 《外務省警察史》 제10권 3, 만주부, 〈海龍領事館〉, 1997, 79쪽 ; 興京縣公署, 民國9年 檔案 참조(허영길, 〈만주지역 자료로 본 재만 안동인의 독립운동〉, 《안동독립운동기념관 개관기념학술회의발표지》, 2007, 48~49쪽에서 재인용).

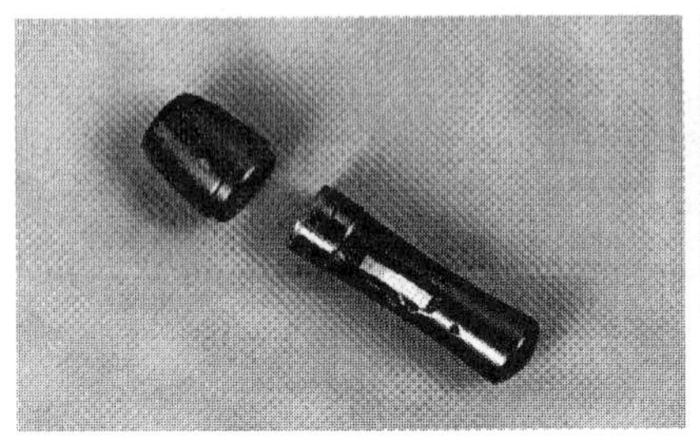
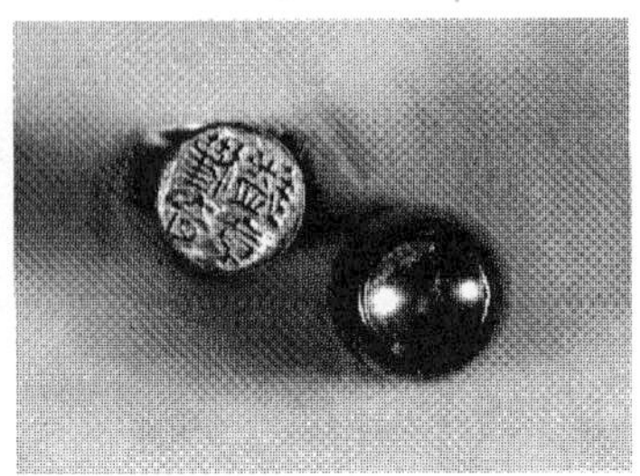

권기일이 한족회에서 사용하던 도장

대대적인 공격으로 나왔고, 특히 독립운동의 터전인 동포사회를 초토화하는 만행을 저질렀다. 그런 가운데 권기일·김동만 등이 희생되자, 이상룡과 김동삼 등 지도자들은 일단 가족들을 국경에서 먼 곳으로 옮겨 안전하고도 든든한 후방기지를 만들었다. 그 기지가 바로 길림성 아성현 취원창(聚源昶, 현재 흑룡강성 하얼빈시 阿城區 巨源鎭)이다. 취원창은 교통이 불편하고 일제와 동북군벌의 세력이 제대로 미치지 못하고 있었으며, 송화강 지류인 배극도 강을 끼고 있어 논농사에 적합한 유리한 지리 조건을 갖고 있었다.

이상룡·김동삼 등 지도자들은 화전현에 거주하고 있던 가족들과 서로군정서·통의부 소속의 영남 인사들을 비롯하여 먼저 100여 호의 한인을 취원창으로 이주시켰다. 일제의 기록에 따르면 1925년 4월 아성현 취원창에 160호 한인이 300정보 밭을 개간하였다고 한다.[30] 그 뒤 취원창 후방기지는 1924년부터 1934년까지 약 10년 사이에 한인이 250호로 증가하였고, 논밭 490상이 개간되었다.[31] 또한 민족주의자들은 취원창에 학교를 세우고 논농사에 종사하면서 독립운동을 힘있게 밀고 나갔다. 1924년 4월 22일 취원창에 이주한 안동 출신이자 서로군정서 헌병 출신

30) 《外務省警察史》 제9권, 3, 만주부, 1997, 188~189쪽.
31) 김중생, 《북만주 반일운동 근거지 취원창》, 명지출판사, 2001, 4~5쪽.

인 류동범(柳東範)·김만수 등은 하얼빈 주재 일본영사관 소속 특별형사 경찰부장 구니요시 호마사(國吉寶正)를 비롯한 중·일 경찰들과 접전을 벌여 형사경찰부장 등 여러 명을 사살하고 장렬하게 전사하였다.[32)]

1920년대 안동인들이 참가한 조직으로 대한통군부(大韓統軍府, 1922)·대한통의부(大韓統義府, 1922)·전만통일회의(全滿統一會議, 1924)·정의부(正義府, 1924)·민족유일당 재만책진회(民族唯一獨立黨 在滿策進會, 1928)·혁신의회(革新議會, 1928) 등이 대표적이다. 이 과정에서 이상룡이 정신적 지주라면, 김동삼은 실제 활동의 중심이었다. 또 이상룡이 1910년대를 장식했던 인물이라면, 김동삼은 1920년대를 수놓은 '별'이었다.

김동삼은 1920년 7월 이청천과 함께 서로군정서군을 안동현으로 이동해 대한군정서(大韓軍政署)와 연합 작전을 폈다. 1922년 봄에 대한통군부 교육부장를 맡은 김동삼은 8월에 남만 한족통일회의(南滿 韓族統一會議)를 열고, 서로군정서·대한독립군단(大韓獨立軍團)·관전동로한교민단(寬甸東路韓僑民團)·대한광복군영(大韓光復軍營)·대한정의군영(大韓正義軍營)·대한광복군총영(大韓光復軍總營)·평안북도독판부(平安北道督辦部) 등의 독립군 대표와 논의하여 대한통의부를 결성하고 총장이 되었다. 김동삼이 보인 통합운동의 전형적 활동 가운데 하나였다. 신흥무관학교 출신 이덕숙도 통의부에서 활약하였다. 그리고 통의부의 의용군은 국경 지역에서 국내 진입작전을 시도하기도 했다.[33)] 1923년 1월부터 상해에서 국민대표회의(國民代表會議)가 열리자, 김동삼은 서로군정서 대표로 참석하여 의장을 맡았고, 김형식도 한족회 대표로 참석하였다.

만주로 다시 돌아온 김동삼은 1924년 3월 전만통일회의주비회(全滿統一會議籌備會)에 대한통의부 대표로 참석하여 교육분과위원으로 활약

32) 《外務省警察史》 제14권, 3, 만주부, 1997, 397쪽.
33) 尹炳奭, 《獨立軍史》, 지식산업사, 1990, 231~242쪽.

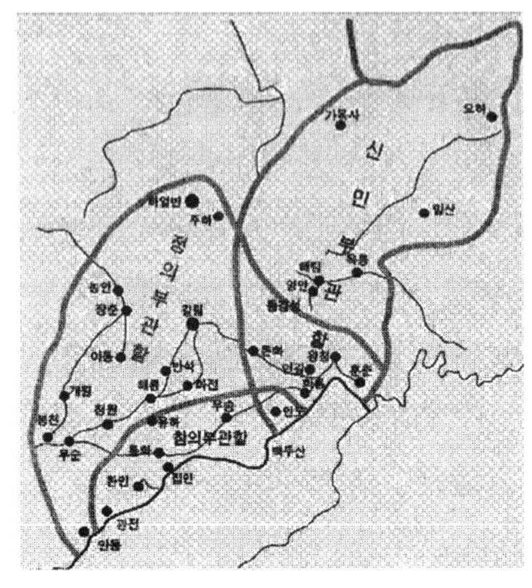

삼부(三府) 관할 지역도

하였다. 각 지역에 작은 물방울처럼 만들어진 조직들을 효율적으로 운영해 나갈 통합체가 필요했던 것이다. 김동삼은 여기에서 교육위원으로 뽑혔고, 김형식이 중앙행정위원이 되었다. 또한 이광민도 서로군정서 대표로 참석하여 왕성한 활약을 보였다.

1924년 11월에 정의부가 발족되었다. 작은 규모의 독립운동 단체들이 큰 조직으로 뭉쳤는데, 정의부(正義府)·참의부(參議府)·신민부(新民府)가 바로 그것이었다. 정의부는 압록·두만강 너머를 비롯해 길림성과 흑룡강성 지역 전체를 장악하는 조직이었다. 김동삼은 중앙행정위원 겸 외무위원장, 김원식은 간정원(幹政院) 비서장, 김응섭은 중앙심판원장, 이광민은 민사부 서무과 주임위원 등을 맡았다.[34)]

1927년 4월 김동삼은 김이대(金履大)·현정경(玄正卿) 등 정의부 간부 30여 명과 함께 농민호조사(農民互助社)를 결성하였다. 농민들의 상호부조 속에 독립운동의 근거지를 굳게 만드는 일이었다. 다시 1928년 5월 김동삼은 정의부를 대표하여 만주 지역 독립운동계의 대통합에 나섰다. 삼부를 하나로 통합하려는 노력이었다. 여기에 김동삼과 김원식은 정의부 대표로 참석하였다. 그러나 대통합에는 여러 가지 문제가 노출되었다. 이념이나 통합 방법을 둘러싸고 극복해야 할 문제가 너무 많았던 것이다.[35)]

---

34) 尹炳奭, 《獨立軍史》, 지식산업사, 1990, 256~267쪽.

1928년 7월 삼부 통일회의 결렬에 앞서 김동삼은 정의부를 이탈하였다. 그리고 그를 비롯한 이탈 세력은 김응섭의 집에 모여 혁신의회를 조직하고, 김동삼이 의장을, 김원식이 중앙집행위원장을 각각 맡았다. 1928년 좌우합작을 도모하고자 민족유일당 재만책진회가 조직되었고, 조직은 중앙집행위원장인 김동삼과 동지 김원식에 의해 유지되어 갔다. 한편 정의부의 활동이나 삼부 통합운동의 뒤에는 항상 이상룡의 지도가 있었다. 70대의 노령이면서도 그는 통합운동에 지속적으로 관심을 기울였다.

4. 1930년대 이후 독립운동

1930년대는 안동 출신 최고지도자들이 세상을 떠나고, 새로운 세대가 그 뒤를 잇는 시기였다. 1931년 김동삼과 이원일이 검거되고, 1932년 이상룡이 순국하였기 때문이다. 그러나 최후의 순간까지도 그들의 활동은 열정적이었다. 1930년 1월 김동삼·김원식 등은 같은 안동 출신인 김응섭과 손잡고 재만한인반제국주의동맹(在滿韓人反帝國主義同盟)을 결성해 당시 남만 한인농민들이 가장 관심을 갖고 있던 토지소유권문제, 반일반봉건과 한국독립을 결부시켜 투쟁방향을 확립함으로써 한인농민들의 이익을 대표하는 단체로 떠올랐다.

김동삼을 비롯한 안동 출신들은 대체로 1930년 7월에 조직된 한국독립당(韓國獨立黨)에 소속되고, 김동삼은 고문을 맡았다. 1930년 10월에 중국 동북변방 부사령관인 장작상(張作相)이 길림성 지역 귀화한교 대표

35) 국사편찬위원회, 《한국독립운동사》 자료 4, 1965, 872~879쪽 ; 蔡根植, 《武裝獨立運動秘史》, 공보처, 151~152쪽.

이상룡의 순국지 소과전자촌(길림성 서란현) 전경

를 소집하자, 김동삼은 거기에 참석하였다. 그는 중국 당국으로부터 "종래 한인에 대한 취체 규정이 없어 무리한 경우가 있었음을 인정하고 각 현에 엄명하여 한인 보호에 노력중이니 양해 바란다"는 답을 받아냄으로써 동포들의 생활 안정에 큰 도움을 주었다.

1931년 김동삼은 재만책진회 집행위원장을, 사돈 이원일은 아성현 주민회장을 맡았다. 그러던 그해 10월 5일 두 사람은 하얼빈에서 일제 군경에 검거되고 말았다. 또 김응섭도 중국 관헌에 검거되어 일본에 인도되었다. 이로 말미암아 재만책진회와 재만한인반제국주의동맹은 해체되었다.

한편 이상룡은 1930년 서란현 소성자촌(小城子村)에 은거하다가 소과전자촌(燒鍋甸子村)으로 다시 자리를 옮긴 뒤, 만 74세가 되던 1932년 음력 5월 12일 순국하였다. 임종을 앞두고 아들 이준형, 손자 이병화(李炳華)와 이진산(李震山) 등이 찾아왔을 때, 이상룡은 그들에게 "인생은 아무 때건 한번은 마지막 길을 가야 하기에 유감될 것은 없으나 혈한(血恨)을 풀지 못하고 구천에 가서 무슨 면목으로 선친들을 대하겠는가"라고 말하였다.[36]

김동삼(서대문형무소)

국내로 이송되어 평양형무소와 서대문형무소에서 옥고를 겪던 김동삼은 일제가 중일전쟁(中日戰爭)을 일으킨 1937년 옥사하였다. 일제강점기임에도 한용운(韓龍雲)의 주도로 사회장이 치러졌고, "내가 조국에 끼친 바 없으니 죽은 뒤 유해나마 적 치하에 매장하지 말고 화장하여 강산에 뿌려 달라"는 옥중 유언에 따라 그의 유골은 한강에 뿌려졌다.

1930년대 만주 지역에서는 좌파 청년들의 활동이 강하게 나타났다. 이미 1920년대 중반부터 조선공산당 만주총국의 활동이 두드러지기 시작했지만, 특히 1930년대에 들면서 중국공산당이 한인 공산주의자들의 역량에 눈길을 보내기 시작할 만큼 왕성한 모습을 드러냈다. 여기에 의열단(義烈團)출신이던 이동산(李東山, 본명 權正弼)이 '제1차 간도공산당사건' 뒤 조선공산당 만주총국(화요파)의 책임비서를 맡았다.[37] 마침 1930년 3월 코민테른의 일국일당 원칙에 따라 화요파(火曜派)는 ML파와 더불어 중국공산당에 가입한다고 밝혔다. 이제 조선공산당원들은 모두 중국공산당 만주성위원회 구성원이 된 셈이다. 당시 만주 지역 2,000여 명의 중

36) 허은, 《아직도 내 귀엔 서간도 바람소리가》, 정우사, 1995, 159~160쪽.
37) 《外務省警察史》 제15권 3, 만주부, 1997, 188쪽.

국공산당원 가운데 한인 당원이 80~90퍼센트를 차지하였다.[38]

안동 출신 청년들도 사회주의 노선으로 전환하였다. 특히 이준형·이광민·이광국·이병화 등 이상룡의 후예들이 핵심을 이루었고, 김응섭도 그 대열에 참가했다. 이들은 어린 나이에 어른을 따라 만주로 망명하여 힘들고 고된 시절을 보내면서 공산주의를 쉽게 받아들였다. 특히 이상룡이 노년에 들어 사회주의를 유학적 바탕 위에 재해석하고 수용하는 것을 지켜본 그들로서는 당연한 선택이었다. 그래서 이들은 한족노동당(韓族勞動黨)·남만청년총동맹(南滿青年總同盟) 등 단체를 조직하여 한인 농민들의 이익을 대변하는 인물로 성장할 수 있었던 것이다. 1930년 5월 하얼빈 일본영사관 습격전에 참가한 이광국,[39] 아성현 일대에서 창당 활동을 벌이던 이동산은 대표적인 인물이다. 이동산은 1931년 12월 하얼빈에서 일제 경찰에 붙들려 옥고를 치르고 나오자마자 순국했지만, 그의 영향 아래 있던 인물들은 장차 동북항일연군(東北抗日聯軍) 제3군단의 핵심이 되었다.[40]

안동인으로 1930년대 사회주의 운동에서 이름을 떨친 인물도 많다. 조선공산당 만주총국 위원 김응섭, 조선공산당 만주총국(화요파) 책임비서 이동산, 조선공산당 만주총국 동만구역국 책임비서 안기성(安基成), 조선공산당 고려공산청년회 만주총국 집행위원 이병화, 중국공산당 반석현위원회 위원 이준형·이광국, 중국공산당 액목현 신참(新站)당지부 서기·중국공산당 연화현위원회 군사부장 이성철(李聲澈), 동북항일연군 제1군단 제3사단 정치부 주임 류만희(柳萬熙, 본명 柳永俊), 동북항일연군 한호(韓浩, 안동 임하 천전 출신, 본명 金永魯)등이 대표적이다.

38) 허영길, 〈만주지역 자료로 본 재만 안동인의 독립운동〉, 《안동독립운동기념관개관기념 학술회의발표지》, 2007, 61쪽.

39) 김중생, 《북만주 반일운동 근거지 취원창》, 명지출판사, 2001, 93~94쪽.

40) 《外務省警察史》 제15권 3, 만주부, 1997, 189쪽.

류만희는 새세대 안동 지역 사회주의자들 가운데 대표적인 인물이다. 풍천면 하우(河遇, 하회를 하우라고도 부름)에서 전주류씨 류동진(柳東鎭)의 아들로 태어난 그는 1925년 부모와 함께 만주로 갔다. 그가 항일운동에 참가하자 일제는 그의 어머니와 두 남동생을 붙잡아 생매장하였다. 이에 격분한 류만희는 항일부대에 참가하고, 아버지도 항일부대에 참가하여 싸우다가 희생되었다. 1934년 중국공산당에 가입한 그는 동북인민혁명군 제1군 제1사 제5연대 통신병, 청년과장, 동북인민혁명군 제1군 제3사 정치부주임, 제1로군 제1군 제3사 정치부주임, 제1군 참모 등을 역임하면서 수많은 전과를 올렸다. 1937년 여름과 가을에 걸쳐 류만희는 일본군 토벌대를 물리치고 거듭 상당한 전과를 올렸고, 그해 겨울 사단장이 전사하자, 3사단의 지휘를 맡았다. 그는 1938년부터 1939년 사이에 수많은 전투를 치렀고, 전투를 치르는 동안 많은 인명 손실을 입는 바람에 1940년 초에는 13명의 대원만 살아남았다. 불행하게도 그는 그해 3월 변절자의 손에 의해 전사하고 말았다. 이것으로 안동인이 참가한 항일연군의 역사도 막을 내렸다.[41)]

5. 만주 지역에서 활동한 안동인들의 특성

만주 지역에서 펼쳐진 안동인들의 활약은 다른 지역 출신 인물과 견줄 때 몇 가지 독특한 성격을 보인다. 물론 활동 내용에는 보편적인 면도 있지만, 그 가운데 두드러지는 특성도 있다는 말이다.

첫째, 재만 안동 지역 민족주의자들의 주장은 독립전쟁론이 주류를

41) 허영길, 〈만주지역 자료로 본 재만 안동인의 독립운동〉, 《안동독립운동기념관개관기념학술회의발표지》, 2007, 62~63쪽.

答安島山 昌浩 ○ 庚申
夙仰大名 玆承先施惠函 獲擎感誦 不知所謝 循環
之天有往必復 吾韓適當復活之會 國民慶抃 豈有
異同 竊念此事 始於外交 終於血戰 不待智者而可
以預推 閣下以先覺天民 總攬政務 平日所蘊蓄於
中者 出而施措 此其時矣 幸蚤定紆籌 確立鞏基 以
副中外之渴望焉 俯示四項要領 大家政見 適合時
宜 無庸贅述 至欲聞此間情形 則盛問之下 不覺汗
顏 渡江八九年 多少用意 只在於結社自治 尚武教
育二者 而各困生活 心手鑿枘 無甚成績可以藉手
自詡者 客春以來 目見時機急迫 始組織軍務機關
編成二旅之制 而以啓元有一飯之先 謬推總裁之
任 衰懦蒙昧 豈其人哉 特為調和鎮定之責 頗靠老
年 黽勉就職于玆半載 現在新校養成的優等資格
為五六百人 二等三等資格為七八百人 新募未經

이상룡이 안창호에게 보낸 편지

이루었다. 단적인 예로, 1920년 이상룡이 안창호에게 보낸 서한은 그러한 정황을 잘 보여준다. 곧 이상룡은 광복이 외교에서 시작하여 혈전으로 끝나는 것이라고 지적하고, 외교는 수단이고 군사력이 궁극적으로 광복을 가져오는 힘이라고 천명하였다.[42] 그런데 눈여겨 볼 점은 이러한 선택이 새삼스러운 것은 아니라는 사실이다. 이미 국내에서 대한협회 안동지회를 이끌 때, 이상룡이 선택한 길이 바로 군사력 양성이었다.[43] 그러한 뜻을 국내에서 구현하기 힘들다고 판단하자, 바로 망명으로 발길을 돌렸던 것이다.

42) 이상룡, 〈答安島山〉, 《石洲遺稿》, 석주이상룡기념사업회, 1996, 118쪽.

43) 학계에서 계몽운동에 대해 인물을 기르고 민족자본을 육성하여 독립을 지향하는 것으로 성격 짓지만, 이상룡이 이끈 계몽운동 단체 대한협회 안동지회는 군사력을 길러 독립전쟁을 추진하는 데 목표를 두었다. 계몽운동의 개념 규정을 재고할 필요가 있다.

둘째, 안동인들은 좌우 분화와 갈등 구도 속에서도 비교적 통합과 통일을 추구한 특성을 보였다. 안동인들은 이미 국내에서 의병과 계몽운동의 합일점을 추구했던 역사적 경험을 갖고 있었다. 의병에서 이어받은 독립전쟁론과 새롭게 수용한 공화주의 이념 위에 이들은 폭넓은 이념의 틀을 갖추고 있었다. 더구나 사회주의마저도 유학적 범주에서 해석하고 수용할 정도였다. 따라서 김좌진(金佐鎭)을 비롯한 대표적인 지도자들이 좌우갈등 구도 속에서 암살되거나 희생될 때에도 안동인들은 큰 갈등을 겪지 않고 포용하는 자세를 보였다.

셋째, 만주 지역 독립운동의 최고 반열에 속한 안동인들이 많았다. 1910년대 개척 초기 경학사 초대 사장으로 선임된 이상룡이나, 김대락이 두드러졌고, 1920년대 만주 지역 최고 인물이자 1923년 국민대표회의 의장에 선임된 김동삼 등이 대표적이다. 1930년대에 들면서 세대교체가 이루어져 이광민이나 한호, 류만희 등이 신세대 주자로 떠올랐다.

넷째, 몇 개의 문중 인물이 주류를 형성하였다. 김대락과 김동삼을 비롯한 의성김씨 천전(내앞)문중, 김대락의 매부인 이상룡을 비롯한 고성이씨 문중, 김원식을 비롯한 의성김씨 금계문중, 류인식을 비롯한 전주류씨 문중, 이원일을 비롯한 진성이씨 문중, 김응섭 등 풍산김씨 오미문중, 김시현 등 안동김씨 현애문중, 배영진(裵永進) 등 홍해배씨 예안문중 등이 대표적이다. 이들은 통혼권의 바탕 위에 함께 망명했을 뿐만 아니라, 망명지에서도 다시 혼반을 이루면서 항일투쟁을 펼쳐나갔다. 이 가운데서도 내앞마을과 금계마을의 의성김씨, 시내 법흥동과 와룡 도곡의 고성이씨 문중이 두드러진다.

다음의 〈표 50〉에서 안동 출신 인사들의 면면을 확인할 수 있다.

〈표 50〉 만주 지역 독립운동에 참가한 안동인[44)]

이 름	본관	생몰연도	출신지	훈장/연도	활동분야	비 고
권가일	안동	1886–1920	남후 대곡	애국장/90	한족회	1920년신흥무관학교에서 일본군에 의해 순국
권 순	안동	1909–?	예안		길림성 반석현 망명 이상룡 계열 활동	
권오직	안동	1906–?	풍천 가곡		고려공청, 조선공산당, 모스크바·瀋陽 왕래	권오설 동생 월북
권정필	안동	1886–1935	안동 시내	애국장/90	의열단, 1차 간도공산당, 조공만주총국(화요파) 책임비서	출옥직후 병사
권중봉(權重哲)	안동	1891–1967	서후 명동		신흥중학교, 부민단, 국민부	
권태석	안동	1898	풍산 막곡		정의부, 북만조선인총동맹	1909년 부친과 寧安縣 망명
김규식	의성	1880–1945	임하 천전	애국장/96	한족회, 서로군정서, 정의부	1912년 渡滿
김대락	의성	1845–1914	임하 천전	애족장/90	신흥강습소, 경학사	李相龍 손위 큰 처남
김동만(金纘植)	의성	1880–1920	임하 천전	애국장/91	한족회, 서로군정서	김동삼 동생, 1920년 피살 순국
김동삼(金肯植)	의성	1878–1937	임하 천전	대통령/62	백서농장, 통의부, 정의부, 한국독립당	1911년 20여 호 이끌고 망명, 서대문형무소서 옥사
김만수	풍산	1894–1924	풍산 오미	독립장/63	서로군정서	
김만식	의성	1866–1933	임하 천전	애족장/99	서로군정서	김대락 조카

44) 이 표는 장세윤의 연구 《중국동북지역 민족운동과 한국현대사》, 명지사, 2005, 95~98쪽(출전 : 김희곤, 《안동의 독립운동사》, 안동시, 1999 ; 김희곤, 《안동 독립운동가 700인》, 안동시, 2001 ; 김중생, 《북만주 반일운동 근거지 聚源昶》, 명지출판사, 2001 ; 강만길·성대경 편, 《한국사회주의운동 인명사전》, 창작과비평사, 1996 ; 조선총독부 경무국, 《國外ニ於ケル容疑朝鮮人名簿》, 1934)에 있는 표를 기본으로 삼고, 수정·보완한 것이다.

김병달	의성	1894-?	임하 천전		金大洛·金東三과 함께 망명 정의부	國外容疑朝鮮人名簿
김병대	의성	1889-1975	임하 천전		정의부	협동학교 1회 졸업생 중도 귀국
김병만	의성	?-?	임하 천전		김동삼·이상룡과 망명 정의부	
김사순	안동?	?-?	?		신흥무관학교	
김성로	의성	1896-1936	임하 천전	애국장/90	신흥무관학교, 북로군정서, 청산리전투 참가	김대락 손자
김성로 (金聲魯)	의성	1890-1922	임하 천전	애국장/91	부민단, 한족회, 서로군정서	협동학교 1회 졸업
김시현	안동	1883-1966	풍산 현애		극동민족대회 참가, 의열단	극동민족대회 참가, 의열투쟁
김연환	의성	1879-1947	서후 금계	애족장/90	만주망명, 군자금모집	
김우상		1899-?	예안		1911년 渡滿, 正義府	國外容疑朝鮮人名簿
김원식	의성	1888-1940	서후 금계	독립장/68	서로군정서, 정의부, 혁신의회, 민족혁명당	1919. 4 망명, 1932년 중국관내 이동, 민족혁명당
김응섭	의성	1878-1957	풍산 오미		서로군정서, 한족노동당, 정의부, 조공 만주총국	
김장식	의성	1898-1949?	임하 천전	애국장/95	서로군정서, 통의부, 정의부	1919년 2월 渡滿
김재봉	풍산	1891-1944	풍산 오미	애국장/05	임정지원활동, 고려공산당, 조선공산당 책임비서	극동민족대회 참가
김정묵 (김정연)	의성	1905-1950	임하 천전		정의부 등 후원	김동삼 장남
김정식	의성	1888-1941	임하 천전	애족장/93	서로군정서	김대락 조카
김정현	안동	1903-1964	풍산 현애	애족장/90	의열단, 신민부	김시현 아우

김중한	안동	1897–1952	시내 법상	애족장/90	신흥무관학교, 서로군정서, 청산리전투 참가	
김지섭	풍산	1884–1928	풍산 오미	대통령장/62	의열단	일본 이중교 투탄의거
김창로	의성	1889–1943	임하 천전		서로군정서, 군자금모집	金大洛 손자
김태규	안동	1891–1931	길안 용계	애족장/90	신흥무관학교, 청산리전투, 정의부	
김형식	의성	1877–1950	임하 천전		경학사, 서로군정서, 길림 육문중학 교사, 정의부, 조선독립동맹	해방후 남북연석회의 개회선언, 한국전쟁 때 자결
김형팔	의성	1887–1965	임하 천전		교남교육회, 만주항일	
류동범	전주	?–1924	임동		1924년 하얼빈에서 전사	북만주독립운동 근거지
류 림 (柳華永)	전주	1894–1961	예안 계곡	독립장/62	서로군정서, 조선공산무정부주의동맹, 임시정부	
류세진		1886?–1923	임동	애국장/95	통의부 의용군	전사
류시언	풍산	1895–1945	풍천 구담	애국장/90	길림교육회, 고려공산당, 국민대표회의	
류연덕	전주	1894–1923	임동	애국장/95	대한통의부	
류연복	전주	1890–1965	임동 수곡	애국장/90	간도독립단, 군자금 모집	
류인식	전주	1865–1928	예안 삼산	독립장/82	협동학교, 신민회, 경학사	1912년 후반 자금마련 위해 귀국후 피체
류진걸 (류정식)	전주	1899–?	임동		북간도(연변)에서 사회주의 운동 종사	
배영진	흥해	1864–1919	예안 도촌	애족장/90	한족회, 황무지 개척	
배재형	흥해	1894–1919	예안 정산		신흥무관학교 교관, 病死	아내 김씨(금계 金益模 딸) 자결

심재한	청송	1868-1946	안동			서간도 망명
안기성	순흥	1898-?	풍산 가곡		조선공산당 만주총국 東滿區域局 책임비서	월북 후 숙청됨 이승엽 장인
안상훈	순흥	1898-?	와룡 가구		연해주 소학 교사 吉林省 敦化縣에서 '조선공산당 재건설준비위원회' 참가	모스크바·연해주 왕래. 안상길 동생
유만희	전주	1916-1940	풍천 하우 (하회)		동북인민혁명군 1사 동북항일연군 1군 3사 정치부 주임	
유연익	전주	1901-1992	임동 수곡	애족장/96	3·1운동 참가 후, 만주 망명	
이광민 (이영형) (이문형)	고성	1895-1946	시내 법흥	독립장/90	신흥학교, 서로군정서, 정의부, 조선공산청년회간부	이상룡 조카, 1925년 渡滿
이기호 (李基浩)	진성	1888-?	도산 토계		신민부, 고려공산청년회, 조공 만주총국, 민족유일당 조직동맹	
이덕숙	경주	1894-1960	시내 법흥	애국장/90	신흥무관학교, 통의부	
이동하 이원식	진성	1875-1959	예안 부포	애족장/90	東昌학교, 興京학교	桓仁·興京縣
이목호	진성	1879-1919	예안 월곡	애국장/90	신흥무관학교	
이병화 (이대용)	고성	1906-1952	시내 법흥	독립장/90	통의부, 한족노동당, 고려공산청년회, 재중국한인청 년동맹	이상룡 손자
이봉희	고성	1868-1937	시내 법흥	독립장/90	경학사, 서로군정서, 광복단, 중국공산당	이상룡 아우, 1911년 渡滿
이상룡 (이상희)	고성	1858-1932	시내 법흥	독립장/62	경학사, 서로군정서, 임시정부	

이성철 (이원동) (이윤송)	고성 (?)	1907-1936	시내 법흥?		고려공산청년회 만주총국, 중국공산당 연화현위원회 간부	반일폭동 중 피체, 서대문형무소 사형 순국
이승화	고성	1876-1937	시내 법흥	애족장/90	신흥강습소, 서로군정서	이상룡의 어린 족숙
이운형	고성	1892-1972	시내 법흥	애족장/90	3·1운동, 서로군정서	이상룡 조카 이상동 아들
이원록	진성	1904-1944	도산 원촌	애국장/90	의열단, 조선혁명군사정치 간부학교 졸업	이육사, 민족시인
이원박	진성	1898-?	도산		동아일보 榮州分局長, 정의부	國外容疑朝鮮人名簿
이원일	진성	1886-1961	도산 토계	애국장/90	경학사, 흥업단	金東三 사돈
이원태	진성	1899-1946	도산 토계		신흥무관학교	교재 저술
이준형	고성	1875-1942	시내 법흥	애국장/90	서로군정서, 통의부, 정의부	이상룡 아들 귀국후 자결
이형국	고성	1883-1931	와룡 도곡	애족장/90	경학사, 부민단, 한족회	이상룡 조카 이상동 아들
한호 (金永魯)	의성		임하 천전		동북항일연군	
홍종민		1913-?	와룡	애족장/90	한국독립군, 민족혁명당	

고성이씨 이상룡의 가계도(망명자와 포상자를 중심으로)

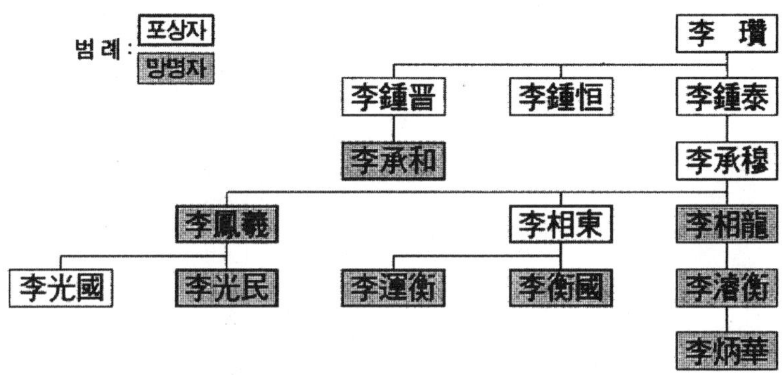

금계마을 의성김씨 김흥락의 가계도(망명자와 포상자를 중심으로)

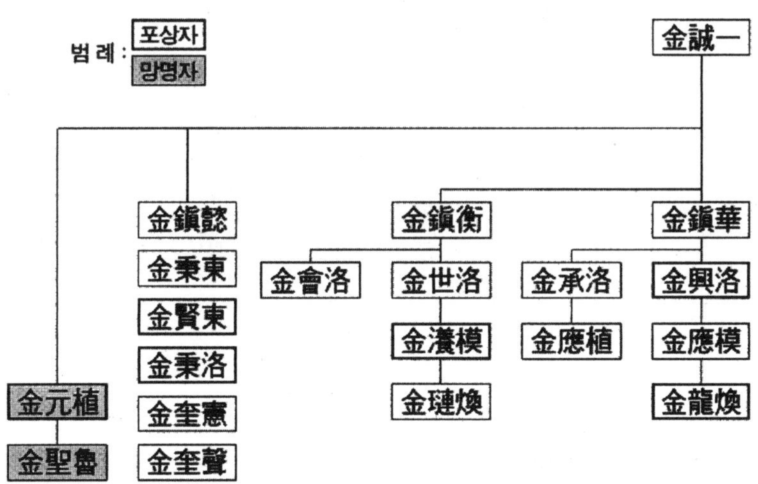

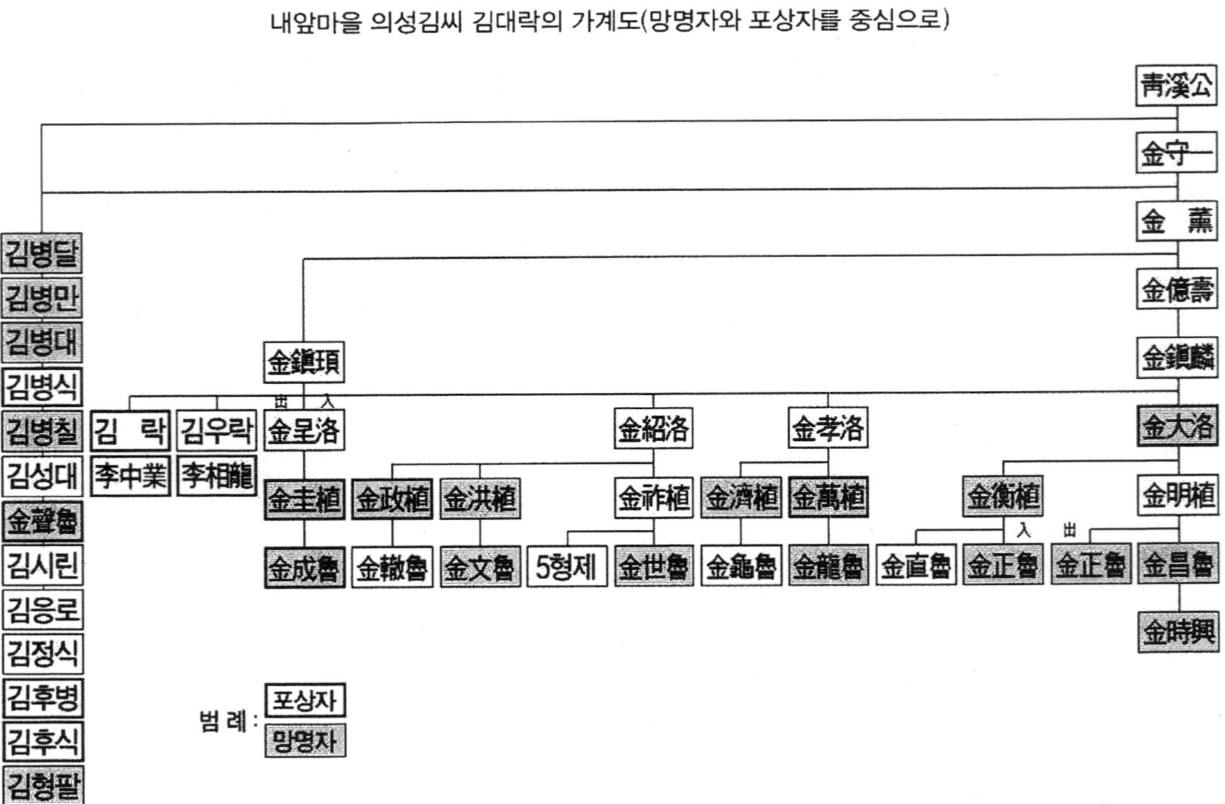
내앞마을 의성김씨 김대락의 가계도(망명자와 포상자를 중심으로)
青溪公
金守一
金 薰
金億壽
金鎭麟
金大洛
金明植
金昌魯
金時興
金正魯
金正魯
金直魯
金衡植
金孝洛
金萬植
金濟植
金龍魯
金龜魯
金紹洛
金祚植
金世魯
5형제
金洪植
金文魯
金政植
金轍魯
金圭植
金成魯
金鎭頊
金呈洛
김 락
李中業
김우락
李相龍
김병달
김병만
김병대
김병식
김병칠
김성대
金聲魯
김시린
김응로
김정식
김후병
김후식
김형팔
범 례 :
포상자
망명자

내앞마을 의성김씨 김동삼의 가계도(망명자와 포상자를 중심으로)

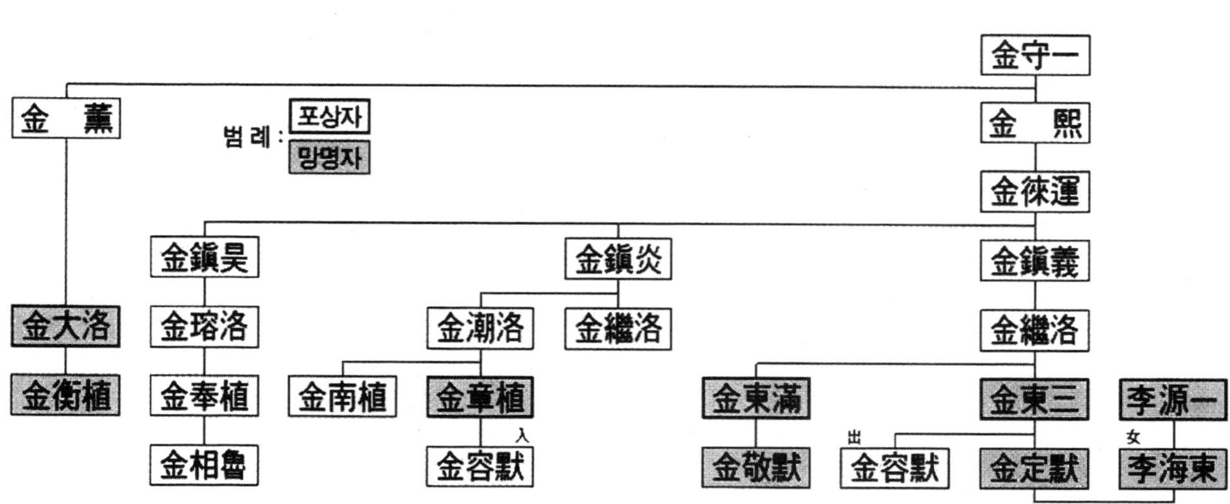

제2장 중국 관내와 기타 지역의 독립운동

1. 1910·20년대 중국 관내 독립운동

안동인들이 활동한 지역은 주로 만주 일대, 특히 서간도와 북만주였다. 이와 달리 중국 관내 지역에서 안동인들의 활약은 상대적으로 적은 편이다. 중국 관내 지역이라는 표현은 곧 만리장성 안쪽, 한국에서 볼 때 산해관 안을 뜻한다. 그곳에는 주로 상해와 북경, 그리고 후반기에는 중경이 주된 활동무대였다.

중국 관내 지역 한국독립운동은 1910년대에 시작되었다. 1912년 상해에서 조직된 동제사(同濟社)가 출발점이 되고, 그 뒤에 신한혁명당(新韓革命黨, 1915)과 신한청년당(新韓靑年黨, 1918) 등이 조직되어 독립운동의 터전이 마련되었다. 1919년 3·1운동의 계기를 마련한 곳도 상해이고, 3·1운동으로 표출된 국민의 뜻을 수렴하여 정부 조직체, 곧 임시정부가 수립된 곳도 바로 상해였다. 비슷한 무렵에 북경도 그러했다. 다만 이 지역은 임시정부가 수립된 뒤 주로 그 반대 세력들이 포진하는 성격을 보였다.

안동인들은 주로 만주 지역에서 활동했고, 관내 지역 활동자 수는 드물었다. 안동인의 모습이 확연하게 드러나는 시기는 3·1운동 직후, 임시정부 수립이 논의되던 시기였다. 김동삼(金東三)·김응섭(金應燮)이 대표적이다. 김동삼은 임시정부 수립을 논의하던 4월, 김응섭은 파리장서에 참가하면서 역시 같은 시기에 이곳에 도착했다. 그래서 두 사람은 모두 임시정부가 모습을 갖추어 가는 과정에서 중요한 역할을 맡았고, 특히 김응섭은 잠시 법무차장으로 선임되기도 했다.

와룡면 가구동 출신 안상길(安相吉)도 임시정부에 참가한 인물이다. 안창호(安昌浩)를 만나고 경북 교통부장이란 직책에 임명된 그는 임시정부를 지원하는 비밀기지를 건설하고자 국내로 들어왔다. 서울에서 김재봉(金在鳳)·김남수(金南洙) 등 안동 출신 인물들과 만나 협의한 뒤, 그는 대구에 미곡상점을, 안동에는 여관을 열어 활동 거점을 확보했다. 그리고서 상해에서 가져온 문서들을 이용하여 임시정부에 보낼 자금을 마련하고 지원 활동을 펼쳤다. 이러한 활동이 1920년에 들어 발각됨에 따라 안상길과 김재봉, 그리고 김남수는 모두 검거되고 옥고를 치렀는데, 일제는 이를 '조선독립단사건(朝鮮獨立團事件)'이라 이름 붙였다.[1]

임시정부 수립 이후에 안동인이 다시 등장한 무대는 의열투쟁이었다. 이 시기 의열단원으로서 의열투쟁사에 이름을 드러낸 안동 인물은 김시현(金始顯)과 김지섭(金祉燮)이 대표적이다. 의열단(義烈團)은 당시 만주와 중국 본토에서 조직된 많은 독립운동단체가 미온적이고 온건한 독립운동을 전개하고 있다고 보고, 이에 대한 반성으로서 급진적인 폭력투쟁을 목적으로 삼았다. 그 대표는 밀양 출신 김원봉(金元鳳)이었고, 이념을 체계화한 인물은 신채호(申采浩)였다.[2]

---

1) 김희곤, 《조선공산당 초대 책임비서 김재봉》, 경인문화사, 2006, 41~42쪽.
2) 朴泰遠, 《약산과 의열단》, 백양당, 1947 ; 염인호, 《김원봉연구 : 의열단, 민족혁명당 40년사》, 창작과비평사, 1993 ; 김영범, 《한국 근대민족운동과 의열단》, 창작과비평사,

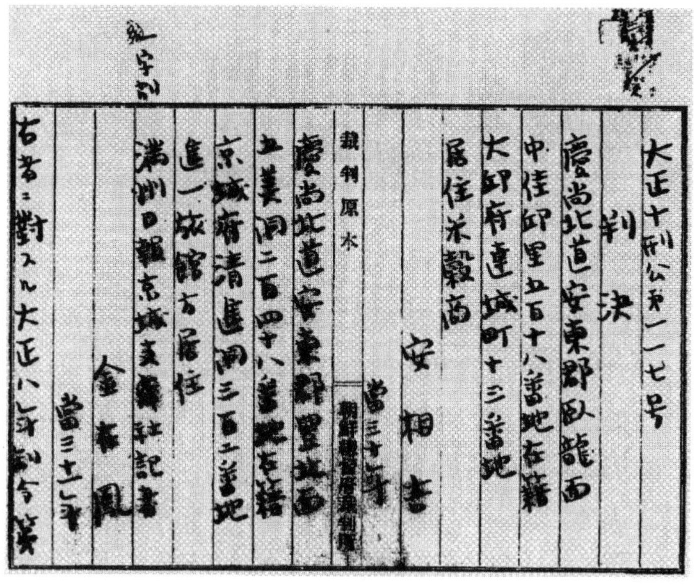
大正十一年刑公第一一七号
判決
慶尚北道安東郡臥龍面
中佳邱里五百十八番地本籍
大邱府達城町十三番地
居住 米穀商
安相吉
當三十一年
裁判原本
慶尚北道安東郡豐山面
五美洞二百四十八番地本籍
京城府清進洞三百二番地
進一旅館方居住
滿洲日報京城支局社記者
金泰鳳
當三十二年
右者ニ對スル大正八年制令第七號

안동인의 임시정부 지원 활동을 다룬 조선독립단 〈판결문〉

김시현은 1919년 5월 잠시 상해를 다녀간 뒤 서로군정서(西路軍政署)에 참가했다고 전해진다. 귀국했다가 옥고를 치른 뒤, 1922년 1월 모스크바에서 열린 극동민족대회(極東民族大會)에 참석하고, 그해 5월 다시 상해에 도착했다. 그는 의열투쟁의 방법을 선택했다. 곧 폭탄제조와 확보, 국내 수송과 주요 기관 폭파 및 일제 인물 처단을 당면 목표로 삼고, 장건상(張建相)·김원봉 등 의열단 지도자들과 상해에서 폭탄 확보에 나섰던 것이다.[3)]

마침 의열단은 1922년에 대규모 계획을 추진하고 있었다. 1920년부

1997.

3) 이종률, 〈조국을 세우기 위한 투쟁의 일생 – 김시현선생과 그 영부인의 전기〉(미간행), 1961, 136~142쪽.

김시현이 국내로 들여온 폭탄

터 추진하던 적 기관 파괴와 일제 주요 인물 처단을 대규모로 전개한다는 것이 그 핵심이었다. 작전에 쓰일 폭탄과 권총 등 무기를 국내로 옮기는 작업이 무엇보다 급하고 중요했다. 김시현이 그 일을 맡고 나섰다. 김시현은 문제를 풀어줄 연결고리로 경기도경찰부 고등계 경부 황옥(黃鈺)을 선택했다. 이미 1921년 10월에 극동민족대회에 대표로 파견될 때 도와주었고, 여비와 통행증을 마련해 준 황옥이었으므로, 김시현이 그를 지목한 것은 당연했을 것이다. 그래서 김시현은 9월 15일에 황옥에게 의열단의 국내 거사 계획, 곧 주요 기관 파괴와 요인 처단 계획을 말하고 협력을 요청했다.[4] 1923년 2월 초에 김시현은 미리 안동현을 답사하고 폭탄 중계지를 확인했다. 그리고 천진 프랑스조계 중국여관에서 김원봉을 만나 무기를 인계받았다. 대형 폭탄 6개, 소형 폭탄 30개, 시한폭탄용 시계 6개, 뇌관 6개, 권총과 탄알 수백 발, 〈조선혁명선언〉과 〈조선관공리에게 고함〉 등 전단 수백 장이 인수품의 내역이다.[5] 이만한 무기는 독립운동가들이 국내로 들여온 경우 가운데서도 가장 많은 분량으로 기록되어 있다. 하지만 무기를 서울에 옮긴 다음 날 일제 경찰에 발각되는 바람에 '5월 거사'는 실패하고 말았다. 이로 말미암아 김시현은 1929년까

4) 〈판결문〉(1923년 刑公 467호) ; 독립운동사편찬위원회, 《독립운동사자료집》 11, 1976, 755쪽.

5) 독립운동사편찬위원회, 《독립운동사자료집》 11, 1976, 734~736쪽.

지 옥고를 치렀다.

김지섭은 1920년에 상해로 망명하고 의열단에 가입하면서 의열투쟁에 몸 담았다. 그는 김시현과 함께 1922년 서울로 잠입하여 유석현(劉錫鉉)·윤병구(尹炳球)와 독립운동자금 모금에 나섰는데, 1922년 12월 조선총독부 판사 백윤화(白允和)에게 독립운동자금 5만원을 요청하고 최후 통첩을 보냈다가 실패하였다.[6] 이어서 김시현이 앞장서서 국내로 대량의 무기를 반입했다가 실패하자, 그는 나라 밖으로 탈출했다.

김시현(오른쪽)의 재판 모습

상해로 피신한 김지섭은 1924년 1월에 동경의 일본 왕궁 앞에서 폭탄을 던지는 거사를 벌였다. 이는 한 해 앞서 동경에서 일본인들로부터 참혹하게 학살당한 동포들의 원수를 갚으려 일으킨 일이었다. 1923년 9월 1일에 동경을 중심한 관동 지역에 대지진이 일어났고, 피해가 엄청나게 컸다. 그런데 일본 당국은 민심을 다른 곳으로 돌리려고 조선인이 관동대지진를 악용하여 폭동을 일으킬 것이라는 소문을 퍼트렸다. 거짓 소문 때문에 일본인은 자경단를 결성하여 1만 명 가까운 한국인을 학살하는 만행을 저질렀다. 의열단에서 이를 응징한다는 목표를 세우고 주역을 물색했다. 김지섭이 단연 앞으로 나섰다.

김지섭은 1923년 12월 21일 밤 폭탄 세 개를 갖고 일본으로 가는 배

6) 독립운동사편찬위원회, 《독립운동사자료집》 11, 1983, 737·746~747·757~760쪽.

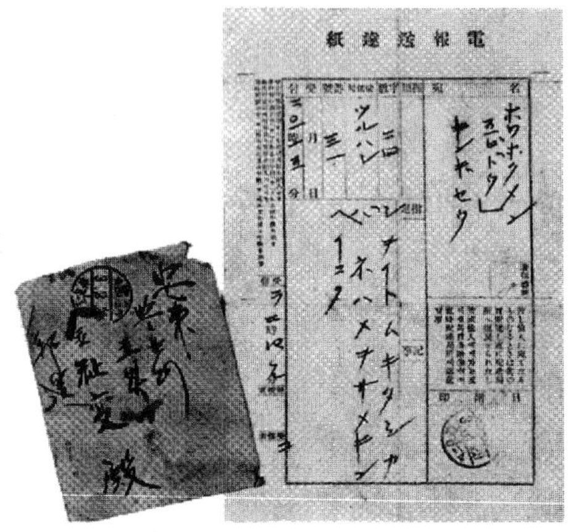

금산재판소 시절 김지섭과 부인(왼쪽) 옥중 순국 사실을 알리는 전보문(오른쪽)

를 탔다. 열흘 뒤 12월 31일 일본에 도착한 그는 매년 초에 열리는 '제국의회'에 폭탄을 던지려 했는데, 의회가 휴회되었다는 소식을 듣고 일본왕궁으로 대상을 바꾸었다. 1924년 1월 5일 왕궁 정문으로 접근하다가 경찰이 다가서자 폭탄을 던졌고, 왕궁으로 들어가는 다리인 이중교(二重橋)에 다시 폭탄을 던졌으나 불행하게도 모두 폭발하지 않았다.[7] 체포된 김지섭은 1925년 5월 사형을 선고받았다가, 1927년 20년으로 감형되었지만, 다음 해 감옥에서 의문스런 죽음을 당하였다.[8]

1920년대 초반에 상해에서 이름을 떨친 안동인으로는 국민대표회의(國民代表會議)에 참가한 김동삼이 단연 대표적이다. 국민대표회의는 1923년 1월 초부터 6월 초까지 상해에서 열렸다. 제1차 대전을 마무리 짓기 위해 열린 파리강화회의에 임시정부가 기울인 외교적 노력이 별다

7) 독립운동사편찬위원회, 《독립운동사자료집》 11, 1983, 143~152쪽(이중교 거사 전말)·281~315쪽(이중교 폭탄 사건 《동아일보》 1924년 4월 25일자 참조).

8) 宋相燾, 《騎驢隨筆》, 國史編纂委員會, 1955, 340쪽.

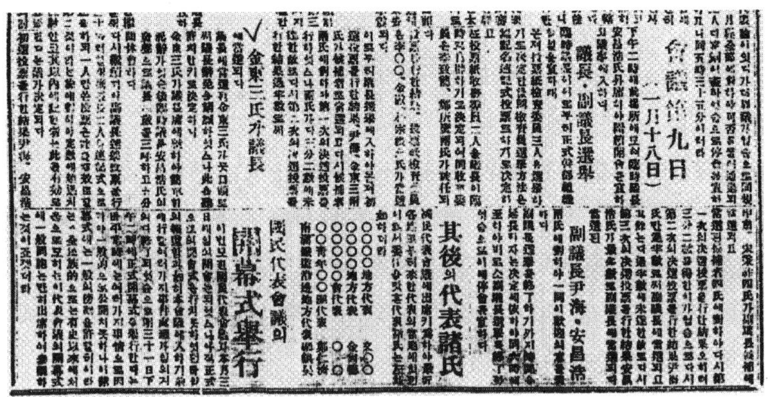

會議第九日 (二月十八日)

議長·副議長選擧

副議長尹海·安昌浩

其後의 代表諸氏

國民代表會議의 開幕式擧行

金東三氏가 議長

김동삼 의장 당선 보도기사(《독립신문》 1931년 1월 1일자)

른 성과를 거두질 못했고, 국내 통치권을 직접 장악하고자 비밀리에 설치한 연결망, 교통국과 연통제가 일제에 의해 붕괴됨에 따라, 임시정부는 커다란 위기를 맞게 되었다. 이 난국을 타개하고 독립운동의 앞길을 계획하고자 상해에서 독립운동자 대표회의를 가졌으니, 이것이 곧 국민대표회의였다. 이 회의는 독립운동사상 가장 큰 규모의 모임이었다. 각 지역과 단체의 대표 300여 명이 상해로 몰려들었고, 그 가운데 회의에 참가할 대표 자격을 정식으로 인정받은 인물이 130여 명이나 되었다. 이는 당시 세계 전역에서 활약하고 있던 한국독립운동계의 대표들이 집결한 최대 규모이자, 만 5개월에 걸쳐 진행된 장기적인 회의였다.

여기에 참가한 안동인은 김동삼·김형식(金衡植)·류시언(柳時彦) 등이 있었다. 김동삼은 서로군정서, 김형식은 한족회(韓族會), 그리고 류시언은 길림교육회(吉林敎育會)를 각각 대표하여 참석하였다. 김동삼은 이 회의에서 의장에 선출되고, 군사분과위원을 맡아 위상을 선명하게 드러냈다. 안창호와 윤해(尹海)가 부의장을 맡은 사실을 헤아린다면, 김동삼의 위상을 확연하게 알 수 있다. 김동삼과 같은 내앞마을 출신이자 집안 동생인 김형식은 같은 노선을 걸었다. 임시정부를 없애고 새로운 정부조직체를 수립하자는 창조파와 임시정부를 적절하게 개조하자는 개조파로 나뉠 때, 김형식은 김동삼과 마찬가지로 후자에 가담하였다. 비록 김동삼이 개조파에 가담했다고는 하지만, 그는 무엇보다 전체를 하나로 아우르는 데 우선 힘을 다하였다. 이러한 특성은 뒷날 만주 지역에서 펼쳐나간 그의 활동에서도 지속되어 독립운동 세력의 통합과 통일에 최선을 다하는 특성을 보여주었다. 한편 안동 풍천면 구담 출신인 류시언은 교육분과위원과 헌법기초위원으로 활약하면서 개조파와 창조파 양자에 가담하지 않고 중도론을 표방하였다.[9]

국민대표회의가 목적을 달성하지 못하고 해산하자, 임시정부는 심각한 난관에 부닥쳤다. 이를 해결하려면 임시대통령 이승만(李承晩)을 탄핵하는 수밖에 없다고 판단한 인물들이 앞장서서, 결국 그를 면직시키고 후임으로 박은식(朴殷植)을 선출하였다. 그러나 박은식은 노환을 이기지 못하고 곧 사망하게 되는데, 그는 재임 당시 제도의 변혁을 요구했다. 이에 따른 조치가 바로 대통령중심제를 내각책임제로 전환하는 것이었다. 그래서 '수상'에 해당하는 '국무령'을 두게 되었다.

임시정부는 안동 출신으로서 만주 지역 독립운동계의 정신적 지주인 이상룡(李相龍)을 국무령으로 선출하였다. 그러나 독립운동계 전체가 겪고 있던 어려운 사정 때문에 그의 국무령 임기는 1925년 말부터 1926년 초까지 반년 정도에 지나지 않았다. 비록 그의 임기는 짧았지만, 이 과정에서 우리는 두 가지 사실을 알 수 있다. 하나는 임시정부가 만주의 큰 인물을 초빙하여 위기를 극복하려는 계획을 가졌다는 것이고, 또 하나는 이러한 필요에 맞는 인물로 이상룡이 초빙될 만큼, 그가 만주 독립운동계를 대표하는 큰 인물이었다는 사실이다. 안창호는 박은식이나 이상룡과 같은 공정하고 인애(仁愛)롭고 덕이 있는 인물을 초빙해야 한다

9) 김희곤, 《中國關內 韓國獨立運動團體硏究》, 지식산업사, 1995, 179~184쪽.

국무령 시절 이상룡의 모습과 안창호가 이상룡을 국무령으로 천거한 편지

며 그를 지목했던 것이다.

이밖에도 1940년대에 임시정부 국무위원이 된 류림(柳林)의 1920년대 활동이 있다. 3·1운동 때 안동 임동면 시위에 참가한 뒤, 그는 만주로 망명하여 서로군정서에 참여했다가 북경으로 이동하였다. 1921년 북경에서 신채호가 주도하던 한문 잡지 《천고(天鼓)》 발간에 참여했다고 전해지며, 이듬해인 1922년 사천성 성도대학(成都大學)으로 유학을 떠났다. 사범부 문과에 입학한 그는 그곳에서 아나키즘으로 무장하기 시작했다. 물론 그의 사상전환 시점은 이미 북경에 있을 때 신채호에게서 비롯되었으리라 짐작되지만, 본격적인 전환은 성도에서 이루어진 것 같다. 1925년 성도대학을 졸업한 뒤, 그는 중국공산당의 광동·무창봉기에도 참가하였고, 다시 만주로 가서 김좌진(金佐鎭)이 이끌던 한족총동맹(韓族總同盟)에 참가하였다.[10]

10) 金喜坤, 〈旦洲 柳林의 독립운동〉, 《한국근현대사연구》 18, 한국근현대사학회, 2001, 74~80쪽.

2. 1930·40년대 중국 관내 독립운동

1930~1940년대에 중국 관내에서 활약한 안동인으로는 아나키스트 류림과 1920년대 의열투쟁사의 대표적 인물인 김시현, 그리고 민족저항시인 이육사(李陸史)가 눈길을 끈다. 그리고 1940년대에 임시정부 산하의 한국광복군(韓國光復軍)에서 활약한 몇몇 인사가 있다.

류림은 1929년 국내에 들어와 이홍근(李弘根)·최갑룡(崔甲龍) 등과 '조선공산무정부주의자연맹(朝鮮共産無政府主義者聯盟)'을 조직하고, 만주 방면의 책임자가 되었다. 광주학생운동에 관련된 학생들이 일제 경찰의 추적을 피해 만주로 탈출해 오자, 1930년 말에 의성숙(義誠塾, 봉천중학)을 설립하여 학생들을 수용하고 민족의식을 고취하였는데, 1931년에 그가 체포될 때까지 400여 명이 의성숙을 거쳐 나갔다. 그는 1931년 10월에 체포되어 5년형을 선고받았고, 1938년에 출옥했다.[11]

출옥한 그는 1919년의 제1차 망명에 이어 2차 망명길에 올랐다. 만주와 북경 및 연안 등지를 돌며 독립운동을 벌이다가 방향을 모색하던 가운데 1942년에 중경으로 가서 임시정부에 가담하였다. 당시 임시정부 주변엔 민족주의 좌파 계열인 김원봉이 이끄는 민족혁명당(民族革命黨)이 있었고, 공산주의 세력인 조선민족해방동맹(朝鮮民族解放同盟), 그리고 아나키즘 계열인 조선혁명자연맹(朝鮮革命者聯盟) 등이 에워싸고 있었다.

류림은 1942년 10월에 조선무정부주의자연맹 소속으로 류자명(柳子明)과 더불어 임시정부 임시의정원의 경상도 의원이 되어 활동했고, 외교위원과 선전위원 등을 맡았다. 그리고 1944년 제38차 임시정부 정

11) 金喜坤, 〈旦洲 柳林의 독립운동〉, 《한국근현대사연구》 18, 한국근현대사학회, 2001, 82~90쪽.

류 림

기회의에서 조선무정부주의자연맹을 대표하여 국무위원으로 선출되었던 그는 해방이 되자, 임시정부 제2진으로 1945년 12월에 귀국했다.

김시현이 대구형무소에서 출옥한 때는 1929년 1월 29일이었다. 바로 직후에 그는 다시 망명길에 올랐다. 그리고서 그의 이름이 독립운동선상에 다시 나타난 시점은 1932년이었다. 의열단이 남경에 설립한 조선혁명군사정치간부학교(朝鮮革命軍事政治幹部學校)라는 이름의 군관학교 운영에 그의 존재가 드러났던 것이다. 의열단은 1925년부터 성격이 확연하게 바뀌었다. 의열투쟁만으로 독립을 달성하기란 불가능하다는 판단 아래 장차 군대를 육성하여 독립전쟁을 펼쳐야 한다는 결론에 도달했다. 핵심 간부들이 황포군관학교에서 초급장교로 육성된 이유가 거기에 있었다. 황포군관학교(黃埔軍官學校) 4기생으로 졸업한 의열단장 김원봉은 동기생들의 도움을 받아 한국판 황포군관학교를 세웠다. 1932년 10월 남경 근처에서 문을 연 조선혁명군사정치간부학교가 그것이다. 모두 3기에 걸쳐 125명이 졸업했는데, 여기에 1기생으로 입교한 26명 가운데 한 사람이 이육사이고, 북경 지역에서 생도 모집의 책임을 맡은 인물이 바로 김시현이었다.

김시현은 김규식(金奎植)으로부터 군사간부학교 소식을 듣고 함께 남경으로 김원봉을 방문했다. 그 자리에서 김시현은 청년 자원을 확보할 초모관(招募官) 직책을 맡았다. 그가 담당할 구역은 북경을 중심으로 국내와 만주, 화북 및 화중 지역이라는 넓은 곳이었다.[12] 그가 실제로 북경에서 남경으로 신입 생도요원을 동행하여 연결시킨 사례가 남아 있는데 안동 출신 이육사가 바로 그 경우이다.[13] 김시현이 이육사를 대동하고 남경으로 갔고, 거기에서 김원봉을 만나게 되었던 것이다.[14]

또 김시현은 의열단의 주요 간부로서 활동하기도 했다. 군사간부학교 1기생이 졸업한 직후, 그는 의열단 지도부 대표 자격으로 1933년 6월 말 남경에서 열린 의열단 전체회의에 참석하고, 김원봉을 비롯한 7명의 중앙집행위원 가운데 한 사람으로 선출되었다.[15]

김시현이 남경 시절 의열단 간부로서 펼친 활동에는 배반자를 처단하는 일도 있었다. 1933년 북경 지역에 군사간부학교 1기생으로 졸업한 한삭평(韓朔平, 일명 朴俊彬)이 파견되어 활동하고 있었는데,[16] 변절하여 밀정 노릇을 하고 있다는 사실을 간파한 김시현이 그를 처단했다.[17] 그러나 배반자 처단으로 말미암아, 그는 일제 경찰에 검거되고 말았다.[18] 1929년에 대구형무소를 나온 지 6년 만에 그는 다시 구금생활을 시작했다. 1935년 2월 15일 살인미수 혐의로 경성지방법원에서 징역 5년을 언도 받은 그는 일본 나가사키 형무소에 송치되어 옥고를 치렀다. 4년 7개월이나 되는 기간을 감옥에서 보낸 그는 1939년 9월 8일 나가사키 형무소에서 출감한 뒤 이듬해 1월 서울을 거쳐 4월에 북경으로 건너갔다.[19]

---

12) 이종률, 〈조국을 세우기 위한 투쟁의 일생 - 김시현선생과 그 영부인의 전기〉(미간행), 1961, 217~221쪽.

13) 김희곤, 《새로쓰는 이육사 평전》, 지영사, 2001, 130~131쪽.

14) 〈증인 이원록 신문조서〉, 《한민족독립운동사자료》 31, 국사편찬위원회, 1986, 187쪽.

15) 朝鮮總督府 警務局, 〈軍官學校事件ノ眞相〉, 1934년 12월(한홍구·이재화, 《한국민족해방운동사자료총서》 3, 경원문화사, 1988, 394~410쪽).

16) 그의 회고록에는 蔡朔平으로 적혀 있지만(이종률, 〈조국을 세우기 위한 투쟁의 일생 - 김시현 선생과 그 영부인의 전기〉(미간행), 1961, 221쪽), 다른 자료에는 한삭평으로 기록되어 있다.

17) 金正明, 《朝鮮獨立運動》 2, 東京 : 原書房, 1966, 526쪽.

18) 《朝鮮日報》, 1934년 9월 29일자 기사 참조.

19) 이종률, 〈조국을 세우기 위한 투쟁의 일생 - 김시현 선생과 그 영부인의 전기〉(미간행),

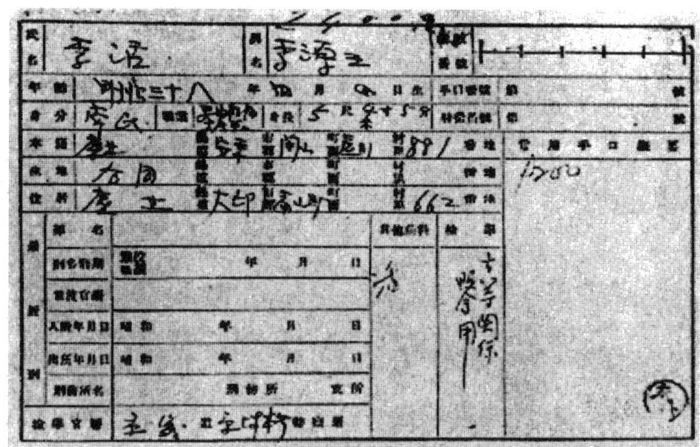

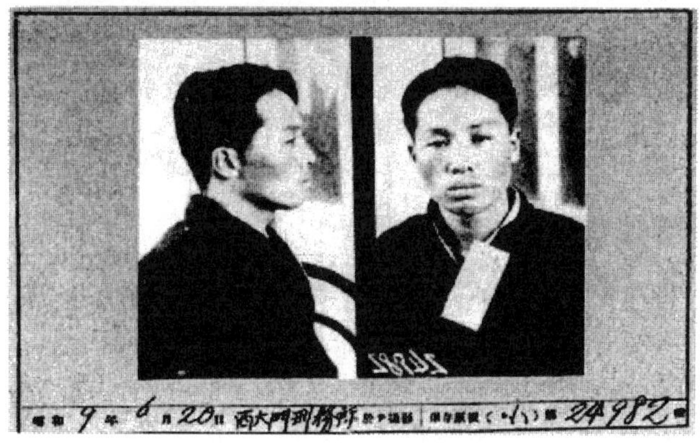

이육사의 서대문형무소 수형 카드

출감하자 곧 망설임 없이 투쟁의 공간으로 되돌아가는, 결코 꺾이지 않는 불굴의 걸음이 그의 행로였다.

이육사는 1926년 중국 베이징으로 유학했다. 그곳 중국대학(中國大學) 상과에 다니다가, 1927년 여름에 귀국했다(홍석표, 〈李陸史의 중국 유학과 北京中國大學〉, 《中國語文學誌》 29, 2009, 93~94쪽). 얼마 지나지 않은 10월,

1961, 231쪽.

'장진홍의거'가 터졌다. 이육사는 거기에 얽혀 붙잡혀 1년 반이나 억울한 옥살이로 고생한 끝에 1929년 5월 풀려났다. 감옥에서 나온 뒤, 그는 수형번호를 필명으로 사용하기 시작했다. 1930년 1월 3일자, 《조선일보》에 첫 시 작품 〈말〉을 발표했는데, 거기에 쓰인 이름이 '이활(李活)'이다. 이어서 이활과 '대구264'라는 필명을 동시에 사용했다. 뒤이어 식민지 사회를 비아냥거리는 뜻에서 고기 먹고 설사한다는 뜻을 담은 육사(肉瀉)를, 식민지 역사를 죽여 없앤다는 뜻으로 육사(戮史)를 사용하다가, 공개적으로 표현하기 위해 적절한 낱말을 찾은 것이 육사(陸史)였다.

광주학생운동 1주년을 맞아 대구에 격문을 뿌린 혐의로 구금된 육사는 풀려나자마자 다시 중국으로 갔다. 이때 의열단에서 세운 조선혁명군사정치간부학교에 들어갔다. 1기생으로 입교한 그는 1932년 10월부터 6개월 동안 훈련을 받고 초급 군사간부로 양성되었다. 1933년 그는 국내 거점을 확보한다는 임무를 띠고 귀국했다가 검거되기도 했다.

육사의 빛나는 저항정신은 1943년에 다시 나타났다. 문단의 대표적인 인물들이 대다수 일본의 앞잡이가 되어 날뛰던 1943년, 그는 오히려 또다시 독립운동의 길을 찾아 나선 것이다. 4월에 북경으로 가서 새로운 투쟁을 계획하였지만 1943년 7월에 그는 모친과 맏형의 소상(小祥)에 참여하기 위해 3개월 만에 다시 귀국해야만 했다. 고향 마을을 다녀간 그는 서울에서 동대문 형사대와 헌병대에 검거되어 북경으로 압송되고, 그곳에서 1944년 1월 16일에 순국하였다. 그의 시신은 친척이자 동지이던 이병희(李丙禧)에게 인도되었다.

중국 관내에서 안동인들이 펼친 독립운동의 마지막을 장식한 것이 한국광복군 활동이다. 임시정부는 중일전쟁 뒤 군대를 조직하기 위해 노력했는데, 그 결실이 바로 1940년 9월 17일 중경에서 창설된 한국광복군이었다. 1938년 중일전쟁이 일어나고, 일제의 침략이 노골화되자 임시정부는 일제의 패망을 예감하고 적극적인 무장항쟁을 벌이기로 결정하였다. 이에 따라 임시정부는 1939년 11월 서안에 군사특파단을 파견하여 병력을 모집하는 한편, 군대조직에 대한 양해와 재정지원을 받으려고 중국정부와 교섭을 벌였다. 그 결과 군사특파단이 중경에 도착한 직후인 1940년 9월 한국광복군 총사령부가 창설되었다. 중국의 지원을 받았기 때문에 끊임없이 간섭을 받기도 했으나, 1945년 초 이를 극복하고 독자성을 확보하였다.

한국광복군은 초기에 중경에 위치한 총사령부 외에 서안의 제1지대(군사특파단)와 수원성 포두(包頭)의 제2지대, 안휘성 부양(阜陽)의 제3지대, 그리고 한국청년전지공작대의 5지대로 편제되어 있었다. 그러다 민족 역량의 총집결에 따라 1942년 7월 김원봉이 지도하는 민족혁명당의 조선의용대(朝鮮義勇隊)가 광복군에 합류하면서 편제가 확대·개편되었다. 곧 조선의용대는 1지대로, 기존의 1·2·5지대를 합쳐 2지대로 각각 편성하였고, 1945년 초에 안휘성 부양에 있던 기존 3지대 겸 징모 6분처를 승격시켜 3지대로 편제하였다. 이 외에도 광복군에는 중국군 제9전구 지역(호남성을 중심으로 호북성의 양자강 이남과 강서성 서북부 지역을 관할)에서 활동하던 9전구공작대와 중국군 제3전구 지역(강소성 남부·안휘성 남부·강서성 동부·절강성·복건성을 관할)에서 활동하던 3전구공작대가 있었다. 그리고 당시 임시정부 요인들의 가족이 집단 거주하던 중경 교외의 토교(土橋)에 임시 편성부대인 토교대(土橋隊)라는 것도 있었다.

광복군은 일본군에 소속된 한인 병사와 적 후방의 한인 청년을 포섭하는 초모공작(招募工作)과 이들에 대한 교육과 훈련, 적군에 대한 정보수집과 교란활동 등을 전개하였다. 서안에서의 중국군 중앙전시간부훈련단에 한국청년훈련반을, 안휘성 임천에서는 한국광복훈련반을 각각 설치하고 모집된 청년들을 광복군 초급간부로 양성하였다.

또한 광복군은 연합국의 일원으로 인정받으려는 목적 아래 연합군

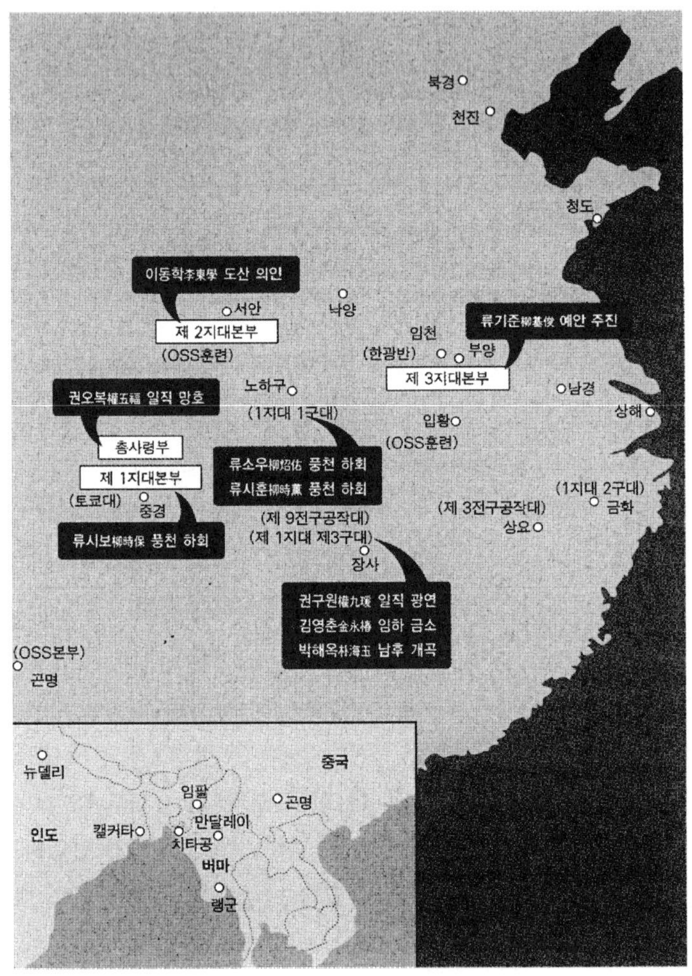

한국광복군 근거지와 참여 안동인들

과 공동작전을 펼치는 등의 활동을 전개하였다. 인도·버마전선에 인면(印緬)전구공작대를 파견하여 영국군과 공동작전을 벌였다. 그리고 미국 전략정보국(OSS, CIA 전신)과 연합하여 국내진입을 위한 초급장교를 육성하였다. 전략정보국은 한반도에 연합국의 거점을 확보하기 위해 한인 청

〈표 51〉 안동 출신 광복군 명단

이름	출신	활동 내용
권준호(權俊豪, 권구원)	일직 광연	1944년 9월 일본군에서 탈출. 1945년 1월 중국중앙군 제9전구 지역에 도착. 제1지구대 3구대
권오복(權五福)	일직 망호	1944년 9월 일본군 제44부대에서 탈출. 광복군 총사령부 경위대
김영춘(金永椿)	임하 금소	일본군 부대 탈출. 중국 중앙군 유격대에서 활약. 중국 제9전구 지역. 광복군 제1지대 3구대
박해옥(朴海玉)	남후 개곡	일본군 부대에서 탈출. 공복군 제1지대 제3구대 1분대
류소우(柳炤佑)	풍천 하회	광복군 제1지대 제1구대, 제2 공작반 소속. 남양(南陽)·정주(定州) 등지에서 활동
류시보(柳時保)	풍천 하회	하남(河南) 개봉(開封)에서 광복군으로 투신하여 제1지대 본부요원
류시훈(柳時薰)	풍천 하회	하남河南 개봉(開封)에서 종제 류시보(柳時保)와 광복군에 투신하여 제1지대 제1구대에서 근무. 하남성 신향(新鄕)에서 순국
이동진(李東鎭)		1943년 8월 징모 제6분처 입대. 광복군 제2지대 제2구대에서 근무. OSS훈련 받음. 국내 침투를 위한 정진군 경북반
이동학(李東鶴)	도산 의인	광복군 제2지대 제2구대에서 근무. OSS훈련 받음. 국내 침투를 위한 정진군 경상도반
류기준(柳基俊)	예안 주진	1944년 12월 광복군 제3지대 입대

년을 잠수함이나 항공기로 국내에 투입시키고자 계획하였다. 그래서 제2지대 1기생이 5월부터 전략정보국의 교육을 받고 8월 4일에 수료한 뒤, 8월 7일 국내로 진입한다는 공동작전의 계획과 일정이 김구(金九)와 중국전구 OSS사령관 도노반(William B. Donovan) 장군에 의해 추진되었다. 그러나 출발 직전에 일본의 항복소식이 전해져 광복군은 실전에 투입되

지 못하였고, 제3지대에서 실시되던 교육도 중단되고 말았다.

이 당시 연합국은 비록 임시정부를 정식으로 승인하지 않았지만, 광복군에 대한 평가는 긍정적이었다. 특히 미국 전략정보국이 광복군 일부를 한반도 진입작전의 핵심이 되도록 훈련시킨 이유는 광복군의 역량을 높게 평가하고 있었다는 것을 보여주는 것이다. 지금까지 확인되는 안동 출신의 광복군 대원은 〈표 51〉과 같다.

안동 출신의 광복군 대원들은 1944년 일제에 강제로 징병되어, 중국 제9전구로 이동 도중 탈출하여 광복군으로 편입한 경우가 많았다. 이 외에도 만주 지역에서 독립운동을 전개하다가 만주사변(滿洲事變)·중일전쟁(中日戰爭)으로 중국 본토로 이동하여 광복군에 편입된 경우도 있었다. 이처럼 안동 출신의 독립운동가들은 시대적인 상황이 암울하고, 처해진 환경이 힘들어도 조국의 독립이라는 깃발 아래 하나가 되어 꾸준한 활동을 전개하였다.

3. 모스크바 극동민족대회와 안동인

만주와 중국 관내 지역 이외에서 활동한 안동인의 행적으로는 모스크바에서 열린 극동민족대회에 참석했던 김재봉과 김시현의 움직임이 대표적이다. 제1차 세계대전을 마무리 짓는 베르사이유(Versailles) 조약이 체결된 뒤, 후속 작업으로 두 개의 국제회의가 준비되고 있었다. 하나는 워싱턴회의이고, 다른 하나는 소련이 준비하던 극동 지역 민족대표회의였다. 앞의 것은 태평양 군축회의인데, 이승만이 여기에 한국문제를 상정하려고 노력하여, 임시정부도 워싱턴회의에 매달렸다. 워싱턴회의는 결국 1921년 11월부터 다음 해 2월 사이에 열렸지만, 한국문제와는 거리가 먼 회의였다.

이와 달리 소련에서 워싱턴회의에 맞서 준비하던 국제회의는 한국문제를 중점 사항으로 다루는 것이었다. 코민테른은 이미 1920년 7~8월에 제2차 대회를 열어 '민족-식민지 문제 테제'를 채택하고, 다음 달에 아제르바이잔 바쿠에서 동방민족대회(東方民族大會)를 개최한 뒤 그 후속회의를 준비하고 있었던 것이다. 마침 자본주의 열강이 워싱턴회의를 준비하자, 그들은 이에 대항하여 동방으로 혁명을 확산할 수 있는 모임을 준비했다. 같은 시기인 1921년 11월 11일에 이르쿠츠크에서 '약소민족은 단결하라'는 표제를 내걸고 극동 여러 나라의 공산당과 민족혁명단체 대표자의 연석회의를 소집한다는 계획이 그 골자였다. 코민테른은 한국문제에 깊은 관심을 갖고 있었다. 그러한 움직임은 독립운동가들에게 그대로 전달되었고, 그들이 시선을 모스크바로 집중하는 것은 당연한 일이었다. 자본주의 열강이 눈길조차 주지 않은 것에 비추면 너무나 반가운 일이 아닐 수 없었다. 그래서 이념의 차이는 크게 문제가 되지 않았다. 사회주의를 수용하거나 그렇지 않거나 관계없이 많은 인사들이 소련으로 가기를 희망했다.

많은 인사들이 소련으로 떠남으로서 1921년 초겨울은 한껏 흥분이 넘칠만한 시기였다. 이들이 보기에는 소련은 강대국이었고, 우리 민족문제를 적극적으로 이해하고 원조한다는 정책 기조는 기대를 걸기에 충분했던 터였다. 대회소집을 주관한 기관은 코민테른 극동비서부였다. 한국인 대표자 선정은 극동비서부 고려부가 담당했다. 국내와 국외 지역에서 활동하던 인물 가운데 대표로 선임된 김규식(金奎植)·홍범도(洪範圖) 등 56명은 회의가 열릴 예정인 이르쿠츠크로 향했다.[20] 그 가운데 안동 오미마을 출신 김재봉과 근처 현애마을 출신 김시현도 포함되었다.

두 사람 모두 3·1운동 뒤 독립운동에 뛰어 들었다가 옥고를 치르고

20) 임경석, 《한국 사회주의의 기원》, 역사비평사, 2003, 495~500쪽.

1921년 가을에 출옥했다는 공통점을 가진다. 김재봉은 임시정부 지원 활동을, 김시현은 의열투쟁을 벌이다가 옥고를 치른 것이다. 두 사람 모두 출옥하자마자 국제회의 개최 소식을 들었고, 각각 다른 기관의 추천을 받아 56명 대표 진영에 들어가게 되었다. 당시 국내 대표자들에게 위임장을 발급한 단체와 대표 인원수는 조선노동대회(朝鮮勞働大會, 6명), 조선공제단(朝鮮共濟團, 3명), 조선학생대회(朝鮮學生大會, 2명), 조선청년회연합회(朝鮮靑年聯合會, 2명) 등 13명이었다.[21] 김재봉과 김시현은 모두 조선노동대회로부터 위임장을 받았다. 이들이 조선노동대회에 어떻게 연결되었는지는 확실치 않다.

조선노동대회 대표 위임장은 조그만 명주 조각으로 만들어졌다. 혹한을 견디려면 솜을 겹겹으로 누빈 누비옷을 입었을 것이고, 위임장은 바로 그 누비옷 속에 감추고 갈 수 있도록 명주 조각으로 만들어졌다. 누비옷 속에 넣어 박음질해도 쉽게 노출되지 않으면서 손상될 염려도 없었다. 붓으로 작성한 본문 내용은 이렇다.

> "본회 회원 김재봉을 대표로 선정하여 본년 11월 11일 노서아 일쿠스크에서 개최하는 동양민족혁명단체대표회에 출석하는 일체 권한을 위임함."

대회 이름은 동양민족혁명단체대표회(東洋民族革命團體代表會)라고 기록하고, 본문 아래에 회장 문탁(文鐸)과 서기 홍성옥(洪聖玉)의 이름과 서명, 그리고 '노동대회지인(勞動大會之印)'이라는 직인도 찍혀 있다. 발급 날짜는 10월 24일로 적혀 있다.

국경을 앞둔 만주리역에 대표들이 도착하기 시작한 때는 10월 말이

21) 임경석, 《한국 사회주의의 기원》, 역사비평사, 2003, 500쪽.

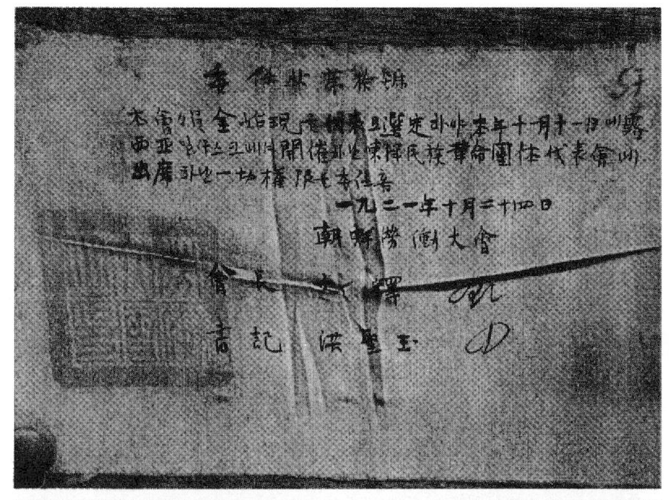

委任狀 第拾號

本會會員金始現을代表로選定하야本年十一月十一日에露
西亞일쿠스크에서開催하난東洋民族革命團体代表會에
出席하난一切權限을委任홈

一九二一年十月二十四日

朝鮮勞働大會

會長 文鐸

書記 洪聖玉

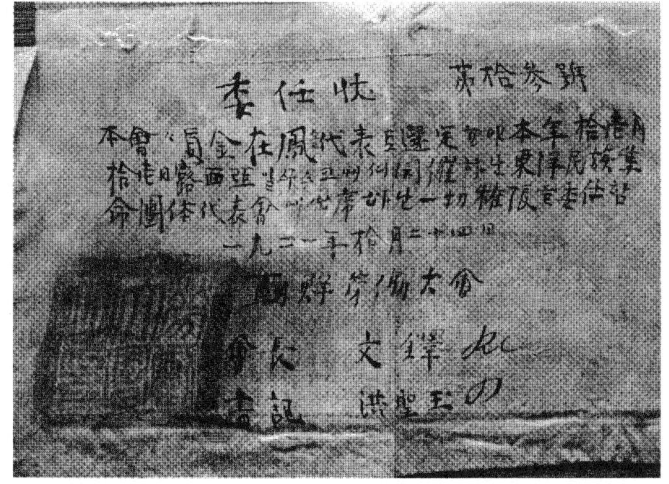

委任狀 第拾參號

本會會員金在鳳을代表로選定하야本年拾壹月
拾壹日露西亞일쿠스크에서開催하난東洋民族革
命團体代表會에出席하난一切權限을委任함

一九二一年拾月二十四日

朝鮮勞働大會

會長 文鐸

書記 洪聖玉

김시현과 김재봉의 위임장

거나 11월 초였다. 김재봉과 김시현 두 사람 모두 상해로 갔다가, 기차를 이용하여 만주리로 북상하였다. 천진과 장춘으로 연결되는 남만주철도와 하얼빈을 거쳐 만주리에 이르는 중동철도를 타고 이동했을 것으로 짐작한다. 예정된 날에 회의가 열렸다면 그들은 회의에 참석하기 어려웠는

김재봉이 제출한 조사표

데, 마침 12월 1일까지 대상자의 절반만 도착하여 회의 개최 연기가 고려되고 있었다.

코민테른은 회의 계획을 변경하였다. 회의 시작이 1922년 1월 말로 연기되고, 장소는 수도인 모스크바로 변경되었다. 이르쿠츠크에서 집결해 있던 대표들이 기대에 부풀어 모스크바로 향했다. 소련의 수도를 방문한다는 것이나, 소련 최고지도자 레닌을 만날 것이라는 점도 그들을 흥분시키기에 충분한 '사건'이었다. 1922년 1월 7일, 마침내 대표들을 태

운 특별열차가 모스크바역에 도착하였다.[22)]

참석자들은 모두 자신을 파견한 단체나 기관의 위임장을 제시하고, 학력과 투쟁경력 및 참석 목적 등을 담은 조사표를 작성하여 코민테른 극동비서부 고려부에 제출했다. 이에 따라 회의 주최자는 그들에게 신분을 확인하고 대표 자격증서를 교부하였다.

김재봉은 회의에 참석하는 '목적과 희망'에 대해 "조선 독립을 목적하고, 공산주의를 희망함"이라고 적었다. '조선 독립'이 최고 가치이자 목표이며, 이를 달성하기 위한 방략으로 개최국의 이념인 공산주의를 희망한다는 뜻을 담았다. 뒷날 김재봉은 검찰신문에서 이 회의가 "자본가에 의해 개최되던 범태평양회의에 대항하여 개최된 것"으로 설명하였다.[23)] 독점자본세력이 극동 지역에서 이권을 확대하고자 모인 태평양회의를 무너뜨릴 방법이 곧 무산자계급의 결속과 항쟁이며, 극동민족대회가 바로 그 길이라고 그는 판단하였다.

마침내 1922년 1월 21일에 모스크바 크레믈린 궁전에서 개회식이 열렸다.[24)] 소련이 아닌 극동 지역 참가자들은 한국을 비롯하여 9개 국가나 민족이었다. 144명 참가자 가운데 한국대표가 52명(뒤에 56명으로 증원)으로 가장 많고, 다음으로 중국이 42명, 일본이 16명이었다. 소련으로 향한 우리 독립운동가들의 기대와 열정이 드러나는 수치이다. 또 의장단에 중국·일본·몽골 등과 같이 2명을 배정받아 김규식과 여운형(呂運亨)이 포함되었다.[25)]

회의는 2월 2일까지 13일 동안 진행되었고, 숙소는 소비에트 제3관

22) 임경석, 《한국 사회주의의 기원》, 역사비평사, 2003, 517쪽.
23) 김희곤, 〈김재봉 외 19인 조서〉 (2회), 1926년 3월 3일, 신의주지방법원, 《조선공산당 초대책임비서 김재봉》, 경인문화사, 2006, 162쪽.
24) 《朝鮮日報》 1925년 1월 23일자.
25) 임경석, 《한국 사회주의의 기원》, 역사비평사, 2003, 536쪽.

이었다. 이 회의에서 결의된 한국문제는 크게 세 가지로 정리된다. 첫째, 조선은 계급의식이 아직 발달하지 못했으므로 계급운동이 시기상조이다. 둘째, 일반대중이 민족운동에 동참하고 있으므로 계급운동자가 독립운동을 후원하고 지지해야 한다. 셋째, 상해에 있는 임시정부는 그 조직을 개혁해야 한다.

회의는 2월 2일 대회선언을 채택하는 것으로 막을 내렸다. 시작은 모스크바에서 했지만, 폐막은 페트로그라드 우리츠키 궁전에서 열렸다. 그 직후 대표들이 속속 소련을 출발하였고, 대개 3월 중순에는 본래 활동하던 곳으로 돌아왔다. 그런데 김재봉은 당장 귀국하지 않고 1년 정도 소련에 머물렀다.

회의가 끝난 뒤 두 사람이 선택한 길은 조금 달랐다.[26] 김재봉은 소련에 1년 정도 머물면서 이르쿠츠크파의 적자로 변신하고 귀국하여 조선공산당을 창당하게 되고, 김시현은 상해로 돌아와 의열단의 투쟁 노선에 핵심부로 참가하였다. 김시현은 이미 중국 관내 지역 독립운동 편에서 설명했으므로, 여기에서는 김재봉이 소련에서 걸어간 행적을 더듬어 본다.

김재봉은 코민테른 극동비서부가 있던 치타로 가서 한인학교에서 산술과 한문을 가르치기도 하고, 사회주의 이론을 익혔다. 한편으로 그는 고려공산당(高麗共産黨) 이르쿠츠크파와 상해파의 갈등을 조정하여 통합해보려고 노력했다. 그는 1922년 10월 베르흐네우진스크로 이동하여 고려공산당 통합 대회에서 두 파의 통합을 시도했으나 무산되자, 치타에서 열린 이르쿠츠크파의 고려공산당 대회에 참가하고, 그 자리에서 중앙위원으로 뽑혔다.

26) 김시현은 모스크바에서 회의가 열리던 가운데 함께 대표로 참석했던 權愛羅와 결혼하였다.

〈표 52〉 연해주 지역 청년단체 대표와 인원수

지역	대표	인원
해삼위(海蔘威)	김재봉	300
이르쿠츠크(尼市)	한천석(韓千石)	150
바라바시	유문빈(兪文彬)	150
연추(煙秋)	천민(千珉)	70
스라우얀카	김고사(金高士)	70

1922년 12월에 조선공산당 중앙총국, 곧 꼬르뷰로가 블라디보스토크에서 조직되었다. 이것은 한인 사회주의자들의 계획에 따라 이루어진 것이 아니라, 코민테른이 국내 각 사회주의 그룹을 통합하여 조선공산당을 건립한다는 계획 아래 만든 조직이다. 코민테른은 제4회 대회에서 조선문제위원회의 결정에 따라 꼬르뷰로를 만들고, 바로 이어 국내 공작에 나섰다. 국내에 조선공산당 건설을 위한 기초 작업에 들어갔고, 그러자면 국내 운동세력의 통합을 이끌어내야 했다. 그 임무를 띠고 국내로 파견된 인물이 바로 김재봉과 신철(辛鐵)이었다. 이들이 입국한 시기는 꼬르뷰로를 조직한 바로 이듬해 봄, 곧 1923년 3월이었다.

김재봉이 치타에서 블라디보스토크에 도착한 시기는 바로 꼬르뷰로가 조직되던 1922년 12월 무렵이었다. 그곳에서 김재봉은 '해삼위청년회(海蔘威靑年會)'를 이끌었다고 전해진다. 당시 신문보도를 보면 연해주 지역에는 고려공산당 지휘를 받아 설립된 청년회가 지역마다 존재했는데, 그 가운데 주요 단체와 대표자 및 인원수는 〈표 52〉와 같다고 보도하고 있다.[27]

이를 본다면 그가 블라디보스토크에 도착하자마자 고려공산당 지도를 받는 그 지역 청년회를 대표하는 위치에 섰다는 사실을 알 수 있다. 하지만 이해하기 힘든 사실은 그가 블라디보스토크에 도착한 1922년 12월 무렵부터 이 보도가 나온 1923년 4월까지 본격적으로 자리를 굳힐 만한 틈이 거의 없었다는 점이다. 그럼에도 그가 연해주에서 가장 규모가 큰 해삼위 지역 청년회를 대표하게 되었다는 점은 놀랍기만 하다. 이르쿠츠크파의 중앙위원이라는 위치나, 꼬르뷰로에서 그에게 거는 기대감의 표출이 아닌가 짐작해 볼 뿐이다. 또한 그러한 기대감이 1923년 3월 국내에 당 조직을 건설하는 요원으로 파견되는 디딤돌이 되었을 것으로 추정해 본다.

27) 《東亞日報》 1923년 4월 10일자.

부 록

독립유공포상자 명단

표 찾아보기

부록

독립유공포상자 명단

작성원칙

① 2010년도 포상자까지 수록하였다.

② 국가보훈처의 《독립유공자공훈록》 1～16권을 참조하였다.

③ 수록내용은 이름별 가나다 순에 따라 작성하였다.

④ 이름은 한글로 기록하고 한자를 병기하였다.

⑤ 훈격은 최근 조정된 훈격을, 연도는 처음 포상된 연도를 수록하였다.

예) 1977년 대통령표창, 1994년 건국훈장 애족장 → 애족/77

⑥ 훈격은 다음과 같이 약어로 기록하였다.

예) 건국훈장 대한민국장 : 대한민국

건국훈장 대통령장 : 대통령

건국훈장 독립장 : 독립

건국훈장 애국장 : 애국

건국훈장 애족장 : 애족

건국포장 : 건포

대통령표창 : 대표

이름	훈격/년도	이름	훈격/년도
강낙원(姜洛遠)	건포/92	권제녕(權濟寧)	건포/02
강인수(姜寅秀)	애국/82	권중윤(權重潤)	대표/00
강일원(姜一遠)	대표/96	권중희(權重熙)	애족/77
강재천(姜在天)	애국/91	권태림(權泰林)	건포/09
고제하(高濟夏)	대표/06	권태염(權泰琰)	대표/98
권계홍(權桂洪)	애족/90	권태환(權泰煥)	애족/77
권구원(權九瑗)	애족/63	권헌이(權憲伊)	대표/93
권기일(權奇鎰)	애국/63	권혁수(權赫壽)	대표/06
권대일(權岱一)	애족/95	금명석(琴明石)	애족/77
권도익(權道益)	애국/83	금용문(琴鏞文)	애족/90
권도인(權道仁)	애족/98	김 락(金 洛)	애족/01
권두경(權斗慶)	애국/83	김건우(金健佑)	대표/96
권상학(權相鶴)	대표/05	김계한(金啓漢)	대표/95
권수억(權壽億)	애족/03	김구현(金九鉉)	애족/95
권영석(權寧奭)	애족/77	김구현(金龜顯)	건포/06
권영직(權寧職)	대표/93	김규식(金圭植)	애국/96
권예윤(權藝潤)	애족/93	김규헌(金奎憲)	애족/86
권오규(權五奎)	애족/77	김남수(金南洙)	애족/05
권오복(權五福)	애족/63	김대규(金大圭)	독립/77
권오상(權五尙)	애족/05	김대락(金大洛)	애족/77
권오설(權五卨)	독립/05	김도주(金道周)	애국/06
권오직(權五稷)	대표/96	김도화(金道和)	애국/83
권용길(權龍吉)	애족/95	김동만(金東滿)	애국/91
권용하(權龍河)	애국/95	김동삼(金東三)	대통령/62
권우철(權又哲)	대표/93	김동택(金東澤)	애족/95
권이원(權貳元)	대표/93	김두진(金斗鎭)	애족/90
권점필(權點弼)	대표/95	김만수(金萬秀)	독립/63
권정필(權正弼)	애국/82	김만식(金萬植)	애족/99

이름	훈격/년도	이름	훈격/년도
김명인(金明仁)	애족/83	김원식(金元植)	독립/68
김무규(金武圭)	건포/08	김윤모(金潤模)	건포/08
김병도(金炳道)	애족/86	김응성(金應星)	애족/82
김병렬(金炳烈)	애국/01	김응진(金應鎭)	대표/92
김병문(金秉文)	건포/05	김익근(金益根)	애족/06
김병식(金秉植)	애족/95	김익현(金翊顯)	애족/83
김병우(金炳宇)	애족/77	김일선(金日先)	애족/07
김병진(金秉軫)	대표/06	김장식(金章植)	애국/95
김복한(金福漢)	대표/99	김재락(金載洛)	대표/05
김성로(金成魯)	애국/90	김재봉(金在鳳)	애국/05
김성로(金聲魯)	애국/63	김재성(金在成)	대표/92
김성복(金聖福)	애족/92	김재원(金在源)	건포/06
김세동(金世東)	애국/93	김정식(金政植)	애족/93
김수락(金秀洛)	대표/95	김정연(金正演)	애국/77
김순흠(金舜欽)	애국/77	김정익(金正翼)	애국/77
김술병(金述秉)	애족/07	김정현(金禎顯)	애족/90
김시태(金時兌)	대표/05	김주로(金宙魯)	건포/05
김실경(金實經)	애족/77	김주봉(金周鳳)	애국/90
김암회(金岩回)	애족/95	김준모(金濬模)	애국/06
김양모(金瀁模)	건포/96	김중한(金重漢)	애족/83
김연환(金璉煥)	애족/77	김지섭(金祉燮)	대통령/62
김영목(金永睦)	애족/83	김진의(金鎭懿)	건포/04
김영석(金永石)	애족/10	김징로(金徵魯)	애족/95
김영창(金永昌)	애족/82	김창옥(金昌沃)	애족/77
김영춘(金永椿)	애족/82	김치경(金致慶)	애족/92
김영팔(金永八)	애족/82	김태규(金泰圭)	애족/86
김용환(金龍煥)	애족/95	김필락(金珌洛)	애국/77
김우철(金又鐵)	애족/95	김현동(金賢東)	애족/83

이름	훈격/년도	이름	훈격/년도
김형진(金衡鎭)	애국/77	류세진(柳世振)	애국/95
김호락(金浩洛)	애국/95	류소우(柳炤佑)	애국/77
김홍구(金弘九)	대표/98	류시보(柳時保)	애국/77
김화영(金華泳)	애족/83	류시승(柳時昇)	대표/02
김회락(金繪洛)	애국/01	류시언(柳時彦)	애국/80
김후병(金厚秉)	애족/93	류시연(柳時淵)	독립/62
김후성(金後性)	건포/92	류시훈(柳時薰)	애국/77
김후식(金厚植)	건포/00	류신영(柳臣榮)	애국/68
김흥락(金興洛)	애족/95	류연건(柳淵建)	건포/03
남 장(南 璋)	대표/05	류연덕(柳淵德)	애국/95
남동환(南東煥)	대표/09	류연박(柳淵博)	건포/95
남삼진(南三鎭)	애족/93	류연복(柳淵福)	애국/82
남준이(南俊伊)	애족/03	류연성(柳淵成)	애국/77
류 림(柳 林)	독립/62	류연익(柳淵益)	애족/96
류경발(柳景發)	애족/77	류 완(柳 琓)	건포/08
류교희(柳敎熙)	애국/80	류인식(柳寅植)	독립/82
류기만(柳基萬)	건포/06	류점등(柳點登)	애족/95
류기영(柳璣永)	애족/77	류정희(柳鼎熙)	건포/95
류기준(柳基俊)	애족/07	류창식(柳昌植)	건포/95
류도발(柳道發)	독립/62	류창우(柳昶佑)	애국/77
류동수(柳東壽)	애족/90	류택하(柳宅夏)	건포/07
류동수(柳東洙)	애국/82	류필영(柳必永)	건포/95
류동창(柳東暢)	애족/77	류하영(柳夏榮)	대표/04
류동혁(柳東爀)	애국/77	류후직(柳后稷)	애족/77
류동환(柳東煥)	애족/77	문도석(文道錫)	애족/90
류면희(柳冕熙)	애족/63	문우석(文禹錫)	애족/77
류병하(柳秉夏)	애국/68	문치무(文致武)	애족/77
류봉영(柳鳳榮)	애국/04	민순철(閔順哲)	애족/09

이름	훈격/년도	이름	훈격/년도
민태규(閔太圭)	애족/83	송장식(宋章植)	대표/92
박기석(朴奇石)	애족/00	송홍식(宋弘植)	애족/94
박성경(朴聖景)	애족/77	신동희(申東熙)	애족/95
박용식(朴龍植)	애족/08	신상면(申相冕)	애족/77
박인화(朴仁和)	애국/91, 68/독립	신상백(辛尙伯)	애족/82
박재선(朴在先)	애족/95	신응두(申應斗)	애족/99
박재식(朴載植)	애국/77	신응숙(申應淑)	대표/93
박진성(朴晋成)	애국/77	신필원(辛必元)	애국/82
박진해(朴鎭海)	애족/83	안병극(安柄極)	애족/90
박창규(朴昌奎)	건포/08	안상태(安相泰)	대표/05
박춘근(朴春根)	애국/77	유상선(劉相善)	애족/77
박해옥(朴海玉)	애족/82	윤재문(尹在文)	대표/10
방사익(方士益)	건포/10	이강욱(李康郁)	애국/77
배근석(裵根錫)	애족/90	이경식(李京植)	애족/96
배동환(裵東煥)	애족/04	이광민(李光民)	독립/90
배선한(裵善翰)	애국/77	이광호(李洸鎬)	애족/82
배승환(裵昇煥)	애족/92	이국선(李國善)	애국/91
배영진(裵永進)	애족/83	이규달(李圭達)	건포/10
배태근(裵太根)	애족/80	이극모(李極模)	애족/90
배혁모(裵赫模)	애족/77	이극호(李極鎬)	애족/83
서상부(徐相孚)	애족/07	이긍연(李兢淵)	건포/02
서재수(徐在守)	애족/90	이기호(李琦鎬)	대표/93
서정인(徐正寅)	대표/99	이남직(李南稙)	애족/06
손돌이(孫乭伊)	애족/82	이남호(李南鎬)	애족/95
손두원(孫斗源)	애국/01	이대기(李大基)	애족/95
손성한(孫聖漢)	애국/77	이대녕(李大寧)	대표/99
손영학(孫永學)	애국/77	이덕숙(李德淑)	애국/77
송기식(宋基植)	애족/77	이동봉(李東鳳)	애국/68

이름	훈격/년도	이름	훈격/년도
이동하(李東夏)	애족/63	이시교(李時敎)	애국/77
이동학(李東鶴)	애족/82	이암회(李巖回)	애국/82
이동흠(李棟欽)	애족/80	이열호(李烈鎬)	애국/68
이두선(李斗先)	애족/82	이영호(李寧鎬)	애족/83
이두희(李斗羲)	애족/03	이 옥(李 鈺)	애족/09
이령호(李齡鎬)	애족/83	이용호(李用鎬)	애족/83
이만규(李晩煃)	건포/95	이운형(李運衡)	애족/68
이만도(李晩燾)	독립/62	이운호(李運鎬)	건포/03
이만원(李萬源)	애국/68	이운호(李雲鎬)	애족/83
이맹호(李孟鎬)	애족/86	이원기(李源祺)	건포/68
이명달(李明達)	건포/09	이원연(李源淵)	건포/08
이명우(李命羽)	애국/10	이원영(李源永)	애족/80
이목호(李穆鎬)	애국/83	이원일(李源一)	애국/90
이발호(李發鎬)	애족/09	이원혁(李源赫)	애족/96
이병린(李炳麟)	애족/90	이유홍(李裕弘)	애족/83
이병화(李炳華)	독립/90	이육사(李陸史)	애국/68
이병희(李丙禧)	애족/96	이을성(李乙成)	대표/10
이봉희(李鳳羲)	독립/90	이응팔(李應八)	애족/80
이비호(李丕鎬)	애족/83	이의호(李宜鎬)	애족/03
이삼현(李參鉉)	대표/95	이익희(李益熙)	대표/10
이상동(李相東)	애족/68	이인홍(李仁洪)	대표/93
이상룡(李相龍)	독립/62	이인화(李仁和)	애국/77
이선구(李善求)	건포/05	이종국(李鐘國)	애족/08
이선호(李先鎬)	애국/68	이종영(李鍾韺)	건포/93
이성호(李成鎬)	대표/10	이종홍(李鍾洪)	대표/93
이승복(李承復)	애족/86	이종흠(李棕欽)	애족/86
이승연(李承淵)	애족/96	이주헌(李主憲)	대표/96
이승화(李承和)	애족/68	이준형(李濬衡)	애국/90

이름	훈격/년도	이름	훈격/년도
이중린(李中麟)	애족/07	임찬일(林瓚逸)	애족/68
이중무(李中珷)	애족/83	임춘섭(林春燮)	애족/82
이중언(李中彦)	독립/62	임호일(林浩逸)	애국/80
이중업(李中業)	애족/83	장두희(張斗熙)	애족/77
이중원(李中元)	애족/90	장병하(張炳夏)	대표/99
이지호(李墀鎬)	애족/82	전성철(全聖哲)	건포/92
이진범(李鎭範)	애족/90	정성흠(鄭成欽)	애족/83
이천이(李千伊)	애국/06	정유복(鄭有福)	대표/93
이춘삼(李春三)	애국/91	정치문(鄭致文)	애족/86
이칠성(李七星)	애족/95	정한모(鄭漢模)	애족/02
이학우(李鶴羽)	대표/05	정현모(鄭賢模)	대표/07
이해동(李海東)	대표/95	조방인(趙邦仁)	애족/90
이해직(李海稙)	애족/08	조병건(趙炳建)	애족/80
이현구(李賢求)	애족/95	조복선(趙卜先)	애족/82
이현섭(李鉉燮)	독립/62	조사명(趙思明)	애족/90
이형국(李衡國)	애족/68	조수인(趙修仁)	애족/90
이호준(李鎬俊)	대표/93	천승락(千承洛)	애족/77
이회림(李晦林)	애족/92	천치락(千致洛)	애족/77
이회식(李會植)	대표/00	최도준(崔道俊)	애족/83
이회원(李會源)	건포/05	최인현(崔寅賢)	대표/97
임돌이(林乭伊)	애족/82	홍종민(洪鐘民)	애족/68
임동숙(林東淑)	애족/82	황영남(黃永南)	애국/95
임득연(林得淵)	애족/83	황인규(黃仁圭)	대표/92
임범섭(林汎燮)	애족/82		
임성기(任性基)	애국/77		
임우민(林又民)	애족/83		
임윤익(林潤益)	애족/82		
임지열(林志烈)	애국/95		

표 찾아보기

찾아보기

〈ㄴ〉

〈ㄷ〉

〈ㄹ〉

〈ㅁ〉

〈ㅂ〉

〈ㅇ〉

〈ㅈ〉

〈ㅎ〉